Michael Esfeld / Jean-Marc Tétaz (Hrsg.),
Généalogie de la pensée moderne
Genealogie des neuzeitlichen Denkens

Michael Esfeld • Jean-Marc Tétaz (Hrsg.)

Généalogie de la pensée moderne
Volume d'hommages à Ingeborg Schüßler

Genealogie des neuzeitlichen Denkens
Festschrift für Ingeborg Schüßler

ontos
verlag
Frankfurt • Lancaster

Bibliographic information published by Die Deutsche Bibliothek
Die Deutsche Bibliothek lists this publication in the Deutsche Nationalbibliographie;
detailed bibliographic data is available in the Internet at http://dnb.ddb.de

©2004 ontos verlag
P.O. Box 15 41 • D-63133 Heusenstamm nr. Frankfurt
www.ontosverlag.com

ISBN 3-937202-30-7

2004

All rights reserved. No part of this book may be reprinted or reproduced or utilized
in any form or by any electronic, mechanical, or other means, now known or hereafter invented,
including photocopying and recording, or in any information storage or retrieval system,
without permission in writing from the publisher.

Printed on acid-free paper
ISO-Norm 970-6

Printed in Germany.

TABULA GRATULATORIA

Jean-François Aenishanslin
Pierre Aubenque
Samuel Berthoud
Pietro Bernaschina
Bibliothèque Cantonale et Universitaire de Lausanne
Henny Blomme
Irene Borges Duarté
André Brasey
Daniel Buche
Claude Calame
Marie-Claire Caloz-Tschopp
Marcel Conche
Décanat de la Faculté des lettres de l'Université de Lausanne
Daniel Depaix
Marc Desplos
Pierre Ducrey
Klaus Düsing
Christophe Erismann
Patrick Favre
François Félix
Gian Franco Frigo
Hédi Gharbi
Christina Govoni
Fernando Guerrero
Sébastien Guex
Christiaan L. Hart Nibbrig
Andrés Heller
Institut de Philosophie de l'Université de Neuchâtel
Virginie Jaton
Remi Jolivet
Carl-A. Keller
Günter Kruchen
Zhan Liang
Alexis Malalan

Jean-Jacques Marchand
François Marty
Victoria Minneken
Vera Müri
Pierre Nzinzi
Dominic O'Meara
Claude Reichler
Leïla Rouhani
Samuel Russier
Wolf Ryser
Suzette Sandoz
Hans-H. Schüßler
Alexander Schwarz
Wulf Schwerdtfeger
Harro von Senger
Tom Tillemans
Université de Bourgogne, Bibliothèque de l'UFR Lettres et Philosophie
Wolfgang Wackernagel
Heinz Wichmann
Raphaël Wullschleger
Elena Zuntini Chabod

TABLE DES MATIÈRES / INHALTSVERZEICHNIS

Préface 13
Vorwort 15

Abréviations 16
Abkürzungen 16

I. Les Grecs à l'origine de notre modernité philosophique
Die Griechen: Ursprung unserer philosophischen Moderne

L'interprétation heideggerienne de la *phronêsis* aristotélicienne
dans le cours de Marburg sur le *Sophiste* de Platon
Pascal David 19

La seconde traversée de Socrate.
Le tournant vers le *logos*
John Sallis 31

La Justice platonicienne et la justice sociale de John Rawls
Ada Neschke-Hentschke 43

L'éthique platonico-aristotélicienne de Hans-Georg Gadamer
Raphaël Célis 57

Le Dionysos de Nietzsche :
retour à la physis des anciens Grecs ?
Michel Herren 75

Conceptions médiévales de l'espace et du lieu :
les éléments d'une trajectoire
Tiziana Suarez-Nani 97

II. La modernité philosophique et sa relecture généalogique
Die philosophische Moderne genealogisch gelesen

Sinnestäuschung und Traum als *rationes dubitandi* in der
Ersten Meditation Descartes'. Eine phänomenologische Auslegung
Friedrich-Wilhelm von Herrmann 117

Cassirer, lecteur et interprète de Jean-Jacques Rousseau
Jean Ferrari 137

Kant und Nietzsche über das Glück.
Ein Kreuzweg neuzeitlichen Denkens
Wolfgang Janke 153

Individuum und Heroenzeit bei Hegel
Félix Duque 167

Schellings Naturphilosophie. Grundzüge und Kritik
Karen Gloy 183

Aux sources de l'idéalisme allemand :
Dialectique et existence chez Jakob Bœhme
Thérèse Pentzopoulou-Valalas 203

L'occultation de la philosophie dans la pensée de Karl Marx
Alexandre Schild 215

Hegel, Heidegger : pensée absolue, pensée abyssale
Emmanuel Mejía 235

III. Heidegger et la pensée généalogique
Heidegger und das genealogische Denken

La certitude du moi et la perte des autres
Mario Ruggenini 257

Herr des Seienden – Hirt des Seins – Platzhalter des Nichts.
Zur seinsgeschichtlichen Ortung des Menschen bei Heidegger
Rainer Thurnher 273

La vérité en litige.
La généalogie de la vérité dans le débat entre Heidegger et Rickert
Jean-Marc Tétaz 285

L'autre face de la vérité. Wittgenstein & Heidegger :
La question de la vérité des aphorismes – à l'épreuve de la vérité de l'Etre
Gérard Guest 307

IV. Généalogie et systématique
Genealogie und Systematik

Malaise dans la civilisation moderne
Rudolf Bernet   329

Die Gefahr – Generator der Uneigentlichkeit des Denkens
des gegenwärtigen « globalisierten Europäers ».
Ein Croquis zum Unwesen des Seins
Ivan Urbancic   347

Vom Zwiespalt des Historischen
Emil Angehrn   365

L'anti-cartésianisme dans la théorie de la connaissance contemporaine
Michael Esfeld   381

Décision et rationalité
Gerhard Seel   395

Vom Nutzen und Nachteil des Wertbegriffs in der Kulturphilosophie
Helmut Holzhey   413

Herméneutique et philosophie pratique
Franco Volpi   429

Publications d'Ingeborg Schüßler   449

Liste des cours d'Ingeborg Schüßler   461

Liste des auteurs / Autorenliste   483

PRÉFACE

Avec le présent volume, la Section de philosophie de l'Université de Lausanne souhaite apporter un hommage au professeur Ingeborg Schüßler à l'occasion de son départ à la retraite après plus de vingt ans d'enseignement en qualité de professeur ordinaire à l'Université de Lausanne. Le volume réunit des contributions de collègues travaillant dans les champs de recherche d'Ingeborg Schüßler, de collègues enseignant dans les autres Universités suisses ainsi que de ses collaborateurs actuels. Les éditeurs ont laissé aux auteurs la plus totale liberté dans le choix de la thématique qu'ils souhaitaient aborder. L'intitulé du volume, *Généalogie de la pensée moderne*, indique l'optique commune aux études réunies : sous diverses perspectives, il s'agit à chaque fois de se demander comment la pensée de la modernité reprend et retravaille les héritages philosophiques dont elle est tributaire. Ce questionnement a depuis toujours été au centre des recherches et de l'enseignement d'Ingeborg Schüßler ; il permet de dégager des lignes de force autorisant des lectures contrastées de la situation actuelle de la réflexion philosophique.

Les soussignés remercient les deux autres professeurs ordinaires de la Section de Philosophie, Ada Neschke et Raphaël Célis, du soutien qu'ils ont accordé à ce projet. Ils remercient également les assistants d'Ingeborg Schüßler, Emmanuel Mejía et Michel Herren, pour leur collaboration, ainsi que Gaëtan Zwingli pour son aide rédactionnelle et le Doyen de la Faculté des lettres de l'Université de Lausanne pour le financement nécessaire à son engagement. Leur reconnaissance s'adresse également à Patrice Soom pour son aide technique à la mise au point du document informatique, à Frédéric Moinat pour son aide lors de la relecture finale, au Conseil de faculté de la Faculté des lettres de l'Université de Lausanne pour l'attribution d'une aide financière et – last but not least – à Raphael Hüntelmann pour le soin éditorial qui a permis à ce volume de voir le jour dans les meilleures conditions.

Michael Esfeld et Jean-Marc Tétaz
au nom de la Section de philosophie de l'Université de Lausanne

VORWORT

Mit dem vorliegenden Band möchte die Sektion der Philosophie der Universität Lausanne ihre dienstälteste Kollegin Ingeborg Schüßler anlässlich ihrer Emeritierung ehren. Ingeborg Schüßler hat über zwanzig Jahre an der Universität Lausanne als Ordinarius für Philosophie gelehrt. Der Band umfasst Beiträge von Kolleginnen und Kollegen aus den Forschungsgebieten von Ingeborg Schüßler, von Kolleginnen und Kollegen aus der Schweiz und von Ingeborg Schüßlers gegenwärtigen Mitarbeitern. Die Herausgeber haben den Autoren die größtmögliche Freiheit in der Wahl ihres Thema gewährt. Der Titel des Bandes, *Genealogie des neuzeitlichen Denkens*, bezeichnet die leitende Perspektive der Beiträge: Unter verschiedenen Beleuchtungen geht es jedesmal darum, wie das Denken der Moderne und der Gegenwart die philosophischen Erbschaften, von denen es herkommt, aufnimmt und neu bearbeitet. Diese Fragestellung stand immer schon im Zentrum der Forschung und der Lehre von Ingeborg Schüßler. Sie ermöglicht es, Grundlinien herauszuarbeiten, welche den Raum für kontrastierende Interpretationen der heutigen Lage philosophischen Denkens eröffnen.

Wir danken den beiden weiteren Ordinarien der Sektion der Philosophie in Lausanne, Ada Neschke und Raphaël Célis, für ihre Unterstützung des Projektes, den Assistenten von Ingeborg Schüßler, Emmanuel Mejía und Michel Herren, für ihre Mithilfe, Gaëtan Zwingli für die redaktionelle Bearbeitung der Beiträge und dem Dekan der Faculté des lettres der Universität Lausanne für die entsprechenden Hilfskraftmittel. Wir bedanken uns auch bei Patrice Soom für die Hilfe beim Erstellen der Druckvorlage, bei Frédéric Moinat für seine Hilfe beim Korrekturlesen, beim Fakultätsrat der Faculté des lettres der Universität Lausanne für die Gewährung eines Druckkostenzuschusses und – last not least – bei Raphael Hüntelmann für die sehr kompetente verlegerische Betreuung des Bandes.

Michael Esfeld und Jean-Marc Tétaz
im Namen der Sektion der Philosophie der Universität Lausanne

ABRÉVIATIONS / ABKÜRZUNGEN

Pour ne pas surcharger les notes de bas de page, certaines éditions classiques sont citées dans les textes de ce volume sous une forme abrégée; on en trouvera la liste ci-dessous.

Zur Enlastung des Fußnotenapparats sind in diesem Band beim Zitieren einer Reihe von klassischen Ausgaben Abkürzungen verwendet worden, die nachstehend aufgelöst werden.

AA	*Immanuel Kant's gesammelte Schriften*, hg. von der Akademie der Wissenschaften zu Berlin, Berlin, de Gruyter, 1900ss.
AT	*Œuvres de Descartes* publiées par Charles Adam & Paul Tannery, Paris, Vrin, 1996.
GA	Martin HEIDEGGER, *Gesamtausgabe*, Frankfurt/Main, Klostermann, 1970ss.
GW	Georg Wilhelm Friedrich HEGEL, *Gesammelte Werke*, hg. von Rheinisch-Westfälischen Akademie der Wissenschaften, Hamburg, Meiner, 1968ss.
KSA	Friedrich NIETZSCHE, *Sämtliche Werke. Kritische Studienausgabe*, hg. von Giorgio Colli und Mazzino Montinari, München/Berlin, DTV/de Gruyter, 1980.
OPC	Friedrich NIETZSCHE, *Œuvres philosophiques complètes*. Textes et variantes établis par Giorgio Colli et Mazzino Montinari, Paris, Gallimard, 1967ss.

I

*LES GRECS À L'ORIGINE DE NOTRE
MODERNITÉ PHILOSOPHIQUE*

*DIE GRIECHEN: URSPRUNG UNSERER
PHILOSOPHISCHEN MODERNE*

L'INTERPRÉTATION HEIDEGGERIENNE DE LA *PHRONÊSIS* ARISTOTÉLICIENNE DANS LE COURS DE MARBURG SUR LE *SOPHISTE* DE PLATON

Pascal David

Le cours professé par Heidegger à Marbourg en 1924-25 sur le *Sophiste* de Platon, édité en 1992 par Ingeborg Schüßler comme tome dix-neuf de la *Gesamtausgabe*, brille assurément par lui-même comme un cours monumental précédant de peu *Sein und Zeit*, non sans faire allusion du reste à l'ouvrage alors en chantier qui paraîtra en 1927[1] ; mais s'il constitue le meilleur commentaire du passage du *Sophiste* (244 a) qui, librement reconstruit, fournira son exergue à *Etre et temps*, passage que le cours de 1924-25 considérait comme « ce à quoi est centralement attelé au fond tout le dialogue » du *Sophiste*[2] – l'exergue lui-même n'ayant rien de « purement décoratif »[3] – ce monument fut aussi une sorte de pépinière, ce qui nous apparaît aujourd'hui rétrospectivement du fait de la présence, parmi ses auditeurs, de ceux qui allaient devenir notamment (et étaient au fond déjà, pour y avoir été à ce point réceptifs) Hans Jonas, Hannah Arendt, Hans-Georg Gadamer. Chez ces deux derniers auteurs tout particulièrement, il n'est guère difficile de déceler, jusqu'en leurs derniers écrits, la trace indélébile que le cours de Martin Heidegger sur le *Sophiste* aura laissée. Comme on peut

---

[1] Martin HEIDEGGER, *Plato : Sophistes* (GA 19), p. 198 (note), 635, 639.

[2] HEIDEGGER, *Plato : Sophistes* (GA 19), p. 446-447.

[3] Martin HEIDEGGER, *Kant und das Problem der Metaphysik* (GA 3), p. 239. Sur ce passage, cf. aussi Friedrich-Wilhelm von HERRMANN, *Hermeneutische Phänomenologie des Daseins*, Frankfurt/Main, Klostermann, 1987, p. 2.

situer l'émergence de la pensée qu'il est revenu à chacun d'entre eux de développer au point exact de la divergence avec certaines interprétations proposées par Heidegger, même s'il s'agit moins, paradoxalement, de la partie du cours qui commente Platon que du long préambule consacré à Aristote, et notamment au livre VI de ce sommet peut-être inégalé de l'histoire de la philosophie que constitue *l'Ethique à Nicomaque*. Autant dire que ce cours de Marbourg aura constitué, pour ces deux « dépositaires infidèles » ou héritiers que l'imposant héritage qu'ils eurent à assumer aura moins paralysés que stimulés, la toile de fond dont ils surent à la fois se prévaloir et se démarquer, voire le sol, au sens husserlien prégnant de *Boden*, à partir duquel leur pensée a su se nourrir et se développer, qu'il s'agisse de la *vita activa* (Hannah Arendt) ou du « savoir pratique », de la « philosophie pratique » ou *praktische Philosophie* (Hans-Georg Gadamer). Il ne serait donc pas exagéré de dire que tout ce que H. Arendt et H.-G. Gadamer ont pu écrire sur ces questions s'est fait en un sens *contre* l'interprétation heideggérienne du milieu des années 1920 (comme ce fut aussi le cas à certains égards pour Herbert Marcuse) ou du moins en s'en démarquant, c'est-à-dire aussi *à partir* d'elle.

La structure du cours de 1924-25 – l'étude d'Aristote comme préambule nécessaire et hautement souhaitable à celle de Platon – obéit à un choix herméneutique et pédagogique en réservant près du premier tiers du cours à l'élucidation de problèmes aristotéliciens, ou plutôt à la *situation* des problèmes qui seront abordés à partir des analyses de *l'Ethique à Nicomaque* (livre VI), non pas certes au sens d'un « progrès » de Platon à Aristote, mais bien d'une assise plus large, plus radicale, que fournirait la pensée du Stagirite, jugée à même de fournir une *orientation* pour ne pas s'égarer dans le *Sophiste*. Il s'agit de faire droit au principe herméneutique recommandant d'aller « du clair à l'obscur », en adoptant comme « présupposé » revendiqué comme tel qu'« Aristote a compris Platon »[4]. Parce que plus tardive, mais surtout tenue pour plus ample (il faudrait sinon partir de Plotin pour comprendre Aristote !), la pensée d'Aristote peut accueillir en elle celle de Platon, alors que l'inverse se laisse plus difficilement soutenir. A certains égards, la manière dont le cours de 1924-25 situe Aristote par rapport à Platon n'est pas sans rappeler la manière dont Aristote lui-même se situe et situe Platon, entre autres devanciers ou prédécesseurs, dans le livre A de la *Métaphysique*. Comme, en outre, le principe herméneutique adopté ici par Heidegger est lui-même édicté à partir d'une certaine « situation herméneutique » qui est celle de l'interprète, il n'est pas jusqu'à la propre situation de Heidegger par rapport à Husserl qui ne puisse

---

[4] HEIDEGGER, GA 19, p. 11.

apparaître comme analogue à celle d'Aristote par rapport à Platon, et l'éclairer en retour, « *weil er radikaler philosophierte* »[5].

Quoi qu'il en soit, l'élucidation du livre VI de *l'Ethique à Nicomaque* s'ouvre par celle des cinq modes de l'*alêtheuein*, « ces modes selon lesquels le *Dasein* humain dégage l'étant [*das Seiende erschließt*] : *technê*, *epistêmê*, *phronêsis*, *sophia*, *nous* ». Ces « vertus dianoétiques » se voient elles-mêmes réparties (à l'exception notable du *nous*, qui n'est peut-être assigné nulle part que parce qu'il est présent en elles toutes) en deux groupes : l'*epistemonikon* (*epistêmê* et *sophia*), et le *logistikon* (*technê* et *phronêsis*), elles correspondent, au sein de la partie de l'âme douée du *logos*, à une subdivision entre ces « parties de l'âme » que les traductions françaises appellent respectivement *scientifique* et *calculative* ou encore *délibérative*. La première porte sur « ces sortes d'êtres dont les principes ne peuvent être autrement qu'ils ne sont », la seconde sur ce qu'Aristote appelle *to endechomenon allôs echein*, « ce qui est susceptible de se comporter tantôt d'une façon, tantôt d'une autre », ce que l'on appelle volontiers en français : « le domaine de la contingence ». Dans un cas, on n'a pas le choix, dans l'autre, on a l'embarras du choix, vu qu'« on ne délibère jamais sur les choses qui ne peuvent être autrement qu'elles ne sont »[6]. Le critère ultime de cette distinction, selon Heidegger, n'est autre que le temps : « *l'étant dans son être est interprété à partir du temps.* »[7] Par là se trouve annoncée la subordination des vertus *calculatrices* aux vertus *scientifiques*, et plus précisément de la *phronêsis* à la *sophia*, voire de la *praxis* à la *theoria*. Le livre VI de *l'Ethique à Nicomaque* serait à sa façon « protreptique », invitant à se consacrer, autant que faire se peut au *bios theoretikos*. Ce *bios theoretikos*, telle serait au fond la culmination de l'existence humaine, la *sophia* constituant « la possibilité la plus haute du *Dasein* grec »[8].

C'est sur ce point que l'interprétation de Gadamer se sépare de celle de Heidegger. Pour Gadamer, en effet, le livre VI de *l'Ethique à Nicomaque* représente moins une subordination de la *phronêsis* à la *sophia*, reposant elle-même en dernier ressort sur la subordination du temporel à l'éternel, qu'une extraordinaire promotion de la *praxis*, ce qu'il va jusqu'à appeler « la fondation

---

[5] HEIDEGGER, GA 19, p. 199.

[6] ARISTOTE, *Ethique à Nicomaque*, VI, chapitre 2.

[7] HEIDEGGER, GA 19, p. 34 ; nous citons généralement d'après la traduction française : *Platon : le Sophiste*, traduit de l'allemand par Jean-François Courtine, Pascal David, Dominique Pradelle, Philippe Quesne, sous la responsabilité de Jean-François Courtine et Pascal David, Paris, Gallimard, 2001.

[8] HEIDEGGER, GA 19, p. 62.

de la philosophie pratique »[9]. H.-G. Gadamer conclut sa postface à son édition et traduction allemande du livre VI de *l'Ethique à Nicomaque* en soulignant précisément une divergence d'interprétation par rapport à celle donnée par Heidegger dont il avait été l'auditeur quelque quatre-vingts ans auparavant :

> C'est sur ce point [celui des transitions assez fluctuantes entre la forme réflexive de la théorie et la rationalité pratique, entre l'idéal de vie théorétique des êtres humains et le mode d'existence des dieux] que l'explication du livre VI de *l'Ethique à Nicomaque* dans le cours de Heidegger de 1924/25 sur le *Sophiste*, disponible à présent dans une édition impeccable et rigoureuse, ne me semble pas faire entièrement droit à l'intention qui animait Aristote.[10]

Selon Gadamer, en effet, l'accent propre au livre VI de *l'Ethique à Nicomaque* « ne consiste nullement à justifier un quelconque primat de la théorie vis-à-vis du savoir pratique, mais bien, inversement, à fonder le geste consistant à inscrire le savoir pratique au sein des vertus intellectuelles »[11]. L'interprétation attribuée ici à Heidegger, celle dont H.-G. Gadamer entend précisément se démarquer, demeure aux yeux de celui-ci une lecture encore platonicienne d'Aristote (ce qui est un comble vu le présupposé herméneutique de l'interprétation proposée), dans le sillage de la *République*, autrement dit : de la réduction éidétique du pouvoir politique, celui, par exemple, de Périclès, figure emblématique du *phronimos* aux yeux d'Aristote, au savoir philosophique, d'une absorption ou résorption du « pratique » dans le « théorique ». Si la distinction *sophia/phronêsis* est une source de « ce qui viendra plus tard en discussion » sous les noms de *raison spéculative* et *raison pratique*[12], voire entre « jugement déterminant » et « jugement réfléchissant » (où seul le particulier est donné), faut-il déceler pour autant chez Aristote l'affirmation d'un « primat de la raison pratique » ? Heidegger répond par la négative : « [...] il est impossible, en prenant pour fil conducteur la discussion kantienne de la raison pratique et de la raison théorétique, d'accéder à une compréhension de la *phronêsis* et de la *sophia*. »[13] Il semble toutefois que Gadamer s'engagera dans cette voie.

---

[9] ARISTOTELES, *Nikomachische Ethik VI* (Hans-Georg Gadamer, éd. et trad.), Frankfurt/Main, Klostermann, 1998, p. 61-67 : « Nachwort : Die Begründung der praktischen Philosophie ».

[10] ARISTOTELES, *Nikomachische Ethik VI*, p. 67.

[11] ARISTOTELES, *Nikomachische Ethik VI, ibid.*

[12] HEIDEGGER, GA 19, p. 60.

[13] HEIDEGGER, GA 19, p. 60 ; trad. fr., p. 65.

La coexistence de la *sophia* et de la *phronêsis* porte à son acuité le problème posé par la distinction initiale entre les deux excellences distinguées au sein de l'âme en sa partie douée du logos, la « scientifique » et la « calculative ». C'est à la fois un rétrécissement du champ d'investigation, et sa culmination. En d'autres termes, il y aurait là une « dérive » dans la démarche même du livre VI de *l'Ethique à Nicomaque* :

> Ce livre est animé tout entier par une dérive, à l'issue de laquelle le foisonnement rhapsodique des cinq vertus dianoétiques se polarise sur deux vertus dont la dichotomie épuise le champ de l'excellence intellectuelle, et qui sont la *sophia* (« sagesse ») et la *phronêsis* (« prudence »).[14]

Il reste que cette prétendue « dérive » revient à problématiser le point de départ, et s'apparente plutôt à cet égard à une anabase.

Si l'éthique aristotélicienne a pour but de traiter de l'action humaine comme manière d'habiter le monde, de le rendre plus hospitalier ou un peu moins inhospitalier, peut-elle desservir son propre projet en secondarisant la *praxis* ? L'éthique envisage bien l'action *humaine*, ce qui est presque une redondance vu que ni les dieux ni les bêtes n'ont l'action en partage[15], mais elle n'envisage l'*action* humaine que comme un cas particulier et remarquable du *mouvement*, elle pense l'action humaine à partir de la mobilité, plutôt que, comme les Modernes, le mouvement à partir de l'action (celle, par exemple, du « principe de moindre action »). Il s'agit bien pour Aristote de « penser la spécificité de l'action humaine, ou plutôt ce qu'a de spécifique le *mouvement* qu'est l'action humaine »[16]. C'est bien ce qu'établissait dès 1922 le texte programmatique de Heidegger connu sous le nom de « rapport Natorp » (*Natorp-Bericht*). L'éthique s'y trouve caractérisée comme physique de la mobilité propre à la vie humaine, « explicitation de l'étant à titre d'être-homme [*des Seienden als Menschsein*], vie humaine, mobilité de la vie », le thème de la physique ayant lui-même été déterminé comme « l'étant envisagé dans le comment de son être-mû [*das Seiende im Wie seines Bewegtseins*] »[17], comme l'avait établi du reste le livre I de la *Physique* d'Aristote : est physique ce qui a trait à la *kinesis*, à un certain « acheminement ».

---

[14] Rémi BRAGUE, *Aristote et la question du monde*, Paris, PUF, 1988, p. 205.

[15] ARISTOTE, *Ethique à Nicomaque*, VI, 2 et X, 8.

[16] BRAGUE, *Aristote et la question du monde*, p. 125.

[17] Martin HEIDEGGER, *Interprétations phénoménologiques d'Aristote* (éd. bilingue ; J.-F. Courtine trad.), Mauvezin, T.E.R., 1992, respectivement p. 51 et 33.

L'éthique aristotélicienne a tout simplement déterminé pour plus de deux millénaires l'intelligibilité de nos faits et gestes, la structure de l'action humaine pour l'homme occidental, en ses trois moments constitutifs : délibération, décision, action, la fin de chacune d'entre elles étant le commencement ou le principe de la suivante. J'agis humainement et avec toute la transparence requise (cette transparence que, comme nous le verrons, Heidegger met au cœur de son interprétation de la *phronêsis*) pour autant que l'action que j'entreprends soit une initiative mûrement réfléchie, après avoir tenu conseil avec moi-même et m'être engagé dans telle voie plutôt que dans telle autre, selon l'étymologie aristotélicienne de la *prohairesis* = *pro* (*heterôn*) *hairesis*.[18] Le *kairos* de l'action en sa plénitude d'*action d'éclat* articule ainsi le passé de la délibération, le présent fulgurant de la décision *hic et nunc* et l'avenir de l'action entreprise – de cet agir à dessein duquel, dira Fichte, « nous sommes là », et dont le vaste champ se présente à nous comme une « tâche infinie »[19]. C'est le contraste, déjà noté, entre une lente maturation et une soudaineté qui en est l'aboutissement : « le *phronimos* unit en lui la lenteur de la réflexion et l'immédiateté du coup d'œil, qui n'est que la brusque éclosion de celle-là. »[20] C'est cette pensée dont l'action est porteuse qui fournira son point de départ à la *Lettre sur l'humanisme*, dans sa tentative de remonter de l'action conçue comme production (*Bewirken*) d'un résultat ou d'un effet – comme dans la définition qu'en donne la *Critique de la raison pure* (B 250), où « l'action désigne le rapport du sujet de la causalité à l'effet » – à l'accomplissement (*Vollbringen*) qui déploie quelque chose *in die Fülle seines Wesens*, disons : en la plénitude de ce qu'il lui revenait d'être.[21]

Prééminence de la *sophia* et corollairement subordination de la *phronêsis*, ou promotion du « savoir pratique », de la *phronêsis* ? Cette difficulté ne peut être tranchée, si toutefois elle peut l'être, sans que soit élucidée la notion même

---

[18] ARISTOTE, *Ethique à Nicomaque*, II, 4 *in fine*.

[19] Johann Gottlieb FICHTE, *Einige Vorlesungen über die Bestimmung des Gelehrten* (1794), in : GA I, 3, p. 23-68, p. 68 (trad. franç. : *Conférences sur la destination du savant (1794)* [Jean-Louis Vieillard-Baron, trad.], Paris, Vrin, 1969, p. 91).

[20] Pierre AUBENQUE, *La Prudence chez Aristote*, Paris, PUF, 1963, p. 148.

[21] Martin HEIDEGGER, « Brief über den Humanismus », in : *Wegmarken* (GA 9), p. 313. L'une des lectures les plus éclairantes de ces pages se trouve précisément dans l'article de Gérard Guest intitulé « La dimension "pratique" de l'agir – Aspects de l'aspectualité de l'action selon Aristote et chez Kant », in : Jean-Yves CHÂTEAU (éd.), *La Vérité pratique/Aristote, Ethique à Nicomaque, Livre VI*, Paris, Vrin, 1997, p. 265-300.

de *phronêsis* chez Aristote, en amont voire en-deçà de la tradition qui en fera la *prudentia*, la *prudence* ou la *Klugheit*.

La *phronêsis* est définie par Aristote : « *hexis alêthê meta logou praktikê peri ta anthrôpina agatha kai kaka* ». J. Tricot traduit : « une disposition, accompagnée de règle vraie, capable d'agir dans la sphère de ce qui est bon ou mauvais pour un être humain. »[22] La « règle vraie », ou « droite règle », traduit dans d'autres contextes l'*orthos logos*, à quoi correspond la *recta ratio* chez saint Thomas. Mais ce concept, souligne Heidegger, « a donné lieu à une histoire proprement insensée »[23]. Le *logos* n'est pas compris ici en ses sens dérivés de raison, jugement, concept, définition, fondement, rapport ou proportion. A cette liste établie par le § 7 d'*Etre et temps*, on pourrait ajouter : le langage. « Les Grecs n'avaient pas de mot pour langage (*Sprache*), ils entendaient "d'emblée" ce phénomène comme parole [adressée] (*Rede*). »[24] Le phénomène envisagé ici est la parole *adressée à* ... (*Ansprechen, Rede*), l'interlocution : envisager la parole indépendamment de ce sur quoi elle porte comme de la structure en vertu de laquelle elle est parole *adressée*, c'est ne plus voir en elle que le résidu ou l'abstraction qu'est le « langage », et par là s'interdire de la prendre en vue dans toute son ampleur phénoménale où elle est indissociable de l'être-au-monde comme de l'être-avec (*Mitsein*). Le cours sur le *Sophiste* y insiste : « Le *logos*, même à titre de *legomenon*, au sens des Grecs, est toujours axé sur le fait que c'est un *logos* partagé/communiqué (*mitgeteilt*), exprimé pour autrui, en sorte qu'autrui est à même de voir lui aussi »[25] : de voir de quoi il retourne au cœur de la discussion à laquelle il prend part. La *phronêsis* est donc moins « rationnelle » que *dialogique*. Tout ce qui relève du domaine de la contingence est précisément *discutabl*e. Le présupposé de la *phronêsis* est donc la discursivité (*Ansprechbarkeit*) de l'étant auquel elle se rapporte : qu'il se laisse dire ou aborder discursivement, qu'il offre matière à discussion.

La définition aristotélicienne de la *phronêsis* se trouve librement restituée par Heidegger de la manière suivante : « une disposition du *Dasein* humain telle que, grâce à elle, il dispose de lui-même en toute transparence. » Ce n'est pas seulement moi-même qui agis, c'est de moi-même qu'il s'agit. La transparence requise ne prend son sens que sur fond d'une certaine opacité résiduelle, *à l'encontre de* laquelle elle se manifeste. C'est pourquoi la mise en œuvre de la

---

[22] ARISTOTE, *Ethique à Nicomaque*, trad. J. Tricot, Paris, Vrin, 1979, p. 285.

[23] HEIDEGGER, GA 19, p. 151 : « *eine wahre Geschichte des Unsinns.* »

[24] HEIDEGGER, *Sein und Zeit* (GA 2), p. 220.

[25] HEIDEGGER, GA 19, p. 505.

phronêsis consiste « en une lutte sans relâche contre la tendance au recouvrement qui réside dans le *Dasein* lui-même », contre une tendance à l'auto-dissimulation. Ce que Heidegger interprète comme tendance à la dissimulation ou au recouvrement de soi-même, voire *du* soi-même, s'appuie sur la mise en évidence, par Aristote, du caractère « perturbateur », voire « destructeur » du plaisir et de la peine pour autant qu'ils sont susceptibles de faire écran tant à la finalité de l'action qu'à son ressort, à ce en vue de quoi comme à ce à partir de quoi j'agis. C'est cette discordance qui est génératrice d'opacité, lorsque celui qui croit agir ne mène plus le jeu, pour être devenu le jouet de ses passions. L'action cesse dès lors d'être visible, et lisible. Ce en vue de quoi elle est accomplie, comme ce à partir de quoi elle l'est, tout cela échappe (*lanthanei* !) alors à celui-là même qui agit, qui agit moins qu'il n'« est agi et défait », selon le mot de Maurice Blondel.[26] Aptitude foncière à ne pas se laisser égarer (*paraphronein*, dirait Aristote) par ce qui nous commanderait à notre insu, la *phronêsis* ne revient pas à nier l'émotionnel ou ce que la pensée moderne appellera l'affectivité, mais à en garder la maîtrise : elle consiste en ce sens à penser *sainement*, de manière équilibrée, en déployant une relation harmonieuse entre le *nous* et l'*orexis*, à savoir ces deux instances ou composantes dont la combinaison définit le fondement anthropologique de l'éthique aristotélicienne : « intellect désirant » (*nous orektikos*) et « désir intelligent » (*orexis dianoetike*), ou comme traduit Gadamer : « *entweder eine vom Lebenstrieb bestimmte Vernunft oder ein von Vernunft bestimmter Lebenstrieb* »[27]. La transparence de *l'action au clair avec elle-même en ses tenants et aboutissants*, cette *exigence envers soi-même* avec laquelle se confond foncièrement la *phronêsis* telle que l'interprète Heidegger, pourrait encore s'appeler pleine *lucidité*. Comme Hamann l'écrivait à Kant, « le mensonge est la langue maternelle de notre raison et de notre esprit »[28]. A l'encontre de cette tendance au recouvrement et à la dissimulation de soi dans l'accomplissement de l'existence, de cette tendance inhérente au *Dasein* (thème qui deviendra précisément central dans l'examen de la figure du sophiste), c'est donc au vu et au su de tous qu'agit le *phronimos*, comme en toute transparence. Ne prenant pas modèle sur Gygès, le magnanime « parle et agit au grand jour – *phanerôs* »[29]. Mais c'est surtout la distinction augustinienne, dans le livre X

---

[26] Maurice BLONDEL, *L'Action* (1893), Paris, PUF, 1950, p. 171.

[27] ARISTOTE, *Nikomachische Ethik VI*, 2.

[28] « De Johann Georg Haman : 27 juillet 1759 », in : Immanuel KANT, *Correspondance*, trad. par M.-C. Challiol, M. Halimi *et alii*, Paris, Gallimard, 1991, p. 14-22, ici p. 19.

[29] ARISTOTE, *Ethique à Nicomaque*, IV, 3, 1124 b 28-29.

des *Confessions* (23,33) entre *veritas lucens* et *veritas redarguens* qui peut s'avérer ici éclairante (et tempérer l'idée exprimée plus haut selon laquelle Aristote ne serait pas compris à partir d'un auteur ultérieur) : les hommes aiment la vérité « quand elle se décèle, ils la haïssent quand elle les décèle – *cum eos ipsos indicat* ». Cette « vérité » qui « décèle » celui-là même qui agit dans l'accomplissement de son action, c'est celle que Heidegger appelle « transparence » lorsque la *phronêsis*, « co-constitutive de l'accomplissement de l'agir lui-même », sert de guide pour l'action. L'interprétation que Heidegger propose de la *phronêsis* est donc moins politique qu'*existentiale*. La *phronêsis* est essentiellement une contre-tendance, une manière de se reprendre par rapport à une pente, à cette défaillance constitutive de l'être humain que la terminologie de *Sein und Zeit* appellera : *Verfallen*.

Comme les autres « vertus dianoétiques », mais d'une façon qui lui appartient en propre, la *phronêsis* « dégage l'étant ». Elle constitue l'un des modes selon lesquels l'âme *alêtheuei*, met à découvert ou désocculte l'étant auquel elle se rapporte – en l'occurrence : l'être humain lui-même – en l'arrachant à la *lêthê*. L'étymologie d'*alêtheia* à partir d' *a-lêtheia*, avec laquelle va de pair l'interprétation de l'*alêtheia* comme *Unverborgenheit*, présence à découvert, hors retrait, « à ciel ouvert », affleure dès l'Antiquité : c'est « l'étymologie, peut-être simplement populaire, mais constamment ressentie chez les Grecs, qui fait dériver *alêtheia*, "vérité" de *a-lanthanein*, "ne pas échapper" »[30], comme dans ce passage de la *Rhétorique* (I, 7, 1365 b 14) d'Aristote : « ce dont la présence ne passe pas inaperçue (*mê lanthanei*) est préférable à ce dont la présence passe inaperçue (*lanthanei*) : en effet, les premières choses reviennent à l'*alêtheia*. » Toujours est-il que l'analyse aristotélicienne de la *phronêsis* se clôt (au moins provisoirement) sur une secrète assonance avec ce qui en avait commandé l'ouverture : la *lêthê*, par contraste avec l'*a-lêtheuein* de la *phronêsis*. De la *phronêsis*, dit Aristote, il ne peut y avoir *lêthê*. Elle est inoubliable, inamissible. Nul ne peut échapper à lui-même, nul ne saurait « n'y être pour personne ».

C'est en faisant fond sur ce passage que Heidegger peut déclarer :

> Sans doute l'explication ici fournie par Aristote est-elle très concise. Pourtant il ressort clairement du contexte que l'on ne va pas trop loin dans l'interprétation quand on dit qu'Aristote se heurte ici au phénomène de la

---

[30] BRAGUE, *Aristote et la question du monde*, p. 155.

conscience [Gewissen]. La phronêsis n'est rien d'autre que la conscience, mise en mouvement, telle qu'elle illumine de part en part l'action.[31]

C'est là à première vue un rebondissement pour le moins inattendu de l'analyse, dans la mesure où l'intérêt suscité par la problématique de la *phronêsis* a tenu pour une part non négligeable au fait qu'elle n'est justement pas (ou pas encore) une problématique de la conscience, laquelle est souvent considérée comme ayant joué un rôle décisif dans le refoulement de la problématique de la prudence. En sorte que l'on a pu à bon droit se demander si Heidegger ne réintroduisait pas ici le loup dans la bergerie.

Reste à déterminer ce que Heidegger entend ici au juste par « conscience ». Il ne parle d'ailleurs pas de la conscience, mais du *phénomène* de la conscience, c'est-à-dire de la conscience ressaisie phénoménologiquement au niveau de ce qui se déploiera, dans *Etre et temps*, à la mesure d'une analytique existentiale. Par ce terme de « conscience » (*Gewissen*), Heidegger ne vise donc pas un concept qui, dans l'histoire doctrinale, va effectivement recouvrir, par strates et sédimentations successives, la tradition antérieure (antique puis médiévale) de la prudence, mais un phénomène en son premier gisement, que quelques lignes d'Aristote, si concises soient-elles, suffisent néanmoins à ses yeux à rendre visible : ce qui illumine l'action de part en part – de manière proprement diaphane où le soleil ne cesse de transluire – en lui servant de guide, sans jamais cesser d'être présent à l'esprit de celui qui agit. C'est précisément ce phénomène, autrement articulé dès lors qu'il entre en résonance avec l'appel, le souci, la faute et l'« être-en-faute », que tentera de dégager *Etre et temps*, non pas dans le cadre d'une « philosophie morale », mais d'une élucidation des structures ontologiques de l'existence humaine : inamissible, la conscience ainsi entendue est tout autant irrévocable – d'elle provient un appel, non pas tant à entreprendre telle ou telle action qu'à ne pas lui faire la sourde oreille, autrement dit à être soi-même. Comme on le voit, l'interprétation de la *phronêsis* aristotélicienne aura contribué à acheminer la pensée de Heidegger vers le thème de la « propriété », de « l'être-en-propre ». Loin d'être l'apanage de quelques hommes illustres, tels que Périclès, la *phronêsis* apparaît ainsi comme la tâche qui incombe à toute existence, dès lors que le *Dasein* (ou, comme dit plus

---

[31] HEIDEGGER, GA 19, p. 56; traduction française citée, p. 61. Dans son ouvrage déjà cité *Aristote et la question du monde*, publié en 1988, donc antérieurement à la publication du cours de Heidegger sur le *Sophiste* de Platon (publié en allemand en 1992), Rémi Brague soulève ce problème de la manière suivante : « H.-G. Gadamer rapporte qu'au cours d'une séance de séminaire sur *l'Ethique à Nicomaque*, arrivé justement au passage sur l'impossibilité d'oublier la *phronêsis*, le philosophe aurait interrompu les hésitations de ses étudiants en s'exclamant brusquement : "Mais c'est la conscience (*Gewissen*) !" » (p. 158).

volontiers le cours sur le *Sophiste* : le *Dasein* humain) a à être qui il (ou elle) est. Etre, pour l'être humain, ne va pas de soi, sans avoir à surmonter une certaine « difficulté d'être », cela ne va pas sans qu'il *faille* sans relâche contrecarrer – par ce que Heidegger appelle une « lutte », une « tâche » à accomplir pour qu'accomplissement il y ait dans l'action accomplie – une tendance à « s'oublier » en agissant, c'est-à-dire à rabattre l'action éthique sur l'action technique, la responsabilité sur la compétence, ou encore l'existence, comme mode spécifique selon lequel l'être humain déploie son être comme *Dasein*, sur la *Vorhandenheit*. La *phronêsis* sauvegarde ainsi le caractère éthique de toute action humaine.

Si l'enjeu de toutes ces analyses est bien la *possibilité*, si rare soit-elle ou puisse-t-elle être, d'une action humaine au fait de ses propres ressorts comme des perspectives qui grâce à elle peuvent se dessiner, et ayant pour prolongement politique immédiat l'aptitude à être gouvernante pour autant qu'elle est bien gouvernée, ce n'est pas le moindre intérêt de l'interprétation dont nous venons de retracer quelques grandes lignes que de rappeler intempestivement cette possibilité, dans un paysage moderne où elle ne semble plus guère avoir droit de cité, qu'il s'agisse, avec la pensée de Kant, de faire porter le soupçon sur les « mobiles secrets » (*die geheimen Triebfedern*)[32] de l'action humaine, tenus pour impénétrables même à « l'examen le plus rigoureux », ou encore, avec la psychanalyse, de réintroduire massivement de l'opacité irréductible, en faisant droit à l'hypothèse de l'inconscient. La *phronêsis* permet justement d'échapper, tout en sauvegardant un savoir des limites inhérentes à l'action humaine, au régime sans doute le plus courant, voire désespérément banal, selon lequel l'action humaine n'est justement pas au fait de ses propres ressorts ni de son horizon constitutif (de son *archê* et de son *telos*).

A ce niveau ne semble plus se poser la question de savoir si la *praxis* est subordonnée à la *theoria*, ou au contraire promue et reconnue comme ayant une certaine autonomie. Car c'est bien l'existence tout entière qui se trouve irradiée par la *phronêsis*, quel qu'en soit le mode privilégié d'accomplissement. On comprend mieux, à partir de là, pourquoi Heidegger a cru bon de faire précéder son interprétation du *Sophiste* d'un long préambule aristotélicien. Sous un éclairage aristotélicien, le sophiste diffère du philosophe *tou biou tê prohairesei*

---

[32] Immanuel KANT, *Grundlegung zur Metaphysik der Sitten*, AA IV, p. 407 (trad. franç. : *Métaphysique des moeurs. Tome I : Fondation de la métaphysique des moeurs; Introduction à la métaphysique des moeurs* [Alain Renaut, trad.], Paris, Flammarion [GF-Flammarion], 1994, p. 78).

(*Métaphysique*, IV, 2, 1004 b 24-5) – « par le fait de s'impliquer d'emblée dans la dimension de l'*existence*, comme du "sérieux" qui lui est propre »[33]. La *prohairesis* en question est celle qui ouvre de part et d'autre le large spectre de l'action humaine, à partir de quoi tout se décide : l'élection de soi-même. La question décisive est donc l'orientation que chacun donne à sa propre existence, un choix de l'existence qui précède et commande tous les choix dans l'existence. Jouer le jeu de l'existence, c'est peut-être justement consentir à ne pas y voir qu'un jeu dont je pourrais à l'occasion m'excepter, et prendre la mesure de tout ce qu'elle engage, bien plus profondément que ce que peuvent avoir en vue les morales dites de l'« engagement » bornées à un horizon politique immédiat. Il ne s'agit pas de s'engager, mais de ne pas se désengager. « Le désespoir le plus amer d'une vie consiste à ne pas s'être accompli, à n'avoir pas été à la hauteur de soi-même », notait Ernst Jünger en 1932.[34] La *phronêsis* est cette singulière « vertu » qui permet à l'existence de se tenir et de se maintenir, autant que faire se peut, à la hauteur d'elle-même.

---

[33] Martin Heidegger, *Metaphysische Anfangsgründe der Logik* (GA 26), p. 15.

[34] Ernst Jünger, *Der Arbeiter*, Stuttgart, Klett, 1981, p. 37 : « *Die bitterste Verzweiflung eines Lebens beruht darin, sich nicht erfüllt zu haben, sich selbst nicht gewachsen gewesen zu sein.* »

LA SECONDE TRAVERSÉE DE SOCRATE. LE TOURNANT VERS LE *LOGOS*

John Sallis

La partie centrale du *Phédon* de Platon est constituée par un discours où Socrate parle de lui-même.[1] Dans ce discours autobiographique, Socrate retrace le chemin qui l'a amené à l'établissement de la philosophie au sens spécifiquement socratico-platonicien. Ce discours est ainsi un récit des débuts – du début par lequel Socrate s'est engagé en direction de la philosophie, puis du début qu'il a par là atteint : le début de la philosophie comme telle. Ce début qui a dû d'abord être atteint, ce tournant par lequel commence la philosophie, Socrate le décrit comme une seconde traversée (*deuteros plous*).

Le passage où Socrate décrit cette seconde traversée constitue le cœur même du discours autobiographique, et en fait du dialogue dans son ensemble. Notre intention est de lire simplement avec soin ce passage remarquable et, ce faisant, de voir précisément comment Socrate caractérise le tournant par lequel la philosophie débute à proprement parler.

Mais avant de se pencher sur le passage concernant la seconde traversée, il est nécessaire de relever comment celui-ci se trouve anticipé et de quelle manière le chemin y conduisant est préparé par plusieurs passages précédents. Il est tout d'abord nécessaire de noter que toute la conversation, qui a lieu dans la cellule de Socrate, le jour de sa mort, est racontée plus tard par Phédon. Le récit survient à vrai dire à un autre endroit que celui où se sont déroulés les

---

[1] Traduit de l'anglais par Michel Herren et Emmanuel Mejía. Les références entre parenthèses dans le texte renvoient au texte du *Phédon*.

événements présentés dans le récit : Phédon raconte l'histoire à Échécrate dans la ville de Phlionte, qui était réputée pour être un centre de la pensée pythagoricienne. Partant, le dialogue consiste en un discours, un *logos*, qui est séparé aussi bien par le temps que par le lieu des faits et événements racontés dans ce *logos*. Ainsi, la structure même du *Phédon*, où le *logos* est mis à distance des événements rapportés, reflète le tournant des choses au *logos*, tournant que Socrate décrit dans le dialogue comme le début de la philosophie.

Le discours autobiographique de Socrate qui conduit au passage relatif à la seconde traversée intervient en un point du dialogue où les efforts visant à montrer que l'âme survit après la mort ont échoué. Le discours suivant, qui est central et décisif pour le dialogue dans son ensemble, est traité – ironiquement, sans doute – presque comme s'il n'était qu'un simple détour pris dans le dessein de répondre aux objections qui, à ce stade-là, ont interrompu la démonstration de l'immortalité. Dans le sillage des difficultés intervenues, la démonstration étant à son point mort, voici ce qui s'est passé selon Phédon, le narrateur : « Alors Socrate s'arrêta longuement et considéra quelque chose en son for intérieur » (95e). C'est comme si Socrate, confronté à sa mort imminente et à l'échec qui va jusqu'à menacer son sang-froid à l'égard de celle-ci, avait tourné son regard au-dedans de lui-même et vers son passé. Et ainsi raconte-il d'abord comment, jeune homme, il s'est mis à la recherche :

> En effet, Cébès, jeune homme j'étais ardemment désireux de cette sagesse qu'on nomme recherche à propos de la nature [*peri physeôs historia*]. Cette sagesse m'a semblé être extraordinaire : celle de connaître les causes de chaque chose, pourquoi chaque chose vient à être, pourquoi elle dépérit et pourquoi elle est. (96a)

Aussi Socrate a-t-il commencé par étudier la nature ; on pourrait appeler cela son premier début, en distinction de la seconde traversée par laquelle il a débuté à nouveau, par laquelle il a pris un nouveau départ. Dans son premier début, il étudiait la nature dans le dessein de déterminer pourquoi les choses – les choses naturelles – en viennent à être et à dépérir, et pourquoi elles sont.

Que faut-il entendre ici par nature, *physis* ? Même la traduction de *physis* par *nature* est problématique. Car la *physis* n'est pas simplement une région particulière des choses en distinction d'avec d'autres. Elle inclut bien plutôt toutes les choses qui viennent à être et à dépérir ; toutes les choses, au sens habituel du mot, sont des choses de la nature, des choses naturelles. Toutefois, la *physis* n'est pas tant la totalité des choses ; elle est bien plutôt ce à partir de quoi les choses naturelles viennent au jour, leur origine, leur *archê* (comme Aristote le dira explicitement). Au moins pour certains penseurs grecs plus anciens, cette venue au jour des choses naturelles (*ta physei onta*) à partir de la nature elle-même (*physis*) s'avérait être telle que la *physis* elle-même demeurait occultée, ne venant pas au jour dans la manifesteté. On doit ici se rappeler en particulier l'énoncé d'Héraclite : « *physis kryptesthai philei* » (traduit habituellement par : « la nature aime à se cacher »). En tout cas, c'est avec un désir animé par l'étonnement que le jeune Socrate a entrepris l'investigation de la nature.

Son discours autobiographique se poursuit ainsi :

Je regardai dans les processus par lesquels ces choses dépérissent et dans toutes les affections appartenant au ciel et à la terre, jusqu'à ce qu'il me semblât finalement que mon aptitude naturelle pour ce « regard dans les choses » était proche de rien. (96 b-c)

Ainsi, en poursuivant l'investigation de la nature, Socrate en est venu à réaliser qu'il n'était par nature pas fait pour une telle investigation. En d'autres termes, en étudiant la nature, Socrate a gagné une certaine vue (*insight*) de sa propre nature, à savoir qu'elle n'était pas appropriée à une telle investigation. Toutefois, il s'agissait là d'une vue non seulement dans sa propre nature singulière, mais aussi et avant tout dans l'incapacité humaine comme telle à étudier la nature de cette manière.

Socrate explique comment il en est venu à cette vue et ce qui l'a provoquée :

> J'étais si intensivement aveuglé par ce « regarder » [*looking*] que je désappris même ce que je pensais savoir auparavant à propos de beaucoup d'autres choses et pourquoi un être humain croît. J'avais coutume auparavant de penser que ceci était clair pour tout le monde : qu'un être humain croît parce qu'il mange et boit. (96 c)

En d'autres termes, Socrate, auparavant, rendait compte de la croissance d'une chose (par exemple d'un être humain) par l'addition de quelque chose d'autre tel que la nourriture ou la boisson ; mais lorsqu'il a commencé à regarder dans (*look into*) les choses, il l'a désappris, au sens où il a rencontré des apories qui mettaient en question de telles explications. Les apories qu'il mentionne ont à faire avec les *uns*. Ici l'*un* doit être entendu au sens des mathématiques grecques : *un* n'est pas un nombre, mais c'est bien plutôt à partir des *uns* que tous les nombres sont composés, si bien que chaque nombre, à partir de *deux*, est un nombre d'*uns*. C'est donc ici que surgit la première aporie, revêtant la forme de cette question : lorsqu'un un est additionné à un autre un, l'un auquel celui-ci est additionné devient-il deux ? ou est-ce l'un additionné à celui-ci qui devient deux ? ou les deux deviennent-ils deux par l'addition de chacun à l'autre ? Quelle que soit la réponse, c'est l'addition qui est la cause que un devienne deux. Mais en outre, si quelqu'un partage un un, alors ce partage est la cause que un devient deux. Toutefois – et c'est là l'aporie majeure – cette cause (partage, division) est le contraire de la cause précédente – addition, rassemblement.

Il est hautement significatif que les apories rencontrées par Socrate aient précisément à faire avec des uns, avec ce qui arrive aux uns lorsque, en rendant raison du devenir des choses, ils sont eux-mêmes pris pour être soumis à la genèse (*genesis*). Finalement, la stratégie socratique se révèlera être celle de poser les uns (considérés comme des étants-uns) contre la génération et le dépérissement des choses. Et donc, au lieu d'expliquer des choses naturelles par référence à d'autres choses naturelles, il les expliquera en les référant aux étants-uns. C'est précisément l'espace d'une telle explication qui sera ouvert par la seconde traversée à laquelle se risque Socrate.

Socrate poursuit en se rappelant avoir entendu quelqu'un lire un livre d'Anaxagore qui dit que le *nous* ordonne et cause toutes choses. Considérant ensuite ce qui a été dit du *nous* (traduisons simplement par la puissance de la pensée ou par l'intelligence), Socrate arrive à la conclusion que « du moins le *nous*, en ordonnant l'univers, ordonnerait toutes choses et disposerait chaque chose précisément de la meilleure manière » (97c). Il s'ensuivrait par conséquent qu'en étudiant la cause de n'importe quelle chose, il suffirait de regarder ce qui est le meilleur. Mais les espoirs de Socrate d'avoir découvert un maître ont été réduits à néant dès qu'il a lu le livre et s'est aperçu qu'Anaxagore, en dépit de ce qu'il dit du *nous*, explique les choses précisément de la même manière que les autres philosophes qui ont étudié la nature, c'est-à-dire en les renvoyant à l'air, l'éther, l'eau et d'autres choses de ce genre comme à leur cause. Au lieu d'expliquer les choses en les référant à ce qui serait appréhendé par le *nous*, Anaxagore retombe simplement dans le même mode explicatif que celui donné par d'autres : expliquer les choses en référence à d'autres choses. Toutefois, en mentionnant le *nous*, Socrate inaugure un autre schéma explicatif : celui qui expliquerait les choses en référence non pas à d'autres choses, mais à une cause appréhendable par le *nous* plutôt que par les sens.

A l'encontre de ce qui se trouve au fond des échecs précédents, c'est à ce point que Socrate en vient à parler de sa seconde traversée. Il demande à Cébès :

> Veux-tu que je fasse un exposé [une dé-monstration : *epideixis*] de la manière avec laquelle je me suis occupé de la seconde traversée dans la recherche des causes ?(99d).

La figure nautique est en jeu bien avant cette scène, et à vrai dire presque dès le début du *Phédon*. Lorsque, au début du dialogue, Échécrate demande à Phédon de lui raconter la mort de Socrate, il s'enquiert en particulier de savoir pourquoi l'exécution de Socrate a eu lieu si longtemps après le jugement. Phédon répond :

> Un peu de chance lui vint en aide, Échécrate. Le hasard fit que la veille du jugement fût le jour où l'on couronnait la poupe du navire que les Athéniens envoient à Délos.

Échécrate demande : « Mais quel est ce navire ? » Phédon explique alors dans les détails :

> C'est, comme le disent les Athéniens, le navire sur lequel jadis Thésée les avait transportés, les conduisant vers la Crète, ces fameux « deux fois sept », et les sauvant et étant lui-même sauvé. Or, on raconte qu'à cette époque les Athéniens firent un vœu à Apollon : s'ils étaient sauvés, un pèlerinage serait envoyé chaque année à Délos, pèlerinage que, toujours et aujourd'hui encore, dès cette année et chaque année, ils envoient au dieu. Mais, dès le premier jour du pèlerinage, la coutume est de garder la cité pure pendant toute sa durée, et de n'exécuter personne publiquement jusqu'à ce que le navire soit parvenu à Délos et revenu ici. (58a-b)

Deux traversées liées sont donc invoquées au début du dialogue. La première fournit l'un des premiers *mythoi, récits mythiques*, contre lequel se dresse le dialogue tout entier. Il s'agit de l'histoire de Thésée narrant comment il naviga jusqu'en Crète avec les quatorze victimes offertes en sacrifice au Minotaure. Selon ce récit, Ariane, fille du roi crétois Minos, tomba amoureuse de Thésée et lui enseigna, comme Dédale le lui avait expliqué, comment il pourrait s'échapper du labyrinthe dans lequel le Minotaure était enfermé et où lui-même ainsi que ses compagnons seraient emprisonnés. Ainsi le récit raconte-t-il que Thésée tua le Minotaure, s'échappa du labyrinthe, et, emmenant Ariane avec lui, retourna à Athènes puis devint roi. Non seulement cette traversée mythique réapparaît dans d'autres registres au cours du *Phédon*, mais également la course labyrinthique suivie par le discours lui-même, en son rendez-vous avec le Minotaure des Minotaures, la mort elle-même, est reflétée dans le mythique labyrinthe.

L'autre traversée invoquée au début du dialogue est explicitement présentée comme étant en relation avec la traversée de Thésée. Il s'agit de la traversée annuelle des Athéniens à Délos pour l'accomplissement de leur promesse à Apollon – traversée qui s'effectue prétendument sur le vaisseau même qu'avait utilisé Thésée. C'est cette traversée qui a pour effet de différer l'exécution de Socrate. En fait, cette traversée, et l'interdiction qui l'accompagne, accordent le temps même de la conversation rapportée dans le *Phédon*.

La figure de la navigation entre aussi en jeu à un autre moment charnière, lorsque Simmias et Cébès commencent à exprimer leurs doutes concernant la démonstration de l'immortalité ; ces suspicions mènent à l'échec de la démonstration et à l'interruption du discours tout entier. C'est Simmias qui introduit la figure. Se référant à la question de l'immortalité de l'âme, il exprime sa conviction que connaître quelque chose de certain à propos de telles affaires est sinon impossible, du moins très difficile dans cette vie. Il évoque alors un certain expédient auquel il faut recourir lorsqu'on se trouve en face d'une telle impossibilité ou extrême difficulté. Il déclare qu'un homme

> doit naviguer dans la vie au milieu du danger, et dans tous les cas saisir le meilleur et le moins réfutable des *logoi* humains, et se laisser transporter par lui comme sur un radeau, faute de pouvoir faire route avec plus de sécurité et moins de danger sur un vaisseau plus solide, tel qu'un *logos* divin. (85c-d)

La seconde traversée de Socrate a donc aussi affaire à la question du recours à quelque chose d'autre lorsqu'on se trouve confronté à une impossibilité ou à un danger extrême. L'expression *deuteros plous* désigne ainsi l'expédient dont on use lorsqu'on navigue en mer et qu'il n'y a pas de vent pour gonfler les voiles : le recours aux rames. Puisque, dans la situation décrite par Socrate de manière autobiographique (de même que celle dans le *Phédon* lui-même), le chemin ordinaire pour poursuivre la recherche a échoué, Socrate a recours à un autre chemin. Puisque la recherche censée expliquer les choses naturelles en les référant à d'autres choses de ce genre comme étant leur cause a échoué, s'est terminée en apories, Socrate prend un autre chemin, s'engage dans une seconde traversée. Empruntant les voies proposées par Simmias, Socrate a recours aux *logoi* humains.

Voici donc le passage à la seconde traversée. Socrate dit :

> Eh bien ! après cela [c'est-à-dire après que les autres chemins empruntés ont abouti à des échecs], et depuis que j'eus renoncé [c'est-à-dire abandonné] à considérer les étants (*ta onta*), il me sembla que je devais me tenir sur mes gardes afin de ne pas subir les choses mêmes qui arrivent à ceux qui s'en tiennent à la vue et voient le soleil pendant une éclipse. Car, sans doute, certains d'entre eux auront les yeux détruits, s'ils ne regardent pas l'image du soleil dans l'eau ou dans une autre chose de ce genre. C'est à ce genre de chose que je songeai pour ma part et craignis que mon âme fût rendue complètement aveugle, si je prenais en vue les choses (*ta pragmata*) avec mes yeux et tentais de les saisir par chacun de mes sens (*aisthêsis*). Aussi, il me sembla que je devais avoir recours (ou chercher refuge, prendre

refuge dans – *katapheugô*) aux *logoi* et chercher en eux la vérité des étants. (99d-e)

Notons comment le passage débute. Il fait référence à d'autres chemins empruntés sans succès. Quels sont ces autres chemins ? Ce sont ces chemins qui mènent à bien l'explication des choses en les référant à d'autres choses, à l'instar de celui qui veut expliquer la croissance de l'homme en référence à la nourriture et à la boisson. Socrate dit que, depuis qu'il a renoncé, abandonné ce regard des étants, cette considération des étants, il a dû se tenir sur ses gardes, c'est-à-dire en garde contre un certain danger. Ce danger est donc devenu menaçant *après* que Socrate a renoncé à regarder les étants. Il ne s'agit pas simplement d'un danger inhérent au regard des choses, mais d'un danger qui précisément menace lorsqu'il renonce à un tel regard et passe à quelque chose d'autre.

Mais à quoi passerait-il donc ? Au lieu de rechercher une cause des choses parmi les autres choses, il chercherait la cause au-delà des choses. Il passerait ainsi à une cause qui, d'au-delà des choses, laisserait les choses venir au jour, les laisserait venir à être et à être éclairées. Or ce qui, au-delà des choses naturelles, est le plus responsable de leur venue au jour, c'est le soleil. C'est la raison pour laquelle le passage commence par faire référence à ceux qui regardent le soleil et au besoin d'être sur ses gardes contre le danger de cécité qu'implique un tel regard.

On ne peut cependant, à strictement parler, supporter de regarder le soleil lui-même. On peut voir la lumière du soleil en sa manière d'illuminer les choses, mais on ne peut supporter de regarder dans l'origine de la lumière, excepté lors d'une éclipse. Ce n'est que là qu'on peut regarder directement le soleil et soutenir ce regard plus d'un instant. Encore ne le fait-on ainsi qu'au risque de perdre la vue. Et même là, même si l'on s'était résolu à endurer la cécité, un tel regard aurait été en vain. Durant une éclipse, le soleil est recouvert, de sorte que même là – et même au risque de devenir aveugle – on ne l'aurait pas réellement vu. La cécité qui en résulterait ne pourrait même pas réclamer pour compensation une vision précédente de l'origine de toute visibilité.

Dans l'image de la prise en vue du soleil, une analogie est clairement en jeu. Car il ne s'agit pas seulement de la visibilité des choses, mais de leur être, étant (en un sens transitif) les choses qu'elles sont ; il y va donc de leur détermination comme telle. L'analogie est par conséquent la suivante : de même que le soleil est, d'au-delà des choses, la cause de leur visibilité, de même quelque chose d'autre est, de manière plus décisive encore au-delà des choses, la cause de leur être, en tant qu'elles sont et en tant qu'elles sont appelées. Qu'est ce quelque chose d'autre ? Socrate ne le dit pas encore, bien que sa mention – en lien avec Anaxagore – de ce qui est le meilleur pour chaque chose qui est, c'est-à-dire son bien, fournisse un indice. En tout cas, Socrate dit que regarder dans une telle cause originaire, c'est tout aussi dangereux que de regarder le soleil. Dans ce cas aussi, il y a menace de cécité.

Ayant ainsi relevé le danger de cécité impliqué dans le regard direct au cœur de l'origine, Socrate retourne au danger de cécité impliqué dans le tournant du regard vers les choses naturelles. Il dit :

> C'est sur pareille chose que je méditai pour ma part et craignis que mon âme fût aveuglée, si je regardais les choses avec mes yeux et tentais de les saisir par chacun de mes sens.

Il s'agit ici de la cécité évoquée auparavant dans son discours autobiographique, lorsqu'il a indiqué les apories apparues durant les tentatives d'expliquer les choses en référence à d'autres. Il y a par conséquent une *double menace* de cécité, tant en tournant le regard vers les choses qu'en le détournant en direction de leur cause originaire.

Il en résulte que le tournant constitutif de la seconde traversée s'avère être plus complexe que ce qu'il aurait pu sembler initialement. D'une part, il s'agit d'un dé-tour des choses, et des explications des choses en référence à d'autres choses. Mais il s'agit d'autre part d'un tournant qui se retient de s'aventurer à prendre directement en vue la cause originaire des choses ; c'est un dé-tour de la vision de l'origine. Plutôt que de se tourner des choses à leur origine, la seconde traversée met en œuvre le tournant menant des choses (*pragmata*) aux *logoi*. Socrate dit que ce tournant vers les *logoi* est analogue au fait de regarder le soleil de la seule manière réellement possible – et sans risque : regarder son image dans l'eau ou dans quelque chose d'autre du même type. Il conclut : « Aussi me sembla-t-il que je devais avoir recours aux *logoi* et rechercher en eux la vérité des étants ». Ainsi, il prend refuge dans les *logoi*, refuge contre le danger de cécité qui le menacerait s'il se mettait à regarder directement les choses ou dans leur origine. C'est alors au sein des *logoi* qu'il cherche la vérité des étants (*skopein tôn ontôn tên alêtheian*).

Mais que faut-il entendre ici par *étants* ? Le sens pertinent a été préparé par plusieurs discours précédents du *Phédon* : le mot *étants* (*ta onta*) ne désigne pas les choses naturelles, que Socrate distingue en tant que *ta pragmata* des *ta onta*. Celles qui sont simplement désignées comme des étants (*ta onta*) sont bien plutôt les étants qui sont ce qu'ils sont, qui sont les mêmes qu'eux-mêmes. Ils sont plus précisément les mêmes étants qui déterminent les choses naturelles, de sorte que tous deux peuvent être appelés du même nom. Ce sont les mêmes étants qui constituent les identiques déterminations en référence auxquelles les choses naturelles sont déterminées en ce qu'elles sont. En ce sens précis, les étants constituent l'origine (*archê*) des choses naturelles.

Quelle est par conséquent la vérité des étants ? Ici, le mot qui vient à être traduit par *vérité*, le mot grec *alêtheia*, a ce sens plus originaire dont Heidegger a montré qu'il était encore à l'œuvre chez Platon, et encore davantage chez les premiers penseurs grecs, soit le sens de désoccultation, c'est-à-dire de négation ou privation de ce qui cache et occulte. La vérité des étants n'est donc pas quelque chose d'autre que ces étants eux-mêmes, mais bien plutôt ces mêmes étants en leur désoccultation, en tant qu'ils s'annoncent eux-mêmes, une fois que ce qui les a occultés – quel qu'il soit – est enlevé. Ainsi ce qui est à appréhender dans les *logoi* vers lesquels Socrate se tourne en entamant sa seconde traversée, ce sont simplement les étants eux-mêmes.

Sur la base de ce que Socrate dit dans le passage concernant la seconde traversée, on pourrait supposer que ces *logoi* soient des images des étants eux-mêmes, précisément comme on peut voir dans l'eau l'image du soleil. Cependant Socrate, immédiatement après le passage cité, exclut qu'il en soit ainsi. Il dit :

> Dès lors, il n'en est peut-être d'une certaine manière pas comme j'aimerais qu'il soit. Car je ne peux pas du tout accorder que quelqu'un qui regarde des étants dans les *logoi* les regarde davantage en images que quelqu'un qui regarde [les étants] dans les œuvres (*ergois*). (99e-100a)

Aussi les *logoi* ne sont-ils pas simplement des images des étants ; ils ne sont pas simplement des images que l'on apercevrait en l'absence des étants eux-mêmes ou dans le sillage de leur occultation. Les *logoi* servent bien plutôt à ouvrir une voie d'accès aux étants, une voie appropriée à la connaissance humaine, le radeau des *logoi* humains, comme l'a appelé Simmias. On pourrait dire que les *logoi* laissent les étants devenir manifestes, à la manière qu'a une œuvre de rendre manifeste quelque chose à propos de l'âme de la personne qui l'accomplit. Les *logoi* vers lesquels Socrate se tourne sont comme des images *uniquement* au sens où c'est en eux et à travers eux que les étants deviennent manifestes.

Mais comment cela survient-il exactement ? Comment Socrate se tourne-t-il vers les *logoi*, de telle manière que, par là, les étants eux-mêmes deviennent manifestes ? Socrate l'explique ainsi : « Je commence dans tous les cas comme suit : à chaque fois, je pose comme hypothèse le *logos* que je juge être le plus vigoureux » (100a). Avec ce nouveau début entrepris comme une seconde traversée, Socrate commence par adopter un nouveau rapport à la parole. Or, précisément en tant qu'être humain, ce qui signifie pour les Grecs un « être vivant possédant la parole (*zôion logon echon*) », il se rapporte déjà – même avant ce début – constamment à la parole. Ainsi, avec ce nouveau début, il dédouble son rapport à la parole, au *logos*. Le nouveau rapport consiste à émettre des hypothèses, au sens précis de poser ou d'exposer un *logos* en le plaçant sous quelque chose. Dans cette exposition d'un certain *logos* – du « *logos* le plus vigoureux » –, Socrate expose explicitement ce qui est dit, ce qui est signifié dans la parole. Il expose explicitement les étants-uns qui sont toujours déjà signifiés lorsqu'on dit par exemple « beau », « bon », « grand ». Aussi, comme le dit Socrate en poursuivant, il expose « le beau lui-même par lui-même, et le bon, et le grand et tout le reste » (100b). Il expose les étants eux-mêmes, non pas primordialement en tant qu'ils sont vus (du moins pas au début), mais *en tant qu'ils sont dits*, comme étant déjà à l'œuvre et manifestes dans la parole.

Socrate identifie les choses ainsi exposées, pour reprendre ses termes, avec « la chose même dont je n'ai jamais cessé de parler » (100b). De toute évidence, il se réfère à la partie précédente du dialogue et à d'autres dialogues. Mais, de manière plus à propos, ces choses sont *toujours* les choses mêmes dont on aura à chaque fois parlé, c'est-à-dire sont ce dont il en va dans la parole, ce qu'elle signifie et ce qui est visé à travers elle.

C'est précisément à ce moment que Socrate introduit le mot *eidos*, en référence à l'aspect (*look*) de la cause (*tês aitias to eidos*). Il s'ensuit une série de propositions décisives concernant la relation entre le *look* de la cause – c'est-à-dire le *look* de l'étant-un ex-posé à partir du *logos* – *et* les choses naturelles qui sont appelées par le même nom. Dans un de ces développements, Socrate dit : « Pour ma part, je m'en tiens à cela : que rien ne rend belle une chose, si ce n'est la présence (*parousia*) ou la communauté (*koinônia*) avec ce beau » (100d). Par conséquent, quelque chose est beau et peut être appelé du même nom que le beau, parce qu'il a quelque chose en commun (*koinon – koinônia*) avec le beau. Qu'est-ce qu'une telle chose a en commun avec le beau ? Elle a en commun le *look*. Elle a le *look* du beau, elle a l'air du beau. Dans son *look*, le *look* du beau est présent, est présenté – au même titre que dans un cheval qui est présent aux sens, son *look* est présent et détermine la chose vue comme un cheval, plutôt que comme un autre type de chose.

Il est ici impératif d'insister, comme le fait Heidegger, sur le sens le plus littéral et concret de *eidos* plutôt que de tomber dans les traductions traditionnelles, aujourd'hui presque vides, qui font par exemple retour au latin *forma*. Un *eidos* est un *look*, quelque chose qui est regardé, quelque chose qui se montre lui-même lorsqu'on le regarde. Plus précisément dit, il s'agit du *look* qui resplendit dans et à travers les choses, afin de les faire voir comme elles sont en leur *look*, afin de leur conférer le *look* d'une chose bien déterminée. C'est parce que ces *looks* confèrent aux choses le *look* de choses bien déterminées, que ces *looks* constituent l'être des choses. Ces *looks* sont les étants eux-mêmes, en tant qu'ils sont placés sous les choses, les soutenant comme leur origine, précisément en resplendissant dans et à travers elles, afin de leur donner le *look* de ce qu'elles sont. La seconde traversée, le tournant vers le *logos*, met en acte ce mettre-sous, le met précisément en acte à partir du *logos*, le met en acte en exposant les étants-uns, les *looks*, à partir du *logos*.

C'est avec la seconde traversée, avec le tournant vers le *logos*, que débute la philosophie dans sa forme socratico-platonicienne. Ce début est un détour du sensible, des choses naturelles. Néanmoins, ce tournant n'est pas à ce stade une fuite dans l'au-delà, n'est pas une pure vision – s'abolissant déjà elle-même – de l'origine. Il s'agit bien plutôt, avec le tournant vers le *logos*, de prendre part à la manifestation de l'étant au sein du *logos*.

Mais qu'en est-il alors finalement de la nature ? Doit-on conclure que le tournant socratique tourne le dos à la nature ? Peut-on même dire que l'impulsion fondamentale de ce qui deviendra le platonisme est celle de fuir la nature ? Et vu qu'elle est déterminée par le platonisme, peut-on en dire de même pour la métaphysique comme telle, confirmant par là son nom même ?

La seconde traversée, avec tout ce qu'elle engage, prescrit assurément un dé-tour des choses naturelles. Elle prescrit donc également, non moins rigoureusement, un dé-tour de la nature saisie en tant que l'*arche* des choses naturelles. Ce qui devient décisif à cet égard, c'est la manière avec laquelle le tournant socratique vers le *logos* peut, à la limite, déboucher sur un certain retour à la nature, sur un retour de la nature. Socrate lui-même, dans son tout dernier discours dans le *Phédon* et devant l'imminence de la mort, en vient en effet à raconter une histoire à propos de la terre.

LA JUSTICE PLATONICIENNE
ET LA JUSTICE SOCIALE DE JOHN RAWLS

Ada Neschke-Hentschke

0. L'enjeu de la question

Lire la *République* de Platon aujourd'hui impose de traduire dans la pensée actuelle la notion de justice développée par le philosophe grec tout au long des dix Livres de son œuvre magistrale. Une telle lecture ne constituera aucunement une déformation de ce dialogue célèbre, car, il faut le souligner d'entrée de jeu, son sujet principal est la justice, non la cité, et la construction de l'ensemble du texte sert le traitement continu de la justice et du juste. Pourtant, depuis Aristote, l'aspect paradoxal, sinon utopique, de la cité du Livre V a focalisé l'intérêt des lecteurs au détriment de la question de la justice, qui fut reléguée au second plan dans les exégèses.

Lorsqu'ils prêtèrent quelque attention à la justice platonicienne, les lecteurs du XXe siècle ne l'ont pas accueillie favorablement. Depuis les années 1930, la justice platonicienne a été la cible de critiques acharnées. En 1933, le grand juriste Hans Kelsen affirmait que Platon n'a jamais dit clairement ce qu'est la justice.[1] A l'opposé de Kelsen, Karl Popper, en 1944, pensait savoir ce qu'est la justice platonicienne, puisqu'il la dénonçait comme l'expression de la pure injustice ; dans le vocabulaire de l'époque, la justice platonicienne devenait une manifestation du « totalitarisme ». En 1983 l'attaque de Kelsen fut renouvelée

---

[1] Cf. Hans KELSEN, « Die platonische Gerechtigkeit », *Kant-Studien* 38, 1933, p. 91-117.

par le biais d'une reconstruction de la philosophie sociale de Platon : dans une œuvre posthume intitulée *Die Illusion der Gerechtigkeit*, Kelsen reconnaît en Platon le créateur de la justice distributive (le *suum cuique*), mais la dénonce comme un concept complètement vide. Sans se référer à Platon mais en visant la justice distributive, Friedrich Anton von Hayek parvient à la même conclusion dans un ouvrage de 1976 publié sous le titre *Law, Legislation and Liberty : The Mirage of Social Justice*. Il avoue avoir recherché le sens de la justice distributive ou sociale dix ans durant, sans succès. En effet, selon F. A. von Hayek, la justice présuppose une intention et une volonté juste ; or, les lois du marché ne procèdent pas d'une volonté juste ; il n'y a donc pas de justice au niveau collectif.[2]

A la fin du siècle, un tournant s'amorce. Il survient en 1971 avec *A Theory of Justice* de John Rawls, qui modifiera d'ailleurs ses positions dès 1980.[3] Alors que la première moitié du XXe siècle fut marquée par le règne du positivisme juridique, qui proscrivait toute réflexion sur la notion de justice et excluait même d'en discuter la pertinence, l'intervention de J. Rawls provoqua l'élaboration d'une pléthore de théories portant sur la justice collective.[4] Ces théories présentent aujourd'hui un éventail de constructions théoriques au sujet de la société contemporaine, allant de la collectivisation totale de l'individu dans l'égalitarisme de J. Rawls[5] à sa libération inconditionnée par Robert Nozick ; cet auteur soustrait en effet la personne individuelle à toute emprise collective et lui accorde une possession absolue de soi.[6]

Or, la fin du siècle fut marquée par un autre événement, la parution simultanée de trois commentaires sur la *République* de Platon. Deux de ces ouvrages sont des commentaires collectifs ; sous la direction d'Otfried Höffe, le premier mobilisa une équipe internationale en 1997 ; élaboré de 1998 à 2002, le

---

[2] Friedrich A. VON HAYEK, *Law, Legislation and Liberty*. Vol. 2 : *The Mirage of Social Justice*, Chicago, University of Chicago Press, 1976/1989, p. 95 (en allemand : München, Moderne Industrie, 1981).

[3] Cf. John RAWLS, « Kantian Constructivism in Moral Theory : The Dewey Lectures », *Journal of Philosophy* 77, 1980, p. 515-572.

[4] Elles sont discutées dans Wolfgang KERSTING, *Theorien der sozialen Gerechtigkeit*, Stuttgart, Metzler, 2000, p. 68-353.

[5] Rawls va jusqu'à assumer une intervention eugénique, cf. KERSTING, *Theorien der sozialen Gerechtigkeit*, p. 112-116.

[6] Robert NOZICK, *Anarchie, State and Utopia*, Oxford, Blackwell, 1974 ; KERSTING, *Theorien der sozialen Gerechtigkeit*, p. 336ss. Cf. aussi mon chapitre sur Rawls in : Ada NESCHKE, *Platonisme politique et Théorie du droit naturel. II : Platonisme politique et jusnaturalisme chrétien. D'Augustin d'Hippone à John Locke*, Louvain/Paris, Peeters, 2004, p. 565-572.

second est dû à Mario Vegetti et à son équipe italienne. D'autre part, une entreprise individuelle commencée en 1999, celle de Wolfgang Kersting, nous promet le premier commentaire continu sur la *République*.

Existe-t-il un rapport entre ces deux événements ? Concernant les commentaires de O. Höffe et de W. Kersting, il faut répondre par l'affirmative. Ces deux auteurs se sont en effet engagés dans le débat actuel sur la justice ; ils ont travaillé systématiquement la question, lui consacrant chacun un ouvrage monographique. Dans sa *Politische Gerechtigkeit* de 1989, O. Höffe propose sa propre théorie de la justice politique. Quant à W. Kersting, ses *Theorien der sozialen Gerechtigkeit*, publiées en 2000, soumettent les théories récentes à une critique méticuleuse et destructrice, procédant d'une connaissance confirmée de la tradition de la philosophie politique occidentale. Cette connaissance permet à l'auteur de juxtaposer John Rawls et Platon :

> Dans la théorie de Rawls, les individus ne possèdent qu'un seul droit, à savoir le droit de recevoir une part appropriée des biens collectifs. En raison de son application à la totalité du collectif, la notion de justice de Rawls rappelle la notion de justice que Platon a développée au départ de la philosophie occidentale de la justice. Et Rawls et Platon comprennent la justice comme un principe d'organisation de la société, qui assemble les éléments sociaux fondamentaux en un ensemble harmonieux.[7]

La remarque de W. Kersting témoigne de l'actualité de la théorie platonicienne eu égard au débat actuel. Contrairement à ce que pensaient H. Kelsen ou F. A. von Hayek, la justice platonicienne n'est pas une notion désuète, simple résultat d'une pensée dépassée, mais elle exprime une certaine conception du rapport de la société et de l'individu sur laquelle la discussion est à nouveau ouverte.

De fait, relire la *République* n'est pas un acte innocent aujourd'hui. Au contraire, par son enjeu la question de la justice platonicienne est au centre du débat actuel sur la société. Elle demande en effet si « être juste » est un prédicat possible de la société, si la justice est un principe organisateur de la société – comme Platon l'affirme selon les dires de W. Kersting – ou si la justice n'est, comme le veut F. A. von Hayek, qu'un principe d'éthique individuelle. A ce propos, F. A. von Hayek pourrait d'ailleurs se référer à une longue tradition issue du jurisconsulte romain Ulpien, au IIe siècle, puis reprise par Thomas

---

[7] KERSTING, *Theorien der sozialen Gerechtigkeit*, p. 59.

d'Aquin au XIII⁰ siècle ; selon cette tradition, la justice est « une volonté perpétuelle et constante de rendre à chacun son droit »[8].

***

Une relecture de la *République* de Platon pourra-t-elle fournir des outils permettant de participer à ce nouveau débat sur la société ? Le cas échéant, l'étude du texte de Platon en devient urgente. Or l'entreprise est ardue. Il suffit en effet d'un coup d'œil rapide sur les dix livres de la *République* pour se rendre compte que la théorie de la justice exposée dans ce dialogue est pleine d'ambiguïté et recouverte d'opacité. Le lecteur parti pour la recherche de la théorie platonicienne de la justice, va peut-être espérer trouver un appui de la part des nouveaux commentaires. Malheureusement, leurs contributions à cette question restent insuffisantes comme j'ai montré ailleurs.[9]

La présente contribution se propose donc d'entreprendre une relecture du texte même de Platon; son but est de répondre à la question de l'opportunité et de la possibilité même d'une théorie de la justice sociale. A cette fin, j'établirai d'abord l'aporie mise en scène par le texte de Platon (1). J'examinerai ensuite comment le texte de Platon, dans la mesure où il est en rapport avec l'aporie, fournit une solution à cette aporie (2). J'achèverai mon parcours avec une comparaison de la justice platonicienne et de la justice qui fait l'objet des théories développées par la philosophie politique actuelle (3).

1. L'aporie du sens de la justice dans la République

La *République* constitue un ensemble à la fois transparent et opaque : sa transparence relève de sa composition, son opacité de la complexité de cette même composition qui organise les présentations de divers types de justice.

Commençons par la composition. Au début se pose la question dialectique de la définition de la justice (Livre I). D'emblée, la question de la définition vise à saisir l'idée du juste, c'est-à-dire ce qui, dans tous les phénomènes appelés « justes », transparaît comme le trait unique, identique et universel.[10] La question est précisée par l'intervention des frères de Platon, qui poussent le

---

[8] THOMAS D'AQUIN, *Summa theologiae*, IIa IIae, qu. 58, art. 1.

[9] Ada NESCHKE, « Justice socratique - justice platonicienne », in : Monique DIXSAUT (éd.), *La République de Platon*, Paris, Vrin, sous presse.

[10] PLATON, *République*, V, 475 e- 476 b.

Socrate du dialogue à rechercher la justice comme valeur individuelle, comme vertu de l'âme (Livre II, 366d-367e) ; pour découvrir cette justice individuelle, on fonde une cité qui joue le rôle d'une image agrandie (Livres II-IV). Après avoir abouti à une définition de la justice individuelle comme l' « *oikeiopragia* » ou l'« accomplir sa propre tâche », le débat revient à la question de la cité et pose trois éléments d'allure paradoxale : l'éducation de la femme, la dissolution de la famille, le règne des philosophes (Livre V). Ce dernier élément motive les thématiques de la vraie philosophie comme justification du règne du philosophe et de l'éducation du futur philosophe-roi (Livres VI et VII). Une fois clos ce passage explicitement qualifié de digression (*parekbasis*), le propos rejoint la question de la justice, un moment abandonnée ; le dialogue développe alors une études des formes d'injustices possibles. Le résultat de la digression est cependant significatif au niveau cognitif : il révèle que la justice individuelle ne peut être analysée que dans son rapport à la justice collective. L'injustice de l'individu reflète en effet l'injustice de la cité et vice-versa, car l'injustice de l'individu est à l'origine de l'injustice de la cité (Livres VIII et IX). Le passage du neuvième au dixième Livre marque une rupture. Jusque-là, le dialogue proposait une réflexion sur l'individu et la cité. Or, soudain, le citoyen est arraché à la cité. Il est transféré dans un discours eschatologique qui défend l'immortalité de l'âme dans une vie éternelle. Ainsi, la vie dans la cité s'avère être un très petit laps de temps en comparaison du long temps dévolu à la migration de l'âme immortelle (Livre X, le mythe d'Er). La justice devient justice de rétribution, dispensée à l'homme par le Sort divin, après la mort.

Cette composition transparente élucidée, force est de constater qu'elle couvre d'opacité le dessein d'ensemble de l'œuvre. Que signifie cet ensemble ? Platon nous donne-t-il une leçon de morale en insistant sur la justice individuelle ?[11] Serait-il donc un vrai disciple de Socrate ? Platon propose-t-il un programme politique riche de la promesse d'une société pour la première fois parfaitement juste ? Contrairement à H. Kelsen et F. A. von Hayek, penseurs du XXe siècle, Platon aurait-il donc jugé la justice sociale possible ? Ou encore Platon est-il un penseur religieux qui ancre la justice individuelle dans le sort de l'âme immortelle ? La justice politique serait alors de peu d'importance, étant donné la courte durée d'une vie de citoyen. Si telle était la bonne interprétation du sens global de la *République*, les mots d'Augustin concorderaient avec la

---

[11] Telle est l'interprétation de Julia ANNAS, in : Otfried HÖFFE (éd), *Platon : Politeia*, Berlin, Akademie-Verlag, 1997, p. 141-160.

thèse platonicienne : « Qu'importe la constitution sous laquelle on vit, étant donné le peu de temps que nous vivons dans une société politique. »[12]

Lequel de ces trois aspects est-il prioritaire ? Ou, si d'aventure aucun ne l'était, que signifie la triple occurrence de la justice, individuelle, politique, et eschatologique ? Avant tout, qu'est-ce que peut être une justice politique ? Et encore : l'eschatologie a-t-elle pour fonction de relativiser la justice politique et individuelle ? Telles sont les multiples questions suscitées par le texte de Platon.

2. Platon interprète de la justice

Nous abordons maintenant la question cruciale de l'Idée de Justice ; elle sous-tend l'ensemble de la République, dans la mesure où elle est à l'origine de l'analogie de l'âme et de la cité ainsi que de la thèse du philosophe-roi, dont elle constitue la compétence spécifique. Avant d'entrer au cœur de la problématique, il faut rappeler que, dans le premier Livre de la République, Platon souligne le flottement sémantique attaché aux notions de valeurs ; il mentionne quatre notions différentes de justice. Aristote pointe le même flottement : il décrit la notion de juste comme discutée et flottante (*diaphora kai plane*).[13] La situation n'a guère changé depuis, comme je l'ai montré dans mon introduction. Comment remédier à ce flottement ? La République semble présenter une tentative pour l'abolir, en faisant de la justice le sujet d'ensemble du dialogue. Par le biais de la figure de Socrate, Platon pose en effet les questions « Qu'est-ce que la vertu ? », « Qu'est-ce donc que la justice ? » (I, 331 c1). Concernant la justice comme vertu morale, la réponse se présente sous la forme d'une définition : la justice consiste à ce que chacun fasse ce qui lui revient (*to heautou prattein ou oikeiopragia*), et s'interdise l'intrusion dans la *praxis* d'autrui (la *polypragmosune*) (IV, 443 c9-444 a1).[14]

La définition en tant que formulation langagière n'est pourtant qu'un premier résultat ; elle n'est pas univoque et doit être interprétée.[15] Dans la

---

[12] AUGUSTIN D'HIPPONE, *De civitate Dei*, V, 17 (Bibliothèque augustinienne, vol. 33, p. 715).

[13] ARISTOTE, *Ethique à Nicomaque*, I, 1, 1094 b15-16.

[14] Avec cette définition, Platon se révèle être au fondement de la notion « classique » de justice naturelle comprise comme *suum cuique*. Il faudra attendre l'an 1651 pour voir cette dernière abolie au profit d'une justice « positive », sous la plume de Thomas Hobbes ; cf. Ada NESCHKE, *Platonisme politique et Théorie du droit naturel. II*, p. 412-433.

[15] Cf., sur le rôle auxiliaire et provisoire de la définition, les remarques de PLATON, *Septième lettre*, 342 a-343 c.

République même, Platon propose plusieurs interprétations, dont la plus célèbre est soutenue par la métaphore musicale : l'*oikeiopragia* revient à ce que chaque élément d'un ensemble contribue à créer l'harmonie du tout (IV, 443 d5). La justice de l'individu ne réside pas dans la volonté d'agir extérieurement, mais dans l'action intérieure dont elle est une *hexis* (IV, 443 e6), à savoir une disposition intérieure établissant un ordre. Or la notion d'ordre implique la présence de plusieurs éléments solidaires qui forment un tout. Le premier tout qui sert d'illustration à la justice dans le débat de la *République* est la *psychê* humaine, à savoir, selon l'enseignement socratique, la personne morale humaine. La justice comme ordre intérieur conserve la personne morale intacte et saine en la soumettant au régime de la raison. La justice s'avère donc être un pouvoir sur soi-même, *arxanta auton hautou* (IV, 443 d4). Ainsi la justice platonicienne se présente-t-elle d'emblée comme une vertu morale, elle rejoint de fait l'*eukrateia* socratique – comme l'avait déjà observé Hans Welzel en 1951.[16] La théorie de la *psychê* développée par Platon dans la *République* peut alors être interprétée comme une explication psychologique de la justice socratique.[17]

Telle n'est pourtant pas l'unique manifestation de la justice dans la *République*. Ma description des trois occurrences de la justice (individuelle, politique et eschatologique) a en effet consciemment passé sous silence la manifestation la plus importante de l'Idée de Justice, fournissant la matière d'une quatrième occurrence de l'Idée de Justice. Cette quatrième occurrence fait apparaître la source de laquelle le philosophe puise sa connaissance.

A la fin du Livre V, Socrate caractérise le Philosophe par la *dynamis* qui le porte à connaître l'Etre Parfait (*to on pantelôs*). Il en déduit que cet Etre fournit au philosophe un paradigme pour les lois de la cité (VI, 484 c6), car la justice n'apparaît pas seulement dans la particularité de l'âme ou de la cité, elle est parfaitement manifestée au niveau de l'Etre. A cet égard, elle est justice naturelle (*physei dikaion* ; VI, 501 b2) :

> Car, mon Adimante, celui qui dirige son regard sur l'Etre regarde et contemple ce qui est ordonné, ce qui ne change pas, ne commet ni ne subit d'injustice, *mais qui garde l'ordre et la proportion* [*kata logon*]. Et c'est cela qu'il imite et à quoi il essaie de s'assimiler [...] Quand le philosophe

---

[16] Hans WELZEL, *Naturrecht und materiale Gerechtigkeit*, Göttingen, Vandenhoeck & Ruprecht, 1951, p. 26.

[17] Sur ce point, je suis d'accord avec la façon dont Terence IRWIN traite de la justice morale dans « The Parts of the Soul », in : Otfried HÖFFE (éd.), *Platon : Politeia*, p. 135ss.

fréquente le divin et l'ordre, il devient lui-même divin et ordonné, dans la mesure du possible. (VI, 500 c8-d1)

La difficulté interprétative que pose ce texte consiste dans la signification à prêter à l'expression *kata logon* associée aux termes *kosmos* et *taxis*. Que peut signifier cette expression ? Elle renvoie à une règle (*logos*) dont l'effet est l'ordre et la structure. Or, le contexte n'est plus éthico-politique ; il le déborde et renvoie le lecteur à l'ontologie platonicienne dans laquelle la règle qui crée l'ordre est la proportion, interprétée par Platon comme l'égalité géométrique. Dans cet ordre proportionnel, la relation d'égalité est une relation entre deux rapports au moins ; par exemple, 2/4 est égale à 4/8, mais aussi à 8/16 etc. ; la relation d'égalité entre ces proportions est alors 1/2. Le nom « égalité géométrique » est tiré de la représentation habituelle sous forme de figures, par exemple triangulaires :

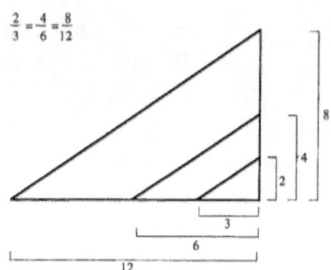

Appliquée à la cité, la proportionnalité organise la distribution du pouvoir en fonction des différences de compétence des divers membres de la cité : la proportion entre compétence et pouvoir doit être égale en chaque membre de la cité. Or, seuls les philosophes possèdent la compétence (la *sophia* ; IV, 428 b11ss.) ; ils sont donc au pouvoir. Les soldat (*epikouroi*) les assistent, eux qui ne possèdent qu'une opinion vraie, en vertu de leur courage (IV, 430 b6ss.). Dépourvu de l'une et de l'autre qualités épistémiques, le peuple ne détient le pouvoir ni totalement ni partiellement. Les gens du peuple se reconnaissent les « pires et se soumettent aux meilleurs, en vertu de leur *sophrosunê*, de leur capacité à reconnaître l'autorité du savoir » (IV, 431 a10ss.).

Le contexte ontologique légitime donc l'interprétation de l'Idée de Justice comme proportion ou égalité géométrique, et confirme notre interprétation du passage à l'aide des autres dialogues qui traitent du *kosmos* et de sa règle.[18] Dans le *Gorgias* (507 a7-508 a4) et les *Lois* (VI, 757 b6-d5), Platon affirme en effet que l'ordre procède de la proportion (*kata logon*) et que la justice se confond avec la proportion ou l'égalité géométrique. Dans le *Gorgias*, le cosmos physique lui-même est régi par la justice ; dans les *Lois*, la cité à fonder doit obéir à la justice de l'égalité géométrique. La même doctrine est développée dans le *Timée* : dans une cosmologie plus vaste que celle de la *République*, le monde physique caractérisé par l'ordonnance non-conflictuelle des quatre éléments est produit selon le principe de l'égalité géométrique (31 e1-32 a7).

Ce principe, soulignons-le, n'est ni éthique ni politique, mais issu de la théorie pythagoricienne des « médiétés » (*mesotetaî*) musicales et mathématiques.[19] La métaphore de l'harmonie mobilisée au quatrième livre pour décrire la justice de la *psyche* n'est donc pas une simple figure de rhétorique, mais elle renvoie à la source même de la nouvelle conception du juste, la théorie des rapports harmoniques. Platon en fait un principe général de son ontologie, qui régit l'ordre d'un tout composé d'éléments différents et solidaires à la fois. Le problème concerne le rapport *hen-polla* : comment une pluralité peut-elle former une unité ?[20] De fait, la notion platonicienne de justice n'est nullement confinée à la sphère éthico-politique ; ontologique, elle appartient à la conception de l'ordre mise en scène dans le *Timée*.[21] Vu son caractère universel, Platon peut l'appeler le « juste par nature » (*to physei dikaion*; VI, 501 b2) et le distinguer ainsi du juste conventionnel ou positif établi par la législation humaine et dont parle Glaucon dans le deuxième livre. Grâce à son universalité, cette notion de justice est applicable à la cité et à l'âme ; elle fonde donc l'analogie et rend le philosophe expert de l'ordre, où qu'il faille l'établir (dans l'âme, dans la cité) et où qu'il soit établi (dans le cosmos physique). Seul le philosophe peut penser la cité en termes d'unité et de multiplicité et instaurer la

---

[18] L'exégèse du passage par Robert SPAEMANN manque de toute précision. Cf. Robert SPAEMANN, « Die Philosophenkönige (Buch V 473 b–Buch VI 504 a) » in : Otfried HÖFFE (éd.), *Platon : Politeia*, p. 161-177.

[19] Cf. François LASSERRE, *La naissance des mathématiques à l'époque de Platon*, Fribourg, Editions universitaires de Fribourg, 1990 et Donatella MAROCCO-STUARDI, « La teoria della guistizia armonica nella *République* », in : *La* République *di Jean Bodin : atti del convegno di Perugia, 14-15 novembre 1980*, Firenze, Olschki, 1981, p. 134-144.

[20] Loin de ne concerner que la cité, cette question est fondamentale en ontologie ; elle apparaît dans le *Parménide* (129 b5ss.) et le *Sophiste* (242 c8ss.).

[21] Sur cette ontologie, l'ouvrage de Hans J. KRÄMER, *Arete bei Platon und Aristoteles. Zum Wesen und zur Geschichte der platonischen Ontologie*, Heidelberg, Winter, 1959, demeure fondamental.

véritable unité de l'âme des citoyens et de l'âme de la cité (la vertu démotique ; VI, 500 d-e).

Telle est l'Idée vers laquelle regarde Platon lorsqu'il invite ses lecteurs à attribuer le prédicat « juste » à une cité tout entière. En effet, celle-ci est juste lorsqu'elle est *une* et lorsqu'elle unit en un ensemble non-conflictuel les trois fonctions fondamentales qui la caractérisent. A preuve, l'injustice des cités des Livres VIII et IX consiste précisément dans la perte de l'unité lorsque la règle, la distribution proportionnelle du pouvoir selon le critère du savoir, est abolie.

Nous disposons ainsi des éléments requis pour achever notre parcours et pour faire retour au débat actuel sur la justice sociale.

3. La justice platonicienne et la justice sociale actuelle

La conception platonicienne de la justice en tant que justice proportionnelle et distributive est à l'origine d'une puissante tradition, que reflète encore le débat actuel.[22] Platon l'utilise dans les *Lois* comme clé de répartition du pouvoir selon la valeur ou la dignité (*axia*) des citoyens (*Lois*, VI, 756 e-758 a). Elle est ensuite acceptée telle quelle par Aristote, pour fonder les diverses constitutions.[23] Elle joue encore le même rôle chez Cicéron, où le pouvoir est distribué selon les diverses contributions des citoyens à la communauté de droit, à savoir le peuple.[24] De fait, cette justice distributive qui ne renvoie pas à une vertu individuelle, mais qui exprime le principe d'organisation de la société politique, est bel et bien l'invention de Platon. Elle est depuis lors partie intégrante du discours éthico-politique occidental. Elle est même à l'origine de l'Etat contemporain en tant qu'Etat de Droit.[25] Réduire la justice à une vertu individuelle, comme le veut F. A. von Hayek, fait donc violence à la tradition proprement *politique* de l'Occident. A l'opposé, la discussion moderne initiée

---

[22] Cf. Wolfgang WALDSTEIN, « Ist das *suum cuique* eine Leerformel ? », in : Herbert MIEHSLER (éd.), *Ius humanitatis, Festschrift A. Verdross*, Berlin, Duncker und Humbolt, 1980, p. 285-320 et Heinrich HENKEL, *Einführung in die Rechtsphilosophie*, München, C. H. Beck, 1977.

[23] ARISTOTE, *Ethique à Nicomaque*, V, 6.

[24] CICÉRON, *De re publica*, I, 45.69.

[25] Nous avons présenté ce point dans Ada NESCHKE, « Politische Theorie. Platonische Tradition im lateinische Westen », in : Manfred LANDFESTER (éd.), *Der Neue Pauly, Enzyklopädie der Antike*, Stuttgart/Weimar, J. B. Metzler, 2002, vol. 15/2, col. 444-461 ; l'histoire détaillée de cette tradition se fait l'objet de NESCHKE, *Platonisme politique et Théorie du droit naturel. II.*

par J. Rawls nous réengage dans cette tradition, de fait sur un terrain platonicien. Il ne s'agit cependant que d'un point de contact, car la question est transférée du politique au social : il ne s'agit plus de l'accès au pouvoir, mais de l'attribution, par la société, des biens dits « sociaux » à ses membres.[26] Ce transfert est l'indice d'une profonde différence entre la conception platonicienne et la conception contemporaine de la justice.

Le premier objectif de Platon est anti-démocratique : il vise à substituer aux décisions aléatoires de la majorité du peuple les décisions raisonnées de personnes compétentes, et choisies en vertu de leur compétence. Cet objectif n'est cependant qu'instrumental ; il sert une unique et première finalité : offrir à tout citoyen des conditions d'existence optimales pour établir l'ordre de sa propre *psychê*, à savoir la perfection de la personne ou la justice personnelle.[27] Cet ordre intérieur de l'âme n'apparaît qu'au Livre X de la *République*, avec la preuve de l'immortalité de l'âme, dans le contexte du mythe eschatologique. La raison humaine constitue la partie immortelle et divine de l'homme ; elle régit sa propre essence. Platon présente d'ailleurs le tyran comme l'homme qui a mué sa raison en esclave des désirs (IX, 588 css.). La justice individuelle est ainsi l'expression du noyau personnel de l'homme, de son essence humaine (l'humanité de l'homme), qu'il faut à tout prix sauvegarder. Le gouvernement du philosophe-roi n'aura d'autre but ultime que cette sauvegarde. Il doit en effet instaurer la justice dans les citoyens (VI, 500 d ; « la justice du peuple », *dikaiosynê demotikê*).[28] Dans le *Gorgias* et dans les *Lois*, la science politique (*politikê technê*) est décrite comme la gestion des âmes vers le Bien (*Gorgias*, 464 a-466 a, et *Lois*, I, 650 b6). Elle est mise en œuvre grâce à l'éducation du citoyen. La science politique de Platon se définit ainsi comme une sotériologie, une *epimeleia* de l'homme en vue de la réalisation de son essence humaine, sinon divine. La fin de la science politique est l'homme, non la cité juste ; celle-ci n'est que la condition de la réalisation de l'homme, à l'abri des influences néfastes engendrées par une situation socio-politique déséquilibrée. Dans les

---

[26] Il s'agit des biens « coopératifs ». Or ce discours omet de dire qu'en réalité, il s'agit des biens provenant de la contribution, à savoir du travail, des individus. La société dans son ensemble ne possède qu'un seul bien, le pouvoir public. Une critique plus approfondie de J. Rawls est en préparation.

[27] Cf. la constitution des *Lois* et mon étude de ce dialogue dans Ada B. HENTSCHKE, *Politik und Philosophie bei Platon und Aristoteles. Zur Stellung der NOMOI im platonischen Gesamtwerk und die politische Theorie des Aristoteles*, Frankfurt/Main, Klostermann, 1971, p. 163-324 (en réimpression).

[28] C'est pourquoi seule la cité des *Lois* constitue le programme politique pratique de Platon, non celle de la *République*.

Livres VIII et IX de la *République*, les démonstrations du Socrate platonicien le manifestent sans ambiguïté.

Le caractère éducatif et sotériologique de la politique platonicienne s'imposa comme modèle pendant plusieurs siècles. La théorie politique chrétienne d'Augustin d'Hippone le reprend à son compte, suivi par Thomas d'Aquin, et enfin par son exégète espagnol Francisco Suárez au XVIIe siècle.[29] Selon la vision chrétienne, la cité temporelle éduque le citoyen à la réalisation de son essence morale, le préparant ainsi à la béatitude éternelle. La cité est conçue avant tout comme un lieu d'éducation, par le truchement de la loi. Une telle conception est évidemment très éloignée des théories actuelles de la justice distributive ; selon elles, la cité est le lieu de la distribution des biens sociaux. L'essence (le bien) de l'homme n'entre plus en ligne de compte. L'homme est confiné à son statut de possesseur (*the possessive individuum*). Ainsi J. Rawls ne le considère pas comme détenteur de son être, mais des biens distribuables. Le Bien est donc remplacé par « les biens », et l'homme est défini par ce qu'il possède, non par ce qu'il est. Comme les critiques de R. Nozick et surtout de W. Kersting l'ont montré[30], la justice distributive de J. Rawls a dissout l'être de l'homme en faveur de son avoir. L'homme lui-même n'*est* plus rien ; la réalisation de sa propre vie n'est plus son affaire, mais celle de la société. Une telle optique s'inscrit dans la logique économique du marché, qui considère tout, même les réussites les plus personnelles de l'individu, comme des biens distribuables, donc extérieurs. La finalité recherchée dans une telle théorie est l'égalité totale des avoirs ; s'instaure de fait un nouveau totalitarisme qui ignore l'essence humaine, la valeur fondamentale et intouchable qu'elle représente.[31] L'homme individuel, dans sa différence naturelle, est sacrifié à la cause de l'égalité des avoirs. L'égalité totale apparaît dès lors comme l'ultime standard d'une nouvelle morale qui promet le même bonheur à tous.

En opposition à cette ultime évolution de la notion de justice distributive, la justice individuelle platonicienne est réinvestie d'une signification prégnante. Elle constitue, dans la tradition occidentale, le premier essai pour penser

---

[29] Cf. NESCHKE, *Platonisme politique et Théorie du droit naturel. Vol. II*, p. 565-572.

[30] NOZICK, *Anarchie, State and Utopia* ; KERSTING, *Theorien der sozialen Gerechtigkeit*, p. 112-118.

[31] J'appelle totalitaire toute pensée qui ignore l'intégrité intouchable de la personne humaine. Le souci de sa protection s'exprime par la reconnaissance (*An-erkennung*) des Droits pré-étatiques, aujourd'hui appelés les Droits de l'homme. Au moment même où ces Droits ne sont plus re-connus (*an-erkannt*), mais assignés (*zu-erkannt*) par la société comme chez Rawls, cette dernière se fait maître total de l'individu.

l'essence de l'homme et le rôle salvateur de la cité eu égard à cette essence, car la dignité (*axia*) de l'homme réside en son essence.[32] Cette vision a profondément marqué la pensée politique de l'Occident dans la mesure où elle a reconnu la sauvegarde de la dignité humaine comme une fin politique. Son expression chrétienne est la définition de l'homme comme *imago Dei*.[33] Il faut attendre la fin des guerres de religions du XVIe et du XVIIe siècle pour que cette même sauvegarde soit soustraite à la cité et replacée dans la sphère de *l'individu autonome* (chez John Locke et Emmanuel Kant). Depuis lors, les Droits de l'Homme stipulent comme droit *fondamental, antérieur à toute existence sociale*, la liberté en tant qu'autonomie de chacun, y compris la liberté de rechercher soi-même son bonheur. Par opposition, Platon n'avait nulle confiance en l'autonomie et en la liberté humaine ; la *République* en témoigne (IX, 590 c8-591 a3) : selon ce passage, très peu de citoyens sont capables d'auto-nomie, c'est-à-dire d'établir la loi en eux-mêmes. C'est pourquoi Platon compose le traité des *Lois*, qui montre concrètement comment le législateur philosophe peut élever l'homme à son humanité et sauver ainsi sa dignité, grâce à la loi de la cité en tant que support extérieur (A. Gehlen parlera à ce propos d'*Aussenhalt*) de la loi intérieure.

---

[32] Cf. *Définitions académiques*, 411 c-d.
[33] THOMAS D'AQUIN, *Summa theologiae*, la IIae, Prologue.

L'ÉTHIQUE PLATONICO-ARISTOTÉLICIENNE DE HANS-GEORG GADAMER

Raphaël Célis

Hans-Georg Gadamer est généralement moins connu par les philosophes pour ses positions éthiques qu'il ne l'est en matière de philosophie de l'histoire, d'esthétique et d'épistémologie des sciences humaines. Son ouvrage *princeps* – *Vérité et Méthode* – a contribué à ce qu'il est convenu d'appeler le « *linguistic turn* » de la philosophie contemporaine et à ce titre, il est cité à côté de Heidegger et de Wittgenstein comme étant l'une des sources incontournables de la philosophie post-moderne qui situe la problématique du langage au carrefour de toutes les questions portant sur la connaissance, l'art ou l'action. L'on oublie toutefois souvent de préciser que le fil rouge de la pensée de Gadamer ne peut être trouvé que dans sa fidélité à Platon. A vingt-deux ans, Gadamer défend en effet sa thèse de doctorat sur Platon à Marburg, sous la direction de Paul Natorp et entreprend ensuite des études de philologie classique, dans la même université, sous la direction de Paul Friedländer. En 1929, il présente sa thèse d'habilitation, rédigée sous la direction de Martin Heidegger, sur l'éthique dialectique de Platon[1], qui consiste en une interprétation phénoménologique du *Philèbe* – dialogue consacré ainsi que chacun sait, au bon usage des plaisirs, ou plutôt, à la question de la vérité du plaisir, de la définition du plaisir qui satisfasse au mieux la complexité de l'âme humaine et du désir spécifique qui la motive à rechercher un accès au Bien qui soit à sa mesure. Le privilège qu'occupe ce dialogue dans l'itinéraire de Gadamer n'est pas dénué de signification, puisqu'il s'agit du dialogue le plus tardif de Platon – le Platon du

---

[1] Hans-Georg GADAMER, *Platos dialektische Ethik*, Hamburg, Felix Meiner, 1968.

« mixte » lequel n'est pas sans avoir fortement surdéterminé l'ontologie d'Aristote, et tout particulièrement son anthropologie qui conçoit la substance de l'homme comme un composé de forme et de matière intimement apparentées entre elles.[2] La sagesse du *Philèbe* est plus qu'aucune autre méditation de Platon, une sagesse de l'*intelligence incarnée* et la préférence donnée à celle-ci n'est pas indifférente à la dignité même que Gadamer va proposer de son

---

[2] Dans son *Ecole d'Athènes*, une des fresques des fameuses *Stanze* du Vatican, Raphaël représente Platon pointant l'index en direction du ciel et Aristote le pointant, quant à lui, en direction de la terre. Pour H.-G. Gadamer, « cette opposition éculée et naïve entre un Platon idéaliste et un Aristote réaliste » (Hans-Georg GADAMER, *Die Idee des Guten zwischen Plato und Aristoteles*, Heidelberg, Winter, 1978, p. 12) ne résiste pas à l'examen, bien que ce préjugé de la tradition soit motivé par la critique aristotélicienne de Platon elle-même. Celle-ci paraît en effet ignorer l'auto-critique platonicienne de la doctrine des Idées (dans le *Parménide* notamment) pour s'attacher exclusivement à la dénonciation de la séparation (*chôrismos*) des Idées étant-pour-soi et du monde des phénomènes. Or, constate Gadamer, si « dans l'ensemble du corpus aristotélicien tel qu'il nous a été transmis, nous ne remontons jamais à un stade auquel Aristote n'aurait pas été un critique de la théorie platonicienne des Idées, nous ne parvenons pas non plus à un stade où il aurait effectivement cessé d'être platonicien. Dès lors, qu'était-ce au juste qu'être platonicien ? La question ne peut ici que rebondir » (GADAMER, *Die Idee des Guten*, p. 19). Dans son écrit intitulé *Platos dialektische Ethik*, notre auteur défend la thèse que la formulation du *chôrismos* n'a jamais visé à remettre en question le fait que l'intelligibilité des phénomènes ne saurait être maintenue sans leur relation avec leur invariant éidétique. C'est ce dont atteste toute la problématique, présente dans le *Parménide*, dans le *Philèbe* et dans d'autres dialogues, de la participation (*methexis*), de l'entrelacs (*symplokê*), de la communauté (*koinônia*) et du mélange (*mixis*) qui constitue la pierre de touche de toute la doctrine de Platon.
C'est sur la base de cette démonstration que Gadamer s'efforcera, dans le texte qui nous occupe, de mettre au jour ce qui, chez Platon prend les devants de la critique aristotélicienne et de ce qui, chez Aristote, prolonge l'enseignement du platonisme. Ainsi, la pensée d'Aristote procède-t-elle d'une philosophie de l'*eidos* que Platon a fondée en initiant la méthode dialectique pour permettre d'énoncer l'essence des choses sensibles (le *ti estin*). Et la primauté ontologique du particulier, du *tode ti*, chez le premier, n'exclut pas la « relation indissoluble » entre la substance première et l'*eidos*, ou Idée chez le second. Or, l'enjeu de cette révision du rapport de filiation qui lie les deux géants de la philosophie antique n'est pas doxographique mais éthique : « il s'agit de comprendre la vérité de la conscience pratique telle que Platon la rendit visible en la personne de Socrate » (GADAMER, *Die Idee des Guten*, p. 30), afin de réintroduire le *chôrismos* là où il se situe vraiment, c'est-à-dire entre la « justice même » et « le juste selon l'opinion ou les conventions admises ». En faisant signe vers une exigence de rigueur qui égale au moins celle de la raison pratique kantienne, ce *chôrismos* nous met sous les yeux la condition de Socrate qui était à Athènes un être à part, avant même que la cité ne s'en sépare en le condamnant à mort. Et la conception aristotélicienne de la *phronêsis* n'est, pour Gadamer, en rien étrangère à ce socratisme platonicien si, bien entendu, l'on ne prend pas exclusivement appui sur *La République* pour décider de ce qu'il en est de la relation entre la transcendance du Bien et le « bien relatif » que poursuit le citoyen au cœur de la cité, et si l'on tient compte des revirements amorcés sur ce point par Platon dans les dialogues plus tardifs.

herméneutique : celle d'une compréhension qui s'effectue dans la plénitude sensible du langage et des formes, par rapport à laquelle toute construction langagière formalisée – toute « logistique » – sera conçue comme dérivée. Une généalogie de la pensée de Gadamer ne peut donc manquer de souligner cette étroite appartenance entre l'herméneutique de la facticité que Gadamer développera dans le prolongement de celle de Schleiermacher, Dilthey et Heidegger et l'éthique originale qu'il a dégagée de sa lecture de Platon, éthique essentiellement fondée sur la réinterprétation de la dialectique comme dialogue, c.-à-d. comme exploration disputée des ressources infinies du *logos*, comme quête partagée de ce dont il y va dans la pratique du *logos*, en deçà de son exploitation rhétorique ou éristique.

Durant ces années d'apprentissage, Paul Natorp, lequel est, comme on le sait, entré dans l'histoire en tant que membre de l'Ecole de Marburg, a joué un rôle au moins aussi important pour Gadamer que ne l'a fait plus tard, la pensée de Heidegger. Il n'est pas excessif d'affirmer qu'une certaine fidélité néo-kantienne marbourgeoise n'est sans doute pas étrangère à la distance que Gadamer a toujours maintenue entre sa propre démarche et celle de la déconstruction du platonisme (entendu comme confusion de l'être et de l'idée). Sans entrer ici dans le détail de l'œuvre de Natorp, ainsi que de ses affinités et de ses différends avec Hermann Cohen, rappelons tout de même que le souci de Paul Natorp a surtout été celui de développer une logique transcendantale qui ne se limite pas à rendre compte du fondement des sciences, mais qui se consacre aussi au fondement de la vie à l'œuvre dans l'action éthique et dans la production artistique, dans la *praxis* et la *poiesis*. Pour ce faire, il fallait se mettre en quête d'une forme d'objectivité inhérente à l'agir et à la création, laquelle devait se démarquer de celle des sciences – y.c. des sciences humaines – sans pour autant porter atteinte à l'unité de la Raison (théorique et pratique). L'accomplissement de ce programme, auquel Fichte s'était déjà attelé, n'avait pas encore été atteint par Dilthey, lequel mettait en corrélation la méthode objective et la méthode subjective de la psychologie générale pour assigner à cette dernière seulement l'élucidation des actes intentionnels irréductibles à l'expérience scientifique. Il fallait, pensait Natorp, transgresser les limites de l'épistémologie, aller au-delà des problèmes de méthode. Il est question – dans son ouvrage consacré à Hermann Cohen – de « faire pénétrer l'idéalisme jusqu'à l'individualité la plus ultime ». Et Natorp d'ajouter :

> Cette question touche le point le plus profond ; elle concerne la question la plus actuelle de philosophie contemporaine. Avec le problème du

principium individui se mesurent actuellement tous ceux qui véritablement travaillent en philosophie.[3]

Il s'agit, entre autres, du problème de la détermination individuelle de la norme de l'agir en amont du formalisme kantien :

> L'éthique est à fonder comme une logique de l'action ; elle doit l'être cependant à partir de la forme, c.-à-d. du *logos*, mais pour la matière, et c'est pour elle qu'elle doit être fondée dans toute individualité, car c'est celle-ci qui constitue le seul sens durable de la matière.[4]

Ce qui exige, selon l'expression de Fichte, le développement pour chaque sphère de la culture – le sens du devoir moral, le sens de l'œuvre d'art, le sens du religieux – un « voir » spécifique, une *theoria* dont les catégories seraient régies par une Idée irréductible à toute autre. Un tel voir n'est possible que si l'on assume ce que Natorp appelait le « moment actif de la théorie », lequel n'est pas étranger à ce que Hegel appelait le travail du concept. Qu'est-ce à dire ? Que tout ce qui se présente comme une décision particulière n'est pas donné comme un *factum* clos sur lui-même, mais qu'il ne peut être conçu et fondé que sur la base du processus de particularisation qui l'a engendré. A l'origine, l'agir moral s'établit d'abord dans le milieu de l'universalité de la question qui lui est à chaque fois posée. Mais cet universel demeure abstrait tant qu'il ne s'est pas organisé et spécifié en fonction de ce que le sujet sait devoir affronter. Il lui faut donc s'intégrer et se singulariser pour trouver sa forme et sa maxime adéquates. Au cours de cette instruction, la décision passe de l'universel abstrait, voire même du particulier comme étant un possible parmi d'autres dans l'évocation d'une série, à l'unique, à l'individualité d'une action par laquelle le travail d'intégration s'achève et s'accomplit. Toute détermination universelle de la moralité pratique doit refondre en elle la particularité de l'intuition, voire le détail de la sensation, tout comme la forme doit organiser la matière. Ce n'est qu'à ce prix que le devoir moral peut surmonter le conflit qui oppose sa possibilité à la nécessité limitative qui commande l'enchaînement logique et temporel des actions et accéder au statut, à la fois formel et matériel, d'une

---

[3] Paul NATORP, *Hermann Cohens philosophische Leistung unter dem Gesichstpunkt des Systems*, Berlin, Reuter/Reichard, 1918, p. 33. Traduction française in : Ernst CASSIRER, Hermann COHEN, Paul NATORP, *L'Ecole de Marbourg*, Paris, Cerf, 1998 : « L'Œuvre philosophique de Hermann Cohen du point de vue du système », p. 143-172, ici p. 168 (trad. modifiée).

[4] Paul NATORP, « Bruno Bauchs "Immanuel Kant", und die Fortbildung des Systems des Kritischen Idealismus », *Kantstudien* 22, 1918, p. 426-459, ici p. 428.

réalité effective. Car, pour citer Ernst Cassirer, qui commente ici l'œuvre de Natorp :

> [...] tout être fini est fait justement d'une détermination qualitative, qui est en même temps limitation, d'un tel être qui comporte une nécessité, une contrainte, l'impossibilité d'être autrement [...] C'est là que le cercle se ferme vraiment, c'est là que la dialectique du possible et du nécessaire retrouve le repos – car la réalité effective est totalité qui, en tant que telle, est en même temps vraie individualité indivise.[5]

Notons au passage que nombre des tournures employées par Natorp sont empruntées à la terminologie aristotélicienne. Au-delà de la distinction classique entre forme et matière, le substrat qui sous-tend ces deux dimensions constitutives de l'étant en son être, n'est autre que l'individualité. Ce substrat compris comme individualité est précisément ce qui confère à la chose sa quiddité. Il n'est pas inutile de le rappeler, car c'est sur ce point précis que se dessine un lien bien assez évident entre le kantisme aristotélisant de Natorp et le platonisme de Gadamer. La doctrine platonicienne des Idées a été critiquée – depuis Aristote – en raison d'une interprétation des Idées dans laquelle celles-ci sont censées représenter un monde à part, un cosmos purement intelligible séparé du monde sensible et concret, cosmos dont l'intuition ne peut se faire que par le biais d'une faculté délivrée de toute perception. Or pour Natorp – tout comme pour Gadamer – l'Idée est bien le véritable étant, l'être même des phénomènes éthiques, leur fondement. Et si elle est ce fondement, ce n'est pas parce qu'elle aurait une existence autonome à côté de l'être des phénomènes. C'est justement l'inverse qui est vrai. L'être des phénomènes n'est un non-étant, pure négativité du devenir, qu'aussi longtemps qu'il ne trouve pas sa subsistance dans l'invariable ipséité de l'*eidos*. Selon l'expression platonicienne, la théorie philosophique a pour but de sauver les phénomènes (*ta phainomena diasôzein*), ce qui implique que l'on prête d'abord attention à ce qui en rend possible l'intelligibilité.

L'Idée ainsi comprise n'est donc pas seulement, comme c'est le cas chez Descartes, l'élément de base d'une méthode. L'Idée est plus fondamentalement ce qui constitue l'unité de l'Un située à la source du monde phénoménal, elle se trouve au fondement ontologique de toute la multiplicité des phénomènes susceptibles d'être nommés et portés au concept. Toute Idée n'est donc plus une simple vue, qu'elle soit immédiate comme chez Descartes ou infiniment

---

[5] Ernst CASSIRER, « Paul Natorp. 24. Januar 1854 – 17. August 1924 », *Kant-Studien* 30, 1925, p. 273-298, ici p. 293s. Traduction française : « Paul Natorp », in : CASSIRER, COHEN, NATORP, *L'Ecole de Marbourg*, p. 235-264, ici p. 258s.

éloignée et posée par la subjectivité comme chez Kant, mais elle est une intuition qui va jusqu'à penser cet Un en tant que vivant originaire, concret originaire : l'Un est la vitalité essentielle de l'être qui se pose elle-même de façon créatrice. Voilà une interprétation de Platon étonnamment apparentée au néo-platonisme et à Nicolas de Cues en particulier, mais qui se présente aussi comme un approfondissement de Kant qui, dans sa *Critique de la Faculté de Juger*, parlait à propos de l'œuvre d'art d'« Idée esthétique » : Idée accessible à l'intuition sensible, à la production géniale (réceptive elle aussi) et qui en tant qu'Idée, s'élève au-delà ou au-dessus du temps avec ce qui en lui procède de l'accidentel ou du contingent. L'Idée sensible, comme symbole, accomplit au niveau individuel l'unité du perceptible et du pensable, et c'est en tant qu'elle accomplit cette unité qu'elle restera toujours présente, de même que l'Idée du Beau et du Bien le resteront dans toutes les réflexions de Gadamer. C'est aussi l'interprétation qu'en propose Cassirer :

> Au fond, il ne reste aucun doute quant au fait que toutes ces désignations du réel effectif de l'individuel ultime ne peuvent être que des symboles et qu'elles n'ont pas le droit de prétendre être autre chose. Ainsi, pour Natorp aussi, le concept de symbole occupe une place centrale dans le système philosophique.[6]

Le platonisme aristotélisant de Natorp – aristotélisant au sens du privilège accordé au mixte de matière et de forme qu'est la création artistique et l'action éthique (la belle action) – a donc exercé une influence certaine sur Gadamer. Dans l'*Idée du Bien comme enjeu platonico-aristotélicien*, ce chiasme entre Platon et Aristote, est tout particulièrement évident. Quel est son enjeu ? Eviter, au niveau de l'éthique la rupture trop moderne entre théorie et pratique, laquelle est d'ailleurs plus que jamais d'actualité. A la faveur des débats portant sur l'engagement politique de Heidegger dans l'année 1933, l'ancien antagonisme entre Platon et Aristote fut remis à l'ordre du jour. Heidegger serait resté prisonnier d'une conception trop radicalement théorétique de la philosophie : son ontologie aveugle à la nature propre de l'action, à la dimension pragmatique de l'existence, n'aurait pas été pensée au-delà de la sphère de *l'outil* et de la production des œuvres. Hannah Arendt, dont la pensée *princeps* tourne autour de la spécificité de la vie active et dont la critique de Platon (*Crise de la Culture*) s'est étendue jusqu'aux idées politiques de Marx, fut citée à titre de contre-exemple. Sa lucidité quant à l'essence même des systèmes totalitaires s'enracinait dans le privilège accordé à la sagesse pratique (en langage

---

[6] Cassirer, Cohen, Natorp, *L'Ecole de Marbourg*, p. 261.

aristotélicien : à la *phronêsis*), jugée plus vitale que la *sophia*, la contemplation et la connaissance qu'elle engendra. Très curieusement, Arendt retourne en effet la dénonciation heideggérienne de la domination de la technique – qu'elle partage largement par ailleurs – contre Heidegger lui-même : c'est par excès de platonisme que Heidegger aurait échoué à comprendre la véritable origine de cette domination, laquelle ne se situe pas dans l'extension prise par la « *ratio* » au détriment du *logos* apophantique des premiers penseurs de la Grèce, mais dans la confusion entre production et action, toutes deux conçues comme *application* systématique d'une pensée de l'être, et tout spécialement de l'être homme (Dasein), *extérieure* à la logique spécifique de l'agir, au milieu intersubjectif où elle s'exerce, et de ses finalités propres.

Dans cette perspective, l'éthique aristotélicienne apparaît comme un correctif salvateur : Aristote ne confondait pas le Bien au sens métaphysique et le Bien, ou les biens, dont l'homme est en quête à travers l'articulation d'une cité et l'organisation juridique des relations entre ses membres. Les biens dont nous parle Aristote dans son éthique, sont nommés *anthropinê agatha*, lesquels sont clairement distingués voire dissociés de la Bonté et de la Perfection de l'acte divin, de l'acte pur et des sphères célestes où nous pouvons en contempler la régularité par l'observation du mouvement des astres. De plus, le Bien n'est pas non plus un attribut par lequel on pourrait qualifier l'essence même de l'homme, mais il ne s'applique qu'à son *faire* : c'est en fonction de son aptitude à saisir les fins qui lui sont propres que l'action humaine est jugée bonne ou mauvaise. L'homme, en tant que substance générique, est à la fois puissance et acte : en tant que puissance jamais parfaitement réalisée, mais ayant à décider d'elle-même, il peut tout autant tendre vers la félicité que vers son malheur selon qu'il sache ou non ce qu'agir veut dire.

Dans ce débat, Gadamer a toujours gardé ses distances. Il s'est en tous les cas toujours abstenu de considérer l'erreur de jugement dont Heidegger fit preuve au début des années trente comme une conséquence déductible à partir de son œuvre de pensée. Mais son appréciation sur ce point ne concerne pas notre propos. Il s'agit bien plutôt d'insister sur le lien de continuité que Gadamer établit entre Platon et Aristote et, par-delà la question de la pertinence philologique de son interprétation, sur l'enjeu que représente pour lui cette continuité. L'enjeu tel que Gadamer le présente est le suivant : la tournure contemporaine qu'a pris cette division entre théorie et pratique est préjudiciable à l'éthique elle-même. Pourquoi en est-il ainsi ? Le préjudice occasionné à l'éthique par cette division réside en ceci qu'elle soustrait au jugement éthique la base même de toute *compréhension* de l'agir éthique d'autrui. Elle retire à l'action la dimension que Kant avait appelée « réfléchissante » et prive par là même cette action de l'idéalité propre qui la caractérise et qui permet de la reconnaître universellement (en puissance au moins) comme bonne ou mauvaise. Gadamer dit en effet explicitement dans le texte que nous citons que « ce n'est qu'avec l'idée d'une philosophie théorique en tant que science autonome de l'universel que le savoir pratique a pu être conceptualisé dans son être propre »[7]. En d'autres mots, la reconnaissance de la spécificité de la sagesse pratique (*phronêsis*) est conditionnée par la *sophia* et non pas contredite ou confirmée par elle. Et ce lien entre *theoria* et *praxis* est tout aussi essentiel chez Aristote que chez Platon : Gadamer s'inscrit donc en faux contre les lectures d'Aristote qui dissocient dans son œuvre – à la manière dont certains commentateurs de Kant le font aussi – la raison théorique de la raison pratique. L'enjeu n'est donc pas autre ici que la possibilité de conceptualiser ou non l'expérience éthique, ou si l'on préfère, de faire œuvre d'éthique fondamentale.

Sur le plan de l'argumentation proprement dite, Gadamer s'appuie sur deux constantes dans l'œuvre d'Aristote. La première consiste à relever l'emploi platonicien de l'Idée du Bien fait par Aristote. Hormis le statut du Bien entendu au sens divin (c.-à-d. accompli : *teleion*), le Bien est toujours compris chez Aristote et Gadamer comme le Bien pour quelque chose ou pour quelqu'un. En d'autres termes, le Bien se conçoit toujours en fonction de la substance, à laquelle se rapporte une production ou une action qualifiée de bonne ou de mauvaise. Ce premier argument sera développé plus avant dans la suite de notre réflexion. Le second argument consiste à souligner le fait qu'Aristote s'est toujours défendu contre l'occasionalisme, lequel rend dépendant le sens du Bien du seul et unique contexte naturel et historique au sein duquel une puissance – un mouvement – sont exercés. Les conséquences bien pensées de cet argument aboutissent à l'idée selon laquelle ce qui est bien dans telle situation l'est nécessairement pour toute autre. Et cela n'est pas démenti par le fait qu'Aristote ait parfaitement saisi qu'une décision ou une intervention peuvent s'avérer tout autant bénéfiques que nuisibles si elles sont pratiquées mal à propos.

Prenons l'exemple canonique de la médecine pour illustrer ce dernier argument. S'il est impossible de qualifier *a priori* un médicament comme bon ou mauvais, cela ne signifie pas que l'acte médical en tant que tel soit par essence tantôt bon, tantôt mauvais. La téléologie propre à l'acte médical, la finalité normative de la médecine est la santé, laquelle est indiscutablement un bien. Autre est la question de savoir de qui permet de l'obtenir dans tel ou tel

---

[7] Hans-Georg GADAMER, *Die Idee des Guten*, p. 99-100.

cas. Cette distinction entre la visée de la fin et le choix des moyens, qui mettent en jeu des savoirs différents, s'inscrit en faux contre l'utilitarisme dont certains représentants ont cru déceler en Aristote un précurseur. En effet, si Aristote admet que le Bien puisse dépendre de besoins contingents et *a priori* imprévisibles, il ne considère pas pour autant que le Bien ainsi désigné soit privé d'objectivité et réduit à la perception arbitraire que peut en avoir son usager. Bien que le plaisir soit toujours associé au Bien chez Aristote – et même à l'exercice de la vertu – ce plaisir comporte toujours une dimension *noétique*. Aristote utilise même le mot de *kalon*, le Beau, pour désigner cette dimension noétique et pensable du plaisir. Or le Beau requiert que la *dianoia* soit articulée à l'*aisthêsis*, que le discernement travaille à même la perception.

Ces quelques remarques préliminaires sont à garder comme arrière-fond d'une réflexion plus générale sur les rapports entre *phronêsis* et *sophia* tels qu'ils ont été interprétés par Gadamer, et qui s'efforcera de rester au plus près de la pensée d'Aristote.

Dans la suite de notre propos, nous procéderons en quatre étapes. La première consistera à rappeler brièvement la manière dont Aristote conçoit la relation dynamique de l'homme au Bien. La seconde vise à préciser en quoi la connaissance du Bien, conçue comme *phronêsis*, se distingue de l'*epistêmê*, conçue comme savoir du général, et de la *technê*, entendue comme savoir-faire. La troisième a pour but d'établir un lien entre la *phronêsis* aristotélicienne et la notion de « compréhension » propre à la pensée de Gadamer. La quatrième qui clôturera notre cheminement, a pour objet l'articulation de la *phronêsis* et de la *theoria* spécifiquement philosophique.

1) La première question qu'il s'agit de se poser est de savoir quelle est l'entente aristotélicienne du Bien. Le Bien s'entend par rapport à l'acte de désirer (*oregesthai*). Le Bien désiré peut l'être pour lui-même (p. ex. la nourriture) ou pour autre chose (il est alors *utile à*, comme l'outil). De même qu'une chose peut être bonne ou mauvaise par elle-même ou bonne ou mauvaise *en tant que* l'utilisation qui en est faite la qualifie comme telle. Le Bien recherché pour lui-même, le Bien qui est tel indépendamment de son usage, possède une dignité ontologique plus élevée que le second. Le Bien du second ordre n'est qu'un bien somme toute apparent et non un bien réel. L'individu croit que ce bien convient à son désir, mais la méconnaissance de la nature même de ce bien qu'il désire, son évaluation par un critère extrinsèque à sa nature propre, relève de l'apparence et de l'opinion. La vérité du Bien, le Bien réel requiert non pas l'opinion, mais la connaissance. Le désir en tant que recherche du plaisir ne peut s'exercer sans celle-ci. L'expérience du Bien pour

être *réelle* et non pas seulement *apparente* implique qu'elle soit sous-tendue par un jugement. Or ce jugement n'est possible que pour autant que soit détruite la croyance en l'apparence, au faux-semblant, que le Bien revêt dans la dimension de l'utile. Le fond véritable à partir duquel est possible le déploiement d'un jugement portant sur la nature du Bien en tant que tel est la connaissance de la *physis* et du *cosmos*. Viser le Bien en tant que tel est possible seulement si la *forme* pour laquelle le Bien se donne est connue. Dans le cas de l'être humain, de même que pour les esprits supérieurs en général, la chose est plus complexe que pour l'animal ou pour la plante. Chez l'animal, par exemple, la dimension sensitive de son âme et l'acte de désirer ne sont qu'une seule et même chose. A l'inverse, pour les êtres célestes, l'objet du désir et la pensée ne font qu'un. Pour l'homme, lequel se situe entre ces deux extrêmes, le désir est protéiforme. Il peut relever du simple besoin engendré par la partie sensitive de son âme ou à l'inverse être motivé par la partie intellective. Or, dans le cas de la *praxis* (entendue au sens propre, non pas en tant que « travail » ou « production »), le Bien recherché est de type noétique. Qu'est-ce à dire ? Que le Bien exige essentiellement une mise en forme préalable des sensations et des affects. Or cette mise en forme n'est autre que le passage qui s'exerce de l'intellect patient (en puissance et affecté) à l'intellect agent, c.-à-d. à l'intellect en tant qu'il est producteur d'un état, d'une disposition (*hexis*). Agir consiste d'abord en l'acquisition de compétences et de vertus bonnes en elles-mêmes. Ces compétences et vertus bonnes en elles-mêmes le sont à double titre. D'une part, parce qu'elles orientent la volonté et la décision de sorte qu'elles soient aimables pour soi et pour les autres. Et d'autre part, parce qu'elles font éprouver leur écart entre elles comme déplaisir. L'intelligence perceptive, pour pouvoir agir sur son milieu, doit d'abord s'exercer et se développer pour elle-même. Elle ne peut viser directement l'efficacité (au niveau de l'*ethos stricto sensu* et au niveau politique), mais doit réaliser une cause générale qui bien qu'elle soit inscrite naturellement dans l'âme humaine, n'en requiert pas moins le travail de l'éducation. Acquérir des *vertus*, c'est donc en dernière instance acquérir *une seconde nature*, c'est réaliser pleinement l'entéléchie première sous la forme de l'*habitus*. L'*eidos* de l'homme en tant qu'être agissant ne peut donc voir le jour que si sa cause finale est connue, identifiée et promue par les éducateurs. Les meilleurs éducateurs ne peuvent dès lors n'être que des *sophoi*, des sages. Et ceci non seulement parce qu'ils connaissent ce qui est le meilleur en soi, *beltiston*, mais parce que cette connaissance leur permet par contraste de penser la nature limitée et finie de l'homme, sans succomber pour autant à sa « zoologisation ». Le choix des vertus (courage, tempérance, etc. – et parmi celles-ci la plus éminente qui est la *phronêsis*) est fonction de la saisie de cette limite. Le sage sait que le désir de l'homme – à la différence de celui des dieux qui vivent dans la félicité – ne sera jamais satisfait. L'homme étant à la fois puissance et acte, matière et forme, il ne s'accomplira jamais absolument. Toute vertu est en elle-même une préparation à cette finitude. C'est pourquoi elle implique aussi, dans sa constitution, une proportion, une mesure que donne la *sôphrosunê*. Entre lâcheté et témérité, le courage seul constitue une vertu, une excellence. Et qu'elle en est la raison ? C'est parce qu'entre ces deux extrêmes opposés, l'on trouve une fausse estimation du praticable, c.-à-d. en définitive de la puissance. Pouvoir se tenir dans le monde et faire face à la *praxis*, à ce qui se comporte toujours autrement, présuppose une souplesse et une inventivité qui consiste à jouer avec ses limites, non à les transgresser aveuglément.

Ainsi, la sagesse pratique n'est pas étrangère à l'ironie socratique dont le savoir a toujours été l'envers de la conscience d'un non-savoir essentiel. L'absence d'ironie, la fausse gravité ou l'excès de convictions morales peut conduire à l'occultation ou à l'oubli de ce non-savoir.

2) La question qui se pose maintenant est de savoir quelle est la connaissance qui s'avère nécessaire à la recherche du Bien. En la prolongeant, il s'agira de penser en quoi cette connaissance ou savoir – la *phronêsis* – se distingue de l'*epistêmê* et de la *technê* entendue au sens général de savoir-faire.

Ce qui caractérise en propre la *phronêsis*, c'est essentiellement le fait qu'elle soit une disposition (*hexis*) qui fait intervenir l'intellect – et non une « faculté » au sens kantien. La compréhension de sa spécificité propre requiert d'opérer un détour par l'*epistêmê* c.-à-d. le savoir. L'*epistêmê* est aux prises avec les vérités nécessaires, c'est-à-dire connues selon leurs principes et leurs causes afin de rendre possible la déduction à partir de ceux-ci de tous les phénomènes observés dans son champ. Une science est caractérisée d'« exacte » lorsque ses lois souffrent d'un nombre limité d'exceptions. L'on peut dire qu'une vérité ne relève pas de la science lorsqu'elle ne peut pas être appliquée ni à tous les cas ni à la majorité des cas de l'espèce d'objet qu'elle étudie. Si la science des choses naturelles fait intervenir la perception, laquelle est immédiate, la métaphysique qui s'enquiert de la cause première ou de la finalité dernière de l'existence des choses fait intervenir l'induction qui permet d'atteindre ce qui n'est que médiatement offert à l'intellect. C'est alors que la science en question se nomme à proprement parler sagesse théorétique (*sophia*).

Lorsque l'intelligence a en vue ce qui est non nécessaire, mais qui n'échappe pas pour autant à la saisie intellective de l'âme, nous avons affaire tantôt aux œuvres, tantôt aux actions (*poiesis* et *praxis*). L'œuvre est ce qui est réalisé par l'action humaine mais ne se confond pas avec elle. Un bon nombre d'activités visent à produire des œuvres. Que ce soit l'agriculture, la chasse, les activités artisanales ou les beaux-arts. La disposition nécessaire à la production des œuvres s'appelle *technê*. L'action (*praxis*) en revanche, est une activité qui a en elle-même sa propre fin en tant qu'elle s'adresse à soi-même ou à autrui. La disposition qu'elle requiert est la *phronêsis*. L'affaire de la *praxis* est ce qui n'a lieu qu'une fois dans le temps, le lieu et le contexte dans lequel elle s'inscrit. Le caractère exceptionnel de ce qui relève de la *praxis* se soustrait à la saisie des lois de la science. C'est donc par l'exercice qui consiste à affronter des situations singulières qu'il est permis d'acquérir cette disposition qu'est la *phronêsis*. Celle-ci présuppose cependant une connaissance, laquelle vise le « meilleur relatif » pour l'homme agissant en tant qu'individu ou en tant que citoyen. Elle concerne un « Bien » concrètement circonscrit dans les limites du praticable.

La *technê* peut être plus ou moins grande selon la virtuosité ou l'habileté de celui qui l'exerce. Elle est donc susceptible d'être affectée d'un « plus » ou d'un « moins ». La *phronêsis*, quant à elle, n'a pas de degré : elle contient en elle-même sa propre mesure d'excellence et ne peut être évaluée, au contraire de la *technê*, à l'aune de l'utile, du constructible ou du prédicable. Si la *technê* s'exerce dans la perspective anonymement prédéterminée d'une profession ou d'un métier, c.-à-d. en fonction d'un champs d'application pour certains modèles de savoir-faire, la *phronêsis* ne fait sens que pour un agent singulier, pour lequel c'est la désirabilité de l'existence qui est en cause. Et seul celui qui sait ce qui pour lui est désirable peut ensuite convenir de ce qui est utile ou non pour lui.

3) Certes, en posant l'individu au centre du jugement éthique, Aristote s'expose ainsi à être accusé d'hédonisme, voire de relativisme. Pourtant, un tel reproche s'avère infondé si l'on tient compte du fait que la *phronêsis* implique nécessairement une mesure à la fois quantitative et qualitative du Bien. En l'absence de cette mesure appropriée, la vie humaine ne peut qu'échouer dans sa tentative d'obtenir ce qui lui manque pour être digne d'être vécue, pour être approuvée dans sa facticité. La notion de « mesure » indique d'emblée que ce n'est pas dans l'illimité qu'il faut chercher le Bien, mais que la *phronêsis* a précisément pour tâche de lui assigner un contour ferme, quand bien même la subjectivité attendue serait différée, et le but poursuivi situé dans un lointain avenir. Or, c'est justement la détermination de cette « mesure », par-delà toute utilité unilatéralement égoïste, qui confère à la *phronêsis*, une portée universelle. Ce qui définit en effet la *praxis*, dans son écart d'avec la *poiesis* qui morcelle

notre existence dans la préoccupation de finalités partielles, c'est qu'elle contribue à l'édification d'un monde commun, c'est qu'elle participe d'un idéal de vie collectif. Bien que l'homme ait avant tout le souci de lui-même, ainsi qu'Aristote le souligne souvent[8], ce souci s'exerce toutefois au mieux lorsqu'il s'avère en mesure de considérer son bien propre comme partie intégrante des affaires de tous, comme l'objet d'une décision qui porte sur ses relations avec autrui, dont les enjeux les plus élevés se situent au niveau politique.

Or, pour expliciter cette dialectique entre le Bien particulier et le Bien général, c'est à Platon que Gadamer fait retour. Car c'est Platon, selon lui, devançant Aristote, qui a le mieux démontré que la qualité de justice et de bonheur que chacun reçoit à titre personnel est fonction de la part qui revient à la communauté pour laquelle on agit. La connaissance de ce qui est bien pour soi disparaît, dit Gadamer, dans la connaissance de ce qui est bien pour d'autres que soi :

> Car il n'est besoin d'aucun conseil qui dise à quelqu'un comment, dans sa situation, autrui agirait, si l'on ne comprend pas qu'autrui agirait ainsi parce que c'est précisément lui, ou parce qu'il est devenu tel qu'il agisse de la sorte. Ce qui veut dire qu'autrui parle en tant qu'autre et ne peut vouloir être suivi que si l'on est ou que l'on devient comme lui. Seuls les amis peuvent donner des conseils. C'est pourquoi « *sunesis* » et « *gnômê* » sont une forme de l'*aretê* dianoétique et pratique chez Aristote (E.N., Z 11 et 12).[9]

Dans le texte de cette citation, ce sont les deux mots grecs de *sunesis* et de *gnômê* qui revêtent un sens décisif. La *sunesis* désigne l'acte d'une compréhension qui ne s'accomplit qu'au contact d'autrui, par opposition à la *mathêsis* qui désigne l'acte d'apprendre par soi-même. La *sunesis* est l'entente spécifique du *logos* comme *dia-logos*, comme quête dialectique d'une vérité partagée dans le souci d'une question identique. La *gnômê*, en revanche, vient rompre cette identité. Elle permet de départager ce qui, dans la mêmeté de cette question posée, s'illumine différemment selon qu'il s'agisse de soi ou de l'autre en tant qu'autre. Sous l'effet de ce discernement, l'acte de compréhension articule l'universalité du Bien recherché par tout un chacun à la vie de l'âme individuelle, « à la partie la plus précieuse qui se love en elle », selon l'expression de Platon (Lettre 7, 344c). Jusqu'à un certain point, chercher pour soi, c'est aussitôt chercher pour tous. Mais la *phronêsis*, comme *hexis pratikê*, si

---

[8] ARISTOTE, *Ethique à Nicomaque*, IX, 8.
[9] GADAMER, *Die Idee des Guten*, p. 160.

elle présuppose l'intelligence d'une visée commune, n'en exige pas moins, dans l'amitié, le jugement qui distingue ce qui est proprement faisable et désirable pour l'autre – c.-à-d. d'un praticable qui ne peut transiter de la puissance à l'acte de la même façon pour soi-même, ou qui ne le peut qu'autrement.

L'importance du thème aristotélicien de l'amitié, que Paul Ricœur reprend à son compte dans les fondements de l'éthique développés dans *Soi-même comme un autre*[10], est ainsi confirmée à nouveau par la dialectique de la compréhension que propose Gadamer dans le prolongement de Platon. L'ami est celui qui se distingue par sa capacité à nous révéler à nous-mêmes nos possibles les plus propres ou, pour le dire avec Heidegger, à les devancer. Ce qui exige de lui le pouvoir de se décentrer, dans l'espace de jeu que ménage le *logos* le plus rigoureux, pour prospecter un horizon pratique qu'il ne pourrait emprunter lui-même qu'en imagination. Dans l'entente dialogique, la distance entre le Je et le Tu promeut la compréhension comme appropriation (*Aneignung*). Penser le Bien *comme si* l'on était un autre, c'est l'occasion de découvrir que la différence n'est pas une instance de séparation mais l'écart nécessaire à une universalité qui fasse droit à la pluralité ; celle-ci, loin de faire obstacle à la communauté, est au contraire garante d'un lien d'appartenance qui demande à tout moment d'être *re-dialectisé*.

4) Enfin, la continuité que Gadamer établit entre *dianoia* et *phronêsis* témoigne en faveur d'une articulation étroite entre éthique et sagesse. Si Aristote oppose Thalès, le *sophos*, expert en choses inhabituelles et divines, à Périclès, le *phronimos*, qui savait ce qui était bon pour lui-même et les autres hommes[11], ce n'est pas pour démentir la portée universelle du discours éthique, mais c'est plutôt en vue de réhabiliter la dimension pratique de la théorie : « Ce n'est qu'avec l'idée d'une philosophie théorétique en tant que science autonome de l'universel que le savoir pratique a pu et a dû être conceptualisé dans son être propre. »[12]

Concernant le rapport d'étroite solidarité entre Platon et Aristote, qui se contredisent en apparence sur le rôle que doit jouer le philosophe dans la cité, Gadamer écrit ceci :

> Platon ne fait pas plus de la politique d'après les principes de la théorie des Idées qu'il ne fait œuvre d'instruction avec la doctrine des Idées. Le chemin donnant lieu au supra-céleste et celui du souci uniquement tourné vers l'être

---

[10] Paul RICOEUR, *Soi-même comme un autre*, Paris, Seuil, 1990, p. 213ss.

[11] ARISTOTE, *Ethique à Nicomaque*, 1140 b 8.

[12] GADAMER, *Die Idee des Guten*, p. 162.

propre sont un seul et même chemin, que l'on chemine sur les sommets ou en de plus modestes plaines. Aussi n'est-ce pas parce que Platon a cru à une synthèse abstraite et naïve du bien dans le cosmos et le monde des hommes que la philosophie est politique, mais parce que le philosophe et le vrai politicien vivent dans le même souci. Le savoir véritable doit avoir lieu dans les deux, ce qui veut dire qu'ils doivent l'un et l'autre connaître le Bien [...]. Si Platon peut accepter une telle indifférenciation, c'est seulement parce qu'en général il ne croit pas en un savoir de l'universel qui ne consisterait pas en l'affaire la plus propre d'un savoir-pour-soi de l'âme, d'un savoir attaché au lieu le plus beau du soi propre. Si Aristote a dénoué le lien entre la politique et la philosophie, ce n'est pas parce qu'il aurait reconnu la précarité d'une fondation mathématique universelle de la politique mais, à l'inverse, parce qu'il a rendu effective la possibilité de détacher l'universalité, conçue philosophiquement, de ce qui est connu, de la vie de l'âme individuelle. Cette possibilité théorique de la philosophie doit se détacher de la politique parce qu'un concept existe qui détermine ce qui est visé et le rend disponible pour toute réitération (le *logos kath'auto*). Pour Aristote, la différence entre un tel savoir pour tous et le savoir pour soi-même surgit, non parce qu'il existe un savoir-pour-soi de l'individu, dont il ne peut y avoir aucune théorie, mais parce qu'il existe une théorie, c.-à-d. un savoir pour tous.[13]

Ainsi Aristote, en place d'affaiblir la dimension théorétique du questionnement éthique, n'aurait fait que l'accuser et l'approfondir. Il existe un savoir pour tous. Ce qui veut dire que le *logos*, à la fois philosophique et pratique, relève d'un acte de compréhension et d'un niveau d'intelligibilité distincts de l'*epistêmê*. Mais il n'en est que plus universel. Bien qu'il soit marqué par la finitude et la pluralité des voix, son destin est de s'élargir, en vertu même de cette finitude, en un entretien infini de tous avec tous. Car ce n'est pas parce que le Bien échappe à toute définition abstraite, et que nous ne pouvons en disposer en la forme d'une science hypothético-déductive, que la question de son essence cesse pour autant de se poser. Celle-ci s'impose non seulement à chacun d'entre nous pris un à un, mais elle surgit comme ce qui nous motive plus radicalement à parler et, de ce fait même, à nous enseigner réciproquement.

Nous constatons dès lors que si Gadamer rend justice, avec Aristote, à la pluralité des voix, ce n'est pas pour rompre avec Platon. Sa conception de la dialectique, qui est censée présider à la bonne conduite du débat public, est au contraire platonicienne de part en part. Dialoguer, pour notre auteur, c'est

---

[13] GADAMER, *Die Idee des Guten*, p. 161.

pratiquer un langage par lequel on s'assure que la chose dont on parle devienne intelligible, dans son essence, par les autres auxquels on s'adresse, et qu'on élève *ipso facto* au rang d'interlocuteurs compétents. Ainsi, celui qui soumet sa parole à l'approbation d'autrui ou qui sollicite de sa part son examen en vue de s'approcher au plus près de la question posée, s'expose aussi à la contradiction. Celle-ci ne dégénère pas nécessairement en un conflit irréductible. Elle peut aussi conduire à reformuler l'enjeu du débat, de sorte que son énonciation rende véritablement compte de la difficulté commune qu'il s'agit d'affronter. En effet, la contradiction, dans la mesure où elle ne perd pas de vue ce que les interlocuteurs ont en partage, pour déchoir en une rhétorique qui mobilise de fausses évidences ou pour faire diversion par des considérations sui-référentielles, peut s'avérer un facteur de médiation décisif. Car c'est en se corrigeant mutuellement dans la définition du problème qui les préoccupe, que les acteurs du dialogue parviennent à déterminer exactement les termes d'une entente virtuelle. Le processus dialogique repose sur ce postulat : si une question doit être disputée, c'est précisément parce que sa compréhension n'est accessible que par la mise en commun d'un langage dont personne n'a la propriété exclusive. A défaut de quoi, la question s'avère d'emblée confisquée par une autorité monologique et cesse tout simplement de concerner la collectivité. Elle se mue alors en préjugé dont la validité n'est plus garantie que par la position de force de celui qui l'énonce. A l'inverse, plus grande est la tolérance à l'égard des discordances de départ, plus l'homologie recherchée sera solide et fédératrice. Car les parties en présence se seront approprié un principe d'intelligibilité et de correspondance qui ne dépend d'aucune d'entre elles en particulier.

Dans un débat dialogique, d'inspiration platonicienne, il ne s'agit pas d'avoir raison, mais de faire en sorte que la chose dont on parle puisse exhiber ses raisons et, le cas échéant, motiver une prise de décision éthique concertée. Ce n'est qu'au prix du renoncement à toute position d'autorité *a priori* que le dialogue peut rendre compte (*logon didonai*) du pourquoi, de l'être-ainsi et de l'en-vue-de-quoi de ce qui l'inquiète. Plutôt que de convaincre, il s'agit donc de faire voir (*apophainomai*), ce qui oblige les locuteurs à se décentrer et à résister à la tentation de concevoir leurs énoncés comme irréfutables – compte tenu du fait qu'à tout discours non-contradictoire ne peut alterner qu'un autre discours non-contradictoire, tous deux dépourvus du souci de ce sur quoi ils s'opposent.

La vertu philosophique par excellence, à laquelle donne accès la *theoria*, est donc cette liberté anti-égoïstique qui ouvre à la maîtrise dialectique du discours, pour laquelle la nature du référent importe plus que l'instance d'énonciation, et pour laquelle la technique de raisonnement ne se met pas au service de la hâte de conclure. Cette vertu est la condition *sine qua non* du Bien, que celui-ci soit entendu au sens de l'utile, de la contribution au bien-vivre commun ou de la réalisation des possibilités humaines les plus ultimes.

C'est pourquoi, lorsqu'elle est authentiquement pratiquée, l'éthique dialectique que conçoit Gadamer, dans son dialogue avec Platon et Aristote, convertit l'infinité des aspects que présente chaque existence humaine, en écho avec ses semblables, en autant de motifs pour en affirmer toujours inconditionnellement leur désirabilité.

LE DIONYSOS DE NIETZSCHE :
RETOUR À LA PHYSIS DES ANCIENS GRECS ?

Michel Herren

Voici ce que Nietzsche écrit dans un carnet lorsqu'il prépare son premier écrit – *La naissance de la tragédie enfantée par l'esprit de la musique* (1871) : « Ma philosophie, *platonisme inversé* : plus loin on est de l'étant véritable, plus pur, plus beau, meilleur c'est. La vie dans l'apparence comme but »[1]. Il s'agit là d'une annonce programmatique de l'ensemble du travail de Nietzsche. La position fondamentale de Nietzsche demeure en effet de bout en bout celle d'une *inversion du platonisme* ou, plus précisément dit, celle d'une *inversion de la métaphysique platonisante morale* en une *métaphysique d'artiste*, qui devient en dernière instance une *physiologie de l'art*, dont le noyau est *Dionysos*. La philosophie de Nietzsche est-elle par là, par cette inversion du platonisme, un retour à la manière dont les anciens Grecs d'avant Socrate-Platon ont expérimenté, puis pensé la *physis* ? Il semble à première vue que oui – d'autant plus que Nietzsche, juste après son œuvre d'ouverture, écrit dans un cahier préparatoire : « retour à la notion hellénique [de l'art] : l'art comme *physis* »[2]. L'enjeu de cet article est de vérifier si cette hypothèse est bien conforme au travail de Nietzsche.

* *
*

---

[1] Friedrich NIETZSCHE, *Fragments posthumes. Fin 1870-avril 1871*, Fragment 7 [156], OPC I/1, p. 308.

[2] NIETZSCHE, *Fragments posthumes. Eté 1872-début 1873*, Fragment 19 [290], OPC II/1, p. 259.

Dans *La naissance de la tragédie*, Nietzsche présente, précisément en *physio*logiste – au sens de celui qui dit la *physis* –, l'*apollinien* et le *dionysiaque* comme les deux *pulsions, puissances artistiques fondamentales de la nature* à l'origine de tout ce qui est.³ Ces noms, indique-t-il, il les emprunte aux Grecs : ils proviennent en fait des deux divinités de leur panthéon que sont *Apollon* et *Dionysos*. L'apollinien – que Nietzsche nous rend plus proche par l'analogie avec le phénomène/l'apparaître (*Erscheinung*) *physio*logique de la vie quotidienne qu'est le rêve – est présenté comme la belle forme, le voile, l'illusion, la lumière, la clarté, la belle apparence, etc., masquant l'océan de douleurs ; il est le principe artistique naturel de façonnement, d'individuation et de contenance. Le dionysiaque – que Nietzsche nous rend plus proche par le biais du phénomène *physio*logique qu'est l'ivresse – représente quant à lui le véritable créateur de ce monde artistique, l'Un originaire, la puissance de la nature tout entière, la surabondance de vie, l'arrière-fond voilé de la souffrance et de la connaissance, l'obscur, le chaotique, les puissances titanesques de la nature, etc. ; il est le fond souterrain, l'artiste originaire, excessif, contradictoire de tout ce qui est : le principe naturel de dissolution et de passion qui joue, tel un enfant, à construire et à détruire des mondes.

Inséparables, ces deux pulsions artistico-naturelles apparaissent pourtant la plupart du temps en conflit ouvert, perpétuant le combat des contraires. Et leur accouplement n'a, selon Nietzsche, été possible qu'à une seule reprise, par un « acte métaphysique miraculeux de la [géniale] "volonté" hellénique », dans la tragédie attique, – éduquant naturellement, *physio*logiquement et artistiquement l'homme en lui faisant voir *et expérimenter* ce que Nietzsche appelle la *sagesse tragique dionysiaque*, qui accorde la seule manière salubre (apollino-dionysiaque) de vivre. Notons que la « volonté » dont il est question dans l'œuvre d'ouverture de Nietzsche est à lire au sens de la volonté artistico-naturelle, artistico-*physio*logique, anti-, voire proto-métaphysique de Dionysos lui-même.⁴ Mais – et il en est précisément *physio*logiquement ainsi –, dès sa

---

³ Cf., pour les lignes qui suivent, Friedrich NIETZSCHE, *La naissance de la tragédie enfantée par l'esprit de la musique*, en particulier § 1-4, OPC I/1, p. 41-56 (nos termes sont rigoureusement ceux de Nietzsche lui-même). Il convient également de garder toujours en tête les deux citations liminaires de notre article.

⁴ Notre position – mise à l'épreuve dans notre article « Comment, chez Nietzsche, la volonté et la puissance devinrent, pour finir, la volonté de puissance » (en préparation) – est que la « "volonté" » et les « puissances artistiques de la nature », tout comme la « volonté de puissance » dans laquelle elles se fondent plus tard, ne sont pas (du moins pas d'abord) à lire au sens strictement moderne (du sujet conscient de soi, agissant par concepts, et opérant le mouvement objectivant de retour sur soi), et donc métaphysique – s'il est vrai que la métaphysique de la volonté n'apparaît qu'en Modernité –, mais bien plutôt au sens pour ainsi

naissance, la tragédie commence, sous *l'estampille historico-pragmatique anti-dionysiaque* de la *tendance socratique apollino-poïétique de l'optimisme théorique* (il s'agit selon Nietzsche de la métaphysique platonisante), une lente agonie qui s'achève dans la mort.[5]

Il ressort donc de *La naissance de la tragédie* que deux pulsions, ou puissances, artistiques naturelles sont au fondement de tout ce qui est : la pulsion apollinienne et la pulsion dionysiaque. Aussi, l'être (artistico-naturel) de ce qui est étant au fond, selon Nietzsche, déterminé par ces deux pulsions artistico-naturelles fondamentales, Nietzsche peut bien dire de sa position qu'elle est celle d'une « métaphysique de l'art »[6] – dans *La naissance de la tragédie* – ou encore, plus tard – notamment dans son « Essai d'autocritique » –, celle d'une « métaphysique d'artiste »[7]. Or cette métaphysique est bien une *inversion de la métaphysique platonisante morale*. Alors que dans cette dernière, conformément à l'optimisme théorique qui la guide, il s'agit, par la *pensée*, de transcender, de dépasser, c'est-à-dire de passer au-delà (*meta*) des choses physiques, sensibles (*ta physika*) – qui sont en perpétuel devenir, et qui donc engendrent inéluctablement la souffrance –, en direction du *supra-sensible moral* (les vraies, bonnes et belles Idées intelligibles constantes, accordant, si on s'y dirige droitement, une *epistêmê*, un *savoir ferme*, qui confère un *êthos*, une *tenue stable et constante* dans le va-et-vient tragique de cette vie) pour se délivrer par celui-ci de celles-là ; il s'agit désormais, selon Nietzsche, toujours pour s'en délivrer, de transcender, de dépasser, non pas par la pensée, mais dans l'*expérience* de la vie elle-même, ces mêmes choses sensibles en direction de l'*apparence artistique*. La structure de la métaphysique se trouve ainsi intégralement plongée dans le sensible, dans l'immanence de cette vie artistique

---

dire naïf, intuitif, neutre de la volonté de la vie artistico-naturelle, artistico-physiologique elle-même, c'est-à-dire de la grande volonté antimétaphysique, et même protométaphysique de Dionysos. L'emploi du terme « volonté » apparaît comme un des nombreux exemples de ce que Nietzsche ne cesse de répéter concernant la difficulté, voire l'impossibilité de se défaire des filets du « plus ancien substrat métaphysique [...] incarné dans la langue et les catégories grammaticales » (NIETZSCHE, *Fragments posthumes. Eté 1886-printemps 1887*, OPC XII, Fragment 6 [13], p. 236-237). Aussi les questions de la volonté, de la volonté de puissance, ainsi que des valeurs (qui en dépendent), ne seront-elles pas traitées dans les lignes qui suivent.

[5] Concernant la mort de la tragédie, cf. avant tout NIETZSCHE, *Naissance*, § 10-11, p. 83-91. Cf. aussi notre article « Socrate et Nietzsche : deux pivots et axes de l'histoire européenne », in : Jocelyn BENOIST/Fabio MERLINI (éd.), *Problèmes et controverses. Europes intempestives*, Paris, Vrin (à paraître en 2004).

[6] Cf. par exemple NIETZSCHE, *Naissance*, § 24, p. 139.

[7] Cf. notamment NIETZSCHE, *Naissance*, « Essai d'autocritique », § 2, p. 13.

apollino-dionysiaque ici et maintenant. La métaphysique transcendante morale devient ainsi une métaphysique rescendante d'artiste. Mais en quel sens faut-il comprendre cette métaphysique d'artiste ? En le dépassement, en la délivrance immanente du tragique fond artistique dionysiaque en direction de la belle apparence artistique apollinienne, – celle-ci permettant de se sauver de celle-là[8] ? Au sens donc où la dimension esthétique apollinienne constitue un *refuge salvateur* dans lequel l'homme peut *fuir* la vie en son effectivité dionysiaque ? Non : comme le relève Nietzsche lui-même dans son « Essai d'autocritique »[9] – retour réflexif critique, en 1886, sur son œuvre de jeunesse –, lire l'expression ainsi, c'est la comprendre au sens d'une *métaphysique romantique de l'art* (Schopenhauer, Wagner), ce qui est erroné. L'expression n'a en effet, dit-il, rien à voir avec une métaphysique romantique de l'art, mais ne vise à vrai dire que ladite *délivrance immanente à cette vie-ci* : celle, phénoménale, de transcender la réalité dans la production artistique d'apparences qui lui est inhérente. Mais comment se fait-il que l'on puisse lire l'expression « métaphysique d'artiste » de deux manières ? Cela découle du fait que la position de Nietzsche dans *La naissance de la tragédie* est *ambiguë*. Or cette ambiguïté s'explique du fait que Nietzsche y est d'une part redevable à son maître en philosophie Schopenhauer, reprenant de lui la distinction métaphysique de l'en-soi intelligible et du phénoménal sensible, et que, d'autre part, il comprend toutefois cet en-soi déjà à sa manière : soit non plus comme volonté de vivre inconsciente, aveugle, souffrant toujours du manque et s'extériorisant en les représentations qui constituent le monde, mais comme *fond originaire dionysiaque*, également toujours souffrant et s'extériorisant, mais quant à lui non pas du manque, mais du trop-plein, de l'excès de plénitude. Aussi le rapport qu'entretiennent Apollon et Dionysos est-il ambigu : d'une part les deux figures apparaissent comme étant dans une *opposition irréductible*, – interprétation qui est due à la distinction schopenhauerienne. Mais d'autre part – Dionysos apparaissant quant à lui comme le véritable créateur de ce monde artistique, comme l'Un originaire, comme la puissance de la nature tout entière, comme l'arrière-fond, comme l'artiste originaire, autrement dit comme le véritable *fond générateur* de tout ce qui est, y compris d'Apollon lui-même – les deux figures se trouvent également dans une *interdépendance réciproque*. Nietzsche indique d'ailleurs bien – et il conviendra de le garder à l'esprit par la suite – que si Apollon est totalement séparé de Dionysos, il l'est également de la vie et ne fait plus que reproduire

---

[8] Cf. par exemple NIETZSCHE, *Naissance*, § 1, p. 44.

[9] Cf. NIETZSCHE, *Naissance*, « Essai d'autocritique », § 7, p. 33-34.

artificiellement l'apollinien proprement dit (ce qui engendre selon Nietzsche le rationalisme desséché, le socratisme scientifique, l'optimisme théorique)[10]; et qu'en revanche, si Dionysos est totalement séparé d'Apollon, il sombre quant à lui dans la surabondance qui lui est propre, soit dans un débordement frénétique et bestial.[11]

En dépit de ces ambiguïtés[12], il demeure vrai que l'être de ce qui est ne se situe plus, chez Nietzsche – comme c'était le cas dans la métaphysique platonisante –, dans un suprasensible intelligible, constant et moral, mais réside au contraire dans le sensible, déterminé *et* par le fond originaire dionysiaque surabondant et chaotique *et* par la belle forme apollinienne, relevant elle aussi en fin de compte du devenir dionysiaque. Aussi, chez Nietzsche, au contraire de la métaphysique platonisante, moins une chose a de fermeté et de constance, autrement dit plus elle est en devenir, plus elle est ; et plus elle a de fermeté et de constance, moins elle est en devenir, moins elle est, moins elle a d'être. Ainsi est-ce bien, au fond, la vie tragique dionysiaque en son devenir perpétuel qui est selon Nietzsche ce qui est véritablement, – et non la vie intelligible des Idées suprasensibles. Sa position est donc bien celle d'un platonisme inversé. Notons qu'à cet égard Nietzsche renoue à sa manière avec les Héraclitéens : comme pour les Héraclitéens, la réalité est en effet selon Nietzsche un devenir perpétuel non téléologique ; mais – et ce contrairement à eux –, ce flux n'est pas un flux infiniment fugace et ininterrompu, mais un processus artistique en perpétuel formation, façonnement, production de formes (apolliniennes) toujours nouvelles, toujours à nouveau détruites, dissolues (par Dionysos).

Suite à *La naissance de la tragédie*, Nietzsche laisse le plus souvent la Grèce antique de côté et, de même, abandonne pendant plus de treize ans (entre janvier 1872 et avril-juin 1885) presque complètement les figures essentielles d'Apollon et de Dionysos thématisées jusqu'ici.[13] Pourtant, l'influence de Dionysos, comme le *fond générateur*, comme le véritable producteur du monde

---

[10] Cf. NIETZSCHE, *Naissance*, § 10, p. 86.

[11] Cf. NIETZSCHE, *Naissance*, § 2, p. 47.

[12] Outre les deux ambiguïtés indiquées, on peut encore en relever au moins deux autres – sources de bon nombre d'interprétations raboteuses, voire fausses –, découlant également de la filiation et de la séparation Schopenhauer-Nietzsche : celle qui voit dans l'art un accès cognitif privilégié à l'en-soi métaphysique du monde ; celle qui nivelle le double statut, apollinien *et* dionysiaque, de la beauté et de l'apparence.

[13] Apollon ou Dionysos n'apparaissent dès lors en effet plus que de façon rare et tout à fait marginale, – sans aucun rapport avec la manière dont il en est question dans *La naissance de la tragédie*.

qu'il est, demeure tout à fait capitale ; mais dès lors uniquement de manière secrète, larvée, souterraine. Il s'avère en fait que Nietzsche passe par une longue période de doutes qui concernent non seulement son travail précédent, mais surtout précisément son maître en philosophie Schopenhauer ainsi que Wagner (le disciple artistique de celui-ci, porte-parole de tous les espoirs philosophico-artistiques passés de Nietzsche). Nietzsche rompt progressivement avec eux pour ne considérer dès lors ses anciens exemples plus que comme de néfastes représentants de la tradition métaphysique platonisante et morale de l'optimisme théorique exclusivement apollino-poïétique, – tradition qui n'a de cesse selon Nietzsche de scléroser, d'assécher, de stériliser, d'inhiber, voire de supprimer la vie en son exubérance, en sa surabondance chaotique propre. Loin du penseur enthousiaste, exalté par l'art, sorte de « voyant inspiré » à tendance *physio*logique qu'il était jusqu'alors, Nietzsche cherche désormais partout froidement à *dévoiler*, puis à se défaire de tous les résidus métaphysiques (auxquels il a lui-même succombé auparavant). Accentuant toujours davantage son côté physio*logique*, il devient – mais sur la même base : ce n'est là à vrai dire qu'une évolution dans la même position – un sceptique, un « scientifique », un esprit analytique. Ainsi, le critère majeur devient la probité intellectuelle et le savant vient à l'emporter le plus souvent sur l'artiste. Mais seulement *le plus souvent* : l'artiste demeure en effet *sous* l'homme de science, qui n'est somme toute que sa *Weiterentwicklung*.[14] Nietzsche ne tombe donc pas dans le positivisme. Il se contente en effet de reprendre à la science (traditionnelle) son esprit, sa méthode, son attitude analytico-critique, pour affranchir les esprits du joug sous lequel ils sont asservis depuis plus de deux millénaires, pour les libérer des prétendues vérités métaphysico-morales et permettre ainsi l'émergence d'*esprits libres* au regard panoramique.[15] Il est à souligner que la position de Nietzsche demeure bien celle d'une *sagesse tragique* et, implicitement, celle d'une *métaphysique d'artiste* : la seule différence consiste en ce que c'est la méthode de la science qui permet désormais à cette vie-ci d'accomplir la transcendance immanente de la réalité dans la production d'apparences artistiques, seules salubres. Ainsi, le travail « scientifique » ne conduit pas Nietzsche à une attitude de *négation* (sinon des « erreurs » de la tradition métaphysique), mais le mène en fin de compte à une totale *affirmation*, à l'affirmation de la vie en tant que telle, c'est-à-dire en son caractère

---

[14] Cf. Friedrich Nietzsche, *Humain, trop humain I*, IV : « De l'âme des artistes et des écrivains », § 222 : « Ce qui reste de l'art », OPC III/1, p. 156.

[15] Cf. par exemple déjà le sous-titre d'*Humain, trop humain I* : « Un livre pour les esprits libres ».

physiologique surabondant, contradictoire, chaotique, en un mot à l'affirmation de la vie tragique. Et cette vie tragique s'avère au fond n'être nulle autre que celle que Nietzsche détermine dans *La naissance de la tragédie* comme la vie de Dionysos, le véritable créateur de ce monde artistique, le dieu artiste surabondant, chaotique, contradictoire, antimétaphysique, le dieu enfant jouant à construire et à détruire à son gré et en toute innocence tout ce qui est.[16]

Nietzsche a donc besoin de presque quatorze ans pour se réapproprier les figures d'antan et les libérer complètement de leur ambiguïté découlant de la métaphysique schopenhauerienne. En réapparaissant, l'opposition Apollon-Dionysos s'amenuise très nettement dans le sens de l'interdépendance réciproque des deux pulsions, voire plutôt même d'une *intériorisation* d'Apollon dans la seule figure de Dionysos. Apollon devient en effet pour ainsi dire l'éminence grise d'un Dionysos nouvelle manière, entièrement dépouillé de références métaphysiques. Et Dionysos, le dieu de l'affirmation totale de la vie en son caractère contradictoire, et donc tragique, d'apparaître dès lors au grand jour comme une sorte de *leitmotiv* du dernier exposé philosophique foudroyé de Nietzsche.[17] Aussi, alors que Nietzsche a toujours déjà été *physiologiste*, voyant l'art et la vie en union intime, voire même comme étant le même – déjà le Nietzsche de jeunesse, nous le savons, prône explicitement un « retour à la notion hellénique [de l'art] : l'art comme *physis* »[18] –, il valorise dès lors le plus souvent dans son œuvre tardive l'expression résolument antimétaphysique de

---

[16] Cf. notamment NIETZSCHE, *Fragments posthumes. Début 1888-début janvier 1889*, Fragment 16 [32], OPC XIV, p. 244-245, où Nietzsche parle de sa « philosophie expérimentale » comme voulant parvenir à un « *dire oui [Jasagen] dionysiaque* au monde, tel qu'il est, sans rien en ôter, en excepter, en sélectionner » (trad. mod. ; nous indiquons entre parenthèse les termes allemands dont nous avons modifié la traduction ou qui présentent une difficulté) ; cf. aussi Friedrich NIETZSCHE, in : *Ecce Homo* : « Naissance de la tragédie », § 2, OPC VIII/1, p. 286-287, où Nietzsche distingue « l'instinct en voie de dégénérescence qui se dresse contre la vie dans une rancune souterraine » de « l'*affirmation [Bejahung]* supérieure, née de la plénitude, de la surabondance, un *oui* dit sans réserve à l'existence, même à la douleur, même à la faute, même à tout ce qui est lui problématique et étranger [*ein Jasagen, ohne Vorbehalt, zum Leiden selbst, zur Schuld selbst, zu allem Fragwürdigen und Fremden des Daseins selbst*] [...] » (trad. mod.).

[17] Rappelons que lesdites « [géniale] "volonté" hellénique » et « puissances artistiques de la nature » – engendrant en fin de compte, dans l'œuvre d'ouverture de Nietzsche, la tragédie –, entre temps devenues « volonté de puissance », sont selon nous à entendre au sens de la grande volonté (de puissance) artistico-naturelle, ou artistico-physiologique antimétaphysique, voire protométaphysique de Dionysos lui-même.

[18] NIETZSCHE, *Fragments posthumes. Eté 1872-début 1873*, Fragment 19 [290], OPC II/1, p. 259.

« physiologie de l'art »[19] au dépens de celle, pourtant toujours présente, de « métaphysique d'artiste ». Et Dionysos, exempté de tout résidu métaphysique et ayant pour ainsi dire intégré Apollon, d'y constituer le seul centre d'une activité artistique absolument immanente et nécessairement *physiologique*. L'art n'est alors plus simplement salubre pour la vie (l'apollinien masquant le fond dionysiaque), mais devient une véritable *cure* interne à la vie (physiologico-apollino-dionysiaque) elle-même[20] : dans l'état artistique – autrement dit dans l'expérimentation de la vie en tant que telle, en son caractère physiologico-artistico-tragique –, opérant une transfiguration en Dionysos, l'homme se trouve élevé au niveau d'une pleine possession de soi qui le préserve aussi bien des excès simplement biologiques que de toute tentation métaphysico-romantique de fuir cette vie.[21] S'ancrant décidément dans l'immanence de cette vie-ci, ce « classicisme »[22] de l'art immunise contre tout « romantisme ». Aussi l'homme a-t-il comme tâche de jouer lui-même le jeu artistique tragique du Dionysos nouvelle manière – soit le jeu physiologique de la vie en tant que telle – et de devenir ainsi lui-même sa propre œuvre d'art (apollino-dionysiaque).[23] Or cette science joyeuse, ludique, comme art de vivre est le comble de la métaphysique d'artiste de Nietzsche ; comble qui se trouve bien aux antipodes de la métaphysique morale platonisante. L'enjeu n'est en effet plus de chercher à atteindre, voire à créer, par la pensée et l'optimisme théorique, le monde

---

[19] Cf. par exemple NIETZSCHE, *Fragments posthumes. Printemps-été 1888*, Fragment 16 [72], *OPC* XIV, p. 257 (nous soulignons).

[20] Cf. par exemple NIETZSCHE, *Humain, trop humain II*, « Préface », § 2, OPC III/2, p. 17.

[21] Cf. par exemple la deuxième partie du fameux fragment 17 [3] du début 1888-début janvier 1889 (OPC XIV, p. 286-287) : « L'art, et rien que l'art ! C'est lui seul qui rend la vie possible, [etc.] ».

[22] Cf. par exemple NIETZSCHE, *Fragments posthumes. Début 1888-début janvier 1889*, Fragment 14 [46], OPC XIV, p. 43.

[23] Cette thématique existentielle, présente de manière latente dès *La naissance de la tragédie* (cf. par exemple § 5, OPC I/1, p. 61), apparaît pour la première fois tout à fait explicitement dans *Humain, trop humain II*, II : « Le voyageur et son ombre », § 266 : « Les impatients », p. 165 : « [...] il faut beaucoup de sueur, avant d'avoir trouvé [*gefunden*] sa palette, son pinceau, sa toile ! – Et même alors on n'est encore loin d'être maître [*Meister*] de son art de vivre, – mais on est maître [*Herr*] au moins de son propre atelier » (trad. mod.) ; cette thématique atteint son apogée dans le fragment tardif suivant, concernant le « grand style » : « [...] Maîtriser le chaos que l'on est ; contraindre son chaos à devenir forme, devenir nécessité dans la forme [*Notwendigkeit werden in der Form*] : à devenir logique, simple, non équivoque, mathématique ; devenir loi – : c'est là la grande ambition » (cf. NIETZSCHE, *Fragments posthumes. Printemps 1888*, Fragment 14 [61], OPC XIV, p. 48). La tendance de Nietzsche est donc celle d'abandonner l'art des œuvres d'art.

suprasensible moral des Idées constantes – c'est-à-dire de rejeter le tragique de cette vie-ci, autrement dit, selon Nietzsche, de rejeter la vie elle-même –, mais de vivre joyeusement dans la sagesse tragique, en conformité avec ce monde-ci, cette vie-ci, caractérisée donc comme étant fondamentalement dionysiaque (au sens bien compris). La position du philosophe-*physiologiste* Nietzsche demeure donc bien de bout en bout celle d'un *platonisme inversé*.

*   *

*

Revenons dès lors à notre question liminaire : Nietzsche se rapproche-t-il par là des penseurs d'avant la tradition métaphysique occidentale, des penseurs d'avant Socrate-Platon, autrement dit (comme Nietzsche les appelle lui-même) des Préplatoniciens, ou encore (comme on les appelle aujourd'hui) des Présocratiques ? C'est cette hypothèse – *a priori* tout à fait plausible – qu'il convient maintenant de vérifier. Pour le faire, commençons par renouer avec la notion de *physiologie* rencontrée de manière récurrente jusqu'ici, – Nietzsche étant bien, dans sa manière de philosopher, un *physiologiste*. Or lesdits Présocratiques ont, eux aussi, et eux d'abord et avant tout, été nommés les *physiologistes*, autrement dit, en grec, les *physiologoi*. Qu'est-ce à dire ?[24]

Le terme *physiologos* consiste en les deux éléments suivants : *physis* et *logos*, volontiers – mais hâtivement – traduits par *nature* et *discours rationnel*. Les premiers penseurs auraient donc, en ce sens, été ceux qui s'occupent de faire des discours rationnels sur la nature. Or il n'en est rien : les premiers penseurs ne faisaient pas plus de discours rationnels qu'ils ne s'interrogeaient sur la nature. Ce n'est en effet qu'après Socrate-Platon que les Anciens s'engagent sur la voie du discours rationnel et de l'investigation sur la nature, – cette voie que Nietzsche appelle celle, hostile à la vie, du rationalisme desséché, soit du

---

[24] Nous sommes redevables, pour les lignes qui suivent, d'une part à Martin HEIDEGGER, notamment « Vom Wesen der Wahrheit », in: *Wegmarken* (GA 9), p. 175-200; *Beiträge zur Philosophie (Vom Ereignis)* (GA 65), § 96-97, p. 189-191 ; *Besinnung* (GA 66), § 17, 51 et 104-112, resp. p. 85, 135 et 366-380 ; d'autre part à Karl-Heinz VOLKMANN-SCHLUCK, notamment *Die Philosophie der Vorsokratiker : Der Anfang der abendländischen Metaphysik* (Paul KREMER, éd.), Würzburg, Königshausen & Neumann, 1992, ainsi que *Die Philosophie Nietzsches : Der Untergang der abendländischen Metaphysik* (Bernd HEIMBÜCHEL, éd.), Würzburg, Königshausen & Neumann, 1991 ; enfin – *last but not least* – à Ingeborg SCHÜSSLER qui, à l'instar de VOLKMANN-SCHLUCK, poursuit activement le travail sur les chantiers ouverts par HEIDEGGER (notamment dans son cours consacré à une lecture postmétaphysique du *Timée* de Platon lors de l'année académique 2002-2003 à l'Université de Lausanne).

socratisme scientifique et de l'optimisme théorique. A dire vrai, les *physiologistes*, ne font pas plus – comme le terme *logos* pris au sens qu'il avait pour ces premiers penseurs précédant Socrate-Platon l'indique – que *dire, exposer, rassembler en mots, mettre à l'abri* la *physis*. Qu'en est-il donc selon eux de cette *physis* ? Nous traduisons certes aujourd'hui *physis* par *nature* – et ce à partir du latin *natura*, substantif formé à partir du verbe *nasci*, qui signifie *naître* –, mais la *physis* n'est pas selon ces premiers penseurs ce que nous entendons depuis Socrate-Platon et Aristote, comme l'étymologie de la traduction latine et française l'indique, ce domaine parmi d'autres dans la totalité de ce qui est : celui des choses qui sont *nées*, – entente qui fait que nous opposons la nature à l'histoire, à l'art, à la culture, à la technique, etc. La *physis* telle que l'*expérimentaient* les anciens Grecs n'est pas un tel domaine particulier de la totalité de ce qui est ; elle est cette totalité elle-même : le monde dans son ensemble est pour eux *physis*, se déploie comme *physis*. Plus précisément dit, le monde dans son ensemble a comme mode d'être pour eux d'être de l'ordre de la *physis*. Mais que veut donc dire le terme *physis* ? *Physis* est le substantif du verbe *phuein*, signifiant *pousser, croître, éclore, s'ouvrir, venir au jour, se déployer, apparaître* (*Erscheinen*), – comme une fleur éclot, s'ouvre, vient au jour, pour devenir manifeste comme fleur. Le mode d'être de la totalité de ce qui est, du monde, est donc selon eux de l'ordre de l'*éclosion*. Autrement dit, les anciens Grecs nommèrent l'être de la totalité de ce qui est, l'être de l'étant, *physis*. C'est donc cet être qui, le premier, vient à éclore, à s'ouvrir, à se déployer toujours plus, à venir toujours davantage au jour, jusqu'à atteindre sa pleine présence. Aussi la *physis* est-elle un processus en perpétuel devenir. Mais ce devenir ne consiste pas, comme chez les philosophes depuis Socrate-Platon (qui vient donc, par sa tendance, révolutionner la pensée grecque et inaugurer la philosophie comme telle, soit la méta-physique), dans la succession de quelque chose à quelque chose d'autre ; ce qui devient – soit éclot, s'ouvre, vient toujours davantage au jour –, une fois sa présence plénière atteinte, ne disparaît pas selon les *physiologoi*, à peine cette présence plénière atteinte, dans le néant, mais y demeure bien plutôt sur le mode d'un certain *repos*, sur le mode du *retrait*. En effet, « *ê physis kryptesthai philei* : la *physis* aime à se cacher », comme le dit Héraclite dans le célèbre fragment B 123 DK. Il y a même plus : selon eux, le mouvement d'éclore, d'apparaître à la lumière est même *rendu possible* par le mouvement inverse, celui de se reposer, de se retirer, de disparaître dans les profondeurs cachées. En effet, en même temps qu'a lieu l'éclosion (visible), a lieu le retrait dans les profondeurs (cachées), – pour ainsi dire pour s'y ressourcer. Ainsi – c'est *physiologique* – le retrait est la *condition*, la *ressource* même de toute éclosion. En ce sens, le *contraire* appartient toujours déjà à l'éclosion : le retrait appartient toujours déjà à la *physis* ; le disparaître, la dimension du tragique, la mort, appartient toujours déjà à l'apparaître, à la vie : sans retrait, sans disparaître – donc sans tragique –, pas d'éclosion de l'être de ce qui est ; sans retrait, sans disparaître, sans tragique, au lieu de la *physis* et de sa vie propre, nous aurions bien plutôt, selon ces premiers penseurs, le désert qui inhibe la vie. Aussi Nietzsche peut-il bien parler, à propos de ces penseurs – ainsi d'ailleurs qu'eu égard aux poètes qui les ont précédés – de *sagesse tragique*.

Mais comment était-il possible que l'être de ce qui est dans son ensemble se déploie comme *physis*, donc comme ce qui éclot en plongeant en même temps dans ses profondeurs cachées ? Le fragment B 112 d'Héraclite nous renseigne :

> *To phronein aretê megistê, kai sophia alêthea legein kai poiein kata physin epaiontas.*

> La « compréhension » [au sens propre, qui implique une mesure, une tempérance] [*phronêsis*] est la « vertu » [*aretê*] la plus grande, et la sagesse [*sophia*] de dire et de faire les choses vraies [*alêthea*], selon la nature [au sens de l'éclosion] [*kata physin*], en l'écoutant.

En écoutant la *physis*, on va donc dire et faire les choses vraies (*alêthea*) : en cela consiste la sagesse (*sophia*). Dans ce fragment, *physis* et *alêtheia* sont dans un étroit rapport.[25] La *physis* apparaît donc comme l'instance où se dégage pour nous ce qui est vrai dans un sens essentiel : la vérité en son essence même, – nous indiquant en quoi consiste la sagesse. Heidegger a rappelé que la signification première, fondamentale et littérale d'*a-lêtheia* – signification que la traduction latine par *veritas* ne rend pas – est *Ent-bergung*, soit *dés-occultation, dé-voilement, dés-abritement*. Cette traduction littérale montre bien que nous avons affaire, dans ce qui est visé par le mot *alêtheia*, à quelque chose qui se trouve en fait très proche de la *physis* telle que l'ont expérimentée et pensée les anciens Grecs ; elle indique que l'être de ce qui est est bien déterminé chez eux par l'*apparaître*. Or il est à souligner, dans cette correspondance entre les deux mots, que le processus de l'éclosion est caractérisé dans le mot *alêtheia* comme quelque chose de *négatif*, comme un acte de priver, d'enlever à l'être de ce qui est son voile, – expérimenté quant à lui comme le *positif*. Aussi, la dimension du caché, l'être en tant qu'il se retire est-il, comme dans la *physis*, la *condition*, la

---

[25] Chez ARISTOTE encore, cet étroit rapport entre *physis* et *alêtheia* demeure inchangé (cf. par exemple *Métaphysique*, II, 1, où il utilise les deux termes de manière convertible).

ressource même de la vérité, – et donc somme toute l'être proprement dit de ce qui est.

Les premiers penseurs, les *physiologoi*, ont donc expérimenté l'être de ce qui est – soit la *physis*, ou encore l'*alêtheia* – comme le *rapport réciproque de ce qui s'exclut réciproquement*, soit comme le *rapport réciproque des contraires* : du jour et de la nuit, de l'été et de l'hiver, du clair et de l'obscur, du chaud et du froid, du haut et du bas, du plaisir et de la souffrance, de la vie et de la mort, etc. Ces *contraires* éclosent, viennent au jour selon eux l'un de l'autre. Or la question de ces *physiologistes* – question qui les a mis sur la voie du dire, de l'exposition, du rassemblement en mots, de la mise à l'abri de la *physis* – était sans doute précisément celle de savoir *comment il se fait que les contraires éclosent l'un de l'autre*, s'excluant réciproquement. C'est certainement l'angoisse que la disparition, le retrait – c'est-à-dire le tragique – vienne à dominer la *physis* qui motive la pensée grecque. Qu'est donc cette *physis* qui, déterminée par le disparaître, demeure pourtant apparaître continu ? Comment ce qui se nie réciproquement peut-il éclore l'un de l'autre ? Leur réponse – à laquelle ils répondent en chœur, chacun pourtant avec sa voix – est donc que ces contraires sont, au fond, le *même*. En effet, selon Anaximène par exemple, l'être de ce qui est est *physis*, déterminée comme *air*. L'air est en effet selon lui dans toute chose, à chaque fois en même temps l'amincissement jusqu'au feu et l'épaississement jusqu'à la terre et finalement à la pierre. Selon Anaximandre, Thalès, Parménide et Héraclite, l'être de ce qui est est bien également *physis*, mais déterminée chez eux respectivement comme *apeiron, eau, être* et *feu*. Tous voyaient la « nature » essentielle des choses, donc ladite *physis*, de telle sorte que l'un, en disparaissant, en se retirant, vient au jour, s'ouvre, éclot, apparaît comme l'autre, et, réciproquement, l'autre comme l'un.

* *
*

Revenons maintenant à Nietzsche, en l'écoutant dans le premier aphorisme d'*Humain, trop humain* :

> Les problèmes philosophiques reprennent presque en tous points aujourd'hui la même forme interrogative qu'il y a deux mille ans. Comment quelque chose peut-il éclore [*entstehen*] de son contraire, par exemple la raison de l'irrationnel, le ressentant [*Empfindendes*] du mort [*aus Totem*], la

logique de l'illogique [*Unlogik*], la contemplation désintéressée du vouloir avide, l'altruisme de l'égoïsme, la vérité des erreurs ?[26]

Voilà que le philosophe-*physiologiste* Nietzsche – à l'autre bout de la tradition métaphysique du socratisme scientifique et de l'optimisme théorique anti-dionysiaque qui est venu mettre un terme à ladite sagesse tragique des anciens Grecs – renoue précisément, non sans le noter, non sans donc en être parfaitement conscient, avec la question même qui aurait motivé la pensée dans l'ancienne Grèce : comment ce qui se nie réciproquement peut-il éclore l'un de l'autre ? Par cette question, Nietzsche se trouve d'autant plus près des physiologistes grecs qu'il se trouve loin des philosophes de notre tradition, – voici ce qu'il leur reproche à la suite du texte cité ci-dessus :

> La philosophie métaphysique esquivait jusqu'à présent cette difficulté [*diese Schwierigkeit*] en niant l'éclosion [*Entstehung*] de l'un à partir de l'autre et en admettant, pour les choses estimées supérieures, une origine miraculeuse, immédiatement issue du noyau [*Kern*] et de l'essence de la « chose en soi ».

Ce que nous avons précédemment appelé avec Nietzsche la victoire du socratisme scientifique et de l'optimisme théorique anti-dionysiaque sur la sagesse tragique est présenté ici comme une esquive de la difficile question précitée ; cela par la mise à l'écart de l'évidence *physiologique* que l'un éclot de l'autre, autrement dit par la négation de la *physis* en tant que telle, comme elle était expérimentée par les anciens Grecs, et pensée par les *physiologoi* : non seulement venir au jour, apparaître à la lumière, s'ouvrir, se déployer, éclore – ainsi que l'a comprise la tradition depuis Socrate-Platon –, mais aussi (et même surtout : c'est là la ressource) retour dans les profondeurs cachées, dans l'obscurité, repos, retrait. Conformément à cette esquive, la philosophie métaphysique a donc selon Nietzsche admis une origine miraculeuse pour les choses estimées supérieures (c'est-à-dire, selon les exemples de Nietzsche lui-même, la raison, le ressentant, la logique, la contemplation désintéressée, l'altruisme et la vérité, au détriment de l'irrationnel, du mort, de l'illogique, du vouloir avide, de l'égoïsme et de l'erreur – au détriment donc, en un mot, de la vie tragique). Et cette origine miraculeuse n'est autre selon Nietzsche que le noyau et l'essence de la « chose en soi », autrement dit le suprasensible intelligible moral. Ce qu'il faut entendre par là, c'est que la tradition métaphysique, ne voyant que le pan visible de la *physis*, ne retenant que

---

[26] NIETZSCHE, *Humain, trop humain I*, 1, § 1 : « Chimie des concepts et sentiments », OPC III/1, p. 23 (trad. mod.). Référence valable pour les trois citations suivantes.

l'éclosion – et en fin de compte même uniquement cette éclosion suprême, absolument dénuée de retrait, de tragique, que serait cette origine miraculeuse qu'est le suprasensible intelligible – aurait donc selon Nietzsche pour ainsi dire amputé celle-ci de sa ressource. Aussi ne sommes-nous pas étonnés de trouver, dans *Nietzsche contre Wagner*, l'affirmation *physiologique* suivante sous la plume de Nietzsche : « On devrait honorer davantage la *pudeur* avec laquelle la Nature se dissimule [*versteckt*] derrière ses énigmes et ses incertitudes colorées [*bunte Ungewissheiten*]. »[27]

Mais quelle réponse Nietzsche lui-même donne-t-il à la difficile question de savoir comment quelque chose éclot de son contraire ? Il n'y a à vrai dire de contraires, indique-t-il dans la suite de l'aphorisme, que là où il y a une « erreur de la raison » ; autrement dit là où le *logos* se fourvoie. Or il se fourvoie selon Nietzsche « dans l'exagération habituelle à la conception populaire ou métaphysique ». Toutes deux – la conception populaire comme la conception métaphysique : Nietzsche de les placer sur le même plan – se fourvoient selon lui en ne tenant compte que de ce qu'elles voient et veulent voir (que ce soit chacun de ses propres yeux ou par les yeux de l'esprit, respectivement dans ce monde-ci ou dans ledit monde suprasensible), – aveugles au fait que ce qu'elles voient ou veulent voir est somme toute conditionné par ce qu'elles ne voient pas ou ne veulent pas voir. Autrement dit, le *logos* se fourvoie précisément en faisant ce que les *physiologoi* ne faisaient pas, à savoir des « discours rationnels sur » le visible, au lieu d'expérimenter, puis de dire, d'exposer, de rassembler en mots, de mettre à l'abri la *physis* comme telle.

Qu'y a-t-il donc selon Nietzsche à la place des contraires tels que les voit, ou veut les voir la conception populaire ou métaphysique ? Un aphorisme du second volume d'*Humain, trop humain* nous l'indique : contrairement à ce que voit partout l'observation vulgaire, imprécise – que nous savons donc désormais être aussi selon Nietzsche celle de la tradition métaphysique –, « il n'existe [à vrai dire] pas de contraires, mais seulement des différences de degrés »[28]. Or cette réponse de Nietzsche est bien conforme à celle que donnent les penseurs d'avant Socrate-Platon. Tant par la question qu'il formule que par la réponse qu'il y donne, Nietzsche semble donc ne faire que répéter la pensée des *physiologoi*, en s'opposant ainsi à la rationalisation scientifique, à la

---

[27] Friedrich NIETZSCHE, *Nietzsche contre Wagner*, « Epilogue », § 2, OPC VIII/1, p. 372 (trad. mod.).

[28] Cf. NIETZSCHE, *Humain, trop humain II*, II : « Le voyageur et son ombre », § 67 : « Habitude des contraires », OPC III/2, p. 192.

théorisation, voire création optimiste de la *physis* par la philosophie traditionnelle, établie sous forme de métaphysique.

* *
*

Poursuivons dès lors la vérification de notre hypothèse par un autre biais : celui de la *vérité* ; et ce en retournant d'abord à *La naissance de la tragédie*, et plus particulièrement à ce passage dans lequel Nietzsche distingue l'artiste – qu'il faut entendre au sens où Nietzsche le pense à cette époque, c'est-à-dire en union, voire en interdépendance avec le philosophe[29] – de l'homme théorique eu égard à la vérité :

> [...] si, lors du dévoilement de la vérité [*bei der Enthüllung der Wahrheit*], l'artiste reste toujours suspendu, le regard extasié, à ce qui demeure de voile après le dévoilement, l'homme théorique jouit et se satisfait [*geniesst und befriedigt sich*] du voile arraché [*an der abgeworfenen Hülle*] et ne connaît pas de plaisir plus grand que la réussite, par sa propre force, d'un dévoilement toujours heureux [*und hat sein höchstes Lustziel in dem Prozess einer immer glücklichen, durch eigene Kraft gelingenden Enthüllung*].[30]

Il faut entendre la différence entre l'artiste et l'homme théorique comme étant celle du philosophe-artiste – caractérisé par la sagesse tragique, pratiquant la science joyeuse comme un art de vivre – d'avec le philosophe de la tradition métaphysique platonisante, le rationaliste scientifique, l'optimiste théorique, visant à démasquer, à dévoiler les choses en leur être suprasensible constant. Ici aussi, Nietzsche est très proche de ce que nous avons vu précédemment concernant les physiologistes. Il faut en effet lire dans ce passage la vérité au sens originaire de l'*alêtheia*, du *dévoilement*, de la *désoccultation*, du *désabritement* de l'être de ce qui est. Or, lors du dévoilement de la vérité, le philosophe-artiste et l'optimiste théorique ne réagissent pas selon Nietzsche de la même manière. Si le premier reste suspendu, le regard extasié – comme plongé dans quelque chose d'autre, qui le dépasse, mais dont il fait à vrai dire intimement partie –, au voile (léthique) qui demeure après le dévoilement ; le

---

[29] Cf. par exemple NIETZSCHE, *Fragments posthumes. Eté 1872-début 1873*, Fragment. 19 [17], OPC II/1, p. 176 : « Le philosophe est un se-révéler [*ein Sich-Offenbaren*] de l'atelier [artistique] de la nature – le philosophe et l'artiste parlent des secrets métiers de la nature » (trad. mod.).

[30] NIETZSCHE, *La naissance de la tragédie*, § 15, OPC I/1, p. 106 (trad. mod.).

second, l'optimiste théorique, jouit et se contente pour sa part du voile arraché (aléthique) et trouve son plaisir le plus grand dans le dévoilement toujours heureux, gagné par sa force propre aux dépens du voile (léthique). Aussi est-ce, chez le philosophe-artiste, comme chez les physiologistes, le voile, le retrait qui prédomine lors de l'expérience et du dévoilement de l'*alêtheia* ; alors que pour l'homme théorique, c'est uniquement le dévoilé qui compte lors du dévoilement de la vérité, – le voile étant quant à lui renvoyé pour ainsi dire aux calendes grecques. Et finalement, l'expérience de l'*alêtheia* (au sens originaire du mot, celui des physiologistes et du philosophe-artiste de Nietzsche : *a-lêtheia*) d'apparaître donc implicitement même distincte de la vérité pensée au sens de la tradition métaphysique (*alêtheia*), la seconde amputant pour ainsi dire la première de tout un pan de celle-ci : précisément celui – pourtant capital – de la ressource même. Aussi ne sommes-nous pas surpris non plus de lire – quelques lignes au-dessus de l'affirmation précitée dans *Nietzsche contre Wagner* concernant la nature – l'assertion physiologique suivante concernant la vérité : « Nous ne croyons plus que la vérité reste encore vraie lorsqu'on la dépouille de ses voiles. »[31]

La rationalisation, la théorisation, voire création optimiste, tant de la *physis* que de l'*alêtheia*, aurait donc selon Nietzsche amputé toutes deux (qui sont au fond le même) de leur ressource (léthique), autrement dit de ce qui leur est le plus propre. « L'histoire de la philosophie », dit Nietzsche, « est une rage secrète contre les conditions premières de la vie, contre les sentiments de valeur de la vie, contre le parti pris en faveur de la vie. »[32] Mais quelle a été selon Nietzsche la conséquence d'une telle amputation de la *physis* et de l'*alêtheia* ? Répondons non seulement en regroupant la terminologie que nous avons employée jusqu'ici, mais encore – renouant avec ce que nous avons gardé à l'esprit – en y intégrant les figures du Nietzsche de *La naissance de la tragédie*, – sans oublier qu'elles finissent par se fondre dans le seul Dionysos nouvelle manière. Privée du retrait (de la *physis*), du voile (de l'*alêtheia*), ou encore de la face cachée de Dionysos – autrement dit privée du tragique de la vie –, l'éclosion (de la *physis*), le dévoilement (de l'*alêtheia*), ou encore Apollon l'est également de sa ressource et ne fait plus que *reproduire artificiellement* l'éclosion (de la *physis*), le dévoilement (de l'*alêtheia*), ou encore l'apollinien proprement dits. Or cela donne selon Nietzsche le rationalisme desséché, le socratisme scientifique et l'optimisme théorique ; et la tragédie (ainsi donc que la sagesse tragique

---

[31] NIETZSCHE, *Nietzsche contre Wagner*, « Epilogue », § 2, OPC VIII/1, p. 372.

[32] NIETZSCHE, *Fragments posthumes. Début 1888-début janvier 1889*, Fragment 14 [134], OPC XIV, p. 105.

dionysiaque) de mourir sous l'estampille historico-pragmatique anti-dionysiaque de la tradition socratique de l'optimisme théorique, – tradition qui n'a donc de cesse, selon Nietzsche, de scléroser, d'assécher, de stériliser, d'inhiber, voire de supprimer la vie en tant que telle, soit en sa vérité physiologique (apollino-)dionysiaque (a-léthique), aux antipodes de la vérité physiologique (aléthique) telle que l'entend la tradition métaphysique.

Notons que ce double emploi du terme vérité n'est pas une invention de notre part, mais qu'il est bien présent chez Nietzsche lui-même. Dans *Ecce Homo* par exemple, il parle en effet d'une part de la « vérité d'autrefois »[33], tout en affirmant d'autre part qu'il est « le premier à avoir découvert la vérité »[34]. Il y a donc bien deux vérités à distinguer : celle d'autrefois, celle de la tradition métaphysique platonisante ; et celle de Nietzsche lui-même, qui est donc en fin de compte la vérité de Dionysos (ayant intégré en lui Apollon). Or, nous pouvons distinguer la première (la vérité traditionnelle) de la seconde (la vérité dionysiaque) en opposant la vérité au sens de la *veritas* à la vérité au sens de l'*alêtheia*. La traduction même en latin du terme *alêtheia* par *veritas* dans l'*Imperium Romanum* peut en effet nous mettre sur la voie de la différence entre les deux conceptions de la vérité, – ou, mieux, entre les deux expérimentations de la vérité. Alors que l'*alêtheia* avait originellement – et ce conformément à la *physis* – le sens de désoccultation, dévoilement, désabritement, la traduction latine par *veritas* perd ce sens. Si la *veritas* provient du participe passé du verbe *vereor* – signifiant *avoir une crainte respectueuse, révérer, respecter, appréhender, craindre* –, la vérité signifie, étymologiquement, bien plutôt ce qui est *respectueusement craint, révéré, respecté, appréhendé*. Or on peut bien entendre ce sens dans la vérité platonisante marquée par l'optimisme théorique : la vérité – de par son caractère intelligible, constant, accordant une *epistêmê* qui confère un *êthos* stable, permettant même d'éviter la souffrance, soit le tragique de la vie – est ce qu'on respecte, révère tout en le craignant, ce en quoi on peut avoir confiance : ce qui ne naît pas, ni ne périt ; ce qui est hors de toutes les contradictions : l'origine miraculeuse du suprasensible intelligible. Dans la première partie du fameux fragment posthume 17 [3] de mai-juin 1888, Nietzsche s'avance bien lui-même sur cette voie :

> [...] La vie *doit* inspirer confiance : la tâche ainsi posée est immense. Pour en venir à bout, il faut que l'homme soit déjà menteur par nature, il faut qu'il soit *artiste* plus que tout. Et il l'est aussi : métaphysique, religion,

---

[33] Cf. NIETZSCHE, *Ecce Homo*, « Crépuscule des idoles », § 1, OPC VIII, p. 323.

[34] Cf. NIETZSCHE, *Ecce Homo*, « Pourquoi je suis un destin », § 1, p. 333.

morale, science – rien que des créations [*Ausgeburten*] de sa volonté d'art, de mensonge, de fuite devant la « vérité », de *négation* de la « vérité ».³⁵

Si l'homme est venu – qu'importe, indique Nietzsche, que ce soit par la métaphysique, la religion, la morale ou la science – au bout de son immense tâche : celle de faire en sorte que la vie inspire confiance (car elle *doit* le faire, sinon la mort lui serait préférable), c'est qu'il est par-dessus tout *artiste*, menteur par nature, ce qui lui permet de *fuir*, par ses créations artistiques, devant la « vérité », de la *nier*. Expliquons-le en introduisant nos termes précédents : si l'homme est parvenu à faire en sorte que la vie dionysiaque inspire confiance, c'est qu'il est par-dessus tout, de par sa nature physiologique (apollino-)dionysiaque elle-même, artiste, menteur, ce qui lui permet de fuir – pour ainsi dire par la création artistique optimiste, ou encore romantique, de la *veritas*, qu'importe qu'elle soit d'ordre métaphysique, religieux, moral ou scientifique – devant la « vérité » dionysiaque, soit de la nier, en renvoyant aux calendes grecques tout le pan tragique de l'existence. La *veritas* devient ici le mensonge, la fuite, la négation de la « vraie » vérité au sens de la *physis*, de l'*alêtheia* ou encore de Dionysos. Ce sont, écrit Nietzsche lui-même dans un fragment posthume tardif – dans un vocabulaire qu'il convient de ne pas manquer – « des erreurs *in physiologicis* »³⁶. Aussi, la sagesse tragique a péri, et l'homme est devenu, pour ainsi dire pour sa sauvegarde (momentanée), un rationaliste scientifique, un optimiste théorique. Et le fragment précédent de Nietzsche de poursuivre sur la même voie :

> Le pouvoir même grâce auquel il fait violence à la vérité par le mensonge, ce pouvoir d'artiste de l'homme *par excellence* – il l'a en commun avec tout ce qui existe. Il est en effet lui-même [*er selbst ist ja*] une pièce [*Stück*] de réalité, de vérité, de nature : comment ne serait-il pas aussi une pièce [*Stück*] du *génie du mensonge* !...³⁷

Le pouvoir artistique, menteur, n'est donc selon Nietzsche pas spécifique à l'homme, mais, conformément à sa *physiologie de l'art*, propre à tout ce qui existe. L'homme n'est en effet selon lui qu'une pièce de la réalité, de la vérité, de la nature, qu'une pièce, dit-il, du génie du mensonge. L'être de ce qui est est dans son ensemble artistique, menteur, autrement dit producteur d'apparence. Il faut évidemment entendre sous ces termes – ceux de réalité, de vérité (*alêtheia*),

---

³⁵ NIETZSCHE, *Fragments posthumes. Début 1888-début janvier 1889*, Fragment 17 [3], OPC XIV, p. 268 (trad. mod.).

³⁶ NIETZSCHE, *ibid.*, Fragment 16 [54], p. 253.

³⁷ NIETZSCHE, *ibid.*, Fragment 17 [3], p. 268 (trad. mod.).

de nature (*physis*), de génie du mensonge, ou encore, sous notre terme explicatif d'être de ce qui est dans son ensemble – le grondement de Dionysos lui-même, le véritable créateur de ce monde artistique, le fond générateur de tout ce qui est, – par lequel Nietzsche vient donc bien inverser le platonisme.

*   *

*

Mais – et nous en arrivons par là à notre conclusion –, en inversant ainsi la métaphysique platonisante, Nietzsche renoue-t-il tout compte fait vraiment avec l'expérimentation et la pensée de la *physis* des Grecs ? Son Dionysos est-il bien un retour à la *physis* des Grecs ? Suite à notre présentation de la position fondamentale de Nietzsche, puis à celle desdits *physiologoi*, et suite enfin à leur confrontation, il semble que nous arrivions à une confirmation de notre hypothèse de départ. En effet, le Dionysos de Nietzsche apparaît bien comme une sorte de retour à la *physis* des anciens Grecs. Mais, comme *une sorte* seulement. Dionysos, et l'affirmation totale de la vie, soit la sagesse tragique qu'il véhicule, ne représentent pas en effet – contrairement à la première (et même à la deuxième) vue qu'on en a – un retour tel quel à la *physis*. Du fait même qu'il inverse la métaphysique platonisante, d'abord en une métaphysique d'artiste, ensuite en une physiologie de l'art, Nietzsche ne retourne pas à l'expérience qu'avaient les anciens Grecs de la *physis*, pas plus qu'il ne renoue avec la manière dont les premiers penseurs, les *physiologoi*, la pensait. En inversant la tradition métaphysique platonisante, Nietzsche ne peut en effet en sortir. Sa position n'étant qu'un Socrate-Platon à l'envers, il demeure de part en part attaché à lui, – qui n'est pas pour sa part un physiologiste à l'envers. Or Nietzsche nous l'a pour ainsi dire lui-même laissé auguer au début du premier aphorisme d'*Humain, trop humain* que nous avons cité en guise de transition à notre partie sur la *physis*. Nous y avons à dessein laissé de côté, lors de notre commentaire, un mot qui, somme toute, est tout à fait capital : « presque ». Les problèmes philosophiques ne reprennent, écrit Nietzsche, que *presque* en tous points la même forme interrogative qu'il y a deux mille ans – celle de savoir comment quelque chose peut naître de son contraire. Il y a donc bien une différence. Mais en quoi consiste donc cette différence ? Nous interprétons ce « presque » précisément dans le sens du chemin parcouru, sous l'impulsion de Socrate-Platon, par la pensée – et en particulier par le *logos* – depuis les *physiologoi* jusqu'à Nietzsche. Or ce chemin ne concerne, comme nous l'avons vu, pas seulement la pensée, mais précisément aussi la *physis* et l'*alêtheia* comme telles. C'est en effet cette *physis* (ou *alêtheia*) en tant que telle que, par l'impulsion de la pensée, la tendance socratique, la philosophie métaphysique et la conception populaire auraient pour ainsi dire amputée de sa ressource. Dans les termes du Nietzsche de *La naissance de la tragédie* : c'est Apollon que la tendance socratique a arraché de Dionysos. Et – nous l'avons gardé à l'esprit –, privé de Dionysos, Apollon ne fait plus que *reproduire artificiellement* l'apollinien proprement dit. S'ensuit non seulement la mort de la tragédie (et la disparition de la sagesse tragique dionysiaque qu'elle véhicule), mais encore la victoire de la tendance socratique, du rationalisme scientifique et de l'optimisme théorique poïétiques. Or les termes que nous soulignons sont révélateurs : cette tendance socratique, ce rationalisme scientifique, cet optimisme théorique ne sont qu'une *reproduction artificielle* de l'apollinien proprement dit, c'est-à-dire ne sont qu'une *imitation*, qu'un *artefact* de la belle apparence proprement dite, relevant, de par son essence, du tragique fond originaire dionysiaque. Pour le dire autrement encore : ils ne sont qu'une imitation, qu'un artefact privé de sa ressource, privé de la condition de sa vie elle-même. Or la position de Nietzsche lui-même – celle d'un platonisme inversé en métaphysique d'artiste ou physiologie de l'art – est bien redevable de cette *reproduction artificielle*. Dionysos – qui est au centre – est certes l'Un originaire, la puissance de la nature tout entière, la surabondance de vie, l'arrière-fond voilé de la souffrance et de la connaissance, l'obscur, le chaotique, les forces titanesques de la nature, ou encore le fond générateur, mais est aussi le dieu *artiste*, le véritable *créateur* de ce monde artistique, qui joue bien comme un enfant – ce qui nous fait penser, et à juste titre (c'est là la source de Nietzsche lui-même) à Héraclite –, mais à *former, construire, façonner* (c'est son côté apollinien) et à *détruire* en toute innocence et à son gré des mondes. Or c'est précisément là la différence d'avec la *physis* des anciens Grecs qui, loin de former, de construire, de façonner avant de déformer, détruire, dissoudre, ne ferait qu'éclore, s'ouvrir, venir au jour, se déployer, apparaître tout en se retirant, se refermant, retournant dans la nuit, se repliant, disparaissant. Transposant le dionysiaque en *philosophie*, Nietzsche demeure en effet de bout en bout redevable de celle-ci. Aussi Nietzsche peut-il bien affirmer dans *Ecce Homo* qu'il est « le premier *philosophe tragique* »[38], qu'il a eu beau en chercher des traces chez les grands penseurs grecs – ceux des deux siècles qui ont précédé Socrate –, cette recherche fut vaine. Même concernant Héraclite, dont il dit que la fréquentation le met plus à l'aise et le

---

[38] Cf. NIETZSCHE, *Ecce Homo*, « Naissance de la tragédie », § 3, OPC XIV, p. 288. Référence valable pour les lignes qui suivent.

réconforte plus qu'aucune autre, il ne peut y reconnaître que la *pensée* la plus proche de la sienne.

Nietzsche, même s'il s'approche d'on ne peut plus près, par le noyau de sa métaphysique d'artiste – c'est-à-dire par sa figure de Dionysos –, de l'expérimentation et de la manière dont pensaient les anciens Grecs la *physis*, reste donc pourtant pris – de par le caractère apollinien de Dionysos – dans les rets des plus de deux mille ans de philosophie qui l'en séparent et qui, par son *logos*, par son optimisme théorique ne voulant pas du tragique de l'existence, n'ont eu de cesse de valoriser la face visible de l'éclosion dans le processus de la *physis*, soit le dévoilé dans le processus de l'*alêtheia*, ou encore, dans les termes de Nietzsche, la belle forme apollinienne dans le jeu tragique de Dionysos, – et ce en amputant par là ceux-ci de leur ressource. Dans la réalimentation de la ressource qu'opère Nietzsche par sa métaphysique d'artiste devenant physiologie de l'art, Nietzsche reste donc en fin de compte redevable à la tradition philosophique poïético-apollinienne. Bien qu'il semble, pour de nombreuses raisons valables, être un retour à la *physis* des anciens Grecs, son Dionysos n'est donc pas à proprement parler un tel retour. Mais peut-être que Nietzsche parvient précisément par là, en tant que tard venu, à dépasser la *physis* des anciens Grecs, – et ce en disant, en exposant, en rassemblant en mots, en mettant à l'abri la *vie dionysiaque* elle-même...

CONCEPTIONS MÉDIÉVALES DE L'ESPACE ET DU LIEU : LES ÉLÉMENTS D'UNE TRAJECTOIRE

Tiziana Suarez-Nani

La dimension spatio-temporelle est une donnée fondatrice de l'expérience humaine : c'est dans l'espace et le temps que l'être humain acquiert, perçoit, déploie et épuise sa propre existence. Il n'a d'autre lieu ni d'autre occasion d'exister qu'au sein de cette réalité spatio-temporelle. Ce lien de conaturalité de l'être humain avec l'espace et le temps se double cependant d'un autre type de relation : une relation de conscience de l'existence de soi, d'autrui et du monde en tant qu'existence déterminée dans et par l'espace et le temps. Ce deuxième type de relation, contrairement à la première, est une relation problématique : ici, la conscience humaine de l'espace et du temps se traduit par une interrogation incessante sur la signification de la situation, du devenir et de la finitude de l'existence. En d'autres termes, la dimension spatio-temporelle, pourtant conaturelle à l'existence même de l'être humain, interpelle celui-ci en termes de doute et de quête de sens.

Au cours de l'histoire, cette quête de sens a pris corps dans les différentes conceptions et représentations de la dimension spatio-temporelle que les civilisations se sont forgées. Dans le cas de la civilisation occidentale, les conceptions de l'espace et du temps ont connu une évolution complexe, marquée par des relations, tantôt de solidarité, tantôt de conflit, entre les croyances religieuses, les thèses philosophiques et le développement des sciences.

Dans cette modeste contribution en hommage à Madame Ingeborg Schüßler, nous voudrions analyser un moment particulier de cette évolution dans un cadre historique bien délimité : il s'agira de quelques aspects saillants des conceptions de l'espace et du lieu élaborées au cours du moyen âge latin, durant la période qui va de la fin du XIIe au milieu du XIVe siècle. Plus précisément, nous essayerons de montrer comment la pensée médiévale a été caractérisée par une diversité d'approches et par une évolution théorique significatives à l'égard de certaines conceptions modernes de l'espace. Notre examen portera sur trois modèles conceptuels qui se succèdent dans le temps : un « modèle théologique », qui prend corps vers la fin du XIIe siècle et qui se rapporte à l'idée de Dieu comme lieu des choses ; un « modèle physique », qui réduit l'espace au lieu des choses et qui émerge au cours de la seconde moitié du XIIIe siècle dans le sillage de la *Physique* d'Aristote ; et enfin le modèle d'un « espace imaginaire » – permettant de concevoir le lieu comme espace englobant les choses –, qui apparaît au cours de la première moitié du XIVe siècle.

1. L'espace théologique

Dans celui que nous nommons « modèle théologique », la conception de l'espace se rapporte à une fondation métaphysique de l'univers qui voit dans la nature divine la source et l'archétype de l'*ordo rerum*. C'est donc dans la définition même de la nature divine que l'on va pouvoir déceler la nature de l'espace. Telle est notamment l'approche d'Alain de Lille lorsqu'il rédige ses *Règles de théologie*, qui datent de la fin du XIIe siècle.[1] A la règle n. 7 on lit que : « Dieu est la sphère intelligible dont le centre est partout et la circonférence nulle part. »[2] La réalité divine y est donc définie à travers la métaphore spatiale de la sphère et les notions géométriques de centre et de circonférence. Afin d'éviter toute représentation matérielle de Dieu, Alain de Lille s'empresse de préciser qu'il ne s'agit pas là d'une sphère corporelle, mais intelligible. Toute sphère corporelle, en effet, a un centre fixe et une circonférence qui en définit les limites, alors que la sphère représentée par Dieu a une infinité de centres (« dont le centre est partout ») et n'a pas de circonférence (« la circonférence nulle part »), c'est-à-dire n'a pas de limites.

Conformément à la tradition hermétique[3] et néoplatonicienne à laquelle elle se rattache, la métaphore de la sphère intelligible divine signifie la totalité

---

[1] Cf. Alain DE LILLE, *Règles de théologie*, introduction, traduction et notes de Françoise Hudry, Paris, Editions du Cerf, 1995, p. 44-45.

[2] Alain DE LILLE, *Règles de théologie*, p. 109-111.

[3] La VIIe Règle d'Alain de Lille est étroitement apparentée à la proposition II du *Livre des XXIV philosophes* (un écrit pseudo-hermétique rédigé autour de 1200) ; selon Hudry (Introduction à : Alain DE LILLE, *Règles de théologie*, p. 60-62) ces deux textes dépendraient

accomplie dans l'unité du temps et de l'espace que sont l'éternité et l'immensité divines. Du point de vue spatial, elle est une figuration de l'immensité divine sans étendue et sans limites[4], qui constitue la condition de possibilité de l'espace créé et de la localisation des choses.[5] La métaphore de la « sphère dont le centre est partout et la circonférence nulle part » renvoie ainsi au rapport de dépendance causale qui lie les lieux des choses, déterminés et circonscrits, à l'immensité divine qui n'a pas de limites. La VIIe règle d'Alain de Lille véhicule l'idée d'un espace immatériel et sans étendue, c'est-à-dire d'un espace théologique absolu qui est condition de possibilité de tout lieu et de toute localisation.[6] La fortune de la métaphore de la sphère sera très grande : elle s'étend au moins jusqu'au XVIe siècle et nourrit une vaste réflexion qui opère le glissement progressif de l'idée de « Dieu-espace intelligible infini » vers celle d'un « espace infini divinisé »[7].

Cette conception d'un espace théologique trouve un prolongement significatif dans ce qu'on a appelé la « métaphysique de la lumière », élaborée au cours de la première moitié du XIIIe siècle. Dans cette doctrine[8], Dieu est conçu comme la lumière par essence qui produit toutes choses par mode de

---

d'une source commune, qui reste cependant inconnue ; une autre hypothèse a été formulée par Paolo LUCENTINI, *Il libro dei ventiquattro filosofi*, Milano, Adelphi, 1999.

[4] Thomas BRADWARDINE, vers le milieu du XIVe siècle, reformule cette idée dans ces termes : « Est etenim (Deus) inextensibiliter et indimensionaliter infinite extensus », in : *De causa Dei contra Pelagium*, Londini (London), Ex officina Nortoniana, apud Ioannem Billium, 1618, p. 179.

[5] Dans *Ennéades* VI, 5, 9, PLOTIN affirmait déjà que « antérieure aux choses qui sont dans le lieu, (l'unité, l'immensité divines) n'en a nul besoin, mais celles-ci (les choses) ont besoin d'elle pour trouver place dans l'univers » (Emile Bréhier trad., Paris, Les Belles Lettres, 1963, p. 44-45).

[6] Philon d'Alexandrie avait déjà identifié Dieu avec l'espace : cf. Edward GRANT, *Much Ado about Nothing*, Cambridge, Cambridge University Press, 1982, p. 112-113.

[7] Ce glissement est très clair chez Giordano BRUNO qui, dans le dialogue *De l'infinito, universo et mondi* (de 1584), reprend cette métaphore de Nicolas de Cues et l'applique à sa conception de l'univers infini sans centre ni limites ; pour la cosmologie de G. BRUNO, on consultera les différentes études de Miguel Angel GRANADA.

[8] Un représentant de cette doctrine est Adam DE PUTEORUMVILLA, ou Adam BELLEFEMME, dont le traité *De intelligentiis* représente le premier témoin dans le monde latin d'une métaphysique qui identifie l'être avec la lumière et qui fait de celle-ci le principe de toutes choses. La métaphore de la lumière comme image de la dérivation des choses à partir du principe premier était présente dans le néoplatonisme (cf., par ex., PLOTIN, *Ennéades* VI, 1, 6), où elle était associée à celle de la sphère infinie, qui remonte, en dernière analyse, à Parménide et à sa conception de l'être : cf. Rodolfo MONDOLFO, *L'infinito nel pensiero dell'antichità classica*, Firenze, La Nuova Italia, 1956.

rayonnement, si bien que chaque réalité créée résulte de la diffusion de la lumière divine et que son être est un rayon ou une lumière par participation.[9] L'adoption de la lumière comme principe explicatif est solidaire de la métaphore du cercle : Dieu est le point lumineux ou le centre à partir duquel la lumière se répand en cercle et produit l'étendue de l'univers.

Cette idée est développée par Robert Grosseteste (env. 1168-1253) en une véritable « physique de la lumière »[10] : celle-ci n'est plus seulement symbole, mais devient principe explicatif du monde physique. Selon Grosseteste, en effet, le processus de constitution de l'univers s'est réalisé par voie de diffusion de la lumière dans la matière première, une diffusion circulaire qui a produit successivement les différentes sphères cosmiques[11].

L'adoption de la lumière et de sa dynamique comme principe explicatif de l'univers physique retentit sur la conception de l'espace : au moment de la constitution de la première sphère – qui est la sphère extérieure du cosmos –, l'espace est identifié à l'étendue de l'univers, et cet espace est unifié et homogène[12] – sa différenciation en des lieux propres aux sphères et aux éléments n'intervenant qu'au second moment du processus de constitution de l'univers.[13] Comme la sphère d'Alain de Lille, cet espace premier homogène est la condition de possibilité de la multiplicité des lieux et de la localisation des choses ; il confère aux lieux physiques leur raison d'être en tant que points lumineux dérivés de l'espace premier-lumière.

---

[9] « Participatio lucis est participatio esse divini » (*De intelligentiis* VIII, 1, 9, 31 ; VIII, 1, 9, 19), in : Clemens BAUMKER (éd.), « Witelo, ein Naturforscher des XIII. Jahrhunderts », *Beiträge zur Geschichte der Philosophie des Mittelalters*, vol. III/2, Münster, Aschendorff, 1908, p. 1-71; réimpr. Münster, 1991) ; « Unumquodque quantum habet de luce, tantum retinet esse divini » (*ibid.*, IX, 1, 13, 16s.). Sur le *Liber de intelligentiis*, cf. Klaus HEDWIG, « *Sphaera lucis* ». *Studien zur Intelligibilität des Seienden im Kontext der mittelalterlichen Lichtspekulation*, Münster, Aschendorff, 1980, p. 156-161.

[10] Cf. Alain DE LIBERA, *La philosophie médiévale*, Paris, PUF, 1989, p. 56.

[11] Cf. Robert GROSSETESTE, *De luce seu inchoatione formarum*, in : Ludwig BAUR (éd.), *Die philosophische Werke des Robert Grosseteste, Bischof von Lincoln* (*Beiträge zur Geschichte der Philosophie des Mittelalters*, vol. IX), Münster, Aschendorff, 1912, en particulier p. 55 ; à ce propos, cf. HEDWIG, « *Sphaera lucis* », p. 134-138. Cette « physique de la lumière » va servir de fondement à la théorie optique que Grosseteste développe dans le traité *De lineis, angulis et figuris*.

[12] Cf. Robert GROSSETESTE, *De luce seu inchoatione formarum*, p. 54 : « Rediens igitur ad sermonem meum dico, quod lux multiplicatione sui infinita in omnem partem aequaliter facta materiam undique aequaliter in formam sphaericam extendit. »

[13] Cf. James MCEVOY, *The Philosophy of Robert Grosseteste*, Oxford, Clarendon Press, 1986², p. 173 et HEDWIG, « *Sphaera lucis* », p. 119-156.

Dante Alighieri donna forme poétique à cette vision des choses lorsqu'il écrivit que Dieu est « *(colui) dove s'appunta ogni ubi e ogni quando* »[14] et que « *questo cielo non ha altro dove che la mente divina* »[15]. De même, selon Grosseteste les lieux des choses et leur situation dans l'espace créé trouvent leur fondement dans l'immensité de l'étendue-lumière.

On pourrait multiplier les exemples d'une telle conceptualisation de l'espace qui, empruntant et modifiant l'emblème du cercle et du centre, traverse le moyen âge et la Renaissance[16]. Il importe de retenir ici que ce premier modèle véhicule l'idée d'un espace premier absolu, qui est soit un attribut de Dieu, soit son premier dérivé, et qui représente l'horizon métaphysique où s'inscrivent les lieux des choses. Maître Eckhart va prolonger cette considération en une formule très explicite : « *in Deo sunt omnia, et ipse est locus propriissime omnium entium.* »[17] Au XVe siècle, Nicolas de Cues lui fera écho : « Mais puisque c'est de Dieu que tout reçoit son être [...], l'Etre, par conséquent, qui est le principe de tout ce qui est, est le terme, le lieu, c'est-à-dire le repos de toutes choses. »[18]

2. L'espace physique

Le deuxième modèle de conceptualisation de l'espace nous introduit dans un tout autre univers conceptuel, un univers marqué par la confrontation avec la science aristotélicienne. Pour illustrer ce deuxième paradigme nous avons choisi Thomas d'Aquin, et plus précisément son analyse de la notion d'espace telle

---

[14] Cf. Dante ALIGHIERI, *Paradis* XXIX, 12 (trad. franç. de Jacqueline RISSET, Paris, Flammarion, 1990, p. 269).

[15] Cf. Dante ALIGHIERI, *Paradis* XXVII, 109 (trad. franç., p. 257).

[16] Cf. Georges POULET, « Le symbole du cercle infini dans la littérature et la philosophie », *Revue de métaphysique et de morale* 66, 1959, p. 257-275.

[17] Maître ECKHART, *Expositio libri Genesis*, n. 49, in : Joseph KOCH (éd.), *Lateinische Werke* I, p. 220, lin.7-8, Stuttgart, Kohlhammer, 1937; pour la conception eckhartienne, cf. Yossef SCHWARTZ, « Ecce est locus apud me. Maimonides und Eckharts Raumvorstellung als Begriff des Göttlichen », *Miscellanea mediaevalia* 25, 1998, p. 348-364.

[18] Cf. sermon : « Où est le nouveau-né ? », in : *Œuvres choisies de Nicolas de Cues* (M. de Gandillac, trad.), Paris, Aubier, 1942, p. 46.

qu'elle est présentée dans le *Commentaire de la Physique* d'Aristote, rédigé au cours des années 1268-1269.[19]

Il importe de relever que dans la discussion thomasienne le devant de la scène n'est pas occupé par la notion d'espace, mais par celle de lieu. En effet, suivant la démarche aristotélicienne en vue de la définition du lieu[20], Thomas aborde successivement quatre questions correspondant à quatre définitions possibles de cette réalité. A partir du présupposé que le lieu contient ce dont il est lieu[21], la première question consiste à savoir s'il équivaut à la forme.[22] La réponse est négative : le lieu n'est pas la forme du corps localisé, car même si la forme et le lieu indiquent tous deux des limites, ils ne sont pas limites d'une seule et même réalité ni selon la même modalité : la forme est principe de détermination intrinsèque et limite du corps dont elle est forme, alors que le lieu est principe de détermination spatiale et limite extérieure du corps qui contient le corps localisé. La deuxième question consiste à vérifier si le lieu correspond à la matière du corps localisé.[23] Ici encore la réponse est négative : le lieu n'est pas la matière de l'objet localisé, car la matière ne présente pas les deux propriétés nécessaires du lieu, à savoir la contenance et la séparation par rapport au corps localisé.[24]

La troisième question nous intéresse davantage, car elle permet de saisir les enjeux de la conception thomasienne. Elle thématise le rapport de l'espace et du lieu et consiste à savoir « si le lieu est un espace » – l'espace étant conçu comme

---

[19] C'est-à-dire au début du deuxième enseignement parisien : cf. Jean-Pierre TORREL, *Initiation à St. Thomas d'Aquin*, Fribourg/Paris, Editions Universitaires de Fribourg/Editions du Cerf, 1993, p. 338.

[20] Cf. ARISTOTE, *Physique* IV, 4; pour l'analyse de la conception aristotélicienne du lieu, cf. Rémi BRAGUE, *Aristote et la question du monde*, Paris, PUF, 1988. Pour la reprise de la conception aristotélicienne au moyen âge et les problèmes qu'elle a suscités, cf. Edward GRANT, « The medieval doctrine of place : some fundamental Problems and Solutions », in : Alfonso MAIERU/Agostino PARAVICINI-BAGLIANI (éd.), *Studi sul XIV secolo in memoria di Anneliese Maier*, Roma, Edizioni di Storia e Letteratura, 1981, p. 57-79. Pour un examen de la conception de Thomas d'Aquin dans une perspective théologique, cf. Wilhelm METZ, « Raum und Zeit bei Thomas von Aquin », *Miscellanea mediaevalia* 25, 1998, p. 305-313.

[21] « Primo quidem quod locus contineat id cuius est locus » : *In octo libros Physicorum Aristotelis expositio*, IV, lectio V, n. 446 (éd. P. M. MAGGIOLO, Torino-Roma, Marietti, 1965 ; cet écrit sera cité par la suite selon l'abréviation : *In Phys*.) ; pour Aristote, cf. *Physique* IV, 4, 210b39-211a1.

[22] Thomas D'AQUIN, *In Phys*. IV, lectio VI, n. 458-459.

[23] Cf. Thomas D'AQUIN, *In Phys*., n. 464-465.

[24] Cf. Thomas D'AQUIN, *In Phys*., n. 465.

l'intervalle situé entre les extrémités d'un corps où d'autres corps peuvent se placer. Cette question avait déjà été soulevée par Aristote, qui avait nié que le lieu puisse être un tel espace. Thomas reprend cette interrogation à son compte, car elle s'impose – selon lui – dès qu'on envisage les changements qui affectent les corps localisés. Si l'on observe le mouvement des corps, on constate en effet que leurs déplacements n'affectent pas le lieu occupé précédemment et que celui-ci peut accueillir successivement différents objets tout en restant le même et immobile; de là l'impression que le lieu est un espace intermédiaire entre les extrémités du contenant, un espace indépendant des corps, mais apte à les recevoir et à devenir successivement leur lieu[25] ; or, si un tel lieu existait – ajoute Thomas – il faudrait le considérer comme quelque chose de plus par rapport au corps qui se déplace d'un endroit vers un autre. La question de la coïncidence du lieu avec un tel espace (indépendant d'un corps) surgit ainsi à partir de la constatation de l'interférence entre, d'une part, l'exigence d'immobilité du lieu et celle, d'autre part, de sa contiguïté avec le corps localisé. Cette interférence pose problème et conduira finalement Thomas à sacrifier l'espace (en tant que séparé) au profit du lieu.

L'Aquinate refuse en effet l'hypothèse que le lieu puisse être un espace indépendant, car elle aboutirait à l'affirmation d'une multiplicité, voire d'une infinité de lieux simultanés.[26] Il faut donc conclure que le lieu n'est pas un tel espace indépendant des corps, que celui-ci soit conçu comme intervalle entre le contenant et le corps contenu ou comme dimension spatiale extérieure au contenant.

Cette conclusion est significative à un double titre. Elle implique d'abord que le lieu contenant et le corps localisé, tout en étant distincts, ne sont pas séparés ; il n'y a donc aucun intervalle entre eux, aucun espace qui s'ajouterait comme un troisième terme, comme une sorte d'intrus entre le lieu et le corps qu'il contient. Contenant et contenu sont contigus, c'est-à-dire coïncident dans leur réalité physique. L'élimination d'un espace indépendant permet ainsi de solidariser davantage le lieu et le corps qu'il contient. La deuxième implication de la conclusion thomasienne a trait au mouvement : Thomas précise en effet que le corps localisé ne se meut que par accident, c'est-à-dire par le mouvement

---

[25] Cf. Thomas D'AQUIN, *In Phys.* IV, lectio VI, n. 460.

[26] Cf. Thomas D'AQUIN, *In Phys.* IV, lectio VI, n. 462 et ARISTOTE, *Physique* IV, 8, 216a27-216b11). Sur la problématique de l'interpénétration des corps et des lieux cf. Edward GRANT, « The Principle of the Impenetrability of Bodies in the History of Concepts of Space from the Middle Ages to the Seventh Century », *Isis* 69, 1968, p. 551-571.

de son contenant[27] – comme lorsque l'eau bouge du fait qu'on déplace le vase qui la contient. Il n'y a donc pas un lieu de la partie (par ex. de l'eau) qui serait son lieu par soi, indépendamment du lieu du tout (le vase). Or, chaque contenant particulier n'est en réalité qu'une partie du tout qu'est l'univers ; par conséquent, bien que chaque lieu contenant puisse se déplacer en tant que corps, envisagé selon l'ordre qui le relie à la totalité de l'univers, il ne se meut pas.[28] La suppression de l'espace permet ainsi de rattacher chaque lieu particulier au lieu de l'univers par un lien de dépendance analogue à celui de la partie par rapport au tout.

Le procédé par élimination mené jusqu'ici aboutit à une première définition du lieu, à savoir que « le lieu est la limite du corps contenant »[29]. Mais Thomas n'est pas entièrement satisfait de ce résultat, car il est conscient que cette définition ne rend pas suffisamment compte de la propriété du lieu qu'est l'immobilité.[30] Cet aspect se présente d'emblée comme problématique – et a d'ailleurs mis dans l'embarras tous les commentateurs d'Aristote –, car il révèle une forte tension entre le lieu en tant que contenant et le lieu en tant qu'immobile.[31]

Thomas résout cette difficulté par le recours à l'analogie avec le rapport de la partie au tout qui l'englobe : aussi, le lieu propre et particulier d'une chose doit-il être envisagé comme une partie du lieu commun et universel qui englobe une totalité d'objets. Prenant l'exemple du navire sur un fleuve, Thomas explique qu'il faut considérer le lieu propre du navire sur l'eau qui coule en considérant sa situation par rapport au fleuve tout entier qui est immobile ; ainsi, le lieu propre du navire n'est pas l'eau qui coule en tant qu'elle coule, mais en tant qu'elle se rapporte à l'ensemble du fleuve selon un ordre et une situation qui restent les mêmes indépendamment du cours de l'eau.[32] Dès lors, bien que le contenant (l'eau) soit mobile, dans la perspective de l'ordre qui le rattache à la

---

[27] Cf. Thomas D'AQUIN, *In Phys.* IV, lectio VI, n. 463.

[28] Cf. Thomas D'AQUIN, *In Phys.* IV, lectio VI, n. 463.

[29] Cf. Thomas D'AQUIN, *In Phys.* IV, lectio VI, n. 466.

[30] Cf. Thomas D'AQUIN, *In Phys.* IV, lectio VI, n. 468. A ce propos, cf. Richard SORABJI, *Matter, Space and Motion*, Ithaca/New York, Cornell University Press, 1988, p. 186-201.

[31] Cette tension est considérée comme une véritable contradiction par Jean DUNS SCOT ; cf. *Ordinatio* II, d. II, p. 2, qu. 2, § 223 (Carolus BALIC [éd.], Civitas Vaticana (Roma), Typis Polyglottis Vaticanis, 1963); à propos de la théorie scotiste, cf. Olivier BOULNOIS, « Du lieu cosmique à l'espace continu ? La représentation de l'espace selon Duns Scot et les condamnations de 1277 », *Miscellanea Mediaevalia* 25, 1998, p. 314-331.

[32] Cf. Thomas D'AQUIN, *In Phys.* IV, lectio VI, n. 468.

totalité il reste immobile et répond ainsi pleinement aux exigences qui caractérisent le lieu au sens propre.[33]

Nous tenons là un des éléments les plus innovateurs de la position thomasienne par rapport à la théorie aristotélicienne : il réside dans la distinction entre ce qu'il convient d'appeler le « lieu matériel » – qui dans l'exemple cité correspond à l'eau qui coule – et le « lieu formel » – qui réside dans le rapport, dans le même exemple, entre l'eau qui coule et le lit du fleuve. Cette distinction sera fixée et précisée peu après par Gilles de Rome et sera reprise sans cesse jusqu'au XVIe siècle, notamment par la seconde scolastique.

A partir de ces considérations, Thomas va pouvoir fixer sa définition du lieu comme suit : « le lieu est l'extrémité immobile et première du contenant ». Cette définition, qui reste fidèle à celle d'Aristote, implique désormais que chaque lieu soit envisagé selon l'ordre qui le rattache au lieu total de l'univers, comme la partie mobile est rattachée à son tout immobile.[34] La difficulté de la doctrine aristotélicienne à l'égard de l'immobilité du lieu est donc résolue à travers l'idée d'un ordre ou d'un rapport nécessaire de chaque lieu particulier au lieu total de l'univers – celui-ci étant immobile à cause de la fixité de son centre et de ses pôles.[35] Pour Thomas d'Aquin, les corps contenants sont donc légitimés dans leur fonction de lieu par le lieu universel et premier qu'est le ciel (extérieur).[36] L'exigence d'immobilité est ainsi remplie et intégrée à une conception dont il convient à présent d'expliciter les trois enjeux majeurs :

1) Nous venons de constater que Thomas d'Aquin conçoit le lieu non pas comme étendue spatiale, mais comme limite d'un corps. Le lieu est donc inconcevable sans le corps dont il est la limite : il est ainsi indissolublement rattaché à la réalité matérielle des choses, dont il indique la position ou la situation dans un ensemble donné. Il est par conséquent un attribut des

---

[33] Cf. Thomas D'AQUIN, *In Phys.* IV, lectio VI, n. 468.

[34] Cf. Thomas D'AQUIN, *In Phys.* IV, lectio VI, n. 468. Thomas d'Aquin sauve donc l'immobilité du lieu par l'idée de l'ordre ou du rapport du corps localisé aux points fixes de l'univers. La distinction thomasienne entre le lieu envisagé « materialiter » et le lieu envisagé « in ordine ad totum caelum » préfigure celle de Gilles de Rome entre « lieu matériel » et « lieu formel », mais alors que chez Thomas il s'agit de deux manières d'envisager le même lieu, Gilles distingue le lieu matériel du lieu formel comme deux lieux réellement distincts ; cf. Cecilia TRIFOGLI, « La dottrina del luogo in Egidio Romano », *Mediœvo* 14, 1988, p. 235-29, ici p. 261 s.

[35] Cette solution du problème de l'immobilité du lieu représente un dépassement réel de la théorie aristotélicienne chez les penseurs médiévaux.

[36] « Ex quo patet quod tota ratio loci in omnibus continentibus est ex primo continente et locante, scilicet caelo. » (*In Phys.* IV, lectio VI, n. 469.)

substances corporelles, c'est-à-dire une détermination accidentelle. On peut alors dire de la conception thomasienne ce qu'Einstein disait de la conception aristotélicienne, à savoir que l'espace y est conçu comme une qualité relative à la position des objets matériels et que, par conséquent, il n'y a pas d'espace sans objets.[37] Dans cette perspective, un espace indépendant, autonome, « ab-solu » au sens littéral du terme, c'est-à-dire dénoué de tout lien, apparaît inconcevable.

II) Cette conception est solidaire de la doctrine aristotélicienne du lieu naturel. Thomas interprète en effet la contiguïté du corps contenant et du corps localisé comme une proximité de nature, conformément à la thèse que l'ordre des positions des parties de l'univers correspond à l'ordre naturel qui assigne à chaque chose sa place dans le tout.[38] Cet aspect renforce le lien du lieu avec ce qu'il contient, car ce lien est désormais un lien de nature, qui associe le corps et son lieu en une unité indissoluble. Or, c'est bien là la raison ultime du refus de considérer le lieu comme un espace : admettre un espace comme intervalle entre des corps et indépendant d'eux aurait signifié dissoudre le lien de nature de chaque corps à son lieu et par là même aller à l'encontre de l'ordre des choses et de ses lois. Aussi, un des enjeux de cette conception qui supprime l'espace au profit du lieu comme limite du corps contenant est précisément celui de la conformité et de la sauvegarde de l'ordre naturel. Thomas le dit en toutes lettres : « Cette raison ne tient pas si on pose que le lieu est un espace : car dans les dimensions séparées d'un espace (sans corps) il n'y a aucun ordre de nature. »[39]

III) Conformément à son ancrage dans la doctrine aristotélicienne, la conception thomasienne du lieu est solidaire de la cosmologie finitiste du Stagirite. En effet, seulement dans un univers fini, immobile et plein de matière[40] il peut y avoir des points de repère fixes, déterminés, conformes à la nature des éléments et fonctionnant comme leurs lieux naturels. Dans un tel univers, le lieu est une détermination accidentelle qui indique la situation des choses, non pas dans une étendue indépendante donnée préalablement, mais

---

[37] Cf. la préface d'Albert Einstein à : Max JAMMER, *Concept of Space. The History of Theories of Space in Physics*, Cambridge (Mass.), Harvard University Press, 1954, que nous n'avons pu consulter que dans sa traduction italienne : *Storia del concetto di spazio*, trad. de Alberto Pala, Milano, Feltrinelli, 1974², p. 8-12, ici p. 10.

[38] THOMAS D'AQUIN, *In Phys.* IV, lectio VIII, n. 492.

[39] Cf. Thomas D'AQUIN, *In Phys.* IV, lectio VIII, n. 492.

[40] Cette plénitude détermine une conception « continuiste » de l'espace et du mouvement, cf. John MURDOCH, « Infinite Time and Space in later Middle Ages », *Miscellanea mediaevalia* 25, 1998, p. 194-205.

dans un réseau ordonné de rapports entre des substances matérielles. Aussi la conception du lieu comme limite immobile du contenant est-elle un reflet de la conception du monde comme immobile, fini, dont l'enveloppe extrême est la sphère des étoiles fixes.[41] Cette cosmologie – comme on le sait – ne peut admettre ni le vide ni l'infini, qui introduiraient des éléments de désordre et détruiraient la structure ordonnée de l'univers. Il apparaît ainsi qu'un espace indépendant des objets – un « espace-boîte » comme disait Einstein ou un « espace-réceptacle universel » à la manière de Giordano Bruno – n'est concevable que dans un univers infini : un univers qui va revendiquer pour lui-même la représentation de la sphère infinie que les médiévaux réservaient à la réalité divine.

3. L'espace imaginaire

Il reste à explorer un troisième modèle de conceptualisation de l'espace, élaboré au XIVe siècle dans le sillage de la réception critique de l'aristotélisme à partir de l'horizon de la théologie chrétienne. Nous avons choisi comme porte-parole de ce troisième modèle Nicolas Oresme (env. 1320-1382), une des personnalités les plus marquantes du XIVe siècle. Il nous livre sa conception dans son commentaire de la *Physique* d'Aristote et dans le *Livre du ciel et du monde*.

La discussion sur le lieu présentée dans les *Questions sur la Physique d'Aristote* – rédigées vers 1347 – adopte comme point de départ sa définition nominale, à savoir que « le lieu est ce en quoi la chose est indiquée être lorsqu'on répond à la question de son « où »[42]. A partir de là, Oresme porte son analyse sur le rapport du lieu et de l'espace et se demande « si le lieu est l'espace qui se situe entre les côtés du contenant, un espace qui serait vide si aucun corps ne s'y trouvait »[43]. Comme chez Thomas d'Aquin, cette question va être décisive quant à la conception de notre auteur. Cela dit, et contrairement à son prédécesseur, Oresme lie d'emblée la question du rapport entre le lieu et l'espace à celle de la possibilité du vide, car seule l'hypothèse du vide permet

---

[41] Cf. ARISTOTE, *Du ciel* II, 12 ; *Métaphysique* XII, 8.

[42] Nicolas ORESME, *Quaestiones in Physicam*, IV, qu. 1 ; Stefan KIERCHNER (éd.), *Nicole Oresmes Kommentar zur Physik des Aristoteles*, Stuttgart, Franz Steiner, 1997, p. 294, lin. 25-27 : « Locus est illud, in quo res denotatur esse per responsionem factam ad quaestionem de ubi » (dorénavant cet écrit sera abrégé par *Quaest. in Phys.*).

[43] ORESME, *Quaest. in Phys.*, IV, 6, p. 317 : « Utrum locus sit spatium interceptum inter latera continentis, quod esset vacuum, si non esset ibi locatum ».

d'imaginer un lieu dissocié du corps localisé. Cette hypothèse est suivie d'une première thèse, à savoir que « si le vide existe, il est un lieu »[44] ; le terme « vide » peut en effet signifier : 1) soit l'endroit où il n'y a aucun corps, mais où un corps peut se trouver ; 2) soit la distance entre des corps où il n'y a pas de corps, mais où des corps peuvent se trouver.[45]

Mais le vide existe-t-il ? Voici la réponse d'Oresme : « le vide est possible dans le monde, bien qu'il ne le soit pas de manière naturelle ». D'après cet énoncé, le vide n'est pas une donnée de nature, mais son existence est possible du point de vue de la toute-puissance divine : Dieu en effet peut supprimer tous les corps sans supprimer leur lieu, ce qui produirait précisément un espace vide.[46] La possibilité du vide étant ainsi justifiée, Oresme répond à la question initiale en affirmant que « le lieu est l'espace qui se trouve entre les extrémités du contenant » – un espace qui serait vide si aucun corps ne s'y trouvait, et plein si un corps le remplissait.[47] Par cette thèse[48], Oresme s'oppose résolument à la conception thomasienne et aristotélicienne du lieu, et desserre notamment le lien entre le lieu contenant et le corps localisé. Il importe de relever que l'admission d'un intervalle entre ces deux éléments ouvre conceptuellement sur la possibilité d'un espace comme réalité indépendante, un espace qui n'est plus pensé comme détermination accidentelle du corps localisé. Bien qu'on ne puisse parler ici d'un « espace absolu » au sens propre[49], la conception oresmienne représente un chaînon intermédiaire important dans le développement d'une telle

---

[44] « Tunc sit prima conclusio [...] : si vacuum esset, illud esset locus » (ORESME, *Quaest. in Phys.*, IV, 6, p. 317, lin. 15-16).

[45] Cf. ORESME, *Quaest. in Phys.*, IV, 6, p. 317, lin. 9-12.

[46] Cf. ORESME, *Quaest. in Phys.*, IV, 6, p. 318, lin. 52-59. Une hypothèse analogue – destruction des corps, mais subsistance de l'espace se situant entre les extrémités du ciel – avait été formulée par Pierre de Jean Olivi à l'occasion de son examen de la problématique de la localisation des anges ; Olivi n'avait cependant pas conduit cette hypothèse jusqu'au bout ni formulé la possibilité du vide : nous signalons à ce propos notre étude « Pierre de Jean Olivi et la subjectivité angélique », *Archives d'histoire doctrinale et littéraire du Moyen Age* 70, 2004, p. 234-316. Entre Olivi et Oresme, Jean Duns Scot a également fait appel à cette hypothèse : cf. BOULNOIS, « Du Dieu cosmique à l'espace continu ? ».

[47] Cf. ORESME, *Quaest. in Phys.*, IV, p. 319, lin. 82-86.

[48] Cette position est originale dans la culture philosophique latine du XIVe siècle et n'a été soutenue que par le philosophe hébreu espagnol Hasdai Crescas (1340-1412) : cf. Harry Austryn WOLFSON (éd.), *Crescas' Critique of Aristotle, Problems of Aristotles' Physics in Jewish and Arabic Philosophy*, Cambridge, Harvard University Press, 1929, p. 187-189, ainsi que JAMMER, *Concept of Space*.

[49] Cette perspective est néanmoins ouverte par plusieurs penseurs du XIVe siècle ; on en trouve une ébauche déjà chez Duns Scot : cf. BOULNOIS, « Du lieu cosmique à l'espace continu ? ».

conceptualisation de l'espace[50], et on n'a pas manqué de relever son originalité ainsi qu'une certaine parenté avec l'approche newtonienne.[51]

Dans le célèbre traité *Philosophiae naturalis principia mathematica*, qui date de 1687, Newton (1643-1727) définit précisément le lieu comme « la partie de l'espace occupée par le corps » et précise qu'il ne s'agit ni de la surface du corps contenant ni de la situation du corps localisé[52], s'opposant ainsi autant à la doctrine aristotélicienne qu'à la conception cartésienne – Descartes, en effet, à partir de l'équivalence de la matière et de l'étendue, faisait du corps localisé son propre lieu ou espace. Comme Oresme, Newton conçoit donc le lieu comme espace ou partie de l'espace, il le dissocie du corps localisé et le pose comme une entité à part, indépendante de ce dont elle est le lieu : « Bien que nous puissions imaginer qu'il n'y a rien dans l'espace, nous ne pouvons pas penser pour autant que l'espace n'existe pas. »[53]

Bien entendu, la parenté de ces deux démarches ne saurait effacer leurs divergences, et notamment le fait que pour Newton l'espace absolu, sans être une réalité physique, possède une consistance ontologique propre[54], alors que

---

[50] A ce propos, cf. Edward GRANT, « Place and Space in medieval physical Thought », in : P. K. MACHAMER/R. G. TURNBULL (éd.), *Motion and Time, Space and Matter : Interrelations in the History of Philosophy and Science*, Columbus, Ohio State University Press, 1976, p. 137-167. Nous limitons ici notre propos aux conceptions médiévales de l'espace, mais il est bien évident que dans la trajectoire qui mène jusqu'à Newton, les différentes théories élaborées aux XVe et XVIe siècles jouent un rôle fondamental ; parmi elles, celle que présente Francesco PATRIZI dans le *De spatio physico et mathematico*, qui date de 1587, est particulièrement significative, cf. Francesco PATRIZI, *De spatio physico et mathematico* (Hélène Vedrine, trad. et éd.), Paris, Vrin, 1996.

[51] Cf. KIERSCHNER, Introduction à : *Nicole Oresmes Kommentar*, p. 103-104.

[52] « Locus est pars spatii quam corpus occupat, estque pro ratione spatii vel absolutus vel relativus. Pars inquam spatii ; non situs corporis, vel superficies ambiens » : Isaac NEWTON, *Philosophiae naturalis principia mathematica*, (Alexandre Koyré/Bernard Cohen, éd.), Cambridge, Harvard University Press, 1972, vol. I, (3e éd. de 1726), p. 47. Cette définition peut être éclairée par celles que l'on trouve dans le *De gravitatione et aequipondio fluidorum*, in : Alfred Rupert HALL/Marie BOAS (éd.), *Unpublished Scientific Papers of Isaac Newton*, Cambridge, Harvard University Press, 1962, p. 103 et 114.

[53] L'espace absolu est tel précisément parce qu'il est « sans relation aux choses externes, toujours semblable à lui-même et immobile », cf. Isaac NEWTON, *Philosophiae naturalis principia mathematica*, l. I, *Définition VIII, Scholie*. La conception newtonienne d'un espace absolu immatériel est tributaire de la doctrine d'Henry More, qui avait repris l'équivalence de certains médiévaux entre Dieu et l'espace, cf. Edith SYLLA, « Imaginary Space : John Dumbleton and Isaac Newton », *Miscellanea mediaevalia* 25, 1998, p. 206-225.

[54] Cf. *De gravitatione*, p. 99-100 : « Praeterea cum extensionem tamquam sine aliquo subiecto existentem possumus clare concipere, ut cum imaginamur extramundana spatia aut loca quaelibet corporibus vacua ; et credimus existere ubicumque imaginamur nulla esse corpora,

Oresme ne conçoit pas l'espace comme une entité subsistant par elle-même. Cela dit, pour notre auteur l'espace est bien réel, car il signifie la situation des choses, c'est-à-dire leur être « ici » ou « là » : « Je dis que l'espace n'est ni substance, ni accident, ni un quelque chose, mais est ce qui est dénoté comme 'ici' ou 'là' »[55]. L'espace possède donc un « *modus essendi* » qui lui est propre, même s'il se situe en dehors des catégories aristotéliciennes de substance et d'accident.

Quel est donc ce mode d'être ? Pour répondre à cette question il nous faut revenir brièvement à l'hypothèse du vide. Nous avons vu que cette hypothèse ne se vérifie pas dans le monde par voie naturelle[56] ; ici Oresme reste un parfait aristotélicien et conçoit notre monde comme fini et plein de matière. En revanche, l'hypothèse du vide acquiert consistance lorsqu'on envisage l'espace extra-mondain et la question de la pluralité des mondes ; en effet, selon Oresme il y a bel et bien un espace vide en dehors du monde qui est le nôtre, un espace capable d'accueillir une multiplicité de mondes.[57] Cette affirmation repose de nouveau sur l'axiome de la toute-puissance divine. Le pouvoir divin de créer des choses nouvelles et des mondes nouveaux, comme celui d'anéantir les choses existantes, permet en effet d'imaginer sans contradiction l'existence d'un espace vide. D'où la conclusion qu'un tel espace existe comme espace imaginé, incorporel, vide et infini. Cet espace possède une réalité « *sui generis* », car il n'est pas donné à la manière de l'espace intra-mondain[58] : sa modalité d'existence relève de l'imagination dans le sens précis qu'un tel espace « imaginaire » dépasse la capacité de compréhension de la raison humaine.[59]

---

nec possumus credere periturum esse cum corpore si modo Deus aliquid annihilaret, sequitur eam non per modum accidentis inhaerendo alicui subiecto existere. Et proinde non est accidens. Et multo minus dicetur nihil, quippe quae magis est aliquid quam accidens et ad naturam substantiae magis accedit. » Cf. Edward GRANT, « Mediaeval and Seventeenth-Century Conceptions of Infinite Voide Space beyond the Cosmos », *Isis* 60, 1969, p. 39-60, ici p. 57. Pour plus de précisions sur la réalité de l'espace absolu chez Newton, cf. Maurizio MAMIANI, « Spazio e tempo in Newton e Boscovich », in : Gianni Eugenio VIOLA (éd.), *Il Newtonianesimo nel Settecento*, Roma, Istituto della enciclopedia italiana, 1983, p. 83-87.

[55] Cf. ORESME, *Quaest. in Phys.*, IV, qu. 6, p. 319, lin. 77-81.

[56] Cf. ORESME, *Quaest. in Phys.*, IV, 6, p. 319, lin. 77-81.

[57] Cf. ORESME, *Quaest. in Phys.*, IV, 6, p. 318, lin. 60-67.

[58] « Et donques hors le ciel est une espasce wide incorporelle d'autre manière que n'est quelconque espace pleine et corporelle », Nicole ORESME, *Livre du ciel et du monde* I, c. 24, p. 176, lin. 307-308, (Albert Douglas Menut/Alexander Joseph Denomy, éd.), Madison/Milwaukee/London, The University of Wisconsin Press, 1968.

[59] Cf. ORESME, *Livre du ciel et du monde* I, c. 24, p. 176, lin. 319-323.

Aussi faut-il bien préciser que le statut d'un tel espace imaginaire n'est pas celui d'une notion fantaisiste, produite par une faculté inférieure à l'intellect, mais c'est un statut d'éminence, qui réside en ce que l'imagination se donne comme objet un espace que l'intellect ne peut pas comprendre.

Le caractère d'éminence qui marque la réalité de cet espace hors du monde ressort d'ailleurs clairement de son assimilation à l'immensité divine : « *Item, ceste espace dessus dicte est infinie et indivisible et est l'immensité de Dieu et est Dieu meismes, aussi comme la duracion de Dieu appelée éternité est infinie et indivisible et Dieu meisme* »[60]. Si l'espace vide infini ne peut faire l'objet que de l'imagination, cela résulte donc uniquement de l'imperfection de la faculté cognitive humaine, incapable de saisir pleinement ce qu'elle est capable d'imaginer. L'espace imaginé ou imaginaire[61] n'est donc pas pour Oresme une réalité fictive, illusoire ou chimérique – « *(locus/spatium) non est sicut chimera aut hircocervus* »[62] –, mais une entité qui est de l'ordre du possible et de l'imaginable pour l'esprit humain, et qui peut devenir réalité actuelle par la toute-puissance divine.

A partir de là, il importe de relever que, même en tant que pur possible, l'espace imaginé fait désormais partie de l'image du monde comme une composante à laquelle on ne pourra plus renoncer. La présence de cet espace

---

[60] ORESME, *Livre du ciel et du monde* I, c. 24, p. 176, lin. 311-314 ; ainsi que ID., *Quaest. in Phys.*, IV, 19, p. 383, lin. 74-75. L'équivalence « espace vide infini-immensité divine » apparente la position d'Oresme à celle de Thomas Bradwardine (cf. Alexandre KOYRE, « Le vide et l'espace infini au XIVe siècle », *Archives d'histoire doctrinale et littéraire du Moyen Age* 24, 1949, p. 45-91) et la distingue de celle de Jean de Ripa, qui refuse cette équivalence (cf. Paul VIGNAUX, « Jean de Ripa, In I Sententiarum, dist. XXXVII : "De modo inexistendi divine essentie in omnibus creaturis" », in : A. COMBES/F. RUELLO [éd.], *Traditio* 23, 1967, p. 191-267).

[61] Ce dernier terme figure par exemple chez Bradwardine ou Jean de Ripa, alors qu'Oresme utilise plutôt les termes « ymaginabile » et « imaginatum ». Sur l'espace imaginaire chez Bradwardine, cf. KOYRE, « Le vide et l'espace infini au XIVe siècle » ; GRANT, *Much ado about Nothing*, p. 135-144, ainsi que les pages 117-121 sur la signification du terme « imaginaire ». Avant Bradwardine, l'idée d'un espace imaginaire était déjà soutenue par John Dumbleton : cf. SYLLA, « Imaginary Space : John Dumbleton and Isaac Newton ».

[62] *Quaest. in Phys.*, IV, 6, p. 321, lin. 178. Le terme « imaginé » ou « imaginaire » est le résultat d'une longue tradition, qui remonte déjà à Aristote et qui associe la représentation d'un espace extra-cosmique à la faculté de l'imagination ; dans l'aristotélisme, la réalité d'un tel espace est niée et considérée précisément comme un pur produit de l'imagination. Oresme s'oppose ici à cette acception négative du terme « imaginaire » et attribue précisément à l'imagination la capacité de penser ce qui, comme l'espace vide extra-cosmique, n'est pas objet de l'expérience sensible ; sur cette question, cf. GRANT, *Much Ado about Nothing*, p. 117-121.

modifie par là même la conception du lieu, qui n'est plus pensé comme limite du contenant. La conceptualisation d'un espace imaginaire infini extra-mondain élargit ainsi l'horizon de l'espace intra-mondain, en introduisant la possibilité d'un intervalle entre le lieu contenant et le corps localisé. Pour cette raison, même s'il s'agissait d'une simple expérience de pensée, l'hypothèse d'un espace vide infini permet déjà à elle seule de penser le lieu autrement : elle permet de le concevoir comme une étendue dans laquelle des corps peuvent trouver place et – pour reprendre les termes d'Einstein – elle contribue à transformer le « lieu-attribut » en « espace-boîte ».

On ne saurait passer sous silence le fait que cet élargissement de la conception du lieu repose en dernière analyse sur un fondement théologique, à savoir l'axiome de la toute-puissance divine. Par ailleurs, étant assimilé à l'immensité de Dieu, l'espace imaginaire ainsi postulé acquiert un caractère absolu et un pouvoir fondateur par rapport à toute localisation et situation spatiale, tout comme l'éternité est fondatrice du temps et de ses déterminations. L'espace imaginaire se présente alors comme la condition *a priori* de l'espace et du lieu physiques. Cette conception renoue ainsi avec la conceptualisation théologique, qui faisait de « Dieu-sphère infinie » l'espace premier et absolu de toutes choses.[63] Mais la formulation oresmienne de l'espace imaginaire a désormais intégré la physique aristotélicienne et sa critique ; elle s'avère être le résultat de l'interaction de la théologie de la toute-puissance et de la physique péripatéticienne en une conception où ce qui est théologiquement possible modifie, sinon la perception, du moins l'imagination (au sens fort, « éminent », du terme) et la pensée du donné physique.

4. Conclusion

Au terme de ce bref parcours qu'il nous soit permis de formuler trois remarques en guise de conclusion :

1) Il faut relever tout d'abord la diversité des approches médiévales de la notion d'espace ; il n'y a pas une conception homogène de cette catégorie qui serait propre au Moyen Age, mais il y a des conceptualisations différentes, résultant des différentes perspectives adoptées dans son examen. C'est là une confirmation supplémentaire de ce que la pensée médiévale, loin d'être un

---

[63] L'association Dieu-Infini est explicitement rapportée par Thomas BRADWARDINE à la célèbre proposition II du *Livre des XXIV philosophes*, dont l'influence a fait de l'infini un thème central des spéculations théologiques du XIIIe siècle.

ensemble monolithique, offre à l'égard d'un même sujet des contributions philosophiques très différenciées. Cette différenciation résulte des clés d'approche adoptées dans les modèles analysés : approche métaphysique pour le premier, approche physique et cosmologique dans le deuxième, approche à la fois physique, cosmologique et théologique dans le troisième modèle. L'espace au moyen âge ne se laisse donc pas apprivoiser par la seule science physique. Or, il s'avère que les deux approches où l'élément théologique est déterminant proposent des conceptions de l'espace plus orientées vers une théorie de l'espace absolu de type newtonien que ne l'était la doctrine d'Aristote, pourtant considérée comme « plus scientifique ». C'est là un aspect qui témoigne de l'interaction féconde et des développements remarquables résultant, tout au long du moyen âge, du rapport étroit entre théologie et philosophie.

2) La succession de ces trois paradigmes, qui est aussi une succession chronologique, dessine une trajectoire conceptuelle où se joue l'assimilation et la critique (mais pas l'abandon !) de la physique péripatéticienne et où s'annonce une conceptualisation de l'espace qui fera par la suite une part de plus en plus large à l'idée d'infini. Dans cette trajectoire, l'hypothèse du vide est décisive ; elle ouvre une brèche dans l'univers aristotélicien et permet de concevoir un espace infini homogène. L'homogénéisation de l'espace représente par ailleurs la condition *sine qua non* de sa maîtrise par la rationalité scientifique ; la mathématisation opérée par la science moderne ne pourra intervenir que par rapport à un espace uniforme et neutre, un espace qui n'est plus qualifié par les choses qui l'occupent. Avant que, par l'emprise du mécanisme, l'homme ne devienne le maître et la mesure de toutes choses, il aura donc fallu dissocier les choses de leurs lieux et les jeter, pour ainsi dire, dans un univers infini – un univers sans limites ni mesure qui, au XVIIe siècle encore, suscitera l'effroi de Pascal.[64] Cette dissociation a été ébauchée au moyen âge, sous l'impulsion d'exigences métaphysiques et théologiques, et sous l'emprise d'une imagination jugée capable de concevoir ce que la raison ne pouvait ni saisir ni admettre.

3) Enfin, et paradoxalement, alors que pour les penseurs du moyen âge l'être humain occupait dans l'univers créé une place précise, dans un ordre fixé par la sagesse divine, certains penseurs de cette époque, au nom d'une puissance divine sans limites ni mesure, ont déjà orienté leur réflexion vers une conception

---

[64] Cf. PASCAL, *Pensées*, c. 1, n. 91, in : PASCAL, *Œuvres complètes*, Paris, Gallimard (Bibliothèque de la Pléiade), 1964, p. 1113 : « Le silence éternel de ces espaces infinis m'effraie. »

de l'espace où l'homme – pour reprendre les mots de Pascal[65] –, aurait été englouti comme un point et aurait perdu son lieu. Ce n'est pas une moindre valeur ni un moindre mérite des théories médiévales rappelées ici que d'avoir contribué, et de manière irremplaçable, à la recherche d'une compréhension proprement philosophique de l'espace et du lieu.

---

[65] Cf. PASCAL, *Pensées et opuscules*, fragment 348, (Léon BRUNSCHWIG, éd.), Paris, Hachette, 1900, p. 488.

II

*LA MODERNITÉ PHILOSOPHIQUE ET SA
RELECTURE GÉNÉALOGIQUE*

*DIE PHILOSOPHISCHE MODERNE
GENEALOGISCH GELESEN*

SINNESTÄUSCHUNG UND TRAUM ALS *RATIONES DUBITANDI* IN DER ERSTEN MEDITATION DESCARTES'.
Eine phänomenologische Auslegung

Friedrich-Wilhelm von Herrmann

Eine herausragende Strömung der Gegenwartsphilosophie ist die Phänomenologie in ihren beiden Ausgestaltungen als transzendentale und als hermeneutische Phänomenologie. Fragen wir nach der Genealogie der hermeneutischen Phänomenologie Heideggers, so lautet die Antwort: Heideggers Denken hat seine Herkunft aus den Grundfragen der Metaphysik, die dieses Denken in einem neuen Anfang ursprünglicher zu verwurzeln sucht. So gesehen ist Heidegger der Erbe der metaphysischen Überlieferung von deren frühestem Anfang an. Anders fällt die Antwort auf die Frage nach der Herkunft der transzendentalen Phänomenologie Husserls aus. Husserls phänomenologische Philosophie ist Erbin der neuzeitlichen Transzendentalphilosophie, die mit Descartes' *Meditationes de prima philosophia* bahnbrechend einsetzt. Die konsequent phänomenologisch durchgeführte Transzendentalphilosophie Husserls nimmt in der Geschichte der Transzendentalphilosophie einen hohen Rang ein, der sie an die Seite Descartes', Kants und Fichtes stellt.

In der Einleitung zu den *Cartesianischen Meditationen* betont Husserl, dass das Studium der Meditationen Descartes' « ganz direkt auf die Umgestaltung der schon im Werden begriffenen Phänomenologie zu einer neuen Form der Transzendentalphilosophie eingewirkt » habe, so dass sie fast ein

« Neucartesianismus » genannt werden könne.[1] Da Husserls Transzendentale Phänomenologie aus der radikalisierenden Entfaltung Cartesianischer Denkmotive lebt, setzt eine Einarbeitung in sie ein gründliches Studium der Meditationen Descartes' voraus. Umgekehrt gewinnt auch das Descartes-Studium an Schärfe in Blickweise und analytischer Durchdringung durch eine Schulung im phänomenologischen Sehen Husserls. Für eine wahrhaft tief greifende meditative Aneignung des Gedankenweges der nur sechs Druckseiten langen Ersten Meditation bedeutet eine solche phänomenologische Schulung, die von Descartes nur knapp erwähnten Einzelphänomene phänomenologisch zur Entfaltung zu bringen, um so erst die Tragweite der meditativen Gedankenschritte unverkürzt ermessen zu können. In seiner Antwort auf die zweiten Einwände Mersennes sagt Descartes:

> Ich wünschte, die Leser widmeten der Betrachtung [des] Inhalts [der Ersten Meditation] nicht bloß die kurze Zeit, die zu ihrer Lektüre erforderlich ist, sondern einige Monate oder wenigstens einige Wochen, ehe sie an das übrige gingen; denn so würden sie aus ihnen zweifellos einen größeren Gewinn ziehen können.[2]

Dieser Aufforderung möchten die nachstehenden Ausführungen Folge leisten, indem sie zwei bedeutsame Gedankenschritte auf dem Weg des methodischen Zweifels phänomenologisch durchdringen. Der Text der Ersten Meditation ist so kurz gehalten, dass er selbst keine wirkliche Ausführung des Gedankens ist, sondern eher den Charakter einer Anweisung für den Leser hat, den meditativen Gedankenweg der schrittweisen Außer-Geltung-Setzung des gesamten bisher in Geltung stehenden Erkenntniswissens selbständig zu gehen. Um dieses leisten zu können, bedarf es einer weit ausholenden phänomenologischen Analyse.

---

[1] Edmund HUSSERL, *Cartesianische Meditationen und Pariser Vorträge* (Stephan Strasser, Hg.), Husserliana, Bd. I, Den Haag, Nijhoff, 1950, S. 43.

[2] René DESCARTES, *Meditationes de Prima Philosophia,* « Secundae Responsiones », AT VII, S. 128-159, hier S. 130.

1. Zwei methodische Anweisungen

Nachdem die drei Voraussetzungen für ein Ingangsetzen der Meditationen gegeben sind, wendet sich Descartes dem allgemeinen Umsturz seiner « Meinungen » (*opiniones*)[3] zu. Nunmehr spricht er die Gesamtheit seines bisherigen Erkenntniswissens als « Meinungen » an. Eine Meinung ist ein bloß meinendes, in sich ungesichertes Wissen im Unterschied zu einem solchen Wissen, dessen Wahrheit nicht nur behauptet, sondern begründet und gesichert ist. Dass Descartes jetzt am Beginn seines Meditierens sein bisheriges Wissen als Meinung ausgibt, ist die Folge seiner zuvor ausgesprochenen Einsicht in die völlige Ungesichertheit seines bisherigen Erkenntniswissens und dessen Grundlagen. Zwar war dieses bisherige metaphysische und wissenschaftliche Wissen nicht ohne Begründung und nicht ohne gesetzte Wahrheit. Doch die bisherige Begründungsweise und das bisherige Wahrheitsverständnis hat sich für Descartes aus seiner schon gemachten Grunderfahrung mit dem Selbstbewusstsein und dessen Wahrheit qua Selbstgewissheit als unzureichend erwiesen. Die bisherige Begründungsweise der Erkenntnisse und das dabei leitende Wahrheitsverständnis erweisen sich für ihn als unzureichend, weil diese Wahrheit noch nicht gefasst und bestimmt war als Gewissheit, die ihre Quelle in der Selbstgewissheit des Selbstbewusstseins hat.

Für die Ausführung des allgemeinen Umsturzes seiner Meinungen gibt Descartes vorweg zwei methodische Anweisungen. Es sind die methodischen Anweisungen für den denkend zu vollziehenden Umsturz seines schon als bloße Meinung gekennzeichneten Erkenntniswissens. Der bloße Entschluss zum allgemeinen Umsturz dessen, was bislang den Anspruch von gültigem Wissen erhob, ist noch nicht dessen Ausführung.

Die erste methodische Anweisung besagt, dass das denkende Umstürzen sich in der Weise des Zweifels vollziehen soll. Die erste methodische Anweisung besteht in der Einführung des Zweifels als Methode, des methodischen Zweifels. Die zweite methodische Anweisung ist eine Darlegung dessen, wie der methodische Zweifel angesetzt werden soll.

Um den allgemeinen Umsturz meines bisherigen Erkenntniswissens vollziehen zu können, ist es nicht erforderlich, dessen Falschheit oder Unwahrheit eigens aufzuzeigen. Um Wahrheit von Unwahrheit zu scheiden,

---

[3] DESCARTES, *Meditationes de Prima Philosophia*, « Meditatio prima », AT VII, S. 17-23, hier S. 18.

bedarf es bereits einer Kenntnis des Kriteriums für diese Scheidung. Das Kriterium soll aber erst entdeckt werden, und zwar als ein absolut sicheres. Der Umsturz meines bisherigen Erkenntniswissens kann so erfolgen, dass ich dieses nur als zweifelhaft aufzeige. Etwas als zweifelhaft erweisen heißt, zu erkennen, dass seine Wahrheit keine absolut sichere ist, dergestalt, dass sie auf keine Weise in Unwahrheit umschlagen kann.

Um aber etwas als zweifelhaft dartun zu können, bedarf es eines Grundes für den Zweifel, einer *ratio dubitandi*.[4] Ein Zweifelsgrund ist ein durch die *ratio* (Vernunft) aufgespürter Grund (*ratio*), der mich veranlasst, meine urteilsmäßige Zustimmung zurückzuhalten (*assensionem cohibere*).[5] Im Zweifeln verhalte ich mich unentschieden gegenüber dem Bezweifelten. Ich gebe einen oder mehrere wohlerwogene Gründe dafür an, dass sich eine Sache möglicherweise nicht so verhält, wie ich es bisher gemeint habe. Derartige Zweifelsgründe unterscheiden sich von jenen Gründen, mit denen ich das Falsch-, das Unwahrsein einer bisher in Geltung stehenden Erkenntnis aufzeige. Mittels der Zweifelsgründe zeige ich aber nur an, dass mein bisheriges Für-wahr-halten noch kein sicheres und gesichertes war, dass es vielmehr einen oder mehrere Gründe dafür gibt, dass sich die Sache auf eine andere Weise verhält. Der Umsturz meines bisherigen Erkenntniswissens heißt weder, dieses Wissen zu verwerfen, noch, es als unwahr darzutun. Mein bisheriges Erkenntniswissen im ganzen umstürzen besagt nur, es durch Anführung von Zweifelsgründen als ein in sich noch ungesichertes, noch nicht vergewissertes Wissen darzulegen.

Mit dem Anhalten meiner setzenden Zustimmung (*cohibere assensionem*), dessen Gegenbegriff das Für-wahr-halten (*pro veris admittere*)[6] ist, erhält der Zweifel den Charakter eines methodisch eingesetzten Zweifels. Vom methodischen, d. h. beabsichtigten und eigens ausgebildeten Zweifel unterscheiden wir den uns geläufigen Zweifel, wie er uns im Leben begegnet. Dieser natürliche Zweifel ist der unbeabsichtigte und unerwartet sich einstellende Zweifel.

Die zweite methodische Anweisung ergibt sich aus dem, was schon über den allgemeinen Umsturz gesagt wurde, dass er « von Grund aus » (*funditus*)[7] erfolgen soll. Die zweite methodische Anweisung greift dieses « von Grund aus » auf. Mittels der aufgesuchten Zweifelsgründe soll die Gesamtheit meines

---

[4] DESCARTES, *Meditationes*, AT VII, S. 18.

[5] DESCARTES, *Meditationes*, AT VII, S. 18.

[6] DESCARTES, *Meditationes*, AT VII, S. 17.

[7] DESCARTES, *Meditationes*, AT VII, S. 17.

bisher für wahr gehaltenen Erkenntniswissens nicht etwa einzeln auf seine Sicherheit oder Ungesichertheit geprüft werden. Vielmehr sollen die Zweifelsgründe gegen die Grundlagen (*fundamentis*)[8] meiner Erkenntnisse gerichtet werden. Lassen sich Gründe auffinden, die Zweifel an der Wahrheit der Prinzipien meiner Erkenntnisse erregen, dann wird auch alles das, was durch diese Prinzipien gegründet war, mit in den Zweifel, in die Zwiefalt von Wahrheit und Unwahrheit, von Sein und Nichtsein gezogen.

Für die Beschreibung des Verhältnisses der Ersten Philosophie, der Metaphysik, zu den übrigen Wissenschaften verwendet Descartes zwei unterschiedliche Bilder. Das eine Bild ist das des Baumes, an dem die Wurzeln die Erste Philosophie veranschaulichen.[9] Das andere Bild, das Descartes in den *Meditationen* heranzieht, ist das eines Gebäudes. In diesem Bilde gleicht die Erste Philosophie dem Fundament, das alle anderen Teile des Gebäudes, die übrigen Wissenschaften, trägt.[10]

Weil der methodische Zweifel gegen die ersten Prinzipien gerichtet ist, nennt Descartes ihn den metaphysischen Zweifel.[11] Metaphysisch ist hier im Sinne der Ersten Philosophie und deren Fragestellung zu verstehen.

2. Zum Weg des methodischen Zweifels

Die ersten Prinzipien, auf denen unser gesamtes Erkenntniswissen beruht, sind für Descartes in einer Hinsicht Prinzipien der Erkenntnis. Daher überschreibt er den Ersten Teil seiner *Prinzipien der Philosophie*, der die Darstellung der Ersten Philosophie enthält, « *De principiis cognitionis humanae* »[12] – über die Prinzipien der menschlichen Erkenntnis. In diesem so überschriebenen Ersten Teil stellt er den Inhalt der *Meditationen* dar, nicht aber wie in diesen auf dem Wege des analytischen Aufweisens, sondern in der Form einer Abhandlung, die ihrerseits den analytischen Weg des Sachaufweisens zur Voraussetzung hat.

Warum nun aber Prinzipien der Erkenntnis und nicht wie Aristoteles oder Thomas von Aquin Prinzipien des Seins? Die Frage drängt sich auf: Ist

---

[8] DESCARTES, *Meditationes*, AT VII, S. 17.

[9] René DESCARTES, *Principes de la Philosophie*, AT IX, S. 1.

[10] DESCARTES, *Meditationes*, AT VII, S. 18.

[11] DESCARTES, *Meditationes*, AT VII, S. 36.

[12] René DESCARTES, *Principia Philosophiae*, AT VIII, S. 1-348, hier S. 5.

Descartes' Rede von den ersten Prinzipien der Erkenntnis nicht ein deutlicher Hinweis darauf, dass es sich bei seinen *Meditationen* um eine Erkenntnistheorie und nicht um eine Metaphysik, nicht um eine Erste Philosophie handelt? Sind die *Meditationen* zwar eine Grundlegung der Metaphysik, aber vielleicht eine solche, die selbst Erkenntnistheorie ist?

So berechtigt diese Frage ist, so muss sie doch zugunsten der Ersten Philosophie und Metaphysik beantwortet werden. Nicht nur das, was grundgelegt wird, sondern auch die Grundlegung selbst versteht sich bei Descartes als Erste Philosophie und Metaphysik, wenn auch als Metaphysik neuen Stils, als Metaphysik des Selbstbewusstseins.

Die Prinzipien der Erkenntnis sind für Descartes die prinzipiellen Erkenntniszugänge zu dem, *was* und *wie* das zu erkennende Seiende *ist*. Die Prinzipien der Erkenntnis sind die erkenntnismäßigen Zugangswege zum Seienden in dessen Sein. Das Sein des Seienden gliedert sich aber in das Was-sein und in das Wie-sein. Das Was-sein nennt das Wesen des Seienden, das Wie-sein dessen Wirklichkeit in der modalen Abwandlung von Möglichsein und Notwendigsein. Die Prinzipien der Erkenntnis sind somit die Zugangswege zu den Prinzipien des Seins, zum Was-sein und zum Wirklichsein des Seienden. Descartes thematisiert in seiner zu gründenden Ersten Philosophie die Prinzipien des Seins im Ausgang von den Erkenntniswegen des Ich. Diese neue Vorgehensweise ist bestimmt durch den Vorblick auf das, was als das erste Grundprinzip der Metaphysik Descartes' aufgewiesen werden soll, durch den Vorblick auf das Selbstbewusstsein. Die Gewinnung dieses Grundprinzips, des Selbstbewusstseins, erfolgt in der metaphysisch-ontologischen Blickbahn, sofern es selbst hinsichtlich seines unbezweifelbaren Wirklichseins (*existentia*) und anschließend hinsichtlich seines ebenso unbezweifelbaren Wasseins (*essentia*) bestimmt wird. An diesem Selbstbewusstsein aber als dem Grundprinzip haben alle drei Erkenntniszugänge teil: der reine Verstand, die Einbildungskraft und die sinnliche Erfahrung. Nachdem Descartes das Selbstbewusstsein nach seinem Wirklichsein und seinem Wassein bestimmt hat, geht er dazu über, aus der als unbezweifelbar vergewisserten Immanenz des Selbstbewusstseins zuerst das Wirklichsein und das Wassein Gottes, sodann das Wassein und das Wirklichsein des räumlich-materiellen Seienden als sichere Erkenntnisse zu gewinnen. Stets geht es um die metaphysisch-ontologische Erkenntnis und deren Gewissheit, um die vergewisserte ontologische Erkenntnis von der Seinsverfassung des eigenen Ich, des Schöpfergottes und der geschaffenen Körperwelt. Die *certitudo* dieser metaphysischen Erkenntnisse ergibt sich aus der ersten Gewissheit, aus der Selbstgewissheit des *ego cogito* als dem Selbstbewusstsein.

3. Das Phänomen der Sinnestäuschung als Grund des Zweifels an der Wahrheit der sinnlichen Erfahrung

Der erste Zweifelsgrund, den Descartes aufsucht, richtet sich gegen das Erkenntnisprinzip der sinnlichen Wahrnehmung, weiter gefasst der sinnlichen Erfahrung überhaupt. Wie für die metaphysische Überlieferung seit der Antike, so gibt es auch für Descartes drei Erkenntniszugänge zum Seienden: die sinnliche Wahrnehmung (*sensus*), die ihr verwandte Einbildungskraft (*imaginatio*), das Verstandesdenken (*intellectus*) oder Vernunftdenken (*ratio*). Sofern Descartes die Prinzipien des Seins im Ausgang von den erkenntnismäßigen Zugangswegen zum Seienden in dessen Sein thematisiert, richten sich die aufgesuchten Zweifelsgründe zunächst gegen die sinnliche Wahrnehmung und die Einbildungskraft, anschließend gegen das Verstandes- und Vernunftdenken.

a) Sinnliche Erfahrung – empirisches Sosein und Wirklichsein (*existentia*) der Erfahrungsdinge

Bevor Descartes das Phänomen der Sinnestäuschung als Zweifelsgrund in Bezug auf die Wahrnehmung und sinnliche Erfahrung benennt, gibt er in einem einzigen Satz eine Charakterisierung der sinnlichen Erkenntnis sowie dessen, wozu das sinnliche Erkennen den Zugang verschafft. « Alles nämlich, was ich bisher am meisten für wahr gehalten habe [*ut maxime verum admisi*], habe ich von den Sinnen [*a sensibus*] oder durch die Sinne vermittelt [*per sensus*] empfangen. »[13] Das bedarf einer breiteren phänomenologischen Entfaltung. Denn zum einen muss der Bereich des sinnlich Wahrgenommenen und Erfahrenen in seiner mehrfachen Gliederung geklärt werden. Zum anderen kommt es darauf an, den Leistungssinn der sinnlichen Wahrnehmung, das, was sie zu geben beansprucht, näher zu bringen. Nur so begreifen wir die tiefere Abzielung Descartes', wenn er das Phänomen der Sinnestäuschung als einen Grund dafür benennt, dass das gesamte Wahrnehmungs- und Erfahrungswissen in den methodischen Zweifel gezogen werden muss.

Der natürlichen, vorphilosophischen Welterkenntnis gilt die Sinneserkenntnis als jener Erkenntnisweg, auf dem wir zur sichersten Erkenntnis gelangen. Alles, was sich mir in meinem näheren und weiteren

---

[13] DESCARTES, *Meditationes*, AT VII, S. 18.

Wahrnehmungsfeld an Wahrnehmbarem zeigt, hält die natürliche Welterkenntnis für das, was am meisten wahr ist. Was aber heißt hier «wahr»? Dass das Seiende *so*, wie es sich in der sinnlichen Wahrnehmung zeigt, *ist* und nicht anders. Zugleich heißt «wahr», dass das Seiende so, wie es sich mir in der Wahrnehmung gibt, auch *wirklich ist* und nicht nur in Gedanken vorgestellt.

Damit haben wir an dem, was die sinnliche Wahrnehmung für uns begegnen lässt, ein Zweifaches abgehoben: zum einen die jeweilige empirische Sachhaltigkeit, sein Sobeschaffensein (das grün oder rot Gefärbtsein, das Glatt- oder Rauhsein der Oberfläche) und zum anderen das Wirklichsein des so oder so beschaffenen Dinges. Die sinnliche Wahrnehmung ist auf den Wegen der fünf Sinne der aufschließende Zugang zum wahrnehmbaren Beschaffensein der raum-zeitlich-materiellen Dinge in deren Wirklichsein (*existentia*). Zum Leistungssinn der sinnlichen Wahrnehmung gehört nicht nur das Vorstellen des wahrnehmbaren Dinges in dessen sinnlichen Qualitäten, sondern zugleich das Verstehen dessen, dass das so in seinen sinnlichen Qualitäten Wahrgenommene *wirklich ist*. Das Verstehen des Wirklichseins des wahrgenommenen Seienden gehört zum Vollzugsverständnis der Wahrnehmung. Das besagt freilich nicht, dass das Wirklichsein des Wahrgenommenen selbst eine sinnliche Beschaffenheit wäre. Es besagt nur, dass sich das Wahrnehmen der sinnlichen Beschaffenheit in einem Verstehen des Wirklichseins des so beschaffenen Dinges hält.

Das Wahrsein, von dem Descartes spricht, wenn er sagt, das sinnlich Wahrgenommene sei gewöhnlich das, was man am meisten für wahr halte, ist die Wahrheit bezüglich des Dinges in dessen sinnlichem Sobeschaffensein und in dessen Wirklichsein. Das *admisi*, ich habe zugelassen und gehalten für, besagt: etwas so, wie es sich in der Wahrnehmung gemäß ihrem Vollzugssinn zeigt, hinnehmen und setzen, das sinnlich Wahrgenommene in seinem Sobeschaffensein und in seinem Wirklichsein setzen. Die Erkenntnis aus den Sinnen halten wir für am meisten wahr, weil das sinnlich Wahrnehmbare uns als das unüberbietbare Maß des wirklich Seienden gilt.

Bislang haben wir die sinnliche Erkenntnis gleichgesetzt mit der sinnlichen Wahrnehmung. Diese ist die sinnliche Erkenntnis von dem, was in seiner leibhaften Gegenwart erfasst wird. Allein, die Welt des sinnlich Erkennbaren erstreckt sich zeitlich nicht nur in die Gegenwart. Die sinnliche Erkenntnis ist zeitlich ausgespannt in die drei Zeithorizonte der Gegenwart, Vergangenheit und Zukunft. Das aus der sinnlichen Wahrnehmung geschöpfte Wissen besteht nicht nur in dem, was ich in der Gegenwart meines Lebensvollzugs erwerbe. Zu ihm gehört auch das, was ich in der Erinnerung als das Wahrgenommen-gewesene und in der Erwartung als das noch Wahrzunehmende vergegenwärtige. Das für am meisten wahr Gehaltene ist nicht nur das in der Gegenwart leibhaftig Wahrgenommene, sondern auch das erinnerte Vergangene und das erwartete Künftige.

Auch hinsichtlich des erinnerten Vergangenen als des Wahrgenommengewesenen müssen wir zwischen seinem washaltigen Sobeschaffensein und dem mitverstandenen Wirklichgewesensein unterscheiden. Denn es gehört zum Vollzugssinn des Erinnerns, dass ich das Erinnerte als ein so und so Beschaffenes und als ein Wirklichgewesenes verstehe, als etwas, das nicht nur in Gedanken ohne Wirklichsein vorgestellt war.

Entsprechendes gilt für den Vollzugssinn des Erwartens, worin ich das vorvergegenwärtige, was ich sogleich oder später wahrnehmen werde. Auch hinsichtlich des Erwarteten müssen wir zwischen dem sachhaltigen Was und dem Wirklichsein des erwarteten Wahrzunehmenden scheiden.

Die Wirklichseinssetzung geht durch alle drei Zeithorizonte unseres sinnlichen Erfahrungsbezuges zur sinnlich erfahrbaren Welt hindurch. Dies zu beachten ist von Bedeutung, um später die volle Reichweite des ersten Zweifelsgrundes ermessen zu können.

Descartes spricht jedoch nicht nur von solchem, was ich « von » den Sinnen empfangen habe, sondern auch von dem, was ich « durch » die Sinne vermittelt empfange. Diese Differenzierung betrifft den Unterschied zwischen dem, was ich selbst mittels meiner Sinne in dessen leibhaftiger Gegebenheit wahrnehme, und jenem anderen, dessen leibhaftiges Gegebensein mir durch Andere mitgeteilt wird, für die es leibhaftig gegeben war. Hierzu gehört mein Erfahrungswissen von allen wirklichen Dingen, das nicht auf eigener, sondern auf fremder Wahrnehmung beruht. Mein Wissen von anderen Städten, Ländern, Erdteilen, Meeren, die ich selbst nie gesehen habe, stammt entweder aus mündlicher Mitteilung, die ich über das Gehör empfangen habe, oder aus schriftlicher Mitteilung, an deren Aufnahme das Sehen teilhat, oder aber aus bildlicher Mitteilung, an der auch das Sehen beteiligt ist. Alles sinnlich Wahrnehmbare, das ich als so und so beschaffen und als wirklichseiend weiß, aber nicht selbst wahrgenommen habe, ist von mir in meinem Erfahrungswissen in der Weise einer besonderen Vergegenwärtigung vorgestellt.

Diese Vergegenwärtigungsweise nennt Husserl im Unterschied zur Wiedererinnerung, die Vergangenes rückvergegenwärtigt, und im Unterschied zur Erwartung, die Künftiges vor-vergegenwärtigt, Gegenwartsvergegenwärtigung. Denn in dieser Vergegenwärtigungsweise richte ich mein vergegenwärtigendes Vorstellen in den Zeithorizont der weiteren und weiten

Gegenwart. Es ist jener Gegenwartshorizont, der sich jenseits meines überschaubaren Wahrnehmungsfeldes erstreckt. In der Gegenwartsvergegenwärtigung vergegenwärtige ich solches, was jetzt während meines Vergegenwärtigens gegenwärtig ist, aber so, dass ich es nicht in seiner leibhaftigen Gegenwart wahrnehmen kann, weil es sich außerhalb meines Wahrnehmungsfeldes befindet.

Zum Vollzugsverständnis aller meiner unterschiedlichen Erfahrungsweisen, der verschiedenen sinnlichen Wahrnehmungsweisen und deren Vergegenwärtigungsmodi, gehört erstens, dass das Wahrgenommene oder Vergegenwärtigte so beschaffen ist, wie es sich im Wahrnehmen und Vergegenwärtigen zeigt. Zweitens gehört zu diesem Vollzugsverständnis, dass das so Wahrgenommene und Vergegenwärtigte auch wirklich ist, wirklich gewesen ist und wirklich sein wird. Das Sobeschaffensein des Seienden, zu dem das Wahrnehmen und die Vergegenwärtigungen den Zugang bilden, ist die empirische Was- oder Sachhaltigkeit – empirisch, weil sie in der Empirie zugänglich wird. Davon müssen wir das Wirklichsein des so und so empirisch beschaffenen Seienden unterscheiden. Der Gegenbegriff zum Wirklichsein des wahrgenommenen Seienden ist das bloße Vorgestelltsein eines Seienden in Gedanken, in der Phantasie, im Traume. Eine in der Phantasie vorgestellte Märchenwelt wird als so und so beschaffen vorgestellt, vorgestellt in empirischen Beschaffenheiten, die den Sinnesqualitäten der wirklichen Wahrnehmungswelt gleichen. Aber zum Vollzugsverständnis der Phantasievorstellung gehört nicht die Existenzsetzung der vorgestellten Märchenwelt.

Was wir als den zweifachen Leistungssinn der Wahrnehmung unterschieden haben: erstens das Zugänglichmachen des empirischen Soseins und zweitens das Zugänglichmachen des Wirklichseins (Dasein) des so und so beschaffenen Wahrgenommenen, müssen wir in allen sinnlichen Erfahrungsweisen unterscheiden, nicht nur in den fünf unterschiedlichen Wahrnehmungsweisen, sondern auch in den Weisen der Vergegenwärtigung, wenn auch so, dass das Wirklichsein den Zeithorizonten entsprechend zeitlich sich abwandelt.

Als erstes prüft Descartes die Unumstößlichkeit der Wahrheit dieser zeitlich und räumlich gegliederten Erfahrungserkenntnis. Nicht unbezweifelbar wäre sie, wenn es in ihrem Bereich das eine oder andere Phänomen geben sollte, das die Möglichkeiten des Umschlags von Wahrheit in Unwahrheit sehen ließe. Zeigt sich ein solches Phänomen innerhalb der sinnlichen Erfahrungserkenntnis, kann es zu einem methodischen Zweifelsgrund erhoben werden.

Wenn Descartes einen ersten Zweifelsgrund gegen das Erkenntnisprinzip der Sinnlichkeit richtet, dann nicht nur gegen die Wahrnehmung, sondern mit ihr auch gegen die Weisen der Vergegenwärtigung, die auf die Wahrnehmung rückbezogen sind. Sollte sich ein solcher Zweifelsgrund ergeben, dann richtet sich dieser gegen die sinnliche Erfahrung in ihrer Gliederung nach den drei Zeithorizonten, in ihrer räumlichen Gliederung und in ihrer Gliederung nach Selbst- und Fremderfahrung.

b) Sinnestäuschung und Halluzination. Räumlich-partielle Täuschungs-phänomene und genereller Zweifelsgrund

Blicken wir auf das zeitlichräumlich sowie nach Selbst- und Fremderfahrung gegliederte sinnliche Erfahrungswissen von der sinnlichen Erfahrungswelt und fragen uns, ob wir von diesem sagen können, es sei in sich unumstößlich dergestalt, dass seine von uns gesetzte Wahrheit wesenhaft niemals in Unwahrheit umschlagen kann.

Auf diese Frage antwortet Descartes: « Inzwischen habe ich aber erkannt, dass die Sinne bisweilen täuschen [*interdum fallere*]. »[14]; es ist aber Sache der Klugheit, denen niemals ganz zu vertrauen, die uns auch nur einmal getäuscht haben.

Parallel heißt es hierzu im *Discours de la Méthode*: « Weil unsere Sinne uns manchmal täuschen, wollte ich voraussetzen, dass es nichts Derartiges gäbe, wie sie es uns glauben machen. »[15]

Eine zweite Parallelstelle zu der aus den *Meditationen* stammt aus den *Prinzipien der Philosophie*: « Wir werden zuerst daran zweifeln, ob überhaupt irgendwelche sinnlich wahrnehmbaren oder sinnlich vorstellbaren Dinge existieren [*existant*]. »[16]

Innerhalb der sinnlichen Wahrnehmung zeigt sich ein zu ihr gehöriges Täuschungsphänomen: die Sinnestäuschung. Dass die sinnliche Wahrnehmung überhaupt in sich selbst ein solches Täuschungsphänomen als ein Binnenphänomen birgt, genügt, um sagen zu müssen, dass das Prinzip der Sinnlichkeit grundsätzlich nicht von Täuschbarkeit frei ist. Aufgrund der ersten methodischen Anweisung, dass schon bei dem nicht ganz und gar Gewissen das Für-wahr-halten zurückgehalten werden solle, erweist sich jetzt die

---

[14] DESCARTES, *Meditationes*, AT VII, S. 18.

[15] René DESCARTES, *Discours de la Méthode*, AT VI, S. 1-78, hier S. 31f.

[16] DESCARTES, *Principia Philosophiae*, AT VIII, S. 5f.

Sinnestäuschung als ein solcher Grund, nunmehr in methodischer Weise der sinnlichen Erkenntnis im ganzen die sonst selbstverständliche Wahrheitssetzung zu entziehen. Das zur Sinnlichkeit selbst gehörende Binnenphänomen der Sinnestäuschung wird zu einem ersten methodischen Zweifelsgrund (*ratio dubitandi*), der sich gegen die sinnliche Erfahrungserkenntnis im Ganzen, d. h. gegen deren Wahrheitssetzung, richtet.

Was ist eine Sinnestäuschung? Ein von Descartes oftmals angeführtes Beispiel lautet: Ein aus großer Entfernung betrachteter Turm erscheint mir als rund; beim Näherkommen erkenne ich, dass ich mich getäuscht habe; denn der Turm zeigt sich mir jetzt als viereckig. In meiner ersten Wahrnehmung habe ich den Turm als rund-beschaffen vermeint, in meiner zweiten Wahrnehmung erkenne ich, dass ich mich in meiner ersten Wahrnehmung getäuscht habe; in Wahrheit war der Turm nicht rund, nicht so beschaffen, wie ich ihn wahrzunehmen meinte. Dieses einfache Beispiel zeigt, dass die sinnliche Wahrnehmung nicht grundsätzlich, nicht wesenhaft frei ist von Täuschung, dass ihre Wahrheit in Unwahrheit umschlagen kann. Die Prüfung der möglichen Unumstößlichkeit der Wahrheit einer sinnlichen Wahrnehmung trifft auf das Phänomen der Sinnestäuschung, als welche jede Wahrnehmung prinzipiell sich erweisen kann. Das jetzt erwogene Beispiel einer Sinnestäuschung betraf die Täuschung in Bezug auf das empirische Sobeschaffensein eines wahrgenommenen Seienden.

Es gibt aber auch solche Fälle, in denen ich mich hinsichtlich des Wirklichseins eines Wahrgenommenen täuschen kann. Ein solches Täuschungsphänomen ist die Trugwahrnehmung oder Halluzination. In dieser meine ich, einen Gegenstand wahrzunehmen, ohne dass dieser wirklich im Raume existiert.

Beide zur Sinnlichkeit gehörenden Täuschungsphänomene zeigen: Das wahrgenommene Seiende kann sich sowohl hinsichtlich seiner sachhaltigen Bestimmungen wie auch hinsichtlich seines Wirklichseins als Täuschung erweisen. Das Wahrgenommene der sich täuschenden Wahrnehmung ist entweder bloß vorgestellt als so und so beschaffen, ohne es in Wahrheit zu sein, oder es ist bloß vorgestellt als wirklich seiend, ohne in Wahrheit zu existieren. Diese Täuschungsphänomene, die zum Erkenntnisprinzip der Sinnlichkeit gehören, werden zum methodischen Zweifelsgrund erhoben. Sie werden grundsätzlich gegen den Leistungssinn der sinnlichen Erfahrung im Ganzen und deren Wahrheit gerichtet.

Die Sinnestäuschung ist ein Phänomen, das zur natürlichen Erfahrung gehört. Als mögliche Beirrung ist uns die Sinnestäuschung innerhalb der natürlichen Welterfahrung vertraut. Hier kämen wir niemals auf den Gedanken, aufgrund der Tatsache gelegentlicher Sinnestäuschung unseren sinnlichen Erfahrungsbezug zur Sinnenwelt im Ganzen zu bezweifeln und die Wahrheit der Erkenntnisleistung sinnlicher Erfahrung in Frage zu stellen. Haben wir uns bei einer Sinnestäuschung ertappt, meinen wir, dasselbe Seiende, das wir zuerst falsch wahrgenommen, nunmehr so wahrzunehmen, wie es wahrhaft beschaffen und als so beschaffen auch wirklich ist.

Anders verhält es sich für Descartes' philosophisches Unternehmen, in dem er kritisch prüfend auf der Suche nach einem ersten Prinzip des Erkennens ist, das keinerlei Täuschungsmöglichkeit und somit keine Möglichkeit des Umschlags von Wahrsein in Falschsein, von Sein in Nichtsein einschließt. Denn nur ein solches erstes Prinzip wäre geeignet, das absolut sichere Fundament für die darauf zu erbauende Erste Philosophie und die durch sie zu begründenden Wissenschaften zu bilden. Auch wenn durch die Einsicht in die Unwahrheit einer vorangegangenen Wahrnehmung eine neue Wahrnehmung an die Stelle der vorangegangenen tritt mit dem Anspruch, sich des nunmehr Wahrgenommenen versichert zu haben, kann auch diese Wahrnehmungsgewissheit sich nicht als absolut unbezweifelbar, als absolut außerhalb der Zwiefalt von Wahrheit und Unwahrheit, von Sein und Nichtsein stehend ausgeben. Die Wahrheit des Wahrgenommenen und sinnlich Erfahrenen kann sich grundsätzlich nicht als absolute Gewissheit erweisen, die prinzipiell nicht in Unwahrheit umschlagen kann.

Descartes hatte in seiner ersten methodischen Anweisung gesagt: Wenn ich nur irgendeinen Zweifelsgrund aufspüren kann, der zeigt, dass ein Erkenntnisprinzip die Möglichkeit der Täuschung und des Umschlags von Wahrheit in Unwahrheit zulässt, werde ich auch schon in Bezug auf das nicht ganz Gewisse in der gleichen Weise meine Zustimmung zurückhalten wie gegenüber dem offenbar Falschen. Damit wird nicht etwa von Descartes gesagt, die sinnliche Erfahrung sei grundsätzlich falsch. Es wird nur gesagt, dass die Wahrheit der Erfahrung im Ganzen keine solche ist, die einen Umschlag in Falschheit wesensmäßig ausschließt. Das innerhalb der sinnlichen Erfahrung aufgespürte Phänomen der Sinnestäuschung wird für Descartes zu einem methodischen Zweifelsgrund, der ihn veranlasst, vorübergehend die sonst selbstverständliche Wahrheitssetzung in der sinnlichen Erfahrung im Ganzen zurückzuhalten.

In der natürlichen sinnlichen Erfahrung ist die Sinnestäuschung, wenn sie als solche durchschaut wird, nur auf dieses oder jenes Wahrgenommene beschränkt. Das, worin ich mich getäuscht habe, ist nur ein Teil aus einem

Ganzen. Die natürliche Sinnestäuschung hat stets partiellen Charakter. An die Stelle dessen, was als bloß Vorgestelltes und in Wahrheit nicht so Beschaffenes oder gar überhaupt nicht Existierendes eingesehen ist, tritt dasjenige, was ich in der korrigierenden Wahrnehmung als so und so beschaffen und als wirklich seiend wahrnehme. Wenn demgegenüber Descartes in der meditativen Reflexion seinen Blick auf die Möglichkeit der Sinnestäuschung in der Wahrnehmung lenkt, verwandelt er das sonst nur partielle Phänomen der Sinnestäuschung in einen generellen Zweifelsgrund. Generell ist dieser, weil durch ihn, aber nur aus methodischen Gründen, vorübergehend, am Leistungssinn nicht nur dieser oder jener Erfahrung, sondern der sinnlichen Erfahrung im Ganzen gezweifelt wird. Weil jede sinnliche Erfahrung grundsätzlich der Möglichkeit einer Täuschung ausgesetzt ist und weil sich dadurch die sinnliche Erfahrung nicht als wesenhaft unbezweifelbar erweist, will Descartes solange ihren Leistungssinn im Ganzen außer Vollzug setzen, bis er jenes Wahrheitskriterium gefunden hat, mit dem er den Wahrheitscharakter der sinnlichen Erfahrungserkenntnis bestimmen kann. Jenes gesuchte Wahrheitskriterium ist aber das erste unerschütterliche Prinzip, dessen Wahrheit nicht in Unwahrheit umschlagen kann: die Wahrheit als absolute Gewissheit, die Descartes in der Selbstgewissheit des Selbstbewusstseins finden wird.

In den « Erwiderungen » heißt es, ein so umfassender Zweifel am Leistungssinn der sinnlichen Erfahrung sei solange triftig, wie wir keinen anderen Grund haben, der den Zweifelsgrund behebt und Gewissheit verschafft.[17] Methodisch zweifeln am Leistungssinn der sinnlichen Erfahrung heißt, in der gesamten sinnlichen Erfahrung die sonst selbstverständliche Zustimmung zu dem, dass das Erfahrene in Wahrheit so beschaffen ist, wie es vermeint wird, und dass es als so Beschaffenes in Wahrheit existiert, zurückzuhalten.

Für Descartes ist diese setzende Zustimmung (*pro veris admittere*), wie sie zur natürlichen Erfahrung gehört, die Leistung eines bejahenden Urteils, somit eine Urteilssetzung. Dagegen ist für Husserl die zur natürlichen sinnlichen Erfahrung gehörende Existenzsetzung des Erfahrenen eine unausdrückliche, nicht urteilsmäßige Setzung, die die Gesamtheit, das Universum der sinnlichen Erfahrung bestimmt. Sie ist für ihn eine die Erfahrungswelt generell bestimmende Setzung, eine Generalthesis. Was Husserl die methodische Ausschaltung der vom Bewusstsein unausdrücklich vollzogenen und daher vorprädikativen Generalthesis in Bezug auf die Erfahrungswelt nennt,

---

[17] DESCARTES, *Meditationes de Prima Philosophia*, « Objectiones Septimae », AT VII, hier S. 474.

beabsichtigt Descartes zuerst durch eine Verwandlung des partiellen Phänomens der Sinnestäuschung in einen generellen methodischen Zweifelsgrund. Weil die Möglichkeit der Täuschung ein unabweisliches Binnenphänomen der sinnlichen Erfahrung ist, nehmen wir dieses Phänomen als Grund für unseren generellen Zweifel an dem, was die sinnliche Erfahrung im Ganzen an Wahrem zugänglich zu machen beansprucht. Aus rein methodischen Gründen tue ich so, als ob ich eingesehen hätte, dass die sinnliche Erfahrung im Ganzen trüge. Wenn ich so tue als ob, heißt das, dass ich die durch meine gesamte sinnliche Erfahrung hindurchgehende Wahrheits- und Seinssetzung nicht als Setzung vollziehe, sondern anhalte. In diesem willentlichen Anhalten lösen sich aber nicht meine sinnlichen Erfahrungsweisen und das darin Gemeinte Erfahrene in nichts auf. Meine Erfahrungsweisen bleiben in ihrem Sichrichten auf ihr Worauf erhalten, nur dass das Erfahrene nach dem Entzug der Wahrheits- und Wirklichseinssetzung den Charakter eines bloß im Vorstellen Vorgestellten hat.

Gegen den eingeführten ersten Zweifelsgrund formuliert Descartes einen Selbsteinwand. Dieser versucht, die auf den ganzen Bereich der sinnlichen Erfahrung als Zweifelsgrund bezogene Sinnestäuschung im Nachhinein einzugrenzen auf einen bestimmten Ausschnitt. Die Sinne mögen uns bisweilen in Bezug auf zu kleine und zu entfernte Dinge täuschen, so gibt es doch darüber hinaus vieles, woran man überhaupt nicht zweifeln kann, weil es von der Sinnestäuschung nicht betroffen wird, obwohl es auch aus den Sinnen geschöpft ist.[18] Descartes versucht, die Möglichkeit der Sinnestäuschung auf den Fernbereich und den des zu Kleinen einzugrenzen. Alles sinnlich Erfahrbare, was nicht in diese beiden Bereiche gehört, scheint doch unbezweifelbar zu sein. Das, woran scheinbar überhaupt nicht gezweifelt werden kann, dessen Wahrheit also nicht in Unwahrheit umzuschlagen vermag, beschreibt Descartes so:

> dass ich jetzt hier bin, dass ich, mit meinem Winterrock angetan, am Kamin sitze, dass ich dieses Papier mit den Händen betaste und ähnliches; vollends dass diese Hände selbst, dass überhaupt mein ganzer Körper da ist, wie könnte man mir das abstreiten?[19]

Die mir nahen umweltlichen Dinge wie Zimmer, Kamin, Tisch, Stuhl und Kleidung und der mir nächste Körper, mein eigener Leib, sind doch wohl so beschaffen, wie ich dies alles wahrnehme, und als so beschaffene auch wirklich

---

[18] DESCARTES, *Meditationes*, AT VII, S. 18.
[19] DESCARTES, *Meditationes*, AT VII, S. 18.

seiend. In Bezug auf diesen Nahbereich innerhalb meines Wahrnehmungsfeldes (des Seh- und Tastfeldes) ist scheinbar eine Täuschung hinsichtlich des Soseins und des Wirklichseins wesenhaft ausgeschlossen. Die Möglichkeit einer Täuschung gibt es scheinbar nur außerhalb dieses Wahrnehmungsbereiches.

Hier ist zu beachten, wie Descartes meditierend in der Ichform spricht und zugleich seine eigene konkrete lebensweltliche Situation zum Thema seiner Meditation macht. Er thematisiert seine eigene sinnliche Erfahrungsbeziehung zu seiner Lebenswelt.

Um der scheinbaren Unbezweifelbarkeit seines eigenen Wahrnehmungsnahbereiches Nachdruck zu verleihen, sagt Descartes weiter: Wollte er die Möglichkeit einer Täuschung auch noch in diesem Nahbereich ansiedeln, müsste er sich mit den Geisteskranken vergleichen, die etwa behaupten, Könige zu sein, während sie bettelarm sind; oder sich selbst in Purpur gekleidet wähnen, während sie in Wahrheit entkleidet in ihrer Zelle stehen; die sich ferner auch hinsichtlich ihres eigenen Leibes täuschen, wenn sie meinen, sie hätten einen tönernen Kopf.[20]

Dieser Hinweis Descartes' auf die Wahnvorstellungen bestimmter Geisteskranker nimmt sich wie eine bloße literarische Ausschmückung aus. Allzu leicht verkennt man aber die sachliche Bedeutung, die dieser Vergleich für den Fortgang der Meditation hat. Auch wenn die Wahnvorstellungen Ausdruck eines kranken Geistes sind, lassen sie für Descartes eine wichtige sachliche Struktur sehen. Der Wahnsinnige täuscht sich in dem, was er wahrzunehmen meint, nicht nur hinsichtlich des Fernbereiches und des zu Kleinen, sondern auch hinsichtlich seines Wahrnehmungsnahbereiches, sogar in Bezug auf seinen Leib. Hier liegt ein, wenn auch krankheitsbedingtes Beispiel dafür vor, dass eine Täuschung auch in Bezug auf die Nahzone des Wahrnehmungsfeldes möglich ist. Aus der Sicht der Gesunden gesprochen ist auch die Nahzone des lebensweltlich Erfahrbaren eine, wenn auch in kranker Phantasie bloß vorgestellte. Descartes versucht nun aber nicht, das Phänomen der kranken Wahnvorstellungen zu einem Zweifelsgrund gegen die Wahrheit des sinnlich erfahrbaren Nahbereiches auszubilden. Der Hinweis auf die krankheitsbedingten Wahnvorstellungen hat vielmehr eine bedeutsame methodische Funktion auf dem methodischen Zweifelsweg. Die krankheitsbedingten Wahnvorstellungen dienen Descartes als Überleitung zu einem zweiten Zweifelsgrund, der auch gegen die scheinbare Täuschungsfreiheit des Wahrnehmungsnahbereiches gerichtet ist.

---

[20] DESCARTES, *Meditationes*, AT VII, S. 18f.

4. Das Phänomen des Traumes als zweiter Grund des methodischen Zweifels an der Wahrheit der sinnlichen Erfahrung

a) Wachen und Träumen – das geträumte Wachsein

Auch wenn die Wahnvorstellungen des Geisteskranken in den Bereich des Abnormen gehören, gibt es doch auch für den Gesunden ein vergleichbares Phänomen, das den Wahrnehmungsnahbereich einen nur vorgestellten sein lässt. Ähnlich wie vom Kranken in seinem Wachzustand die nächste Umwelt nicht als diejenige erfahren wird, die sie für den Gesunden ist, wird vom Gesunden im Schlafzustand die nächste Umwelt träumend nicht als die erfahren, die sie im Wachzustand seines Erfahrungslebens ist. Bin ich nicht ein Mensch, fragt sich Descartes, der im Schlafe zu träumen pflegt und dem im Traume dieselben oder gar noch weniger wahrscheinlichen Dinge begegnen als den Wahnsinnigen im Wachen?[21] Wie oft träume ich diese lebensweltliche Situation, in der ich jetzt im Wachzustand lebe: dass ich hier mit meinem Rocke bekleidet am Kamin sitze, während ich in Wahrheit entkleidet im Bette liege.[22]

Im Träumen gleichen wir in einer Hinsicht den Wahnsinnigen. Sie, sowohl wie wir, leben in bloßen imaginativen Vorstellungen, ohne dass die Wahnsinnigen darum wissen und ohne dass die Träumenden während ihres Träumens darum wissen. Träumend vermeine ich mich am Kamin sitzend und die lebensweltlichen Dinge um mich herum wahrnehmend.

Zunächst muss aber gefragt werden, wie Sinnestäuschung und Traum sich zueinander verhalten. Beide Phänomene kommen so, wie sie zu unserem natürlichen Erfahrungsleben gehören, darin überein, dass das Seiende des sich täuschenden Wahrnehmens und des geträumten Wahrnehmens jeweils ein nur vorgestelltes ist. Die Sinnestäuschung erstreckt sich nur auf einen jeweiligen Ausschnitt aus meinem Wahrnehmungsfeld räumlich-partiell. Anders im Traum. In ihm ist nicht nur Einzelnes ein bloß Vorgestelltes, sondern die geträumte Erfahrungswelt im Ganzen hat den Charakter des nur Vorgestelltseins.

Wie aber kann das Phänomen des Traumes zu einem vernünftigen Grund des Zweifels an der Wahrheit der sinnlichen Erfahrung im Ganzen werden? Ist

---

[21] DESCARTES, *Meditationes*, AT VII, S. 19.
[22] DESCARTES, *Meditationes*, AT VII, S. 19.

das Träumen nicht auf die Schlafphase meines Erfahrungslebens zeitlich begrenzt? In dieser Richtung macht sich Descartes einen Selbsteinwand gegen den Versuch, aus dem Faktum des nächtlichen Träumens einen methodischen Zweifelsgrund auszubilden. Träumen ist doch – so meinen wir – vom Wachen streng unterschieden. Wenn wir wachen, träumen wir nicht. Der Unterschied zwischen dem Traumzustand und meinem wachen Erfahrungsleben scheint leicht einsehbar zu sein, so, dass das Träumen niemals mit dem Wachen verwechselt werden kann. Dieser scheinbar sicheren Unterscheidung vergewissert sich Descartes so:

> Jetzt, da ich hier am Kamin sitze, träume ich nicht, sondern bin wachend auf meine Umwelt bezogen. Mit wachen Augen schaue ich jetzt auf das Papier, wissentlich bewege ich meinen Kopf, strecke wissentlich meine Hand aus und vergewissere mich darin meines Wachseins. So klar und deutlich wie jetzt, da ich mich meines wachen Erfahrungslebens vergewissere, erscheint es mir im Traume nicht.[23]

Da aber greift Descartes auf ein Binnenphänomen des Traumes zurück, das geeignet ist, seinen soeben ausgesprochenen Selbsteinwand gegen den Traum als generellen Zweifelsgrund wieder zu entkräften. Ich entsinne mich, so Descartes, dass ich von ähnlichen Gedankengängen der Selbstvergewisserung meines Wachens auch schon im Traume getäuscht worden bin. Zuweilen träume ich dieselbe Situation, in der ich mich meines Wachens versichere. Gelegentlich frage ich mich träumend, ob ich jetzt wache oder nur träume, und oft komme ich träumend dazu, mich meines Wachens zu versichern. Die Selbstvergewisserung meines Wachens in Abgrenzung gegen das Träumen taucht gelegentlich auch im Traume auf. Dann ist das selbstvergewisserte Wachen ein geträumtes.[24]

Nunmehr wird deutlich: Der Unterschied zwischen wachem Erfahren und geträumtem Erfahren ist doch kein absolut klarer und deutlicher Unterschied, so, dass er eine Täuschung prinzipiell ausschließt. So « sehe ich ganz klar, dass Wachsein und Träumen niemals durch sichere Kennzeichen unterschieden werden können »[25]. Es gibt kein absolut eindeutiges Kennzeichen dafür, dass ich meinen jetzigen Zustand, den ich als Wachzustand vermeine, gegen den Traumzustand abgrenzen kann. Es besteht vielmehr grundsätzlich die Möglichkeit, dass der Wachzustand, dessen ich mich jetzt vergewissere, nachträglich als ein nur geträumter sich erweist. Weil somit Wachen und

---

[23] DESCARTES, *Meditationes*, AT VII, S. 19.

[24] DESCARTES, *Meditationes*, AT VII, S. 19.

[25] DESCARTES, *Meditationes*, AT VII, S. 19.

Träumen niemals durch absolut sichere Kennzeichen unterschieden werden können, tritt erneut die erste methodische Anweisung in Kraft, dem nicht ganz Gewissen, nicht absolut Unbezweifelbaren gegenüber die setzende Zustimmung in derselben Weise wie bei dem von uns als falsch Eingesehenen zurückzuhalten. Weil der Wachzustand unseres sinnlichen Erkenntnislebens durch kein absolut sicheres Kennzeichen vom Traumzustand unterschieden werden kann, ist es aus methodischen Gründen erforderlich, die sonst selbstverständliche setzende Zustimmung, die unser gesamtes waches Erfahrungsleben durchzieht, anzuhalten.

b) Natürlicher und generalisierter Traum

In der natürlichen Welterfahrung ist der Traum ein begrenztes Phänomen. Wie die Sinnestäuschung ein räumlich begrenztes Phänomen ist, zeigt sich der Traum als ein zeitlich begrenztes Phänomen. Für die natürliche Welterfahrung erstreckt sich der Traum nur auf die Schlafphase meines Erfahrungslebens. So, wie Descartes das räumlich begrenzte Phänomen der Sinnestäuschung zu einem generellen Zweifelsgrund erhoben hat, unternimmt er jetzt das gleiche mit dem zeitlich begrenzten Traum. Das natürliche Phänomen des Traumes wird zu einem methodischen Zweifelsgrund, indem es auf den vom Schlafzustand nicht absolut sicher abgrenzbaren Wachzustand ausgeweitet wird. Im *Discours de la Méthode* heißt es, es handele sich hierbei nur um eine Fiktion, zwar nicht um eine willkürliche, wohl aber um eine methodische Fiktion.[26] Descartes will nicht sagen, unser gesamtes sinnliches Erfahrungsleben sei tatsächlich nur ein geträumtes oder es könnte ein solches sein, sondern nur dies: Weil ich noch kein sicheres Kennzeichen für die Unterscheidung von Wachen und Träumen habe, ist meine wache sinnliche Erkenntnis in sich nicht völlig unbezweifelbar. Die sinnliche Erkenntnis ist daher für das gesuchte absolut unbezweifelbare erste Prinzip nicht geeignet. Das absolut unbezweifelbare erste Prinzip kann sich nur auf dem Weg des methodischen Zweifels als ein solches zeigen, das absolut frei ist von der Zwiefalt zwischen Wahrheit und Unwahrheit, Sein und Nichtsein.

Die methodische Fiktion, in der das sonst zeitlich begrenzte Phänomen des Traumes nunmehr generalisiert wird, besagt: Weil der Wachzustand meines sinnlichen Erfahrungslebens nicht in absolut gesicherter Weise vom bloß geträumten Erfahrungsleben unterschieden werden kann, tue ich willentlich so, als ob mein sonst als wach vermeintes Erfahrungsleben auch nur ein geträumtes

---

[26] DESCARTES, *Discours de la Méthode*, AT VI, S. 32.

sei. Ich tue willentlich so, als ob ich eingesehen hätte, dass mein waches sinnliches Erfahren nur ein geträumtes sei. In diesem So-tun-als-ob entschließe ich mich, meine setzende Zustimmung in Bezug auf das empirische Sosein und auf das Wirklichsein der Erfahrungswelt im Ganzen anzuhalten. Wie ich beim Erwachen aus einem Traum durch die Einsicht in den Traum als Traum meine setzende Zustimmung zum Geträumten zurücknehme und die geträumte Welt als bloß in der Traumvorstellung, nicht aber als an ihr selbst existierende vorstelle, ebenso nehme ich jetzt, nachdem ich die Ungewissheit in der Unterscheidung von Wachen und Träumen eingesehen habe, meine setzende Zustimmung aus meinem gesamten wachen Erfahrungsleben zurück. Nicht nur das, was ich während des Träumens wahrzunehmen meine, ist weder an ihm selbst so beschaffen noch an ihm selbst wirklich, sondern das während des Wachens Erfahrene hat jetzt aus methodischen Gründen den Charakter eines bloß Vorgestellten. In der meditativen Haltung ist der Unterschied zwischen wahrer und wirklicher Wachwelt einerseits und bloß vorgestellter Traumwelt andererseits nur noch ein untergeordneter innerhalb eines generellen, das Erfahrungsleben in seiner Wach- und Schlafphase umfassenden « Traumes ». Doch dieser in Anführungszeichen gesetzte « Traum » ist kein wahrer Traum, sondern die Anzeige für das methodische Außer-Geltung-setzen von Wahrsein und Wirklichsein der gesamten Erfahrungswelt.

Die beiden Zweifelsgründe, Sinnestäuschung und Traum, dienen Descartes zur methodischen Bezweiflung des Leistungssinnes der sinnlichen Erfahrung. Was die Sinnestäuschung als methodischer Zweifelsgrund noch nicht vermochte, die Infragestellung der sinnlichen Erkenntnis im Ganzen, vermag der Traum als methodischer Zweifelsgrund. Er stellt vor das Ergebnis, dass die sinnlich erfahrbare Welt im Ganzen in ihrer räumlichen und zeitlichen Erstreckung hinsichtlich des empirisch Sachhaltigen und des Wirklichseins bloß vorgestellt ist, so, wie sonst die erfahrene Welt im Träume eine bloß geträumte und somit bloß vorgestellte ist. Dabei ist immer wieder zu betonen, dass das mittels der Generalisierung des Traumphänomens gewonnene bloß Vorgestelltsein der Erfahrungswelt im Ganzen das Ergebnis eines methodischen Vorgehens ist, durch das jenes erste Prinzip gewonnen werden soll, das durch keinen Zweifelsgrund in seinem Sein und Wahrsein angetastet werden kann. Als solches wird sich einzig das an allem in gegenständlicher Erkenntnisrichtung zweifeln könnende Ich erweisen, das selbst in seinem Wirklichsein (*existentia*) und seinem Wassein (*essentia*) absolut unbezweifelbar ist. Absolut unbezweifelbar heißt aber, dass es selbst, solange es sich seiner selbst bewusst ist, der Zwiefalt von Sein oder Nichtsein nicht ausgesetzt ist.

CASSIRER, LECTEUR ET INTERPRÈTE DE JEAN-JACQUES ROUSSEAU

Jean Ferrari

L'idée de généalogie renvoie à la figure de l'engendrement. Parler de la généalogie de la pensée moderne, c'est laisser entendre qu'entre les philosophes qui se sont succédés depuis trois siècles et demi, il y a plus qu'une suite de doctrines marquées par des chevauchements chronologiques, mais un rapport pour ainsi dire filial entre certains auteurs, ici quelque communauté de questionnements et de concepts, là une même inspiration systématique.[1] Ainsi se constituent, à partir d'un philosophe souche, des écoles et des familles de philosophes dont les dernières sont désignées par un préfixe qui en marque la nouveauté : néocartésiens, néokantiens, néohégéliens... Cet habillage commode a minimisé parfois la part d'originalité des auteurs ainsi nommés surtout lorsqu'il s'agissait de philosophes allemands auxquels l'accès était rendu difficile en raison des retards de leur traduction en langue française.[2] Aujourd'hui au contraire, la multiplication des ouvrages de référence, par exemple sur le néokantisme, permet de mesurer l'apport personnel de chaque philosophe dans ce mouvement philosophique et son importance dans l'évolution de la pensée européenne des XIXe et XXe siècles.

A cet égard, Ernst Cassirer tient une place exceptionnelle. On a pu quelquefois comparer son prestige à celui de Bergson en France. Désormais la

---

[1] Certains n'allaient-ils pas jusqu'à dire dans une vue cavalière de l'histoire de la philosophie moderne : « *Kant genuit Hegel, Hegel genuit Marx.* » ?

[2] Il a fallu attendre plus de cinquante ans une traduction de la *Critique de la raison pure* de Kant et, à la mort de Cassirer en 1946, aucun de ses ouvrages n'avait été traduit en français.

plupart de ses œuvres sont traduites en français et sa pensée est devenue familière à beaucoup de philosophes contemporains.[3] Dans la préface à son grand livre, *La philosophie des Lumières*, Ernst Cassirer a clairement défini la manière dont il entendait l'histoire de la philosophie. Celle-ci n'est pas l'inventaire successif et le résumé des doctrines qui la composent à travers le temps avec un souci d'exhaustivité presqu'impossible à atteindre.

> Au lieu de ce programme extensif, un autre purement intensif s'impose. Il s'agit de comprendre la pensée du siècle des Lumières moins dans son ampleur que dans sa profondeur, de la présenter non dans la totalité de ses résultats et de ses manifestations historiques mais dans l'unité de sa source intellectuelle et du principe qui la détermine.[4]

La recherche de l'unité d'un mouvement de pensée d'une époque dans la diversité de ses créations et du principe qui en est la source a été le souci constant de Cassirer à travers toute son œuvre et il a appliqué cette même exigence à l'étude des auteurs auxquels il s'est attaché. A cet égard, Rousseau est un cas privilégié. Peu d'écrivains en effet présentent autant d'obstacles à une lecture qui ne s'en tiendrait pas aux contradictions apparentes et voudrait découvrir, derrière les paradoxes, la cohérence et la profondeur d'une pensée véritablement philosophique. C'est ce qu'a tenté Cassirer à plusieurs reprises, par un examen attentif des œuvres de Rousseau que, d'emblée, il a refusé de considérer comme une suite désordonnée d'affirmations contradictoires. Il l'a fait souvent dans les mêmes termes et en s'appuyant sur les mêmes textes. Il a manifesté par là à la fois son attachement à Jean-Jacques Rousseau comme figure majeure de la pensée du XVIIIe siècle et la constance d'une interprétation qui ne varia que par quelques détails ou infléchissements et allait à contre-courant de bien des idées convenues sur Rousseau à l'époque. Sans prétendre, de quelque manière que ce soit, épuiser le sujet ou donner des conclusions définitives, je me propose d'abord d'évoquer les pages où Cassirer, aussi

---

[3] Mon intérêt pour Cassirer, tôt éveillé à la fin des années cinquante où j'avais commencé à traduire pour moi-même le premier livre de *La philosophie des formes symboliques*, s'est développé avec mes recherches sur les sources françaises de la philosophie de Kant. Son ouvrage sur *La philosophie des Lumières*, qui fait toute sa part au rôle des philosophes français dans la pensée européenne, éclaire avec bonheur les rapports intellectuels entre la France et l'Allemagne au XVIIIe siècle, singulièrement, le rôle de Rousseau dans la genèse de la pensée kantienne. Tel fut aussi mon cheminement, à la suite de Cassirer, de Kant à Rousseau...

[4] Ernst CASSIRER, *La philosophie des Lumières* (traduit de l'allemand et présenté par Pierre Quillet), Paris, Fayard, 1966, p. 31. L'édition originale du livre est parue sous le titre *Die Philosophie der Aufklärung*, Tübingen, Mohr, 1932.

fidèlement que possible, rapporte l'interprétation kantienne de l'œuvre de Rousseau. Cassirer lit Kant, et Kant lecteur de Rousseau. Tel est le point de départ de son intérêt personnel pour Rousseau. Et il propose ensuite sa propre interprétation qui n'est pas une simple reprise de celle de Kant, mais son développement, en plusieurs points original. Enfin je montrerai que l'interprétation cassirienne de Rousseau a joué un rôle important dans les études rousseauistes en France, à la suite de la publication de sa conférence, dans le Bulletin de la Société française de philosophie en 1932 sur « L'unité de l'œuvre de Jean-Jacques Rousseau »[5]. Ainsi j'espère ne pas être infidèle au thème choisi en hommage à Ingeborg Schüßler à l'égard de laquelle je veux par là témoigner de mon admiration et de mon amitié, puisqu'il s'agit de mettre en lumière les liens profonds qui unissent trois philosophes sur deux siècles et des rapprochements saisissants entre la pensée française et la pensée allemande.

L'importance de Rousseau dans l'histoire de la pensée du XVIIIe siècle a été suggérée à Cassirer par les brefs passages des *Remarques sur les observations concernant le sentiment du beau et du sublime*[6] qui décrivent les impressions de Kant à la lecture des œuvres de Rousseau et présentent déjà, avec quelques thèmes essentiels, un essai de conciliation de traits apparemment contradictoires de l'œuvre. Cassirer n'a cessé de s'y référer, de ses premiers ouvrages à ses dernières œuvres. Que le plus grand philosophe du XVIIIe siècle, peu porté aux excès de la louange, ait ainsi parlé de Rousseau, considéré à son époque, certes, comme un grand écrivain, mais aux idées bizarres qu'il était difficile de prendre au sérieux, dont le caractère et l'existence paraissaient si éloignées de la manière dont Kant avait réglé sa vie, ne pouvait qu'éveiller la curiosité de Cassirer et stimuler sa recherche.

Si elles sont rares dans les premiers livres de Cassirer, les références à Rousseau sont déjà significatives de la reconnaissance de son rôle dans la première forme de l'éthique kantienne. Ainsi, dans le second volume de *Das Erkenntnisproblem* (1907), au premier chapitre du livre 8 qui traite de la philosophie critique, après avoir cité les dernières phrases de l'opuscule, *Rêves d'un visionnaire expliqués par les rêves de la métaphysique* (1766), Cassirer met

---

[5] Ernst CASSIRER, « L'unité de l'œuvre de Jean-Jacques Rousseau », *Bulletin de la Société française de philosophie* 32, 1932, p. 45-85.

[6] Cassirer se réfère à l'édition des *Œuvres complètes* de Kant par Hartenstein, volume VII, p. 609-645, Leipzig, 1868. Elles figurent dans le volume XX de l'édition de l'Académie de Berlin et ont été traduites en français par Brigitte Geonget : Emmanuel KANT, *Remarques touchant les observations sur le sentiment du beau et du sublime*, Paris, Vrin, 1994.

en lumière en ces termes l'influence de Rousseau, attestée par Kant lui-même durant la période précritique :

> La cause, qui a produit chez Kant la transformation intérieure, apparaît ici en pleine clarté. Les questions fondamentales de l'éthique l'ont occupé de manière permanente depuis les premiers commencements de sa philosophie, mais maintenant elles ont acquis leur pleine signification que désormais elles conservent dans la construction du système. Les éléments constitutifs les plus purs et les plus profonds des lumières morales du dix-huitième siècle, Kant les a reçus et se les est appropriés. Il est l'élève et l'admirateur de Rousseau dont il nous parle dans les *Rêves d'un visionnaire*.[7]

Et, à l'appui de son affirmation, Cassirer rapporte alors en entier la *Remarque* où figure la phrase désormais célèbre de Kant : « *Rousseau hat mich zurecht gebracht.* » Cassirer commente : « La tâche de la philosophie ne consiste plus à enrichir l'homme d'un trésor trompeur de philosophie spéculative mais à l'attacher au seul domaine de sa destination morale nécessaire. »[8] Deux autres *Remarques* sont encore citées qui illustrent le même propos et Cassirer note encore que « dans le développement de la doctrine kantienne, par là un pas décisif est fait [...] que "le règne des fins" éthique se met en place [...] que le doute qui se tourne vers la métaphysique est de ce fait l'expression d'une plus profonde conscience éthique de soi-même »[9]. Ainsi, dès 1907, Cassirer, en les attachant fortement l'un à l'autre, indique clairement le domaine où s'exerce l'influence de Rousseau sur Kant, dans un renversement de perspectives qui écondui le savoir des écoles pour fonder la dignité de l'homme sur la conscience morale et ce qu'il appelle déjà la raison pratique.

Dès lors, quand il publie en 1918 *Kants Leben und Lehre*[10], pour servir de conclusion, comme il l'indique lui-même dans sa première préface, à l'édition des *Œuvres complètes* de Kant chez son frère Bruno Cassirer, la même idée est reprise et développée. Ce sont encore les *Remarques* qui soutiennent l'exposé de Cassirer dans son deuxième chapitre consacré à la critique de la métaphysique dogmatique. Rappelant que, par rapport au mouvement des Lumières, Rousseau possède, aux yeux de Kant, une « incommensurable grandeur », Cassirer insiste

---

[7] Ernst CASSIRER, *Das Erkenntnisproblem in der Philosophie und Wissenschaft der neueren Zeit*, vol. II, Darmstadt, Wissenschaftliche Buchgesellschaft, 1971, p. 604-605.

[8] CASSIRER, *Das Erkenntnisproblem*, II, p. 605.

[9] CASSIRER, *Das Erkenntnisproblem*, II, p. 605-606.

[10] Ernst CASSIRER, *Kants Leben und Lehre*, Darmstadt, Wissenschaftliche Buchgesellschaft, 1972, p. 91.

sur l'originalité de sa compréhension du sentiment de la nature. Pour ses contemporains, « le retour à la nature apparaissait comme le retour à la liberté de la vie personnelle intérieure, à la liberté du sentiment subjectif et de l'affect [...] »[11]. Kant au contraire, qui prend Newton pour modèle, voit dans la nature « l'expression de la plus haute objectivité », « l'expression de l'ordre et de la légalité même. Comme Newton à l'égard des règles objectives du cours des corps célestes, Rousseau a recherché et établi les normes subjectives morales des inclinations et des actions humaines »[12]. Cassirer ici ne commente pas davantage ce rapprochement entre Newton et Rousseau et, citant encore le passage des *Remarques* qui délie la moralité du savoir, il conclut à l'apparition chez Kant à cette époque d'une nouvelle conception de la métaphysique, qui a pour mission de donner un fondement à l'exigence morale que, pour sa part, Cassirer voit inspiré par Rousseau dans le « *noumenon* de la liberté »[13].

Tels sont, avec l'opuscule *Rousseau Kant Goethe* publié en 1946, les textes où Cassirer envisage pour eux-mêmes les rapports entre Kant et Rousseau. Mais plus étendus et importants sont ceux où il examine l'œuvre de Rousseau dans son ensemble pour en donner une interprétation raisonnée. Déjà apparaissent quelques allusions suggestives dans ses premières œuvres. Dans son chapitre consacré au scepticisme de Montaigne dans le premier volume de *Das Erkenntnisproblem* (1906), Cassirer repère, chez Montaigne, à travers la conscience de soi et l'opposition entre nature et raison, un profond changement de perspective qui prépare efficacement la théorie de l'éducation de Rousseau et les solutions qui seront proposées au XVIIIe siècle.[14] Dans *Freiheit und Form* de 1916, Cassirer esquisse, en une page lumineuse, une comparaison entre Goethe et Rousseau et oppose les deux écrivains sur l'idée de nature dont le rôle permet, chez Rousseau, de dénoncer les servitudes et les inégalités de l'état social non seulement dans les écrits politiques, mais aussi dans les romans où cette critique est présente dans les échanges de lettres entre Julie et Saint-Preux. Et Cassirer de

---

[11] CASSIRER, *Kants Leben und Lehre*, p. 93.

[12] CASSIRER, *Kants Leben und Lehre*, p. 93.

[13] CASSIRER, *Kants Leben und Lehre*, p. 95. Cassirer se pose la question de savoir si cet enseignement, Kant l'a reçu de Rousseau ou l'a trouvé en lui-même. « Cette question est oiseuse car en ce qui concerne les rapports très fins, de nature intellectuelle et spirituelle, vaut ce que Kant affirme lui-même à propos de l'a priori de la connaissance théorique, que "nous ne connaissons véritablement des objets, que ce que nous y mettons nous-mêmes". » (CASSIRER, *Kants Leben und Lehre*, p. 94.)

[14] CASSIRER, *Das Erkenntnisproblem*, II, p. 184.

conclure : « Aussi comme poète, Rousseau reste encore le penseur et le critique de la société. »[15]

Curieusement, dans les trois volumes de son œuvre la plus importante, *la philosophie des formes symboliques* (1923-1925-1929), Rousseau n'est cité qu'une fois, d'une manière incidente, à propos du problème de l'origine des langues et de Vico.[16] Et il faut attendre les années 30 avec la parution des trois textes majeurs de 1932 pour prendre la mesure de l'importance de l'interprétation cassirienne de l'œuvre de Rousseau. Ce sont sans doute les travaux préliminaires à la rédaction de *La philosophie des Lumières* qui ont conduit Cassirer à lire plus complètement Rousseau et, même si l'interprétation kantienne demeure à son horizon comme une première et précieuse lumière, il développe alors plus amplement ses analyses sur les thèmes majeurs de la pensée de Rousseau.

Dans *La philosophie des Lumières*, ce qui apparaît essentiel à Cassirer, c'est la manière dont Rousseau s'efforce d'apporter une solution au problème du mal qui retient tous les esprits au XVIIIe siècle. Selon Cassirer, l'approche de Rousseau est entièrement originale dans la mesure où son point de départ est le droit et la société, et que la solution proposée est de nature juridique et sociale. Comme Pascal auquel Cassirer le compare, Rousseau fait une critique impitoyable de l'homme en société, corrompu par les multiples vices qu'engendre la vie en commun mais, au lieu d'en chercher une explication dans la théologie du péché originel, il affirme la bonté originelle de l'homme et désigne la société comme responsable des maux dont souffre l'humanité. Rousseau écrit au début de l'*Emile* : « Tout est bien en sortant des mains de l'auteur des choses, tout dégénère entre les mains de l'homme ». Dieu ne saurait donc être accusé. Ainsi l'a affirmé Kant, en des phrases que Cassirer jugera, dans sa conférence de Paris, « étranges et difficiles à interpréter »[17], Rousseau est l'auteur d'une nouvelle théodicée qui, non seulement disculpe Dieu de l'existence du mal sur la terre, mais en en montrant la cause et le lieu, indique la manière dont il peut être écarté par un changement complet des fondements de la société. Cassirer aime à citer ce passage du livre IX des *Confessions* où Rousseau écrit : « J'avais vu que tout tenait radicalement à la politique [...] »[18].

---

[15] Ernst CASSIRER, *Freiheit und Form*, Berlin, Bruno Cassirer, 1918², p. 277.

[16] Ernst CASSIRER, *La philosophie des formes symboliques*. Tome 1: *Le langage*. (Traduit de l'allemand par Ole Hansen-Love et Jean Lacoste), Paris, Minuit, 1972, p. 97.

[17] CASSIRER, « L'unité de l'œuvre de Jean-Jacques Rousseau », p. 54.

[18] Jean-Jacques ROUSSEAU, *Œuvres complètes*. Tome I, Paris, Gallimard (Bibliothèque de la Pléiade), 1959, p. 404.

De là est né le projet des *Institutions politiques* dont nous ne connaissons que le *Contrat social*. Cassirer écrit :

> Telle est la solution qu'apporte au problème de la théodicée la philosophie du droit de Rousseau. Il est de fait qu'il a situé le problème sur un terrain entièrement nouveau, le faisant passer du plan de la métaphysique au centre de l'éthique et de la politique.[19]

Rousseau se sépare de ses contemporains par la radicalité de sa critique. Ceux-ci déploraient comme lui les injustices de la cité et les excès de pouvoir, mais ils pensaient pouvoir amender, par des réformes successives et par le progrès des sciences et des arts, garant du progrès moral et social, une société qui n'allait pas comme il fallait. Rousseau prend le contre-pied de cette idée reçue en s'attaquant aux fondements de cette société et en déliant les savoirs de la moralité. Ce n'est pas, comme on l'en accusa, qu'il faille retourner à l'état de nature – « [...] la nature humaine ne rétrograde pas »[20] – mais il s'agit de remplacer une société où les droits et les biens sont inégalement répartis, par une société fondée sur l'égalité des contractants : telle est la finalité du *Contrat social* dont Cassirer rappelle longuement les présupposés et la mise en œuvre. Cassirer écrit : « *Le Contrat social* [...] transformera l'actuel état de contrainte en état de raison, la société qui est l'œuvre de l'aveugle nécessité en une œuvre de liberté. »[21] Cassirer affirme en effet avec force que cette désaliénation de l'ordre social est de la responsabilité de chacun : « Nul dieu n'apportera la délivrance. Tout homme doit devenir son propre sauveur, en un sens éthique, son propre créateur. »[22] Raison, liberté, la doctrine de Rousseau marque pour Cassirer le triomphe du « rationalisme éthique » sur le « rationalisme théorique ».

> La liberté de l'esprit ne peut rien apporter à l'homme sans la liberté morale et cette liberté ne peut être acquise que par un changement radical de l'ordre social, chassant tout arbitraire et portant à la victoire la nécessité intérieure de la loi.[23]

---

[19] Ernst CASSIRER, *La philosophie des Lumières*, (traduit de l'allemand et présenté par Pierre Quillet), Paris, Fayard, 1966, p. 173.

[20] Jean-Jacques Rousseau « Rousseau, juge de Jean-Jacques Rousseau », Troisième dialogue, in : ID., *Œuvres complètes* I, p. 935.

[21] CASSIRER, *La philosophie des Lumières*, p. 271.

[22] CASSIRER, *La philosophie des Lumières*, p. 173.

[23] CASSIRER, *La philosophie des Lumières*, p. 272.

A partir du thème de la théodicée et des débats qu'il suscita au XVIIIe siècle, Cassirer, dans *La philosophie des Lumières*, affirme la cohérence et l'unité de la pensée de Jean-Jacques Rousseau qui fait encore l'objet, en cette année 1932, de sa conférence de Paris et de son opuscule, *Das Problem Jean Jacques Rousseau*. Dans les trois textes, son approche est déterminée par la conviction qu'on ne saurait chez Rousseau séparer le réformateur social du moraliste. Il le dit dans le *Problème Jean-Jacques Rousseau* :

> Cette tâche éthique que Rousseau prescrit à la politique et cet impératif moral auquel il la subordonne, voilà en quoi consiste son action proprement révolutionnaire et qui le singularise au sein de son siècle.[24]

Das Problem Jean-Jacques Rousseau, paru dans l'*Archiv für Geschichte der Philosophie* (*Band XLI*) ne fut traduit en langue française qu'en 1987. C'est donc d'abord et presqu'uniquement par sa conférence à la Société française de philosophie, le 28 février 1932, publiée dans le *Bulletin* d'avril-juin de la même année, que fut connue en France l'interprétation cassirienne de la doctrine de Rousseau. Comme il l'indique dans sa réponse à Victor Basch, cette conférence n'est qu'« un extrait très succinct d'une étude plus approfondie »[25], celle même qui paraîtra quelques mois plus tard dans l'*Archiv*. Il est vrai que celle-ci embrasse davantage et développe certains points que Cassirer ne fait qu'esquisser dans sa conférence. Surtout Rousseau y est longuement décrit dans la singularité de son caractère et de son entreprise par de longues citations de ses œuvres théoriques et autobiographiques. Il en résulte, par rapport à celui de la conférence, un portrait plus nuancé où la part de sentiment, le rôle de l'artiste sont plus complètement pris en compte. Mais l'essentiel de l'interprétation est le même dans les deux textes écrits pour ainsi dire en même temps. Simplement la durée restreinte impartie à la conférence a obligé Cassirer à condenser ses analyses, à donner à ses affirmations un aspect plus péremptoire, en un mot, à donner à sa thèse des arrêtes plus vives et quelque aspect de provocation.

Alors que l'opuscule, par son titre même, évoque le problème Jean-Jacques Rousseau, celui de la conférence, comme une réponse au premier, affirme l'unité dans l'œuvre de Rousseau, on pourrait même dire, de l'œuvre de Rousseau, tant l'accent est mis sur la cohésion et l'harmonie de celle-ci. Dans les deux textes, et nous suivrons ici celui de la conférence, tout en reconnaissant les difficultés et les apparentes contradictions de l'œuvre même de Rousseau,

---

[24] Ernst CASSIRER, *Le problème Jean-Jacques Rousseau*, (traduit de l'allemand par Marc B. de Launay, préface de Jean Starobinski), Paris, Hachette, 1987, p. 45.

[25] *Bulletin de la société française de philosophie* 32, 1932, p. 79.

Cassirer part du conflit des interprétations, particulièrement vif dans les premières décennies du XXe siècle.

> Entre les divers interprètes, entre les conceptions d'ensemble de Masson, de Mornet, de Hubert, de Schinz, nous constatons des oppositions extrêmement marquées et proprement irréductibles. Et ces oppositions ne se manifestent pas seulement dans l'interprétation des détails : elles se produisent au contraire à propos de l'œuvre entière et sur le sens qu'il faut donner à cette œuvre. En présence de cette diversité dans les conceptions générales, il ne reste plus qu'à revenir à l'œuvre même de Rousseau pour essayer d'en découvrir l'unité intrinsèque.[26]

Ainsi Cassirer parie d'emblée sur l'unité de l'œuvre, une unité non pas « statique » mais « dialectique » qui doit se saisir dans son mouvement même, à partir des affirmations de ses différents ouvrages si difficiles à concilier.

Après les invectives de deux premiers *Discours* contre les sciences, les arts et l'inégalité sociale, comment comprendre l'*Emile* et le *Contrat social* ? Après l'éloge de l'état de nature et la critique de la société, que peuvent signifier le plan d'une éducation qui prépare à la vie en société et l'énoncé de principes qui doivent présider à l'organisation de l'Etat ? Comment concilier ce modèle que semble présenter l'état primitif de l'homme, libre, indépendant, en deçà d'une raison qui déprave et ce projet hautement raisonnable de constitution sociale qui suppose la perte de cette liberté naturelle et la soumission à une loi qui suppose préalablement l'aliénation totale de tous les membres du groupe ainsi formé ?

Et Cassirer déclare : « La solution de cette contradiction fondamentale semble impossible et la plupart des interprètes de la pensée de Rousseau ont en effet désespéré de la trouver. »[27] La réponse de Cassirer qui ne suscite que peu de réserve aujourd'hui consiste à distinguer deux sortes de liberté et deux sortes de société. La première liberté est celle de l'Etat de nature dans une indépendance perdue à jamais, la seconde, celle dont le caractère essentiel est la soumission à la loi qu'on s'est donnée, définissant une parfaite autonomie, qu'il s'agisse de la liberté civile à l'intérieur d'un Etat constitué par la volonté générale ou de la liberté morale qui se confond avec la maîtrise de soi : « [...] l'obéissance à la loi qu'on s'est prescrite est liberté. »[28] Il y a aussi deux idées de la société et c'est faute de les distinguer qu'on accuse Rousseau

---

[26] CASSIRER, « L'unité de l'œuvre de Jean-Jacques Rousseau », p. 47.

[27] CASSIRER, « L'unité de l'œuvre de Jean-Jacques Rousseau », p. 49.

[28] Jean-Jacques ROUSSEAU, *Le contrat social*, in : *Œuvres complètes*. Tome III, Paris, Gallimard (Bibliothèque de la Pléiade), 1964, p. 365.

d'incohérence. La société, dont il décrit la genèse dans le 2ᵉ Discours à partir d'une convention inégalitaire ne définit pas toute société. Une autre société est possible fondée sur d'autres principes qui sont ceux du *Contrat social*. Entre la première et la seconde, nul compromis n'est possible. Seul l'Etat fondé sur le droit peut conduire à l'égalité de tous devant la loi et à la conversion des esprits et des cœurs. Puisque, comme l'a établi la nouvelle théodicée de Rousseau, la corruption n'est pas attachée à la nature et qu'est connu le coupable de la dégradation des mœurs, si l'on change de société, la régénération morale devient possible. « C'est sur la communauté que repose dorénavant le fardeau de la responsabilité »[29], dit Cassirer. Et il insiste sur l'actualité du message de Rousseau :

> Toutes les luttes sociales de l'heure actuelle sont mues par cette impulsion primitive : elles prennent racine dans ce sentiment de la responsabilité incombant à la société que Rousseau le premier a connu et qu'il a transmis à toutes les époques qui ont suivi.
> Ainsi ce prétendu « irrationaliste » finit par arriver à avoir une foi absolue dans la raison ; mais, pour lui, croire au triomphe de la raison et croire au triomphe d'une véritable « constitution cosmopolite » ce n'est qu'une seule et même chose.[30]

Il est clair qu'ici, aux yeux de Cassirer, Kant s'inscrit parfaitement dans cette lignée. Toutefois ce grand dessein a besoin, pour se réaliser, de l'aide de la religion. Résumant les enseignements du *Vicaire savoyard*, Cassirer entend par là que Rousseau fait appel à la méthode d'immanence pour montrer l'insuffisance des explications naturalistes de l'activité humaine, telles qu'elles pouvaient être données par un Condillac, et pour mettre en lumière l'existence d'une volonté libre qui l'oblige à dépasser les limites du monde sensible, « à pénétrer "jusqu'au centre" du monde intelligible »[31], à penser une religion, comme le fera Kant, fondée sur l'exigence morale. Pour Cassirer interprétant Rousseau, avec des expressions proprement kantiennes, c'est à tort qu'on a fait de Rousseau un hédoniste. Le bonheur, pour lui, ne peut être que celui d'une personnalité libre. « C'est vraiment là le point central non seulement de la théorie de la connaissance et de la morale, mais aussi de sa doctrine religieuse. »[32] Ici Cassirer lie étroitement cette dernière à la théorie de

---

[29] ROUSSEAU, *Le contrat social*, p. 365.

[30] ROUSSEAU, *Le contrat social*, p. 365.

[31] CASSIRER, « L'unité de l'œuvre de Jean-Jacques Rousseau », p. 58.

[32] CASSIRER, « L'unité de l'œuvre de Jean-Jacques Rousseau », p. 59.

l'éducation en laquelle elle prend place au livre IV de l'*Emile*. La lecture que Cassirer fait du livre est très suggestive. Il y voit « [...] parmi les écrits de Rousseau les plus riches en paradoxes, l'œuvre peut-être la plus paradoxale »[33]. Il en montre finement les artifices pour s'interroger sur la finalité d'une telle éducation, si peu compatible apparemment avec la philosophie politique du *Contrat social*. Mais tout s'éclaire si l'on comprend qu'il s'agit de préserver Emile des effets d'une société corrompue et d'en faire « un citoyen des sociétés à venir »[34]. Dès lors, l'éducation négative d'Emile prend tout son sens et, à son terme, la raison, qui n'a pas été asservie aux préceptes contraignants d'une société fondée sur l'injustice, est prête à reconnaître la vérité des principes du *Contrat social*. Il reste à Cassirer à conclure. Il le fait en reconnaissant les insuffisances et les lacunes de sa démonstration. Il n'a pu montrer que le Rousseau artiste est sans doute un complément essentiel du Rousseau philosophe et qu'on ne saurait les séparer. Il admet enfin volontiers qu'on ne retrouverait pas chez Rousseau un système aussi clairement constitué que celui qu'il vient de présenter mais il réaffirme qu'il faut prendre la doctrine comme « un tout » dans « son unité organique »[35].

Cette thèse suscita l'opposition vigoureuse de Victor Basch[36], opposition qui figure heureusement dans le *Bulletin*. Après avoir résumé d'une manière quelque peu caricaturale la communication du Cassirer, il en prit le contre-pied, considérant avant tout Rousseau comme un poète, comme un artiste, récusant l'idée de l'unité de sa pensée, identifiant celle-ci à l'expression exaltée de sentiments contradictoires, reprochant à Cassirer d'avoir trop parlé de raison et pas assez de sentiment. Pour Victor Basch, le deuxième *Discours* n'est qu'« un roman ethnologique », *La nouvelle Héloïse* « un roman d'amour », l'*Emile* « un roman pédagogique », le *Contrat social* « un roman politique » et Rousseau a terminé par « un roman autobiographique » : *Les Confessions*.[37]

Cette idée de Rousseau appartenait encore en 1932 à une partie de la tradition intellectuelle française et expliquait un certain désintérêt des

---

[33] CASSIRER, « L'unité de l'œuvre de Jean-Jacques Rousseau », p. 61.

[34] CASSIRER, « L'unité de l'œuvre de Jean-Jacques Rousseau », p. 62.

[35] CASSIRER, « L'unité de l'œuvre de Jean-Jacques Rousseau », p. 66.

[36] CASSIRER, « L'unité de l'œuvre de Jean-Jacques Rousseau », p. 66s. Victor Basch, professeur à la Sorbonne, avait publié en 1897 sa thèse sous le titre : *Essai critique de l'Esthétique de Kant* dont il fit paraître chez Vrin une nouvelle édition augmentée en 1927. Il mourut tragiquement, assassiné à plus de 80 ans à Lyon avec sa femme par des miliciens français.

[37] CASSIRER, « L'unité de l'œuvre de Jean-Jacques Rousseau », p. 67-68.

philosophes à son égard. Cassirer, dans sa réponse qu'il fit en allemand, lui opposa l'histoire et fit remarquer à son contradicteur, avec la courtoisie qui était la sienne, à peine moins ironique qu'à l'égard de Heidegger lors des *Entretiens de Davos*[38], qu'on comprendrait mal, si Rousseau n'était qu'un romancier, l'immense influence qu'il exerça sur l'Europe intellectuelle de la seconde moitié du XVIIIe siècle en France déjà, mais Cassirer l'évoque à peine pour ne pas accabler son interlocuteur, en Allemagne même, sur Kant d'abord qui se serait si lourdement trompé, sur l'ensemble de l'idéalisme allemand pour lequel Rousseau, dont les principes ont inspiré la Révolution française, devint une figure emblématique de l'avenir de l'humanité où nature et culture sont réconciliées.

On ne saurait à mon sens exagérer l'importance de cette conférence et des débat qui ont suivi dans la perception nouvelle qui se fit alors chez un certain nombre de philosophes français et servit de point de départ à un retour à Rousseau, caractéristique des années cinquante. Mais une dernière fois, Cassirer, à la fin de sa vie, alors qu'il vit en exil aux Etats-Unis, va consacrer à Rousseau et à son rôle chez Kant un texte important qui récapitule les analyses et les conclusions de ses ouvrages antérieurs. Dans les deux essais *Rousseau Kant Goethe* parus d'abord en langue anglaise en 1945[39], Cassirer, d'une manière à la fois synthétique et précise, s'appuyant sur les textes qu'il a maintes fois commentés, examine la rencontre et la confrontation des deux philosophes sur trois thèmes majeurs : l'anthropologie philosophique, la loi et l'Etat, le problème de l'optimisme. L'incomparable connaissance que Cassirer possède du XVIIIe lui permet de situer ce rapport de Kant à Rousseau dans le riche faisceau des interactions idéelles de l'époque qui souvent n'a retenu de Rousseau que l'idée, mal interprétée, d'un retour à la nature et le rôle du sentiment comme ressort principal de la conduite humaine.

Toutefois, par rapport à ses interprétations antérieures de Rousseau et de Kant, quelques nuances sont à relever, comme si les critiques qu'avait soulevées sa conférence de Paris, n'avaient pas été sans effet sur son propre jugement. La mise en parallèle d'affirmations différentes de Rousseau, par exemple au sujet de l'anthropologie, fait naître un doute sur sa définition comme connaissance

---

[38] Cf. Ernst CASSIRER, Martin HEIDEGGER, *Débat sur le kantisme et la philosophie* (Davos, mars 1929), Paris, Beauchesne, 1972.

[39] Ernst CASSIRER, *Rousseau Kant Gœthe. Deux essais*, (traduits de l'allemand et présenté par Jean Lacoste), Paris, Belin, 1991. Le texte de Cassirer, écrit en allemand, avait été traduit en langue anglaise pour être publié dans le *Journal of the History of Ideas*, Princeton University Press, en 1945.

scientifique de l'homme et Kant est soupçonné d'avoir proposé ici de Rousseau une compréhension qui faisait disparaître les ambiguïtés. A plusieurs reprises, Cassirer revient sur l'idée d'une sorte de coup de force de Kant pour affirmer de Rousseau, contre ses détracteurs, la cohérence d'une pensée apparemment contradictoire. Cassirer est mieux à l'écoute qu'ailleurs des adversaires de Rousseau. Ainsi, rappelle-t-il que l'affirmation de Rousseau : « [...] je cherche le droit et la raison et ne dispute pas des faits »[40], « n'a pas empêché l'Ecole historique du droit de considérer le contrat social comme un événement historique, de le critiquer et de le rejeter comme tel. Aujourd'hui encore, les commentateurs de Rousseau divergent sur ce point. Le mode d'expression de Rousseau manque, il est vrai, totalement de précision, ici comme ailleurs, et admet plusieurs interprétations. Kant savait au contraire saisir sans ambiguïté l'essentiel de sa pensée et savait lui donner une formulation claire et sans équivoque »[41]. Cassirer souligne aussi davantage les oppositions entre les deux auteurs, par exemple à propos de l'optimisme où il montre toute la distance qui les sépare. Rousseau prend la défense de la Providence contre Voltaire, mais il n'utilise à cet effet que sa conviction personnelle et il désespère du cours de l'histoire. Kant, lui, démontre l'impossibilité de toute preuve de l'existence de Dieu, récuse le bonheur comme fin ultime de l'existence humaine mais prédit au genre humain le règne universel du droit. Mais sur la religion l'accord se rétablit. La religion éthique de Rousseau, qui n'est pas fondée sur les dogmes d'une religion particulière, qui est inscrite dans le cœur de l'homme par la voix d'une conscience qui ne change pas, est proche de la religion telle que la comprend Kant. Ainsi, et c'est la conclusion de l'étude, alors que tout semblait éloigner Kant de Rousseau, ils se sont rejoints sur l'essentiel : une certaine idée de l'homme, la liberté qui en est l'essence, une exigence de justice qui ne saurait se satisfaire de l'état actuel de la société et oblige à la penser autrement. Ce que Rousseau a donné comme but à l'humanité dans l'enthousiasme et la passion, Kant a su le systématiser en définissant la philosophie comme une critique de la raison, tant théorique que pratique.

En établissant ce parallèle qui éclaire les ressemblances et les distinctions entre Kant et Rousseau, Cassirer a fait plus que reprendre l'interprétation kantienne de la pensée de Rousseau. Cassirer sur Kant lisant Rousseau en dit plus que Kant lui-même dans les quelques paragraphes des *Remarques*, des *Conjectures* ou de *l'Anthropologie*. C'est à une double interprétation de Kant et

---

[40] ROUSSEAU, *Œuvres complètes* III, p. 297.

[41] CASSIRER, « L'unité de l'œuvre de Jean-Jacques Rousseau », p. 64s.

de Rousseau que se livre Cassirer, et ces portraits croisés permettent d'éclairer chez les deux auteurs des aspects peu connus de leurs personnalités et de leurs écrits. Toutefois sur l'essentiel, Cassirer est en accord avec Kant dont il n'hésite pas à reprendre dans chacun de ses textes, les citations principales. Pour l'un et l'autre, Rousseau, comme l'a fait Newton pour les corps physiques, a trouvé un ordre dans le monde moral qui innocente Dieu de l'existence du mal. Il a aboli la subordination de la morale au savoir en affirmant la pleine autonomie de la vie morale en laquelle réside la grandeur de l'homme. Enfin il a jeté les bases d'une nouvelle science qui embrasse à la fois la genèse et la critique de l'état actuel de l'humanité que seul un changement radical de la société peut sauver. L'anthropologie prospective de Rousseau vise à réconcilier pour Cassirer, comme pour Kant, nature et culture, et l'unité de son œuvre ne saurait être mise en doute si l'on s'attache aux principes qui l'animent.

Mais Cassirer a accentué encore le caractère révolutionnaire de l'entreprise. Là où Kant avait suggéré, Cassirer a consacré de nombreuses pages à la théodicée, au sentiment de la nature, à la réforme sociale, au lien entre éthique et politique. Il a placé Rousseau dans son époque, à la fois représentant et adversaire des Lumières. Il a tenu compte d'un siècle et demi de débats, de jugements contradictoires, le plus souvent passionnés, sur l'homme et l'œuvre qui ont occulté la véritable personnalité et déformé la pensée de Rousseau. Cassirer a voulu les rétablir dans leur vérité. Enfin, prenant parti pour un rationalisme moral où la raison et le sentiment, ces deux forces contraires, s'unissent au lieu de s'exclure, Cassirer a pensé que la doctrine de Rousseau valait encore pour notre temps. Son intérêt pour Rousseau et le rôle de celui-ci dans la pensée kantienne manifeste, dans les années trente, comme s'il pressentait les conflits futurs et l'effondrement de l'Europe, la nécessité, à ses yeux, de montrer, comme un modèle, ce que fut au XVIIIe siècle une certaine identité culturelle européenne et la profondeur des liens entre la pensée française et la pensée allemande. Ce message fut entendu. Si Victor Delbos dans *La Philosophie pratique de Kant*[42] avait attiré l'attention sur l'importance de l'interprétation kantienne de l'œuvre de Rousseau, peu d'études proprement philosophiques s'étaient inspirées de ses remarques. Les grands livres sur Rousseau dans les premières décennies du siècle sont l'œuvre des littéraires.[43] C'est la conférence de Cassirer à Paris qui a donné à cette interprétation la valeur d'une possible explication de l'œuvre, véritablement philosophique, par

---

[42] Victor DELBOS, *La philosophie pratique de Kant*, Paris, Alcan, 1905.

[43] Faguet, Lanson, Mornet... Ceux-là même auxquels se réfère Cassirer.

ce à quoi tout philosophe ne peut qu'être sensible : par-delà les contradictions apparentes, la recherche de l'unité et des principes qui la fondent.

Ainsi, dans les années cinquante de l'immédiat après-guerre, deux thèses de philosophes, qui sont devenues des ouvrages de référence, se réfèrent l'une et l'autre explicitement à la conférence de Paris. Robert Derathé, dans *Le rationalisme de Jean-Jacques Rousseau*, évoque dans son introduction la séance du 28 janvier à la Société française de philosophie et la discussion qui suivit. Il lui consacre l'entier d'un appendice en lequel il marque nettement les points d'accord et les divergences. S'il rejette la thèse de Victor Basch, il reproche à Cassirer d'avoir « outré » le rationalisme de Jean-Jacques Rousseau.[44] Dans la *Philosophie de l'existence de Jean-Jacques Rousseau*[45], Pierre Burgelin, qui cite, à maintes reprises, les travaux de Cassirer, lui fait grief d'avoir présenté Rousseau comme un pré-kantien. Ce que confirme Henri Gouhier, dans *Les méditations métaphysiques de Jean-Jacques Rousseau* : « Le kantisme anticipé de Rousseau est la clef de l'interprétation de Cassirer. »[46] Alexis Philonenko accentue la critique et remarque :

> [...] les interprétations les plus brillantes ont toujours eu la secrète intention de réconcilier l'esprit démocratique de la République française et la culture allemande classique : les conférences de 1932 – date combien fatidique – données par E. Cassirer masquent à grand peine ce souci.[47]

La conférence de Paris a ouvert un débat qui n'est pas clos et que viennent enrichir les traductions de ses œuvres en français. L'un des points de vue les plus intéressants à cet égard a été donné par Jean Starobinski, dans sa préface à la traduction de *Das Problem Jean Jacques Rousseau*. Après avoir rappelé les traitements antérieurs de l'œuvre selon des interprétations le plus souvent réductrices qui ne rendaient justice qu'au « magicien de la langue », Jean Starobinski écrit justement : « Cassirer marque [...] une étape décisive dans la compréhension de la philosophie de Rousseau. »[48] Cette préface, de la part d'un des meilleurs et des plus originaux interprètes de Rousseau au XXᵉ siècle est

---

[44] Robert DERATHÉ, *Le rationalisme de Jean-Jacques Rousseau*, Paris, P.U.F., 1948, p. 191.

[45] Pierre BURGELIN, *La philosophie de l'existence de Jean-Jacques Rousseau*, Paris, P.U.F., 1952.

[46] Henri GOUHIER, *Les méditations métaphysiques de Jean-Jacques Rousseau*, Paris, Vrin, 1970, p. 246.

[47] Alexis PHILONENKO, *Jean-Jacques Rousseau et sa pensée du malheur. Apothéose du désespoir*, Paris, Vrin, 1984.

[48] Ernst CASSIRER, *Le problème Jean-Jacques Rousseau*, Paris, Hachette, 1987, p. III.

significative : Starobinski reprend à son compte, dit-il, la perspective cassirienne de l'unité de la pensée de Rousseau. Il affirme poursuivre la tâche inaugurée par Cassirer dans le même esprit et avec une méthode comparable. Mais alors que Cassirer s'est surtout attaché à la pensée théorique de Rousseau, de la théodicée à la politique, Jean Starobinski, sans négliger la première, en s'appuyant davantage sur les écrits autobiographiques, a élargi encore le champ de la recherche à ce qu'il appelle ici « les conséquences concrétisées de la doctrine »[49].

Rousseau, Kant, Cassirer, admirable suite de philosophes où s'illustre la métaphore de la généalogie avec ce qu'elle implique de reconnaissance et d'infidélité. Le rapport de Kant à Rousseau constitue, à bien des égards, une rencontre exceptionnelle dans l'histoire de la philosophie. Cassirer l'a tôt perçu et, mû par une probité exemplaire ainsi que par le souci de convaincre par des démonstrations rigoureuses, il a voulu en expliciter les effets tant sur la genèse de la pensée kantienne que sur les interprétations ultérieures de l'œuvre de Rousseau, retrouvant, par leur évocation même, les grandes interrogations de la pensée contemporaine.

---

[49] CASSIRER, *Le problème Jean-Jacques Rousseau*, p. XIX.

KANT UND NIETZSCHE ÜBER DAS GLÜCK. EIN KREUZWEG NEUZEITLICHEN DENKENS

Wolfgang Janke

Am Eingang zur Moderne steht die Kritik einer sich selbst in ihren Grenzen überprüfenden reinen theoretischen und praktischen Vernunft im Zuge der kopernikanischen Wende Kants. Den Ausgang markiert die Umwertung aller Werte im Anti-Idealismus Nietzsches. Selbstkritische Einschränkung der Vernunftansprüche und nihilistische Umwertung des Lebens konstituieren das moderne Bewußtsein auch und gerade im Hinblick auf diejenige Frage, welche alles menschliche Interesse, Handeln und Streben unentwegt bewegt und lenkt: Was ist das Glück? Am Ende der Moderne sehen wir uns heute mit dieser Frage an einem Kreuzweg angelangt, der schrecklich in die Irre führen kann. Kants aufklärende, kritische Neubegründung menschlichen Glücks und Nietzsches polemisch auf Kant zielende Umwertungen durchkreuzen einander. Über die unglücklichen Verwirrungen solchen Widerstreits ins reine zu kommen erfordert, beide Glückswege überdenkend zu durchlaufen und am Ende einen Ausweg in existenzialontologischen Ansätzen vorzuzeichnen.

1. Glück – ein usurpierter Begriff

Die Kritik Kants trifft die Bestimmung des Glücks in einem dreifachen Verstande: hedonistisch-« eudämonistisch » als Zustand der Glückseligkeit bzw. einer totalen Zufriedenheit, ethisch in Verbindung-mit und als Folge-von Glückswürdigkeit und fatalistisch als Glücksfügung im Sinne eines zufälligen Glücksfalls bzw. des blinden Schicksals. Dabei macht Kants transzendentale

Logik mit Begriffen wie Glück (*Fortuna*) und Schicksal (*Fatum*) kurzen Prozeß. Zugelassen werden empirische Begriffe wie ‹Hund› oder ‹Baum›, deren Materie aus der Erfahrung stammt und die dadurch gegenständlich bezeugt sind. Thematisiert werden reine Verstandesbegriffe wie ‹Kausalität› oder ‹Substantialität›, die sich als notwendige Bedingung möglicher Erfahrung deduzieren und rechtfertigen lassen. Und in Anspruch genommen werden Vernunftbegriffe wie ‹Welt›, ‹Seele›, ‹Gott›, welche als regulative Prinzipien unsere Verstandeserkenntnisse vereinheitlichen. Nicht zugelassen sind usurpierte Begriffe. Diese maßen sich objektive Gültigkeit an, ohne dazu irgendwie legitimiert zu sein.

> Usurpirte Begriffe wie etwa *Glück, Schicksal*, die zwar mit fast allgemeiner Nachsicht herumlaufen, [haben] [...] keinen deutlichen Rechtsgrund, weder aus der Erfahrung, noch der Vernunft.[1]

Offenkundig ist uns ein Gerede von Glück und Schicksal geläufig, das im Alltagsgespräch toleriert zu werden pflegt. So gehen die Aussagen unkritisiert durch, ein uns treffendes Glück sei unerwartet, auf unglaubliche Weise eingetroffen und habe sich als launisch oder zerbrechlich erwiesen. Und zumal bei Niederlagen und eigenem Versagen berufen wir uns auf unglückliche Umstände, für die wir nichts können, oder gar auf das Schicksal, das unausweichlich herankommt, und wir beklagen ein Verhängnis, in das wir verstrickt wurden (Im tragischen Weltalter der Griechen hat die Sprache viele sprechende Wörter dafür: *Moira, Tychê, Aisa, Olbos, Atê, Anankê* u. a.). Im Lichte moderner Vernunftaufklärung ist der Gebrauch solcher Begriffe für einen Erkenntnisgewinn illegitim.

Die Anrufe von Glücks- und Schicksalsmächten können sich nicht auf Erfahrung berufen. Im Gebiete der Sinnenwelt erklärt sich jede Begebenheit als Wirkung aus einer Ursache unter dem reinen Verstandesgesetz der Naturkausalität. Grundloses Unglück oder blindes Schicksal anzusetzen, ist die Zuflucht unserer Unfähigkeit, das oft verwickelte Ursachengeflecht zu entwirren (*asylum ignorantiae*). Im Gebiete der Vernunft- und Ideenwelt unterstehen wir in unserem Handeln einer anderen Kausalität: der Kausalität aus Freiheit. Für ein blindes Ungefähr (eine göttliche *Fortuna*) wie für ein unentrinnbares Schicksal (sei es das *Fatum stoicum* oder *Fatum christianum*) jedenfalls ist nirgends Platz. Beides geht uns als Bürger zweier Welten nichts an. Kant hat unser Selbst-, Welt- und Gottesverhältnis entdämonisiert und entfatalisiert.

---

[1] Immanuel KANT, *Kritik der reinen Vernunft*, A 84f.

Das prägt unser modernes Bewußtsein. Als aufgeklärte Menschen sind wir sicher, eines übernatürlichen Beistandes zu unserem Glück nicht zu bedürfen und ein verhängtes *Fatum* nicht mehr fürchten zu müssen. Selbst da, wo uns ein tragisches Versehen fehlleitet und ein tragischer Konflikt schuldig werden läßt, wird im Namen einer juridischen, moralischen, politischen, kollektiven Schuld Gericht gehalten und Verantwortung abverlangt. Das Prinzip der Selbstverantwortung gerade auch für eine gelingende Zukunft ist absolut geworden.

2. Kritik des Eudämonismus

Ebenso kurz angebunden und einschneidend ist Kants Kritik an der « eudämonistischen » Fassung des Glücks. Darüber herrscht weithin philosophiegeschichtlich Übereinstimmung, daß Kant der klassischen Ethik als Theorie des Glücks ein Ende bereitet und der Ethik als verbindlicher Wissenschaft den Boden bereitet hat. Das ist berichtigend zu differenzieren.

Kants Definition von « Glückseligkeit », die bis hin zum Utilitarismus Schule gemacht hat, lautet:

> Glückseligkeit ist die Befriedigung aller unserer Neigungen (sowohl *extensive,* der Mannigfaltigkeit derselben, als *intensive* dem Grade nach und auch *protensive* der Dauer nach).[2]

Glückseligkeit ist das deutsche Wort für Eudämonie. Griechisch *eudaimonia* besagt wörtlich und im Weltalter delphischer Frömmigkeit: in der Huld der Götter stehen. Die säkularisierte Welt versteht Eudämonie nur noch als Lustbefriedigung der menschlichen Natur. Selig und von Glück erfüllt heißt sonach einer, dessen Neigungen sich erfüllen. Neigungen sind die Antriebe unseres Begehrens und befinden sich am Ziel, wenn die Begierden befriedigt sind. Sie erreichen das letzte Ziel, wenn sie dreifach erfüllt werden: dem Umfange, dem Grade und der kontinuierlichen Dauer (der Zeiterstreckung, Protension) nach. Der Zustand eines befriedigten, wunschlosen Zufriedenseins, da wir sagen « Ich bin selig », träte danach ein, wenn unser Trieb nach Wohlleben – nach dem Genuß von Speise und Trank, geschlechtlicher Liebe, behaglichem Wohnen, modischer Kleidung, erholsamen Reisen, südseehaftem Nichtstun – vollkommen gestillt wäre. Solches Glücksstreben hat Aristoteles als

---

[2] KANT, *Kritik der reinen Vernunft*, B 834.

eine verfallene Lebensweise beschrieben, die gleichermaßen tierisch wie sklavisch ist.[3] Und Goethe läßt die glückseligen Zecher zu Leipzig singen[4]:

> Uns ist gar kannibalisch wohl
> Als wie fünfhundert Säuen!

Nun begnügt sich Kant nicht damit, im Namen der Lebenserfahrung darauf hinzuweisen, daß solche Lebensweise unglücklich fehlschlägt. (Unser Leben ist zu kurz, um die unzählige Mannigfaltigkeit der Vergnügungen durchzukosten, und unsere Begierde zu maßlos, um nicht mehr und immer anderes haben zu wollen. – Zudem enttäuscht auch der intensivste Genuß des Begehrten allzu oft, und stets stachelt genossener Reiz zu weiterer Steigerung an. – Schließlich lehrt uns das Leben: Selten dauert sicheres Glück, allzu oft wird es unterbrochen und zerbricht wie Glas).

Kants Kritik unterscheidet, um durch Unterscheiden Möglichkeit, Grenze und Befugnis der Rede vom menschlichen Glück sichtbar zu machen. Einerseits ist deutlich: Im Streben nach Glückseligkeit hat jeder seinen eigenen Kopf und handelt ohne allgemein gültige Verbindlichkeit; er folgt Ratschlägen der Klugheit wie « *medio tutissimus ibis* – [in der Mitte wirst Du am sichersten gehen] » oder « *omne nimium vertitur in vitium* – [jedes Zuviel schlägt in Laster um] » (Kant degradiert vom Hörensagen das Höchstmaß der Aristotelischen Mesotes- und Tugendlehre zum Mittelmaß, das dazu verhilft, nirgends anzuecken und das Wohlleben zu sichern). Regeln der Klugheit lehren, wie sich der Einzelne glücklich machen kann, ohne Rücksicht auf Pflichten und moralische Gebote.

Andererseits ist unser Streben nach Glückseligkeit weder zu verachten noch zu entbehren. Wir sind eben Bürger zweier Welten und so auch irdischer Natur. Leibhaft leben wir inmitten der Naturordnung der Sinnenwelt, und es ist wider die Natur (*contra naturam*), die Begierden und Leidenschaften stoisch als Krankheiten der Seele auszumerzen und asketisch allen sinnlichen Neigungen und leiblichen Lüsten zu entsagen. Kant ist kein Rigorist und steht ebensowenig auf der Seite der Stoiker wie auf Seiten Epikurs. Zwar darf sittlich wertvolles Handeln nicht aus Neigung, wohl aber kann es mit Neigung geschehen. Und eudämonistische Glückseligkeit können wir zu einem vollkommen geglückten Leben nicht entbehren. Niemand wird einen Menschen, der zwar ein sittlich

---

[3] ARISTOTELES spricht von « *bios apolaustikos* », vgl. *Nikomachische Ethik*, I, 3.

[4] Johann Wolfgang VON GOETHE, *Faust – Frühe Fassung*, Verse 167f. (*Auerbachs Keller*), in : ID., *Faust. Texte* (Albrecht SCHÖNE, Hg.), Frankfurt/Main, Deutscher Klassiker-Verlag, 1994, S. 491.

vorbildliches Leben führt, aber leibhaft Not und Entbehrungen leidet, einen glücklichen Menschen (*homo felix*) nennen und das Mißverhältnis zwischen Sittlichkeit und Glückseligkeit gerecht finden. Darum hat Kant die Ausgangsfrage der abendländischen Ethik nach dem höchsten Gut wieder aufgenommen, in einer Verbindung von Sittlichkeit und Glückseligkeit vermittelnd aufgebaut und am Ende moraltheologisch fundiert.

3. Höchstes Gut – oberstes Gut – ursprüngliches Gut

Aus praktischen Grundsätzen folge, daß sich « eine natürliche und nothwendige Verbindung zwischen dem Bewußtsein der Sittlichkeit und der Erwartung einer ihr proportionierten Glückseligkeit, als Folge derselben, wenigstens als möglich denken [darum aber freilich noch eben nicht einsehen] lasse; dagegen daß Grundsätze der Bewerbung um Glückseligkeit unmöglich Sittlichkeit hervorbringen können ; daß also das *oberste* Gut [als die erste Bedingung des höchsten Guts] Sittlichkeit, Glückseligkeit dagegen zwar das zweite Element desselben ausmache, doch so, daß diese nur die moralisch bedingte, aber doch nothwendige Folge der ersteren sei »[5]. Kant hält hier das « höchste Gut » (*summum bonum*) und das « oberste Gut » (*supremum bonum*) in einem Bedingungsverhältnis auseinander und zusammen, um beides in einem « höchsten ursprünglichen Gut » zu fundieren. Höchstes Gut heißt die Synthesis von Sittlichkeit (Glückswürdigkeit) und Glückseligkeit im angemessenen Verhältnis beider Elemente. Darin liegt die Vollkommenheit menschenmöglichen Glücks. Oberstes Gut heißt dasjenige Element in diesem Fundierungsverhältnis, welches das andere bedingt und notwendig folgen läßt. Nun lassen Grundsätze um die Bewerbung von Glückseligkeit ein sittliches Handeln und Verhalten nicht entstehen. Denn als Regeln der Klugheit bilden sie hypothetische Imperative von der Art « Wenn du dein Glück machen willst, mußt du vorsichtig klug die Mitte einhalten ». Gebote sittlichen Handelns und Verhaltens dagegen sind kategorische Imperative der Art « Du sollst bedingungslos ehrlich sein und handeln um der Ehrlichkeit willen, auch wenn die Umstände Dir Nachteile und Schaden eintragen ». Mithin ist nicht Glückseligkeit, sondern Sittlichkeit das oberste Gut und als erste Bedingung für das höchste Gut anzusehen. So erscheint die Glückseligkeit als Folge und auf dem Grunde sittlich geglückter Lebensführung moralisch rehabilitiert. Nach theoretischen Grundsätzen objektiver Erfahrung zwar nicht erkennbar, aber doch

---

[5] Immanuel KANT, *Kritik der praktischen Vernunft*, AA V, S. 119.

aus praktischen Grundsätzen widerspruchsfrei denkbar, ist dabei die Hypothese: Glückseligkeit sei die notwendige Folge der Glückswürdigkeit und dieser direkt proportional. Glückswürdig werden wir, sofern und soweit wir dem Sittengesetz und nicht unseren Neigungen folgen. Daran hängt das Maß der uns notwendig und gerechtermaßen zukommenden Glückseligkeit.

Aber widerspricht das nicht unserer Menschenkenntnis? Kommt nicht zumeist derjenige, der rücksichtslos und unsozial handelt, besser voran und eher zu Wohlstand als der Ehrliche, der allzu oft zu seinem Schaden ehrlich ist? Im « richtigen Leben » ist die Verbindung von moralischem Wohltun und eudämonistischem Wohlergehen eher zufällig. Und je glückswürdiger jemand wird, um so zufälliger und seltener erreicht er den Zustand der Zufriedenheit « eines vernünftigen Wesens in der Welt, dem es im Ganzen seiner Existenz *alles nach Wunsch und Willen* geht »[6]. Darüber macht sich der eher misanthropische Kant keine Illusionen. Aber sein und seines Jahrhunderts Fortschrittsglaube beharren darauf: Die notwendige und gerechte proportionale Verbindung menschlicher Glückswürdigkeit und Glückseligkeit ist zwar nicht wirklich, aber sie soll sein; und ihr soll sich die Menschheit immer mehr annähern. Im unaufhörlichen Fortschritt soll und kann sich die Menschheit aus ihren Vernunftanlagen in den Zustand sittlich gegründeter Zufriedenheit und völkerrechtlicher Friedlichkeit erheben.

Nun ist diese beste Menschenwelt zwar für uns höchstes, aber doch an sich abgeleitetes Gut; denn seine Möglichkeit kann nicht vom Menschen selbst begründet werden. Wir sind ja Teile der Welt und vom Weltlauf abhängig. Also muß ein Wesen existieren, welches Ursache der Natur und Welt selber ist und als dreifacher, nämlich allmächtiger, allwissender und heiliger Wille die Möglichkeit des höchsten Gutes garantiert. Das nennen alle Gott. So folgert das dritte Postulat der praktischen Vernunft:

> Folglich ist das Postulat der Möglichkeit des *höchsten abgeleiteten Guts* (der besten Welt) zugleich das Postulat der Wirklichkeit eines *höchsten ursprünglichen* Guts, nämlich der Existenz Gottes.[7]

---

[6] KANT, *Kritik der praktischen Vernunft*, AA V, S. 124.
[7] KANT, *Kritik der praktischen Vernunft*, AA V, S. 125.

4. Glück – Gefühl wachsender Macht. Umwertungen von Zufriedenheit, Frieden, Tugend

Vieles in Kants kritischer, moral-theologischer Grundlegung menschlichen Glücks ist allgemeines Bewußtsein moderner Aufklärung und unverlierbar geworden. Aber sind nicht deren tragende Ideen – Moralität und ein moralisch erforderlicher Gott, Freiheit und Fortschritt, Glück als Endziel, sittlich verdiente Zufriedenheit, ewiger Frieden – durch die Heraufkunft des Europäischen Nihilismus durchkreuzt? Sind sie nicht durch Nietzsches Kritik – einem « Hinterfragen », welches Verdecktes sichtbar macht, indem es die verschleiernden Vorwände und dahinter steckenden Beweggründe und Interessen ent-deckt – ihrer Wahrheit beraubt, als lebensdienliche Illusionen enthüllt und durch eine neue Bestimmung des Glücks ersetzt worden? (Dem Ereignis der Wahrheit/*Alêtheia* im epochalen Wandel von Kant zu Nietzsche ist Ingeborg Schüßler in ertragreichen Forschungsarbeiten eindrucksvoll nachgegangen.)

Nietzsche hatte für Kant nichts als vernichtenden Spott übrig: « Falschmünzer », « Schleier-Macher » eines « Königsberger Christentums », « Nihilist mit christlich-dogmatischen Eingeweiden » usf. Was Glück in Wahrheit und ohne Verschleierung sei, sagt ein Aphorismus Nietzsches aus seinen letzten, überhellen Jahren 1887-88.

> Was ist Glück? – Das Gefühl davon, daß die Macht wächst, daß ein Widerstand überwunden wird. Nicht Zufriedenheit, sondern mehr Macht; nicht Frieden überhaupt, sondern Krieg, nicht Tugend, sondern Tüchtigkeit (Tugend) im Renaissance-Stile, *virtu*, moralinfreie Tugend.

Diesseits moraltheologischer Postulate ist Glück unmittelbar erlebbar als Zuständlichkeit eines gesteigerten Glücksgefühls. Das erhebt unser beglücktes Dasein nicht dann, wenn ein sogenanntes höchstes Gut als Endziel erreicht ist – sei es Lust oder Pflichterfüllung oder eben die in Gott gesicherte, dem Maße sittlichen Handelns gemäße Glückseligkeit. Nihilistisch gedacht, gibt es kein Endziel und keinen Fortschritt dahin. Was seiend ist, ist einzig das unaufhörliche end-, ziel- und sinnlose Werden. Und was dem Werden den Charakter des Immer-Seins aufprägt, ist der Ring einer Ewigen Wiederkunft des Gleichen. Was in Wahrheit ist und alles Sein-Werden durchherrscht, ist der Wille zur Macht. Dabei nennt Wille zur Macht den lebenssteigernden Drang zur Selbstermächtigung. Er dringt darauf, im andrängenden Strom des sinnlosen Werdens immer stärker seiner selbst mächtig und sicher zu werden (und den schwersten Gedanken, die Ewige Wiederkunft, immer liebender zu bejahen). Im Überwinden bewährt der Wille zur Lebenssteigerung seine Stärke und Macht. Nicht zuletzt besiegt er die Schwäche, sich beim unablässigen Kampf mit den scheinbar übermächtigen Widerständen der Werdewelt nach Frieden, Ruhe, ewigem Schlaf als letztem Glück zu sehen.

Das bringt eine Umwertung glückverheißender Werte mit sich. Die in Kant kulminierende Tradition abendländischer Glückstheorie verstand Glück vorzüglich in drei Daseinserfüllungen: als Zustand wunschloser Zufriedenheit, im inneren und äußeren Frieden, im Vollzug tugendgerechten Lebens aus der Kraft moralischer Freiheit. Das erfährt im Lichte des Nihilismus eine radikale Umwertung. Mit dem Glück vollkommener Zufriedenheit ist es nichts. Es weidet sich am « grünen Weideglück der Herde » und befriedigt den Hang nach Sicherheit, nach einem gefahrlosen Leben ohne Restrisiko. Es ist die Zufriedenheit bürgerlicher Behaglichkeit, in der das Leben für jedermann erleichtert werden soll.[8] Der Utilitarismus hat dieses Glücksziel ausgerechnet: als das größte Glück an Lustquanten und Lebensqualitäten für die größte Zahl nach Grundsätzen des Nutzens für die Bewältigung von Lebenssituationen. Der englische Utilitarismus ist in Nietzsches Augen « verheuchelter Hedonismus ». In sicherer Ruhe das größtmögliche Quantum kalkulierter Lustgewinne auszukosten, ist seichtes Glück der Vielen. In die Tiefen des Glücks führt uns jener Zustand, in welchem wir der Macht innewerden, unserer selbst im Andrang des Werdens und den Zufällen der Geschichte immer mehr mächtig zu werden. Also verliert Zufriedenheit ihren glückverheißenden Wert an die Unruhe und Ungesichertheit steigender Macht.

Dem folgt die zweite schockierende Umwertung: nicht Frieden, sondern Krieg. Das entsetzt die gesamte Tradition der platonischen, hellenistischen, christlichen Tradition wie Kants Lehre vom ewigen Frieden. Die abendländische Überlieferung proklamiert das Glück des inneren Friedens: als Harmonie und Übereinstimmung der Seele mit sich selbst (in seinen « Teilen »), als äußeren Frieden zwischen Ständen und Klassen, Völkern und Staaten, als letztes Ziel des Völkerrechts, als gegenseitige Toleranz der Religionen, als friedlicher Muße zu kontemplativem Leben, schließlich als den ewigen Frieden der Toten und Seligen in Gott – auch als Frieden in der Philosophie (nach Kant durch die Ohnmacht der theoretischen Beweise, die Gegenposition zu widerlegen, durch die Stärke der praktischen Gründe, allseits anerkannte Prinzipien aufzuweisen). Der freie Geist als Repräsentant einer Umwertungszeit dagegen fordert Krieg.

---

[8] Vgl. Friedrich NIETZSCHE, *Jenseits von Gut und Böse*, 2. Hauptstück, § 44, KSA 5, S. 60-63.

Krieg sei kein Unglück, sondern notwendige Bedingung möglicher Menschheitsbeglückung. Der Befreiungskampf von Freiheitsbewegungen, Umsturz der faulen und morschen (dekadenten) Zeit, Ausrottung der unterdrückenden Stände und Klassen bereiten ein höheres Zeitalter vor. Zudem: diejenigen, die sich Gefahren und Risiken aussetzen, erfahren lebendigeres Glück als jene, die furchtsam Zufriedenheit im Winkel suchen und apolitisch im Verborgenen leben. Nur wo Gefahren bestanden und Widerstände unter Lebensgefahr überwunden werden, wächst das Glücksgefühl eigenmächtiger Kraft. (Das ist der Geist in Schillers *Wallensteins Lager*, das pathetisch mit dem Lied endet: « Und setzet ihr nicht das Leben ein/Nie wird euch das Leben gewonnen sein »). Nicht Frieden also, sondern Krieg.

Damit geht eine dritte Umwertung einher: nicht Tugend (*aretê*), sondern Tüchtigkeit (*virtu*). Diese scheinbar unbedeutende Akzentverschiebung schreibt die Formel geglückten Lebens um. Die Sokratische Urgleichung lautet: glücklich leben = tugendhaft handeln = um Gut und Böse wissen. Kants Gleichung vom höchsten Gut lautet: tugendhaft (aus Pflicht) handeln = glückselig werden gemäß der Glückswürdigkeit. Ein machiavellistisches Macht-Menschentum jenseits von Gut und Böse hat diese Gleichung durchstrichen. Der Nihilist fordert amoralische Tüchtigkeit; er reiht sich so in den Aufbruch der modernen Renaissance ein, welche die Werte der christlichen Tugenden, Demut z.B., als Servilität verachtet und Werte der Vornehmen ins Ansehen bringt: das Glück überströmender Kraft in seiner rücksichtslosen Schärfe ohne moralische Bedenken. Das alles hat bedenkliche Auswirkungen.

5. Wirkungen des Glücks : Beschenken, Verspotten, Vernichten

In seinen Gedanken über moralische Vorurteile in *Morgenröthe* 1881 diagnostiziert Nietzsche:

> *Wirkung des Glückes*. – Die erste Wirkung des Glückes ist das *Gefühl der Macht*: diese will *sich äussern* [...] Die gewöhnlichsten Arten, sich zu äussern, sind: Beschenken, Verspotten, Vernichten.[9]

So wie Kraft überhaupt nur in ihrer Äußerung da ist, die Kraft der Hand etwa in der Härte des Schlages, so ist auch die Kraft des Willens und das Glücksgefühl der Macht in seiner Äußerung wirklich da. Nietzsche hebt drei Äußerungen

---
[9] Friedrich NIETZSCHE, *Morgenröthe*, 4. Buch, § 356, KSA 3, S. 240.

hervor: Beschenken, Verspotten, Vernichten. Schenken entspringt einer überströmenden Lebensfülle. Anderen Freude schenken, ohne ein Gleiches zurück haben zu wollen, ist Ausdruck eines Glücksgefühls und Äußerung großherziger Kraft. Aber das Gefühl der Macht äußert sich auch niederziehend. Es schmäht boshaft die Durchschnittlichen, die sich mit ihrem Herdenglück begnügen, und die Vielen, die sich vom Scheinglück des Sinnengenusses, der äußeren Macht von Amt und Geld verlocken lassen. Da blüht die « Bosheit gegen die Lockmittel der Abhängigkeit, welche in Ehren, oder Geld, oder Ämtern, oder Begeisterung der Sinne versteckt liegen »[10]. Nicht zuletzt verspottet das Glücksgefühl steigender Macht jenseits von Gut und Böse die « erbärmliche Eckensteher-Moral von Gut und Böse ». Das zielt auf den, der das Gute-selbst zu fassen suchte, auf den barfüßigen Eckensteher Sokrates, mit dem die große tragische Lebensauffassung der Griechen endete und die moralisch-christliche begann. Und das verspottet am Ende « die ebenso steife wie sittsame Tartufferie des alten Kant »: der große Chinese von Königsberg liefere mit seinem unpersönlichen, kategorischen Imperativ und dem lebensgefährlichen Begriff der Pflicht.

> Es ist geradezu das *Rezept* zur décadence, selbst zum Idiotismus ... Kant wurde Idiot. – Und das war der Zeitgenosse *Goethes*! Dies Verhängniss von Spinne galt als der *deutsche* Philosoph – gilt es noch! ...[11]

Die härteste und radikalste Äußerung dieses Machtgefühls ist das Vernichten. Was vernichtet wird, ist nicht nur das kleine Glück der Tugendbolde und die träge Ruhe der Spießbürger, vernichtet wird das moralgesättigte Glück des platonisch-christlich-kantischen Menschentums. Und ruiniert wird der moralische Gott der Philosophen, von Platos Gott, der « Idee des Guten », an.

Nun sind die Auswirkungen nihilistischer Umwertungen im modernen Zeitalter ideologischer Revolutionen und Machtergreifungen schrecklich simplifiziert worden. Das hat sich nicht nur in Schmähungen und Verunglimpfungen, sondern in rassischen Säuberungen, Vernichtungskriegen gegen « Untermenschen » und Liquidierungen « unwerten Lebens » geäußert. Nach Kants Logik kommt solches Unheil auf, wenn drei Dinge geschehen: Wenn die Lasten der Pflicht und des nötigenden Moralgesetzes abgeworfen sind, wenn die Pflichterfüllung zum Kadavergehorsam verkommt und wenn schließlich das Streben nach Glückseligkeit aus Selbstliebe und Machtwillen totalitär wird. Eine prophetische Nebenbemerkung Kants Vorrede sieht das vor:

---

[10] Friedrich NIETZSCHE, *Jenseits von Gut und Böse*, 2. Hauptstück: § 44, KSA 5, S. 62.

[11] Friedrich NIETZSCHE, *Der Antichrist*, § 11, KSA 6, S. 177s.

Wenn *Eudämonie* (das Glückseligkeitsprincip) anstatt der *Eleutheronomie* (dem Freiheitsprinzip der inneren Gesetzgebung) zum Grundsatze aufgestellt wird, so ist die Folge davon *Euthanasie* (der sanfte Tod aller Moral).[12]

6. Angang und Annahme des Glücks. Existenzialontologische Grundlegung

Der beirrende Kreuzweg neuzeitlichen Denkens zum Glück mündet im Stadium des vollkommenen Nihilismus selber in einem Selbstwiderspruch. Einerseits predigt Zarathustra/Nietzsche: Glück entspringe aus einem freien Über-sich-hinaus-Schaffen des Machtwillens. Dessen Freiheit manifestiert sich in zwei Auswirkungen. Der freie Geist kann zum Leben « Nein » sagen und triumphiert im freien Tod. Das gehört seit der Stoa zum großen Glück menschlichen Daseins. Der freie Tod als Nein zum Leben ist da ein Glück, wo die Zeit zum Ja nicht mehr das ist.[13] Überdies und vor allem: die Freiheit des « Übermenschen » vermag schöpferisch an die Stelle der abgelegten und vernichteten Werte neue Werte im Namen des Willens zur Macht zu setzen. Das bedeutet eine radikale Negation des Fatalismus und die äußerste Position des Freiheitsglücks. (In diesem Sinne hatte schon der frühe Nietzsche eine Menschheit gefeiert, welche die Geschicke unserer Erde selbst in die Hand nehme). Im Widerspruch dazu aber verkündet Zarathustra die Liebe zum *Fatum* (*amor fati*), das Glück des « Übermenschen », der den schwersten Gedanken, die Ewige Wiederkunft des Gleichen, trägt. Glücklich lebt sonach, wer den Kreis von Schwinden und Wiederkehr liebend, im dionysischen Rausch, bejaht. Und das bedeutet ausdrücklich die Vollendung des Fatalismus und unausdrücklich die endgültige Absage an den freien, werteschaffenden Willen und seinem Glück. (Vor den gleichen Widerspruch führt übrigens die Menschheitsbeglückung der Marxschen Manifeste – als Stadium des « unvollkommenen Nihilismus ». Einerseits wird ein Umsturz der Welt – der politisch-ökonomischen Produktionsverhältnisse unserer Warenwelt – durch die revolutionäre Kraft der Verelendeten und Ausgestoßenen, des Proletariats selbst, ausgerufen – andererseits zugleich und in der selben Hinsicht ist eine

---

[12] Immanuel KANT, *Die Metaphysik der Sitten*, AA VI, S. 378.

[13] Vgl. Friedrich NIETZSCHE, *Also sprach Zarathustra*, «Vom freien Tode»: « In eurem Sterben soll noch euer Geist und eure Tugend glühn, gleich einem Abendroth um die Erde. » (KSA 4, S. 95.)

schicksalhafte Macht unter unabänderlichen Gesetzen messianisch verheißen: der alte Gott als Gang der Weltgeschichte, in welchem unaufhaltsam die entfremdete Welt untergehen und das Paradies auf Erden, eudämonistisches Wohlleben nach der Maxime « Jedem nach seinen Bedürfnissen », heraufkommen werde.)

Um solche Wirrnis über das Glück auf Erden radikal aufzulösen, ist die Wurzel (*radix*) von allem, der Mensch in seinem Existieren, freizulegen. Dabei soll freilich nur in roher Vorzeichnung Existenz als Zwischensein (*inter-esse*) zwischen unverfügbarem Geschick und freier Selbstentfaltung, das an seinem je geglückten Leben interessiert ist, dargelegt und die Wahrheit und Reichweite des Glücks in ihre Urkorrelation zurückverlegt werden.[14]

Dafür kann phänomenologisch auf Sartres Urkorrelation von « *facticité-transcendence* » wie auf Heideggers Analyse faktischen Lebens zurückgewiesen werden. Mit dem Existenzial der Faktizität kommt in Sartres *L'être et le néant* das Gewicht eines Unverfügbaren in den Blick. Faktisch heißen Existenzbestimmungen, die wir nicht gewählt, wozu wir uns nicht gemacht haben. So finden wir uns je und je in einer Welt-Situation eingebunden durch Geburt, eine Stelle im Raum, die vorgefundene Umgebung, den Bezug zu anderen überhaupt, unsere Vergangenheit, den Leib, die Geschlechtlichkeit. Darin drückt sich ein nacktes « Daß » aus. Erst seinem « Was » (*l'essence*) nach ist der Mensch jeweils der, zu dem er sich macht. In jedem Moment aber kann der Existierende seine Faktizität transzendieren. Das für sich seiende Subjekt vermag es, das an sich seiende Faktische auf das hin zu übersteigen, was er selbst nicht schon ist, wozu er sich aber (mit problematischer Allgemeingültigkeit) erschafft. Diese Existenz-Korrelation von « *facticité-transcendence* » macht nun unser bedrückendes Glück aus: faktisch zur Freiheit verdammt zu sein.

Heideggers Daseinsanalytik in *Sein und Zeit* legt die Existenz-Relation von Entwurf und Geworfenheit frei. Existieren heißt, sich im Entwurf eigener Möglichkeiten vorweg zu sein. Aber Existieren ist immer faktisch, anders gesagt: Entwerfen ist immer geworfener Entwurf. Mithin existieren wir zwischen unverfügbarer Geworfenheit (im Sein zum Tode) und dem entschlossenen Entwurf (eigenster Möglichkeiten geglückten Lebens). Freilich befinden wir uns zumeist und durchschnittlich in einer Verfallsform des Glücks, dem Alltagsleben, eingeebnet ins « Man ». Das macht Glück oder Unglück

---

[14] Vgl. Wolfgang JANKE, *Das Glück der Sterblichen: Eudämonie und Ethos, Liebe und Tod*, Darmstadt, Wissenschaftliche Buchgesellschaft, 2002.

unseres geworfenen Existenzentwurfs aus; den je eigenen Tod erschließend bestehen oder, weglaufend ins « Man », nicht bestehen zu können.

Die existenzial-phänomenologische Korrelation ist in einem letzten Schritt zu vertiefen. Es ist im Grunde der von Kant inaugurierte, von Fichte systematisierte oberste transzendentale Grundsatz « kein Objekt ohne Subjekt – kein Subjekt ohne Objekt », der – vor der postmetaphysischen Verwindung aller Subjekt-Metaphysik – existenzial modifiziert wurde: « Keine Faktizität ohne Transzendenz v.v. », « Kein Entwurf ohne Geworfenheit v.v. ». Das läßt sich universalontologisch zum existenzialen Wahrheitsgrund vertiefen: « Keine Adienz ohne Attinenz v.v. » – Alles, was sich begibt, ist existenzial – nicht bloß erkenntnistheoretisch – wahr, soweit es uns « angeht », d.i. in Zeit und Raum herankommt (*adire*) und uns im Innersten nahegeht. Das trifft nicht zuletzt auf existenzielle Ereignisse zu, die über Seligkeit und Elend entscheiden, vor allem auf Liebe und Tod. Existenziale Wahrheit, ihre Weite und Tiefe hängen nun davon ab, wie wir das, was uns trifft, « annehmen » (*attinere*). Dabei existieren wir zwischen mannigfachen *modi* der Retinenz und Attinenz. Wir können das uns Angehende zurückweisen (*retinere*) mit der Redensart und Ausflucht: « Das geht uns nichts an », « Das ist mir gleichgültig ». So weist der Epikureer Tod und Todesangst zurück. Der Tod kommt nicht an uns heran. Und so lassen den Stoiker die Leiden und Freuden der Liebe kalt. Sie sind ihm gleichgültig. Und wir sind sophistisch gewohnt, Unglück zu beschönigen und Schuld zu verdrängen, geglückte Begebenheit dagegen als eigene Leistung auf unsere Rechnung zu setzen. Indessen, als Zwischenwesen existieren wir zwischen Retinenz und Attinenz. Und wahrhafte Attinenz ohne Verschleierung und Verkürzung entscheidet am Ende über Reichweite und Tiefe unseres sterblichen Lebens. Die Anweisung zum geglückten Leben fordert, das Leid unseres geschichtlichen Geschicks und faktischen Lebens, vor allem den Tod des geliebtesten Menschen, ebenso tief und rein anzunehmen wie die Freude geglückten Handelns und beglückenden Mitseins. Das eröffnet – unverkürzt durch Aufklärung und Nihilismus – das Glück unseres sterblichen Daseins ganz.

INDIVIDUUM UND HEROENZEIT BEI HEGEL

Félix Duque

In den Bereichen der Wissenschaft oder der Politik des 19. Jahrhunderts können wir häufig einen Hauptzug finden, welcher obsessiv in den verschiedensten Beschäftigungen dieser Zeit wiederhallte, d.h. den Trend zum *Objektiven* und zwar bis zu dem Extrem, dass das Hegelsche Programm von der Idealisierung der Welt meines Erachtens nichts anderes war, als ein vermesser Versuch, die ganze Welt zu objektivieren. Nicht umsonst lautet der vorletzte Abschnitt der Begriffslogik Hegels « Die Objektivität ». Recht verstanden aber, bedeutet dies durchaus nicht, dass der Mensch bei Hegel eine von ihm transzendente Wirklichkeit voller Ehrfurcht und Bewunderung « objektiv », also rein betrachten und beobachten wollte, oder dass er auf das Herausziehen der innigsten « wahren » Objektivität aus den äußeren Gegenständen sein Interesse gerichtet hatte, sondern ganz im Gegenteil, dass er, dem erfolgreichen Gang der Naturwissenschaften und der Technik folgend, im Begriff war, nicht nur die äußerliche Realität sondern vor allem sein eigenes Wesen ausführlich zu objektivieren und zwar sowohl in Bezug auf seine somatischen und psychischen individuellen Eigenschaften, um sie in die anonyme Maschinerie der Industrien und der Betriebsorganisation der bürgerlichen Gesellschaft einzugliedern, als auch hinsichtlich seiner partikulären Verhältnisse von Rasse, Abstammung, Geschicklichkeit, Sprache usw., um die ganze kulturelle Sphäre in einer gesetzlichen Verfassung und in einem Rechtsstaat tendenziell total und d,h. in allen Einzelheiten einzufügen. Und gerade wegen dieser Objektivierung des Menschen selbst, dessen Werken und sozialen Einrichtungen, stellt Hegel jene Sphäre unter die Überschrift: « Der objektive Geist ».

Im Lauf jener « neueren » Zeit war aber schon das beunruhigende Resultat dieses Trends von den Denkern des sogenannten Deutschen Idealismus und seiner Folge wohl bekannt. Und gewiss nicht ohne Verblüffung und gar Unbehagen ihrerseits. Denn der Prozess der Objektivierung der Naturkräfte und der menschlichen Fähigkeiten und Einrichtungen galt für Hegel und ebenfalls für die ausgebildete Schicht der Bevölkerung (freilich manche Romantiker ausgeschlossen) als eine endgültige Befreiung des Individuums von der Stiefmutter Natur (laut dem bekannten Ausdruck Kants) aber auch und besonders von der launischen Willkür und Unterdrückung der Fürsten, der Kirche, des Adels und all dieser « vornehmen » Leute, die insgesamt von einem Voltaire *l'infâme* genannt wurde. Und so diktierte Hegel seinen Zuhörern, *à propos* der von der Maschine notwendig eingeführten Ungleichheit der Menschen in der bürgerlichen Gesellschaft, so erhabene Worte wie folgende:

> Der Mensch als Mensch, also als besonderes Individuum muss zur Existenz kommen, wirklich werden, dies gehört zum Recht der subjektiven Freiheit, einer Freiheit die wir besonders in neuerer Zeit sehr hochschätzen, wo noch jeder sich machen kann wozu er sich berufen fühlt.[1]

Leider widerlegten die hartnäckigen nackten Tatsachen des industriellen Kapitalismus sofort jede optimistische Auffassung dieser Art dadurch, dass der schöne Aufruf zum Auftreten des *self-made-man* auf die gesellschaftliche Bühne auf ein Hindernis stieß, welches von derselben Organisierung der Arbeit und des Lebens herkam, die die Befreiung des Menschen verwirklichen sollte, von einem Sachverhalt also, der sein höchstes Kennzeichen und seine Metapher gerade in der Maschine fand. Wie wir heute, in der Ära der wirtschaftlichen Globalisierung und der digitalisierten Information überall sehen können, wird diese Tendenz schon planetarisch ausgebreitet, trotz der damaligen verzweifelten Versuche Hegels (und nachher des Marxismus), den « Mechanismus » logisch zu zähmen, indem er diese durch die Spezialisierung der Wissenschaften und die technische Arbeitsteilung vollzogene Uniformierung des Realen in der Logik zunächst von dem Chemismus und dann von einer von der menschlichen listigen Arbeit gekrönten Zwecklehre sehr kohärent aufheben lässt. Aber dies geschah leider nicht in der Wirklichkeit. Dort steckte ganz im Gegenteil diese Mechanisierung wie eine Seuche gerade dieselben Menschen an, welche die Philosophen jener feierlich proklamierten « neueren Zeit » in ihrer

---

[1] Georg Wilhelm Friedrich HEGEL, *Grundlinien der Philosophie des Rechts oder Naturrecht und Staatswissenschaft im Grundrisse*, Ergänzung bei Hegel/Griesheim zu § 200, Hg. v. H. Klenner, Berlin (DDR), Akademie, 1981, S. 486.

unübertragbaren, persönlichen Individualität zu befreien versprochen hatten, wie man offiziellerweise noch heute etwa vom spanischen Personalausweis, also von dem ersten Dokument eines Staats sagt. Noch merkwürdiger war aber die Tatsache, dass auch Hegel diesen beunruhigenden Umschlag erkannte:

> So kommt durch das Vervollkommnen der Arbeit dies heraus, dass es die Arbeiter verstumpft und am Ende den Menschen überflüssig macht. Es ist nur die Arbeit des Verstandes und wird so fortgebildet, modifiziert.[2]

Die Frage ist aber, ob dieses maschinelle Verstumpfen des Menschen nur dem Arbeitsbereich innewohnt oder ob es sich nicht schon durch die höhere Sphäre des Staats ausgebreitet hat. 1848 konnten Marx und Engels in dem berühmten *Manifest* festhalten, dass der schon überall triumphierende Trend der Mechanisierung gerade das Gegenteil von dem hervorgebracht hatte, was die Philosophen dabei beanspruchten, nämlich die Befreiung der Menschen von aller nicht freiwillig angenommenen Herrschaft und die Aufbewahrung und Förderung der subjektiven Freiheit und somit der Individualität. Deswegen die lapidaren Sätze:

> Alles Ständische und Stehende verdampft, alles Heilige wird entweiht, und die Menschen sind endlich gezwungen, ihre Lebensstellung, ihre gegenseitigen Beziehungen mit nüchternen Augen anzusehen.[3]

Nun aber bin ich der Meinung, dass der insgeheim enttäuschte Hegel der 1820er mit jenen Marx-Engelschen Worten mehr oder weniger einverstanden gewesen wäre, mit einer wichtigen Nuancierung aber. Hegel meinte, dass jene Nüchternheit, die er selber unter seinen Schülern und Anhängern kalt förderte, oder sogar die Entschlossenheit, die bestehenden Verhältnisse dementsprechend zu revolutionieren, bei weitem nicht genügen könnten, um zu helfen, das moderne Leben von Seiten des Individuums zu ertragen. Wenige haben wie Hegel die Entweihung des Heiligen gefeiert und zwar paradoxerweise dank dem « Sicheinführen des göttlichen Geistes in die Wirklichkeit », welches verursacht, dass, « was in der Welt *Heiligkeit* sein soll, durch die *Sittlichkeit* verdrängt » wird.[4] Auch wenige haben sich wie er bemüht, die von ihm selbst schon früh geahnte Verdampfung der politischen Rangordnung gründlich zu korrigieren,

---

[2] HEGEL, *Philosophie des Rechts*, Erg. zu § 198, S. 485.

[3] Karl MARX, Friedrich ENGELS, *Manifest der Kommunistischen Partei*, Stuttgart, Reclam, 1969, S. 27.

[4] Georg Wilhelm Friedrich HEGEL, *Enzyklopädie der philosophischen Wissenschaften III* (*Werke in 20 Bänden*, Bd. 10), Frankfurt/Main, Suhrkamp, 1970, § 552, S. 353-365, hier S. 358.

und zwar durch die Planung eines in der Vernunft begründeten Staates. Aber Hegel, der nicht umsonst eng befreundet war mit Hölderlin während mancher entscheidenden Lehr- und Wandelsjahre, konnte zugleich verstehen, dass die moderne Lebensweise prinzipiell eine Lücke zeigte, die mit keiner Reform oder gar Revolution zu eliminieren ist und die letztendlich unlösbar bleibt.

Um dieses Problem wenigstens programmatisch einzuführen, erlaube ich mir jetzt, die folgende vorläufige Antwort auf das zentrale Problem des ästhetischen Ideals als « sinnlichen Scheins der Idee » zu geben: sinnlich kann nur die Idee scheinen, wenn der Mensch ein Ding oder irgend ein physisches Phänomen gleichsam aushöhlt und d.h. wenn diese Materialien so durchgearbeitet werden, dass durch ihren künstlich dünn gewordenen Inhalt die Gefühle, Affekte und Gedanken des Künstlers für einen rezeptiven Zuschauer durchsichtig werden, als ob das Kunstwerk eine Art Vermittler unter Menschen und Epochen wäre, um dadurch ein geistiges Gespräch zu etablieren. Symbolisch wird so das Ding gleichsam metaphorisiert, folglich auf eine Ebene versetzt, wo es auf sinnliche Weise das Unsinnliche sendet, mit solcher Subtilität und Intensität aber, dass am Ende dieses Prozesses das Sinnliche – also, die Hülle – gleichsam *verdampft* worden ist. Demgemäß kann man also behaupten, dass auf diese Weise die beiden von Marx-Engels bestimmten Grundzüge des modernen Zeitalters (Entweihung und Verdampfung) schon von Hegels Ästhetik vorhergesagt wurden. Nun aber wird, wenn es so ist, die berühmte Definition des Ideals bei Hegel (bzw. bei seinem Herausgeber Hotho) zu einem dialektischen Widerspruch in sich selbst, dessen Auflösung den Sprung in den nächsten Bereich des absoluten Geistes implizieren sollte.

Im Grunde genommen handelt es sich m. E. um ein Problem, welches die Struktur des Systems bzw. der Hegelschen Enzyklopädie betrifft, nämlich um die mangelhafte Übereinstimmung der logischen Reflexionsbestimmungen mit ihrem entsprechenden realphilosophischen Gebiet. In der *Wissenschaft der Logik* und präziser in dem Übergang der Wesenslehre in die Begriffslehre ist es theoretisch möglich, die abstrakte Allgemeinheit der Substanz durch die Besonderheit ihrer Bestimmungen zu vermitteln und somit zu dem verborgenen Beweger des logischen Duktus zu gelangen, nämlich zu dem Begriff, welchem die von der ausgegliederten Allgemeinheit erfüllte Einzelheit geeignet ist. Auf diese Weise darf der Begriff ganz frei in seine eigene Andersheit, also in die Substanz eintreten, um sie als Objektivität darzustellen und sich selbst als die absolute Idee dabei zu wissen. Man kann aber leicht sehen, dass diesem konkreten Allgemeinen bzw. diesem bei seinem Anderen sich frei erhaltenden Einzelnen genau jenes Programm von der menschlichen Herrschaft über eine idealisierte bzw. « zerquetschte » Natur entspricht, welches ich am Anfang zitiert habe. Nur dass Hegel sich wohl dessen bewusst war, dass die logische Darstellung nie mit dem wirklichen Gang der Natur oder der Geschichte zusammenfallen kann (sonst wäre die sog. Realphilosophie überflüssig gewesen), da die Natur gerade die « Ohnmacht [ist], den Begriff in seiner Ausführung festzuhalten »[5] und d.h., dass sie selbst in ihrer unendlichen Mannigfaltigkeit von jeher verlorengegangen ist und deswegen das entfesselte *Ausser-sich-sein*, « das Negative ihrer selbst oder *sich äusserlich* »[6]: das unheimliche Vorbild der Verrücktheit. Und daher ist alle Bemühung umsonst, wissenschaftlich bzw. technisch die Natur unter eine vollständige Kontrolle zu bringen oder politisch die Naturkräfte bzw. wirtschaftlichen Ressourcen reibungslos zu verwalten, da jeder « geistige », also kulturelle Fortschritt in dieser Richtung immer von einer entsprechenden naturhaften Zersplitterung und Zufälligkeit begleitet wird.

Keine staatliche Gesetzlichkeit, keine Verfassung kann dieses sich fortlaufend ändernde Ungleichgewicht tilgen, da die Verwaltung der Leistungen der bürgerlichen Gesellschaft gerade den Sinn hat, die soziale Ungleichheit in einer höheren Ebene aufzuheben zu versuchen (aufheben bedeutet aber nicht « eliminieren ») und damit das notwendig daraus gekommene Unrecht, die Misstöne und gar die sozialen Verbrechen zu korrigieren. Dies ist gerade die « naturhafte » Seite des Menschen, die der Staat zahm und gedämpft machen muss. Aber dazu muss er von den freien Bürgern gerade dasselbe verlangen, was ihm nur mit Zwang und durch die maschinelle Arbeit gegen eine widerspenstige Natur gelingen kann, nämlich die Zerlegung und die regelmässig gegliederte Sonderung der Naturkräfte, *mutatis mutandis* der menschlichen Triebe, Eigenschaften und Fähigkeiten, die wenigstens tendenziell restlos in die Maschinerie des Staats integriert werden sollen.

Der Mensch, oder bestimmter: von nun an jeder Mensch, Kapitalist oder Arbeiter, wird nicht nur in der Gesellschaft sondern auch in dem Staat und von ihm zerteilt und sogar zerstückelt. Nur durch diese Sonderung seiner Kräfte, Wünsche, Absichten, Leistungen und Werke kann der Staat sein sonst abstraktes Wesen, also seine Allgemeinheit in die Einzelheit von *dieser oder jener existierenden* Nation und d.h. in ein höher gewordenes Individuum verwandeln. Nur wenn es so ist, dürfen wir uns freilich fragen, was passiert mit jedem von

---

[5] Georg Wilhelm Friedrich HEGEL, *Enzyklopädie der philosophischen Wissenschaften II*, (*Werke in 20 Bänden*, Bd. 9), § 250, S. 34-36, hier S. 35.
[6] HEGEL, *Enzyklopädie II*, § 247, S. 24-27, hier S. 24.

uns, nämlich mit diesem *ego homuncio*, der sich für eine Person, also für ein Individuum hält und von den anderen fordert, als solches anerkannt zu werden?

Bekanntlich hat Hegel verteidigt, dass die grundlegenden Manifestationen der Kultur, also die Wissenschaft, Kunst oder Religion einer bestimmten Periode, aus einem philosophischen Standpunkt betrachtet, zusammenhalten müssen, und dass dieser Zusammenhang, in seinem Wesen angesehen, mit der inneren Entwicklung der logischen Bestimmungen prinzipiell koinzidieren soll. Dementsprechend bedeutet dies für unser Thema, dass in dem Übergang der Neuzeit zur Moderne die Ausbreitung und Vervollkommnung der Methoden und Behandlungsweisen der Naturwissenschaften – und damit die Herrschaft über die Naturkräfte – mit der Entwicklung der bürgerlichen Gesellschaft und des konstitutionellen, parlamentarischen Staats unauslösbar verbunden sind. Man muss alle diese Verhältnisse pauschal aufnehmen oder sie insgesamt wegwerfen. Sogar Reformen und Revolutionen finden nur innerhalb dieser « Weltanschauung » ihren Platz. Und auch der Mensch (welcher, nicht zu vergessen, laut Hegel nur auf dem Niveau der industriell-kapitalistischen Gesellschaft diesen Name verdient, da nur darin denkbar ist, eine Globalisierung und Homogenisierung der verschiedenen Arten, Mensch zu sein, zu etablieren, also eine gemeinsame Vorstellung der Menschheit zu haben), auch der Mensch soll sich den neueren Zeiten anpassen. Sogar der Monarch der modernen Zeit ist nicht zu vergleichen mit dem alten Heroen, der « eine in sich *konkrete* Spitze des Ganzen » war. Der König einer konstitutionell-parlamentarischen Demokratie ist hingegen « ein mehr oder weniger abstrakter Mittelpunkt innerhalb für sich bereits ausgebildeter und durch Gesetz und Verfassung feststehender Einrichtungen [...], so dass die Spitze des eigenen subjektiven monarchischen Willens in Rücksicht auf das Allgemeine und Öffentliche nur formeller Art ist »[7]. Und wenn dies der Fall des Königs ist, ist es leicht, sich vorzustellen, was für eine Funktion für den normalen Bürger bestimmt ist:

> Jeder Einzelne gehört doch, wie er sich wenden und drehen möge, einer bestehenden Ordnung der Gesellschaft an und erscheint nicht als die selbständige, totale und zugleich individuell lebendige Gestalt dieser Gesellschaft selber, sondern nur als ein beschränktes Glied derselben.[8]

Infolgedessen ist jeder Versuch, sich ausschließlich im Namen der eigenen, inneren Wahrheit, die in dem Gemüt bzw. in der Brust gefühlt wird, gegen die

---

[7] Georg Wilhelm Friedrich HEGEL, *Vorlesungen über die Ästhetik I* (Friedrich Bassenge, Hg.), Berlin (DDR)/Weimar, Aufbau, 1982³ = Frankfurt/Main, EVA, 1965², S. 193.

[8] HEGEL, *Ästhetik I*, S. 193.

bestehende Ordnung der Dinge aufzustehen, schon im voraus zu scheitern verdammt, da dieses vermeinte Innenleben zum System gehört, das sie zerstören will. Bekanntlich benutzt Hegel dazu – schon seit der Jenaer Zeit – die Fälle von Wallenstein (der töricht « seinen Feldherrnruhm » mit der « Pflicht gegen die allgemein anerkannte Macht und Regierung » verhängnisvoll verwechselte[9]) und von dem « Räuber » Karl Moor, dessen « Räuberideal » höchstens nur « Knaben » bestechen kann.[10] Eine interessante Bemerkung allerdings, denn wir werden später sehen, dass die Gestalt des Helden zum Guten oder zum Bösen (wie hier) gerade der Jugend und ihrer Erziehung, nicht dem erwachsenen, tätigen Leben geeignet ist.

In der modernen industriellen Gesellschaft bzw. in dem gesetzmässigen selbstkonstituierten Staat muss man also prinzipiell Alles (d.h. die bestehende gesellschaftliche Ordnung) oder Nichts (deren revolutionären Umsturz) akzeptieren. Selbstverständlich ist aber diese totale Umwälzung als ein zu dem früheren Zustand bezogenes, selbstzerstörerisches Nichts zu verstehen, welches für eine gerade im Moment untergehende Welt freilich als deren Vernichtung betrachtet werden soll. Man kann keine partielle Reform innerhalb dieses Ganzheitszusammenhanges unternehmen, ohne die anderen Teile davon sofort in Unordnung zu bringen. Dies bedeutet, dass der moderne Mensch seine subjektive Freiheit in der Unterwerfung der Natur zu sich und zugleich seine objektive Freiheit in der freiwilligen Befolgung der staatlichen Gesetzlichkeit findet. In dieser entgegengesetzten Spannung zwischen Techniker oder Arbeiter, und Bürger bzw. *citoyen*, muss er aber unvermeidlich das Gefühl seiner eigenen Individualität als ein selbständiges Wesen deswegen verlieren, weil er sich selbst in den beiden Bereichen für eine prekäre und modifizierbare Verknüpfung von besonderen Fähigkeiten hält. Nur auf dem abstrakten Punkt des « Ich », worin alle Wirklichkeit leider nur ideell als Vorstellung zur Verfügung des Subjekts steht, darf er einen momentanen Halt finden.

Demzufolge braucht man nach Hegel, um subjektive und objektive Wahrheit innerhalb des Menschen und nicht ausserhalb von ihm (etwa in der « göttlichschönen » Natur Rousseaus und Hölderlins oder doch im modernen Staat) zu vereinigen, einen völligen Umschlag der Denkungsart, um somit in die höchste Sphäre der Enzyklopädie, die des « absoluten Geistes », emporzusteigen. Die Frage ist, ob wir darin eine richtige Wiedereinsetzung des Individuums finden, oder nicht. Und die Antwort Hegels kann wohl für manche

---

[9] HEGEL, *Ästhetik I*, S. 195.

[10] HEGEL, *Ästhetik I*, S. 194.

frustrierend klingen: einerseits behauptet er zwar, dass nur in der ersten, unmittelbaren Betrachtungsweise jener absoluten Sphäre, also in der Kunst, oder bestimmter in einem von ihr erfundenen mythischen Heroenzeitalters, und nicht etwa in dem heutigen Zustand « eines ausgebildeten Staatslebens », dieses Gefühl der Individualität aufbewahrt wird: « Denn die Kunst und ihr Ideal ist eben das Allgemeine, insofern es für die Anschauung gestaltet und deshalb mit der Partikularität und deren Lebendigkeit noch in unmittelbarer Einheit ist. »[11] Andererseits aber besteht Hegel in dieser Hinsicht nicht nur auf ihre allgemeine Ansicht, dass die wesentliche Funktion der Kunst – den Inhalt des absoluten Geistes in der Anschauung darzustellen –, nur für die Vergangenheit gültig ist, sondern verstärkt er diese Grundeinstellung in dem Sinne, dass laut ihm: « die idealen Kunstgestalten in mythische Zeitalter, überhaupt aber in die älteren Tage der Vergangenheit als besten Boden ihrer Wirklichkeit hineinversetzt werden » sollen.[12]

Der Grund für diese « Verbannung » der Heroen in die Vergangenheit bzw. in eine mythische Vorzeit wird von der allgemeinen Vorstellung Hegels abgeleitet, nach welcher die Kunstwerke die Wirklichkeit von aller Deformität und Zufälligkeit womöglich gleichsam *reinigen* sollen. Umso mehr soll dann der Heroe, d. h. die exemplarische Gestalt des Menschen als selbständiges Individuum, dargestellt werden als frei von den « vielfachen Fäden der Vermittlung von Bedingungen und Verhältnissen mit ihrer ganzen Umgebung von Endlichkeit ». Darüber hinaus findet der moderne Mensch das « Substantielle, Sittliche, Rechtliche [...] als gesetzliche Notwendigkeit sich gegenüber »[13], so dass es dem einzelnen Charakter keine Übereinstimmung mehr zwischen dem Substantiellen und dem als eigenen inbrünstig empfundenen *Pathos* gibt. Dementsprechend wäre es in der Tat heute entweder lächerlich oder wahnsinnig, solche Individualität etablieren zu versuchen.

Es war aber nicht immer so. Mit dem Altertum, mit Griechenland vor allem war es eine andere Bewandtnis. Dort hatte jeder Mensch seine eigene Substanz und Bedeutung in der Polis, insofern sein Zustand als freier Mensch (*eleutheros*) oder als Knecht (*doulos*) ausschliesslich vom Zufall der Geburt abhing. Und d.h., dass ihm seine Individualität noch stärker als bei uns verliehen, von einer äusserlichen Gelegenheit gewährt war. Dies galt aber nur für den normalen *politês*, nicht jedoch für den Fürst eines Volks bzw. den Begründer eines uralten,

---

[11] HEGEL, *Ästhetik I*, S. 185.

[12] HEGEL, *Ästhetik I*, S. 189.

[13] HEGEL, *Ästhetik I*, S. 189.

vornehmen Geschlechts, welcher tatsächlich als ein selbständiges, freies Individuum betrachtet werden musste, da nur in ihm den äußeren Umständen seiner Welt die innere Affekte, die *Pathê* direkt und unmittelbar entsprachen. Nicht also unter dem gesetzlichen, staatlichen Leben, sondern nur in dessen Anfang – da manche Heroen als Begründer von Staaten galten – oder nach dem Untergang des Vaterlandes (um es mit Hölderlin zu formulieren), folglich in dem Intervall bzw. in der Zeitspanne, die in ein anderes Zeitalter übergeht, wäre es nach Hegel möglich, wahrlich Individuum zu sein. Und obwohl wenige wie Hegel die Wichtigkeit des modernen Staats und seine Relevanz für das menschliche Leben gelobt haben, wird jene denkende Betrachtung über den Verlust des vorstaatlichen, gar des vorzeitlichen Individuums jedoch von dem sonst nüchternen Denker gewiss mit einem starken Gefühl von Nostalgie begleitet. « *Se canta lo que se pierde* »: « Man singt, was man verloren hat », sagte einmal der spanische Dichter Antonio Machado. Und was im allgemeinen heutigen Weltzustand verloren ist, was man vermisst, ist offenbar die Individualität.

Nur dass ich nicht sicher bin, ob diesem schmerzhaften Gefühl des Verlusts der Individualität etwas Wirkliches (obwohl schon für immer Vergangenes) oder einfach eine Täuschung (wenn auch eine für das moderne Leben unvermeidliche und sogar wohltuende), bzw. eine eher bürgerliche als menschliche Illusion entspricht. Sind die Heroen einst etwa wirkliche Menschen gewesen, deren künstlerische Vorstellung nachträglich in eine mythische Vorzeit projiziert wird, oder eine blosse Erfindung der Poeten? Ich glaube, dass Hegel sich zu der letzten Alternative stillschweigend neigt. Denn zuerst ist es wichtig, darauf aufmerksam zu machen, dass weder das Hegelsche Ideal als sinnlichen Schein der Idee noch dessen bestes Beispiel, also das Heroenzeitalter eine Stelle in der *Wissenschaft der Logik* finden kann. In dieser Hinsicht darf man sogar sagen, dass das Ideale bzw. die Gestalt des Heroen als Konkretisierung desselben eine Art schwarzes Loch in der Philosophie Hegels ausmacht, indem es gerade die unmögliche Stellung des Ideals in dem System ist, welche das Heimweh nach einer vielleicht nie existierenden Geburtstätte, nach dem eigenen ursprünglichen Zuhause des Individuums veranlasst und eine breite Wunde in der Brust des modernen, zivilisierten Bürgers öffnet. Dieser vermisst gerade jene alten guten Zeiten, als die Menschen richtigen, atomaren Individuen und nicht etwa solche Produzenten, Konsumenten waren, die wir alle heute sind: brave Leute nämlich, die ihre Steuern bezahlen und gehorsam dem Gesetz folgen, die aber in Wahrheit eine Menge von Besonderheiten ausbilden, als ob jeder Mensch ein « Päckchen » von verschiedenen psychophysiologischen und soziopolitischen

Rollen wäre, welche nur durch den phantasmatischen Leitfaden des « Ich » und eines kulturell manipulierbaren Gedächtnisses miteinander in einer vermeinten « Individualität » prekär zusammengesetzt worden sind.

Was soll aber diese Individualität bedeuten, welche von uns allen so heftig verteidigt wird, wenn sie in der Tat eine geträumte ist? Sie ist nach Hegel die Vorstellung der völligen Durchdringung von zwei Zügen: erstens gilt sie als völlige Selbständigkeit im Sinne des Sich-auf-sich-Beruhen, bzw. der Übereinstimmung zwischen dem Grund und der Existenz eines Wesens, folglich als substantielle Selbstbehauptung. Auf diese Weise ist jedes als unabhängig konstituiertes Wesen deshalb wortwörtlich « Individuum », weil es nur auf sich selbst beruht und mit sich selbst rechnen kann. Zweitens aber, um ein wahres *persönliches* Individuum zu sein, braucht man eine vollständige Reflexion, also ein subjektives Gefühl nicht nur von Freiheit sondern von der direkten, im eigenen Herz als *Pathos* gefühlten Identifikation zwischen dem allgemeinen Weltzustand seiner Zeit und der eigenen Gedankenwelt. So lebt das Individuum oder, genauer gesagt, der Held zugleich in sich und draussen vor sich, sozusagen objektiviert und verewigt in seinen *Tathandlungen*, als ob das Subjekt nur in der substantiellen Grundlage den « Gehalt seiner Wirklichkeit »[14] finden könnte.

Demzufolge besteht das Ideal des Menschen darin, dass er sich selbst als *dieses subjectum* (im alten, aristotelischen Sinne des Wortes: die *Substanz* als *ti to on*) und zugleich als das moderne *Subjekt* (und d.h. als *Selbstbewusstsein*) überhaupt weiss. Dies bedeutet, dass er, nämlich der Held, sich als das Sichvervollständigen bzw. die Mitte von Natur und Geist betrachtet, oder bestimmter, dass er sich als die unzertrennbare Einheit von psychophysischen bzw. naturgemässen Gefühlen und Neigungen einerseits und den psychosozialen bzw. geistreichen Kräften der Intelligenz und Wille anderseits versteht und so von den anderen anerkannt werden muss. Aber wie wir schon angedeutet haben, weist alles darauf hin, dass Hegel diese doppelte Einheit als eine Fiktion akzeptiert, die aus dem Bereich der Kunst genommen ist und die aus einer von jeher vergangenen *Heroenzeit* herauskommt. Daher ist jetzt verständlich, warum Hegel die Heroen *stricto sensu* nur in ein mythisches Zeitalter versetzt, wo weder Staat noch eine schon etablierte Religion (also mit einer Lehre bzw. einem *Credo* und dem entsprechenden Kultus versehen) existierten. Die Heroen, deren Muster nach Hegel in den Werken von Homer zu finden ist, gehörten zwar einem Stamm und einer Stadt, der *Polis*. Aber in dem ersten Fall waren sie direkte oder abgeleitete Sprösslinge einer ersten « ungeheuren Paarung » (um

---

[14] HEGEL, *Ästhetik I*, S. 180.

solches Ereignis mit Hölderlin auszudrücken) zwischen einer Gottheit und einem Menschen. Dies bedeutet aber, dass der Heroe nur in sich, also in seiner Brust beide Sphären vereinigt und zwar dank einer innigen Durchdringung, die er als in sich selbst als sein eigenstes *Pathos* fühlt). Noch sind die Sphären nicht voneinander getrennt und damit auch von keiner für jeden Bereich besonderen Gesetzlichkeit organisiert worden. Zweitens aber, in Hinsicht auf die *Polis*, ist es wohl für den griechischen Heroe kennzeichnend, dass er, obwohl dank seiner Geburt zu *anax andrôn* bestimmt ist, wegen verschiedener, verhängnisvoller Umstände keineswegs die Funktion des Monarchs bekleiden kann.

Tatsächlich identifiziert Hegel aber ausdrücklich die Charaktere des Heroen bzw. der selbständigen Individualität mit denjenigen des Menschen *kat'exochên*, wie klar aus den folgenden Passagen fast in der Form eines Schlusses sich ergibt. Zuerst stellt er den « lebendigvolle[n] Umfang von Eigenschaften und Charakterzügen »[15] dar als das Eigentümliche des Helden, wie er am Beispiel von Achill hervorhebt. Insbesondere bedeutungsvoll ist dann gleichsam die Mitte des Schlusses, welche den Held mit dem (Ideal des) Mensch(en) überhaupt identifiziert: « Bei Achill kann man sagen: das ist ein Mensch; die Vielseitigkeit der edlen menschlichen Natur entwickelt ihren ganzen Reichtum an diesem einen Individuum. »[16] Und endlich bietet er uns eine allgemeine Definition des Menschen dar, die als den Schlusssatz gelten könnte: « Denn der Mensch ist dies: den Widerspruch des vielen nicht nur in sich zu tragen, sondern zu ertragen und darin sich selbst gleich und getreu zu bleiben. »[17] Man kann die Wichtigkeit dieser Auffassung nicht genug hervorheben, da sie auf eine der berühmtesten Passagen der ganzen Philosophie Hegels hinweist, diejenige nämlich über « das Leben des Geistes », welches « das von seinem Umfange getrennte Accidentelle als solches », bzw. die « Unwirklichkeit » oder den « Tod [...] erträgt, und in ihm sich erhält »[18]. Diese Kraft, bei dem Negativen (und das bedeutet in unserem Fall, bei den mannigfaltigen sich widersprechenden Eigenschaften und Besonderheiten) zu verweilen und in ihm sich frei zu sein und zu wissen, macht gerade das *Subjekt* aus, welches « die abstrakte d. h. nur überhaupt *seyende* Unmittelbarkeit aufhebt, und dadurch die wahrhafte Substanz ist »[19]. Auf diese Weise wird aber

---

[15] HEGEL, *Ästhetik I*, S. 234.

[16] HEGEL, *Ästhetik I*, S. 235.

[17] HEGEL, *Ästhetik I*, S. 236.

[18] Georg Wilhelm Friedrich HEGEL, *Phänomenologie des Geistes* (GW 9), S. 27.

[19] HEGEL, *Phänomenologie*, S. 27f.

nicht nur das allgemeine Programm Hegels angedeutet (das Auffassen und Ausdrücken der *Substanz* als *Subjekt*[20]), sondern auch dadurch *anscheinend* meine obige Definition des Helden bzw. des Ideals von Menschen als Durchdringung von *subjectum* und *Subjekt* belegt und bestätigt. Wäre es aber tatsächlich so, wäre also der Held mit dem lebendigen Geist und mit dem Subjekt identifiziert, dann ginge die ganze Philosophie Hegels zu Grunde oder vielmehr metamorphosierte es sich über Nacht in erbauliche Jugendliteratur!

Wo liegt der Fehler, da ich mich bemüht habe, jeden Schritt der Argumentation sorgfältig zu belegen? Wäre es vielleicht in diesem Fall erlaubt, von einer Art « misslungenen Tat » von Seiten Hegels zu sprechen, indem seine « ästhetische » Begeisterung für die Gestalt des Helden manchmal ihn verführt, unbemerklich sie in den strengen Bereich der Metaphysik hineinzumischen? Der Denker Hegel *weiß* sehr gut Bescheid (da es sich freilich um seine eigene Lehre handelt!), dass eine unmittelbare Verbindung der Allgemeinheit und der Einzelheit, wie diejenige von dem Helden vertreten, undenkbar ist (beiläufig gesagt, so folgt Hegel treu der Kantischen Lehre von dem sich selbst widersprechenden *prototypon transcendentale*). Aber das Individuum Hegel *fühlt* zugleich, dass ihm sein Leben als *dieser* Mensch ohne diese (bestimmt unberechtigte) Voraussetzung sinn- und zwecklos scheint. Es ist am schwersten, auf jenes unmittelbare Zusammenfallen von Natur und Geist im dem einzelnen Subjekt zu verzichten. Dies war gerade der Fehler der Romantiker, die wie « aus der Pistole » das Absolute (also die erwähnte Identität) erfassen wollten! Und dennoch bleibt für Hegel diese anscheinend unerreichbare Gestalt die einzige, die das echte Interesse des Menschen erweckt. Dieses Bekenntnis des dringenden Bedürfnisses von etwas in sich Unmöglichen bricht wie ein unerwartet tragischer Blitz in die marmorne Heiterkeit des Hegelschen Denkens ein: « Das Interesse nun aber und Bedürfnis solch einer wirklichen, individuellen Totalität und lebendigen Selbständigkeit wird und kann uns nie verlassen. »[21] Nie also, obwohl wir in dem heutigen Weltzustand bzw. « in dem ausgebildeten bürgerlichen und politischen Leben » eingefügt sein müssen. Woher denn diese unheilbare Nostalgie?

In Hinsicht auf die Konstitution der Menschen als einzelnes Lebewesen sagt Hegel lapidar, dass das menschliche Individuum zwischen seinem Sein als natürlichem und seinem Begriff bzw. Sollen als denkendem Wesen entzweit wird. Das heisst aber nichts weniger, als dass das Individuum von Natur aus ein

---

[20] Vgl. HEGEL, *Phänomenologie*, S. 18.

[21] HEGEL, *Ästhetik I*, S. 194.

Mängelwesen ist, denn: « Das Übel ist nichts anderes als die Unangemessenheit des Seins zu dem Sollen. »[22] Deswegen ist der Mensch – als jegliches einzelne Exemplar einer Gattung – von seiner Geburt her, also apodiktisch, zum Tode verurteilt.[23] Gegen dieses harte Gesetz erhebt sich vergebens der heftige Protest eines jeden von uns, Hegel selbst eingeschlossen, welcher das Folgende offen ausspricht: « ich als dieses Individuum will und soll in der Ausführung des Zwecks nicht zugrunde gehen. Dies ist mein Interesse. »[24] Aber dieser Anspruch ist vergeblich.

Geschichtlich betrachtet kann man sagen, dass es bei den Griechen zu früh war, sich zu selbständigen Individuen zu entwickeln, weil dieses Volk die freie, unendliche Reflexion in sich der Subjektivität nicht erkannte. Uns ist es heute aber leider zu spät, diesen geträumten Zustand von vollständiger Selbständigkeit zu erreichen, weil die heutige Anerkennung des Subjekts in dem objektiven Staatsleben nur als eine bloss stückhafte und partikuläre Teilnahme, also als eine Rolle innerhalb des sittlichen Ganzen existiert. Es mag wohl sein, dass unser heutiger Weltzustand gewiss vernünftiger als der frühere sei: « Auch dann aber sind und bleiben die einzelnen Individuen immer nur das Beiläufige und haben ausserhalb der Wirklichkeit des Staats in sich selbst keine Substantialität. »[25] Das Individuum folglich, als Abfall der Logik, der Natur und der Politik ist heute zu viel, *de trop* geworden: es ist ein Absurdes, etwas *atopon* und voll *hybris*, das nicht dasein soll und trotz allem unvertilgbar und hartnäckig in uns innewohnt.

Infolgedessen muss man irgendwo diese Gestalt retten, denn sonst würde das menschliche Individuum sein eigenes Leben mit Recht als ein so ekelhaftes wie zweckloses Geschäft ansehen! Deswegen sucht nun Hegel aus der Not, die unverzichtbare Würde des Menschen zu retten, nach einer Zuflucht, die allerdings nicht in dem wirklichen Leben vom Alltag sondern nur in der Poesie gefunden wird. Dieser glänzende aber fiktive Zeitraum heisst bekanntlich die *Heroenzeit*, die von uns als eine mythische Vergangenheit dargestellt wird, welche zur Erinnerung gehört, denn nur so ist es uns Menschen gegeben, Charakter, Begebenheiten und Taten « in das Gewand der Allgemeinheit »[26] einzuhüllen. Nun aber, da wir uns immer noch dagegen sträuben, dass auf diese

---

[22] HEGEL, *Enzyklopädie III*, § 472, S. 292-295, hier S. 292.

[23] Georg Wilhelm Friedrich HEGEL, *Wissenschaft der Logik* (GW 12), S. 88

[24] HEGEL, *Enzyklopädie III*, § 475, S. 297-298, hier S. 298 (Zusatz).

[25] HEGEL, *Ästhetik I*, S. 183.

[26] HEGEL, *Ästhetik I*, S. 189.

Weise nicht einmal die Möglichkeit einer *realen* Erlösung (also der Aussöhnung zwischen Erde und Himmel, zwischen dem Physischen und dem Politischen) uns gewährt ist, schwebt uns wenigstens in der Phantasie diese vorzeitliche Vergangenheit nicht sowohl als Muster wie als Kompensation von der alltäglichen, mechanisierten Routine des Durchschnittlichbürgers. Zwar stellt sich uns der Held, also der individuelle Retter und Rächer alles Unrechts und Unfugs, leibhaftig gegenwärtig vor. Aber es handelt sich dabei um eine dämmrige, nie wirklich geschehene Gegenwärtigkeit.

Daher die Notwendigkeit, eine schöne, obgleich harmlose und schon wirkungslose Kompensation zu suchen. Daher die Hegelsche Verortung der Heroenzeit, im wahren Sinne des Wortes, in die griechische Dichtung, und besonders die Homers. Denn nur unter den Griechen gäbe es, so der Philosoph, eine schöne Individualität. Aber die Schönheit bedeutet vielmehr ein Hindernis im Weg des Selbstbewusstseins des Geistes (daher die Vergänglichkeit der Kunst in dem modernen, kaufmännischen, staatlichen und christlichen Zeitalter), da sie eine Vereinbarung des Bewusstseins – des noch unglücklichen, noch mit Erde imprägnierten – mit der Natur voraussetzt: eine Angleichung (noch auf der Ebene der wesentlichen, noch nicht begrifflichen Beziehung) zwischen dem Inneren und dem Äusseren. Diese Vereinbarung, dieses schöne Gleichgewicht bedeutet gewiss, dass der griechische Mensch nicht nur « an sich frei », sondern auch « mit dem Bewusstsein seiner Freiheit » sei. Aber Hegel nuanciert zugleich: jene Freiheit und das Bewusstsein davon werden nicht von dem Individuum im Inneren gefühlt, sondern es sieht sie auf seine Götter projiziert: « So ist er heiter in ihnen [...]; so ist die Ehre des Menschlichen verschlungen in die Ehre des Göttlichen. Die Menschen ehren das Göttliche an und für sich, aber zugleich als ihre Tat, ihr Erzeugnis und ihr Dasein. »[27] Der Heros, der Halbgott ist sozusagen die mythische Fleischwerdung jenes Widerspruches, der im Allgemeinen das künstlerische Ideal ausmacht: des sinnlichen Scheins der Idee, wie wir wissen.

Kurz gesagt, die Hegelsche Verlegung des Helden ins homerische Griechenland und seine Verortung in der Poesie haben ihre Ursache darin, dass der Philosoph m. E. möglicherweise ahnte, dass die Figur des Helden *proprie dictum* subversiv ist, dass nämlich seine Stellung nicht so sehr *vor* dem Staat, sondern vielmehr *gegen* den Staat ist. Diese Figur verkörpert ja die – immer latente, immer nahe bevorstehende – Gefahr, die im Grunde jedes Individuums *ist*, nämlich dass es sich nicht nur frei und unabhängig in seiner « prächtigen

---

[27] Georg Wilhelm Friedrich HEGEL, *Vorlesungen über die Philosophie der Geschichte* (*Werke in 20 Bänden*, Bd. 12), S. 294.

Abgeschiedenheit » *glaubt*, sondern jederzeit bereit ist, es zu beweisen, und so seine eigene Gemeinde zur Zerstörung der bürgerlichen, gesellschaftlichen und politischen Institutionen führen kann.

Wenn diese These plausibel ist, dann sollte man würdigen, dass Hegel in dieser Hinsicht eine dazwischenliegende und schwankende Stellung einnimmt: einerseits verzichtet er auf die Träume von einer Wiederkehr Griechenlands (oder irgend eines anderen Volks, da Klassiker und Romantiker in der Begeisterung von dem Mythos des allerersten Ursprunges eines *Urvolkes* bzw. einer gerechten Gesellschaftsordnung übereinstimmen, die nachher unglücklicherweise verlorenging), um den « Schrecken der modernen Welt » abzuhelfen. Diese Schrecken sollen durch die dialektische Einbeziehung der verschiedenen Quellen der Macht in das staatliche Gesetz, in die religiöse Opferwilligkeit und in das philosophische Begreifen eliminiert worden sein. Aber andererseits muss er stillschweigend gestehen, dass auf diese Weise nicht nur die « schöne Individualität » der Griechen, sondern auch damit leider etwas Höheres untergeht: das *Gefühl*, dass die Individuen – wie bei Paulus – « Gefäße » der Ehre Gottes bzw. des Geistes[28] sind, allerdings mit dem freiwilligen Bewusstsein davon, eben dies zu sein und von einer höheren Macht dazu auserwählt worden zu sein.

Aber jetzt ist all dieses zu Ende gegangen. In der neueren, « aufgeklärten » Zeit ist tatsächlich mit *Don Quixote,* diesem von Hegel scharf kritisierten unglücklichen Ritter der Traurigen Gestalt, der Traum der schönen *Heroenzeit* für immer vorbei. Ästhetisch betrachtet ist daher diese (freilich nie existierte) Zeit völlig *in das Komische* aufgelöst. « Glücklicherweise », gesteht kalt und ruhig der Philosoph Hegel, der Verteidiger des Bürgertums. « Schade », murmelt aber tief und still das Individuum G. W. F. Hegel, letzten Endes auch er hinter aller seiner Wissenschaftlichkeit wahrscheinlich ein versteckter, unheilbarer Romantiker.

---

[28] Vgl. HEGEL, *Enzyklopädie III*, § 552, S. 353.

SCHELLINGS NATURPHILOSOPHIE. GRUNDZÜGE UND KRITIK

Karen Gloy

1. Die Aktualität Schellings

Schellings Naturphilosophie ist wieder « in », und zwar « in » aufgrund eines Mißverständnisses. Seitdem auf biologischem Gebiet der chilenische Neurophysiologe und Erkenntnistheoretiker Humberto R. Maturana die Autopoiesis-Theorie entwickelte und geradezu zum neuen Erklärungsparadigma hochstilisierte, seitdem ähnliche Entdeckungen auf dem Gebiet der Biochemie, der Lasertechnologie, der Physik und Mathematik gemacht wurden und in den Theorien dissipativer Systeme von Ilya Prigogine, der autokatalytischen Hyperzyklen auf präbiotischer Ebene von Manfred Eigen, der sogenannten Bénard-Zellen in Fluiden von Hermann Haken, der Selbstähnlichkeit in der fraktalen Geometrie von Benoît B. Mandelbrot ihren Ausdruck fanden – Entdeckungen, die allesamt systemtheoretisch auf eine Theorie der Selbstorganisation hinauslaufen –, muß Schelling als Vorläufer solcher Theorien herhalten, basiert doch Schellings gesamte Naturphilosophie auf dem Gedanken einer Rekonstruktion der Natur unter dem Aspekt der Selbstorganisation, die von den niedrigsten Stufen bewußtloser Materie zu den höchsten Stufen selbstbewußten Geistes reicht.

Hinzu kommt, daß auch die seit einiger Zeit Hochkonjunktur erlebende Evolutionstheorie, die sich unter Stichworten wie « Evolution des Kosmos », « Evolution des Lebens », « Evolution der Erkenntnis » subsumieren läßt und zum Beispiel in Gerhard Vollmers evolutionärer Erkenntnistheorie in dem gleichnamigen Buch die naturgeschichtliche Herkunft der Intelligenz verfolgt, ein Interesse an Schellings Naturphilosophie gefunden hat, da sie dort die biologistische Evolutionstheorie vorgebildet glaubt, die einen dynamischen Prozeß der Höherentwicklung der Natur, der Entstehung des Bewußtseins inmitten der bewußtlosen Natur und aus dieser heraus unterstellt.

Verstärkt wird dieses Interesse an Schelling noch durch die generelle Hinwendung zur spekulativen Philosophie des Deutschen Idealismus, die ihren Grund in einer Defizitanalyse der neuzeitlichen exakten mathematischen Naturwissenschaften und ihrer technischen und technologischen Spätfolgen hat, nämlich in unserem gestörten Naturverhältnis. Das geschärfte Bewußtsein für die desaströsen Folgen dieses Paradigmas, die sich unter den Stichworten « Deformation » und « Destruktion der natürlichen Welt », « ökologische Krise », « Umweltverschmutzung », « Behandlung der Natur als Steinbruch » u. ä. beschreiben lassen, hat das Bedürfnis nach einem andersartigen Paradigma wachgerufen, das man in der spekulativen Philosophie des Deutschen Idealismus, insbesondere Schellings und Hegels, zu finden glaubt.

Das Konzept der exakten mathematischen Naturwissenschaften läßt sich in folgenden Punkten zusammenfassen: 1. Grundlegend für dasselbe ist eine radikale Subjekt-Objekt-Spaltung, die das Objekt im Sinne des lateinischen Ursprungs dieses Wortes – *obicere* meint « sich gegenüber aufstellen », « vor sich hinstellen » – als das Andere, Fremde, Veräußerlichte nimmt, das zugleich 2. im ethischen Sinne verfügbar, manipulierbar, dirigierbar ist und ein Verfügungswissen, nicht ein Orientierungswissen begründet, um einen Ausdruck von Jürgen Mittelstraß zu gebrauchen. 3. Das Objekt ist nicht mehr das natürliche, in die Umwelt integrierte, sondern das aus der Umwelt herauspräparierte, experimentell hergerichtete und gestellte, artifizielle Objekt, das « Gestell » im Heideggerschen Sinne, an dem nur noch bestimmte, quantifizierbare Eigenschaften interessieren. 4. Auf es läßt sich die Maschinenmetapher anwenden, die die Natur als eine hochkomplizierte und hochkomplexe Maschine betrachtet, bestehend aus isolierten oder isolierbaren, selbständigen Teilen, die nachträglich zusammengesetzt und in Bewegung gehalten werden. 5. Die zusammengesetzten Teile selbst sind inert, d. h. träge und bedürfen eines äußeren Anstoßes zur Bewegung. – Das Weltbild erlaubt zwar die Erklärung rein physikalischer Gesetze, nicht aber die von Leben und Organizität. Seine Hauptcrux besteht darin, daß sein zwar exakter, aber analytisch sezierender Charakter jede ursprüngliche Einheitsbildung und jeden Gesamtzusammenhang verhindert, sowohl was die Teile untereinander wie was das Verhältnis des Menschen zur Natur betrifft. Goethe hat dies prägnant im *Faust* in den Mephistopheles-Versen zum Ausdruck gebracht:

Wer will was lebendig's erkennen und beschreiben,
Sucht erst den Geist heraus zu treiben,
Dann hat er die Teile in seiner Hand,
Fehlt leider! nur das geistige Band.[1]

Dieses geistige Band, diese Einheit und Ganzheit sucht man in den holistisch-spekulativen Theorien des Idealismus, die an die Stelle der Spaltung und Entzweiung einen einheitlichen, begriffstheoretisch formulierten Zusammenhang setzen, an die Stelle der experimentellen Artifizialität die Natürlichkeit, an die Stelle der Starre und Inertheit der isolierten Teile die Lebendigkeit des Organismus. Dem Ganzen wird Priorität eingeräumt vor den Teilen statt wie bisher den Teilen vor dem Ganzen – die Gestalttheorie spricht hier von « Übersummation »; die Organismusvorstellung erhält Vorrang vor der Maschinenvorstellung; an die Stelle der äußeren Bewegung tritt die innere Bewegung und Dynamik, an die Stelle des Verfügungswissens die Allianz mit der Natur. Ob sich diese Heils- und Versöhnungserwartungen von seiten der spekulativen Philosophie für die exakten Naturwissenschaften erfüllen, bleibt zu sehen.

Um ein Urteil über die begründete oder nicht begründete Aktualität Schellings fällen zu können, ist zunächst seine Naturphilosophie selbst zu exponieren.

2. Entwicklungs- bzw. Explikationsstadien von Schellings Naturphilosophie

Obgleich sich Schelling zeitlebens mit naturphilosophischen Fragen befaßt hat, fallen die originellsten Arbeiten in die Frühzeit, die deswegen auch als naturphilosophische Epoche betitelt wird. Da Schelling unter den Philosophen als Proteus gilt, der seine Interessen und Beschäftigungsfelder, seine Standpunkte und Ansichten ständig änderte, pflegt man fünf Epochen seiner Philosophie zu unterscheiden: die Naturphilosophie bis 1799, den transzendentalen Idealismus um 1800, die Identitätsphilosophie von 1801 bis 1804, die Freiheitsphilosophie um 1809 und die Religionsphilosophie und Mythologie des späten Schelling etwa von 1850 an.[2]

---

[1] Johann Wolfgang GOETHE, *Faust. Eine Tragödie*, Verse 1936ff., in : ID., *Faust. Texte* (Albrecht SCHÖNE, Hg.), Frankfurt/Main, Deutscher Klassiker-Verlag, 1994, S. 84.

[2] Vgl. Nicolai HARTMANN, *Die Philosophie des Deutschen Idealismus*, Berlin/New York, De Gruyter, 1974³, S. 112.

Angesichts dieser Themen- und Standpunktwechsel stellt sich die Frage, ob dies auch Auswirkungen auf die Naturphilosophie habe. In Anbetracht der Vielzahl sich geradezu überschlagender naturphilosophischer Entwürfe, die allesamt fragmentarisch bleiben, könnte der Eindruck einer permanenten Selbstkritik und Selbstüberholung entstehen, derart daß jeder neue Entwurf den vorhergehenden kritisiert und revidiert und in seine Schranken verweist. Jedoch wäre auch die These denkbar, daß es sich um eine sukzessive Ausarbeitung einer von Anfang an bestehenden Grundeinsicht in eine Grundstruktur der Natur handelt, die freilich am Beginn noch nicht in voller Deutlichkeit und Schärfe vergegenwärtigt und bis in alle Konsequenzen hinein durchdacht ist, sondern ihre sukzessive Explikation erst im Laufe der Zeit findet. Ich neige zu der letzteren Auffassung, da sich die Auseinandersetzung zwischen idealistischem und realistischem Ansatz wie ein roter Faden durch Schellings Gesamtwerk zieht. Analog zu Fichtes Darstellung der verschiedenen Idealismus- und Realismusarten in der *Wissenschaftslehre von 1804*, der niederen und der höheren bis hin zu den höchsten[3], läßt sich auch Schellings Weg als ein immer tieferes Eindringen in die Sache beschreiben, wobei auf immer neuen Metastufen dieses Problems behandelt wird. Wenn Schelling am Ende seines Lebens seine Spätphilosophie als sogenannte positive Philosophie von seiner früheren sogenannten negativen abhebt, zu der neben der Transzendentalphilosophie auch die Naturphilosophie gehört, so stellt dies eine Steigerung der anfänglichen Auseinandersetzung zwischen Natur- und Transzendentalphilosophie dar, von der die erste auf die Realität und das An-sich-Sein der Natur trotz aller Wissensvermittlung abhebt und die zweite vorrangig an der Erfaßbarkeit der Natur durch die subjektiven Wissensstrukturen interessiert ist. In diesem Sinne ist bereits die frühe Naturphilosophie als positive Philosophie zu charakterisieren. Sie ist nicht nur eine Methodologie, eine « Philosophie über Philosophie »[4], die bloß reflexiv und logisch verfährt, ohne Bezug auf die Realität, wie Schelling dies Fichtes *Wissenschaftslehre* vorwirft[5], sondern eine Philosophie vom Range der Auseinandersetzung mit der realen Natur.

---

[3] Vgl. Ingeborg SCHÜBLER, *Die Auseinandersetzung von Idealismus und Realismus in Fichtes Wissenschaftslehre*. Grundlagen der Gesamten Wissenschaftslehre 1794/95. Zweite Darstellung der Wissenschaftslehre 1804, Frankfurt/Main, Klostermann, 1972.

[4] Friedrich Wilhelm Joseph SCHELLING, *Sämmtliche Werke* (K.F.A. Schelling, Hg.), Stuttgart/Augsburg, 1856-1861, Erste Abtheilung, Bd. IV, S. 85.

[5] Vgl. Schellings Brief an Fichte vom 19.11.1800, in: Walter SCHULTZ (Hg.), *Fichte – Schelling. Briefwechsel*, Frankfurt/Main, Suhrkamp, 1968, S. 108.

Entsprechend den aufgezeigten fünf Epochen von Schellings Philosophie ändern sich auch die Schwerpunkte seiner Naturphilosophie.

1. Die erste Epoche, die durch die Schrift *Ideen zu einer Philosophie der Natur als Einleitung in das Studium dieser Wissenschaft* von 1797 repräsentiert wird – Schelling war damals gerade 22 Jahre alt –, steht noch weitgehend unter dem Einfluß Fichtes und des subjektiven Idealismus, in dessen Sinne Schelling zu philosophieren begann. Sie geht von der Vorstellung aus, daß Naturerfahrung, da sie durch das Subjekt und dessen Strukturen geprägt ist, auch nur von diesem aus konstruiert werden könne. Fichte seinerseits hatte den Kantischen erkenntnistheoretischen Ansatz, die sogenannte kopernikanische Wende, aufgegriffen und radikalisiert, wonach nicht, wie es die Meinung des *common sense* ist, die Erkenntnis sich nach den Gegenständen richtet, sondern umgekehrt die Gegenstände nach der Erkenntnis und den Erkenntnisbedingungen richten. Dies bedeutet zugleich eine Depotenzierung des Dinges an sich zur bloßen Vorstellung des Dinges an sich und im weiteren der Natur zur bloßen Vorstellung von ihr, eine Ansicht, gegen die sich leicht der Vorwurf eines bloßen Hirngespinstes, ja Gespenstes erheben läßt, wie ihn Jacobi in bezug auf Fichte und auch auf Schelling in der Tat erhoben hat.

Freilich deutet sich schon in dieser ersten naturphilosophischen Schrift, zumindest in einigen Büchern und in der offensichtlich erst am Schluß geschriebenen Einleitung, eine Grunddifferenz gegenüber Fichte an, die sich immer mehr verstärken wird, indem es Fichte um die Gewißheit des Wissens, die Evidenz der Erkenntnis und ihre logische Strukturiertheit geht, Schelling um den Realitätsbezug. Obzwar beide vom Ich ausgehen, akzentuiert Fichte bezüglich desselben das « Ich = Ich » und unterstellt alle Naturerkenntnis den logischen Bedingungen dieser Identität, während Schelling am Ich das « Ich bin », die Existenz, die naturhafte Vorgegebenheit betont. In dem späteren berühmt gewordenen Briefwechsel zwischen Fichte und Schelling aus den Jahren 1800 bis 1802, der zum Bruch zwischen beiden führte, wird diese Grunddifferenz auf die prägnante Formel « alles = Ich » gebracht, die eine Umkehr der Formel « Ich = alles » darstellt.[6] Während die zweite Version Fichtes Position bezeichnet, derzufolge alles im Ich ist und insofern dessen Struktur trägt, d. h. das Ich den letzten Grund von allem abgibt, bezeichnet die erste Version Schellings Position, derzufolge das Ich im Sinne der Subjekt-Objekt-Identität allem Seienden zukommt.

---

[6] Vgl. Schellings Brief an Fichte vom 24.5.1801, in: *Fichte – Schelling. Briefwechsel*, S. 122.

2. Die zweite Phase, in die die Schrift *Von der Weltseele. Eine Hypothese der höheren Physik zur Erklärung des allgemeinen Organismus* (1798) gehört, die bekanntlich einen großen Einfluß auf Goethes spätere Naturphilosophie ausübte, ebenso die Schrift *Erster Entwurf eines Systems der Naturphilosophie* (1799) sowie die *Einleitung* dazu aus demselben Jahr, verstärken den Gedanken einer Realexistenz der Natur und einer sich selbst organisierenden Materie und führen in der Schrift *System des transzendentalen Idealismus* von 1800 zu einer Parallelbehandlung von Natur- und Transzendentalphilosophie.

3. Die Phase der sogenannten Identitätsphilosophie, wie sie in der Schrift *Darstellung meines Systems der Philosophie* (1801) ihren Niederschlag findet, versucht die Parallelität durch eine ursprüngliche Subjekt-Objekt-Einheit bzw.-Identität – auch absolute Indifferenz von Subjekt und Objekt genannt – zu begründen, aus der als gemeinsamem Substrat die Ableitung der Phänomene in Natur- und Geistphilosophie erfolgt, und zwar so, daß auf der einen Seite das objektive Moment, auf der anderen das subjektive des jedoch beide Momente implizierenden Substrats überwiegt, so daß sich im Ganzen die graduell abgestuften Reihen indifferenzieren und zum harmonischen Ausgleich bringen.

4. In den Jahren der kritischen Auseinandersetzung mit Fichte 1800 bis 1802, die schließlich aufgrund unvereinbarer philosophischer Positionen zum Bruch beider führte, setzt sich immer mehr der Vorrang der Naturphilosophie vor der Geist- bzw. Transzendentalphilosophie durch und bleibt auch in der Folgezeit trotz mannigfacher Modifikationen in der Darstellung erhalten. In der Schrift *Darlegung des wahren Verhältnisses der Naturphilosophie zu der verbesserten Fichteschen Lehre* (1806), mit der Schelling den Streit mit Fichte abschließt, ebenso in der im gleichen Jahr erschienenen Schrift *Aphorismen über die Naturphilosophie* unterstreicht er nochmals den Grundgedanken seiner Naturphilosophie von der alle Gestalten der wirklichen Natur durchwirkenden Existenz. In der letzteren Schrift heißt es:

> Das bloße Daseyn ohne Rücksicht auf die Art und Form desselben müßte jedem [...] als ein Wunder erscheinen und das Gemüth mit Staunen füllen [...].
> In allem einzelnen Wirklichen ist eben die Existenz selbst das Grundlose, Unendliche, allein aus sich selbst Faßliche; wer aber könnte ohne tiefe Bewegung im Großen und Ganzen der Welt jenen ewig regen, lebensschwangern Strom anschauen, der jedes Ufer überschwillt, jede augenblickliche Fassung durchbricht, allerdings um sich wieder zu fassen, aber in keiner zu verweilen oder gefesselt zu werden![7]

---

[7] SCHELLING, *Sämmtliche Werke*, Bd. VII, S. 198.

5. Beginnend mit den *Philosophischen Untersuchungen über das Wesen der menschlichen Freiheit* von 1809 und dann insbesondere in den als positive Philosophie bezeichneten religionsphilosophischen Schriften (*Philosophie der Mythologie* und *Philosophie der Offenbarung*), radikalisiert Schelling noch einmal den bereits seiner Naturphilosophie zugrundeliegenden Existenzgedanken und weitet ihn zum Begriff des Absoluten aus.

Überblickt man die einzelnen Stadien, so läßt sich, grob gesagt, der Weg von einer Priorität der Transzendentalphilosophie vor der Naturphilosophie über eine Parallelität beider bis hin zu einer Priorität der Naturphilosophie vor der Transzendentalphilosophie konstatieren.

Da ich von der Annahme einer Grundidee in Schellings Naturphilosophie ausgehe, möchte ich diese unabhängig von allen Wandlungen in ihren Grundzügen explizieren, um auf dieser Basis die von der Gegenwart an Schelling herangetragenen Ansprüche beurteilen zu können.

3. Die Grundzüge von Schellings Naturphilosophie

Ich möchte die Grundzüge von Schellings Naturphilosophie in zehn Punkten zusammenfassen und erläutern.

1. Schellings Vorstellung von der Natur ist die eines Organismus. Im *System der gesamten Philosophie und der Naturphilosophie insbesondere* (1804) nennt er das Weltsystem ein « ewig lebendes Allthier »[8] und im *Ersten Entwurf eines Systems der Naturphilosophie* (1799) die Teile des Systems « das zusammengezogene verkleinerte Bild des allgemeinen Organismus »[9]. Mit dieser Vorstellung knüpft Schelling an eine alte Tradition an, die sich bereits in der griechischen Antike, so in Platons *Timaios*[10] findet, wo der Kosmos als *zoon* beschrieben wird, als Lebewesen bzw. Lebendiges, das alles Lebendige umfaßt, und die auch in der Renaissance sowie bei Leibniz in der Monadologie wiederkehrt, da auch die Monaden belebte, beseelte Einheiten, im Grunde Bewußtseinseinheiten sind. Wie Schelling einerseits an die Tradition anknüpft, so hat er andererseits bis in die Moderne hinein weitergewirkt; denn daß nicht erst lebendige Organismen die Symptome der Organizität tragen, sondern bereits präbiotische Systeme auf niederer molekularer Stufe organische Eigenschaften

---

[8] SCHELLING, *Sämmtliche Werke*, Bd. VI, S. 491.

[9] SCHELLING, *Sämmtliche Werke*, Bd. III, S. 198.

[10] PLATON, *Timaios*, 30 b ff.

wie Selektion und Evolution in der chemischen Reaktionskinetik zeigen, ist die These von Manfred Eigen und Peter Schuster in ihrer Arbeit *The Hypercycle*.[11]

Indem Schelling die Organismusmetapher zur Kennzeichnung und Beschreibung der Natur verwendet, bezieht er Opposition zur klassisch-newtonischen Mechanik, die mittels der Maschinenvorstellung die Natur zu fassen sucht. Wenn für die letztere die Erklärung der Entstehung des Organischen aus dem Anorganischen das größte Problem darstellt, da es im Grunde innerhalb der physikalischen Gesetzmäßigkeiten keinen Platz zur Erklärung des Organischen gibt, so bereitet umgekehrt für Schelling die Entstehung des Anorganischen, des Festen, Starren, Toten, aus dem Organischen die größte Schwierigkeit, da innerhalb seiner Konzeption die Differenz zwischen Organischem und Anorganischem entfällt. Die anorganische Natur ist « nur eine schlafende Thier- und Pflanzenwelt »[12].

2. Mit der Vorstellung von Organizität verbindet sich Leben, Bewegung, Veränderung. Im Anschluß an die aristotelische Vorstellung von der Natur als *natura naturans* (im Unterschied zur *natura naturata*) beschreibt auch Schelling die Natur als eine in sich belebte, bewegte und sich verändernde. An die Stelle der Substanzmetaphysik mit der Annahme fester, invarianter Substanzen, denen von außen Bewegung zugeführt werden muß, tritt bei ihm eine dynamische Theorie mit innerer Bewegung. Ilya Prigogine vertritt in der Gegenwart eine ähnliche Auffassung, wenn er die Theorie des Seins durch eine Theorie des Werdens ersetzt. Eine solche Vorstellung entspricht auch viel besser der ursprünglichen Auffassung von Natur, die, zurückgehend auf das lateinische Verb *nasci*, « geboren werden », « erzeugt werden », « entstehen » bedeutet. Noch deutlicher zeigt sich dies an dem griechischen Terminus *physis* der, abgeleitet vom Verbalstamm *phy-*, *phyein*, *phyesthai*, das Werden, Wachsen und Gedeihen im pflanzlichen Bereich bedeutet. An der ersten Stelle seines Auftretens in der europäischen Literaturgeschichte, in Homers *Odyssee* (X, 303), erklärt der Götterbote Hermes Odysseus auf dessen Weg zur Zauberin Kirke die Natur des Wunderkrautes Moly, die Natur (*physis*) seiner pechschwarzen Wurzeln und schneeweißen Blüten. Physis steht hier noch ganz in einem Wirkungszusammenhang, in dem die genannten Eigenschaften nicht feste, starre Charaktere sind, sondern aus ihrem dynamischen Zusammenhang als gewordene, gewirkte und selbst wirkende verstanden werden.

---

[11] Manfred EIGEN/Peter SCHUSTER, *The Hypercycle. A Principle of Natural Self-Organization*, Berlin/Heidelberg/New York, Springer, 1979.

[12] SCHELLING, *System der gesamten Philosophie und der Naturphilosophie insbesondere*, in: *Sämmtliche Werke*, Bd. VI, S. 380.

3. Bewegung, Leben, Veränderung als Gesamtphänomen weist auf eine ursprüngliche Produktivität als Ursache und Grundlage derselben. Die Natur muß folglich als eine unendliche Produktivität gedacht werden. Da es nur eine einzige, allumfassende Natur gibt, muß auch die Produktivität eine einzige, unendliche, unerschöpfliche sein. Mit dieser Produktivitätstheorie der Natur schließt Schelling an Leibniz' *vis*-Vorstellung ebenso an wie an Kants dynamische, nicht atomistische Kräftetheorie, mittels deren dieser die Materie erklärt.

4. Das Problem stellt sich allerdings für Schelling, wie aus dieser unendlichen Produktivität endliche, beschränkte Produkte, wie sie in der Natur begegnen, hervorgehen sollen. Wie kann sich eine unendliche Produktivität verendlichen und in endlichen Produkten verfestigen? Rein für sich genommen könnte eine unendliche Produktivität (Aktivität, Tätigkeit) der Gefahr erliegen, sich im Unendlichen zu verlieren. Eine Begrenzung derselben kann daher nur durch eine Hemmung erfolgen, allerdings nicht durch eine von außen kommende, da es ein Außen zu der einen, ganzen Natur nicht gibt und ein solches auch nicht erkannt werden könnte, selbst wenn es es gäbe. Die Hemmung bzw. die ihr zugrundeliegende Tätigkeit muß also eine innere sein, und sie kann nur durch Spaltung der ursprünglichen Kraft in Kraft und Gegenkraft erklärt werden, aus deren Wiedervereinigung die begrenzten, beschränkten Produkte hervorgehen.

Damit Kraft und Gegenkraft sich nicht definitiv neutralisieren und absoluten Stillstand bewirken, ist an der These der absoluten Produktivität der Natur festzuhalten. Von hier zeigt sich, daß der erreichte Gleichgewichtszustand nur ein vorläufiger, labiler ist, der jederzeit aufgehoben werden und in neue Gestaltungen eingehen kann.

> Es ist schlechterdings kein *Bestehen* eines Produkts denkbar, *ohne ein beständiges Reproducirtwerden*. Das Produkt muß gedacht werden *als in jedem Moment vernichtet*, und *in jedem Moment neu reproducirt*. Wir sehen nicht eigentlich das Bestehen des Produkts, sondern nur das beständige Reproducirtwerden.[13]

Zur Demonstration verwendet Schelling das eindrucksvolle Bild eines Stromes, auf dessen Oberfläche sich durch Bewegung und Gegenbewegung in sich rotierende Wirbel bilden, den scheinbar beharrlichen Objekten gleich. Wie der kontinuierliche Strom durch alle Wirbel hindurchgeht und sich in keinem

---

[13] SCHELLING, *Einleitung zu dem Entwurf eines Systems der Naturphilosophie*, in: *Sämmtliche Werke*, Bd. III, S. 288f.

erschöpft, so geht auch die unendliche Produktivität der Natur durch alle relativen, scheinbar festen, begrenzten Objekte hindurch, ohne sich in ihnen zu erschöpfen. Die Natur stellt einen Gestaltungsprozeß mit immer neuen ineinander übergehenden Gestalten dar.

5. Schelling denkt sich aber nicht nur einen gleichförmigen Prozeß, der in der ständigen Wiederkehr des Gleichen besteht, sondern einen Prozeß der Höherentwicklung von einfachen, unkomplizierten zu immer komplizierteren und komplexeren Formen. Sein Grundschema besteht in der Trias von Materie, Leben (Organizität) und Geist (Bewußtsein), wofür auch andere Begriffe wie Mechanismus, Chemismus und Organizität eintreten. Die Bezeichnungen wie auch die Ausfüllung der einzelnen Stufen bzw. Potenzen schwanken in den verschiedenen Darstellungen.

6. In der *Einleitung zu dem Entwurf eines Systems der Naturphilosophie* (1799) hat Schelling versucht, den gesamten Gestaltungsprozeß der Natur von der bewußtlosen Materie bis zum selbstbewußten Menschen *in concreto* über folgende Stufen darzustellen: Auf der ersten Stufe, in der sogenannten ersten Potenz, kommt es aufgrund des Zusammenwirkens der ursprünglich polaren Kräfte, der Expansion und Attraktion, zur Materiebildung, deren äußeres Indiz die Schwere ist. Unter der Dominanz dieser Schwere bildet sich das System der Himmelskörper, die untereinander und miteinander gravitierende Systeme ausmachen und sich in einem unaufhörlichen Veränderungsprozeß befinden. Auf der zweiten Stufe, in der sogenannten zweiten Potenz, bricht das Licht als quasi ideelles Moment der Materie hervor, das auf der materiellen Stufe noch gebunden war. Es durchzieht die Materie mit magnetischen, elektrischen und chemischen Wechselwirkungen und unterwirft sie dynamischen Verbindungs- und Sonderungsprozessen, die selbst ins Unendliche fortwirken. Auf der dritten Stufe oder in der sogenannten dritten Potenz schließen sich Materie und Licht zum sich selbst reproduzierenden und steuernden Organismus zusammen, der seinerseits einen evolutionären Prozeß der Gestaltbildung, einen Prozeß immer selbständige Individualformen und ihrer Arthaltung durchmacht, bis der gesamte Naturprozeß durchbrochen wird im Bewußtsein, dem Prinzip der Erkenntnis, der freien Handlung und schöpferischen Gestaltung, mit dem eine neue Prozeßreihe, nämlich die menschliche Geschichte beginnt.

7. Wurde Schellings Natursystem bisher mehr von der materiellen, dynamischen Seite betrachtet, so steht die Herausarbeitung der ideellen Konstruktionsprinzipien noch aus. Es gilt, systemtheoretisch das hier in Betracht kommende Strukturmodell einschließlich seiner Strukturierungsprinzipien zu eruieren. Schelling hat es als die schwierigste Aufgabe bezeichnet, den

Naturorganismus auf adäquate Begriffe zu bringen, quasi eine « Logik des Lebens » zu formulieren, um einen Ausdruck von François Jacob[14] zu benutzen, oder eine « Logik des Naturverständnisses », wie Hermann Krings sich ausgedrückt hat.[15]

Um die Organismusvorstellung, die sowohl im allgemeinen Bewußtsein wie in dem Schellings mit der Vorstellung von Selbsterzeugung, Selbsterhaltung, Selbstreproduktion und Selbstregeneration verbunden ist, auf die Natur im ganzen anwenden zu können, muß diese als *causa sui* vorgestellt werden, als etwas, das Grund und Folge seiner selbst ist, Produktion wie Produkt, Subjekt wie Objekt, mit anderen Worten eine Einheit, die sich selbst teilt und über die Geteilten wieder mit sich zusammengeht.

> Jene Identität der Produktivität und des Produkts im *ursprünglichen* Begriff der Natur wird ausgedrückt durch die gewöhnlichen Ansichten der Natur als eines Ganzen, das von sich selbst die Ursache zugleich und die Wirkung und in seiner (durch alle Erscheinungen hindurchgehenden) Duplicität wieder identisch ist.[16]

Die Verwendung der *causa-sui*-Metapher, die der spinozistischen Philosophie entstammt und dort Gott bzw. die Natur bezeichnet, ist auch hier Indiz des Absolutheitsstatus der Natur, so daß es nicht verwundert, wenn Schelling die Natur auf der Basis der Gottesidee rekonstruiert, und zwar als einen Prozeß der Selbstwerdung Gottes, der vom Unvollkommeneren, der bewußtlosen Natur, zum Vollkommeneren, dem selbstbewußten Geist, voranschreitet. Das geschieht im Unterschied zu der von Jacobi vertretenen traditionellen christlichen Schöpfungsidee, die das Unvollkommenere aus dem Vollkommeneren herleitet. Der von Schelling nachgezeichnete Weg ist der von der an sich seienden, bewußtlosen Alleinheit zu der an und für sich seienden, sich ihrer selbst bewußten.

8. Da den Vorgängen der Selbstproduktion, Selbsterhaltung und Selbstreproduktion systemtheoretisch der Gedanke der Selbstreferenz zugrunde liegt, der auch zur Anknüpfung moderner Selbstorganisationstheorien an Schelling führt, und da Selbstreferenz als Beziehung eines auf sich selbst nur konstruierbar ist über die dialektische Trias von Thesis, Antithesis und

---

[14] François JACOB, *Die Logik des Lebenden*, Frankfurt/Main, Fischer, 1972.

[15] Vgl. in: Wilhelm G. JACOBS, « Das Weltbild der modernen Naturwissenschaften und die Schellingsche Naturphilosophie », *Existentia* 9, 1999, S. 77-90, hier S. 85.

[16] SCHELLING, « Einleitung zu dem Entwurf eines Systems der Naturphilosophie », in *Sämmtliche Werke*, Bd. III, S. 284.

Synthesis, tauchen die Begriffe von Einheit, interner Duplizität und Einheit mit Einschluß der Duplizität oder von Identität, Differenz und einer Identität aus der Vereinigung beider oder von Identität, Totalität und der Verbindung beider auch hier auf, wobei den Ausgang stets eine anfängliche Einheit bildet, auf die die interne Aufspaltung in die polaren Begriffe folgt, an die sich die Wiederherstellung der Einheit auf der Basis des Vorangehenden anschließt. Die dritte, synthetische Stufe fungiert wiederum als Ausgang einer neuen Einheit, die jedoch in Schellings System nicht Wiederherstellung der ursprünglichen Einheit, sondern wegen der Höherentwicklung Wiederherstellung auf einer höheren Stufe bedeutet. Für das Zustandekommen der höheren Stufe bedarf es jedoch eines speziellen Konstruktionsprinzips, das von Schelling Potenz genannt wird in Übernahme eines Terminus von Adam Carl August Eschenmayer.

9. Dieses Prinzip knüpft gleicherweise an dynamische wie an mathematische Vorstellungen an, an die ersteren insofern, als Potenz « Kraft », « Vermögen », « Fähigkeit » bedeutet und sich damit in Schellings Kräftelehre einfügt, und an die letzteren insofern, als Potenz in der Mathematik das Resultat einer Selbstanwendung von Größen bezeichnet, das jedoch nicht auf einem kontinuierlichen Quantitätszuwachs beruht, sondern auf diskontinuierlichen Sprüngen, mit denen qualitative Differenzen einhergehen. Angewandt auf den Naturprozeß, bedeutet erste, zweite, dritte Potenz usw., daß im Ausgang von der Kausalität die Selbstanwendung linearer Kausalketten zur Wechselbeziehung führt, deren Selbstanwendung zu in sich geschlossenen Wirkungskreisen, den reproduktiven Zyklen, deren Selbstanwendung hinwiederum zu einer ständig sich steigernden Progression selbstreferentieller Reproduktionszyklen.

10. Wie sich gezeigt hat, stellt der Organismusbegriff im Gegensatz zum Aggregatsbegriff, mit dem eine willkürliche, planlose Ansammlung von Instanzen gemeint ist, einen wohldefinierten Begriff dar, der auf wohldefinierten Prinzipien und einem wohldefinierten Plan beruht. In der *Kritik der reinen Vernunft* ebenso wie in der *Kritik der Urteilskraft* hatte Kant versucht, den Organismusbegriff, wie er in den natürlichen Organismen allgegenwärtig ist, in Analogie zu Kunstprodukten zu definieren. Wie diese einen Plan *a priori* voraussetzen, der den Umfang des Ganzen, die Stellung und das Verhältnis der Teile zueinander bestimmt, so daß jeder für den anderen wechselseitig als Mittel und Zweck fungiert, so läßt sich auch der Naturorganismus nur in bezug auf einen vorgängigen Plan verständlich machen. Das Verständnis der Naturorganizität setzt mithin ein Subjekt und einen diesem inhärenten Plan voraus, auch wenn dieser wie bei Kant nicht konstitutiv, sondern nur regulativ ist, d. h. ein Prinzip der Naturbetrachtung und Naturreflexion.

Schelling geht darüber hinaus, geriete er doch sonst mit seiner Maxime, alles aus der Natur selbst und nicht aus einem externen Prinzip wie dem Subjekt erklären zu wollen, in Widerspruch. So sagt er:

> Also liegt jeder Organisation ein *Begriff* zu Grunde, denn wo nothwendige Beziehung des Ganzen auf Theile und der Theile auf ein Ganzes ist, ist *Begriff*. Aber dieser Begriff wohnt *in ihr* [Natur] *selbst*, kann von ihr gar nicht getrennt werden, sie *organisirt sich selbst*, ist nicht etwa nur ein Kunstwerk, dessen Begriff *außer* ihm im Verstand des Künstlers vorhanden ist. Nicht ihre Form allein, sondern ihr *Daseyn* ist zweckmäßig.[17]

Und ähnlich heißt es:

> Der ganze Zauber, der das Problem vom Ursprung organisirter Körper umgibt, rührt daher, daß in diesen Dingen Nothwendigkeit und Zufälligkeit innigst vereinigt sind. *Nothwendigkeit,* weil ihr *Daseyn* schon, nicht nur (wie beim Kunstwerk) ihre Form, *zweckmäßig* ist; *Zufälligkeit,* weil diese Zweckmäßigkeit doch nur für ein anschauendes und reflektirendes Wesen wirklich ist. Dadurch wurde der menschliche Geist frühzeitig auf die Idee einer *sich selbst organisirenden* Materie geführt und, weil Organisation nur in Bezug auf einen Geist vorstellbar ist, auf eine ursprüngliche Vereinigung des Geistes und der Materie in diesen Dingen. Er sah sich genöthigt, den Grund dieser Dinge einerseits in der Natur selbst, andererseits in einem über die Natur erhabenen Princip zu suchen; daher gerieth er sehr frühzeitig darauf, Geist und Natur als Eines zu denken.[18]

Das Organisationsprinzip, das nur einem bewußten Subjekt verständlich werden kann, wird von Schelling in die Natur selbst hineingelegt, offensichtlich als bewußtloses, bis es in der selbstbewußten Intelligenz zur Selbstaufklärung gelangt. Natur und Geist sind ein und dasselbe, so daß Schelling die Natur den sichtbaren Geist und den Geist die unsichtbare Natur nennen kann.[19] Doch bedeutet diese Verlegung der Intelligenz in die Natur und ihre Selbstentfaltung eine Evolution der Intelligenz aus der Natur im heutigen Verständnis; bedeutet sie den Naturprozeß des Geistes?

---

[17] SCHELLING, *Einleitung zu den Ideen zu einer Philosophie der Natur*, in: *Sämmtliche Werke*, Bd. II, S. 41.

[18] SCHELLING, *Einleitung zu den Ideen zu einer Philosophie der Natur*, in: *Sämmtliche Werke*, Bd. II, S. 47.

[19] Vgl. SCHELLING, *Einleitung zu den Ideen zu einer Philosophie der Natur*, in: *Sämmtliche Werke*, Bd. II, S. 56.

4. Kritische Überprüfung von Schellings Thesen im Hinblick auf moderne Interpretationen

Im Anschluß an die Exposition der Schellingschen Naturphilosophie stellen sich zwei kritische Fragen, mit denen die zu Beginn dieses Exposés aufgestellte Behauptung der Aktualität Schellings aufgegriffen und ihre Berechtigung oder Nichtberechtigung überprüft werden soll. 1. Hat die Theorie der realen Selbstorganisation der Materie einschließlich der zeitlich verstandenen Evolutionstheorie wirklich einen Vorläufer in Schellings naturphilosophischen Spekulationen? 2. Wie ist das Verhältnis zwischen exakter Naturwissenschaft und spekulativer Naturphilosophie zu denken?

Was den ersten Problemkomplex betrifft, so ist in der Tat durchgehend in Schellings Werk von Entwicklung, dynamischem Prozeß, dynamischer Stufenfolge u. ä. die Rede, jedoch rekurriert Schelling damit auf das zu seiner Zeit in der Biologie dominierende traditionelle *scala-naturae*-Konzept, das gemäß den Prinzipien der Komplexität und Perfektion in aufsteigender Richtung eine Stufung von einfachen Organisationsformen bis hin zu den höchsten – vom Stein bis zum Menschen – vorsieht. Diesem *ordo-naturae*-System lag die alte christlich-theologische Seinshierarchie mit Gott als *creator* und der Schöpfung als *ens creatum* sowie dem Menschen als Zweck der Schöpfung zugrunde, ohne daß jedoch die Stufen in rationaler Weise plausibilisiert worden wären. Daran änderte im Grunde auch Leibniz' Lösungsvorschlag in der Monadologie nichts, demzufolge sich der hierarchische Aufbau über zunehmende Bewußtseinsgrade erklärt, indem jeder Monade, angefangen von den niedersten, rudimentärsten, den sogenannten schlafenden Monaden in der Materie, bis hin zu den höchsten, den selbstbewußten im Menschen, und sogar noch darüber hinaus in übermenschlichen Wesen, Perzeption, d. h. Wahrnehmung, Bewußtsein zugesprochen wurde, und zwar in zunehmendem Grade vom quasi unbewußten Bewußtsein bis zum Selbstbewußtsein, der Apperzeption.

Hier nun setzt Schelling ein, indem er unter Voraussetzung einer natürlichen durchgängigen Produktionskraft mittels begriffstheoretischer Konstruktionsprinzipien wie der dialektischen von Einheit, Duplizität und der Synthesis aus Einheit und Duplizität sowie der mathematischen von Potenzen verschiedene aufsteigende Stufen konstruiert. Wenn Leibniz noch ein geistiges Prinzip, die *apperceptio*, als Träger der Konstruktion unterstellte, so geht Schelling von einem natürlichen, realen aus, der kontinuierlichen Produktivität, in die er die begriffstheoretischen Konstruktionen einzeichnet. Von einem zeitlichen, diachronen Evolutionsprozeß im Sinne der heutigen Phylogenese, der

Lehre der realen Abstammung der momentan vorfindlichen Klassen und Arten aus früheren Formen, ist nirgends die Rede, vielmehr ist ein unzeitlicher, ideeller Rekonstruktionsprozeß eines immer schon vorliegenden Natursystems gemeint, bei dem es lediglich um die methodologische, begriffstheoretische Aufklärung geht. Ausdrücklich schließt Schelling einen chronologisch-genetischen Prozeß aus. So sagt er in bezug auf die Materie in der *Allgemeinen Deduktion des dynamischen Prozesses* (1800):

> Wir unterschieden in der Construktion der Materie verschiedene Momente, die wir sie *durchlaufen* ließen, ohne daß wir es bis jetzt nöthig gefunden hätten, ausdrücklich zu erinnern, daß diese Unterscheidung nur zum Beruf der Speculation gemacht werde, daß man sich nicht vorstellen müsse, die Natur durchlaufe jene Momente etwa wirklich, in der Zeit, sondern nur, sie seyen dynamisch [...] in ihr gegründet. In der Natur selbst freilich ist eins und ungetrennt, was zum Beruf der Speculation getrennt wird [...].[20]

Und im *System der gesamten Philosophie und der Naturphilosophie insbesondere* (1804) heißt es :

> Wir behaupten nicht einen zeitlichen, sondern einen ewigen Ursprung oder vielmehr ein ewiges Daseyn des Organischen und des Lebens. Noch immer unvollkommen entwickelt zeigt uns der einzelne Organismus jenes Leben, jene Unendlichkeit, die das Wesen, das An-sich aller Materie ist. Ist nun das Organische überhaupt nichts zeitlich Entstandenes, so noch weniger aus dem Unorganischen.[21]

Hinzu kommt, daß zur Zeit Schellings zur Erklärung eines zeitlichen Entwicklungsprozesses in der Biologie nur zwei Theorien zur Verfügung standen, die Schelling jedoch beide ablehnt: zum einen die mechanistische Präformationstheorie, zum anderen die vitalistische Teleologie. Von ihnen nimmt die erstere *in nuce* das aktuelle Vorhandensein aller später erst zu explizierenden Organisationsformen an, welche gleichsam in Minimalform vorliegen und auf rein mechanistische Weise expliziert werden. Die zweite, die Naturteleologie, geht von einer in den Organismen vorliegenden und wirksamen, auf einen Endzweck gerichteten Kraft und deren sukzessiver Realisation aus. Demgegenüber gestattet Schelling allenfalls, ähnlich wie Kant, eine zwecktheoretische Reflexion, d. h. eine formale Zweckmäßigkeit, nicht einen inneren materialen Naturzweck, welche sich am besten mit einem

---

[20] SCHELLING, *Sämmtliche Werke*, Bd. IV, S. 25.
[21] SCHELLING, *Sämmtliche Werke*, Bd. VI, S. 389.

Ausdruck Jacques Monods als « Teleonomie » von der « Teleologie » unterscheiden läßt.[22]

Hätte Schelling tatsächlich eine realhistorische Ableitung aller Organisationsformen einschließlich des Organischen aus dem Anorganischen, des Bewußtseins aus dem Nichtbewußtsein angenommen, so hätte er sich wie alle Evolutionstheoretiker dem Vorwurf einer Zirkelargumentation ausgesetzt, Intelligenz aus Natur, Natur hinwiederum aus Intelligenz zu erklären. Er hätte sich einer *petitio principii* schuldig gemacht, indem er das, was allererst erklärt werden soll, in diesem Fall die Entstehung der Intelligenz, bei der Erklärung bereits in Anspruch genommen hätte. Nicht zuletzt würde die Annahme einer naturalistischen Evolutionstheorie einen Rückfall in den Dogmatismus bedeuten, der durch Kants Transzendentalphilosophie und Fichtes Wissenschaftslehre bereits überwunden worden war.

Allerdings muß man konzedieren, daß Schellings Theorie vom Ansatz her ambivalent ist, da er ein reales Prinzip, die unendliche, kontinuierliche Naturproduktivität, unterstellt bei gleichzeitiger Anwendung idealistischer Konstruktionsprinzipien, worin die gegenwärtige Selbstorganisations- und Evolutionstheorie einen konkreten Anknüpfungspunkt finden konnte. Reinhard Heckmann[23] hält Schellings Theorie für « schwankend », Camilla Warnke[24] für « unpräzise und mehrdeutig ». Es mag sein, daß Schelling bei der Abwägung idealistischer und realistischer Prinzipien immer wieder zu einem realistischen Ansatz mit der Annahme eines Realprinzips tendiert, was dann den Anschein einer Realgenese der Intelligenz aus der bewußtlosen Natur erweckt, gleichwohl hält er an den idealistischen Konstruktionsprinzipien fest. Legitimieren ließe sich ein realistischer Ansatz im Sinne Schellings allenfalls in Gestalt einer Seinsgeschichte, ähnlich wie Heidegger eine solche in der Nachfolge Schellings angenommen hat, deren Interpretation durch das eine System so zufällig ist wie durch das andere und höchstens historisch gerechtfertigt werden kann.

---

[22] Vgl. Jacques MONOD, *Zufall und Notwendigkeit. Philosophische Fragen der modernen Biologie*, München, Piper, 1971, S. 22f.

[23] Reinhard HECKMANN, « Natur – Geist – Identität. Die Aktualität von Schellings Naturphilosophie im Hinblick auf das moderne evolutionäre Weltbild », in: Reinhard HECKMANN/Hermann KRINGS/Rudolf W. MEYER (Hg.), *Natur und Subjektivität. Zur Auseinandersetzung mit der Naturphilosophie des jungen Schelling*, Stuttgart/Bad Cannstatt, Frommann/Holzboog, 1985, S. 291-344, hier S. 338, Anm. 108.

[24] Camilla WARNKE, « Der stete und feste Gang der Natur zur Organisation », in : Karen GLOY/Paul BURGER (Hg.): *Die Naturphilosophie im Deutschen Idealismus*, Stuttgart/Bad Cannstatt, Frommann/Holzboog, 1993, S. 116-148, hier S. 145.

Das zweite grundsätzliche Problem betrifft das Verhältnis zwischen exakter Naturwissenschaft und spekulativer Naturphilosophie. Läßt sich die Erwartung und Hoffnung der exakten mathematischen Naturwissenschaften einschließlich der empirischen Forschung erfüllen, für ihre isolierten analytischen Ergebnisse seitens der Naturspekulation einen holistischen Gesamtentwurf geliefert zu bekommen, in den alle Ergebnisse integrierbar sind? Um diese Frage beantworten zu können, sind die grundsätzlich möglichen und denkbaren Verhältnisse zwischen Naturwissenschaft und Naturphilosophie zu diskutieren.

Einer ersten Möglichkeit zufolge ließe sich der begriffstheoretische spekulative Rahmen völlig unabhängig von den Erfahrungsdaten der empirischen Forschung und den objektiven Ergebnissen der mathematischen Naturwissenschaften denken. Der begriffliche Zusammenhang könnte als in sich konsistent und kohärent angenommen werden, ohne von der empirischen Basis aus verifizierbar oder falsifizierbar zu sein. Falls im begriffslogischen Kontext Begriffe der empirischen Physik auftauchten, wie Magnetismus, Elektrizität, Galvanismus, Schwere, Licht usw., so hätten sie keine andere Bedeutung und Funktion als rein strukturelle Begriffsbestimmungen wie A_1 A_2, A_3 auch, so daß ihre empirisch-physikalische Hülle vernachlässigt werden könnte. Die in sich stringente und durchgängige Begriffsexplikation wäre von seiten der empirischen Forschung und der exakten Naturwissenschaften weder tangierbar noch revidierbar.

Dies freilich ist nicht Schellings Konzept, beharrt doch Schelling im Gegensatz zu Kants Transzendentalismus und Fichtes subjektivem Idealismus auf dem Realitätsprinzip und der Realitätsgebundenheit der begrifflichen Zusammenhänge.

Eine zweite Möglichkeit unterstellt die partiale Angewiesenheit der naturphilosophischen Spekulation auf die empirische Forschung und die durch sie bereitgestellten Daten und Ergebnisse. Beide stünden in einer Wechselbeziehung, welche eine wechselseitige Kritik und Revision einschlösse. Wie der spekulative begriffstheoretische Rahmen als Korrektiv und Direktiv für die naturwissenschaftliche Forschung fungierte, für die Auswahl bestimmter Daten, für die Präferenz bestimmter Abläufe, ebenso für die Entscheidung zwischen konkurrierenden empirischen Modellen und Theorien, so könnte umgekehrt die empirische Forschungslage Rückwirkungen auf die Fassung des begriffstheoretischen Zusammenhangs haben und zu Modifikationen führen.

Auch diesem Vorschlag entspricht Schellings Programm nicht, da Schelling trotz aller Schwankungen und Änderungen in der konkreten Durchführung seines Programms an der Notwendigkeit und Apriorität des

Konstruktionszusammenhangs und der Konstruktionsprinzipien festhält und ihre Kontingenz und Veränderlichkeit ausschließt. Das Faktum einer Forschungsgeschichte mit einer nicht nur internen Ausarbeitung des Paradigmas, sondern einer Paradigmensubstitution liegt noch außerhalb von Schellings Gesichtskreis.

Als dritte Möglichkeit böte sich die totale Abhängigkeit des spekulativen Begriffsrahmens von den empirischen Daten an, so daß von diesen aus jederzeit ein Eingreifen in denselben möglich wäre. Der Begriffsrahmen hätte dann lediglich den Status eines Überbaus, der mit dem jeweiligen Stand der Forschung stünde und fiele. Alles, was unter solchen Umständen vom spekulativen Zusammenhang übrigbliebe, wäre das *Postulat*, zum jeweils aktuellen Stand der Forschung einen umfassenden strukturellen Theorierahmen zu formulieren. Welches dieser wäre, ließe sich nicht voraussagen.

Auch dieses Modell entspricht nicht Schellings Konzept, höbe doch ein totaler Empirismus jede Notwendigkeit und Stringenz des umfassenden strukturellen Theorierahmens auf.

Das Scheitern aller drei Konzepte zeigt, daß es eine Beziehung zwischen spekulativer Naturphilosophie und exakter mathematischer Naturwissenschaft, basierend auf empirischen Daten, nicht gibt. Der Grund liegt in der methodischen Inkompatibilität beider Betrachtungsweisen. Untersuchungsgegenstände der exakten Naturwissenschaften sind nicht die natürlichen Objekte in ihrer Umgebung, sondern die aus ihrer Umwelt gemäß Experimentalbedingungen herauspräparierten, gestellten, manipulierten Objekte, die der objektivierenden Verstandeserkenntnis zugänglich gemacht werden. Untersuchungsgegenstände der Naturphilosophie hingegen sind die natürlichen Objekte, deren Konstruktion von innen heraus versucht wird und deren Einheitsstiftung über gleichartige Konstruktionsprinzipien auf allen Ebenen erfolgt. Was ihren spekulativen Zusammenhang garantiert, ist das identische Reflexionsverfahren, das sich in allen Naturphänomenen auf allen Stufen wiederholt. Wie durch den Bezug auf das empirische positive Wissen das abstrakte Strukturmodell interpretiert wird, so wird andererseits die erfahrbare Natur im Lichte der spekulativen Begriffe gedeutet. Schelling verweigert sich nicht der Naturforschung überhaupt, wohl aber der objektivierenden experimentellen Naturwissenschaft, was ähnlich auch für Goethe gilt. Während die eine Richtung die Resultate der empirischen Forschung auf objektivierbare Gegenstandserkenntnis hin interpretiert, die Einzelerkenntnisse in einen Gesetzeszusammenhang auf der Basis verstandeskategorialer und mathematischer Synthesen zwingt, der die Voraussetzung für die technische

Beherrschung und Manipulation der Natur, für deren Verfügung bildet, betrachtet die andere Richtung die Phänomene auf ihren internen Zusammenhang hin, der sie als Manifestationen eines einheitlichen Ganzen ausweist. Allerdings bleibt diese Konstruktion, in der die Natur als Einheitszusammenhang auftritt und Ich und Natur eine Allianz bilden, eine *ideelle* Konstruktion, welche eine moderne Ökologiebewegung nur allzu gern realisiert sähe. Schellings Konzeption bietet keine Lösung für die uns alle bedrängenden Probleme.

AUX SOURCES DE L'IDÉALISME ALLEMAND : DIALECTIQUE ET EXISTENCE CHEZ JAKOB BŒHME

Thérèse Pentzopoulou-Valalas

> ...wo kein Wille ist da ist auch kein Begehren
> ...Kein Ding ohne Widerwärtigkeit mag ihm
> Selber offenbar werden

Une relecture de Jakob Bœhme ne doit pas surprendre. Elle trouve bien sa place dans une thématique centrée sur les origines de la pensée moderne. Il est incontestable en effet que le jugement de Hegel[1], qui voit en Bœhme le premier philosophe allemand, a fourni au théosophe de la Renaissance des titres de gloire aux yeux des historiens philosophes.

Que la philosophie du *Mysterium magnum* ait inspiré les représentants de l'idéalisme allemand et de l'idéologie romantique, point n'est nécessaire de le répéter ici. Ce n'est donc pas une lecture parallèle qui nous intéresse mais une reprise des intuitions fondamentales du cordonnier de Görlitz, dans lesquelles on a depuis longtemps détecté les germes de la dialectique du XIXe siècle.

Que l'on ne s'étonne cependant si certaines intuitions du théosophe feraient penser actuellement à Heidegger. Aussi éloignée que la méditation heideggérienne s'inscrivant dans le dépassement de la métaphysique puisse paraître d'une perspective théosophique, métaphysique par excellence, la question de l'Etre reste toujours aussi énigmatique que le « mystère » du rapport

---

[1] Georg Wilhelm Friedrich HEGEL, *Vorlesungen über die Geschichte der Philosophie III* (*Werke in 20 Bänden*, vol. 20), Frankfurt/Main, Suhrkamp, 1980, p. 94.

de l'Un aux êtres particuliers. C'est l'énigme qui s'ouvre à notre regard dans l'*Acheminement vers la parole*.

On peut nous objecter que toute pensée orientée vers le mystère de la création et de la divinité est normalement bien accrochée à son cadre historique. S'il est vrai que toute époque de la philosophie a sa nécessité en elle, la théosophie allemande de la Renaissance, expression fidèle de son temps, paraîtrait complètement dépassée de nos jours. Or, la pensée de Bœhme[2], toute mystique qu'elle fût, au moins partiellement, annoncerait étrangement des aspects du second Heidegger.

Les résonances de cet *Urkund*[3] dont parle Bœhme poursuivi par la vision d'une naissance originaire, d'une naissance des origines, se feraient entendre dans l'*Entretien avec le Japonais*. Mais n'anticipons pas notre conclusion. Ce qui importe ici c'est d'éclairer le sens profond de la vision bœhmienne.

Dialectique et existence sont les deux pôles de la doctrine de Bœhme. La dialectique du Rien et de l'Etre (Nichts-Ichs), de la volonté et de l'anti-volonté (Wille-Widerwille), de l'indéterminé et du déterminé (Ungrund-Grund) se développe autour de l'opposition des contraires, du Oui et du Non. Ce qui rend cette dialectique vivante, concrète, condition de toute réalité, c'est qu'elle n'explique pas un devenir historique, autrement dit temporel, mais un devenir hors temps, continuellement présent.

Ce serait dans le rapport d'un fondement qui ne fonde pas et d'un non-fondement qui fonde, dont Bœhme s'attache à éclaircir le mystère, que nous pourrions mieux saisir le sens de la différence ontologique, pierre angulaire de la question de l'Etre, du rapport donc d'un fondement qui dépendrait de ce qui est pensé comme possibilité inconditionnée et, inversement, de cette possibilité qui ne se manifesterait qu'à travers le fondement.

---

[2] Nous citons les œuvres de Bœhme d'après les titres latins de l'édition K. W. SCHIEBLER, *Jakob Bœhmes sämmtliche Werke in sieben Bänden*, vol. I-VII, 1831-1847 ; réimpr. : Leipzig, Johann Umbrosius Barth, 1922. Dans ce travail, nous renonçons à toute référence à une bibliographie sur Bœhme, que le lecteur peut trouver, entre autres, dans l'ouvrage de Alexandre KOYRE, *La philosophie de Jacob Bœhme*, Paris, Vrin, 1971. Nos citations se limiteront aux textes mêmes de Bœhme. Nous éviterons également l'usage des termes d'alchimie et de mystique, dont le sens demanderait des analyses plus amples.

[3] Cf. surtout Jakob BŒHME, *De Tribus principiis*, *Sämmtliche Werke* III. S'il ne s'agissait que de la provenance des choses, il suffirait à Bœhme d'en chercher la racine, le *Grund*. Or, il s'agit de toute autre chose. C'est la provenance elle-même de cette racine, l'*Urkund* de l'origine qu'il cherche à comprendre. En fait, les trois moments de la divinité, les trois principes, ont chacun leur *Urkund*. Bœhme parle d'ailleurs volontiers de l'*urkündlichste Geburt Gottes*, cf. BŒHME, *De Tribus principiis*, *Sämmtliche Werke* III, p. 17-22.

La méfiance à l'égard de l'entendement (*Vernunft*) inapte, car aveugle, à pénétrer le mystère de la création et incapable de saisir ce qui est « *ausser Natur und Kreatur* », est au départ de la philosophie bœhmienne. L'entendement est temporel. Il ne peut point saisir ce qui est hors du temps. Lié à la nature temporelle de l'homme, il ne peut point s'élever à ce qui est au-delà ou mieux en deçà de la nature. Seule la raison intuitive (*Verstand*), lumière intérieure, pénètre le mystère de la naissance éternelle des choses et rend possible la connaissance de l'Absolu.[4] L'entendement, lui, trompe l'homme.[5] Il est en fait piégé, pris dans un cercle, car il cherche en lui ce qui le dépasse. Il n'y trouve rien puisqu'il ne voit rien.[6]

Vernunft et *Verstand*[7] montrent respectivement le chemin qu'il ne faut pas suivre et celui dans lequel il vaut de s'engager. C'est cette seconde voie qui s'est soudain offerte à Bœhme dans une expérience sans pareille. En un quart d'heure, il a « vu » ce que quatre ans d'études aux grandes écoles ne lui auraient pas appris. Il a vu l'être de tous les êtres (*Wesen aller Wesen*), le fond et l'abîme. Il a vu et reconnu l'être en sa totalité dans le mal et dans le bien, comment l'un s'est produit de l'autre.[8] Il a saisi ainsi le processus de la création intérieure de Dieu, sa structure trinitaire ainsi que l'essence de la nature et de l'homme. Dans toute chose, il y a une triple unité. C'est justement cette conception qui suscita l'admiration de Hegel, car l'unité trinitaire chez Bœhme n'est point unité représentée mais bien réelle en tant qu'idée absolue.[9]

---

[4] Jakob BŒHME, *Mysterium magnum*, *Sämmtliche Werke* V, p. 59.

[5] Jakob BŒHME, *De incarnatione verbi*, *Sämmtliche Werke* VI, p. 275.

[6] BŒHME, *De incarnatione verbi*, *Sämmtliche Werke* VI, p. 152 ; cf. aussi p. 275.

[7] *Verstand* et *Vernunft* n'ont pas le sens kantien ou hégélien. L'entendement (*Vernunft*) est fermé à la révélation du mystère de la création ; cf. Jakob BŒHME, *De signatura rerum*, *Sämmtliche Werke* IV, p. 212. Dans une apostrophe émouvante il s'adresse à la *Vernunft* : « *O du liebe Vernunsft, so du nicht mehr erkennesst, so thue deine Augen vest zu, und forsche nicht* [...] », BŒHME, *De Tribus principiis*, *Sämmtliche Werke* III, p. 89 ; cf. aussi BŒHME, *Mysterium magnum*, p. 44. Sur ces termes, consulter KOYRE, *La philosophie de Jacob Bœhme*, p. 41 n. 4 et p. 71 n. 2. C'est donc le *Verstand*, l'intelligence intuitive, éclairée par l'esprit de Dieu, qui ouvre la voie à la révélation.

[8] Lettre à Caspar Lindnern du 10 Mai 1622 (1621), in : Jakob BŒHME, *Epistolae theosophicae*, *Sämmtliche Werke* VII, p. 399. Dans tous ses livres, Bœhme décrit ce qu'il a vu et n'en offre aucune explication. « [...] *ich schrieb nur meinen Sinn, wie ich's in der Tiefe verstund, und machte darüber keine Erklärung* », écrit-il dans son *Apologia I. Libri apologetici*, *Sämmtliche Werke* VII, p. 7.

[9] HEGEL, *Vorlesungen über die Geschichte der Philosophie III*, p. 98.

A la place d'un Dieu *actus purus*, image modelée d'après Aristote, le cordonnier de Görlitz introduit la vie dans la théogonie, un processus donc dynamique qui expliquerait la présence de Dieu. Rappelons par ailleurs que Bœhme a une conception positive du mal. Le mal existe mais Dieu ne peut pas l'avoir créé. Comment l'expliquer alors ?

Si Dieu n'a pas créé le mal et que le mal existe cela signifie qu'il a sa naissance à l'intérieur de Dieu.[10] Cette naissance s'éclaire justement à la lumière du mouvement dialectique des contraires.

La dialectique bœhmienne repose sur le postulat que tout être tend à la connaissance de soi. Or, celle-ci n'est possible que dans et par la manifestation de soi. Dans la volonté éternelle naît le désir de se manifester. C'est ici que réside le grand mystère de la création et c'est ici que le génie propre de Bœhme apporte une solution, lourde de conséquence pour l'histoire de la métaphysique occidentale. Il n'y a point de connaissance de soi là où, dans l'unité, à l'intérieur de celle-ci, il n'y a point de différenciation, de distinction. La différence naît du désir de la volonté – cette volonté libre et éternelle de l'Un de se saisir, de se connaître. Toutefois là où il n'y a point de volonté il n'y a aucun désir.[11] Le cycle est fermé. Tout se passe à l'intérieur, mais dans cet intérieur nous voyons le processus qui éclaire la création de tout être. Les moments de la dialectique bœhmienne ne sont pas statiques. Ce sont des moments de révélation qui

---

[10] A la question de l'entendement (*Vernunft*) : pourquoi Dieu a-t-il créé une vie de souffrance et ne détruit-il point le mal ?, Bœhme répond par la dialectique de la manifestation en soi de Dieu. Le mal (*das Böse*) que le théosophe désigne aussi comme *Grimmigkeit* qui est le *Widerwille*, produit (*ursachet*) le bien en tant que volonté. C'est par la distinction, la différenciation dans la divinité originaire que se produit le mal, un *urkündlichster Grimm*, qui agit dans la nature éternelle – même en l'homme – « *quallend und brennend* », cf. Jakob BŒHME, *Libri apologetici*, *Sämmtliche Werke* VI, p. 5. L'idée du mal comme un des trois principes qui expliquerait *Urkund* de toute chose est une constante de la philosophie de Bœhme. Le premier principe est courroux et feu, le second bonté amour, lumière. Le troisième principe est le mélange des deux premiers.
C'est ainsi que le bien et le mal se trouvent en toutes choses, cf. Jakob BŒHME, *Aurora*, *Sämmtliche Werke* II, p. 26. « *Es ist nichts in der Natur, da nicht Gutes und Böses innen ist* [...] » Il y a donc une bonne et une mauvaise qualité qui découlent d'une même source que cela soit les étoiles et les forces, toutes les créatures, l'une dans l'autre (*in einander*) et sont comme une chose, cf. BŒHME, *Aurora*, *Sämmtliche Werke* II, p. 21. Le mal, désigné par les termes *Zorn*, *Grimmigkeit*, *Bösheit*, appartient à la structure interne de Dieu, mais aussi de l'homme.

[11] C'est cette intuition extraordinaire qui lie le désir à la volonté exprimée en une formule lapidaire (« *wo kein Wille ist da ist auch kein Begehren* ») qui a fait écrire à Hegel que les allemands doivent être fiers de Bœhme (HEGEL, *Vorlesungen über die Geschichte der Philosophie III*, p. 91).

forment tous ensemble un tout indissoluble. L'un ne peut pas exister sans l'autre.

Voyons de près les intuitions de Bœhme qui sous-tendent la dialectique de la manifestation de soi. Son problème, c'est l'unité en Dieu, mais le Dieu personnel naît (*urkundet*) d'un Dieu qui est à la fois le tout et rien, liberté éternelle. Mais Dieu est vivant, il a une existence réelle, il n'est pas sans mouvement. Or, la vie et le mouvement sont introduits par la différenciation, car là où il n'y a point de distinction, il n'y a point de vie mais un calme éternel ; la distinction provient de l'opposition. Cette opposition se produit en l'essence de Dieu. En sa totalité, Dieu (*der ganze Gott*) renferme ainsi une différence qui surgit dans cet absolu indifférencié, qu'est le fameux *Ungrund* dont on connaît l'influence prodigieuse sur Schelling ou Baader.

Evoquons le passage célèbre des *Theosophische Fragen* :

> Le lecteur doit savoir que le Oui et le Non constituent toutes choses qu'il s'agisse de divin, de démoniaque [*Teuftisch*] de terrestre ou de tout ce qui peut recevoir un nom. Le Un en tant que ce qui est force vaine [*eitel Kraft*] et vie et vérité en Dieu ou même Dieu lui-même. Or, il ne pourrait pas se connaître soi-même, il n'y aurait aucune joie, majesté ou sensibilité en lui sans le Non. Le Non est un contraire [*Gegenwurf*] du Oui et de la vérité, de sorte que la vérité se révèle à soi et devient une chose [*Etwas*], un *Contrarium*.[12]

Le problème de Bœhme est le problème métaphysique par excellence. En effet, l'indifférencié, l'indéterminé n'a aucune détermination et ne peut point être cause de l'être déterminé. L'indéterminé, c'est l'Un, l'Absolu. Comment donc de l'Un naît le multiple ? Chaque être provient d'une origine, chaque principe, à l'intérieur de l'Un, a son *Urkund*, mais quelle est l'origine originaire, si l'on nous permet la formule ? C'est l'*Ungrund*, l'indéterminé absolu, ni fondement ni principe ni cause mais d'où naissent le fondement, les principes, les causes.

---

[12] Jakob BŒHME, *Theosophische Fragen*, *Sämmtliche Werke* VI, p. 537. Dans ce même texte nous avons un exposé un peu plus clair du jeu de l'Un et du multiple : Un (*Eins*) n'a rien en soi qu'il puisse vouloir, il se dédouble alors pour qu'il soit deux choses. Il ne peut pas avoir de sensibilité (*sich empfinden*), mais dans la dualité (*Zweiheit*), il acquiert la sensibilité. Le dédoublement naît de la volonté qui, « sortant » de la volonté éternelle (*ewiges Wollen*) dans son désir d'être, n'a que soi-même pour vouloir. Mais ceci crée déjà un *Etwas* contre l'unité qui est comme un rien (*Nichts*) mais qui est cependant tout. Elle tend donc vers le désir de soi-même (*seiner selber*) et elle se désire et désire aussi l'unité d'où elle est sortie, cf. BŒHME, *Theosophische Fragen*, *Sämmtliche Werke* VI, p. 598. Sur le rapport volonté-désir, cf. également Jakob BŒHME, *Mysterium pansophicum*, *Sämmtliche Werke* VI, p. 414. C'est la volonté qui règne en maître sur le désir : « [...] der Wille herrscht über die Sucht [...]. »

Rien absolu, liberté en tant que Nichts absolu, l'*Ungrund*[13], qui diffère aussi bien de l'*Abgrund* – fond immanent à tout homme – que de l'*Urgrund* – fondement originaire de toute chose.

Or, dans cette liberté, éternelle s'esquisse un premier mouvement, la volonté de l'indifférencié (l'*Ungrund*) de tendre vers son essence. Cette volonté, est une volonté, qui désire se connaître. Mais ce « *begehrender Wille* » n'a rien en dehors de lui-même. Il veut pourtant se saisir et devient volonté qui sort d'elle-même (*ausgehender Wille*). Aussitôt sortie, elle ne veut plus ce qu'elle

---

[13] On connaît la fortune heureuse de ce mystérieux *Ungrund* : « [...] Nous n'avons ni plume ni langue pour écrire ou pour parler de lui [...] », note Bœhme dans *Psychlogia vera* où le terme apparaît pour la première fois (Jakob BŒHME, *Psychlogia vera*, *Sämmtliche Werke* VI, p. 18). Il n'est pas aisé de saisir dès le début la différence entre *Ungrund* et *Abgrund*. Il faut, pour ce faire, penser Dieu – la divinité en ce qu'elle est, en tant qu'elle est –, et en même temps penser Dieu en tant qu'il est tel qu'il est par sa manifestation. En se manifestant, il a la conscience, la connaissance de soi. L'*Ungrund* désignerait ainsi ce que Dieu « est » – liberté, volonté éternelle, calme absolu sans détermination. L'*Abgrund* renvoie en revanche tout être (l'*Ungrund* n'est pas être) à son fond abyssal, à l'angoisse, source de vie. Le terme désignerait ainsi le rien, l'indéterminé, ce qui n'est ni fondement ni cause ni principe. C'est l'Absolu en soi.
On renonce ici à indiquer les étapes successives de l'évolution de l'*Ungrund* à travers les livres de J. Bœhme. Disons pourtant que sa pensée étant cyclique, les thèmes se répètent souvent dans un langage pourtant assez différent. Les mêmes choses sont désignées sous des noms différents. Ainsi, p. ex., *Ichs* est synonyme de *Etwas* – ce qui n'est pas pour rendre la lecture plus facile. Nous avons trouvé dans le *Mysterium pansophicum*, petit traité qui donne un exposé fondamental du mystère terrestre et céleste, le développement de l'*Ungrund* le plus philosophique, quant au style et au langage. Dans le *Sex puncta theosophica* (Jakob BŒHME, *Sex puncta theosophica*, *Sämmtliche Werke* VI, p. 329-396) et les *Sex puncta mystica*, (Jakob BŒHME, *Sex puncta mystica*, *Sämmtliche Werke* VI, p. 399-410), on pourra apprécier une vue d'ensemble de cette dialectique de la volonté et du désir. La volonté éternelle est libre du désir, mais le désir n'est pas libre de la volonté : « *Der ewige Wille frei ist von der Sucht, und aber die Sucht nicht frei von den Willen, denn der Wille herrscht über die Sucht.* » (*Mysteria pansophicum*, *Sämmtliche Werke* VI, p. 414.)
S'il n'y avait que la volonté seule, il y aurait partout un calme absolu. Or, l'esprit de volonté (*Willengeist*) est Dieu et la vie du désir est nature et les deux forment un lien (*Band*) éternel, car l'un est la cause de l'autre (*und ist je eines eine Ursache des Andern*). Ainsi, l'esprit de volonté est une connaissance éternelle de l'*Ungrund* et la vie du désir est une essence (*Wesen*) éternelle de la volonté. La volonté n'a pas de lieu et son lieu est le désir. Ce qu'il faut comprendre, c'est que la volonté passe par le désir qu'elle-même se donne et qui s'oppose à elle par elle-même. C'est l'opposition qui permet à la volonté de se manifester et d'être elle-même consciente de soi. Et cette opposition est comme une contre-volonté (*Widerwille*). Du *sein* alors du désir, tourné vers soi-même – obscur, ténébreux – naît un autre désir, celui de retrouver la volonté éternelle qui est lumière. Cette autre volonté de repli, de retour, est la *Widerwille* qui est comme une détermination de l'Un indéterminé, de l'*Ungrund*. Voilà donc le sens profond de l'expression « *des Nichts ist eine Sucht nach Etwas* ».
Pour une traduction française des passages intéressants de la *Psychlogia vera*, cf. KOYRÉ, *La philosophie de Jacob Bœhme*, p. 287-296.

avait voulu ; le désir donc qui l'avait poussé à sortir, désire rentrer en soi-même. Ainsi naît ce « *Widerwille* », une contre-volonté d'où procèdent la différenciation et la lutte. « *Wille* » et « *Widerwille* », le bien et le mal, la « *Grimmigkeit* » se manifestent donc dans la structure interne de l'Un indéterminé qu'est ce tout et rien, la divinité (*Gottheit*) qui n'est pas encore le Dieu personnel, avec son essence (*Wesen*), mais qui ne s'en sépare pas non plus. De cette volonté sans fondement, « *ungründlicher, unnatürlicher, unkreatürlicher Will* », tout provient. Désirant se connaître soi-même l'objet du désir ne peut être autre que cette même volonté, ce même désir.

C'est ainsi que, dans la métaphysique bœhmienne, la volonté vient occuper la place du *nous* de la philosophie grecque. Gardons-nous cependant de voir dans la dialectique de la volonté un rapport de Dieu au monde. La volonté n'est pas un attribut de Dieu. C'est la « *klare Gottheit* », qui n'est que liberté et volonté absolue, qui éclaire la « naissance » du Dieu personnel. Esprit sans lieu (*Stätte*), la volonté n'a que le désir de soi-même comme son propre lieu. Et ce désir (*Sucht*) se trouve dans le rien et en ce rien se produit (*urständet*) une volonté qui prend conscience de soi-même en tant que *Selbstheit, Icheit*. Dans l'*Ungrund* qui est un *Nichts*, surgit une opposition entre ce qui est tourné vers l'extérieur, *ad extra*, et ce qui est tourné vers l'intérieur, *ad intra*. Tout donc aspire à la connaissance de soi qui seule donne la conscience de soi. Le langage de Bœhme est surprenant dans sa force imagée : il parle de la faim vers l'essence – faim du désir – « *Hunger nach dem Wesen, Hunger nach sich selber* ». Le combat des forces contraires n'a rien d'une opposition d'ordre logique. La raison spéculative au sens de la *Vernunft* hégélienne lui est étrangère. La lutte des contraires qui expliquerait l'être et l'existence reste la grande loi de la nature céleste aussi bien que terrestre. Mais attention, il n'y a aucune trace de manichéisme[14] chez Bœhme nourri de mysticisme protestant.

Cette analyse propre à la question de la conscience de soi, à la création, au fondement de l'essence (*Wesen*) rejoint bien évidemment aussi, à côté de la

---

[14] A maintes reprises, Bœhme insiste sur l'idée que Dieu est l'Un d'où tout découle. En langage kantien, nous dirions que Bœhme déduit de l'Un indéterminé toutes les « qualités », les « principes », les « essences » qui découlent de la manifestation de soi en soi, déduction transcendantale, si l'on peut dire, où l'*a priori* est un *a priori* immanent. Le bien et le mal ne luttent pas sur pied d'égalité, cf. SCHLÜSSEL, *Explicatio terminorum, Sämmtliche Werke* VI, p. 666, et également BŒHME, *Sex puncta mystica, Sämmtliche Werke* VI, p. 400. Dieu est l'unique qui se divise en trois différences : les mondes du feu, des ténèbres, de lumière. Les trois forment une essence, l'une en l'autre, mais aucune n'est l'autre. Dans la *Signatura rerum*, on voit clairement la provenance du monde des ténèbres, du mal, de la lutte ... des contraires (Jakob BŒHME, *Signatura rerum, Sämmtliche Werke* IV, p. 277-293).

théogonie, la région de la cosmogonie. Sans doute, pas plus que le problème du mal ne trouve sa solution dans un manichéisme, le problème de la nature et de Dieu ne saurait se prêter à une solution panthéiste. Dieu est en dehors de la nature (« *Gott ist ausser Natur* ») ne cesse de répéter le théosophe tout en précisant que c'est dans la nature que Dieu se manifeste.[15] Cette volonté éternelle est l'Absolu qui dans son immanence crée (*ursachet*) la nature.

La doctrine de l'*Ungrund* bénéficie d'un traitement extrêmement élaboré dans les textes confus, mais souvent d'une émotion touchante dans lesquels Bœhme s'adresse au lecteur. C'est dans un fouillis d'images bibliques et mystiques et dans un langage fortement marqué par les alchimistes qu'il faut piocher pour voir clair dans les visions du théosophe dont la pensée évolue en cercle. Or, c'est le fond de cette doctrine, épuré de toute tendance mystique, qui sera en grande partie thématisé dans la philosophie de l'idéalisme allemand. On y trouve les germes de l'intuition de la liberté absolue, du repli sur soi-même (*Einziehen*), d'un « *Sehen des Sehens* », de cet œil qui se voit comme dans un miroir, thème développé dans *Psychologia vera*.

Il faut en relire les premiers paragraphes pour en saisir toute la portée.

> Au départ, il y a la liberté éternelle qui a la volonté et est elle-même volonté. Or, toute volonté a un désir de faire ou de désirer quelque chose et ainsi elle se voit, elle voit en soi-même dans l'éternité ce qu'elle est et se voit le miroir de son pareil, parce qu'elle se constitue en ce qu'elle est [*er bestehet sich was sie ist*]. Elle ne trouve rien de plus de ce qu'elle est et elle est elle-même l'objet de son désir. Ainsi donc l'*Ungrund* se voit lui-même et se trouve en lui-même.

L'*Ungrund* tel un œil est le miroir de soi-même. N'ayant pas d'essence, n'étant ni lumière ni ténèbres, il est une *Magia*.[16]

---

[15] Dieu se manifeste dans la nature. Il faudrait cependant distinguer entre l'existence « naturelle » de la nature que nous percevons avec nos sens et l'existence en l'essence de Dieu, l'existence donc au sens fort que seul perçoit le *Verstand*, la raison intuitive éclairée par Dieu.

[16] *Magia* est un autre nom pour le *mysterium magnum*. Bœhme nous fait partager sa vision de la *magia*, dans les *Sex puncta mystica* et notamment dans le chapitre V : « *Magia* est la mère de l'éternité, de l'essence de toutes les essences parce qu'elle se fait elle-même [*sie macht sich selber*] et nous la saisissons dans le désir [*Begierde*]. Elle n'est en soi qu'une volonté et cette volonté est le grand mystère de tous les miracles – *Magia* est le plus grand secret [*Heimlichkeit*]. » La *Magia* est donc le miracle de ce dédoublement, de cette division (*Theilung* en la volonté éternelle) par lequel se produit (*urständet*) l'essence. La *Magia* est la magie de la manifestation de soi en soi. C'est donc cette volonté magique qu'est en fait le *mysterium*, cf. *Sex puncta mystica*, *Sämmtliche Werke* VI, chap. VI, V et VI, p. 407-410, mais surtout le début du *Mysterium magnum*, où les expressions sont frappantes : « [...] *das Nichts*

Bœhme appelle *Magia* cette volonté qui est le grand mystère de tous les miracles. Etant esprit désirant, elle aspire à devenir être, à acquérir un corps. C'est par la *Magia* que l'*Abgrund* devient *Grund* et le *Nichts Etwas*. N'ayant rien en dehors de soi, elle désire le désir, elle se désire et devient désir (*Sucht Sucher*).

Récapitulons. La dialectique bœhmienne est une dialectique d'un devenir qui devient, continuellement. Le moteur en est le mouvement du dédoublement en contraires opposés. En devenant, il se dédouble. C'est le sens quelque peu troublant de l'expression « *Gott wird und entwird* ».

Dans le langage de la métaphysique traditionnelle, la question de Bœhme est une question dont les échos nous sont familiers : Comment au sein de l'immanence naît une transcendance comprise dans celle-ci et grâce à laquelle l'immanent se connaît soi-même ?

C'est là que réside l'intérêt essentiel d'une interrogation dont la pointe met en cause les limites de la raison humaine. Pénétrer le sens de l'Absolu qui n'est point un *choriston* – car on ferait alors de l'Absolu un relatif, un principe premier ou une cause première – est un don offert à celui qui « comprend » (*verstehet*) ce qui relève de l'esprit ; le monde réel s'éloigne de l'esprit. Mais l'homme qui vit dans la lumière divine parvient à la connaissance immanente.

C'est au sein de la conscience de soi qu'il faudrait désormais penser l'existence. L'opposition des contraires en est la condition, et le principe de la *Widerwärtigkeit* explique la naissance des êtres multiples. L'existence que l'opposition détermine est désormais liée au mystère de la révélation. Car il n'y a point d'existence là où il n'y a point de manifestation de soi à soi dans son « en soi », et il n'y a point de révélation sans opposition : « *Kein Ding ohne Widerwärtigkeit mag ihm selber offenbar werden.* »[17]

Voilà qui n'était point pour déplaire à Hegel. Bien évidemment, nous sommes loin de prétendre que l'idéalisme allemand ait ses assises, sa forme et son inspiration dans le mysticisme spéculatif allemand. Ce serait faire du tort aux philosophes idéalistes, ce serait réduire la profondeur propre à Fichte ou à Hegel. Nous devons cependant rendre justice au génie de Bœhme, plaidoyer

---

hungert nach dem Wesen und der Hunger ist die Begierde ». N'ayant rien à désirer qu'elle-même, elle se retourne sur soi, se ronge. C'est le désir qui se tourne de l'*Ungrund* vers le *Grund* (« *sie führet sich vom Ungrund in Grund* »). Le désir est un rien mais, se retournant sur soi-même, devient de par ce mouvement un *Etwas*, cf. BŒHME, *Mysterium magnum*, *Sämmtliche Werke* V, p. 115.

[17] Jakob BŒHME, *Theoscopia*, *Sämmtliche Werke* VI, p. 454. Koyré remarque que l'*Ungrund* est bien l'Absolu « en soi » mais n'est pas encore l'Absolu « *für sich* » (KOYRÉ, *La philosophie de Jacob Bœhme*, p. 326).

pour sa part non négligeable dans la généalogie de la philosophie allemande des temps modernes. Il n'est pas attaqué pour que l'on en prenne la défense, mais il risque l'oubli, ce qui est pire.

Ce serait donc le moment d'ouvrir ici, en guise de conclusion, une nouvelle perspective dans la considération de la genèse de la pensée moderne.

En effet, il serait, nous semble-t-il, intéressant de s'interroger sur l'« intimité » plutôt ressentie que fondée, plutôt secrète qu'apparente, lointaine mais proche, entre Heidegger et Bœhme. Nous avons éprouvé tout au long de la relecture de Bœhme comme le sentiment d'une « parenté » entre les intuitions mystérieuses du théosophe et quelques aspects qui demeurent troublants et obscurs, osons le dire, dans la question de l'Etre et dans la pensée de l'*alêtheia*. Les noms de Meister Eckhart et d'Angelus Silesius figurent bien dans les écrits heideggériens du tournant, mais un silence pèse, à notre connaissance, sur Bœhme. Et pourtant à relire Heidegger, à essayer de pénétrer dans les sillons d'une méditation souvent chiffrée, c'est comme si on se laissait atteindre par les échos lointains du mystère de l'*Offenbarung*.

« Die Freiheit zum offenbaren eines Offenen lässt das jeweilige Seiende das Seiende sein, das es ist », écrit Heidegger[18] pour nous introduire au « mot » le plus mystérieux : Etre. Nous lisons encore : « Enthüllheit des Seins ermöglicht [...] Offenbarkeit vom Seienden. »[19]

Si l'on nous objecte que cela touche au scandale, que cela relève de la pure fantaisie d'évoquer jusqu'au nom de Bœhme pour établir des rapprochements hasardeux entre une pensée toute tournée vers Dieu et sa nature trinitaire et une méditation déployée en dehors de toute transcendance, entre une pensée plongée dans la métaphysique et une interrogation qui dépasse la métaphysique, nous sommes prêts à y répondre en proposant de refaire pas à pas le chemin vers la parole.[20] Là, dans l'*Entretien avec le Japonais*, Heidegger appelle l'herméneutique (*das Hermeneutische*) énigmatique (*rätselhaft*). C'est l'élucidation de cette énigme, « *die Erörterung des Hermeneutischen* », qui devient la tâche d'une pensée pensante. Engagé dans le mystère du *er-*, du *her-*, de l'*ur-* (*erörtern, herkommen, urkunden*), l'homme est appelé à y prêter l'oreille.[21] Il faut qu'il se laisse être (*seinlassen*) pour se tenir justement à

---

[18] Martin HEIDEGGER, *Vom Wesen der Wahrheit* (GA 34), p. 188.

[19] HEIDEGGER, *Vom Wesen der Wahrheit* (GA 34), p. 13.

[20] Martin HEIDEGGER, « Aus einem Gespräch von der Sprache. Zwischen einem Japaner und einem Fragenden » (1953/54), in : *Unterwegs zur Sprache* (GA 12), p. 79-146, ici p. 118.

[21] Nous avons porté, dans le passé, l'attention sur un point qui n'a pas été suffisamment exploité. Il s'agit de ce que nous avons désigné comme la différence entre l'herméneutique

proximité de ce qui ne peut pas se dire. Est-ce que parler de « rencontre » serait plus approprié ? Quand on a ressenti en lisant et relisant Heidegger la force de l'appel venant de cette « *Gegnet* », cette « *Gegend* » énigmatique où un « *Wink* » nous invite à pénétrer, il n'est pas facile d'écarter une sensation de proximité avec l'univers bœhmien. Hegel, Schelling ou Novalis ont pu de leur propre génie puiser dans Bœhme. Ils ont su s'approprier ce qui convenait à leur interrogation. Heidegger, a, semble-t-il, préféré s'acheminer tout seul, prendre le chemin de la campagne où dans les sons du silence percerait comme un appel de Dieu. C'est comme si l'ombre de Bœhme, compagnon du silence, le suivait.

(*Hermeneutik*) et le herméneutique (*das Hermeneutische*). Cf. Thérèse PENTZOPOULOU-VALALAS, « L'herméneutique de Heidegger » in : *Annales d'Esthétique*, Revue de la Société Hellénique d'Esthétique Athènes, vol. 22, 1982-83, p. 49-84 (en français). L'herméneutique comme *auslegen* et *verstehen* est essentiallement liée à l'analytique du Dasein. L(e) herméneutique, l'énigme, serait à chercher du côté de la parole, de ce « *Bringen von Botschaft und Kunde* », conditionné par le pouvoir entendre.

L'OCCULTATION DE LA PHILOSOPHIE DANS LA PENSÉE DE KARL MARX

Alexandre Schild

Dans notre monde européo-occidental dont le mode de penser, sous la forme des différents modes de la représentation calculatrice des choses qui en sont issus, commande aujourd'hui la quasi-totalité de ce qui a cours sur la planète et au-delà, l'approche proprement pensante desdites choses a été, depuis l'explication de Platon avec la sophistique dans l'horizon ouvert par ce que Parménide s'est trouvé être le premier à penser expressément sous le nom d'« étant » (*to on*), l'affaire de ce même mode de penser qui, en s'instituant alors sous le nom de « philosophie », a expressément reconnu lui échoir la tâche de répondre à au moins trois questions fondamentales, lesquelles peuvent être présentées comme suit.[1] Eu égard à ce que, depuis les sophistes, la pensée européo-occidentale a retenu de la pensée parménidienne de l'étant, il lui est apparu que ne saurait prétendre au statut d'étant comme tel distinct du « non-étant » ou « néant » (*to mê on*), c'est-à-dire que ne saurait prétendre être à proprement parler, que ce qui serait en mesure de se présenter à la pensée

---

[1] Les considérations qui suivent doivent beaucoup aux travaux d'Ingeborg Schüßler. S'agissant de la pensée de Marx, cf. Ingeborg SCHÜBLER, « Le Communisme positif dans les *Manuscrits de 1844* de Karl Marx. L'institution de la société industrielle comme sujet », *Bulletin du Centre d'études hégéliennes et dialectiques* 36, 1986, et surtout « Marx ou la réduction anthropologique et matérialiste de la métaphysique », in : Ingeborg SCHÜBLER, *Hegel et les rescendances de la métaphysique. Schopenhauer – Nietzsche – Marx – Kierkegaard – Le positivisme scientifique*, Lausanne, Payot, 2003, p. 225-256 – où Schüßler renvoie tout spécialement à Karl-Heinz VOLKMANN-SCHLUCK, « Was ist die moderne Gesellschaft ? Versuch einer ontologischen Bestimmung », *Philosophische Perspektiven* 2, 1970, p. 297-304.

comme aussi pleinement et constamment que possible un et identique à soi. D'où justement les trois questions fondamentales : 1) qu'est-ce qui est à proprement parler, *i. e.* peut prétendre au statut d'étant proprement dit ? 2) à supposer que quelque chose puisse prétendre à ce statut – ce que contestera expressément le sophiste Gorgias², par exemple – à quoi un tel étant est-il redevable de son être ? autrement dit : qu'est-ce qui constitue le fondement – pour dire tout uniment le « principe » (*archê*) et la « cause » (*aitia, aition*) – de son être ? et 3) qu'en est-il, corrélativement, de la connaissance, du savoir ou encore de la science en tant que cela consiste à appréhender ce qui est, soit l'étant, d'une manière (par la pensée ? l'intelligence ? les sens ? etc.) qu'il s'agit alors justement d'établir ?

Cela étant, les réponses à ces questions d'ordre respectivement ontologique, pour les deux premières, et épistémologique pour la troisième, vont constituer la position sur la base de quoi, depuis Platon, chaque philosophe va pouvoir établir ce qu'à ses yeux il en est, eu égard à leur être même, de ces différents ordres de choses que sont la nature, le vivant, les dieux et les hommes, ainsi que des différents modes du rapport de ces derniers à tout cela (assimilation et usage, sensation, mémoire, imagination et science, technique, pratique et théorie, action et passion, disposition affective etc.). Or, il m'est avis que c'est sur la base d'une telle position philosophique fondamentale, et qui lui est propre, que se déploie également la pensée de Marx. A ceci près, toutefois, que contrairement aux autres penseurs depuis Platon – mais, verrons-nous, en parfaite conformité avec elle – Marx n'établit jamais cette position pour elle-même. Qu'il la laisse seulement, et comme à son insu, transparaître au fil de l'accomplissement d'une tâche de la pensée que, dans une lettre à Arnold Ruge datée de « Kreuznach, septembre 1843 », il formule en ces termes :

> [...] nous n'anticipons pas le monde dogmatiquement, [...] ce n'est qu'à partir de la critique de l'ancien monde que nous voulons trouver le nouveau. [...] La construction de l'avenir et en finir pour tous les temps n'étant pas notre affaire, ce que nous avons à accomplir présentement n'en est que plus certain, et j'entends : *la critique sans retenue de tout ce qui est établi* [*die rücksichtslose Kritik alles Bestehenden*], sans retenue également au sens où

---

² Cf. Hermann DIELS/Walther KRANZ (éd.), *Fragmente der Vorsokratiker*, vol. 2, Berlin, Weidmann, 1952⁶, p. 279 ; Jean-Paul DUMONT/Jean-Louis POIRIER/Jean-Paul DELATTRE (éd.), *Les Présocratiques*, Paris, Gallimard (Bibliothèque de la Pléiade), 1988, p. 1022 – où, à ce qu'en rapporte Sextus Empiricus, Gorgias pose en effet « que rien n'est » (*oti ouden estin*), *i. e.* que... « rien des étants n'est » (*ouden tôn ontôn estin*) !

la critique ne craint pas ses résultats, et tout aussi peu le conflit avec les forces qui se présentent.[3]

Critique que, dans le prolongement de l'*Esquisse d'une critique de l'économie politique* d'Engels, Marx va, dès 1844, faire porter 1) sur la propriété privée ainsi que son corrélat, la division sociale du travail, et 2) dans ce cadre, sur la pensée et les divers développements de la pensée à commencer par l'économie politique, mais aussi les sciences positives de la nature, et de même la science juridique, et puis la philosophie, avant tout hégélienne et post-hégélienne (Feuerbach & *alii*), etc. Et critique à laquelle, en raison de son refus de procéder « dogmatiquement », il va imposer une méthode qui, ainsi qu'il l'esquisse déjà dans la lettre susmentionnée et ne cesse de s'en réclamer depuis, *i. e.* de l'« Avant-propos » des *Manuscrits de 1844*[4] à la « Postface » de la deuxième édition allemande du *Capital*[5], se veut n'être que l'« analyse complètement empirique » de « tout ce qui est établi » – disons : de l'état de choses existant.

Il reste qu'au fil de ce qui s'avère ainsi vouloir n'être qu'une critique empirico-analytique de l'état de choses existant, Marx ne peut pas ne pas laisser transparaître, disions-nous, les composantes d'une position philosophique fondamentale qui, après recomposition, peut être exposée *grosso modo* comme suit.[6]

---

[3] Karl MARX, *Briefe aus den « Deutsch-Französischen Jahrbüchern »*, in : Karl MARX/ Friedrich ENGELS, *Werke*, Berlin, Dietz, (ci-après MEW), vol. 1, 1970, p. 344 ; trad. franç. : *Une correspondance de 1843*, in : Karl MARX, *Œuvres III : Philosophie*, Paris, Gallimard (Bibliothèque de la Pléiade), 1982, p. 335-346, ici p. 343.

[4] Cf. Karl MARX, *Ökonomisch-philosophische Manuskripte aus dem Jahre 1844*, in : MEW, vol. complémentaire, 1981^5 (1968^1), p. 467 ; trad. franç. : *Économie et philosophie (Manuscrits parisiens. 1844)* in : Karl MARX, *Œuvres II : Economie II*, Paris, Gallimard (Bibliothèque de la Pléiade), 1982, p. 1-141, ici p. 5 : « [...] mes résultats ont été obtenus par une analyse complètement empirique fondée sur une étude critique de l'économie politique. »

[5] Cf. par exemple Karl MARX, *Das Kapital (Erster Band)*, « Nachwort zur zweiten Auflage », in : MEW, vol. 23, 1962², p. 18-28, ici p. 27, trad. franç. : *Le Capital. Livre premier (1867)*, Extraits de la postface de la seconde édition allemande, in : Karl MARX, *Œuvres I : Economie I*, Paris, Gallimard (Bibliothèque de la Pléiade), 1965, p. 552-59, ici p 558 : « L'investigation a à s'approprier la matière dans le détail [*sich den Stoff im Detail aneignen*], à analyser ses différentes formes de développement et à détecter leur lien interne. Ce n'est qu'une fois ce travail accompli que le mouvement effectivement réel peut être exposé d'une manière qui lui corresponde [*entsprechend dargestellt*]. Cela dût-il réussir, et la vie de la matière dût-elle alors trouver à se refléter sur le plan des idées [*sich nun ideell widerspiegeln*], qu'il pourrait du coup sembler qu'on ait à faire à une construction *a priori*. »

[6] Le fil conducteur sera ici, pour l'essentiel les *Manuscrits de 1844* et la première partie de *L'Idéologie allemande*.

1. Esquisse de la position philosophique fondamentale de Marx

Aux yeux de Marx[7], ce qui constitue en tant que tel l'étant proprement dit, soit ce qui « fait » son être même, c'est l'objectivité. Ainsi Marx pose-t-il qu'« un être non objectif est un *monstre* [*dépourvu d'être*] » (*ein ungegenständliches Wesen ist ein Unwesen*). Pour lui, l'être même de l'étant consiste donc dans l'« objectivité » (*Gegenständlichkeit*) même de l'« objet » (*Gegenstand*). Mais alors une objectivité qui, contrairement à ce qu'il en est pour la philosophie traditionnelle depuis Kant, n'est pas le fait d'un sujet, pour le coup présupposé, consistant en une pensée qui, une et identique à soi en tant que conscience de soi, objectiverait la réalité sensible, parce que matérielle, de la nature, en posant cette réalité en elle, *i. e.* dans les représentations qu'elle s'en ferait elle-même, comme objet de déterminations objectivantes par elle produites. Une objectivité immanente à la réalité matérielle sensible de la nature, au contraire, parce que résultant de ceci que les choses qui composent la nature consistent en des « forces » (*Kräfte*) – littéralement : des « forces objectives constitutives de leur être » (*gegenständliche Wesenskräfte*), – qui les mettent dans la nécessité proprement « ontologique »[8], c'est-à-dire objective, de se prendre les unes les autres pour objet de la « mise en action » (*Betätigung*) et ainsi « confirmation » (*Bestätigung*) de leurs forces respectives en une « extériorisation » (*Äußerung*) où, tout en s'objectivant elles-mêmes, elles et leurs propres forces, elles objectivent corrélativement les choses dans lesquelles elles trouvent à opérer cette extériorisation, comme elles sont elles-mêmes objectivées par celles qui trouvent à l'opérer en elles.

Partant, le fondement de l'être de l'étant qu'est l'objet tel qu'en son objectivité même n'est autre que l'activité d'auto-objectivation de cet étant en tant qu'activité de l'objectivation mutuelle des choses qui composent la réalité matérielle sensible, et toujours déjà objective, d'une nature qui, aux yeux de Marx, s'avère ainsi constituer la totalité de l'étant – les dieux en étant donc exclus. Et cela avec alors ceci que la nature étant éminemment cette « vie productive » (*produktives Leben*) qu'est la vie en tant que « vie générique » (*Gattungsleben*), c'est-à-dire « vie engendrant la vie » (*das Leben erzeugende*

---

[7] Cf. avant tout *Ökonomisch-philosophische Manuskripte*, MEW vol. compl., p. 577-579 / *Œuvres II*, p. 129-131.

[8] Marx emploie ce mot dans ce sens au tout début de l'avant-dernière partie du troisième de ses *Manuscrits de 1844*.

Leben)⁹ – où la référence de Marx est manifestement la conception hégélienne de la vie comme « genre » (*Gattung*), soit « processus générique » (*Gattungsprozess*) de son autoproduction par le truchement de l'activité vitale « commune de tous » (*all-gemein*) les étants vivants singuliers appartenant aux différentes « espèces » (*Arten*)[10] – ladite activité d'auto-objectivation de l'étant est au premier chef le fait d'une « activité vitale » (*Lebenstätigkeit*) qui, comme telle, est activité productive et, pour être précis, processus productif. Aux yeux de Marx, le fondement de l'être de l'étant en somme, et cet étant lui-même tel qu'en son être même, c'est donc, au premier chef, et en tant que processus, la production, l'activité productive du vivant en somme.

Enfin, ce matérialisme sur le plan ontologique se trouve avoir pour corrélat, sur le plan épistémologique, une conception non moins matérialiste de la pensée dont la formule la plus générale, qui se trouve dans les *Manuscrits de 1844*, est :

> Pensée et être sont […] à vrai dire *distincts*, mais dans le même temps en une *unité* l'un avec l'autre.[11]

Laquelle unité doit être entendue au sens qu'indique cette autre formule, elle tirée de *L'Idéologie allemande* de 1845-1846 :

> La conscience [*das Bewußtsein*] ne peut jamais être quelque chose d'autre que l'être conscient [*das bewußte Sein*], et l'être [*das Sein*] des hommes, c'est le processus effectivement réel de leur vie.

Où Marx résume le développement suivant :

> La production des idées, ou représentations, de la conscience, est d'abord immédiatement imbriquée dans l'activité matérielle et le commerce matériel [*materieller Verkehr*] des hommes, elle est le langage de la vie réelle. L'activité de représenter, penser, le commerce spirituel [*geistiger Verkehr*] des hommes, apparaissent […] comme découlant directement de leur comportement matériel [*als direkter Ausfluß ihres materiellen Verhaltens*]. Et il en est de même pour la production spirituelle [*geistige Produktion*] qui s'expose dans le langage de la politique, des lois, de la morale, de la religion, de la métaphysique etc., d'un peuple. Ce sont les hommes qui sont les producteurs de leurs représentations, idées etc., mais

---

[9] Cf. MARX, *Ökonomisch-philosophische Manuskripte*, MEW vol. compl., p. 516 / *Œuvres II*, p. 63.

[10] Cf. Georg Wilhelm Friedrich HEGEL, *Enzyklopädie der philosophischen Wissenschaften im Grundrisse*, § 215-222.

[11] MARX, *Ökonomisch-philosophische Manuskripte*, MEW vol. compl., p. 539 / *Œuvres II*, p. 82.

les hommes effectivement réels, opérants [*wirkende*], tels qu'ils sont conditionnés [*bedingt*] par un développement déterminé de leurs forces productives et du commerce, jusque dans ses formes les plus élevées, qui correspond à celles-ci.[12]

Ce qui peut se comprendre comme suit. Marx conçoit « la pensée » (*das Denken*) à la manière de la tradition, *i. e.* comme l'activité de « représenter » (*vorstellen*) les choses, d'en produire des « représentations » (*Vorstellungen*), à quoi il voit d'ailleurs se ramener ce qu'on appelle « les idées ». Sauf que, conformément à la présupposition matérialiste de sa pensée, il voit la pensée former avec l'« être de la nature » (*Naturwesen*) que l'homme est de fond en comble, parce qu'« immédiatement » (*unmittelbar*), « de par son origine » (*von Haus aus*)[13] même, et donc avec l'activité naturelle, vitale et comme telle productive qui constitue l'« être » (*Sein*) même de celui-ci, une unité qui ne saurait résulter de sa réunion avec un étant et une activité dont elle aurait été initialement séparée. Une unité immédiate, au contraire, que la pensée formerait avec eux en tant qu'une de leurs composantes seulement. Leur composante pensante, en l'occurrence, et avec alors ceci qu'elle ne saurait être une telle composante sans être elle aussi, et de fond en comble, matérielle. Ce qu'elle est en effet, toujours selon Marx, au moins à trois titres. 1) La pensée est le produit de la « tête » de l'être lui-même de fond en comble matériel parce que naturel, vivant, et donc productif, qu'est l'homme. Ce que Marx posera, entre autres, dans un fameux passage de la postface à la deuxième édition allemande du *Capital* :

> Pour Hegel, le processus de pensée, qu'il va jusqu'à transformer sous le nom d'idée en un sujet autonome, est le démiurge du réel, lequel ne représente que sa manifestation [*Erscheinung*] extérieure. Chez moi, l'idéel [*das Ideelle*] n'est à l'inverse [*umgekehrt*] rien d'autre que le matériel [*das Materielle*] transporté et transposé [littéralement : traduit (*übersetzt*)] dans la tête de l'homme.[14]

---

[12] Karl MARX, *Die deutsche Ideologie*, in : MEW, vol. 3, 1958, p. 9-530, ici p. 26 ; trad. franç. : *L'Idéologie allemande (« Conception matérialiste et critique du monde. »*) 1845-1846, in : *Œuvres III*, p. 1037-1325, ici p. 1056.

[13] Cf. MARX, *Ökonomisch-philosophische Manuskripte*, MEW vol. compl., p. 577-579 / *Œuvres II*, p. 129-131.

[14] MARX, *Das Kapital*, « Nachwort zur zweiten Auflage », MEW 23, p. 27 / *Œuvres I*, p. 558. Mais cf. aussi, entre autres, Karl MARX, *Einleitung (*zur *Kritik der politischen Ökonomie)*, in : MEW, vol. 13, 1981^9, p. 615-642, ici p. 632-633, ou Karl MARX, *Einleitung (*zu den *Grundrissen der Kritik der politischen Ökonomie)*, in : MEW, vol. 42, 1983, p. 36; trad.

2) La pensée se déploie dans l'« élément » matériel que constituent pour elle ces « sons », ces « couches d'air en mouvement », en quoi consiste le « langage » (*Sprache*).[15] Et surtout 3) elle n'est au fond rien d'autre que « le soi » (*das Selbst*), « la conscience de soi » (*das Selbstbewußtsein*) au sens de l'« être [*sein*] soi-même [*selbst*] su [*bewußt*] de soi [*selbst*] » de la « nature » de l'homme, c'est-à-dire de son corps, *i. e.* des organes de ses sens (de « son œil, son oreille etc. »), et donc de ces sens eux-mêmes, et plus généralement de chacune des « forces qui font son être ».[16] Tout cela avec cette conséquence que les représentations ou idées qu'elle est amenée à produire sont alors le « reflet » (*Spiegelung*[17] ou *Abspiegelung*[18]) immanent et donc matériel de cette nature matérielle de l'homme, soit de son corps etc., et par suite de l'activité matérielle dans laquelle cette nature est engagée. D'où le caractère « spirituel » (*geistig*) de sa propre activité à elle, qui est de produire des idées, des représentations, ainsi que de ces idées et représentations elles-mêmes. L'« esprit » (*Geist*) étant en effet, aux yeux d'un Marx en cela d'accord avec Hegel, la pensée en tant qu'elle forme une unité avec la réalité matérielle objective de la nature. A ceci près que, tandis que pour Hegel cette unité résiderait en ce que ladite réalité constituerait la manifestation toute extérieure, *i. e.* l'apparence phénoménale seulement, de la pensée, pour Marx, « à l'inverse », elle résiderait en ce que la pensée serait l'« expression réfléchissante » (*abspiegelnder Ausdruck*) de cette réalité et toute immanente à celle-ci.

---

franç. : *Introduction générale à la Critique de l'économie politique (1857)*, in : *Œuvres I*, p. 231-266, ici p. 254.

[15] Cf. entre autres, MARX/ENGELS, *Deutsche Ideologie*, MEW 3, p. 30 / *Œuvres III*, p. 1061, et déjà MARX, *Ökonomisch-philosophische Manuskripte*, MEW vol. compl., p. 544 / *Œuvres II*, p. 87.

[16] Cf. MARX, *Ökonomisch-philosophische Manuskripte*, MEW vol. compl., p. 574 / *Œuvres II*, p. 127 : « L'homme *est* de l'ordre du soi [*selbstisch*]. Son œil, son oreille etc. est *de l'ordre du soi* ; chacune des forces qui font son être a en elle la propriété d'*être de l'ordre du soi* [*die Eigenschaft der Selbstigkeit*]. Mais c'est pourquoi il est alors tout à fait faux de dire : la conscience de soi a œil, oreille, force faisant l'être. C'est plutôt la *conscience de soi* qui est une qualité de la nature humaine, de l'œil humain etc., et non pas la nature humaine qui est une qualité de la *conscience de soi*. »

[17] Cf. Karl MARX, *Zu einer Kritik der Hegelschen Rechtsphilosophie (Einleitung)*, in : MEW, vol. 1, p. 383 / *Pour une critique de la philosophie du droit de Hegel (Introduction)*, in : *Œuvres III*, p. 382-397, ici p. 388.

[18] Cf., entre autres, MARX, *Ökonomisch-philosophische Manuskripte*, MEW vol. compl., p. 575 / *Œuvres II*, p. 127.

Maintenant, encore faut-il s'aviser de ce qui distingue des autres ce matérialisme qu'en le qualifiant de « nouveau »[19] et surtout de « pratique »[20], Marx veut démarquer de tout « l'ancien matérialisme », « y compris celui de Feuerbach »[21], et aussi de ces sciences positives de la nature auxquelles il associera d'ailleurs la pensée de Feuerbach[22] après en avoir déjà critiqué l'« orientation abstraitement matérielle et bien plutôt idéaliste » (*abstrakt materielle oder vielmehr idealistische Richtung*)[23]. La différence ressort, entre autres, mais très clairement, d'une formule des *Manuscrits de 1844* qui vise... Hegel. Laquelle formule condamne, en l'occurrence, une conception de la nature fondée sur la seule « contemplation » (*Anschauen*) d'une nature alors « prise abstraitement, pour elle-même, figée dans la séparation d'avec l'homme » (*die Natur abstrakt genommen, für sich, in der Trennung vom Menschen fixiert*)[24]. Or, c'est précisément à cela que Marx s'en prendra au premier chef dans le matérialisme feuerbachien – et de même dans les sciences positives de la nature comme dans tout l'ancien matérialisme en somme.[25] Ainsi, par exemple, dans la 1ᵉ thèse *ad* Feuerbach, où il s'en prend à ceci que, chez Feuerbach, « [...] l'objet factuel [*der Gegenstand*], la réalité effective, le sensible, n'est saisi que sous la forme de l'*objet* [*des Objektes*] *ou de l'intuition* [*der Anschauung*], mais pas comme *activité humaine sensible pratique* [*als sinnlich menschliche Tätigkeit, Praxis*] ». Puis, dans la 5ᵉ thèse : « [...] il [Feuerbach] ne saisit [*faßt*] pas le sensible [*die Sinnlichkeit*] comme activité humaine sensible *pratique* [*als praktische menschlich-sinnliche Tätigkeit*]. » Et surtout dans ces lignes de *L'Idéologie allemande* :

> Il [Feuerbach toujours] ne voit pas que le monde sensible qui l'entoure n'est pas une chose donnée immédiatement de toute éternité, mais le produit de l'industrie et de l'état de la société, et ce au sens où il est un produit historique, le résultat de l'activité de toute une série de générations dont

---

[19] MARX, [*Thesen über Feuerbach*] « ad Feuerbach », in : MEW, vol. 3, 1958, p. 5-7, ici p. 7 / « *ad* Feuerbach », in : *Œuvres III*, p. 1029-1033, ici p. 1033 (la 10ᵉ thèse).

[20] Cf. MARX/ENGELS, *Deutsche Ideologie*, MEW 3, p. 42 / *Œuvres III*, p. 1077.

[21] Cf. la 1ᵉ thèse « *ad* Feuerbach ».

[22] Cf. MARX/ENGELS, *Deutsche Ideologie*, MEW 3, p. 44 / *Œuvres III*, p. 1079.

[23] Cf. MARX, *Ökonomisch-philosophische Manuskripte*, MEW vol. compl., p. 543 / *Œuvres III*, p. 86.

[24] Cf. MARX, *Ökonomisch-philosophische Manuskripte*, MEW vol. compl., p. 587 / *Œuvres III*, p. 140.

[25] Cf. MARX, *Ökonomisch-philosophische Manuskripte*, MEW vol. compl., p. 542-543 / *Œuvres III*, p. 85-86.

chacune s'est élevée sur les épaules de la précédente, a continué de développer son industrie et son commerce, a modifié son ordre social suivant le changement des besoins. Même les objets [*Gegenstände*] de la plus simple « certitude sensible » ne lui sont donnés que par l'évolution sociale, l'industrie et les échanges commerciaux. Il est notoire que le cerisier, comme presque tous les arbres fruitiers, a été transplanté dans nos régions, et depuis quelques siècles seulement, par le *commerce*, de sorte que ce n'est que *par* cette action d'une certaine société à une certaine époque qu'il a été donné à la « certitude sensible » de Feuerbach.[26]

A l'opposé de quoi Marx développe en effet une conception de la nature selon laquelle celle-ci est, pour reprendre différentes formules des *Manuscrits de 1844* et de *L'Idéologie allemande*, « la nature engendrée par l'histoire » (*die von der Geschichte erzeugte Natur*)[27], « donc la nature telle qu'elle devient du fait et par le biais de l'industrie » (*darum die Natur, wie sie durch die Industrie [...] wird*)[28], autrement dit « la nature en son devenir dans l'histoire humaine » (*die in der menschlichen Geschichte [...] werdende Natur*)[29] et comme telle tout à fait différente de « cette nature précédant l'histoire humaine qui, [...] excepté peut-être en Australie sur quelques îles coralliennes isolées d'origine récente, n'existe plus nulle part »[30]. Aux yeux de Marx, le fait est que, depuis son apparition sur la terre, par « generatio aequivoca »[31], l'homme a progressivement étendu et corrélativement développé son « industrie » – *i. e.* son activité productive en général, certes industrieuse, mais pas toujours industrielle pour autant – au point de pouvoir « reproduire la nature tout entière » (*die ganze Natur reproduzieren*)[32]. Ce qui implique qu'à la différence de « l'animal » (*das Tier*), qui « ne produit que lui-même » et « ne forme que suivant la mesure [...] de

---

[26] MARX/ENGELS, *Deutsche Ideologie*, MEW 3, p. 43 / *Œuvres III*, p. 1078.

[27] Cf. MARX, *Ökonomisch-philosophische Manuskripte*, MEW vol. compl., p. 573 / *Œuvres III*, p. 125.

[28] Cf. MARX, *Ökonomisch-philosophische Manuskripte*, MEW vol. compl., p. 543 / *Œuvres III*, p. 87.

[29] Cf. MARX, *Ökonomisch-philosophische Manuskripte*, MEW vol. compl., p. 543 / *Œuvres III*, p. 87.

[30] MARX/ENGELS, *Deutsche Ideologie*, MEW 3, p. 44 / *Œuvres III*, p. 1079.

[31] Cf. MARX/ENGELS, *Deutsche Ideologie*, MEW 3, p. 44 / *Œuvres III*, p. 1079, et aussi MARX, *Ökonomisch-philosophische Manuskripte*, MEW vol. compl., p. 545 / *Œuvres III*, p. 88.

[32] Cf. MARX, *Ökonomisch-philosophische Manuskripte*, MEW vol. compl., p. 517 / *Œuvres III*, p. 64.

l'espèce [*nach dem Maß* [...] *der species*] à laquelle il appartient », l'homme, lui, « sait produire suivant la mesure de chaque espèce [*nach dem Maß jeder species zu produzieren weiß*] et sait partout appliquer sa mesure inhérente à l'objet [*überall das inhärente Maß dem Gegenstand anzulegen weiß*] » – « mesure » dont nous comprenons qu'elle est avant tout le « genre » (*Gattung*) au sens déjà indiqué du processus générique.[33] Mais ce qui a surtout pour conséquence que la nature se présente désormais à cet homme de telle manière qu'en principe, *i. e.* sauf à en être privé du fait d'une aliénante propriété privée, il ne devrait pas l'appréhender autrement que « comme *son* œuvre et sa réalité effective » (*als sein Werk und seine Wirklichkeit*), et c'est dire : comme « un monde par lui créé » (*eine von ihm geschaffene Welt*) où, s'y étant « dédoublé de manière effectivement réelle en œuvrant activement » (*werktätig, wirklich verdoppelt*), il peut tout aussi bien « se contempler lui-même » (*sich selbst anschauen*).[34] Création du monde par reproduction de la nature tout entière que l'homme n'accomplit cependant qu'en tant que cet « être » (*Wesen*) qui, fût-il devenu au plus haut point humain, n'en cesserait pas pour autant d'être, en tant qu'« être de la nature *humain* » (*menschliches Naturwesen*)[35], l'être de la nature qu'il est de fond en comble, soit cette « partie de la nature » dont Marx écrit :

> Que la vie physique et spirituelle de l'homme est en interdépendance avec la nature [*mit der Natur zusammenhängt*], cela n'a pas d'autre sens que : la nature est en interdépendance avec elle-même [*mit sich selbst zusammenhängt*].[36]

Le tout avec la conséquence 1) que l'histoire humaine n'est rien d'autre que la « partie *effectivement réelle* de l'*histoire de la nature* » (*wirklicher Teil der Naturgeschichte*)[37] qui prolonge une « formation de la terre » (*Erdbildung*) dont la science, « la géognosie » en l'occurrence, aurait montré qu'elle n'est nullement « Création » (*Schöpfung*), mais « processus » d'« auto-engendrement », et 2) que cette histoire humaine consiste alors en un « devenir-

---

[33] Cf. MARX, *Ökonomisch-philosophische Manuskripte*, MEW vol. compl., p. 517 / *Œuvres III*, p. 64.

[34] Cf. MARX, *Ökonomisch-philosophische Manuskripte*, MEW vol. compl., p. 517 / *Œuvres III*, p. 64.

[35] MARX, *Ökonomisch-philosophische Manuskripte*, MEW vol. compl., p. 579 / *Œuvres III*, p. 138.

[36] MARX, *Ökonomisch-philosophische Manuskripte*, MEW vol. compl., p. 516 / *Œuvres III*, p. 62.

[37] Cf. MARX, *Ökonomisch-philosophische Manuskripte*, MEW vol. compl., p. 544-545 / *Œuvres III*, p. 87-88.

homme de la nature » (*Werden der Natur zum Menschen*)[38] qui, comme tel, inclut la « naissance » (*Geburt*) ou l'« acte de la naissance » (*Geburtsakt*), l'« acte de la génération » (*Zeugungsakt*), l'« engendrement » (*Erzeugung*), l'« acte de l'engendrement » (*Erzeugungsakt*), l'« acte de l'avènement » (*Entstehungsakt*) ou encore le « processus de l'avènement » (*Entstehungsprozeß*)[39] de l'homme lui-même.

Ce qui, eu égard à la position philosophique fondamentale de Marx, peut toutefois se comprendre plus avant comme suit. *Via* son activité naturelle, vitale et donc productive, l'homme s'objective et se réalise lui-même dans la mesure où il « extériorise » (*entäußert*) les forces objectives constitutives de son être dans la réalité matérielle objective de la nature hors de lui, soit dans cette « nature non organique » (*unorganische Natur*)[40] dont il fait ainsi son « *corps* » (*Leib*), son « corps non organique » (*unorganischer Leib*) en l'occurrence. Et ce faisant, il transforme, ladite nature, et l'humanise, certes ! Mais avec ceci que cette nature, *i. e.* les objets dont elle se compose, trouve corrélativement à extérioriser-objectiver ses forces objectives à elle dans son « corps organique » (*organischer Körper*) à lui, et c'est dire : dans ses organes, donc dans ses sens, et par suite dans sa conscience, soit sa pensée, et donc aussi dans son savoir, et finalement dans sa science. Ce qui a pour effet de transformer en retour cet homme lui-même (son corps organique etc.), avec alors cette conséquence que, pour autant du moins que les objets qui trouvent à s'extérioriser-objectiver en lui soient eux-mêmes déjà des produits de la transformation et humanisation de la nature par l'activité humaine, cette transformation est tout aussi bien son humanisation à lui. Partant, l'homme ne saurait être humain qu'autant qu'il peut le devenir, et il ne le devient effectivement que dans la mesure où sont eux-mêmes humains les objets qui trouvent à s'extérioriser-objectiver en lui à la faveur des rapports qu'il parvient à entretenir avec eux. Ce que, de leur côté, ces objets ne sauraient être qu'en raison de l'humanité des forces objectivées en eux lors de leur production. Avec alors ceci qu'au début de l'histoire humaine, tout cela ne saurait évidemment avoir lieu que de façon très élémentaire.[41] Eu égard à quoi il apparaît à Marx que l'histoire est justement le processus progressif, *via*

---

[38] Cf. aussi MARX, *Ökonomisch-philosophische Manuskripte*, MEW vol. compl., p. 538 / *Œuvres III*, p. 81.

[39] Cf. MARX, *Ökonomisch-philosophische Manuskripte*, MEW vol. compl., p. 536, 543, 546, 570 et 579 / *Œuvres III*, p. 79, 87, 89, 122 et 131.

[40] Sur ce point et ce qui suit, cf. MARX, *Ökonomisch-philosophische Manuskripte*, MEW vol. compl., p. 515-516 / *Œuvres III*, p. 62-63.

[41] Cf. MARX/ENGELS, *Deutsche Ideologie*, MEW 3, p. 31 / *Œuvres III*, p. 1061-1062.

l'extension et le développement corrélatif de l'activité productive de l'homme – cette activité que, l'envisageant dans la totalité de ses composantes (y compris économiques, politiques, juridiques, etc.), et par distinction d'avec la seule théorie, Marx appelle « la pratique » (*die Praxis*) – de l'humanisation de la nature tout entière comme humanisation de la nature non-organique de l'homme, d'une part, et d'autre part humanisation de la nature organique, donc des organes, des sens, de la conscience, de la pensée, du savoir et de la science de ce même homme.

Reste enfin – s'agissant de la position philosophique fondamentale de Marx, et pour ce qui nous occupe ici, – la question de savoir en quoi consiste au juste cette humanisation de la nature ainsi que des objets qui la composent et, corrélativement, de l'homme lui-même ? C'est ce qu'aux yeux de Marx manifeste *de facto* le stade qu'il voit être atteint par le processus historique de la création du monde de l'homme *via* la transformation de la nature par une activité productive de l'homme, ladite pratique, qui s'est étendue et développée au point d'être désormais en mesure de reproduire cette nature toute entière : l'humanité de l'homme, c'est sa « richesse » (*Reichtum*) en tant qu'elle consiste à être *all- und tiefsinnig*, soit doté de « sens » (*Sinne*) tant « spirituels » que « physiques »[42] qui s'étendent « à tout » (*all-*) « en profondeur » (*tief*)[43]. Humanité de l'homme qui, comme telle, se révèle alors exiger ce que, dans *L'Idéologie allemande*, Marx annonce en ces termes :

> […] moyennant le renversement du présent état de choses [*Umsturz des bestehenden Zustandes*] de la société par la révolution communiste […] et la suppression de la propriété privée qui ne fait qu'un avec cela, […] les individus singuliers seront libérés des différentes barrières nationales et locales, mis en relation pratique avec la production (y compris spirituelle) du monde entier et mis en état d'acquérir la capacité de jouir de la production omnilatérale [*die allseitige Produktion*] de la terre entière (créations des hommes).[44]

D'après les Manuscrits de 1844 :

> L'homme *riche* est dans le même temps l'homme qui *a besoin* d'une extériorisation totale de la vie humaine [*der einer Totalität der*

---

[42] Cf., entre autres, MARX, *Ökonomisch-philosophische Manuskripte*, MEW vol. compl., p. 540 / *Œuvres III*, p. 83.

[43] Cf. MARX, *Ökonomisch-philosophische Manuskripte*, MEW vol. compl., p. 542 / *Œuvres III*, p. 85.

[44] MARX/ENGELS, *Deutsche Ideologie*, MEW 3, p. 37 / *Œuvres III*, p. 1070.

menschlichen Lebensäußerung bedürftige Mensch]. L'homme en qui sa propre réalisation existe comme une nécessité intérieure, comme manque [*Not*].[45]

Par quoi il faut entendre que – son besoin étant au fond « le besoin de " l'homme en tant qu'homme " »[46] – ledit « homme riche » a besoin de l'extériorisation totale de sa propre vie à lui non moins que de celle de tous les autres hommes que lui. Car s'il ne peut développer ses sens, et donc s'enrichir, et par là-même s'humaniser, que moyennant l'extériorisation-objectivation en lui des produits de l'extériorisation-objectivation de la vie, soit de la richesse et de l'humanité des autres[47], le développement des sens, donc l'enrichissement, et finalement l'humanisation mêmes de ceux-ci, requièrent qu'il extériorise-objective lui aussi cette vie sienne qu'il aura dans l'intervalle enrichie grâce à eux. D'où ceci : l'humanité de l'homme, de son corps, de ses organes, de ses sens et donc de sa conscience, de son savoir et de sa science, et par suite aussi de son activité productive tant spirituelle que physique, autrement dit de sa pratique, et puis de ses produits, et finalement du monde résultant de la transformation de la nature par cette sa pratique sienne, cela consiste à 1) permettre, en tant qu'une condition qui n'en est cependant pas moins le résultat, la « formation » (*Bildung*), tout d'abord, puis la « production » comme une « réalité effective constante » (*stete Wirklichkeit*)[48], de l'« homme total »[49]

---

[45] MARX, *Ökonomisch-philosophische Manuskripte*, MEW vol. compl., p. 544 / *Œuvres III*, p. 88.

[46] Cf. MARX, *Ökonomisch-philosophische Manuskripte*, MEW vol. compl., p. 543 / *Œuvres III*, p. 87.

[47] Cf. MARX, *Ökonomisch-philosophische Manuskripte*, MEW vol. compl., p. 541-542 / *Œuvres III*, p. 84-85 : « [...] ce n'est que par le truchement du déploiement objectif de la richesse [*durch den gegenständlich entfalteten Reichtum*] de l'être humain que vont être pour partie développés, pour partie engendrés, la richesse de la sensibilité *humaine* subjective, une oreille musicale, un œil pour la beauté formelle, bref, des *sens* capables de jouissance humaine, des sens trouvant confirmation en tant que forces qui font l'être *de l'homme* [*als menschlicher Wesenskräfte*]. Car ce ne sont pas seulement les cinq sens, mais aussi les sens dits spirituels, les sens pratiques (volonté, amour etc.), d'un mot le sens *humain*, l'humanité des sens, qui n'adviennent que par le truchement de l'existence de *son objet* [*seines Gegenstandes*]. [...] l'objectivation de l'être humain, aussi bien théoriquement que pratiquement, a pour destination aussi bien de rendre *humain* les *sens* de l'homme que de créer un *sens humain* correspondant à toute la richesse de l'être de l'homme et de la nature. »

[48] Cf. MARX, *Ökonomisch-philosophische Manuskripte*, MEW vol. compl., p. 542 / *Œuvres III*, p. 85.

[49] Cf. MARX, *Ökonomisch-philosophische Manuskripte*, MEW vol. compl., p. 539 / *Œuvres III*, p. 82.

qu'est l'homme – et c'est dire, convient-il ici de souligner, l'individu[50] – capable de « jouir », en s'en faisant soi-même l'objet, de l'extériorisation-objectivation totale de la vie humaine, et 2) se retrouver pour le coup être soi-même, à la fois objectivement et subjectivement, et spirituellement non moins que physiquement, parce que consciemment, et donc volontairement aussi, la totalité de l'humanité et de la nature par elle totalement reproduite, c'est-à-dire la totalité du monde, ainsi que la totalité de leur histoire depuis ce « commencement » où la nature s'est dressée « face aux hommes comme une puissance complètement étrangère, toute-puissante et inattaquable »[51]. En quoi l'humanité même de la totalité de ce qui est humain s'avère finalement consister dans la socialité même de ce qui est social, la société proprement dite, *i. e.* « la société humaine », ne consistant en effet pas seulement, ni même essentiellement, dans l'ensemble formé par des individus et groupes d'individus ayant entre eux toutes sortes de rapports organisés (parenté, pouvoir, échange, coopération, etc.), mais dans cet être pour ainsi dire consubstantiel de tous les hommes entre eux en même temps qu'avec la totalité du monde par eux créé en tant que nature par eux totalement reproduite – conformément à quoi Marx peut d'ailleurs tout aussi bien concevoir l'histoire humaine, c'est-à-dire ce devenir-homme de la nature incluant en tant que tel le processus de l'avènement de l'homme lui-même, comme « l'acte de l'avènement de la société humaine »[52].

Suivant la position philosophique fondamentale de Marx, donc, et pour résumer, l'étant proprement dit consiste dans l'état de choses existant à tel ou tel stade déterminé du processus historique de fond en comble objectif, parce que matériel et donc sensible, de l'autoproduction de soi de la nature comme société humaine elle-même entendue comme réalité constante et consciente de soi de l'unité consubstantielle des hommes entre eux au sein du monde que ceux-ci constituent eux-mêmes pour l'avoir créé en y extériorisant-objectivant la totalité de leur vie. Quant au fondement de cet étant, soit de ce que nous pouvons appeler l'homme-monde conscient de soi à tel ou tel stade du processus

---

[50] Cf. MARX, *Ökonomisch-philosophische Manuskripte*, MEW vol. compl., p. 539 / *Œuvres III*, p. 82 :« L'homme – à quelque degré qu'il soit [...] un individu *particulier*, et c'est justement sa particularité [*Besonderheit*] qui fait de lui un individu et un être communautaire réellement *individuel* [*zum wirklichen individuellen Gemeinwesen*] – est tout autant la *totalité* [...]. »

[51] Cf. à nouveau MARX/ENGELS, *Deutsche Ideologie*, MEW 3, p. 31 / *Œuvres III*, p. 1061-1062.

[52] Cf. à nouveau MARX, *Ökonomisch-philosophische Manuskripte*, MEW vol. compl., p. 543 / *Œuvres III*, p. 87.

historique de son autoproduction, il n'est rien d'autre que ce processus lui-même en tant que ce que Marx rassemble sous le nom de « pratique ».

Or, il apparaît que, tout en continuant de fournir à sa pensée ce que Marx lui-même appelle sa « base » (*Grundlage*)[53], cette position philosophique fondamentale en vient à s'effacer au point de disparaître, soit à proprement s'occulter, derrière la critique empirico-analytique de l'état de choses existant eu égard à ce dont celui-ci pourrait, et ne saurait d'ailleurs que moyennant celle-ci, se révéler être en lui-même déjà porteur d'un processus qui, lui, serait encore à venir : la révolution communiste comme parachèvement de l'avènement de la société humaine.

2. L'occultation de la philosophie dans la pensée de Marx

A ce propos, il faut à mon sens commencer par relever que dès l'*Introduction* de 1844, Marx appelle à *aufheben* la philosophie.[54] Or, la richesse du sens de ce mot dans une dialectique hégélienne dont Marx s'est très constamment reconnu tributaire[55], ne doit pas nous égarer. Dans l'esprit de Marx, *aufheben* la philosophie, *i. e.* son *Aufhebung*, ne saurait impliquer ni la conservation ni, *a fortiori*, l'élévation, de la philosophie elle-même. Pas plus en tout cas que, s'agissant de l'*Aufhebung* du prolétariat, de la propriété privée ou encore du travail[56], il ne saurait être question de conserver ceux-ci sous quelque forme que ce soit ! A l'instar de ce qu'il en est pour le prolétariat, la propriété privée et le travail, entre autres, *aufheben* la philosophie ne peut vouloir dire autre chose que... la supprimer, purement et simplement ! Et Marx de le dire d'ailleurs on ne peut plus nettement : ce dont il s'agit, c'est de « la *négation* [...] de la philosophie en tant que philosophie » (*die Negation* [...] *der Philosophie als Philosophie*). Avec alors, il est vrai, ceci que cette négation ne saurait se réduire à un pur et simple rejet de la philosophie. Marx de s'en prendre, en effet,

---

[53] Cf. à nouveau MARX, *Das Kapital*, « Nachwort zur zweiten Auflage », MEW 23, p. 27 / *Œuvres I*, p. 558, où Marx présente en effet cet indissociable corrélat de son entente matérialiste de l'étant en son être qu'est sa conception matérialiste de la pensée – pour rappel : « l'idéel » en tant que transposition du « matériel » « dans la tête de l'homme » – comme la « base » (*Grundlage*) de sa « méthode dialectique », soit de sa pensée en somme.

[54] Cf. MARX, *Kritik der Hegelschen Rechtsphilosophie*, MEW 1, p. 384 / *Œuvres III*, p. 389.

[55] Cf. encore MARX, *Das Kapital*, « Nachwort zur zweiten Auflage », MEW 23, p. 27 / *Œuvres III*, p. 558.

[56] Sur ce point, cf. par exemple MARX/ENGELS, *Deutsche Ideologie*, MEW 3, p. 69-70, 77, 186 / *Œuvres III*, p. 1123, 1114, 1174.

à tel « parti politique *pratique* » qui croirait pouvoir « accomplir cette négation en tournant le dos à la philosophie », et cela en lui opposant : « *Vous ne pouvez pas supprimer la philosophie sans la réaliser effectivement* [*verwirklichen*]. » Où la question devient pour le coup de savoir en quoi peut donc bien consister une telle « réalisation effective » (*Verwirklichung*) si, comme Marx l'affirme dans le même temps, on ne saurait « *réaliser effectivement la philosophie* [...] *sans la supprimer* »[57], et c'est dire : sans la nier « en tant que philosophie ».

Sur ce point, commençons par remarquer que nier la philosophie comme telle en la réalisant effectivement implique d'en conserver au moins quelque chose. Mais alors quoi, au juste ? – Rien qui ferait de la philosophie ce qu'elle pourrait être en tant que telle ! Car à cela s'applique la critique que Marx n'aura cessé de développer depuis l'*Introduction* de 1844 à *L'Idéologie allemande* de 1845-1846 en passant par les *Manuscrits de 1844* et *La Sainte Famille* de 1845. Critique selon laquelle la philosophie serait un mode de la représentation des choses par la pensée en tant que conscience au sens déjà indiqué de *Selbstbewußtsein*, qui 1) méconnaissant et rejetant même expressément, *i. e.* niant, son statut de reflet immanent de l'état de choses existant à tel stade déterminé du processus historique de l'autoproduction de soi de la nature comme monde humain *via* l'activité vitale productive de l'homme, s'imaginerait en mesure de concevoir les choses indépendamment de cela et donc sur le mode de ce que, dans *L'Idéologie allemande*, Marx appelle « la théorie "pure" »[58]; ensuite de quoi 2) ce que ce mode de se représenter les choses ne ferait ainsi rien d'autre qu'abstraire dudit état de choses, il le poserait comme une réalité en soi, transcendante, suprasensible, et donc immuable, à la détermination de laquelle il ne pourrait que vouloir soumettre en retour ce même état de choses ; en quoi 3) il ne ferait finalement qu'éterniser l'état de choses existant, ou du moins en promouvoir l'éternisation contre toute possible évolution ... ou révolution. Eu égard à quoi il apparaît que la philosophie ne serait jamais qu'une variété parmi d'autres de ce que Marx finira par qualifier tout uniment d'« idéologie » en le faisant alors remonter à ce stade de l'histoire humaine où « une division entre le travail matériel et le travail spirituel » (*Teilung der materiellen und gestigen*

---

[57] Pour les formules ci-dessus, cf. MARX, *Kritik der Hegelschen Rechtsphilosophie*, MEW 1, p. 384 et 391 / *Œuvres III*, p. 389 et 397.

[58] Le mot « pure » figurant là entre guillemets – comme dans *Deutsche Ideologie*, MEW 3, p. 31 / *Œuvres III*, p. 1062 – la pureté étant en effet, et par principe, inaccessible à une pensée conçue comme activité d'une conscience-reflet au sens indiqué plus haut.

Arbeit) serait intervenue au sein de la division sociale du travail en somme.[59] Mais une variété de l'idéologie dont on ne voit pour le coup pas bien en quoi, aux yeux de Marx, elle pourrait se différencier des autres, à savoir : de la théologie, de la morale « etc. » – lequel « etc. », comme l'écrit Marx, renvoie manifestement à la religion et au droit, mais aussi à l'économie politique ainsi qu'aux sciences positives de la nature ... etc. (disons, par exemple, à la science historique !). Serait-ce par la généralité de ses vues ? et par la généralité de son objet lui-même, qui ne serait rien de moins que le monde en général ? – mais dans l'*Introduction* de 1844, Marx présente, à la manière « jeune hégélienne », la religion comme « la théorie générale [du] monde, son compendium encyclopédique [...] »[60] ! Ou serait-ce par son mode, conceptuel en l'occurrence, de représentation ? – mais si cela peut la distinguer de la religion, cela ne saurait alors la distinguer des sciences. Serait-ce donc par ces objets – l'étant en son être, la science en tant que saisie dudit étant par la pensée, la vérité etc., – que, depuis son institution platonicienne, la philosophie a expressément reconnu lui échoir en propre, et dont nous avons vu Marx laisser transparaître ce qu'il en pense là même où il critique ce qu'en pensent Hegel et Feuerbach ? Mais Marx ne le dit justement pas, ce qui appartient au « phénomène de l'occultation » de la philosophie qu'il s'agit ici de mettre en lumière.

Cela étant, il faut revenir à notre question, qui est de savoir ce que la réalisation de la philosophie qui doit permettre la négation de celle-ci en tant que telle va devoir, à cette fin, conserver d'elle, et alors de réaliser, dès lors que ce ne saurait être quoi que ce soit de ce qu'elle est en tant que telle. La réponse se trouve dans l'*Introduction* de 1844 : ce qu'il s'agit de conserver de la philosophie, c'est ce qu'elle se révèle être devenue *de facto* dans une Allemagne qui, ayant « pris part aux restaurations des peuples modernes sans jamais prendre part à leurs révolutions »[61], et dont le retard qui en a résulté pour elle sur le plan de la réalité l'a conduite à penser ce que les « peuples *modernes* » ou « peuples de progrès » *(fortgeschrittenen Völker)*[62], eux, ont fait, et avec quoi ils se trouvent d'ailleurs déjà en passe de rompre. Or, ce que la philosophie est ainsi devenue, c'est précisément le « reflet philosophique », et donc abstrait, de « la

---

[59] Cf. *idem* et aussi Karl MARX, *Kritik des Gothaer Programms*, in : MEW, vol.19, p. 21 / *Critique du programme du parti ouvrier allemand*, in : *Œuvres I*, p. 1407-1434, ici p. 1420.

[60] MARX, *Kritik der Hegelschen Rechtsphilosophie*, MEW 1, p. 378 / *Œuvres III*, p. 382.

[61] Cf. MARX, *Kritik der Hegelschen Rechtsphilosophie*, MEW 1, p. 379 / *Œuvres III*, p. 384.

[62] Entendons : les peuples français et anglais !

réalité politique-sociale *moderne* »[63], et quasi du même coup une « rupture *critique* » avec ledit reflet – où l'on aura reconnu la philosophie hégélienne et sa critique feuerbachienne.[64] Eu égard à quoi nous comprenons qu'aux yeux de Marx, nier la philosophie comme telle tout en la réalisant va alors précisément consister à réaliser la critique qu'elle est *de facto* devenue avec Feuerbach, et c'est dire : non pas faire passer dans la réalité les « idées » que quelque philosophe critique, fût-il Feuerbach, en serait venu à se faire et ainsi avoir sur le monde, la nature, l'homme, la société, l'État etc., mais soustraire la critique elle-même à l'abstraction qui affecte la philosophie en tant que telle – et donc également sa configuration critique, y compris feuerbachienne –, lui interdire de sombrer dans cette « critique pure » que certains contemporains de Marx pratiquent sous le nom de « critique critique », pour au contraire la déployer consciemment en tant que reflet immanent de la réalité existante, et de ce que celle-ci comporterait de reflets idéologiques, sur le mode de ce qui ne saurait alors être que son analyse empirique et qui aurait en l'occurrence ceci de proprement critique qu'elle serait en mesure d'y discerner les avancées et les reculs par rapport à l'ensemble du processus historique de l'autoproduction de la nature comme monde humain ou homme-monde conscient de soi.

Mais précisément, nous sommes ainsi amenés à nous aviser de ceci : ce qu'eu égard aux questions fondatrices de la philosophie, nous sommes, nous – et ceci à la faveur, bien évidemment, des travaux de Martin Heidegger – en mesure de reconnaître comme la position philosophique fondamentale de Marx, conduit ce même Marx à ne plus voir la philosophie comme l'ensemble des différentes configurations possibles d'une ontologie à quoi, non moins que toute approche pensante des choses dans le monde européo-occidental depuis Platon, sa pensée est pourtant elle aussi redevable de sa base, mais à la concevoir comme un mode parmi d'autres (avec la religion, la théologie, le droit, l'économie politique, les sciences positives de la nature etc.) de se représenter le monde qui, parce que prétendant illusoirement à la théorie « pure », demanderait à être nié, supprimé comme tel, pour être remplacé par une critique empirico-analytique de l'état de choses existant dont Marx pourra alors écrire :

---

[63] Cf. MARX, *Kritik der Hegelschen Rechtsphilosophie*, MEW 1, p. 382 / *Œuvres III*, p. 387.

[64] Sur ce qui précède, cf. MARX, *Kritik der Hegelschen Rechtsphilosophie*, MEW 1, p. 383 / *Œuvres III*, p. 388.

[...] dans cette manière de voir les choses telles que réellement elles sont et se sont produites. [...] chaque problème philosophique profond se dissout tout simplement en un fait empirique.[65]

Ce qui veut dire, en d'autres termes, que telle qu'elle en vient à se déployer dans la pensée marxienne, la philosophie s'efface en ne laissant plus reconnaître comme ce qui la constitue le plus proprement, une ontologie comme quoi, jusqu'au cœur de cette même pensée, elle n'en continue cependant pas moins de se déployer, mais alors sous le masque dont elle s'affuble là, à savoir : philosophie = une composante parmi d'autres de la représentation abstraite et pour tout dire idéologique du monde ! Dans la pensée de Marx, donc, *larvata prodest philosophia* ! Au point d'ailleurs que parmi les épigones de Marx, il se trouvera bientôt un Jürgen Habermas, par exemple, pour qualifier d'ontologique « l'illusion [...] de la théorie pure »[66] ! Et surtout au point que c'est ce masquage de la philosophie par elle-même qui se trouve occulté ! Ce qui ne serait encore rien si cette occultation n'interdisait pas du même coup d'éprouver la nécessité qu'il pourrait alors y avoir à retirer à la philosophie le masque dont elle se retrouve ainsi affublée, et à redécouvrir sa détermination la plus propre : penser l'étant tel qu'en son être. Ce même interdit obstruant au demeurant l'accès au cœur – ou au « noyau », comme on voudra – de ... la pensée de Marx elle-même ! Contre quoi il apparaîtra cependant à certains qu'il y a peut-être bel et bien lieu de s'engager, plutôt que tête baissée dans ce qu'on appelle « la pratique », dans ce « dialogue productif avec le marxisme » (*produktives Gespräch mit dem Marxismus*)[67] que, dans sa *Lettre* dite *sur " l'humanisme "* de 1946, Heidegger a appelé de ses vœux, l'enjeu primordial d'un tel dialogue étant de parvenir à un rapport libre, soit proprement critique, avec la philosophie qui anime cette pensée d'autant plus puissamment qu'elle le fait en s'occultant elle-même !

---

[65] MARX/ENGELS, *Deutsche Ideologie*, MEW 3, p. 43 / *Œuvres III*, p. 1079.

[66] Cf. Jürgen HABERMAS, « Erkenntnis und Interesse » in : Günther BUSH (éd), *Technik und Wissenschaft als « Ideologie »*, Frankfurt/Main, Suhrkamp, 1968, p. 146-168, ici p. 154 et surtout 159 ; trad. franç. : « Connaissance et intérêt » in : Jean-René LADMIRAL (éd.), *La technique et la science comme « idéologie »*, Paris, Gallimard, 1973, p. 133-162, ici p. 144 et surtout 150.

[67] Martin HEIDEGGER, *Brief über den "Humanismus"* [BH], in : *Wegmarken* (GA 9) [W], p. 313-364, ici p. 336 ; trad. franç. : « Lettre sur l'humanisme » in : Martin HEIDEGGER, *Questions III*, Paris, Gallimard, 1966, p. 116.

HEGEL, HEIDEGGER :
PENSÉE ABSOLUE, PENSÉE ABYSSALE

Emmanuel Mejía

Si le titre choisi, « Hegel, Heidegger : pensée absolue, pensée abyssale », atteint bien ce dont il s'agit ici, l'explication de fond (*Auseinandersetzung*) entre Hegel et Heidegger, il doit condenser ce dont il en retourne. Nous proposant, autant qu'il nous sera possible, de faire apparaître le fond et le tout de cette explication de la manière la plus directe, nous déploierons successivement les trois moments du titre – « Hegel, Heidegger », « Hegel : pensée absolue », « Heidegger : pensée abyssale » – et les rassemblerons en conclusion.

I. « Hegel, Heidegger »

Cet intitulé ne dit pas « Hegel *et* Heidegger », au sens où il s'agirait de se livrer à une comparaison érudite entre deux auteurs qui, parmi d'autres, appartiendraient au passé de la tradition. Il ne dit pas non plus « Heidegger *contre* Hegel » ou « Hegel *répond* à Heidegger », au sens où il en irait par exemple de montrer une supériorité de la « vision heideggérienne du monde » par rapport à celle développée par Hegel – vision ou conception qui, par exemple, rendrait mieux compte de l'actuel état de choses existant –, ou de critiquer l'interprétation heideggérienne de Hegel, en montrant qu'elle est incorrecte, qu'elle fait violence au texte, et donc à l'esprit, de Hegel.

Le choix de séparer les deux noms propres par une virgule renvoie à ce que Heidegger entend somme toute dans le mot allemand *Auseinandersetzung* : poser mutuellement l'un hors de l'autre, de sorte que, dans et par cette pose, l'un et l'autre soient tenus ensemble par cet écart pour apparaître, à partir de là, *autre* à l'*autre*. Tenir à l'écart, mais dans un écart approprié, Hegel de Heidegger et Heidegger de Hegel, tel est ce que vise l'apposition « Hegel, Heidegger ».

En même temps, nous ne prétendons pas à un quelconque « point de vue de Sirius » à partir d'où l'on contemplerait « en toute objectivité » les deux protagonistes. Nous ne feignons pas d'ignorer ou d'oublier que cette tenue à l'écart dans une explication de fond avec Hegel est avant tout *l'affaire de Heidegger*. Pour Hegel, Heidegger ne pose aucun problème, parce qu'il est simplement im-possible, s'il est vrai que « la philosophie n'est ce qu'elle est que lorsqu'elle est la philosophie de *son* temps »[1].

Que Hegel soit l'affaire de Heidegger – et peut-être de tous ceux qui vivent au *temps* du capital et de la technique devenus planétaires –, cela montre l'importance de *l'histoire* aux yeux de Heidegger, en ce sens que celui-ci se comprend essentiellement comme *étant jeté au sein d'une histoire* dont Hegel constitue un maillon tout à fait essentiel et qui pourrait à ce titre nécessiter considération de notre part.

Cette *Geschichte*, que Hegel et Heidegger ouvrent et entendent chacun à leur manière, est ce qui rassemble en tenant à l'écart Hegel de Heidegger et Heidegger de Hegel. *Ecart*, parce que Heidegger arrive trop tard pour toute nouvelle position de fond métaphysique, pour tout retournement métaphysique de celle-ci (Nietzsche, Marx) ou pour toute réduction positiviste – bref : pour tout mouvement de *rescendance* de la métaphysique *qui se joue* d'une manière ou d'une autre *contre et donc avec Hegel*.[2] *Rassemblement* qui lie en toute nécessité Heidegger à Hegel au sein de cet écart, parce que l'histoire de la pensée occidentale doit nécessairement lier celui qui pense sa pensée comme l'accomplissement absolu de toute la métaphysique et celui qui se donne pour tâche de porter au sens (*besinnen*) la préparation au passage à un autre commencement pour la pensée occidentale. Cette préparation se prépare par un autre *rapport* au premier commencement de la pensée qui s'est déployé comme métaphysique – selon Heidegger, d'Anaximandre à Nietzsche – où l'être de celle-ci ne repose pas tant dans la séparation, instituée par Socrate-Platon, entre

---

[1] Martin HEIDEGGER, *Der deutsche Idealismus (Fichte, Schelling, Hegel) und die philosophische Problemlage der Gegenwart (1929)* (GA 28), p. 232.

[2] Cf. Martin HEIDEGGER, « 1. Die Negativität. Eine Auseinandersetzung mit Hegel aus dem Ansatz in der Negativität (1938/39, 1941) » in : *Hegel* (GA 68), p. 7-8 ; « Überwindung der Metaphysik (1936-46) » in : *Vorträge und Aufsätze* (GA 7), p. 77. Cf. aussi à ce sujet, Ingeborg SCHÜBLER, *Hegel et les rescendances de la métaphysique. Schopenhauer – Nietzsche – Marx – Kierkegaard – le positivisme scientifique*, Lausanne, Payot, 2003.

un monde sensible et un monde suprasensible, que dans l'ambiguïté secrète du mot grec *on* portant le *mouvement méta-physique*. C'est-à-dire le mouvement qui va *de l'étant*, qui signifie *nominalement* ce qui est, à son *être*, qui signifie, *verbalement* cette fois, que cet étant *est*, *déploie son être* – déploiement que la métaphysique ne peut concevoir (mais pourquoi ? telle est la question) *qu'à partir de l'étant*, au sens donc où elle entend le nominal dans le verbal et ainsi l'être en tant qu'*étant-ité*, mot traduisant ce que certains grecs ont appelé *ousia*.[3]

L'accomplissement de la métaphysique dans la *pensée absolue* de Hegel constitue le signe et la nécessité appelant à ce que nous nommons ici la « *pensée abyssale* » ; afin de pouvoir à nouveau commencer à penser, la pensée questionne pour la première fois *en amont de la métaphysique*, soit ce qui œuvre en elle à son déploiement tout en s'y retirant, afin d'y demeurer en tant qu'inapparent. Que Hegel participe foncièrement à la nécessité de se rapporter tout autrement à la métaphysique, rapport que Heidegger voit essentiellement appartenir à « l'histoire de l'estre (*die Geschichte des Seyns*) », parce que Hegel s'avère être somme toute *le rapport proprement métaphysique de la métaphysique à son histoire* – et qu'il n'y a donc en ce sens « à l'heure qu'il est aucune expérience de l'histoire qui, du point de vue philosophique, puisse correspondre à cette expérience de l'histoire » –[4], c'est ce que Heidegger a déjà en vue dans ce qui constitue la première réélaboration de la partie non-publiée de *Etre et Temps* :

> Avec Hegel, la philosophie – c.-à-d. la philosophie antique – est pensée, en un certain sens, vers sa fin. Hegel était tout à fait en droit d'exprimer cette conscience même. Demeure pourtant l'exigence, tout aussi légitime, de commencer à nouveau, c'est-à-dire de comprendre la finitude du système hégélien et de voir que Hegel lui-même en a fini avec la philosophie parce qu'il se meut dans le cercle des problèmes philosophiques. Circuler sur ce cercle lui interdit de se retourner vers le centre du cercle pour le réviser de fond en comble. Il n'est pas nécessaire de chercher, au-delà, un autre cercle. Hegel a vu tout ce qu'il est possible de voir. Mais la question est de savoir s'il l'a vu à partir du centre radical de la philosophie, *s'il a épuisé toutes les possibilités du commencement (Anfang)*, jusqu'à pouvoir dire qu'il est arrivé à sa fin.[5]

---

[3] Cf. Martin HEIDEGGER, « Hegels Begriff der Erfahrung (1942 / 43) », in : *Holzwege* (GA 5), p. 176.

[4] Martin HEIDEGGER, « Hegel und die Griechen (1958) », in : *Wegmarken* (GA 9), p. 441.

[5] Martin HEIDEGGER, *Die Grundprobleme der Phänomenologie (1927)* (GA 24), p. 400. Nous soulignons.

C'est donc tout le rapport non-métaphysique à la métaphysique en tant qu'histoire qui est ici déjà présent : le rapport destinal (*geschichtlich*) à l'histoire pensée par la métaphysique, soit fondamentalement l'histoire conçue (*die begriffene Geschichte*)[6] de Hegel.

« Hegel, Heidegger » nomme par conséquent une explication très particulière. Une explication qui a lieu dans l'écart le plus extrême entre la pensée absolue constituant la dernière métaphysique *comme système* – ou la seule ?[7] – et une pensée qui fait le deuil (*verwindet*) de la métaphysique en la surmontant (*überwindet*) toujours davantage et ne peut affirmer sa possibilité qu'au prix d'une constante tenue à l'écart de la pensée de Hegel. Cela explique le fait que Heidegger n'a cessé, dès son *Habilitationsschrift*[8] et jusqu'à la fin, de porter Hegel au sens, portée au sens (*Besinnung*) dont le caractère exceptionnel est notamment révélé par ce passage du protocole d'un séminaire consacré à *Temps et être* :

> Dans ce séminaire devaient être supposées la connaissance et l'expérience de l'histoire de la métaphysique, dans la mesure où l'on ne pouvait se rapporter expressément aux relations historiales entre penseurs ni à des positions métaphysiques particulières. La seule exception fut Hegel, que l'on aborda en propre, et ceci à cause de ce singulier état de choses qui veut que la pensée de Heidegger soit sans cesse et des manières les plus diverses comparée à la pensée de Hegel. Hegel, quant au fond de la « question », a beau être d'une certaine façon à plus grande distance de la proximité de Heidegger que tout autre position métaphysique, néanmoins l'apparence d'une mêmeté et par conséquent la possibilité de comparer les deux positions viennent presque inévitablement à l'esprit.[9]

Cette mêmeté n'est-elle pourtant qu'une apparence ? Soutenir le contraire peut sembler contradictoire avec ce qui a été dit jusqu'à présent. Comment en effet l'écart le plus extrême pourrait-il aller de pair avec une secrète parenté ? Et pourtant : si l'*Auseinandersetzung* n'est finalement que cette radicalisation extrême du différend, du dés-accord dans la pensée, cette tenue à l'écart dans l'ex-plication de fond n'est possible que sur fond de parenté naissant, comme

---

[6] Cf. Georg Wilhelm Friedrich HEGEL, *Phänomenologie des Geistes* (GW 9), p. 434.

[7] Cf. Martin HEIDEGGER, *Hölderlins Hymnen « Germanien » und der « Rhein » (1934-35)* (GA 39), p. 129.

[8] Cf. Martin HEIDEGGER, *Die Kategorien- und Bedeutungslehre des Duns Scotus (1915/16)*, in : *Frühe Schriften* (GA 1), p. 189-411, ici p. 410s.

[9] Martin HEIDEGGER, « Protokol zu einem Seminar über den Vortrag "Zeit und Sein" (1962) », in : *Zur Sache des Denkens*, Max Niemeyer, Tübingen, 1969, p. 28-29.

Heidegger l'affirme dans son cours sur la *Phénoménologie de l'esprit*, d'une « commune obligation envers les premières et ultimes nécessités propres à l'affaire de la philosophie »[10]. « Etre apparenté » signifie donc tout sauf « être pareil », mais bien appartenir au *même* qu'est l'histoire de la pensée occidentale en tant qu'*histoire de l'estre*, mêmeté qui permet qu'il y ait somme toute différence, écartement le plus extrême.

II. « Hegel : pensée absolue »

Qu'est-ce qui à la fois apparente Hegel et Heidegger dans un écart maximal et se trouve également à la base de ce sentiment que « Hegel, Heidegger », c'est en fin de compte du « pareil au même » ? Cette question renvoie à deux autres questions qui précisément *reviennent... au même* : qu'en est-il de la pensée absolue ? quel traitement la pensée absolue réserve-t-elle à l'être de ce qui est ?

Avançons la réponse, qui se trouve contractée dans ce deuxième segment du titre général : *chez Hegel, la pensée est absolue au sens où la pensée pense absolument l'absolu comme pensée*. Par conséquent, chez lui : 1. la pensée absolue désigne une pensée qui pense désormais *absolument* ; 2. la pensée absolue est pensée *de* l'absolu ; 3. l'absolu, pensé absolument par la pensée absolue, n'est autre que... la pensée.

Ces trois moments peuvent tout de suite égarer si on les considère *séparément en les absolutisant*, au sens par exemple où l'on déduirait de 1. que la pensée soit extérieure à son objet, c'est-à-dire l'absolu qui lui, de même, comme l'affirmerait 2., serait extérieur à la pensée en tant qu'il serait quelque chose subsistant en et par soi, et de 3. que si l'absolu ne s'avère finalement n'être que de la pensée, ce dernier serait donc non seulement relatif – ce qui serait contradictoire avec son être – mais également abstrait ou idéel, dépourvu de réalité effective.

Au lieu de cela, la « proposition » vise trois *aspects* du *tout* qu'est *l'absolu* en tant que *processus* consistant en ce que la *pensée se pense absolument* au sens où elle *pense absolument l'absolu comme pensée* : 1. ce *qui* effectue le processus, la *pensée*, et *comment* le processus est effectué, *absolument* ; 2. ce *dont il s'agit* dans ce processus, l'*absolu* ; 3. le rassemblement, dans et *comme pensée,* de ce qui effectue le processus – la pensée – et de ce dont il s'agit dans celui-ci – l'absolu ou ce qui est comme tel dans son tout –, rassemblement au

---

[10] Martin HEIDEGGER, *Hegels Phänomenologie des Geistes (1930-31)* (GA 32), p. 55.

sein duquel s'affirment les dimensions onto-logique et théo-logique de la métaphysique hégélienne.

1. Il s'agit d'abord de prendre la mesure de cet événement qu'avec Hegel la pensée, à l'accomplissement de la métaphysique, pense désormais *absolument*. Nous lisons au début de l'*Encyclopédie philosophique* de 1830 :

> La philosophie est privée de l'avantage dont bénéficient les autres sciences, celui de pouvoir *présupposer* aussi bien leurs *objets*, en tant qu'ils sont immédiatement donnés par la représentation, que la *méthode* de connaissance à utiliser au départ et pour la suite, en tant qu'elle est déjà admise.[11]

La philosophie, ne pouvant à la différence des autres sciences présupposer, c'est-à-dire admettre comme *donnés*, ni son contenu, ni sa méthode, doit d'une part mettre à l'écart toute donation préalable en tant que présupposition, et d'autre part *pro-duire*, i.e. conduire à leur présence plénière, tant son contenu que sa méthode – la méthode devant *résulter*, qui plus est, de l'autoproduction du contenu.[12]

Mettre à l'écart toute présupposition, afin de commencer absolument, c'est ce qui constitue pour Hegel la grande découverte de Descartes, avec laquelle la pensée des Temps modernes débute véritablement.[13] Descartes commence par le *cogito*, « un point c'est tout ». Or le *cogito*, que Hegel identifie au *Denken*, n'est pour ce dernier rien qui soit *donné*, fixe et immédiat. Il est au contraire la *médiation* ou *réflexion* comme telle, ce qui ne fait que passer dans son autre pour s'y reprendre et s'identifier avec soi. La pensée, en tant que production de soi à même son autre, n'est en ce sens rien de présupposé, ni de donné. C'est donc par et dans elle que doit résider selon Hegel le commencement absolu, sans présupposition, le seul possible pour la philosophie :

> Descartes a commencé par le commencement, par la pensée comme telle ; c'est là un commencement absolu. Qu'il ne faille commencer que par la pensée, c'est ce qu'il exprime en disant qu'il faut douter de tout.[14]

---

[11] Georg Wilhelm Friedrich HEGEL, *Enzyklopädie der philosophischen Wissenschaften im Grundrisse (1830)* (GW 20), p. 39.

[12] C'est ainsi que la *Science de la logique*, i.e. la métaphysique proprement dite pour Hegel, aboutit à l'Idée absolue, qui n'est autre que la méthode.

[13] Georg Wilhelm Friedrich HEGEL, *Vorlesungen über die Geschichte der Philosophie III* (*Werke in 20 Bänden*, vol. 20), Frankfurt/Main, Suhrkamp, 1971, p. 123.

[14] HEGEL, *Geschichte der Philosophie III*, p. 127.

Cependant, comme la forme de la pensée est chez Descartes celle de l'entendement fini, la pensée demeure alors *extérieure* à ce qu'elle pense, et ne peut donc qu'engendrer « des déterminations fixes qui sont seulement des déterminations de la pensée »[15].

Si la pensée demeurait extérieure à ce qu'elle pense, à ce qui serait alors un objet se tenant face à et contre elle (*Gegen-stand*), son contenu, en tant que ce qu'elle finirait bien par con-*tenir*, ne pourrait donc être produit par elle, de même que la méthode, c'est-à-dire le mouvement (*methodos*, *methodo*) et donc le chemin (*hodos*) propre à la pensée par lequel celle-ci par-*vient* à ses fins, ne pourrait résulter de l'autoproduction du contenu. Comment la philosophie, sans présupposer aucune donation préalable de quoi que ce soit, peut-elle alors en venir à produire aussi bien ses objets que sa méthode, et assurer par là une connaissance, la plus hautement scientifique – à la différence des autres sciences – soit une connaissance non seulement certaine mais tout aussi vraie, comprenant donc en elle *l'effectif* en son absolue totalité *s'autoconstituant* sans cesse ? Cela n'est possible pour Hegel que si la philosophie n'a pas affaire à des objets extérieurs, immédiats, sensibles, mais au fond « seulement » à des choses... parcourues par la pensée. Ce qui ne veut pas dire qu'elle serait une science abstraite, car c'est bien plutôt le sensible, l'immédiat qui pour Hegel est l'abstrait, soit ce qui est *séparé* de son être plénier – au fond l'*être de la nature* et ce qui ressort d'elle. Ce qui présuppose bien évidemment que c'est la pensée – et donc le concept – d'une chose qui conduit celle-ci à son *être*, c'est-à-dire qui est à chaque fois le « *ce qu'est* » de cette chose ; aussi, pour Hegel, déterminer l'être de chaque chose-qui-est revient à pro-duire *le concept* de la chose[16], c'est-à-dire non pas sa représentation générale (universalité abstraite), mais son absolue saisie de soi dans son autre (universalité concrète ou singularité). La pensée, en tant qu'elle pense absolument, devient donc chez Hegel *spéculative* au sens où, en se pensant auprès de choses qui n'ont d'être véritable qu'en tant qu'elles sont pensées par cette même pensée, elle *en vient à se penser elle-même en train de penser ce qui est pensé par elle*, et d'être ainsi à elle-même son propre miroir, *speculum*.

La philosophie, en tant que pensée absolue, est donc chez Hegel la pensée qui commence et s'achève par elle-même, de sorte pourtant qu'elle commence par elle-même sous *son mode le plus aliéné*, c'est-à-dire en tant qu'« être pur », « immédiat indéterminé », soit ce qui n'est absolument ni médiatisé ni déterminé

---

[15] HEGEL, *Geschichte der Philosophie III*, p. 124.

[16] Cf. le dernier paragraphe (§ 577) de l'*Encyclopédie* de 1830 (*Enzyklopädie* [GW 20], p. 571) où il est dit que la *nature de la chose est le concept*.

par la pensée, le *faire défaut absolu* de médiatisation et de détermination étant ce que Hegel appelle le néant vide, et qu'elle aboutit à elle-même en son *mode le plus plénier*, c'est-à-dire *omnimédiatisé*[17] et *omnidéterminé*, soit en tant qu'*idée absolue*, « concept pour lequel l'idée comme telle est objet (*Gegenstand*), pour lequel l'objet (*Objekt*) est elle-même – un objet (*Objekt*) dans lequel toutes les déterminations sont venues se rassembler »[18].

La pensée pense absolument lorsque, sur le chemin de sa production de soi, elle se libère de tout ce qui est autre qu'elle, de toute *son* altérité, et s'a-vère ou *gagne vérité* en se vérifiant et se justifiant à chaque étape de sa venue à elle-même. La pensée, en pensant absolument, est *libre*, parce que n'étant conditionnée par rien d'autre qu'elle-même ; la pensée, en pensant absolument, est *vraie*, parce qu'étant en pleine adéquation avec elle-même ; la pensée, en pensant absolument, est *concrète*, parce qu'étant en parfaite *concrescence* – terme nommant la croissance commune et réciproque de la pensée et de son objet – avec son objet qui n'est autre qu'elle-même. Hegel écrit ainsi : « La pensée libre et vraie est en elle-même *concrète*, et ainsi elle est idée, et, en son universalité totale, *l'*idée ou *l'absolu*. »[19]

2. Cette citation nous amène à la question de savoir en quel sens *l'absolu est bien l'affaire de la pensée absolue*. On se fourvoie cependant aussitôt si l'on croit régler la question en posant l'équation idée = absolu, ou en se servant de la copule pour énoncer la proposition « l'idée est l'absolu ». Car cette forme propositionnelle est celle de l'entendement *fini* et ne peut donc qu'être inadéquate à ce qu'il y a à penser absolument, puisque présupposant une représentation – et non pas un concept – de l'idée sous la forme d'un sujet et une représentation de l'absolu sous la forme d'un prédicat. En même temps, l'idée est bien chez Hegel ce qu'il y a de plus haut et de plus plénier en tant qu'identité absolue – i.e. identité de l'identité et de la non-identité – du concept et de la – ou sa – réalité effective.

A lire Hegel de l'intérieur, il faut dire : l'idée absolue signifie *l'absolu en tant qu'idée*. Cette détermination est la *vérité du visage logique de l'absolu*, « avant la création de la nature et d'un esprit fini »[20], comme *la mort spontanée*

---

[17] L'immédiat a donc deux modes chez Hegel : le premier désigne ce qui est *dépourvu de toute médiation*, l'absolument abstrait ; le second, que Hegel appelle également dans la *Grande logique* « l'immédiateté devenue », en tant qu'elle est donc venue à soi-même, nomme ce qui est omnidéterminé et qui par là, du même coup, est *revenu de toute médiation*.

[18] HEGEL, *Enzyklopädie* (GW 20), § 236, p. 228.

[19] HEGEL, *Enzyklopädie* (GW 20), § 14, p. 56.

[20] Georg Wilhelm Friedrich HEGEL, *Wissenschaft der Logik* (GW 11), p. 21.

de l'individu organique, de par sa contradiction avec le générique, est la *vérité du visage naturel de l'absolu,* c'est-à-dire négativité absolue, négativité absolue qui est en même temps positivité de l'esprit[21], esprit qui est quant à lui, en tant qu'*esprit absolu,* la vérité du *visage spirituel de l'absolu.* L'absolu serait donc ainsi cette *totalité processuelle* aux trois visages que seraient l'idée, la nature et l'esprit.

Cependant, ces trois visages ne sont pas « égaux devant l'absolu »: car, d'une part, la nature est chez Hegel fondamentalement un non-être et l'on peut, d'autre part, quand même affirmer une prédominance de l'idée. La nature est le *non ens* pour Hegel parce qu'en tant que pure extériorité de l'idée due à sa dispersion dans l'espace et le temps, « son être ne correspond pas à son concept » et en « est bien plutôt la *contradiction non résolue* »[22], résolution qui, par le biais de l'autosuppression de la nature, de la négation de ce négatif qu'est la nature, n'aura lieu que dans l'esprit, lequel, comme l'indique Hegel, « est la vérité et le but final de la nature »[23]. On comprend par là en quel sens la nature n'est que l'être aliéné de l'idée dont la liberté absolue « consiste à se congédier librement à partir d'elle-même en tant que nature »[24], et qu'il s'agit de cette même idée qui, s'étant congédiée comme nature, se reprend à partir de soi-même en tant qu'esprit. Le tout de la science, c'est donc bien l'auto-exposition, la *Selbstdarstellung* de l'Idée, en la totalité de ses moments : exposition logique de l'idée, en tant qu'elle *est en et pour soi* ; exposition naturelle de l'idée, en tant qu'elle *est en son être-autre* ; enfin, exposition spirituelle de l'idée, en tant que retour à et en soi-même à partir de son être-autre, soit en tant qu'*être devenu en et pour soi.* Il faut donc bien comprendre que l'affaire de la philosophie de la nature et de l'esprit ne consiste pas en « quelque chose d'autre que l'idée », mais toujours et à chaque fois en l'idée, qu'elle soit présente sous *la forme* de l'*aliénation* ou du *devenir* en et pour soi de ce qu'elle *est logiquement* en et pour soi.[25]

D'où somme toute la prévalence de l'idée, et donc du *logique,* sur la nature et l'esprit, ceux-ci ne constituant « que » la double « révélation

---

[21] Cf. HEGEL, *Enzyklopädie* (GW 20), §§ 375-376, p. 374-375.

[22] HEGEL, *Enzyklopädie* (GW 20), § 248, p. 237.

[23] HEGEL, *Enzyklopädie* (GW 20), § 251, p. 241.

[24] HEGEL, *Enzyklopädie* (GW 20), § 244, p. 231.

[25] HEGEL, *Enzyklopädie* (GW 20), § 18, p. 60.

(*Offenbarung*) »[26] du processus qu'est l'idée divine, processus consistant à s'aliéner éternellement dans son autre qu'est l'espace-temps de la nature, pour tout aussi éternellement revenir à soi, à partir de la mort du naturel, en tant qu'esprit absolu. L'esprit absolu, c'est-à-dire l'absolu en tant qu'esprit, est donc *en ce sens* « la plus haute définition de l'absolu »[27]. Il n'empêche que cela ne doit pas être un argument pour plaider un primat de l'esprit contre l'idée : l'esprit, n'étant finalement que l'effectivité *de* l'Idée, donc appartenant à son être, ne conteste en rien sa primauté. Comme le montre la dernière phrase de la dernière édition de l'*Encyclopédie* : « l'idée éternelle qui est en soi et pour soi se fait agissante, s'engendre et jouit de soi éternellement *comme* esprit absolu »[28].

Ce qui est absolu, c'est par conséquent ce qui est fondamentalement *idée*, elle-même étant à saisir comme le *processus éternel* consistant éternellement à se dessaisir de soi dans et comme temps de la nature et de l'esprit fini pour se reprendre et se retrouver dans et comme éternité de l'esprit absolu : « Dieu est subjectivité, activité, infinie actuosité, où l'autre n'est que momentanément, et demeure en soi dans l'unité de l'idée, parce qu'il est lui-même cette totalité de l'idée »[29]. L'éternité est donc elle-même processuelle chez Hegel, puisqu'étant l'identité dialectico-spéculative de l'éternité logique, de la temporalité naturelle – limitée au seul présent fini –, de la temporalité de l'esprit fini – s'ajoute en effet le passé fini en tant que souvenir et le futur fini en tant qu'espérance – et de la reprise de soi de l'éternité dans l'aboutissement de l'esprit absolu se sachant lui-même comme tel en tant que science ou savoir absolu. C'est donc *ce processus divin et éternel qu'est l'absolu* qui est à penser absolument par la pensée. En ce sens, la pensée absolue s'avère bien être la pensée *de* l'absolu.

3. Maintenant, ce qu'il faut bien voir, c'est que le génitif est *tout aussi bien objectif* que *subjectif* : la pensée de l'absolu signifie donc aussi *l'absolu en tant que pensée*. Mais le « tout aussi bien » a chez Hegel une signification « d'avant tout » ; lorsque Hegel, dans la préface à son *Système de la science*, dit que toute sa philosophie tient à ceci : « saisir et exprimer le vrai non comme substance, mais tout autant comme sujet »[30], cela signifie que c'est seulement parce que

---

[26] Georg Wilhelm Friedrich HEGEL, *Enzyklopädie der philosophischen Wissenschaften im Grundrisse* (1830). *Zweiter Teil: Die Naturphilosophie* (*Werke in 20 Bänden*, vol. 9), Frankfurt/Main, Suhrkamp, 1970, p. 23 (add. § 246).

[27] HEGEL, *Enzyklopädie* (GW 20), § 384, p. 382.

[28] HEGEL, *Enzyklopädie* (GW 20), § 577, p. 571. Nous soulignons.

[29] HEGEL, *Enzyklopädie* (Werke in 20 Bänden, vol. 9), add. § 247, p. 25.

[30] HEGEL, *Phänomenologie des Geistes* (GW 9), p. 18.

l'absolu est sujet qu'il est aussi substance ou, en d'autres termes, que le devenir-sujet de la substance est seulement parce que la substantialité est au fond subjectivité, mais une subjectivité qui n'a alors plus rien de subjectif ou d'égoïque. De même ici, *la pensée peut être la pensée de l'absolu seulement parce qu'avant tout l'absolu est* en tant que *pensée*.

Qu'est-ce que cela signifie, que « l'idée est ce qui se pense absolument en soi »[31], que l'absolu s'avère être la pensée au sens plénier ? Non pas que l'absolu soit quelque chose d'« ineffectif », « d'abstrait » pour Hegel, mais que c'est bien plutôt la pensée absolue qui *fait être*, c'est-à-dire *rend effectif* ce qui est à proprement parler, le vrai pour Hegel.

Mais si la pensée rend ainsi effectif ce qui est, cela signifie *aussi* qu'elle est elle-même le suprêmement étant. La pensée tient donc ensemble le *ón* ou l'étant comme tel et le *theion* ou le divin comme tel, sur le mode de l'identité, au double sens suivant : 1. la pensée attribue l'être – i.e son concept – au proprement étant qu'est l'absolu, la pensée est donc en ce sens l'absolu-ité de l'absolu, – telle est la dimension *onto-logique* de la pensée absolue de Hegel, et 2. la pensée est ce qu'il y a de plus hautement étant au sein de l'étant, ce qui veut dire en même temps pour Hegel ce qu'il y a de plus divin au sein du divin, – voilà pour la dimension *théo-logique* de cette même pensée.

Par le rassemblement de cette double dimension par et dans le *logos* absolu hégélien, Hegel affirme la *constitution onto-théo-logique* moderne absolue de la « *philosophia* » à son *accomplissement* en tant que « *savoir effectif* » ou absolu. C'est selon nous tout le *sens* de la citation du passage du livre XII de la *Métaphysique* d'Aristote, non traduit par Hegel, qui clôt et ouvre en même temps les *Encyclopédies* de 1827 et 1830.

Dans ce passage, Aristote affirme l'être le plus propre du *noûs* en tant que la pensée qui, en pensant le non-sensible, l'intelligible, devient par là même intelligible, et ne fait ainsi qu'*un* avec ce qu'elle pense. Le *noûs* a donc comme être le plus propre celui de la pensée qui se pense elle-même, détermination qui fait dire à Hegel, dans le chapitre de son *Histoire de la philosophie* réservé à Aristote, que c'est là « le moment principal de la philosophie aristotélicienne », c'est-à-dire « l'affirmation que la pensée et ce qui est pensé ne font qu'un, que ce qui est objectif et la pensée (l'énergie) sont une seule et même chose »[32].

---

[31] Georg Wilhelm Friedrich HEGEL, *Leçons sur Platon (1825-1826)*. Édition, traduction et notes par J.-L. Vieillard-Baron, Paris, Aubier Montaigne, 1976, p. 107.

[32] HEGEL, *Vorlesungen über die Geschichte der Philosophie II* (*Werke in 20 Bänden*, vol. 19), Frankfurt/Main, Suhrkamp, 1971, p. 162-163.

Or ce *noûs*, cette pensée qui se pense elle-même, est non seulement ce qui appartient en propre au divin, mais le chapitre 9 du même livre de la *Métaphysique* nous dit qu'il est ce qu'il y a de plus divin parmi les « choses qui apparaissent comme divines » (*ton phainomenôn theiotaton*)[33]. Aussi la pensée absolue, se pensant elle-même, est chez le divin sans cesse à l'œuvre, soit sur le mode de l'*energeia* ; au contraire de ce qu'il en est chez l'homme, où cette pensée absolue n'opère que lors de rares moments heureux.

Cette pure « énergie », comme Hegel traduit parfois le mot fondamental d'Aristote, n'est autre que la *vie*. Et le divin, le plus hautement étant qui n'a de cesse de se penser, est par là le vivant éternel. C'est donc par ce renvoi à Aristote que Hegel affirme la pensée absolue comme étant d'une part ce qu'il y a de plus hautement étant dans l'étant, donc le proprement divin au sein du divin, *l'absoluité de l'absolu*, et comme faisant d'autre part être ce qui est, en le *rendant vivant ou effectif*. Que *l'absolu en tant que pensée* soit le rassemblement *ontothéologique* de la *divinité* du divin et de *l'effectivité* de l'effectif, c'est là l'accomplissement hégélien de ce qui a été inauguré, selon Hegel, spécifiquement par Aristote :

> L'élément platonicien est d'une façon générale l'élément objectif, mais il lui manque le principe de vitalité, de la subjectivité ; c'est ce principe de vitalité, de la subjectivité [...] qui est spécifique à Aristote.[34]

« Hegel, pensée absolue » : la pensée organise par le concept l'exposition absolue du processus qu'est l'absolu et ce processus ne s'avère en son effectivité qu'en tant qu'il est la pensée.

III. « Heidegger : pensée abyssale »

Si chez Hegel, la pensée est absolue au sens où elle pense absolument l'absolu comme pensée, chez Heidegger, la *pensée est abyssale* dans la mesure où *elle pense abyssalement l'estre* (*Seyn*) *en tant que fond abyssal* (*Ab-grund*). En quoi la pensée pense-t-elle abyssalement, qu'est-ce que signifie l'abyssalité (*Abgründigkeit*) de la pensée ? Et qu'en est-il de l'estre en tant que fond abyssal ? Telles sont les questions que nous allons développer.

1. L'abyssalité de la pensée vise d'abord ceci, que la pensée n'est plus ce plan inébranlable au sein duquel se déploie ce qui est à proprement parler, mais

---

[33] ARISTOTE, *Métaphysique*, Livre XII, chap. 9, 1074 b15 s.
[34] HEGEL, *Geschichte der Philosophie II*, p. 153.

la pensée est maintenant « sans » fond, son affaire étant précisément ce qui, en se dérobant à chaque fois, permet qu'il y ait somme toute quelque chose qui est.

Avec Heidegger, la pensée ne pro-duit donc pas l'étant en son être en se pensant elle-même – ce qui n'est autre pour Hegel que *l'infinitude de la pensée*. En effet, la pensée n'a pas ce caractère fondamental d'être une *réflexion* de soi-même dans et à partir de ce qu'elle pense, tout comme elle n'est pas *représentative*, en tant qu'elle re-présenterait, par sa réflexion, ce qui est constamment présent en son être-représenté même. Car la pensée, si elle veut penser en amont de la métaphysique, afin de ménager un autre commencement à la pensée occidentale, ne doit pas comme celle-ci penser l'étant, au sens de quelque chose qui est, mais doit se mettre pour la première fois à penser ce qui le *permet*.

Or pour la métaphysique absolue de Hegel, ce qui est constamment présent à soi-même et peut ainsi rendre absolument présent le constamment présent, cela n'est autre que le *logique*. Et c'est cette présence absolue à soi qui ouvre la possibilité de l'organisation *systématique*, *certaine* et *vraie* de ce qui est de soi constamment présent. La pensée abyssale, quant à elle, n'est pas une logique – ni non plus une pensée a-logique – et son parcours n'est pas *dialectique*. Elle ne vise donc pas à *assurer l'étant* par son exposition systématique grâce à la certitude de la pensée et l'adéquation de l'étant à elle, mais à prendre en charge l'être-ouvert *(Offenheit)* de la vérité de l'estre, à partir de quoi il peut y avoir quelque chose comme de l'étant, prise en charge où règne alors la possibilité de l'errance.

Au double sens où la pensée ne produit pas ce qu'elle pense mais *dépend* au contraire de ce à quoi elle ne fait que répondre, soit la vérité ouvrante de l'estre, et où ce qu'elle pense n'est pas le constamment présent mais *ce qui apparaît tout en se retirant* – ce qui constitue l'être du *phénomène* pour Heidegger[35] –, la pensée abyssale n'affirme pas l'infinitude de la pensée, mais sa *finitude*. Cette finitude n'est cependant pas le simple opposé de l'infinitude de la pensée absolue, comme s'il s'agissait pour Heidegger de revenir à ce que Hegel appelle une pensée d'entendement fini et à une proposition prédicative, mais renvoie bien plutôt à la *finitude propre à l'être-ouvert de l'estre*.

Lorsque celui-ci est considéré, comme dans *Etre et Temps*, *sous l'angle* de l'être-le-là *(Dasein)* de l'homme en tant que celui-ci a à être le lieu *(Da)* où l'être peut se déployer en sa vérité, la finitude de la pensée renvoie à la *finitude de la temporalité ekstatique* de l'être-le-là où s'origine l'être propre à la mort.[36]

---

[35] Martin HEIDEGGER, *Sein und Zeit*, Tübingen, Niemeyer, 1993[17], § 7, p. 35.

[36] HEIDEGGER, *Sein und Zeit*, § 74, p. 386.

En effet, la mort est l'hors de soi, l'*ekstatikón* comme tel de la temporalité ekstatique, au sens où, écrit Heidegger, « l'être-le-là existe [...] entièrement comme l'étant que, "jeté dans la mort", il peut être ». À la mort, le *Dasein* tient ouvert la *possibilité comme possibilité* – et non comme pré-effectivité – pour advenir à lui-même. C'est là l'advenir, phénomène originaire de l'avenir qui constitue « *le phénomène primaire de la temporalité originaire et propre* »[37]. Aussi se noue-t-il une *connexion* entre *être-à-la-mort* et *advenir*, autrement dit entre *finitude et transcendance*, cette dernière étant entendue comme la *prise en charge par l'homme mortel de ce qui l'excède, soit l'ouvertude de l'être, et donc aussi des étants qu'il n'est pas lui-même, tout comme d'autrui*. La finitude ne se réfère donc pas, comme c'est le cas dans la métaphysique, au *lógos* propositionnel mais à la temporalité ekstatique originaire à partir de laquelle cela qu'est la pensée *peut* se déployer.

Lorsque, à partir des *Beiträge*[38], l'être-ouvert de l'estre est pensé comme *Ereignis*, c'est-à-dire ce qui se projette vers nous de manière appropriante en demandant à y être pris en garde dans le là de l'homme en tant qu'être-le-là pour l'estre, la finitude est maintenant celle de l'estre lui-même en sa vérité. Qu'en est-il de cette finitude ? Dans *Besinnung*, Heidegger souligne que la finitude de l'estre n'est pas à entendre en tant que limite ou borne[39], à la manière de la métaphysique, mais par *opposition* la plus aiguë à l'infinitude de *l'étant* en son être – comme c'est notamment le cas chez Hegel – donc à la saisie métaphysique de l'être en tant qu'étantité de l'étant. Si *l'être* n'est pas l'étantité *de* l'étant mais *l'estre* en tant que ce qui, tout en se retirant, *permet* qu'il y ait l'étant, l'estre donc en sa vérité ou dés-occultation (*Unverborgenheit*), alors, indique Heidegger, « la "finitude de l'estre" vise [...] quelque chose de complètement autre : l'abyssalité (*Abgründigkeit*) [...] auquel appartient ce qui a teneur de négatif, [teneur qui n'est] en aucun cas en tant que déficience et limite, mais en tant que marque distinctive ». La finitude affirme donc le *caractère abyssal propre à l'être*[40], « abyssalité » qui ressort lorsque l'être n'est plus pensé

---

[37] HEIDEGGER, *Sein und Zeit*, § 65, p. 329.

[38] Martin HEIDEGGER, *Beiträge zur Philosophie (Vom Ereignis)* (GA 65). Cet ouvrage est considéré comme la deuxième œuvre principale de Heidegger après *Sein und Zeit*.

[39] Cf. Georg Wilhelm Friedrich HEGEL, *Texte zur Philosophischen Propädeutik*, in : *Nürnberger und Heidelberger Schriften (1808-1817)* (*Werke in 20 Bänden*, vol. 4), Frankfurt/Main, Suhrkamp, p. 221 : « La finitude consiste, absolument parlant, en ce qu'une chose est limitée, ce qui signifie qu'*ici* est posé *son non-être*, c'est-à-dire qu'ici elle cesse et, de la sorte, se réfère à autre chose ».

[40] Cf. aussi HEIDEGGER, *Beiträge* (GA 65), p. 269.

métaphysiquement à partir de l'étant en tant qu'étantité, mais de manière non métaphysique comme estre. C'est en ce sens que le terme « "finitude" de l'estre [vise] *le caractère unique de l'abyssalité de l'estre en tant qu'Ereignis* »[41]. Par conséquent, la *finitude de la pensée* signifie maintenant le ou l'un des modes *de reprise en charge par l'être-le-là de l'abyssalité de l'estre*, reprise en charge qui n'est que la relance par l'homme en tant qu'être-le-là de son appropriation (*Ereignung*) à et par l'estre.

La finitude de la pensée abyssale s'avère donc comme ce qui suit à la trace l'abyssalité de l'estre. Une telle pensée n'est donc pas une pensée absolue, qui se pense en réfléchissant sur l'étant conçu par la pensée, mais une pensée *de* la pensée, précisément au sens de « penser après la pensée (*dem Denken nachdenken*) »[42]. Or la pensée pense ainsi, lorsqu'elle « répond à ce qui donne le plus à penser »[43]. Mais ce qui donne à penser n'est rien d'autre que l'abyssalité de l'estre, fond abyssal qui, comme phénomène apparaissant tout en s'occultant, est toute l'affaire de la *phénoménologie* de Heidegger. La tâche de la pensée abyssale sera donc « une libération des choses par un acte indicateur qui les invite à venir à nous. Et encore se laissent-elles rarement montrer. »[44] Cet acte d'indiquer est ce qui sera assumé par l'homme en tant qu'être-le-là, au sens où il sera celui qui montre dans ce qui se retire.[45]

La pensée abyssale devra par conséquent correspondre à l'ouvertude ou vérité de l'estre en tant que fond abyssal. Mais ce correspondre est en même temps un répondre à ce qui se *dit* dans l'ouvertude de l'estre. Par conséquent, la pensée abyssale devient un mode du dire et entretient une parenté étroite avec, non plus le langage, mais la parole. La *pensée* abyssale peut être considérée comme *l'accomplissement de la parole* en tant que réponse à la Dite (*Sage*).[46] Le langage n'est donc ici pas l'extériorisation de la pensée – comme la métaphysique le conçoit – mais c'est la pensée qui est l'accomplissement de la correspondance initiale de la parole au dire de l'estre. Dans *Le tournant*, Heidegger dit à ce sujet :

---

[41] Martin HEIDEGGER, *Besinnung (1938 / 39)* (GA 66), p. 88.

[42] Martin HEIDEGGER, *Was heißt denken ? (1951 / 1952)* (GA 8), p. 29.

[43] HEIDEGGER, *Was heißt denken ? (1951 / 1952)*, p. 34.

[44] Martin HEIDEGGER, « Was heißt denken ? (1952) », in *Vorträge und Aufsätze* (GA 7), p. 134.

[45] HEIDEGGER, « Was heißt denken ? (1952) », p. 135.

[46] Cf. Martin HEIDEGGER, « 2. Grundsätze des Denkens (1957) », in : *Bremer und Freiburger Vorträge* (GA 79), p. 171 : « La pensée est en son être le dire. »

> La parole est la dimension initiale à l'intérieur de laquelle l'être-homme peut somme toute seulement correspondre à l'être et à sa revendication et, dans la correspondance, appartenir à l'être. *Cette correspondance initiale, accomplie en propre, est la pensée.*[47]

A l'instar de la parole mortelle, la pensée abyssale n'est pas une activité productrice, mais avant tout une attente qui attend que ce qu'il faut penser se dise ou s'adresse à nous pour y et en répondre. Pourtant, cette attente est tout sauf passive : elle consiste bien plutôt, indique Heidegger, « à chercher du regard à l'intérieur du déjà pensé l'im-pensé qui se cache encore au sein du déjà pensé »[48]. Par cette enquête, *la pensée abyssale est histoire* : une histoire qui dépasse (*überwindet*) la métaphysique dans la mesure où elle cherche à penser et à dire ce qui reste im-pensé et in-énoncé en son sein. La pensée abyssale, en tant qu'ouvrant originairement l'impensé de la métaphysique, « ne pourra être accomplie que dans une histoire en tant qu'histoire de l'estre »[49].

2. Nous devrions dès lors nous trouver quelque peu en mesure d'entendre ceci : la pensée abyssale pense abyssalement, parce qu'elle est la pensée *du* fond abyssal, au sens où elle prend en charge l'abyssalité propre à la vérité de l'estre, en accomplissant, au sein de l'élément de la parole, sa correspondance initiale à celle-ci. Il reste cependant à comprendre ce *qu'il en est de l'abyssalité de l'estre lui-même*. Pour cela, il s'agit de s'orienter sur ce mot fondamental, mais « à peine dicible » qu'est *Abgrund*, que nous traduisons par « fond abyssal », en prenant soin d'y enlever toute connotation " romantique ". Car ce mot, indique Heidegger, « pense quelque chose de très sobre et de très unique, et ne permet pas d'être mésusé, afin de simuler, en tant que titre vide, une émotion seulement sentimentale et une profondeur apparente »[50].

En vérité, nous avons déjà rencontré ce à quoi le mot « fond abyssal » cherche à correspondre, lorsque nous avons parlé du *retrait* propre à la phénoménalité du phénomène. Le fond abyssal ne vise en effet pas une simple déficience ou absence de fondement, d'*archê*, au sens où l'on peut dire que telle ou telle proposition fondamentale, principe, axiome, etc. n'est pas fondé. Au contraire, le fond abyssal fonde tout en se dérobant, se retirant. Et ce retrait a un sens éminemment positif, puisqu'il permet la positivité de l'étant. Aussi

---

[47] Martin HEIDEGGER, « Die Kehre (1949) », in: *Bremer und Freiburger Vorträge* (GA 79), p. 71. Nous soulignons.

[48] HEIDEGGER, « Was heißt denken ? (1952) » (GA 7), p.139.

[49] HEIDEGGER, *Besinnung* (GA 66), p. 357.

[50] HEIDEGGER, « Die Negativität » (GA 68), p. 42.

Heidegger affirme-t-il, dans les *Beiträge,* que « le fond abyssal est l'originaire aîtrée *(Wesung)* du fond »[51]. Le mot fondamental « *Abgrund* » vise par conséquent l'*entr'appartenance* des deux mouvements de fond régissant l'aître *(Wesen)*[52] de l'estre, à savoir autant la *donation (Schenkung)* que le *retrait (Entzug)*. Heidegger écrit ainsi, toujours dans les *Beiträge* : « Le fond abyssal est l'essentielle et première *éclaircissante occultation (lichtende Verbergung)* »[53]. La dimension éclaircissante propre à l'éclaircie ou allégie *(Lichtung)* de l'estre est indiquée par la donation de fond du fond abyssal (Ab-grund), tandis que la dimension occultante se trouve indiquée par la teneur proprement abyssale du fond (*Ab*-grund). Et que le mot, pris en son entier, vise l'entr'appartenance des deux mouvements, c'est ce que Heidegger vise lorsqu'il écrit : « Der *Ab*-grund ist Ab-*grund* »[54].

L'entr'appartenance visée par le mot *Abgrund*, qui ouvre la possibilité de la métaphysique en tant que pensée de l'être-étant ou de l'étant en tant qu'étant, signifie en même temps l'appartenance du retrait à l'instance donatrice de l'estre. Ce qui veut dire *l'appartenance du néantir du néant à l'aître de l'estre.*[55] Néantir du néant qui n'est pas le nul, le *nihil negativum* de la métaphysique, ni la négativité absolue de Hegel en tant « qu'énergie » de la pensée absolue[56], mais qui est pour la première fois un « mode », si ce n'est même *le* « mode » d'aître de l'estre en son abyssalité[57]. La négativité, pensée à partir de la pensée abyssale, est *négativité abyssale*[58], une négativité qui ne se confond donc pas avec la *négativité absolue* hégélienne en tant que privatif *de* l'absolu lui-

---

[51] HEIDEGGER, *Beiträge* (GA 65), p. 379.

[52] Cf. à propos de ces traductions de *Wesen* et *Wesung*, Gérard GUEST, « L'aîtrée de l'être », *Cahiers philosophiques* 41, Centre National de Documentation pédagogique, 1989.

[53] HEIDEGGER, *Beiträge* (GA 65), p. 380.

[54] HEIDEGGER, *Beiträge* (GA 65), p. 379.

[55] Cf. HEIDEGGER, « Die Negativität » (GA 68), p. 46 et 48 :
Le *fond abyssal : le néant*, le plus abyssal – l'estre même [...].
[...]
Le fond abyssal : *l'estre. Estre comme fond abyssal* – le néant et le fond *à la fois.*
[...]
L'estre comme fond abyssal est le néant.

[56] HEGEL, *Phänomenologie des Geistes* (GW 9), p. 27.

[57] HEIDEGGER, *Besinnung* (GA 66), p. 312 : « *Le concept ontologico-historial du néant* – le fond abyssal en tant qu'aître de l'estre ».

[58] Cf. Ingeborg SCHÜBLER, « L'accomplissement de la philosophie traditionnelle dans l'"Idée absolue" et la question de la pensée à l'avenir. Hegel et Heidegger », *Histoire et avenir* (GENOS. Cahiers de philosophie 5), Lausanne, Payot, 2000, p.7-31, en part. p. 24.

même.[59] Une négativité, donc, qui ne s'annule pas en se rapportant à soi afin de produire, à chaque étape du processus qu'est la pensée absolue, la vérité de l'étant, mais une négativité de l'estre qui, en tant que celui-ci *maintient l'étant à l'écart de lui tout en le permettant*, se déploie en se retirant ou même en se refusant (*sich verweigert*), – comme c'est le cas au stade actuel du nihilisme où il n'en est plus *rien* de ce qui est tout autre que l'étant, soit l'être et le néant, ou mieux l'être en sa *néanteté,* cela se refusant au *profit* de l'incessant processus de *fabrication* d'étant-marchandises parfaitement *disponibles*.

La pensée abyssale, en pensant abyssalement cela qui lui accorde à penser, soit l'abyssalité de l'estre sur fond de quoi il y a appartenance du retrait propre à l'apparaître du phénomène, pense ce qui, se refusant, demande pourtant à être pensé et qui alors, à partir de son refus, se tourne en réserve; en ce sens, la pensée abyssale pense l'*histoire, destinale et dispensante, de l'estre*.

IV. « Hegel, Heidegger : pensée absolue, pensée abyssale »

Avec Hegel, la pensée pense absolument l'absolu comme pensée. Avec Heidegger, la pensée abyssale pense abyssalement l'estre comme fond abyssal.

Chez Hegel, la pensée pense *l'étantité de l'étant en tant que processus qu'est l'absolu se pensant lui-même* ; processus éternel qui consiste à se dessaisir de sa présence à soi absolue en tant que logique dans et comme nature, pour se reprendre à partir de son être-autre dans et comme esprit, esprit qui, une fois se sachant absolument soi-même, est immédiatement et absolument identique à l'Idée absolue qui se pense elle-même. Et la pensée ne peut se penser absolument que par son apparaître dans l'homme qui, en tant qu'être sensible spirituel conscient de soi, a la charge de l'exposer dans la philosophie comme système de la science. Chez Heidegger, la pensée pense pour la première fois ce qui permet qu'il y ait somme toute quelque chose comme un étant, soit *l'être-ouvert en retrait de l'estre*. Et la pensée ne peut penser abyssalement cette abyssalité de l'estre que parce que cette dernière demande, en son abyssalité même, à être prise en charge et en garde par l'homme en tant que *Dasein* mortel, celui-ci devant alors se mettre à penser abyssalement afin d'y et d'en répondre.

Chez Hegel, la pensée, en tant qu'elle se pense absolument, accomplit la fondation moderne absolue de la *vérité de l'étant* en tant qu'absolue adéquation devenue de la pensée à ce qu'elle pense au sein de la pensée. Chez Heidegger, la

---

[59] Cf. HEIDEGGER, *Besinnung* (GA 66), p. 293.

pensée, en tant qu'elle pense abyssalement, prépare la fondation à venir de la *vérité de l'estre* en tant que prise en charge de son être-ouvert en retrait.

Chez Hegel, la pensée absolue, en tant qu'elle pense absolument l'absolu comme pensée, par le biais du rassemblement *rétrospectif* de toutes les pensées de fond métaphysiques quant à l'étant en sa déterminité propre qu'est l'étantité, est la pensée de *l'accomplissement de l'histoire métaphysique de la métaphysique*. Chez Heidegger, la pensée abyssale, en tant qu'elle pense *prospectivement* ce qui se tient en retrait au sein de l'histoire de la métaphysique, est la *pensée du dépassement de la métaphysique en tant qu'histoire de l'estre*.

Au sein de cet écart rassemblé par une fidélité aux *mêmes* obligations de la philosophie, Hegel et Heidegger sont demeurés, chacun à la manière de *leur* temps, fidèles à l'*histoire* et à la *vérité* – à la pensée.

Cette fidélité à l'histoire et à la vérité, et donc à l'à-venir, c'est ce que Ingeborg Schüßler n'a cessé d'enseigner, contre vents et marées.

III

HEIDEGGER ET LA PENSÉE GÉNÉALOGIQUE

HEIDEGGER UND DAS GENEALOGISCHE DENKEN

LA CERTITUDE DU MOI ET LA PERTE DES AUTRES

Mario Ruggenini

1. Le besoin du discours

Il s'agit, pour la philosophie et pour sa quête de vérité, de revenir sur ses pas.[1] Le besoin du discours a la préséance sur la fixation d'un principe quel qu'il soit ainsi que sur la confirmation ou la mutation d'un paradigme quel qu'il soit, et cela parce que toute vérité qui s'impose à la pensée révèle sa force dans l'élément du langage, en dehors duquel ne se donne ni expérience de la vérité ni expérience de l'erreur. Ajoutons tout de suite que, dans la mesure où la pensée ne rencontre jamais la vérité elle-même, mais toujours en conflit avec l'erreur, l'expérience de sa force est toujours simultanément l'expérience de sa fragilité, d'une lumière qui émerge des ténèbres, lesquelles ne cessent jamais de la menacer, ou peut-être mieux encore : l'expérience d'un discours que l'âme ou, comme on préfère le dire aujourd'hui, l'esprit – mais il s'agit en réalité et plus concrètement de l'existence – développe avec elle-même ou en rapport avec d'autres, mais qui trouve toujours son chemin à tâtons, sans jamais être à l'abri du péril de se perdre. Qui pense, donc qui parle, et qui est illuminé par une soudaine révélation du vrai, quelle que soit la manière dont elle advient et quelle que soit la sphère de l'existence qu'elle peut intéresser, celui-là dans le même temps l'assume et la « fait » exister[2], en tant qu'il la traduit, de manière plus ou

---

[1] Traduit de l'italien par Frédéric Nicod et Felicetti Ricci.

[2] *N. d. t.* : le texte italien dit : « *Chi pensa, dunque, parla e chi è illuminato da una subitanea rivelazione del vero, in qualsiasi modo essa avvenga e qualsiasi sfera dell'esistenza possa interessare, in tanto la assume e <u>la esiste</u>* [nous soulignons (n.d.t.)], *in quanto la traduce,* [...]

moins médiate, dans le discours de sa propre vie.[3] Dans tous les cas, elle le rejoint en raison du besoin de vérité[4] que son existence a mûri et qu'elle est capable de soutenir. La vérité de l'existence, quelle que soit la manière dont elle est perçue et appropriée, est la vérité de discours déjà produits, vérité qui suscite de nouvelles possibilités de discours. C'est la vérité de relations, de choses et d'événements qui se produisent dans l'ouverture de mondes à laquelle l'existence est destinée ; c'est donc la vérité des sens, et non simplement de l'intellect, du corps, et non simplement de l'esprit, parce que c'est la vérité qui juge aussi bien des séparations et des oppositions qui ont été instituées en son nom que des conjonctions et des médiations qui ont été tentées entre les moments de l'existence, moments que dans tous les cas le langage et l'expérience ont besoin de distinguer. Tel est du moins le besoin que la raison occidentale a mûri et exprime aujourd'hui encore, en vertu des discours qui en ont guidé le cheminement, discours dans lesquels elle s'est peut-être perdue, mais à travers lesquels elle se remet à chaque fois en chemin. *La vérité advient donc dans le langage, en tant que l'homme est le vivant qui est appelé à exister par sa destination à la parole.*

C'est seulement en vertu d'une telle destination qu'il est capable d'une expérience multiforme du vrai, qui ne se réduise pas à l'énonciation verbale explicite, de nature strictement théorétique, mais qui se nourrisse de tout ce qu'en tant qu'être parlant il peut sentir, voir avec ses yeux, mais aussi imaginer au-delà de ce qu'il a vu, soit, en un sens large, de tout ce qu'il peut percevoir et comprendre (penser) d'un monde qui se révèle non seulement à son regard, sensible et intellectuel, ni seulement à son pâtir ou à sa réception des impulsions de l'extérieur, mais aussi à son agir en réponse aux sollicitations de la réalité. En ce sens, la parole dont l'homme est capable est, comme le dit le poète Rilke, la parole qui l'ouvre au monde, non pas cependant pour qu'il décrive les choses comme elles sont, mais bien plutôt pour les transfigurer. Le fait est que les choses ne sont jamais pour elles-mêmes ce qu'elles sont, mais elles sont ce qu'il

---

nel discorso della propria vita. » Le verbe « exister » est en français comme en italien intransitif. Ici, il est employé de manière transitive: « celui qui assume et existe la révélation du vrai ». « Faire exister » ne nous paraît pas trahir le sens du texte original pour autant que l'on n'entende pas « faire exister » au sens de « fabriquer » mais au sens d'être le lieu de révélation du vrai.

[3] Pour plus d'approfondissements, je renvoie à l'exposé que j'ai présenté au Département de Philosophie de l'Université de Pavie, « Esistenza e memoria. Il tempo e le scritture del sé », maintenant in : Silvana BORUTTI (éd.), *Oltrecorrente : Filosofia e scritture del tempo*, vol. 3, Milano, Selene, 2001, p. 171-185.

[4] Le texte italien dit : « *la necessità di verità* » (note des trad.).

leur arrive d'être en vertu de la relation herméneutique dans laquelle l'existence les implique, quand elle réalise le destin de discours auquel elle est appelée. L'existence, c'est-à-dire l'homme en son être responsable de sa propre finitude, est auprès des choses en tant qu'il soutient comme interprète leur rapport de détermination réciproque ; ce qui advient en tant que les choses rencontrent l'existence comme choses du monde, et non pas comme des choses définies en elles-mêmes, mais presque à la recherche d'une possibilité d'être qui s'accomplit seulement à travers la médiation de l'existence. L'interprétation ne produit pas l'être des choses à partir du néant, contrairement à la manière dont Nietzsche conçoit l'acte de la volonté créateur de sens, sur la base du présupposé extrême selon lequel la volonté de puissance se trouve devoir affronter le chaos informe du devenir originaire, de par lui-même indifférent à quelque raison que ce soit. L'interprétation répond à l'offre de possibilités que le monde lui décèle pour fournir aux choses et à l'existence elle-même la configuration que chacune recherche selon la manière qui lui est propre. Chaque existence, en effet, interprète son propre être dans le monde dans le rapport avec les autres existences, lequel se réalise du fait que, ensemble, les existences parlent des choses et correspondent ainsi à leur demande d'être. Le monde, partant, ne prend pas forme par la vertu créative de quelque volonté de puissance, mais s'ouvre pour toute existence comme un monde toujours déjà parlé, et qui requiert d'être interprété toujours de nouveau ; en celui-ci, tout homme existe en tant qu'il se trouve appelé à prendre à son tour la parole et à s'en tenir ainsi à un discours qui ne pourra jamais appartenir à lui seul, ni à aucun autre interlocuteur ; chacun en effet est appelé à y prendre part en tant que ce discours est déjà commencé depuis toujours. La contribution que chacun pourra donner, aussi considérable soit-elle, ne fera jamais de personne le seigneur de la parole ; au contraire, celui qui prend la parole essaie sa propre parole en réponse à celle qui lui est adressée à partir du principe de sa possibilité d'exister. La parole de l'existence appelle chacun toujours à partir d'un autre lieu, comme parole non pas simplement d'un autre homme, *mais* comme parole *de l'autre de l'homme*, laquelle toutefois réalise son altérité seulement en rapport à l'être de l'homme. Ce qui signifie que le *logos* qui fait exister les hommes s'est fait depuis toujours dans leurs paroles, depuis qu'ils se sont trouvés en dialogue les uns avec les autres, et cela non pas parce que l'un d'entre eux aurait eu le pouvoir d'ouvrir le discours, mais bien plutôt depuis que, parlant ensemble, les hommes se sont trouvés dans le monde, à répondre en paroles des diverses possibilités d'exister accordées à chacun, à répondre par conséquent de la destination de chacun à la parole. Au commencement donc était le *logos*, comme l'événement qui depuis le commencement fait parler les hommes. Commencement sans principe, comme tel principe de l'humain, lequel évoque dans l'événement même de l'ouverture du monde.

A cette énigme incontournable de l'être au monde de l'homme comme être parlant répond la méditation du poète. « *Ici* nous sommes peut-être pour dire [*Sind wir vielleicht* hier, *um zu sagen*] », suggère la neuvième des *Elégies de Duino*. Et le poète de préciser : « Mais pour *dire*, comprends-le/oh ! pour dire *tellement*, comme les choses elles-mêmes jamais/en leur intimité n'imaginèrent d'être. »[5] Le discours poétique nécessite une précision qui sauve sa conception du dire du risque d'être banalement comprise, parce que ce discours se relie, dans les premiers vers, à l'énonciation du besoin dans lequel est chaque chose de la terre : « Mais parce qu'être ici, c'est beaucoup/et parce qu'il semble/que tout ce qui est d'ici a besoin de nous, cet être éphémère, qui/étrangement nous concerne. Nous, les plus éphémères. »[6] Que « veulent » donc les choses ? La responsabilité du dire de l'homme à l'égard de l'être précaire des choses est fixée par le poète devant la figure énigmatique, insaisissable, de l'ange. C'est à celui-ci que l'homme doit dire les choses :

> [*Sag ihm die Dinge.* [...] *Zeig ihm*,] montre-lui combien une chose peut être heureuse, combien innocente et nôtre,/comment la douleur elle-même, en sa plainte, éclôt pure à la forme,/sert comme une chose, ou meurt en une chose –, et au-delà, bien heureuse, s'échappe du violon. – Et ces choses vivantes/de leur évanescence, comprennent que tu les exaltes ; caduques,/elles nous confient leur salut, à nous, les êtres les plus caducs. /Elles veulent, qu'il nous soit un devoir, dans le cœur entièrement invisible, de les transformer/en nous – ô infiniment – Qui que nous dussions, nous aussi, être à la fin.[7]

Etre pour dire, cela l'homme le comprend comme son propre destin essentiel. Même si ensuite il se perd dans la compréhension de ce qu'est dire et qu'il éprouve de la peine à assumer la responsabilité envers les choses du monde, outre celle qu'il a envers les autres existences, responsabilité qui prend sa source dans le lien intime, indissoluble, entre l'existence et le langage et,

---

[5] Rainer Maria RILKE, *Elégies de Duino*, IX, v. 31, 33-35 (référence du texte original dont s'est inspiré l'auteur). Les traducteurs ont modifié, à divers endroits, la traduction du poème de Rilke proposée par M. Ruggenini, et cela à partir de l'édition bilingue suivante : Rainer Maria RILKE, *Les Elégies de Duino. Les Sonnets à Orphée*, trad. de A. Guerne, Paris, Seuil, 1972, p. 82-89.

[6] RILKE, *Elégies de Duino*, v. 10-12.

[7] RILKE, *Elégies de Duino*, v. 57 et 59-66.

simultanément, entre le langage et le monde. Du fait qu'il parle, l'homme se trouve parmi les choses, en tant qu'il a à en interpréter l'être, lequel n'est jamais donné une fois pour toutes, mais, toujours déjà interprété, requiert à chaque fois une nouvelle interprétation. En ce sens les choses se confient à une forte transformation, presque une transfiguration (*Verwandlung* est le mot de Rilke), que l'existence seulement peut accomplir, mieux, qu'elle a accomplie depuis toujours en les transférant au plus intime de sa propre capacité d'en faire émerger et d'en conserver les différences. De par elles-mêmes les choses ne sont pas, elles n'ont en elles-mêmes aucune consistance, et c'est pour cela qu'elles s'en remettent au soin du discours, parce qu'abandonnées à elles-mêmes, elles perdraient toute détermination. Cependant chaque discours est aussitôt, et pour toujours, le discours des existences au pluriel, donc un discours pluriel, un dialogue, au sein duquel les paroles des divers interlocuteurs cherchent à se faire comprendre sans toutefois pouvoir prétendre à une stabilisation définitive de leur signification. Des inévitables oscillations sémantiques qui cherchent à construire leurs identités, les choses elles-mêmes profitent alors, non pas pour montrer un visage définitif, le leur, le prétendu visage sans équivoque de leur essence, mais pour se présenter dans la riche multiplicité des aspects produits par les diverses relations dans lesquelles elles sont impliquées. L'identité de ce dont on parle se fait de discours en discours, et moins elle est facile à saisir, plus est vaste et profond l'intérêt que, en tant que *chose-du-discours*, elle garde pour les êtres parlants en dialogue.

Il n'y a donc jamais « la chose », ni un *logos* qui pourrait la dire en son identité définitive. Il n'y a pas une phénoméno-logie des « choses mêmes », si ce n'est en ce sens que le *logos*, soit quelque discours que ce soit, n'a finalement rien d'autre à dire qui ne soit le monde des choses et des existences en dialogue pour les interpréter. Mais les « choses mêmes » demeurent inévitablement « les choses du discours », fixées en leurs contours par l'interprétation, laquelle toutefois, cependant qu'elle circonscrit leur être déterminé, ouvre inévitablement celui-ci à d'autres rapports complexes qui in-déterminent toute identité que l'on pourrait présumer acquise. Il n'est finalement pas possible de penser une vérité en un sens chosifiant (ontique et réaliste) où l'on imagine pouvoir la configurer comme une identité permanente, et cela sans tenir compte de la nécessité selon laquelle elle ne peut que se produire dans les multiples dialogues des hommes, dans les diverses langues d'une insurmontable Babel. Où toutefois les langages expérimentent, en se traduisant les uns dans les autres, la possibilité de s'entendre qui suffit aux interlocuteurs pour rester en discussion les uns avec les autres, cela malgré le caractère inévitable des malentendus, et peut-être l'irréductibilité des multiples expériences à une unité qui ne sacrifie pas les différences essentielles. Ce peu que chacun entend, si, d'un côté, il menace toujours d'isoler chacun d'entre nous dans sa compréhension limitée, de l'autre, il nous lie à la nécessité de mieux comprendre, et par conséquent à une dette de parole et d'écoute eu égard aux autres, laquelle ne se laisse pas épuiser. Cette dette rend possible que ce soit seulement auprès des autres que chacun puisse chercher cette rencontre avec soi qui se promet à lui, mais pour lui échapper toujours à nouveau. Se chercher auprès des autres et des choses dont, avec d'autres, nous prenons soin. *Se chercher soi-même en l'autre*, donc, parce que nous rencontrons les choses et les autres dans le monde, et que *chacun n'est jamais soi-même auprès de soi, mais dans le monde, par conséquent dans les paroles*, lesquelles, depuis toujours, interprètent la réconfortante proximité, mais en même temps l'énigmatique étrangeté du monde lui-même. A travers les paroles, qui nous arrivent toujours du monde, chacun tente de saisir, si possible, le fil de sa propre existence ; chacun cherche sa vérité, et c'est dire non pas une vérité en soi, ni même une vérité privée, mais plutôt la vérité de son propre être avec d'autres qui le rend responsable envers le monde. Il cherche du même coup, nécessairement, la vérité des choses, des événements, des situations, lesquels se donnent à lui en se confiant à son destin d'interprète. *Il cherche la vérité, parce que finalement chaque homme parle pour dire la vérité*. Ce qui ne signifie en aucune façon que chacune des paroles que les hommes échangent puisse être entendue, simplement, comme parole de vérité. Dans tous les cas, *le destin de chaque parole se joue dans l'interprétation* : celle que chaque être parlant donne, pour soi-même, de ce qu'il dit aux autres, et de ce qu'il se dit à soi-même pour les autres ; celle avec laquelle en général les êtres parlants prêtent l'oreille à ce qu'ils ont écouté, pour pouvoir entrer en discussion. Ce qui permet de dire que toute parole, y compris la plus mensongère, peut être interrogée eu égard à la vérité qu'elle cache, même pour celui qui la profère. Inversement, il faut dire que même la parole la plus véridique – celle qui est accueillie comme telle – reste de toute façon enveloppée dans l'énigme de ce que cache ce qu'elle rend elle-même manifeste.

2. Subjectivité : absoluité et solipsisme

La vérité du parler avec d'autres : ce destin pluriel d'*alêtheia* est le trait essentiel que la métaphysique n'a pas pu saisir, alors qu'il est constitutif d'elle-même, et qu'elle ne peut pas penser. D'une part, par excès de réalisme, et cela tant que la métaphysique pense la vérité comme l'être en soi de quelque chose, duquel une pensée et une parole, quelles qu'elles soient, peuvent s'approcher seulement pour le reproduire ainsi qu'il est, c'est-à-dire en s'effaçant devant son identité préétablie. D'autre part, par excès de subjectivisme, qui fondamentalement s'ignore, c'est dire par ce narcissisme en raison duquel la bouche de chacun, se considérant comme illuminé, prétend parler comme la révélation de l'unique vérité. S'il faut considérer que ce narcissisme est latent dans tout discours, comme la contrefaçon de la nécessité inéluctable de son implication dans le vrai – chacun parle pour dire la vérité, non par vertu ou par choix, mais précisément par nécessité, comme nous l'avons dit plus avant –, son explosion advient à l'âge moderne, quand la subjectivisation de l'être, accomplie par l'idéalisme allemand, amène à penser la vérité elle-même comme subjectivité. Comme on le sait, la grande spéculation idéaliste à partir de Kant se défend du risque d'une compréhension banalement relativiste de l'auto-affirmation du sujet comme principe, en élevant sa vraie nature à la dimension absolue du transcendantal. Non pas donc la vérité de tout moi particulier, comme issue du dépassement de la compréhension ontico-chosifiante du vrai, mais la vérité de la subjectivité ultime, dans laquelle se dissout, parce qu'elle a en elle son origine, la particularité de tout sujet. Mais la métaphysique de tout philosophe devient ainsi la pensée dans laquelle se pense l'absolu lui-même, comme tel autosuffisant, sans appel, incapable de se laisser mettre en discussion, parce que garanti par lui-même en lui-même, ayant écarté, dans sa compréhension de soi, tout interlocuteur externe. Solipsisme paradoxal d'une stratégie de pensée qui, en comprenant l'autoposition de la subjectivité transcendantale comme absolue, ne peut que repousser loin de soi, comme incompréhension de ses raisons auto-affirmatives, l'accusation de solipsisme qui le met en cause. En effet, le solipsiste invincible est justement celui qui prend possession du plan de la vérité, vérité conçue, en accord avec la précédente tradition métaphysique, comme unique et accomplie en elle-même, mais d'une vérité telle que, par rapport à cette dernière, elle résout en elle-même, dans sa propre et concrète autoréalisation, toutes relations avec l'autre et avec d'autres.

Le paradoxe d'un tel solipsisme consiste en ceci que, précisément parce qu'il reste tenacement attaché à une conception absolutiste du vrai, il produit une multiplication de vérité sans contrôle, dont l'issue ne peut être qu'un relativisme invincible, étant donné que la vérité absolue de chacun ne peut communiquer avec celle d'aucun autre. Tout moi empirique conserve en soi sa propre vérité, à laquelle il ne peut pas renoncer, par le fait même d'être devenu le porteur de l'absolu transcendantal, dans lequel se réalise l'autoposition du vrai. C'est à ce résultat que parviennent les dernières pages de la *Krisis* de Husserl, lesquelles expriment la tentative extrême de la modernité de se défendre contre la montée de la dérive relativiste par laquelle elle se sent menacée. Il écrit :

> Tout Moi transcendantal de l'intersubjectivité doit nécessairement être constitué comme homme dans le monde ; partant, tout homme « porte en soi un Moi transcendantal ».[8]

Mais avec cela la modernité finit par succomber à ses propres tensions irrésolues et elle sanctionne ainsi, au lieu de le bannir, le conflit mortel entre sujets, où chacun veut avoir raison des autres, au nom d'une vérité qui continue à se penser comme unique et absolue. La grande métaphysique théologico-spéculative de l'idéalisme allemand a produit un siècle avant cette résolution du vrai dans l'autocompréhension absolue de la subjectivité, à laquelle ne pouvait avoir accès ni la pensée de l'étant de Platon et d'Aristote, ni la métaphysique de l'Un de Plotin, ni la tradition onto-théo-logique chrétienne jusqu'à Leibniz. La « Préface » de la *Phénoménologie de l'Esprit* de Hegel formule la nécessité de ce processus au moment où il explique que le vrai *n'a pas* à être conçu comme substance, mais *tout aussi bien* comme sujet, et cela parce que « la substance vivante est bien plutôt l'être, lequel est en vérité sujet » réel en tant qu'il se pose soi-même ; c'est en effet l'absolu qui est à représenter comme sujet : « *Das Bedürfnis, das Absolute als "Subjekt" vorzustellen* [...]. » Conclusion :

> Que le vrai soit effectif seulement comme système, ou que la substance soit essentiellement sujet, cela se trouve exprimé dans cette représentation qui énonce *l'absolu comme esprit*.

Conçu seulement comme substance, le vrai ne peut qu'être abstrait, ineffectif. Comme subjectivité, il accède au contraire à cette dimension d'absoluité, qui a été préparée par la *veritas* chrétienne de l'étant suprême, mais qui était complètement étrangère à l'*alêtheia* du Dieu aristotélicien lui-même, bien que ce dernier soit conçu comme « pensée de la pensée ». Autant dire que

---

[8] Edmund HUSSERL, *Die Krisis der europäischen Wissenschaften und die transzendentale Phänomenologie* (Husserliana, vol. VI), Den Haag, Nijhoff, 1976, p. 190.

les deux conceptions de la divinité, celle de la métaphysique grecque et celle de la théologie chrétienne sont séparées par un abîme, et cela malgré les aspects qui consentent leur apparentement fondamental sur le plan de la conception ontique du divin. Hegel sait bien fixer, et avec orgueil, le « progrès » de la théologie christiano-moderne par rapport à la théologie antique et médiévale. « L'absolu comme *esprit* – c'est là le concept le plus élevé, qui appartient à l'âge moderne et à sa religion. »[9]

L'absolution de la subjectivité de tout rapport à l'autre extérieur, irréductible, c'est-à-dire non pas l'autre réduit à l'état de chose en soi, mais l'autre duquel tout sujet a besoin pour se trouver soi-même (pour être clair : l'autre qui, pour la modernité, reste à venir), cette absolution ne peut résister toutefois à la force de décomposition qui l'habite. La puissante concentration unitaire qu'elle hérite de l'ancienne métaphysique de l'identité substantielle du vrai, renforcée par le monothéisme chrétien, se convertit, en effet, et se disperse après Hegel, dans l'absolutisation de tout point de vue particulier, dans la mesure où l'élément dans lequel les sujets sont destinés à se retrouver et à entrer en rapport, chacun en tant que l'autre de tout autre, a commencé à faire défaut de manière radicale. Dans la résolution subjectiviste de l'être, l'altérité qui fonde l'irréductible différence de chacun eu égard aux autres vient à manquer. Comment penser alors l'être de ce différer, sans lequel la pensée est condamnée au solipsisme et, en conséquence, à un irréductible relativisme ? Non pas comme une réalité autre parce qu'en elle-même subsistante, extérieure à la dimension de la subjectivité, et cela selon une indubitable tendance que les modernes reconnaissent dans la pensée antique, mais dont il faut souligner le raidissement à la suite de la dure instance de réalisme onto-théologique qui provient de la théologie chrétienne. Cette présumée indépendance de l'être devient la question cruciale de la pensée moderne et le scandale de la spéculation idéaliste. De même, il n'est pas possible de concevoir l'être comme l'objet, dans la production de l'extériorité duquel le sujet pose la condition du devenir étranger à soi, qu'il doit traverser et dépasser pour se trouver soi-même. La réduction de toute réalité externe au sujet, y compris donc de l'autre sujet, à l'objectivité, est fonction de l'affirmation solipsiste de tout sujet. En son inexorable honnêteté, Husserl dira explicitement comment ce destin ne peut être épargné à rien, pas même à Dieu.[10] Mais l'issue de cette autoaffirmation absolue ne peut être que le défaut de tout relation qui ne se réduise pas à un contact extérieur, à un heurt,

---

[9] Georg Wilhelm Friedrich HEGEL, *Phänomenologie des Geistes* (*Werke in 20 Bänden*, vol. 3), Frankfurt/Main, Suhrkamp, 1970, p. 22-23, 26-28.

[10] Edmund HUSSERL, *Formale und transzendentale Logik*, Tübingen, Niemeyer, 1981, p. 222.

c'est-à-dire à un contraste insoluble d'entités sans rapport, autrement dit : à la dissolution du monde en une pluralité relativiste de sujets sans rapport. Tout devient relatif à moi seul, parce que mon rapport à l'absolu n'est pas partageable, mais fait de moi une monade fermée en elle-même. Car finalement l'absolu, je le suis moi-même, même si ce n'est pas en tant qu'un moi (empirique), mais en tant que Moi (transcendantal). Peut-être l'état de nature de Hobbes, c'est dire le *bellum omnium contra omnes*, configure-t-il par avance cette situation dans laquelle la communauté des sujets, après qu'ils ont respiré l'air grisant qui vivifie la dimension du transcendantal, tombe avec une grande violence et se dissout ? Et le perspectivisme de Nietzsche ne confirme-t-il pas peut-être cette « prophétie » hobbesienne, en raison du manque de soutien que le concept de la volonté de puissance offre à l'être ensemble des sujets, devenus des surhommes ? La révolution moderne de l'autoaffirmation de l'humanité comme subjectivité conduit ainsi à la dissolution de la conception métaphysique de l'unité du vrai, malgré l'effort de résoudre la particularité de chacun dans le sujet universel ; dans la mesure où l'esprit du monde demeure l'esprit de chacun, le masque qui prétend le racheter de sa finitude essentielle ne fait en réalité que nier celle-ci. La méconnaissance de la finitude de l'existence, c'est-à-dire de son inéludable besoin d'altérité, grâce à laquelle il peut seulement se trouver soi-même, se venge ainsi de l'absolutisme universaliste et de sa tentative d'écarter les raisons du fini derrière l'apparence d'une élévation qui les rend en réalité fonctionnelles aux raisons du tout.

3. Subjectivité et intersubjectivité

L'altérité irréductible est celle du monde dans lequel chacun existe en dialogue avec d'autres, comme cela a été dit au §1. L'être du monde n'a pas de préexistence au sens réaliste justement critiqué par la métaphysique idéaliste de la subjectivité, s'il est conçu comme l'événement de son éclosion comme tel dans l'exister des multiples êtres parlants, donc comme *l'ouverture linguistique du monde qui se produit dans la pluralité des langages qui convient au discours des êtres vivants*, auxquels le monde offre la possibilité d'exister comme hommes. *Un tel événement représente l'incontournable de toute pensée et de toute parole* ; non pas donc l'objet que la prétendue activité originaire de la subjectivité pose hors de soi en fonction de sa propre réalisation, mais le commencement sans principe par lequel toute existence est précédée, au moment même où elle prononce la première parole ou formule la première pensée. Ni l'une ni l'autre ne peuvent être conçues en effet comme quelque chose de premier, parce que précisément celui qui prend la parole fait l'expérience, sur laquelle la philosophie n'a pas suffisamment réfléchi, que personne ne commence à parler à partir d'un moment zéro du discours, et il s'avise plutôt par là que la possibilité de dire quelque chose dont il peut assumer la responsabilité provient du fait d'avoir écouté d'autres paroles et d'autres discours, et que, partant, en prenant une position quelle qu'elle soit, y compris de rupture et de contestation par rapport à ce qu'il a entendu, *chaque être parlant ne fait que répondre*. Le sens le plus profond de la responsabilité à laquelle chacun se sent, à la lettre, « appelé » est donc que chacun répond *aux* paroles qu'il a entendues en tant qu'il répond *des* paroles qu'il dit. Voilà ce qui s'appelle « exister » : être en entretien avec d'autres, pour éprouver la complexe ouverture au monde à laquelle chacun est destiné comme sensibilité, comme affects, comme intelligence, comme mémoire et comme attente, comme actes de discours, mais aussi comme silence. Avec ceci que tout cela est soutenu, caractérisé et rendu humain, au sens existentiel du terme, par le destin qui fait de l'homme *l'être de la parole*, lequel, pour cette raison, « a monde » ; dans la mesure où il se trouve dans le monde du commencement jusqu'à la fin de son propre être, chaque existant (*Dasein*) est convié à répondre avec d'autres de cette appartenance qui le constitue radicalement.

Le drame de la subjectivité moderne jaillit, au contraire, de l'originaire perte de monde, qui est le prix qu'elle paye pour la force de son autoposition. Insistant en elle-même, elle s'impose en effet contre le monde, qu'elle doit ensuite regagner, mais toujours en fonction de l'assurage de son propre être. Dominée par l'anxiété de certitude, que lui promet l'illusoire prétention d'une complète autoréflexion dont elle se considère capable en vertu de la séparation d'avec le monde à laquelle elle s'est décidée, *la subjectivité a perdu aussi sa dépendance par rapport à la parole, qui la rend constitutivement plurielle en tant qu'elle fait de chaque sujet l'interlocuteur des autres*. Le sujet sans monde se rapporte, en revanche, au langage comme le seigneur de la parole, parole dont il dispose en tant qu'il imagine pouvoir en administrer souverainement le pouvoir de vérité et de mensonge, et cela à la lumière de la vérité qu'il détient comme conscience avant sa contamination par un discours quel qu'il soit. Certaine de soi, la conscience sait ce qu'elle dit, alors que la parole est réduite à l'état d'instrument de son savoir de soi, instrument dont il faut relever le caractère le plus souvent purement communicatif et, qui plus est, pas toujours fiable. La certitude de soi, assumée comme mesure de vérité, condamne la conscience au solipsisme. L'inexorable destin de la conscience moderne se manifeste en son extrême lumière – la lumière du couchant – dans la phénoménologie de Husserl ; la représentation dramatique de ce destin ne peut trouver en effet de scène plus expressive que celle de la cinquième des *Méditations cartésiennes*. Husserl y explique, avec détermination – de manière élaborée et laborieuse –, que le moi de la certitude ne peut pas rencontrer l'autre sujet autrement que comme son *alter ego* : « le reflet de moi-même, mon analogue ». Donc, dans cette relation à un « *alter* », si celui-ci est « moi », je m'y retrouve substantiellement moi-même :

> le second ego n'est pas simplement là et il n'est pas proprement donné en lui-même [*ist nicht schlechthin da und eigentlich selbst gegeben*], mais il est, comme alter-ego, constitué, où l'ego auquel l'on se réfère au titre de moment dans l'expression alter-ego, c'est moi-même en mon être propre. L'autre renvoie selon son sens de constitué à moi-même.

Quelques lignes plus bas, Husserl redit que l'expérience de l'étranger (*Fremderfahrung*) se déroule « à l'intérieur de l'être propre de mon *ego* » en tant qu'opération de constitution de l'étranger, comme « une sorte d'analogue de moi-même », à travers l'exclusion du constitué de la concrète consistance de mon être propre. La difficulté dans laquelle Husserl se débat est exprimée par la tentative d'alléger la gravité de la réduction des autres (*autrui*, selon l'usage français) à l'état de reflets analogiques de moi-même en tant qu'universelle conscience constituante, ou sujet absolu, d'alléger, disions-nous, la gravité de cette réduction en laissant indéterminé le sens des expressions dont il se sert : « l'autre est le reflet de moi-même, et toutefois il n'est pas à proprement parler un reflet ; l'analogue de moi-même, mais à nouveau non pas analogue dans l'usage courant du terme. » Quel est ce sens usuel et quel est le nouveau sens à entendre ? Cela n'est pas du tout précisé.

Il faut reconnaître à Husserl, tout compte fait, le mérite d'avoir fait de l'être avec d'autres un problème, un problème que la réflexion philosophique antérieure avait tranquillement sauté, au moins jusqu'à l'advenue de la métaphysique du moi et de la conscience, mais qui était devenue inéludable dès lors que la vérité de la métaphysique moderne avait été reconnue dans la certitude de soi de la subjectivité. Si je suis bien donné à moi-même, l'autre, en revanche, ne m'est pas donné, mais il demeure « inaccessible par une voie directe ». Seule l'apprésentation, qui advient dans l'appariement (*Paarung*) d'*ego* et d'*alter ego*, « rend présent ce qui de l'autre est originairement inaccessible »[11]. Mais cette figure de la *Paarung* exprime précisément la

---

[11] Edmund HUSSERL, *Cartesianische Meditationen* (Husserliana, vol. I), Den Haag, Nijhoff, 1950, p. 125-126.

fondamentale asymétrie sur laquelle est construite la relation entre moi et d'autres que moi (encore un fois, *autrui*). Husserl écrit que « Ego et *alter ego* sont donnés continuellement et nécessairement en un appariement originaire »[12]. Cela vaut en réalité seulement pour l'*alter ego*, parce que, au contraire, l'être-donné-à-soi-même demeure complètement hors de doute et il demeure, y compris dans les *Méditations cartésiennes*, à la faveur d'une significative délimitation il est vrai, le fondement de la métaphysique de la certitude qui domine la recherche de Husserl.[13] L'indéclinabilité de la certitude que j'ai de moi-même se confirme comme le paradigme, sur lequel Husserl a insisté jusque dans ses dernières pages, qui établit l'irréductible primat du « moi qui suis moi, moi qui exerce l'*epochê*, moi qui soumets à un examen le monde comme phénomène, ce monde qui vaut pour moi en son être et être-ainsi, avec tous ses hommes, dont je suis pleinement certain. » Donc, si « le Moi que je rejoins dans l'*epochê*, [...] peut s'appeler "moi" seulement par équivoque, celle-ci est quoiqu'il en soit l'équivoque essentielle ». Husserl se sert d'une double graphie pour distinguer le Moi qui résulte de l'*epochê* du moi qui la met en œuvre, un moi qui, à partir du monde, fait un saut vers la dimension transcendantale de son propre se-constituer comme principe du monde. A ce Moi majuscule, absolu, Husserl réservera par la suite la qualification de *Ur-ich*.[14]

Il faut noter que si Husserl pose le problème de l'être-donné de l'*alter ego*, cela n'a pas lieu en vertu de la problématisation de la valeur de l'« être-donné » comme tel, mais pour relever le défaut fondamental d'une telle valeur dans le cas de l'expérience que le moi que je suis fait des autres. Un tel défaut préserve comme irréductible l'altérité des autres, mais simultanément il la subordonne au privilège de certitude que constitue le moi que je suis. Ce privilège se joue dans tous les cas sur le plan de l'être-donné : je suis donné à moi-même en une condition de certitude apodictique de mon être, certitude qui peut même ne pas être adéquate, alors qu'autrui est admis en tant que valeur non naturaliste, mais phénoménologique, dans le domaine de la certitude de la présence indéfectible de moi à moi-même. Avec son idéalisme extrême, la phénoménologie de Husserl manifeste donc comment l'autoaffirmation de la subjectivité, qui met en crise l'ontologie traditionnelle en raison du caractère réaliste de celle-ci, ne parvient pas toutefois à en mettre en cause le trait fondamental, à savoir *la*

---

[12] HUSSERL, *Cartesianische Meditationen*, p. 139-143.

[13] HUSSERL, *Cartesianische Meditationen*, § 6-9, p. 55-63 ; ID., *Erste Philosophie*, II, in : Rudolf BOEHM (éd.), *Husserliana*, vol. VIII, Den Haag, Nijhoff, 1959, § 31, p. 26-35.

[14] HUSSERL, *Krisis*, § 54, p. 185-190.

compréhension de l'être comme présence, selon laquelle être signifie fondamentalement être-donné. Non seulement la métaphysique moderne ne met pas en discussion ce trait, mais elle le porte à ses extrêmes conséquences, soit l'absolutise. L'absolu est en effet conçu comme sujet absolu selon le modèle théologique de la métaphysique grecque et chrétienne de la présence, soit comme la transparence pour soi-même de l'être-donné à soi, transparence dont procède, cette fois-ci, la transparence du réel pour le sujet – ce qui implique la transformation du réel en l'objet qui est donné au sujet en vertu de ses opérations constitutives. Mais que le réel soit conçu comme la chose que l'âme trouve devant soi, ou comme l'objectivité que le sujet produit pour soi-même en vertu de la transparence pour soi de son propre être, cela signifie seulement que la métaphysique moderne se meut toujours sur le plan de la conscience de l'être comme être-donné. Donnée, telle est la chose que le sujet constitue comme objectivité qui lui fait face, c'est-à-dire comme « la chose même », présente « en chair et en os » (« *leibhaft da* », ainsi s'exprime Husserl) ; mais le sujet est lui aussi donné : conçu comme la chose transparente pour soi-même à la différence de toutes les autres choses, y compris à la différence des autres sujets, et cela en tant qu'il est le moi que je suis moi-même. Partant, le monde des sujets est un monde de choses privilégiées, de monades dotées de la conscience de soi, qui se configurent comme des choses extramondaines ; la présence à soi leur permet de disposer des simples choses du monde, qu'elles produisent comme objets ; à l'origine de l'objectivité du monde se tient le pouvoir de tout moi de se poser comme conscience de soi, c'est-à-dire comme objet pour soi-même, avant la constitution du monde des choses. Mais si la subjectivité des autres échappe, d'un côté, au pouvoir de pénétration du sujet-moi en première personne, elle est reconnue, d'un autre côté, comme autre – autre moi, autre conscience –, mais seulement du fait que l'égoïté irréductible du se-donner de chacun à soi-même confère à d'autres un tel caractère d'inaccessibilité. De cette manière, chacun constitue de façon unilatérale d'autres que soi à partir de son caractère propre et inabdicable de principe : il s'agit donc d'une promotion au rang de sujet, une promotion que chacun, en tant qu'autre, doit au contraire attendre de ceux à qui il a affaire comme le prix de la reconnaissance comme autres consciences dont à son tour il les couvrira. L'échange qui advient de cette façon n'écarte pas toutefois l'absoluité originaire de chacun pour soi-même. Il pose au contraire les prémisses de la lutte pour être un moi, à laquelle Hegel avait déjà donné son expression à travers la dialectique du maître et de l'esclave.

Non seulement il est possible, mais il faut même parler, chez Husserl, d'une intersubjectivité transcendantale qui constitue le monde comme monde pour tous ; il n'est pas possible toutefois de ne pas s'aviser que celle-ci se situe à un niveau secondaire par rapport à l'« unicité et indéclinabilité personnelle du *Ur-Ich*, c'est-à-dire de l'*ego* de mon *epochê* ». C'est ce moi ultime, qu'il est impossible d'outrepasser, qui se rend « déclinable au sens transcendantal ; il constitue *à partir de soi et pour soi* [*von sich aus und in sich*] l'intersubjectivité transcendantale, en laquelle il s'inclut ensuite lui-même comme simple membre privilégié, c'est-à-dire comme Moi des autres Moi transcendantaux [*als Ich der transzendentalen Andern*] ». Inversement, Husserl nous avertit que la prétention d'entrer d'un bond dans le domaine de l'intersubjectivité représente un bouleversement méthodologique qui en saute l'origine, soit le pouvoir constituant que chaque moi détient pour soi-même en tant qu'il exerce une *epochê* qui établit avant tout son absoluité de sujet et lui permet ensuite de se décliner pour les autres comme le moi d'un tu ou d'un « nous tous », en tant que sujets transcendantaux.

> Du point de vue de la méthode, l'intersubjectivité transcendantale et sa réalisation comme communauté transcendantale peuvent être mises en lumière seulement à partir de l'ego et de la systématique de ses fonctions et de ses opérations ; en elles, *le monde pour tous* et pour chaque sujet se constitue comme monde pour tous sur la base du système en fonction des pôles égologiques.[15]

Le thème de l'intersubjectivité implique donc l'idée que « tout homme qui porterait à son accomplissement l'*epoche* pourrait reconnaître son Moi ultime, le Moi fonctionnant en tout son agir humain. » Mais cette admission apparemment libérale de tous les sujets à la fonction transcendantale confirme « pour les raisons philosophiques les plus profondes, et non seulement pour des raisons de méthode, la nécessité de donner une satisfaction adéquate à l'*unicité absolue de l'ego* et à sa position centrale pour toute constitution »[16].

---

[15] HUSSERL, *Krisis*, § 54, p. 189.

[16] HUSSERL, *Krisis*, § 54, p. 188-190. Aux mêmes pages, Husserl continue à expliquer que par analogie avec la manière dont le moi de la présence actuelle se constitue soi-même sur le mode de son être passé et gardé en mémoire, en se temporalisant ainsi comme moi qui dure, ce même moi peut constituer l'autre comme une modification de soi-même dans la perception de l'étranger [*Fremdwahrnemung*]. « L'autotemporalisation, pour ainsi dire moyennant une déprésentification (moyennant une remémoration), a son analogie dans mon aliénation [*Entfremdung*] [...]. Ainsi arrive-t-il en moi à sa validité d'être un "autre" moi, en tant que coprésent, et avec ses modes de vérification évidents, clairement différents en tous points de ceux de la perception "sensible" ». Husserl considère que « non seulement pour des raisons de méthode, mais pour de plus profondes raisons philosophiques, il est nécessaire de reconnaître pleinement l'absolue unicité du moi et sa position centrale pour toute constitution ».

De cette façon en effet, le Moi que je suis n'abdique en aucune manière le privilège d'élever les autres à leur fonction, mais il organise apparemment autour de lui le règne de sa propre sécurité.

En réalité, il s'isole dans la solitude paradoxale et, à la lettre, impensable dans laquelle se consume les vicissitudes du sujet moderne, lequel a perdu le monde pour avoir voulu le soumettre au besoin de s'affirmer soi-même ; et il a perdu la capacité de parler avec d'autres parce qu'il s'est replié sur son être de monade auto-consciente pour donner à son propre besoin d'affirmation le fondement d'une certitude de soi dont il présume ne pas pouvoir et ne pas devoir abdiquer. Il faut comprendre en effet qu'il « *ne parle pas avec d'autres* », celui-ci qui doit leur reconnaître d'abord la dignité d'interlocuteur. Le moi de la certitude, alors même qu'il s'efforce entièrement et avec bonne volonté de récupérer le rapport à d'autres, reste quoi qu'il en soit celui qui avant tout confère à d'autres la conscience, puis éventuellement la parole, laquelle les transforme en interlocuteurs. Clos en sa propre position solipsiste, le moi se pense tragiquement comme un être qui se suffit en principe à soi-même : *sans autruis parce que sans parole ; mais aussi, en tant que privé de parole, sans monde*. Ce n'est que dans le langage que le moi se trouve soi-même, mais il se trouve soi-même seulement parce qu'à l'origine il se trouve parmi les autres ; *ceux-ci viennent à sa rencontre, en êtres parlants, dans le monde* : en un monde qui est partagé par chacun avec les autres avec lesquels il parle, mieux : en un monde qui, en tant qu'il est toujours déjà parlé, est *le monde des autres* avant de pouvoir devenir *aussi* mon monde. Pour les existences, le monde est ouvert depuis toujours comme entretien, un entretien auquel chacun est convoqué pour répondre des possibilités qui lui sont offertes de faire exister sa propre humanité, et pas seulement pour vivre comme une espèce qui enrichit de ses facultés caractéristiques l'exhibition surabondante que la nature fait de ses propres ressources et inventions. La nature semble demander à l'homme de réaliser quelque chose qui autrement lui manque, à savoir la tâche de faire exister sa propre différence en vertu de la responsabilité à l'inventer toujours à nouveau, et à en révéler ainsi le mystère inaccessible.

HERR DES SEIENDEN – HIRT DES SEINS – PLATZHALTER DES NICHTS.
Zur seinsgeschichtlichen Ortung des Menschen bei Heidegger

Rainer Thurnher

1946 hatte Sartre seinen Vortrag *L'Existentialisme est un humanisme* erscheinen lassen. Darin unterscheidet er zwischen einem christlichen Existentialismus, dem Marcel und Jaspers angehören sollen, und einem atheistischen, den neben ihm selbst auch Heidegger vertrete. Für einen solchen Existentialismus gelte es, die letzte Konsequenz aus dem Satz « Gott ist tot » zu ziehen. Ist Gott tot, so gebe es mindestens ein Wesen, bei dem die Existenz der Essenz vorangeht, nämlich den Menschen, der zunächst existiert und sich erst dann definiert. Wo es kein von Gott vorgezeichnetes Wesen des Menschen und keinen durch Gott garantierten Wertekosmos gebe, müsse der Mensch sich selbst, die Werte, die seinem Lebensentwurf entsprechen, und damit die zugehörige Welt erfinden. « *Précisément nous sommes sur un plan* », sagt Sartre, « *où il y a seulement des hommes.* »[1] Nichts könne den Menschen daher vor sich selbst, vor seiner unbedingten Freiheit retten.

Solcherart vereinnahmt, sah sich Heidegger veranlaßt zu replizieren. In seinem *Brief über den Humanismus*[2] sieht er die nihilistische Grundsituation der Gegenwart und das « Wegbleiben des Gottes » bzw. die « Flucht der Götter »

---

[1] Jean-Paul SARTRE, *L'Existentialisme est un humanisme*, Paris, Nagel, 1946, S. 36.

[2] Brief an Jean Beaufret, Herbst 1946, zuerst veröffentlicht in: Martin HEIDEGGER, *Platons Lehre von der Wahrheit. Mit einem Brief über den Humanismus*, Bern, Francke, 1947; jetzt in: *Wegmarken* (GA 9), S. 313–364.

nicht als Chance für eine Selbstinszenierung des Menschen, sondern als einen Zustand der Not, des Weltverlustes, der Heimatlosigkeit und Entfremdung.[3] Heidegger führt dies darauf zurück, daß der Mensch, statt auf seinen Bezug zum Sein zu achten, sich als « Herr des Seienden » ins Zentrum und in Szene gesetzt hat. Indem der Mensch dem Seienden nur mehr in der Weise begegnet, wie es ihm im Horizont seines selbstmächtigen Entwurfs erscheint, findet er sich, wie wir noch näher ausführen werden, in einem sinnentleerten All wieder. Nach Heidegger vermag nur ein « Wesenswandel » den Menschen zu einem « schonenden Wohnen » auf der Erde zurückzuführen. Statt sich als Herr über das Seiende zu gebärden, müsse der Mensch auf seinen Bezug zum Sein achten und sich als « Hirt des Seins » begreifen. Mit diesem Wesenswandel würde der Mensch sich zugleich aus dem Zentrum zurücknehmen. Die für den späten Heidegger zentrale Denkfigur des « Gevierts » bringt dies zum Ausdruck. Im Geviert steht nicht mehr der Mensch im Mittelpunkt, sondern das Ding. Indem es in die Dimensionen von Erde und Himmel, von Himmlischen und Sterblichen verweist und so eine Welt aufgehen läßt, findet der Mensch als der « be-dingte » sich in der Peripherie des Gevierts wieder.

Diesen Zusammenhängen wollen wir im Folgenden nachgehen. Dabei ist es erforderlich, zunächst auf Heideggers Konzeption der Seinsgeschichte und seine Sichtweise der Gegenwart innerhalb derselben einzugehen (I). Damit ist aufs engste Heideggers Kritik des traditionellen Selbstverständnisses des Menschen als *animal rationale* verbunden. Insofern der Humanismus, wie Heidegger meint, auf diesem aufruht und die philosophische Rechtfertigung der Zentralposition des Menschen abgibt, wird auch dieser in die Kritik mit einbezogen. Dies soll im zweiten Abschnitt dargestellt werden (II). Im Dritten Abschnitt (III) geht es dann um den zuvor bereits angesprochenen Zusammenhang von Wesenswandel des Menschen, Dezentrierung und Geviert.

I

Das Bestreben des Menschen, sich ins Zentrum zu setzen, hat nach Heidegger in der abendländischen Denkgeschichte, die er als Seinsgeschichte und Seinsgeschick interpretiert, seine Wurzeln. Bereits bei Platon und Aristoteles setzt sich nach Heidegger eine « technische Interpretation des

---

[3] Vgl. Martin HEIDEGGER, *Holzwege* (GA 5), S. 269; *Wegmarken* (GA 9), S. 338f., 351ff.; *Erläuterungen zu Hölderlins Dichtung* (GA 4), S. 47.

Denkens »[4] durch. Im Mittelalter kommt es im Zusammenhang mit einer technomorphen Auffassung des Schöpfungsgedankens zu der Vorstellung eines rational durchkonstruierten Universums und zu der Vorstellung, daß der Mensch als Ebenbild Gottes dazu berufen sei, diese Rationalität zu einer höchsten und letzten Vollendung zu führen.[5] Damit war bereits die neuzeitliche, cartesianische Sichtweise des Menschen vorgebildet.

Mit der Auffassung des Seins als Objektität für ein Subjekt beginnt nach Heidegger die Epoche des neuzeitlichen Seinsgeschicks, die zuletzt in der Technik kulminiert und eine neue Qualität erreicht. Angesichts des Zweifels, der nicht nur als ein methodischer, sondern als eine tiefgreifende epochale Erschütterung und Verunsicherung[6] zu sehen ist, sucht der neuzeitliche Mensch nach einem Halt, nach einer letzten, unerschütterlichen Gewißheit. Er findet dieses *fundamentum inconcussum* im Selbstbewußtsein des Ichs, welches damit zum *Sub-jectum* schlechthin, zum einzig und ausschließlich Zugrundeliegenden wird.[7] Das Ego begreift sich jetzt als zu aller Gewißheit befähigt, weil es sich nicht nach dem Seienden zu richten hat, sondern umgekehrt dem Seienden die Bestimmungen und das Maß vorgibt, dem es als Gegenstand, als Objekt wissenschaftlicher Selbstvergewisserung zu genügen hat.[8] « Der Mensch », so führt Heidegger aus, « begründet sich [damit] selbst als die Maßgabe aller Maßstäbe, mit denen ab- und ausgemessen (verrechnet) wird, was als gewiß, d.h. als wahr und d.h. als seiend gelten kann. »[9] Somit ist – mit der Ansetzung

---

[4] HEIDEGGER, *Wegmarken* (GA 9), S. 314.

[5] Vgl. Martin HEIDEGGER, *Einführung in die Metaphysik* (GA 40), S. 202; *Wegmarken* (GA 9), S. 180f.

[6] Vgl. Martin HEIDEGGER, *Was ist das – die Philosophie?*, Pfullingen, Neske, 1956, S. 27.

[7] Für HEIDEGGER geht damit ein bezeichnender Wandel des Begriffs « subjectum » einher, der zunächst alles Seiende meinte und nicht auf den Menschen eingeschränkt war: « Bis zu Descartes [...] ist das Seiende, insofern es Seiendes ist, sub-jectum (*hypo-keimenon*), ein von sich her Vorliegendes, das als solches zugleich seinen beständigen Eigenschaften und wechselnden Zuständen zu Grunde liegt. Der Vorrang eines ausgezeichneten, weil in wesentlicher Hinsicht unbedingten Sub-jectum (als Grund Zugrundeliegenden) entspringt aus dem Anspruch des Menschen auf ein fundamentum absolutum inconcussum veritatis (auf einen in sich ruhenden, unerschütterlichen Grund der Wahrheit im Sinne der Gewißheit). » *Holzwege* (GA 5), S. 106; vgl. *Nietzsche II* (GA 6.2), S. 386–397.

[8] Geschichtlich gesehen wird dieser die gesamte neuzeitliche Philosophie durchherrschende Duktus im Denken Kants manifest. Vgl. dazu Ingeborg SCHÜBLER, *La question de la vérité. Thomas d'Aquin – Nietzsche – Kant – Aristote – Heidegger*, Lausanne, Payot, 2001, S. 79–117.

[9] HEIDEGGER, *Holzwege* (GA 5), S. 110.

der Selbstgewißheit des menschlichen Bewußtseins als Subjektivität – auch eine Entscheidung über das Sein gefallen. Sein bedeutet jetzt: Objekt-Sein für ein vorstellendes und rechnendes Bewußtsein. In der Ausrichtung alles Vorzustellenden « auf ein Richtmaß, das im Wissensanspruch der vorstellenden *res cogitans sive mens* gesetzt ist »[10], wird von nun an « alles Wirkliche im vorhinein zu einer Mannigfaltigkeit von Gegenständen für das nachstellende Sicherstellen umgearbeitet »[11]. Solches Sicherstellen läßt, wie Heidegger meint, das Seiende nicht mehr von sich her anwesen, sondern sichtet es von vornherein unter dem Gesichtspunkt seiner möglichen Eingliederung in den im voraus entworfenen Zusammenhang im Sinne des mathematischen Entwurfs der Natur. Dieser soll seine Berechenbarkeit und Beherrschbarkeit sicherstellen; so heißt es bei Heidegger in einer sehr markanten Stelle:

> Vorstellen meint hier: von sich her etwas vor sich stellen und das Gestellte als ein solches sicherstellen. Dieses Sicherstellen muß ein Berechnen sein, weil nur die Berechenbarkeit gewährleistet, im voraus und ständig des Vorzustellenden gewiß zu sein. Das Vorstellen ist nicht mehr Vernehmen des Anwesenden [...] *Nicht das Anwesen waltet, sondern der Angriff herrscht.*[12]

In der neuzeitlichen Grundstellung des Menschen zum Seienden kündigt sich bereits das Weltverhältnis des im Banne der Technik stehenden Menschen an. Entgegen der gängigen Auffassung ist Heidegger nicht der Meinung, daß Technik angewandte Naturwissenschaft sei; vielmehr ist für ihn umgekehrt der mathematische Entwurf der Natur seinem Wesen nach bereits durch die Technik bestimmt.[13] Heidegger wendet sich auch gegen die verbreitete Auffassung, die Technik müsse als ein neutrales Instrument angesehen werden, über das der Mensch frei verfüge, so daß die Technik nur dann bedenklich wäre, wenn sie vom Menschen mißbraucht und für destruktive Ziele eingesetzt wird. Demgegenüber deutet Heidegger die Technik seinsgeschichtlich als *Ge-stell*. Sie verkörpert eine spezifische Weise des Hervortretenlassens des Seienden, und zwar im Sinne des Herausforderns und Stellens. In der Technik werde die Natur gestellt, sich als Kräftepotential und Energielieferant zu enthüllen. Der Mensch wird gestellt, seine physischen und intellektuellen Potentiale in den

---

[10] HEIDEGGER, *Holzwege* (GA 5), S. 244.

[11] Martin HEIDEGGER, *Vorträge und Aufsätze* (GA 7), S. 50.

[12] HEIDEGGER, *Holzwege* (GA 5), S. 108 (Hervorhebung R. Thurnher).

[13] Vgl. HEIDEGGER, *Vorträge und Aufsätze* (GA 7), S. 19, 22f.; *Holzwege* (GA 5), S. 77-82, 94, 290; *Bremer und Freiburger Vorträge* (GA 79), S. 43.

Produktionsprozeß einzubringen. Solchem Gestell gegenüber vermag das Seiende sich nur mehr in der Weise des *Bestandes* zu zeigen, d.h. in seiner Verfügbarkeit und Nutzbarkeit. Der inneren Logik der Technik folgend wird unvermerkt der Fluß zum Energielieferanten, der See zum Kühlwasserreservoir, die Landschaft zur Touristenattraktion und Erholungslandschaft, der Wald zum Zellstoff- und Papiervorrat, die Wissenschaft zur Produktivkraft, der Mensch zum Humankapital.[14]

In diesem Sinne sieht Heidegger in der Technik « die Gefahr » schlechthin[15], weil sie eine Entfremdung des Menschen und alles Seienden insgesamt zur Folge hat. Indem sie Seiendes nur mehr unter dem Gesichtspunkt seiner Verwertbarkeit zum Vorschein kommen läßt, raubt sie den Dingen ihr Eigenwesen. Diesen wird ihr Verweisungscharakter und damit ihr Weltbezug genommen. Werden die Dinge nicht mehr geschont, sondern nur noch als Ressourcen wahrgenommen, so bedeutet dies für den Menschen den Entzug des Vertrauten, des Aufenthalt Gewährenden.[16] Weltverlust und Heimatlosigkeit werden zu Grunderfahrungen.[17] Da die Dinge ihn nicht mehr ansprechen und ihm nichts mehr – im Sinne der Verweisungen – bedeuten und zu sagen haben, macht sich im Menschen eine innere Leere breit. Sie äußert sich in einer Leere und Unausgefülltheit der Zeit, d.h. in Langeweile.[18] Diese evoziert ein Verlangen nach Sensationen und künstlichen Ersatzwelten; es kommt – unter schonungsloser Ausbeutung der Ressourcen – zu einer ausufernden Produktion von Surrogaten, die die innere Leere ausfüllen sollen.[19]

In dieser äußersten Gefährdung von Mensch und Ding, in der Gefahr von Heimatlosigkeit und Wesensverlust der Dinge, sieht Heidegger aber auch die Möglichkeit einer Umkehr. Der Entzug, die spürbar gewordene Entfremdung, kann den Menschen dazu bringen, achtsam zu werden auf seinen Bezug zum Sein. Durch die Not von Heimatlosigkeit und Weltverlust kann es sein, daß ein

---

[14] Vgl. HEIDEGGER, *Holzwege* (GA 5), S. 256, 289; *Vorträge und Aufsätze* (GA 7), S. 15-19.

[15] HEIDEGGER, *Vorträge und Aufsätze* (GA 7), S. 27; *Holzwege* (GA 5), S. 295; *Bremer und Freiburger Vorträge* (GA 79), S. 55ff.

[16] Vgl. HEIDEGGER, *Bremer und Freiburger Vorträge* (GA 79), S. 47, 51; *Holzwege* (GA 5), S. 291f.

[17] Vgl. HEIDEGGER, *Wegmarken* (GA 9), S. 338f.

[18] Vgl. HEIDEGGER, *Bremer und Freiburger Vorträge* (GA 79), S. 25.

[19] Vgl. Martin HEIDEGGER, *Aus der Erfahrung des Denkens* (GA 13), S. 89; *Bremer und Freiburger Vorträge* (GA 79), S. 38f.

Wesenswandel des Menschen eintritt, in dem er sich vom « Herrn des Seienden » wandelt zum « Hirten des Seins ».[20]

II

Der Gang der Seinsgeschichte spiegelt sich im Selbstverständnis des Menschen. So meint Heidegger, daß anfänglich « der Mensch [...] zum Wahrer der Unverborgenheit des Seienden be-stimmt »[21] wurde. Das Sein hätten die frühen Griechen nicht als etwas Vorgegebenes und Selbstverständliches angesehen; vielmehr seien sie ihm in der Haltung des *thaumazein*, des Staunens begegnet. Dieses beinhaltet ein An-Sich-Halten und ein Zurücktreten vor dem Sich-Zeigenden, aber auch ein Angezogen- und Berücktsein von dessen Glanz. Der so gestimmte Mensch weiß darum, daß sich die Unverborgenheit nicht von selbst ergibt, sondern daß er sie zu wahren hat.

Er wahrt das Seiende in seiner Unverborgenheit, indem er ihm sein Werk als das, was der Mensch zu vollbringen vermag, entgegenbringt. Es gelten für Heidegger als ein solches Werk die Werke des Denkens, der Kunst, des Dichtens und der Staatsgründung. Es ist dabei nicht so, daß einem vorgegebenen Bestand von Dingen das Werk als ein weiteres hinzugefügt wird. Dieses ist vielmehr Werk dadurch, daß es allererst eine Welt stiftet, innerhalb deren das Seiende in seinem Wesen zum Vorschein kommen kann. Wo auf diese Weise die Achtsamkeit auf das Sein waltet, wird « das Seiende als solches immer und jeweils seiender »[22], indem ihm ein ursprüngliches Erscheinen gewährt wird:

> In der Aus-einandersetzung wird Welt [...] [Diese] wird von den Schaffenden, den Dichtern, Denkern, Staatsmännern getragen. Sie werfen dem überwältigenden Walten den Block des Werkes entgegen und bauen in dieses die damit eröffnete Welt. Mit diesen Werken kommt erst das Walten, die *physis*, im Anwesenden zum Stand. Das Seiende wird jetzt erst als solches seiend.[23]

---

[20] HEIDEGGER, *Wegmarken* (GA 9), S. 342.

[21] Martin HEIDEGGER, *Grundfragen der Philosophie* (GA 45), S 189f.

[22] HEIDEGGER, *Einführung in die Metaphysik* (GA 40), S. 53.

[23] HEIDEGGER, *Einführung in die Metaphysik* (GA 40), S. 47.

Heidegger meint auch, daß die Achtsamkeit auf das Sein als das den Menschen in seinem Wesen Bestimmende bei den frühen griechischen Denkern ausdrücklich zur Sprache gebracht wurde.

Mit dem Beginn der Metaphysik jedoch trat ein signifikanter Wandel ein. « Im Fortgang vom Anfang wurde der Mensch zum *animal rationale*. »[24] Wie hängt dies zusammen und welche Tragweite kommt dem zu? Heidegger ausführt:

> Die Metaphysik stellt zwar das Seiende in seinem Sein vor und denkt so auch das Sein des Seienden. Aber sie denkt nicht das Sein als solches [...]. Sie fragt daher auch nie, in welcher Weise das Wesen des Menschen zur Wahrheit des Seins gehört [...]. Diese Frage ist der Metaphysik als Metaphysik unzugänglich [...]. Aber dadurch wird das Wesen des Menschen zu gering geachtet. [...] Die Metaphysik verschließt sich dem einfachen Wesensbestand, daß der Mensch nur in seinem Wesen west, indem er vom Sein angesprochen wird. Nur aus diesem Anspruch « hat » er das gefunden, worin sein Wesen wohnt.[25]

Die Metaphysik denkt den Menschen nicht aus seinem Bezug zum Sein, sondern aus seiner Stellung zum Seienden. Diese ist dadurch bestimmt, daß er das Seiende im Sinne der *ratio* erkennt, womit er sich zu ihm in abständiger Weise verhalten, es bemeistern und beherrschen kann. Damit rückt der Mensch unversehens in den Mittelpunkt alles Seienden. Die diesem Selbstverständnis entsprechende Bewußtseinsform sieht Heidegger im *Humanismus*, der ihm deshalb als problematisch gilt, weil er das seinsbezogene Wesen des Menschen verdeckt. Er bestärkt den Menschen in seinem herrschaftlichen Gehaben, indem er ihm eine ausgezeichnete Stellung innerhalb des Seienden zuspricht:

> « Humanismus » [meint] den mit dem Beginn, mit der Entfaltung und mit dem Ende der Metaphysik zusammengeschlossenen Vorgang, daß der Mensch nach je verschiedenen Hinsichten, jedesmal aber wissentlich in eine Mitte des Seienden rückt, ohne deshalb schon das höchste Seiende zu sein [...] Immer gilt es, im Bereich eines festgemachten metaphysischen Grundgefüges des Seienden den von hier aus bestimmten « Menschen », das *animal rationale*, zur Befreiung seiner Möglichkeiten und in die Gewißheit seiner Bestimmung und in die Sicherung seines « Lebens » zu bringen. Dies geschieht als Prägung der « sittlichen » Haltung, als Erlösung der unsterblichen Seele, als Entfaltung der schöpferischen Kräfte, als Pflege der Persönlichkeit, als Weckung des Gemeinsinns, als Züchtung des Leibes

---

[24] HEIDEGGER, *Grundfragen der Philosophie* (GA 45), S. 190.

[25] HEIDEGGER, *Wegmarken* (GA 9), S. 322f.

oder als geeignete Verkoppelung aller dieser « Humanismen ». Jedesmal vollzieht sich ein metaphysisch bestimmtes Kreisen um den Menschen in engeren oder weiteren Bahnen. Mit der Vollendung der Metaphysik drängt auch der « Humanismus » [...] auf die äußersten, d.h. zugleich unbedingten « Positionen ».[26]

Im humanistischen Selbstverständnis « kreist der Mensch, ausgestoßen aus der Wahrheit des Seins, um sich selbst als *animal rationale* »[27].

Für ein Denken, das sich als Ansatz zu einer Verwindung der Metaphysik und ihrer Seinsvergessenheit begreift, stellt sich daher zwangsläufig die Frage nach einer neuen und denkerisch vertieften Wesensauffassung des Menschen. Es hat « das Wesen des Menschen anfänglicher zu denken »[28]. Dieses « wesentlichere »[29] Wesen des Menschen wird in seiner *Nähe* zum Sein gesehen. In ihr erfährt der Mensch, daß er dazu bestimmt ist, die Offenheit des Seins zu wahren, daß er « Wächter der Offenheit des Seyns »[30] bzw. « Hirt des Seins »[31] ist. Es kommt dabei nicht auf eine neue *Theorie* über den Menschen an. Vielmehr soll das andersanfängliche Denken einen Wesenswandel des Menschen selbst vorbereiten und vollbringen, so daß der Mensch, statt sich als Herr des Seienden zu gebärden, in ein « schonendes Wohnen » auf der Erde findet, wie es aus der « Achtsamkeit auf das Sein » sich ergibt.[32] So sieht Heidegger in seinem Denken ein Bemühen, das « sich als Wandlung des Bezugs zum Sein erfährt und erprobt »[33] und « das den Menschen auf das Hören der Stimme des Seins abstimmt und ihn zur Wächterschaft für die Wahrheit des Seins ge-fügig macht »[34].

Wenn das Wesen des Menschen die Nähe zum Sein ist, dann kann der Denkweg nur den Bewegungssinn haben, ihn dort einkehren zu lassen, wo er schon ist. Es gilt, wie Heidegger sagt, « nur erst eigens dorthin [zu] gelangen, wo wir uns schon aufhalten »[35]. Der « Schritt zurück » aus der Metaphysik ist

---

[26] HEIDEGGER, *Wegmarken* (GA 9), S. 236f; vgl. *Beiträge zur Philosophie* (GA 65), S. 134.

[27] HEIDEGGER, *Wegmarken* (GA 9), S. 342.

[28] HEIDEGGER, *Wegmarken* (GA 9), S. 345.

[29] HEIDEGGER, *Wegmarken* (GA 9), S. 345.

[30] HEIDEGGER, *Grundfragen der Philosophie* (GA 45), S. 190.

[31] HEIDEGGER, *Wegmarken* (GA 9), S. 342.

[32] HEIDEGGER, *Vorträge und Aufsätze* (GA 7), S. 151.

[33] HEIDEGGER, *Wegmarken* (GA 9), S. 202.

[34] HEIDEGGER, *Nietzsche II* (GA 6.2), S. 22.

[35] Martin HEIDEGGER, *Unterwegs zur Sprache* (GA 12), S. 10.

« Einfahrt in den Bereich, [...] wo wir eigentlich schon sind »[36]. Und wenn, wie Heidegger dies sieht, in der Seinsverlassenheit die Entfremdung des Menschen begründet liegt, die er mit Nietzsche und Hölderlin als « Heimatlosigkeit » bezeichnet, dann bedeutet die « Einkehr des Menschen in sein Wesen » die Überwindung dieser Entfremdung:

> Die Wanderschaft in die Wegrichtung zum Fragwürdigen ist [...] *Heimkehr*. [...] Durch die so verstandene Besinnung gelangen wir eigens dort hin, wo wir, ohne es schon zu erfahren und zu durchschauen, uns seit langem aufhalten.[37]

Wie aber soll der Mensch sich aus dem Zentrum zurücknehmen und die neuzeitliche Subjektzentriertheit überwinden? Nach Heidegger soll die Verwandlung des Menschen damit einhergehen, daß er sich seiner Endlichkeit bewußt wird und sie auf sich nimmt. Die Existenzialien Sein zum Tode und Angst, die in *Sein und Zeit* den Übergang von der Uneigentlichkeit zur Eigentlichkeit des Daseins markierten, kehren im seinsgeschichtlichen Denken in gewandelter Akzentuierung wieder. Auf die Angst wird Bezug genommen, wenn gesagt wird, daß der Mensch « Hirt des Seins nur werden kann, insofern er der Platzhalter des Nichts bleibt »[38]. Das Nichts als der Entzug, der sich in der Angst ereignet, läßt uns auf das Sein aufmerksam werden. Wurde in *Sein und Zeit* das Verdrängen des Todes zusammengesehen mit dem Verfallen des Menschen an die Welt, so wird jetzt die neuzeitliche Selbstinszenierung des Menschen mit der Todesverdrängung in Verbindung gebracht; in Anknüpfung an eine Briefstelle bei Rilke sagt Heidegger: « Das Sichdurchsetzen der technischen Vergegenständlichung ist die ständige Negation des Todes. »[39]

Das Motiv der Übernahme der eigenen Endlichkeit spielt dementsprechend auch in Heideggers Denkfigur des « Gevierts » eine entscheidende Rolle, dem wir uns abschließend zuzuwenden haben.

---

[36] Martin HEIDEGGER, *Identität und Differenz*, Pfullingen, Neske, 1978, S. 25.

[37] HEIDEGGER, *Vorträge und Aufsätze* (GA 7), S. 63.

[38] HEIDEGGER, *Holzwege* (GA 5), S. 348. Heidegger bezieht sich damit auf markante Stellen in seiner Freiburger Antrittsvorlesung *Was ist Metaphysik?*, wo es heißt: « Angst macht den Menschen zum Platzhalter des Nichts. » Und « Da-sein heißt: Hineingehaltenheit in das Nichts. » (*Wegmarken* [GA 9], S. 118 und 115.)

[39] HEIDEGGER, *Holzwege* (GA 5), S. 303.

III

Heideggers Konzeption des Gevierts[40] muß als Gegenentwurf verstanden werden zu dem Weltverlust, den der Mensch in der Heimatlosigkeit der Seinsverlassenheit erleidet: Der Mensch, der sich als planend-berechnende Subjektivität in den Mittelpunkt des Seienden gesetzt hat, umgibt sich mit seinen « Gemächten » und visiert alles vorgegebene Seiende unter dem Gesichtspunkt seiner Verwertbarkeit als Rohstoff und Energiequelle an. So beraubt der Mensch sich selbst seiner Welt. Diese versagt dem Menschen das Wohnen; die Welt beschenkt den Menschen nicht mehr aus sich selbst mit einem Verweilen. Der Mensch als *animal rationale* lebt im Fortriß seiner Gemächte.

Welt – Heidegger denkt sie jetzt im Sinne des Gevierts als das « innige Zueinander von Göttlichen und Sterblichen, von Himmel und Erde » – kann sich dem Menschen nur eröffnen, wenn er sich durch den Wandel seines Wesens aus dem Zentrum zurückgenommen hat; wenn er sich als den Sterblichen in seinen Wesensort, der ihm im Ganzen des Gevierts zukommt, schickt und so dem Nichtmenschlichen wieder Raum gibt: « Erst die Menschen als die Sterblichen erlangen wohnend die Welt als Welt. »[41] Die Sterblichen, so Heidegger, sind diejenigen Menschen, « die den Tod als Tod vermögen »[42], die « darauf verzichten, den Tod "negativ" zu lesen »[43].

Im Mittelpunkt des Gevierts finden wir nicht den Menschen, sondern das Ding, dem der Mensch nun Raum gibt, indem er es als Ding sein läßt. Die Dinge *sind* (im verbalen Sinne von *wesen*), indem sie in die vier « Weltgegenden » des Gevierts verweisen und diese aufeinander beziehen, sie zueinander anwesen lassen. So *versammeln* die Dinge für Heidegger Welt. Heidegger veranschaulicht dies anhand konkreter Dinge, wie der Brücke[44] oder des Kruges.

---

[40] Historisch gesehen knüpft Heidegger damit an den pythagoreischen Gedanken der Tetraktys an, wie er sich auch bei Platon in seinem Dialog *Gorgias* findet. Vgl. PLATON, *Gorgias*, 507e-508a. Zum folgenden vgl. die differenzierte Darstellung bei Ingeborg SCHÜBLER, *La question de la vérité*, S. 259-285.

[41] HEIDEGGER, *Vorträge und Aufsätze* (GA 7), S. 184.

[42] HEIDEGGER, *Vorträge und Aufsätze* (GA 7), S. 152.

[43] HEIDEGGER, *Holzwege* (GA 5), S. 303; vgl. *Unterwegs zur Sprache* (GA 12), S. 20.

[44] HEIDEGGER, *Vorträge und Aufsätze* (GA 7), S. 154f.

Wir beschränken uns hier darauf, Heideggers Ausführungen zum Krug wiederzugeben. Heidegger bezieht sich in dem Aufsatz *Das Ding* auf ihn, um zu zeigen, wie auch er in die vier Weltgegenden verweist und so Himmel und Erde, Göttliche und Sterbliche aufeinander bezieht und zueinander versammelt:

> Ausgießen aus dem Krug ist Schenken. [...] Das Krughafte des Kruges west im Geschenk. [...] Das Geschenk des Gusses kann ein Trunk sein. Es gibt Wasser, es gibt Wein zu trinken. Im Wasser des Geschenkes weilt die Quelle. In der Quelle weilt das Gestein, in ihm der dunkle Schlummer der Erde, die Regen und Tau des Himmels empfängt. Im Wasser der Quelle weilt die Hochzeit von Himmel und Erde. Sie weilt im Wein, den die Frucht der Rebe gibt, die das Nährende der Erde und die Sonne des Himmels einander zugetraut hat. [...] Das Geschenk des Gusses ist Trunk für die Sterblichen. Er labt ihren Durst. Er erquickt ihre Muße. Er erheitert ihre Geselligkeit. Aber das Geschenk des Kruges wird bisweilen auch zur Weihe geschenkt. Ist der Guß zur Weihe, dann stillt er nicht einen Durst. Er stillt die Feier des Festes ins Hohe. [...] Der Guß ist der den unsterblichen Göttern gespendete Trank. [...] Im Geschenk des Gusses weilt die Einfalt der Vier. Das Geschenk des Gusses ist Geschenk, indem es Erde und Himmel, die Göttlichen und die Sterblichen verweilt. [...] Verweilen ereignet. Es bringt die vier in das Lichte ihres Eigenen.[45]

Es fällt auf, daß Heidegger hier das Ding anders denkt als in *Sein und Zeit*. Dort waren die Dinge, deren Verweisungen ins Auge gefaßt wurden, die Gebrauchsdinge, die in ihrer Funktionalität von der Verweisungskette des Um-zu ... her bestimmt wurden. Auch die Gebrauchsdinge verwiesen auf den Welthorizont, jedoch blieb dieser eingeengt auf die nächste Umwelt im Sinne der Werkwelt. Jetzt wird das Ding gesehen in seinem Vermögen, um sich her eine Welt zu entfalten, die aus dem Zueinander und Aufeinander-Angewiesensein des Bergend-Tragenden (Erde), des Eröffnend-Lichtenden (Himmel), das Jäh-Verwandelnden (Götter) und der zur Wahrung der Unverborgenheit Berufenen (Sterbliche) sich ereignet.

Die Dinge nähern einander die Vier und versammeln sie zu einer Welt. Heidegger rekurriert dabei auf die Etymologie des Wortes Ding (althochdeutsch: Thing), wonach es ursprünglich zur Bezeichnung einer Versammlung verwendet wurde.[46] So kommt er zu der Formulierung: « Das Ding dingt Welt »[47], d.h. es versammelt Welt im Sinne des Zueinander der Vier, wie umgekehrt aus diesem

---

[45] HEIDEGGER, *Vorträge und Aufsätze* (GA 7), S. 174f.

[46] HEIDEGGER, *Vorträge und Aufsätze* (GA 7), S. 176.

[47] HEIDEGGER, *Vorträge und Aufsätze* (GA 7), S. 182.

Zueinander die Dinge erst Dinge sind, was Heidegger in der Formulierung « Welt gönnt die Dinge »[48] zum Ausdruck bringt. Die so verstandenen, d.h. vom Menschen « geschonten » und nicht der Vernutzung und dem Verschleiß anheimgegebenen Dinge gewähren dem Menschen ein Verweilen und Wohnen in der durch sie eröffneten Welt. In dieser Konstellation ist der Mensch nicht mehr *Sub-jectum*, der in Praxis und Theorie alles von sich aus und auf sich zu ordnet. Insofern er seinen Weltaufenthalt den Dingen verdankt, ist er der « bedingte », der vom welteröffnenden Wesen der Dinge Abhängige.

Dies gilt auch im Hinblick auf die Sprache. Der Mensch als Hirt des Seins tritt in ein « gewandeltes Verhältnis zur Sprache »[49], und zwar insofern, als er sich von der Vorstellung verabschiedet hat, die Sprache sei ein bloßes Instrument der Mitteilung oder des Ausdrucks von Gedanken. Diese Auffassung entspringt der Metaphysik und deren Subjektzentriertheit. Wo der Mensch sich als « Bildner und Meister der Sprache »[50] versteht und « die Sprache in seinem Besitz »[51] wähnt, verfehlt er deren eigenstes Wesen. Dieses liegt darin, daß die Sprache selbst spricht, und als « Sage » und « Zeige »[52] die Dinge erst als das, was sie sind, hervortreten läßt. So ist die Sprache für Heidegger « das Haus des Seins »[53] und es gilt für ihn der Satz: « Die Sprache spricht, nicht der Mensch. Der Mensch spricht nur, indem er geschicklich der Sprache entspricht. »[54] In besonderem Maße geschieht dies als « rein Gesprochenes »[55] und « denkendes Sagen »[56] in der Dichtung. Das dichterische Sprechen läßt das Ding erscheinen in seinen Verweisungen, in seinem Eröffnen des Gevierts. Es gewährt so dem Sterblichen ein Wohnen. Dieses « beruht im Dichterischen »[57] und verdankt sich nach Heidegger dem Gewährenden der Sprache.

---

[48] HEIDEGGER, *Unterwegs zur Sprache* (GA 12), S. 21.

[49] HEIDEGGER, *Wegmarken* (GA 9), S. 405.

[50] HEIDEGGER, *Vorträge und Aufsätze* (GA 7), S. 193.

[51] HEIDEGGER, *Wegmarken* (GA 9), S. 75.

[52] HEIDEGGER, *Unterwegs zur Sprache* (GA 12), S. 242.

[53] HEIDEGGER, *Wegmarken* (GA 9), S. 313; *Holzwege* (GA 5), S. 310.

[54] Martin HEIDEGGER, *Der Satz vom Grund* (GA 10), S. 143; vgl. *Unterwegs zur Sprache* (GA 12), S. 10; *Vorträge und Aufsätze* (GA 7), S. 194.

[55] HEIDEGGER, *Unterwegs zur Sprache* (GA 12), S. 14.

[56] HEIDEGGER, *Wegmarken* (GA 9), S. 75.

[57] HEIDEGGER, *Vorträge und Aufsätze* (GA 7), S. 200; vgl. *Unterwegs zur Sprache* (GA 12), S. 11.

LA VÉRITÉ EN LITIGE.
La généalogie de la vérité dans le débat entre Heidegger et Rickert

Jean-Marc Tétaz

I

Dans la genèse de *Sein und Zeit*, l'explication critique avec le néo-kantisme badois, et tout spécialement avec les positions de Rickert, joue un rôle important. La mise en évidence de la « la vie factuelle » comme dimension originaire dont doit partir toute « généalogie du sens » passe en effet par une destruction critique du transcendantalisme rickertien, et plus précisément de son interprétation de la vérité.[1] Or, comme le souligne Heidegger, la destruction

---

[1] Pour ces formules, cf. par ex. Martin HEIDEGGER, *Grundprobleme der Phänomenologie (1919/20)* (GA 58), p. 82 et 94. Contrairement à l'usage français, je traduis ‹ faktisches Leben › par ‹ vie factuelle ›, et non par ‹ vie factice ›. Pour l'ensemble du problème, cf., outre les cours de Fribourg-en-Brisgau (et, dans une moindre mesure, de Marbourg), la correspondance récemment publiée : Martin HEIDEGGER/Heinrich RICKERT, *Briefe 1912 bis 1933 und andere Dokumente* (Alfred DENKER, éd.), Frankfurt/Main, Klostermann, 2002. A l'exception de la réception d'Emil Lask, le rôle du néo-kantisme badois dans la genèse de l'ontologie existentiale de *Sein und Zeit* est sous-estimé. Les études consacrées à cet aspect sont d'ailleurs rares, cf. cependant Ernst Wolfgang ORTH, « Martin Heidegger und der Neukantianismus », *Man and Word* 15, 1992, p. 421-441 ; Marion HEINZ, « Philosophie und Weltanschauung : Die Formierung von Heideggers Philosophiebegriff in Auseinandersetzung mit der badischen Schule des Neukantianismus », *Studia Phaenomenologica. Romanian Journal for Phenomenology* 1, 2001. En ce qui concerne la genèse de *Sein und Zeit*, cf. l'ouvrage d'ores et déjà classique de Theodore KISIEL, *The Genesis od Heidegger's Being & Time*, Berkeley/Los Angeles/London, University of California Press, 1993, 1995[2], ainsi que Claudius STRUBE, *Zur Vorgeschichte der hermeneutischen Phänomenologie*, Würzburg,

critique est une démarche nécessaire pour des raisons méthodologiques : c'est par le truchement de l'explication critique avec les positions philosophiques dans lesquelles se rencontrent à la fois la conscience la plus aiguë des problèmes en jeu et les raisons philosophiques expliquant l'insuffisance de leur élaboration conceptuelle que la phénoménologie pourra accéder au phénomène de la vie dans sa factualité.[2]

Cette maxime méthodologique vaut aussi pour la destruction critique à laquelle Heidegger soumet l'interprétation de la vérité développée par Rickert dans les différentes versions de sa principale œuvre systématique, *L'Objet de la connaissance*. Cette destruction va en effet s'avérer être le biais par lequel Heidegger accède à la dimension originaire de la vie comme espace dans lequel se produit l'événement de la vérité. Cela présuppose naturellement que l'interprétation de la vérité proposée par Rickert contienne des éléments qui trahissent une expérience de la vérité plus originaire que la dimension de la vérité qui est l'objet explicite de ses analyses. Tel est bien le cas, comme on ne va pas tarder à le voir. Ainsi, la destruction n'est pas simplement une démarche négative ; elle consiste plutôt à déconstruire une théorie pour mettre au jour les moments originaires dont le véritable sens a été masqué par l'élaboration théorique. Ce qui est en jeu dans la destruction, c'est l'accès à la « chose même », au travers d'une explication critique. Cette « chose » n'est autre que la structure fondamentale de la vie que « nous » sommes. En détruisant les constructions théoriques masquant la vie comme structure fondamentale et fondatrice, la destruction phénoménologique ouvre l'accès à la dimension originaire de la vérité. C'est en ce sens que la destruction est radicale : elle dégage la racine des phénomènes.

La critique de la théorie rickertienne de la vérité a par conséquent une fonction systématique qui dépasse de loin son rôle biographique, par ailleurs incontestable : elle forme les prolégomènes à la reformulation existentiale de la

---

Königshausen & Neumann, 1993 ; Jeffrey Andrew Barash, *Heidegger und der Historismus. Sinn der Geschichte und Geschichtlichkeit des Sinnes*, Würzburg, Königshausen & Neumann, 1999. En français, on pourra se reporter aux études de Jean GREISCH réunies in : *L Arbre de vie et l'Arbre du savoir. Les racines phénoménologiques de l'herméneutique heideggerienne (1919-1923)*, Paris, Cerf, 2000.

[2] Cf. Martin HEIDEGGER, *Phänomenologie der Anschauung und des Ausdrucks* (GA 59), p. 29-42. La nécessité méthodique de la destruction repose sur le rôle de *Vorgabe* et de *Vorgriff* que Heidegger reconnaît au « fait univoque de la philosophie dans une réalisation concrète » (*ibid.*, p. 4). Si l'on ne veut pas être dépendant de cette donne préalable, il faut entreprendre de la détruire pour découvrir en quelque sorte ce qui s'y donne vraiment.

vérité proposée par Heidegger dans le célèbre paragraphe 44 de *Sein und Zeit*[3] Ce que confirme d'ailleurs une relecture de ces quelques pages informées des développements du cours de *Logique* professé par Heidegger au semestre d'hiver 1925/26. Il apparaît alors que tant la critique de l'opposition entre le réel et l'idéel ou entre le contenu et l'effectuation du jugement[4] que le refus de toute forme de « sujet idéal », de « moi pur » ou de « conscience en général » vise très directement Rickert. En témoigne d'ailleurs clairement la façon dont Heidegger explicite le sens auquel il est phénoménologiquement légitime de parler de « présupposition » dans le cadre d'une élucidation de ce qu'est la vérité :

> Que signifie « il y a de la vérité » ?. « Nous » présupposons la vérité, parce que « nous », étant dans le mode d'être du *Dasein*, *sommes* « dans la vérité ». Nous ne la présupposons pas comme quelque chose « hors de » nous et « au-dessus de » nous, par rapport à laquelle nous comportons comme nous nous comportons aussi par rapport à d'autres « valeurs ». Ce n'est pas nous qui présupposons la vérité, mais au contraire c'est elle qui, seule, rend ontologiquement possible que nous puissions *être* tels que nous présupposions quelque chose. La vérité rend possible quelque chose comme un présupposé.[5]

Rickert soutient en effet que le sens de l'acte de juger consiste à reconnaître la vérité comme une valeur présupposée par cet acte, si tant est qu'il ne doive pas être proprement dépourvu de sens. La réplique de Heidegger ne consiste pas simplement à rejeter cette thèse. Il accorde au contraire que « "nous" présupposons la vérité ». Mais il donne de cette présupposition une

---

[3] Ce paragraphe est au centre de la deuxième partie de la thèse d'habilitation de Ernst TUGENDHAT, *Der Wahrheitsbegriff bei Husserl und Heidegger*, Berlin/New York, de Gruyter, 1966, 1970², p. 259-405, cf. spéc. p. 328-361. L'interprétation de Tugendhat a été critiquée par Carl-Friedrich GETHMANN, cf. « Zum Wahrheitsbegriff » und « Die Wahrheitskonzeption in den Marburger Vorlesungen. Zur Vorgeschichte von *Sein und Zeit*, § 44 », in : ID., *Dasein : Erkennen und Handeln. Heidegger im phänomenologischen Kontext*, Berlin/New York, de Gruyter, 1993, p. 115-136 et 137-168.

[4] HEIDEGGER, *Sein und Zeit*, p. 216s. et 229. On comparera *Sein und Zeit*, p. 216s. avec Martin HEIDEGGER, *Logik. Die Frage nach der Wahrheit* (GA 21), p. 90ss. Sur le rapport entre le § 44 de *Sein und Zeit* et le cours de *Logique* de Marbourg, cf. en outre GETHMANN, « Die Wahrheitskonzeption » ; Mario RUGGENINI, « La finitude de l'existence et la question de la vérité : Heidegger 1925-29 », in : Jean-François COURTINE (éd.), *Heidegger 1919-1929. De l'herméneutique de la facticité à la métaphysique du Dasein*, Paris, Vrin, 1996, p. 153-177.

[5] Martin HEIDEGGER, *Sein und Zeit*, p. 227s. La référence à Rickert n'est identifiée ni par TUGENDHAT (*Wahrheitsbegriff*, p. 347, note 30) ni par GETHMANN (« zum Wahrheitsbegriff », p. 125s.)

interprétation qui détruit la position de Rickert en s'efforçant de montrer que cette position reste à la surface des choses et ne saisit pas la dimension ontologique de la vérité : nous « *sommes* "dans la vérité" », la mise en évidence du verbe ‹ être › invitant à comprendre qu'il s'agit ici de l'être même du *Dasein*, c'est-à-dire de cet être qui est toujours en question puisque c'est de lui qu'il en va dans l'existence que le *Dasein* est.[6]

La destruction phénoménologique de la conception de la vérité développée par Rickert ne forme pas seulement l'arrière-plan historique de l'explicitation du sens de la vérité mise en œuvre par le paragraphe 44 de *Sein und Zeit*. Elle détermine aussi la perspective critique à laquelle obéit la systématique de ce paragraphe. Comme le rappelle en effet Heidegger, « la philosophie a pour thème l'"apriori", et non des "faits empiriques" comme tels »[7]. Traiter de la vérité comme d'un problème philosophique, c'est donc soulever la question de l'apriori de la vérité, c'est-à-dire de la condition de la possibilité de la vérité. Cette question, proprement transcendantale, doit être précisée comme portant sur le sens de la vérité : comprendre ce qui rend possible la vérité, c'est comprendre ce que la vérité signifie. L'apriori recherché est donc ce qui fonde le sens de la vérité. Pour Rickert, la philosophie a aussi pour thème l'apriori ; cette focalisation sur la question de l'apriori définit même, depuis les articles programmatiques de Windelband au début des années 1880, le profil systématique du néo-kantisme badois.[8] Et, dès 1915, Rickert détermine explicitement l'apriori comme « la forme du sens »[9]. En comprenant la problématique philosophique de la vérité comme la question du fondement *a priori* du sens de la vérité, Heidegger est en parfait accord avec Rickert. Mais

---

[6] Dans *Sein und Zeit*, les guillemets indiquent généralement qu'un terme doit être pris au sens ontologique, et non au sens ontique, cf. GETHMANN, « Zum Wahrheitsbegriff », p. 129, note 13.

[7] HEIDEGGER, *Sein und Zeit*, p. 229

[8] Wilhelm WINDELBAND, « Was ist Philosophie ? (Über Begriff und Geschichte der Philosophie) » (1882), in : ID., *Präludien. Aufsätze und Reden zur Philosophie und ihrer Geschichte*, Tübingen, Mohr, 1921[7], vol. I, p. 1-54, spéc. p. 34-47 (trad. franç. : Wilhelm Windelband, *Qu'est-ce que la philosophie ? et autres textes* [Eric Dufour, trad. et éd.], Paris, Vrin, 2002, p. 91-100) ; cf. aussi ID., « Immanuel Kant. Zur Säkularfeier seiner Philosophie » (1881), *ibid.*, p. 112-146, ici p. 138s. ; « Kritische oder genetische Methode ? », *ibid.*, vol. II, p. 99-135, spéc. p. 108-112 et 134s. La question que doit résoudre la philosophie est alors celle de la validité des principes *a priori*. C'est la question actuellement débattue à l'enseigne des « arguments transcendantaux ».

[9] Heinrich RICKERT, *Der Gegenstand der Erkenntnis. Einführung in die Transzendentalphilosophie*, Tübingen, Mohr, 1915[3], p. 274.

cette question du fondement du sens, Rickert et Heidegger la posent de deux façons symétriquement opposées.

Pour Rickert, l'apriori est une Idée, un principe téléologique déterminant la différence valitative structurant un mode du sens ; c'est pour cela qu'il a statut de valeur. Si la vérité comme valeur est le principe présupposé par toute expérience de la vérité (quelle que soit cette expérience), c'est parce qu'elle définit la visée ultime de tout acte d'assertion, dont la pragmatique implique une « prétention à la validité »[10] s'explicitant en termes de vérité. Nier la valeur de la vérité serait donc commettre ce qu'on appelle aujourd'hui une auto-contradiction performative. C'est pourquoi la vérité est un présupposé nécessaire dès lors que l'on veut la vérité.[11]

Pour Heidegger en revanche, l'apriori est la dimension ontologiquement originaire, cette dimension qui rend possible que nous assertions quelque chose à propos de quelque chose. S'interroger sur le sens fondateur de la vérité, ce n'est pas alors s'interroger sur le principe constitutif de la visée signifiante de l'acte, mais sur la structure originaire dont cet acte (*in specie*, c'est-à-dire comme type et non comme occurrence singulière) est l'effectuation ou l'accomplissement (*Vollzug*). Cette structure n'est autre que l'être du *Dasein* comme structure fondatrice de tous les actes dans lesquels s'effectue l'accès au monde du *Dasein*. Comme structure ontologique, l'apriori n'est donc pas le principe final du sens de la vérité, mais son fond originaire. L'être du *Dasein* est la structure dans laquelle s'originent par conséquent tous les actes théoriques. Puisque présupposer quelque chose est un acte théorique (poser une prémisse n'a de sens qu'au sein d'une inférence)[12], loin que nous puissions présupposer la vérité, c'est bien plutôt la vérité comme structure ontologique qui est la condition de possibilité de quelque chose comme une présupposition.

---

[10] Cette formule peut paraître anachronique tant elle rappelle les problématiques développées par Karl-Otto Apel et Jürgen Habermas. Elle se trouve en fait textuellement chez WINDELBAND, cf. « Kritische oder genetische Methode ? », p. 130 (il s'agit d'un ajout de 1904, sous l'influence de Rickert) ; cf. aussi p. 112 (il s'agit d'un passage datant de 1883) : « si l'on veut en général communiquer [sich verständigen] les uns avec les autres, il faut utiliser les normes valables pour cela, même si l'on est seulement en train d'étudier comment on fait pour communiquer les uns avec les autres. »

[11] Cf. Heinrich RICKERT, *Der Gegenstand der Erkenntnis. Ein Beitrag zum Problem der philosophischen Transcendenz*, Freiburg i. Br., Mohr, 1892, p. 84. Rickert est ici en débat explicite avec les analyses que NIETZSCHE consacre à la « volonté de vérité » dans la première section de *Par-delà le bien et le mal*.

[12] Sur l'analyse de la présupposition comme acte théorique n'ayant de sens qu'au sein d'un contexte théorique, cf. Martin HEIDEGGER, *Zur Bestimmung der Philosophie* (GA 56/57), p. 93ss.

Dans un cas comme dans l'autre, ce qui est en jeu n'est ni le critère permettant de décider si un énoncé est vrai, ni la définition nominale de la vérité comme adéquation de l'esprit et de la chose. Ce qu'il s'agit de comprendre, c'est comment un énoncé vrai est possible, ce qui rend possible quelque chose comme une adéquation de l'esprit et de la chose. C'est à cette question que Rickert et Heidegger donnent des réponses diamétralement opposées. Tandis que pour Rickert, le principe transcendantal de la vérité est l'ultime principe justifiant le sens des actes dans lesquels s'effectue le vrai, pour Heidegger, le principe transcendantal de la vérité est la structure fondatrice dans laquelle s'originent ces mêmes actes, la structure donc que ces actes réalisent[13]. A une logique de la réflexion téléologique (dont le modèle est fourni par la *Critique de la faculté de juger*) s'oppose une logique de la généalogie du sens (dont le modèle est fourni par la réinterprétation transcendantale de la *Fundierung* dans les *Idées directrices pour une phénoménologie*).[14]

C'est ce désaccord fondamental qu'exprime Heidegger dans le passage cité plus haut. Ce désaccord porte sur ce qu'il convient d'entendre par *vérité transcendantale*. Pour Rickert, la vérité transcendantale est l'ultime principe présupposé dans tout acte de jugement par lequel un sujet reconnaît que telle chose est ceci ou cela ; pour Heidegger, elle est l'horizon fondateur dans lequel s'origine cet acte. Rickert propose en conséquence une explicitation réflexive du sens de la vérité tel qu'il s'effectue dans l'acte de juger ; Heidegger déploie pour sa part une généalogie du sens cherchant dans les structures fondamentales de la vie (1919) ou du *Dasein* (1927) l'horizon premier dont le phénomène du jugement n'est qu'une manifestation fort secondaire.

Mais ce désaccord fondamental n'est pas une prémisse abstraite, sur la base de laquelle Heidegger se livrerait à une critique tout extérieure de la conception de la vérité développée par Rickert. Il est, au contraire, le résultat de la destruction phénoménologique du transcendantalisme néo-kantien. C'est dire

---

[13] Dans *Sein und Zeit*, ce rapport est le rapport entre le *souci* (*Sorge*) comme structure ontologique et les divers modes du *prendre-souci* (*Besorgen*). Il convient évidemment de distinguer les modes du *Besorgen* (actes *in specie*) des actes individuels dans lesquels un mode du *Besorgen* trouve sa réalité empirique. Ces actes individuels sont les occurrences des actes *in specie*. En leurs qualités de « faits empiriques », ils ne sont pas l'objet de la philosophie.

[14] Sur l'interprétation ontologique du concept d'apriori en démarcation d'avec l'interprétation kantienne, cf. HEIDEGGER, *Zeitbegriff* (GA 20), p. 101-103, 107-110. Si Heidegger souscrit à l'orientation délibérément transcendantale que Husserl donne à la phénoménologie avec les *Idées* (1913), il refuse en revanche de trouver dans la conscience pure la dimension dans laquelle s'origine l'intentionnalité. Le refus heideggérien porte donc sur la réduction, et non sur la visée transcendantale, cf. *ibid.*, p. 140ss. et 150-153.

qu'il se met en place par le biais d'un corps-à-corps dont témoignent les tout premiers cours publiés de Heidegger. Si Heidegger peut accéder à sa propre problématique par le truchement de la destruction critique des thèses de Rickert, c'est qu'il découvre dans la théorie de la vérité déployée par Rickert un « phénomène important » que Rickert a « vu » sans que le cadre théorique dans lequel il l'analyse ne lui permette d'en rendre compte de façon adéquate. Ce phénomène n'est autre que le *Sollen*. Pour Heidegger, avec le *Sollen*, Rickert a mis le doigt sur « le phénomène de la motivation, qui a son importance cardinale dans le problème de la théorie comme dans les autres problèmes »[15]. Pour comprendre la façon dont Heidegger met en œuvre la destruction phénoménologique, il nous faut donc d'abord nous tourner vers l'analyse du *Sollen* proposée par Rickert. Puisque Heidegger a toujours donné sa préférence à la première version de *L'objet de la connaissance* (1892), c'est sur ce texte que s'appuiera pour l'essentiel la reconstruction proposée.

II

Dans la systématique de Rickert, le *Sollen* est le principe transcendantal de la vérité, ou plutôt : il est la forme dans laquelle ce principe s'atteste pour le sujet ; il est la forme de la vérité « pour nous ». L'interprétation du *Sollen* constitue par conséquent le centre de la théorie rickertienne de la vérité.[16] Pour comprendre la lecture qu'en fait Heidegger, il convient de distinguer trois niveaux d'analyse dans les développements de Rickert. Le premier niveau définit le cadre systématique au sein duquel il sera possible de mettre en évidence le phénomène du *Sollen* comme principe de la vérité [1]. Le deuxième niveau décrit le phénomène du *Sollen* [2]. Le troisième niveau enfin en propose une interprétation réflexive [3].

[1] Dans la démarche de Rickert, la mise en évidence du phénomène du *Sollen* répond à une double exigence : dégager la question de la connaissance – et donc de la vérité de la connaissance – du cadre mentaliste défini par la notion de « représentation » et sortir ainsi des apories insolubles posées par le problème du réalisme transcendantal, apories qui surgissent dès qu'on réfléchit au rapport entre le contenu de la représentation et la chose ou l'état de fait représenté. Les deux points ne peuvent être dissociés, aussi longtemps qu'on reste dans le cadre

---

[15] Cf. HEIDEGGER, *Zur Bestimmung der Philosophie* (GA 56/57), p. 48.

[16] Cf. RICKERT, *Gegenstand* (1892), p. 55ss.

mentaliste de la représentation. Car, dans un cadre mentaliste, la réalité est toujours extérieure à la conscience. La question de la vérité se décline alors en termes de correspondance entre un phénomène interne (la représentation) et une réalité externe (le monde). Se pose alors inévitablement la question de savoir comment la représentation peut représenter adéquatement la réalité extérieure.[17]

Pour Rickert, cette manière de poser le problème est irrémédiablement aporétique. Plus grave encore, elle est fausse. Comme le souligne Rickert, quand j'entends une suite de sons, c'est cette suite de sons que j'entends, et non la représentation des sons. La même chose vaut naturellement de la vision ou de tout autre mode de perception. Faire intervenir un intermédiaire mental appelé ‹ représentation › n'a donc aucune justification descriptive. La seule chose que nous pouvons constater, c'est l'expérience vive – l'*Erlebnis* – que nous faisons de la réalité. Entendre des sons est une expérience vive – un *Erlebnis* – qui s'atteste au sujet dans une évidence irréfragable : qui entend des sons ne saurait douter qu'il entende réellement des sons.[18] Il importe peu alors que Rickert conserve le terme de ‹ représentation › pour désigner le mode subjectif sur lequel le sujet fait cette expérience vive de la réalité, par exemple quand il est « plongé » dans l'écoute de la musique.[19] Car le terme ne désigne plus un intermédiaire épistémique, mais un état mental du sujet. Dans l'expérience vive, je n'ai pas une représentation de la réalité, mais la réalité elle-même, la « réalité en personne » dirait Husserl. L'expérience vive est la présence immédiate de la réalité. Dans le cadre d'une théorie de l'*Erlebnis*, la réalité n'est donc pas une dimension transcendante, extérieure à la conscience, mais l'immanence même de la vie consciente. Dans la terminologie idéaliste adoptée par Rickert, cela signifie que « l'être de toute réalité doit être considéré comme un être dans la conscience »[20]. Parce que l'être de la réalité est un être dans la conscience, tout doute sceptique tombe à plat : la certitude de la réalité participe de la certitude cartésienne du *cogito*.[21]

---

[17] Cf. RICKERT, *Gegenstand* (1892), p. 10-55. Historiquement, cette position est défendue par Karl Leonhard REINHOLD in : *Versuch einer neuen Theorie des menschlichen Vorstellungsvermögens* (1789) et *Über das Fundament des philosophischen Wissens* (1791). Dans son *Aenesidemus* (1792), Gottlob Ernst SCHULZE a montré que ce type de position succombe inévitablement au scepticisme. Rickert souscrit sans réserve à cette critique.

[18] RICKERT, *Gegenstand* (1892), p. 49ss.

[19] RICKERT, *Gegenstand* (1892), p. 49.

[20] RICKERT, *Gegenstand* (1892), p. 40.

[21] L'argumentation de Rickert reprend donc la « Réfutation de l'idéalisme » proposée par Kant dans la seconde édition de la *Critique de la raison pure*. La « Réfutation » kantienne ne considère nullement que la question de la réalité du monde extérieur soit une question

[2] Dans l'*Erlebnis*, la réalité s'atteste sur le mode de l'évidence. C'est cette évidence qui s'exprime dans l'acte illocutoire consistant à poser un jugement, à asserter quelque chose. Or, pour Rickert, l'évidence est un sentiment :

> Nous y faisons l'expérience vive de quelque chose dont nous sommes dépendants. Si je veux juger, je suis lié par le sentiment de l'évidence [...] Je me sens déterminé par une puissance à laquelle je me soumets et sur laquelle je m'oriente. Cette puissance est présente dans chaque jugement que je pose [...]. Si j'entends des sons et que je veux juger, je suis alors contraint de juger que j'entends des sons.[22]

Puisque ce quelque chose a le caractère d'une obligation qui lie le sujet (et non d'une contrainte physique), il doit être déterminé comme un *Devoir*, comme un *Sollen*. Au niveau phénoménal, le *Sollen* est donc caractérisé par les traits suivants : (a) il se manifeste sur le mode d'un sentiment, c'est-à-dire d'une déterminité immédiate conférant une sorte de tonalité à l'existence du sujet ; (b) il détermine le sujet en lui conférant une orientation ; (c) à ce titre, il motive ce type d'actes spécifique que sont les actes de jugement ; enfin, (d) il est porteur d'une nécessité intrinsèque[23]. Au niveau descriptif, le *Sollen* est une déterminité fondamentale conférant une orientation au sujet en le déterminant nécessairement à poser tel ou tel jugement. Dans cette structure phénoménale complexe, Rickert identifie la conscience d'une valeur. Cela signifie que l'évidence est l'attestation d'une valeur. Or poser un jugement, c'est affirmer qu'une assertion est vraie. La valeur qui s'atteste dans l'évidence sur le mode du *Sollen* est donc la vérité. La vérité est par conséquent ce qui détermine avec nécessité l'acte de juger. Le sens du jugement consiste alors à exprimer la vérité. Juger, ce n'est pas associer des représentations, mais amener à l'expression conceptuelle la signification immanente de l'expérience vive comme totalité douée de sens.[24] D'une sémantique associationniste et descriptive, Rickert passe

---

philosophiquement légitime ; elle entend au contraire montrer que cette question ne peut surgir que si l'on n'est pas attentif au fait que conscience du monde et conscience de soi sont co-originaires et constituent ensemble la structure du *Cogito*.

[22] RICKERT, *Gegenstand* (1892), p. 61.

[23] « Le connaître est donc un procès qui est déterminé par des *sentiments* [...]. » (Heinrich RICKERT, *Gegenstand* [1892], p. 57.)

[24] Dès 1892, les analyses de RICKERT sont instruites des travaux du fondateur de la *Gestaltpsychologie*, Christian VON EHRENFELS, cf. en particulier « Über Gestaltsqualität », *Vierteljahresschrift für wissenschaftliche Philosophie* 14, 1890, p. 249-292. On retrouve dans ce texte l'exemple de la mélodie sur lequel travaille Rickert.

ainsi à une sémantique holiste et expressive.[25] Le résultat de cette analyse est une inversion de la hiérarchie communément admise entre vérité et réalité : au lieu que la réalité détermine ce qui est vrai, c'est la vérité qui détermine ce qui est réel. « De ce point de vue, le réel devient une sorte du vrai, et la vérité n'est rien d'autre qu'une valeur. »[26]

[3] Le phénomène du *Sollen*, Rickert l'interprète comme une requête de reconnaissance adressée au sujet par une instance transcendante. Cette instance n'est autre qu'une valeur. Or, pour Rickert, une valeur s'identifie au mode de comportement qu'elle motive : face à une valeur, on prend position. Cette prise de position s'exprime dans l'alternative reconnaissance/rejet. Reconnaître une valeur, c'est reconnaître sa validité nécessaire, c'est-à-dire reconnaître qu'elle est une valeur indépendamment de l'attitude que le sujet adopte à son égard. La validité nécessaire de la valeur est donc le moment transcendant se manifestant dans le *Sollen*. Acquiescer à la requête adressée par le *Sollen*, c'est reconnaître la valeur qu'est la vérité comme le principe transcendant fondant la validité de la connaissance. Cette reconnaissance a le caractère d'une « foi » nécessaire. D'une *foi*, parce que la signification que la valeur a pour le sujet et qui se manifeste dans le sentiment comme déterminité fondamentale est une « signification subjective » : si la valeur est reconnue par le sujet, c'est parce qu'elle a une valeur pour le sujet. Une foi *nécessaire*, parce que la requête normative adressée par la valeur est la condition de possibilité de l'acte de juger : juger, c'est donner ou refuser son acquiescement à telle ou telle assertion ; mettre en doute le caractère transcendant du *Sollen*, ce serait alors admettre que donner ou refuser son acquiescement à une assertion est un choix laissé au bon plaisir de l'individu – une telle interprétation est incompatible avec le sentiment de l'évidence : refuser son acquiescement à un jugement dans lequel s'exprime la signification de l'évidence d'une expérience vive serait contradictoire avec le sens même de l'acte de juger.[27]

---

[25] Cf. Robert B. BRANDOM, *Making it Explicit. Reasoning. Representing and Discursive Commitment*, Cambridge (Mass.), Harvard Universitiy Press, 1994, en part. chap. 5.

[26] Heinrich RICKERT, *Gegenstand* (1892), p. 64.

[27] Cf. Heinrich RICKERT, *Gegenstand* (1892), p. 66-72. Cette interprétation de la reconnaissance du *Sollen* en termes de foi se réclame expressément des positions systématiques développées par Fichte durant son enseignement à Iéna. RICKERT s'en est d'ailleurs expliqué dans son essai commémoratif « Fichtes Atheismusstreit und die Kantische Philosophie. Eine Säkulärbetrachtung », *Kantstudien* 4, 1900, p. 137-166, ainsi que dans la « Postface » rédigée à l'occasion de sa réédition in : Friedrich MYRHO (éd.), *Kritizismus. Eine Sammlung von Beiträgen aus der Welt des Neu-Kantianismus*, Berlin, Pan-Verlag, 1926, p. 11-54.

Dans la première version de *L'Objet de la connaissance* (1892), l'interprétation de la transcendance de la vérité reste très formelle. Rickert donne cependant deux indications : ce qui s'atteste dans le *Sollen* est « un ordre indépendant de nous »[28] ; cet ordre est « la condition logique du monde »[29]. Aussi laconiques soient-elles, ces indications suffisent à déterminer la perspective systématique présidant à l'interprétation de la vérité proposée par Rickert.

L'idée d'un « ordre indépendant de nous » reprend la définition kantienne de l'objet en général comme « ce qui s'oppose à ce que nos connaissances soient déterminées au hasard ou de façon arbitraire, alors qu'elles doivent être déterminées a priori d'une certaine façon »[30]. L'idée d'un objet en général est en effet l'idée de la simple forme de l'objet ; ce concept formel de l'objet n'est autre que l'idée d'une cohérence des connaissances, cette cohérence qui confère aux connaissances « l'unité qui constitue le concept d'un objet »[31]. Enfin, telle que l'explicite Kant, l'idée de l'objet en général implique « un moment de nécessité ». Le concept kantien de l'objet au sens formel est donc le concept d'une nécessaire cohérence des connaissances conférant à ces connaissances signification objectale ou, dans les termes kantiens, « validité objective » ou « réalité objective »[32]. Si acquiescer au *Sollen*, c'est reconnaître « un ordre indépendant de nous », la vérité s'attestant comme une valeur dans le *Sollen* doit être comprise comme le principe de cette cohérence nécessaire conférant signification objectale ou validité objective (au sens kantien) aux connaissances. Cette cohérence nécessaire est explicitée par le système des catégories. L'ordre indépendant de nous est donc l'ordre instauré par le système des catégories schématisées en tant qu'elles fondent la nécessaire conformité à la loi constituant la *natura formaliter spectata*[33].

---

[28] Heinrich RICKERT, *Gegenstand* (1892), p. 68.

[29] Heinrich RICKERT, *Gegenstand* (1892), p. 82.

[30] Immanuel KANT, *Critique de la raison pure*, A 104.

[31] KANT, *Critique de la raison pure*, A 105.

[32] Cf. KANT, *Critique de la raison pure*, A 109, B 194 etc. Sous la plume de Kant, « validité objective » signifie qu'une représentation (un concept, une intuition, etc.) se rapporte à un objet, indépendamment de savoir si cette représentation (ce concept, cette intuition, etc.) correspond à l'objet auquel elle se rapporte, c'est-à-dire si elle est une connaissance vraie de l'objet en question.

[33] KANT, *Critique de la raison pure*, B 165. Ainsi, à partir de la deuxième édition de *L'objet de la connaissance*, Rickert ajoutera-t-il un chapitre consacré à la déduction du système des catégories, cf. Heinrich RICKERT, *Der Gegenstand der Erkenntnis. Einführung in die Transcendentalphilosophie*, Tübingen, Mohr, 1904^2, p. 158ss., spéc. p. 186-228.

Mais Rickert ne se contente pas de voir dans l'acquiescement donné au *Sollen* la reconnaissance de l'ordre nécessaire constituant la *natura formaliter spectata*. Il ajoute que cet ordre est « la forme logique du monde ». La « forme logique du monde » est la forme dans laquelle est posé comme réel « le monde dans toute sa diversité » ; Rickert l'identifie audacieusement à la « conscience en général » comme « Idéal de la connaissance ».[34] Le principe d'une « détermination complète des choses comme représentation de la quintessence [Inbegriff] de toute réalité » est l'Idée transcendantale correspondant à cet Idéal ; comme « prémisse transcendantale » de toute détermination, cette Idée est la présupposition nécessaire de tout acte de détermination puisqu'un tel acte peut être compris comme une « limitation de ce tout de la réalité »[35]. Du coup, ce qui s'atteste dans le *Sollen*, ce n'est plus simplement le principe formel de l'unité nécessaire spécifié dans le système des catégories, mais c'est aussi, et même d'abord, le principe matériel de cette unité nécessaire, la « quintessence [Inbegriff] de toute réalité empirique comme condition de sa possibilité [...] comme principe transcendantal de la possibilité de la chose en général »[36]. Du concept formel de l'objet en général, on passe ainsi au concept matériel de l'objet transcendantal. Ce concept est une Idée, c'est-à-dire un principe régulateur, et non un principe constitutif. Si l'on suit la réinterprétation de l'*Appendice* à la « Dialectique transcendantale » de la *Critique de la raison pure* proposée par les deux versions de l'Introduction à la *Critique de la faculté de juger*, cela signifie que, pensée comme une Idée, la vérité instaure un ordre de la réflexion, organisé par une perspective téléologique.

Telle est bien la pointe de la conception du transcendantalisme dont Rickert esquisse les fondements dans la première version de *L'Objet de la connaissance*. Dans une telle perspective, ce qui s'atteste dans le *Sollen*, c'est l'exigence normative de la « détermination complète de chaque chose »[37], une détermination qu'il faut penser comme le résultat d'un progrès infini de la détermination, amenant au concept la signification de la réalité donnée dans l'évidence de l'expérience vive. L'opération logique qui met en œuvre cette détermination progressive a la forme d'un jugement téléologique :

---

[34] RICKERT, *Gegenstand* (1892), p. 82s.

[35] KANT, *Critique de la raison pure*, B 605. Kant utilise deux fois le verbe « présupposer » en B 606.

[36] KANT, *Critique de la raison pure*, B 610.

[37] KANT, *Critique de la raison pure*, B 605.

Un jugement téléologique compare le concept d'un produit de la nature conformément à ce qu'il est avec [le concept de] ce qu'il doit être. Ici, l'appréciation de sa possibilité est fondée sur un concept (de but) qui la précède a priori [...]. Mais penser d'un produit de la nature qu'il a *dû* [sollen] être quelque chose, implique déjà le présupposé d'un *principe* qui n'a pas pu être tiré de l'expérience (qui n'enseigne ici que ce que les choses sont).[38]

Le concept de ce que la chose doit être, c'est ce qui est pensé dans l'Idée de la détermination complète. Le principe du jugement téléologique, c'est par conséquent la vérité comme Idée transcendantale, c'est-à-dire comme Idée d'une « unité collective du tout de l'expérience » en comparaison avec laquelle toute chose peut être complètement déterminée par le biais d'une série de jugements limitatifs.[39] La vérité prend alors les traits d'une exigence normative dans l'ordre théorique. Elle a par conséquent la forme d'un *Sollen* :

> Ce *Devoir* [Sollen] contient une *nécessité* qui est clairement différente de la nécessité physico-mécanique conformément à laquelle une chose est possible d'après de simples lois (sans une idée préalable de cette chose) des causes efficientes.[40]

Ce passage de la logique du jugement déterminant à la logique du jugement réfléchissant livre la clef systématique de la reformulation du transcendantalisme développée par Rickert au gré des versions successives de *L'Objet de la connaissance*. Car ce qui y est en jeu, c'est la condition de possibilité de la détermination du matériel de l'expérience vive dans sa diversité et sa singularité (et non les conditions de possibilité de la détermination de l'objet possible de l'expérience comme nature au sens formel). C'est d'ailleurs dans cette perspective que Rickert mettra en œuvre, dès la deuxième édition de *L'Objet de la connaissance*, une théorie réflexive des catégories dont la catégorie fondamentale est la catégorie de la *Gegebenheit*, de « l'être-donné » dans cette spécificité à chaque fois singulière qui est visée par le déictique « ceci » ; aussi la catégorie de la *Gegebenheit* est-elle la catégorie de « l'être-

---

[38] Immanuel KANT, « Première version de l'Introduction à la *Critique de la faculté de juger* », AA XX, p. 240 (trad. franç. in : *Critique de la faculté de juger* [Alain Renaut, trad.], Paris, Flammarion [GF-Flammarion], 2000, p. 130 ; trad. mod.; je souligne).

[39] KANT, *Critique de la raison pure*, B 610. Le jugement limitatif correspond au jugement infini de la « Table des jugements » (*Critique de la raison pure*, § 9, cf. en particulier B 97).

[40] KANT, « Première version de l'Introduction à la *Critique de la faculté de juger* », AA XX, p. 240 ; trad. franç. : p. 131 ; je souligne.

ceci », du *Diessein*.⁴¹ Dans ce cadre, la vérité est l'Idéal de la connaissance comme exigence normative orientant le procès de la connaissance et lui servant d'étalon. Comme principe *a priori* de la vérité, le *Sollen* énonce le sens normatif et téléologique de la vérité que présuppose toute détermination conceptuelle. La vérité transcendantale est l'Idée normative que nous présupposons nécessairement chaque fois que nous déterminons conceptuellement une chose au gré d'un acte de jugement.

III

La perspective générale à laquelle obéit la destruction phénoménologique de l'interprétation rickertienne du *Sollen* comme principe téléologique normatif de la vérité, Heidegger la formule très clairement dans une longue lettre qu'il écrit à Rickert le 27 janvier 1920 et dans laquelle il revient sur les cours qu'il a donnés durant l'année écoulée :

> Lisant avec des yeux de phénoménologue, je vis que dans la première édition de *L'Objet*, quelque chose de décisif est déjà là. [...] Toute la sphère phénoménologique que circonscrit le *Sollen* est la sphère des relations de motivation à l'origine du sens [die sinngenetischen Motivationsbeziehungen] dans lesquelles s'exprime tout « être ».⁴²

Que faut-il entendre par là ? Une remarque méthodique du cours du *Kriegsnotsemester* (1919) « L'idée de la philosophie et le problème de la vision du monde » va nous mettre sur la piste. Confronté à la question méthodique que pose une approche non objectivante ou réifiante de l'expérience vive, Heidegger définit la tâche à résoudre comme la compréhension « des motifs purs du sens de l'*Erlebnis* pur »⁴³. Car la genèse du sens n'est pas un processus causal, mais un procès généalogique qu'on ne peut comprendre qu'à condition d'en dégager les motifs. Mettre en évidence ce qui fondamentalement motive le sens vécu dans l'*Erlebnis*, c'est alors dégager la sphère originaire, le fondement transcendantal

---

⁴¹ RICKERT, *Der Gegenstand der Erkenntnis*³, p. 382-384. La réminiscence du *tode ti* aristotélicien est évidente, cf. ARISTOTE, *Catégories* 5, 3b 10ss. Sur l'importance de la catégorie rickertienne de la *Gegebenheit* pour Heidegger (elle livre le cadre formel pour la catégorie de la *Zuhandenheit*), cf. HEIDEGGER/RICKERT, *Briefwechsel*, p. 48 ; on comparera en outre, HEIDEGGER, *Grundprobleme* (GA 58), p. 71. Il n'est pas possible de développer ce point dans le cadre de cet article.

⁴² HEIDEGGER/RICKERT, *Briefwechsel*, p. 47.

⁴³ HEIDEGGER, *Zur Bestimmung der Philosophie* (GA 56/57), p. 66.

du sens. Pour Heidegger, il s'agit là de la tâche même de la philosophie comme « science originaire [Urwissenschaft] » ; puisque cette science ne peut accéder à la sphère originaire de la motivation que par le truchement d'une compréhension de ce qui motive le sens, la philosophie comme science originaire repose sur une « intuition herméneutique »[44].

Cette sphère originaire de la motivation, c'est ce que Rickert a découvert en mettant en évidence le *Sollen*. Cette découverte, il n'a toutefois pas été capable de l'exploiter parce qu'il l'a inscrite dans le cadre traditionnel du kantisme. Il en résulte à la fois un échafaudage théorique dépourvu de légitimation phénoménale et un privilège abusif accordé à la sphère du théorique. La destruction phénoménologique consistera donc à dégager le phénomène du *Sollen* de cette double gangue qui le masque. Cette destruction est cependant loin d'être une opération purement négative. Elle trouve certes sa maxime méthodologique dans l'exigence phénoménologique du retour aux « choses mêmes ». Mais cette maxime, elle l'applique à un phénomène qui, jusqu'à présent, avait échappé à l'intuition phénoménologique : le phénomène de la motivation tel qu'il s'atteste dans le *Sollen*.[45] Elle confère ainsi à la phénoménologie une tournure herméneutique, par le biais de laquelle Heidegger développe une nouvelle interprétation de l'apriori, qui devient le principe d'une généalogie du sens. C'est de cette application de la méthode phénoménologique à un théorème néokantien que résulte la forme spécifique conférée à la phénoménologie par le jeune Heidegger : la phénoménologie devient une herméneutique de la vie factuelle, laquelle débouchera sur l'ontologie existentiale du *Dasein* exposée dans *Sein und Zeit*. Dans la mesure où l'accès à cette dimension originaire passe par la discussion critique de l'interprétation du *Sollen* proposée par Rickert, le débat va se nouer autour de la question de la vérité.

Dans la destruction phénoménologique de l'interprétation rickertienne du *Sollen*, on peut distinguer trois objection : [1] le *Sollen* n'est pas l'attestation « d'une valeur qui fonde l'Idéal dans sa validité propre absolue » ; de façon plus générale, la corrélation stricte entre *Sollen* et valeur est abusive : « un être peut

---

[44] HEIDEGGER, *Zur Bestimmung der Philosophie* (GA 56/57), p. 15 et 117.

[45] Dans sa lettre à Rickert, Heidegger ne laisse pas de doute sur le fait que Husserl n'a pas vu ce problème. C'est pourquoi, dans sa version husserlienne, la phénoménologie ne peut accéder à cette sphère originaire du sens. Cette critique sera récurrente sous la plume de Heidegger, cf. en particulier HEIDEGGER, *Prolegomena zur Geschichte des Zeitbegriffs* (GA 20), p. 148-182, spéc. p. 178ss.

aussi fonder [fundieren] du *Sollen* »[46] ; [2] la reconnaissance de la validité d'une valeur (tel qu'il s'exprime dans l'acquiescement) n'est pas l'acte originaire dans lequel se manifeste la conscience d'une valeur ; cet acte est bien plutôt un *Wertnehmen*[47], terme qu'on peut traduire aussi bien par « prise de valeur » et par « perception de valeur » ; [3] enfin, la vérité n'est pas une valeur, elle ne s'origine pas dans le phénomène du *Wertnehmen*[48].

[1] Refuser d'identifier dans le *Sollen* l'attestation de l'Idéal, c'est d'emblée extraire le phénomène du *Sollen* du cadre systématique défini par la référence kantienne. Comme le montre en effet Heidegger, il y a des modes où je fais l'expérience vive d'une « valeur » sans que cette expérience vive prenne la forme d'une requête normative. Quelque chose de réjouissant jouit incontestablement d'une capacité de motivation, mais cette motivation ne saurait être décrite en termes normatifs : le soleil m'invite peut-être à sortir me promener, mais il ne m'en fait nullement une obligation morale. Avec cet argument, Heidegger est autorisé à affirmer qu'il y a des expériences vives de la valeur qui ne se présentent pas sur le mode de l'exigence normative. Il n'est pas encore habilité à défendre qu'il y a des modes du *Sollen* qui ne s'originent pas dans l'expérience vive d'une valeur. C'est pourtant ce que Heidegger prétend quand il pose qu'un « être peut aussi fonder du *Sollen* ». Il vient en effet de souligner que la valeur n'est pas davantage un «être » qu'un « devoir » mais qu'elle se donne sur le mode spécifique d'un « ça valorise [es wertet] ».[49] Or la thèse selon laquelle un « être peut fonder du *Sollen* » est loin d'être anodine. S'y annonce en effet le problème de l'ontologie de la vie. Si Heidegger laisse pour l'instant cette question en plan, c'est qu'il ne dispose pas encore des éléments nécessaires pour la traiter. Le point suivant va cependant fournir un élément décisif.

[2] La distinction entre « reconnaître comme une valeur » et « prendre de la valeur » fait apparaître pour la première fois le problème de la fondation, au sens non de la justification en raison (*Begründen*), mais de l'enracinement dans une dimension plus originaire (*Fundierung*). Heidegger justifie en effet cette distinction en déclarant que « prendre de la valeur » est un « phénomène

---

[46] HEIDEGGER, *Zur Bestimmung der Philosophie* (GA 56/57), p. 46.

[47] HEIDEGGER, *Zur Bestimmung der Philosophie* (GA 56/57), p. 48. Le terme est forgé par Heidegger par analogie à *Wahrnehmen*.

[48] HEIDEGGER, *Zur Bestimmung der Philosophie* (GA 56/57), p. 49.

[49] HEIDEGGER, *Zur Bestimmung der Philosophie* (GA 56/57), p. 46.

originaire », un « constituant de la vie elle-même »[50]. Qu'est-ce à dire ? Quelque chose prend de la valeur dans l'exacte mesure où il me concerne, où quelque chose de ma vie s'y joue. Comme le soulignait l'exemple de la force motivationnelle exercée par ce qu'a de réjouissant le soleil matinal, quelque chose participe du « es wertet » dans l'exacte mesure où il a une signification susceptible de motiver un comportement.[51] C'est ce phénomène motivationnel qui est un constituant de la vie elle-même. Cela signifie, aux yeux de Heidegger, que la structure même de la vie, son « être » ou son « essence »[52], se réalise dans ces phénomènes motivationnels dont le « es wertet » est l'expression la plus générale. On a bien là l'ébauche d'un argument en faveur de la thèse affirmant que « l'être peut fonder du *Sollen* ». Mais cette ébauche ne fait guère plus qu'indiquer dans quelle direction la recherche phénoménologique doit aller si elle entend élucider ce qui originairement se manifeste dans le *Sollen* : elle devra chercher à dégager la structure ontologique de la vie elle-même. Par rapport à Rickert la distinction introduite par Heidegger a pour conséquence de priver l'acte de l'acquiescement (ou du refus) du statut paradigmatique que lui reconnaît Rickert. Cela signifie en particulier que l'acte du jugement ne peut plus être considéré comme l'acte dans lequel se manifeste le sens originaire de la vérité.

[3] Cette contestation de la théorie rickertienne de la vérité trouve sa clef de voûte dans l'objection contestant à « l'être-vrai » la qualité d'un « es wertet » : « comme tel, l'être-vrai (a-lêtheia) ne valorise pas »[53]. Cette critique est la moins originale des trois ; elle est pour l'essentiel redevable des objections formulées par Emil Lask à l'encontre du « primat de la raison pratique dans la logique »[54]. Heidegger rejoint ce type d'objection quand il souligne que la vérité n'est pas saisie par le biais d'un *Wertnehmen* ; pour cette raison, la vérité ne peut faire

---

[50] HEIDEGGER, *Zur Bestimmung der Philosophie* (GA 56/57), p. 48.

[51] HEIDEGGER, *Zur Bestimmung der Philosophie* (GA 56/57), p. 49.

[52] Dans ce contexte, Heidegger utilise les deux termes *promiscue*. Ainsi peut-il écrire aussi bien « auch ein Sein kann Sollen fundieren » (HEIDEGGER, *Zur Bestimmung der Philosophie* [GA 56/57], p. 46) que « auch Wesen kann Sollen fundieren » (*ibid.*, p. 48). Les deux formulations sont manifestement synonymes.

[53] HEIDEGGER, *Zur Bestimmung der Philosophie* (GA 56/57), p. 49. A ma connaissance, il s'agit de la première occurrence de la graphie ‹ a-lêtheia › sous la plume de Heidegger.

[54] Cf. Emil LASK, « Gibt es einen "Primat der praktischen Vernunft" in der Logik ? », in : ID., *Gesammelte Schriften* (Eugen Herrigel, éd.), Tübingen, Mohr, 1923, vol. 1, p. 347-356. Sur la discussion entre Lask et Rickert, cf. Hanspeter SOMMERHÄUSER, *Emil Lask in der Auseinandersetzung mit Heinrich Rickert* (Diss. Zürich 1965), Berlin, Ernst-Reuter-Gesellschaft, 1965.

l'objet d'une expérience vive. Mais il leur donne une tournure tout à fait originale en soulignant que si la vérité ne peut être vécue sur le mode d'un *Wertnehmen*, c'est qu'elle est ce dans quoi la vie se déroule : « Dans ce qui est réjouissant en tant qu'il est réjouissant, je fais une expérience vive sur le mode de la prise de valeur, dans la vérité comme vérité, je vis. »[55] En d'autres termes, l'être-vrai comme dévoilement (a-lêtheia) est le médium dans lequel la vie s'effectue. Ce qui s'esquisse dans cette thèse, ce sont les premiers linéaments d'une ontologie de la vérité. Il faut donc se garder de voir dans cette affirmation lapidaire quelque chose comme la reconnaissance d'un primat de la raison théorique. L'intention avouée de Heidegger est en effet de « briser l'hégémonie du théorique, mais en proclamant [comme Rickert, JMT] le primat de la raison pratique »[56]. Dire que la vérité comme telle est ce dans quoi je vis doit par conséquent être compris comme la structure même de la vie et la condition de possibilité de la vérité.

Si l'on fait le bilan des trois objections soulevées par Heidegger contre la façon dont Rickert interprète le phénomène du *Sollen*, on peut dire qu'en focalisant toute la problématique sur la question du jugement comme l'acte d'illocution dans lequel est amené à l'expression conceptuelle la signification de l'expérience vive, Rickert est certes parvenu à donner du problème de la vérité une description dans laquelle apparaît clairement le problème de la motivation. Il a ainsi recentré la question du sens de la vérité dans une perspective organisée par le sens de l'acte dans son actuosité (*Vollzugssinn*) au lieu de le chercher dans le contenu idéal (la « proposition » de Frege ou la « phrase en soi » de Bolzano ; Heidegger parle à ce propos de *Gehaltssinn*). Il a ainsi découvert que la question fondamentale était la question de « l'interprétation du sens (*Sinndeutung*) » de l'acte qu'est l'effectuation de la vérité.[57] Mais la portée de cette découverte lui reste forclose, obnubilé qu'il est par le problème d'une fondation transcendantale de la validité théorique, et spécialement de la validité des

---

[55] HEIDEGGER, *Zur Bestimmung der Philosophie* (GA 56/57), p. 49.

[56] HEIDEGGER, *Zur Bestimmung der Philosophie* (GA 56/57), p. 59.

[57] Dans la lettre déjà plusieurs fois citée du 27 janvier 1920, Heidegger souligne que le problème de la *Sinndeutung* (interprétation du sens) lui apparaît conduire au cœur de la « structure de l'intention phénoménologique des pures expériences vives [reine Erlebnisse] »; cette catégorie lui permet de comprendre « la priorité » que Rickert « accorde à la voie subjective » comme une prémonition « du rapport conforme à l'expérience vive entre le sens [...] de l'effectuation [Vollzugsinn] et le sens du contenu [Gehaltssinn] » d'un acte (HEIDEGGER/RICKERT, *Briefwechsel*, p. 48). Sur le problème de la *Sinndeutung* chez Rickert, cf. RICKERT, *Gegenstand der Erfahrung*³, p. 160ss. ; sur la priorité de la voie subjective, *ibid.*, p. 292ss. Il s'agit d'éléments ajoutés par Rickert à l'occasion de la 3ᵉ édition.

procédures de conceptualisation mises en œuvre par les sciences. Pour restituer toute sa portée à la découverte de Rickert, il faut donc l'extraire du contexte exclusivement ou prioritairement théorique dans lequel Rickert l'analyse. Il faut y voir d'abord non une structure fondatrice des actes théoriques que sont les jugements, mais une structure constitutive de la vie elle-même. C'est à cette condition qu'on pourra lui donner toute son importance.

La restitution du problème de la motivation à la sphère originaire qui est celle de la vie passe par une analyse de la structure même de l'*Erlebnis*. Cette analyse amène Heidegger à dégager deux dimensions. La première dimension à laquelle nous accédons est l'expérience vive du monde comme « monde ambiant [Umwelt] », c'est-à-dire comme monde immédiatement signifiant. La signification est même ce qui constitue le caractère mondain du monde. « Vivant dans un monde ambiant, toujours et partout cela a pour moi une signification, c'est donc mondain [welthaft], cela mondanise [es weltet]. »[58] Cette signification consiste en ce que nous savons d'emblée que faire avec les choses qui constituent notre monde ambiant. Ces choses ont donc caractère d'outil, d'instrument, par le truchement desquels nous œuvrons dans ce monde qui est notre monde.[59] L'expérience vive que je fais du monde comme mon monde ambiant est toujours l'expérience de choses dotées d'une signification, c'est-à-dire de choses que je vois *comme* quelque chose de signifiant. Le monde ambiant constitue donc un horizon de signification sous lequel les choses m'apparaissent « d'un coup »[60], c'est-à-dire comme « complètement déterminées », comme des choses justement et non comme des objets en attente de détermination. Dans le débat avec Rickert, ce point est essentiel. Il marque en effet à la fois la proximité et la distance de l'ancien élève à celui qui fut son maître. La proximité, puisque tous deux partent de la chose singulière, c'est-à-dire de la chose complètement déterminée dont je fais l'expérience vive. La distance dans les façons divergentes qu'ils ont de fonder cette complète détermination. Mais Rickert interprète le problème de la chose concrète dans une perspective théorique, définie par « l'Idée du tout de la réalité » comme le principe de la réflexion. Heidegger réfère cette même concrétion à ce qu'on pourrait appeler, avec Wittgenstein, une forme de vie, c'est-à-dire un ensemble

---

[58] HEIDEGGER, *Zur Bestimmung der Philosophie* (GA 56/57), p. 73.

[59] HEIDEGGER, *Zur Bestimmung der Philosophie* (GA 56/57), p. 72. Pour caractériser le statut d'une chose qui nous serait totalement étrangère, avec laquelle donc nous ne saurions que faire, Heidegger parle de « zeugliches Fremdsein ». C'est probablement le premier usage terminologique du *Zeug* sous la plume de Heidegger.

[60] HEIDEGGER, *Zur Bestimmung der Philosophie* (GA 56/57), p. 71.

structuré de pratiques sociales au sein desquelles les choses ont d'emblée une signification, liée à l'usage qu'on en fait, un usage qui est toujours déjà défini et interprété. Vivre dans un monde, c'est l'interpréter puisque l'essence même du monde (la mondanité du monde si l'on veut), consiste à signifier.[61]

Or le sens a fondamentalement caractère d'événement. On atteint ainsi la seconde dimension annoncée il y a un instant. L'événementialité est en effet la structure ontologique de la vie elle-même. L'intensité de la vie comme vie vécue (le *Er-leben*) est quelque chose que je m'approprie (*ich er-eigne es mir*) ; cette appropriation est rendue possible par le fait qu'en son essence même, la vie se produit, c'est-à-dire accède à ce qui lui est propre (*es er-eignet sich*).[62] Ce qui lui est propre, c'est justement le sens en tant qu'il est à chaque fois effectué, accompli dans les actes par lesquels je donne signification au monde, c'est-à-dire par l'usage socialement régulé des choses, ces pratiques socio-culturelles que Heidegger qualifiera bientôt de « commerce circonspect [umsichtiger Umgang] ». La pointe du concept d'événement esquissé par Heidegger en 1919 consiste en effet à comprendre le caractère événementiel du sens comme se produisant à partir de que ce la vie a de plus propre, donc à partir de « l'être » ou de « l'essence » de la vie. « Les expériences vécues sont des é-vénements en tant qu'ils vivent de ce qui leur est propre et que vie ne vit qu'ainsi. »[63] La mise en évidence du caractère événementiel distinguant l'expérience vive ouvre ainsi l'accès au problème qui se faisait jour dès la première objection de Heidegger à l'encontre de Rickert : dans quelle mesure « l'être » pouvait être la sphère originaire motivant le sens ?

Comme pure événementialité, l'être de la vie comme telle ne peut jamais motiver telle signification concrète. L'événementialité est une structure pure, la forme la plus universelle de l'effectuation, dépourvue encore de toute signification. L'événement est la structure ontologique de tout ce qui peut devenir expérience vive. Il est donc une visée vers un quelque chose encore indéterminé, tant il est vrai que la vie est un « vivre vers quelque chose [Leben

---

[61] Voir quelque chose comme quelque chose, c'est le voir comme un outil, un instrument. On trouve donc ici les prémisses de ce qui deviendra le « als » herméneutique, cf. HEIDEGGER, *Logik* (GA 21), p. 143 ss. Le « als » herméneutique est le marqueur sémantique de la structure primaire de la compréhension.

[62] La phrase allemande est strictement intraduisible. Je ne peux donc qu'en proposer une périphrase. Le texte original est : « Das Er-leben geht nicht an mich vorbei [...], sondern ich er-eigne es mir , und es er-eignet sich seinem Wesen nach. » (HEIDEGGER, *Zur Bestimmung der Philosophie* [GA 56/57], p. 75).

[63] HEIDEGGER, *Zur Bestimmung der Philosophie* (GA 56/57), p. 75.

auf etwas hin] »[64]. Si « l'être » de la vie a fondamentalement structure événementielle, cet être ne pourra jamais motiver une signification déterminée. Il sera la condition de possibilité de toute signification, le fond originaire d'où naît tout phénomène du sens. La forme la plus générale de cette pure événementialité, Heidegger la caractérise comme « en route vers [auf zu] », la « direction vers ».[65] Dans sa structure fondatrice, la vie n'a donc pas de but déterminé ; elle est, en d'autres termes, ce pour quoi elle vit, donnant naissance ainsi à des contextes de significations, des « mondes ambiants », qui sont autant d'effectuations particulières de l'événement qu'est la vie.

La structure ontologique de la vie comme pure événementialité n'est autre que « la vérité comme telle », la vérité « dans laquelle je vis ». Le caractère événementiel de la vie, voilà le fond dans lequel s'origine la vérité. Cette structure de pure événement s'avère ainsi être la première esquisse de ce que Heidegger déploiera dans *Sein und Zeit* à l'enseigne de l'*Erschlossenheit*, de l'ouverture fondamentale et fondatrice qui caractérise l'être du *Dasein*. L'*Erschlossenheit* est tout à la fois la condition de possibilité du monde et la condition de possibilité de l'accès au monde. En déclarant que la vérité comme telle est ce dans quoi la vie vit, Heidegger suggère que la structure même de la vie, son caractère d'événement, est la vérité comme telle, c'est-à-dire la vérité transcendantale, le fondement dans lequel s'origine toutes les autres significations de la vérité, et en particulier la définition traditionnelle de la vérité comme adéquation. La chose n'est guère difficile à comprendre dès qu'on prête attention au point suivant. Comme pur événement, la vie est production de sens. Or le sens est ce qui constitue l'essence même du monde. En tant que pure événementialité, la vie est donc la forme même du monde tel qu'il est vécu dans l'expérience vive. Aussi Heidegger peut-il déclarer que « notre vie est notre monde »[66]. C'est dire que le sens de l'énoncé vrai (de la vérité apophantique) s'origine dans la signification du monde comme horizon de sens des pratiques sociales auxquelles l'individu a part dès toujours. Mais il extrait la chose du contexte pragmatique dont elle tire sa signification. L'énoncé vrai est le résultat d'une dévitalisation (*Entlebung*).[67] Cette dévitalisation est tout à la fois la condition de possibilité de la théorie et, par la distance qu'elle crée entre le sujet de la connaissance et l'objet connu, la condition de possibilité de l'erreur.

---

[64] HEIDEGGER, *Zur Bestimmung der Philosophie* (GA 56/57), p. 68

[65] HEIDEGGER, *Zur Bestimung der Philosophie* (GA 56/57), p. 116.

[66] HEIDEGGER, *Grundprobleme* (GA 58), p. 33.

[67] HEIDEGGER, *Zur Bestimmung der Philosophie* (GA 56/57), p. 113.

Ce qui s'atteste dans le *Sollen* motivant le jugement, c'est donc bien, comme le voulait Rickert, la vérité. Mais cette vérité n'est pas l'Idéal de la connaissance ; elle est la structure événementielle de la vie comme visée et tension, comme ouverture vers un quelque chose encore totalement indéterminé. En tant que telle, elle n'est pas l'idéal de la connaissance, mais le fond dans lequel s'originent les actes de l'apophanse. Elucider le sens de la vérité, ce n'est plus alors identifier l'Idéal que vise la connaissance, mais retracer la genèse du vrai, établir la généalogie de la vérité. D'une réflexion transcendantale, Heidegger est ainsi passé à une généalogie transcendantale.

L'AUTRE FACE DE LA VÉRITÉ.
WITTGENSTEIN & HEIDEGGER :
La question de la vérité des aphorismes – à l'épreuve de la vérité de l'Etre

Gérard Guest

> « [...] bei Wittgenstein heißt es: "Wirklich ist, was der Fall ist" (was bedeutet: das, was unter eine Bestimmung fällt, was sich feststellen läßt, das Bestimmbare). Eigentlich ein gespenstischer Satz. »
>
> (Martin HEIDEGGER, *Vier Seminare*, p.65)
>
> « Hat die Frage einen Sinn: Was muß sein, damit etwas der-Fall-sein kann? »
>
> (Ludwig WITTGENSTEIN, *Tractatus*, 5.5542)

Parmi tous les malentendus dont notre temps – la « modernité » – n'aura pourtant pas été avare, l'un des plus profonds et des plus obscurs tient sans aucun doute au *clivage* – admis, mais ininterrogé – entre les contrées parcourues au fil des chemins de pensée de Wittgenstein et de Heidegger. Peu de travaux contemporains, du fait de procédures trop hâtives, semblent s'être vraiment donné la peine de prendre la mesure de l'intervalle entre l'une et l'autre de ces deux entreprises décisives de la pensée, dans lesquelles, pourtant, se jouent – peut-être encore à notre *insu* – quelques-uns des enjeux majeurs de la « généalogie de la modernité ». Parmi lesquels le plus redoutable – celui dont l'*insu* (pour ne pas dire l'« impensé ») est peut-être à lui seul le plus éventuellement générateur de cécité à l'égard de la « catastrophe » en cours (le

« nihilisme ») dont Wittgenstein et Heidegger ressentirent tous les soubresauts – pourrait bien être celui qui porte sur ce dont il y va dans la profonde « *mutation* » survenue, de notre temps, jusqu'en l'« essence » même – et peut-être *dans l'« aître » – de « la vérité »*.

Cette « *mutation* » *de l'« aître de la vérité* », c'est – bel et bien – au patient travail de Heidegger qu'il revient d'en avoir reconnu la « topologie » tout à la fois secrète et mouvementée, au fil d'une investigation sans précédent des tours et détours de l'« histoire de la métaphysique », puis des phases ou « époques » d'une « histoire » – puis d'une « topologie » – « de l'Estre », enfin à la faveur (mais aussi au péril) d'une pensée de l'« *Ereignis* ». Mais Wittgenstein – d'une manière plus énigmatiquement économe et laconique, d'une manière originale et qui n'est qu'à lui – n'est pas le moindre des penseurs de l'« Époque » à témoigner de cette « mutation » survenue en l'« aître de la vérité » – à en témoigner rigoureusement et vigoureusement ; à condition, naturellement, que l'on daigne s'en apercevoir (et que l'on accepte alors de lui en donner acte).

I

La somme des contresens qui ont été commis sur le sens du *Tractatus logico-philosophicus*, du seul livre de Wittgenstein qui put être publié du vivant de celui-ci, s'articule autour de ceux qui pouvaient être commis – et qui l'ont effectivement tous été – à propos de l'aphorisme qui constitue l'ultime pointe de tout le livre, le célèbre aphorisme 7 : « *Wovon man nicht sprechen kann, darüber muß man schweigen.* »[1] – L'origine des malentendus auxquels ne manqua pas de donner lieu le *Tractatus* réside en ce que l'ouvrage, selon Wittgenstein lui-même, se compose de deux parties, ou de deux « parts » inégales, l'une visible, l'autre *invisible*, et que c'est justement la seconde partie qui en est la part la plus « importante » – voire : la seule « qui importe ». Là où les contemporains ne virent que logique et épistémologie au goût de l'« empirisme logique » de l'époque, il s'agit en fait de tout autre chose : de « *délimiter* » comme « *de l'intérieur* » ce que Wittgenstein nomme l'élément « *éthique* » – « *das Ethische* » –, ou encore l'élément « *mystique* » – « *das Mystische* » –, lequel ne saurait justement être « *dit* », mais seulement « *montré* » – *en silence.* – Voici comment, dans sa *Préface*, l'auteur entendait résumer le sens de tout l'ouvrage :

---

[1] Ludwig WITTGENSTEIN, *Logisch-philosophische Abhandlung/Tractatus logico-philosophicus*, in : ID., *Werkausgabe in 8 Bänden*, Frankfurt/Main, Suhrkamp, 1989, vol. 1, p. 11-85, ici p. 85.

Ce qui tout simplement se laisse dire, cela se laisse dire clairement ; et ce dont on ne saurait parler, il faut le taire.
Le livre veut ainsi assigner d'un trait une limite à la pensée, ou plutôt :
– non point à la pensée, mais à l'expression des pensées. Car pour tracer une limite à la pensée, il nous faudrait pouvoir penser des deux côtés de cette limite (il nous faudrait pouvoir penser ce qui ne se laisse point penser). La limite ne pourra donc être tracée que dans le langage, et ce qui se situe au-delà de cette limite sera simplement du non-sens.[2]

Faire ainsi *la part du dicible et de l'indicible* engage le philosophe dans cette tâche paradoxale d'avoir à faire paraître *à même la « forme du langage »* les linéaments d'une « *forme logique du monde* », laquelle prescrit à celui-ci, tout à la fois, sa propre *condition de possibilité* – « transcendantale », encore qu'en un sens inédit –, et constitue tout simplement ce qui serait, *ipso facto*, la « limite interne » du monde et, tout ensemble, la « limite interne » du langage.

C'est à cette fin que les premiers aphorismes du *Tractatus* introduisent, avec une laconique sobriété, les mots-clés nécessaires à une description de la « structure logique du monde » : le « *monde* » est « tout ce qui est le cas » – la totalité « des faits », et non pas « des choses » – ; le « *fait* » est « l'existence d'états de choses » ; la « *chose* », ou l'« *objet* », qui constitue toute « la substance du monde », se définit comme le système de ses propres occurrences possibles à l'intérieur d'« états de choses » ; les « *états de choses* », enfin, sont des « liaisons d'objets ». L'« *espace logique* » constitue le système *a priori* des « possibilités » d'« états de choses » (donc aussi de « connexions d'objets ») dont l'« existence » factuelle, en chaque point du système des possibles, « est le cas », ou « n'est pas le cas ». C'est sur fond de l'« *espace logique* », celui des « états de choses *possibles* », que les « faits » et « états de choses » qui, à chaque instant, « sont (ou ne sont pas) le cas », viennent dessiner (pour ainsi dire *en temps réel*) une totalité de configurations « *réelles* » – qui est : « *le monde* ». Celui-ci n'est donc plus, comme dans la représentation courante, la totalité des « choses » (ou des « objets »), mais plutôt la configuration (changeante) des événements réels précisément situés dans le canevas de l'« *espace logique* » (celui des possibles).

Les « objets » du *Tractatus*, quant à eux, ne se définissent que par le réseau des « possibilités » qui sont les leurs de « faire occurrence » dans des « états de

---

[2] WITTGENSTEIN, *Tractatus logico-philosophicus*, Préface, p. 9-10, ici p. 9. – Cf. aussi Ludwig WITTGENSTEIN, *Lettre* à Ludwig von Ficker d'octobre ou novembre 1919, in : Ludwig WITTGENSTEIN, *Briefe. – Briefwechsel mit B. Russell, G.E. Moore, J.M. Keynes, F.P. Ramsey, W. Eccles, P. Engelmann & L. von Ficker* (Brian McGuinness/Georg Henrik von Wright, éd.), Frankfurt/Main, Suhrkamp, 1980, p. 96-97.

choses » possibles.[3] C'est néanmoins dans les « *objets* » que doit résider « *la substance du monde* ». C'est en effet dans la stabilité « substantielle » de ces « objets » *supposés* – lesquels sont ce dont on parle en dernière instance lorsque l'on parle de quelque chose –, et d'« objets » qui sont censés porter en eux la « forme » de toutes leurs possibilités d'occurrences au sein d'« états de choses » possibles, que le « *monde* » – totalité de « faits » et d'« événements » (dont chacun peut « être le cas ou n'être pas le cas, toutes choses restant égales d'ailleurs »[4]) – trouve la seule stabilité, proprement « substantielle » et invariante, qu'il lui faut nécessairement avoir pour pouvoir demeurer « *le monde* » malgré tous les changements qui l'affectent dans l'expérience. Si le monde, en effet, n'avait point de « substance », la « *vérité* » d'une proposition ne dépendrait plus que *formellement* de la vérité d'une autre « proposition », et ainsi de suite ... Alors que la vérité d'une proposition implique toujours (suppose-t-on) l'adéquation à un certain « état de choses » (au moins possible), et, en dernière instance, à une « *réalité* » du monde : donc aussi à des « *objets* », à des « *choses* » qui y puissent être désignées. – Telle semble bien devoir être la présupposition ultime de l'ontologie du *Tractatus*.[5]

---

[3] WITTGENSTEIN, *Tractatus*, aphorismes 1 à 2.0141.

[4] WITTGENSTEIN, *Tractatus*, aphorisme 1.21.

[5] WITTGENSTEIN, *Tractatus*, aphorismes 2.02 à 2.063. – La question de la nature et du statut ontologique des *« objets »* du *Tractatus* a ouvert un véritable « abîme » de perplexités philosophiques – où n'ont pas manqué de s'engager dès longtemps tous les plus grands commentateurs. – Les « objets » sont-ils des « individus » (« *individuals* », « *particulars* », etc.), ou bien aussi des « propriétés », des « relations », ou bien encore des « *sense-data* », etc. ? – L'enquête sur la nature des « objets » du *Tractatus* apparaîtra bientôt à Wittgenstein lui-même comme ressortissant à une sorte aussi typique qu'invétérée d'« *illusion métaphysique* », dont il s'agira essentiellement, pour le « second Wittgenstein », de parvenir à se déprendre. De ce point de vue, l'« essence » même des « objets », tels que le *Tractatus* en avait introduit l'exigence purement « logique » (celle de réquisits de la détermination du sens des énoncés), n'est autre que celle que leur prescrivait bel et bien leur « grammaire » – celle de l'« usage » qui en est fait dans le *Tractatus*. Il n'y a pas alors à se demander quel genre de « choses » ou d'« entités » sont effectivement les « objets ». « L'exigence de choses simples » – consignait ainsi Wittgenstein dans ses *Carnets*, le 18 juin 1915 – « *n'est autre que l'exigence [sc. logique] de détermination du sens* ». Laquelle constitue l'un des traits de structure essentiels de l'« *atomisme logique* » du *Tractatus*, cf. aphorisme 2.0201 : « Chaque énoncé sur des complexes peut s'analyser en [autant de fois] un énoncé sur chacune de leurs parties constituantes, et en telles propositions qui décrivent intégralement les complexes. » S'il appartient à « la logique » d'exiger *a priori* qu'il y ait en dernière analyse des « objets simples », il ne lui appartient nullement d'entreprendre de dire « ce qu'ils sont » et d'engager à ce sujet d'hypothétiques investigations. – Comme le dira plus tard Wittgenstein, au § 36 des *Philosophische Bemerkungen* : « Ce que j'ai appelé "objets", les simples, c'était simplement ce à quoi je pouvais me référer, sans avoir à craindre qu'ils n'existent peut-être pas » !

Au cœur même du *Tractatus* se trouve toute une doctrine de la « *figure* » ou de l'« *image* ». Le « monde » du *Tractatus* se prête en effet à ce que certains « faits » puissent y jouer le rôle d'« images » ou de « figures », ou encore de « *tableaux* », de certains autres « faits » ou « états de choses ». Chaque « figure » ou « image » doit pour cela « *avoir en commun* » *avec* ce dont elle est l'image ou le tableau une certaine « *forme* », plus ou moins précise et fidèle, de « figurabilité » ou de « *figurativité* ». Toute image, quelle qu'elle soit, doit, pour figurer d'une certaine manière et sous un certain rapport un état de choses – réel ou possible – du monde, « *avoir en commun* » *avec le* « *monde* » même dans son ensemble quelque chose de ce qui en est la « *forme logique* ».[6] Telles sont les conditions – « transcendantales » en un sens singulier –, telles sont les conditions *de possibilité* de l'« adéquation » – l'« *Übereinstimmung* » – entre les « figures » et la « réalité ». Donc aussi entre « pensée » et « réalité », si l'on pose avec Wittgenstein, que « *la figure logique des faits est la pensée* ».[7] Ainsi, ce qui est pensable, qu'il corresponde ou non à un « état de choses » du monde *réel*, doit pouvoir « correspondre » à un « état de choses » *possible* du monde – ou du moins à la *possibilité* de tel et tel « état de choses ».

Or, la « *proposition* » est l'expression d'une « *pensée* », en cela-même qu'elle est l'« image » – dans le langage – d'un « état de choses » déterminé. La « *forme logique* » des pensées « se reflète » donc dans la « forme logique » des « *propositions* » mêmes qui les expriment et en sont ainsi les « figures ». Mais la « *forme logique* » *elle-même* – celle que les « propositions », les « pensées », mais aussi les « états de choses » auxquels celles-ci correspondent, doivent entre eux « *avoir en commun* » –, cette « forme logique » elle-même ne saurait justement y être, à proprement parler, « *dite* », ou « énoncée » par les « propositions » du langage elles-mêmes. Si la proposition « exprime » bien la teneur d'une pensée, et son « sens », c'est en se contentant de « *dire* », à strictement parler, « que les choses se passent de telle et telle façon », et qu'« il en est ainsi », qu'« il se passe telle et telle chose », dans l'« état de choses » dont il s'agit ; et la proposition est « vraie » ou « fausse » selon que « les choses se passent (ou non) ainsi ». Mais la « forme logique » de la proposition – laquelle doit, en dernière instance, avoir quelque chose *en commun* avec ce qui n'est rien de moins que « *la forme logique du monde* » ! – ne saurait elle-même y être « *dite* » : elle s'y « *montre* » seulement – *en silence* – ne faisant jamais qu'y apparaître, discrètement, comme *en filigrane*. La proposition n'« énonce » donc

---

[6] WITTGENSTEIN, *Tractatus*, aphorismes 2.1 à 3.05 – notamment : aphorismes 2.151, 2.16, 2.161, 2.17, 2.172, 2.18 et 2.2.

[7] WITTGENSTEIN, *Tractatus*, aphorisme 3.

(à proprement parler) un « état de choses » qu'en tant qu'elle en est une « figure ». Elle ne « *dit* » pas, et elle ne saurait « dire » en aucune façon, la « *forme* » qu'elle a en commun avec l'état de choses qu'elle figure – elle ne fait jamais que la « *montrer* » – en silence.[8]

Tout l'effort du *Tractatus* vise alors à *faire strictement la part* de ce qui *peut être* « *dit* » à proprement parler et de ce qui *ne saurait être* « *dit* », mais ne saurait jamais être que « *montré* ». Cette tâche proprement « *critique* » (au sens où *krinein* signifie en grec séparer judicieusement) s'appuie sur cette remarquable propriété qu'a la proposition de « figurer » la réalité *grâce à* la « forme logique » qu'elle a en commun avec l'état de choses possible dont elle est l'image, mais sans pouvoir jamais représenter ni figurer d'aucune façon ladite « *forme logique* ». Cette dernière ne fait donc jamais que « *s'y montrer* », silencieusement, à même la « structure » de la proposition (de l'image) ; elle ne fait jamais que « *s'y refléter* ». Toutes les « *propriétés internes* » des choses (dont s'enquiert, traditionnellement, « la philosophie »), leurs propriétés « de structure », échappent ainsi nécessairement à toute énonciation simplement propositionnelle à leur propos (donc aussi aux « énoncés » des sciences de la nature). L'on ne saurait donc jamais que faire « *voir* » comment elles s'y « *montrent* » – en silence.[9] Et telle est justement, dans le *Tractatus*, la tâche de la « philosophie » selon Wittgenstein – celle de la philosophie désormais conçue « *als Sprachkritik* », de la philosophie conçue comme « *critique du langage* », c'est-à-dire comme « départage » et « partition critique » du langage, « *interne* » à celui-ci, selon la stricte *ligne de partage* qui s'y dessine entre ce qui peut y être « *dit* » et ce qui, d'autre part, n'y pouvant être « *dit* » – ce qui s'appelle « dit » ! –, peut seulement y être « *montré* ».

C'est aussi pourquoi la « philosophie », selon la doctrine du *Tractatus*, ne saurait justement être ni de l'ordre des « sciences de la nature », ni non plus de l'ordre de la « psychologie » empirique. Elle ne décrit nullement les « états de choses » de quelque « nature » que ce soit, physique ou psychique, « supposée ». Elle n'est donc pas une « théorie », susceptible de vérifications empiriques au contact de quelques « états de choses » du monde que ce puisse être. La philosophie est une « *activité* » – et non point une « doctrine ». Sa tâche est, tout au plus, une tâche d'« élucidation », d'« *Erläuterung* » : « *l'éclaircissement logique des pensées* ». Elle n'établit point de « propositions » concernant les « états de choses » du monde. C'est aussi pourquoi les articles dont se compose

---

[8] Cf. WITTGENSTEIN, *Tractatus*, aphorismes 4.022, 4.12, 4.121, 4.1211 et 4.1212 ; cf. aussi : aphorismes 2.172 et 2.174, ainsi que les aphorismes 4 à 4.041.

[9] WITTGENSTEIN, *Tractatus*, aphorismes 4.12 à 4.1251.

le *Tractatus* ne sont au fond nullement des « propositions », mais bien plutôt – *stricto sensu* – des « aphorismes », c'est-à-dire de subtiles « délimitations », à l'occasion desquelles s'ouvre « *un aperçu sur l'essence du monde* »[10]. La philosophie, ainsi entendue « comme critique du langage », ne fait jamais que « *clarifier* » – et de façon presque « lustrale » ! – le *sens* de telles « propositions ». Mais, ce faisant, la tâche de la philosophie est donc aussi, *ipso facto*, une tâche « *critique* », au sens *quasi* kantien du terme : elle doit « séparer » et « délimiter » – *faire strictement la part* du clair et du confus, du pensable et de l'impensable, du dicible et de l'indicible, à même la silencieuse ostension de la « *limite interne du langage* ».[11]

C'est à cette tâche philosophique que contribue justement « la logique », dans la mesure même où elle ne consiste, selon Wittgenstein, qu'en « tautologies » – c'est-à-dire en des expressions qui *ne sauraient être que* « vraies », et cela « *a priori* » (antérieurement à toute expérience possible). Ces « tautologies » ne sont en effet en aucun cas des « propositions » qui puissent être dites « douées de sens ». Car des « propositions » peuvent, par définition, être « vraies *ou* fausses » – ce qui *n'est justement pas le cas* des « tautologies ». Et les propositions ont bel et bien un « sens », susceptible de référence à certaines « dénotations » (au sens frégéen : les « choses » et « objets » en tout genre auxquels sont censés devoir renvoyer comme « en dernière instance » tous les énoncés propositionnels). Alors que les « tautologies », dont se compose exclusivement la « *logique* », semblent devoir se déduire *formellement* les unes des autres, sans que nous ayons à nous soucier à leur propos ni d'un « sens », ni d'une « dénotation », puisqu'elles ne « décrivent » justement aucun « état de choses » du monde. Les « vérités » de la logique *manifestent* donc tout simplement – *en silence* – ce qui constitue l'« armature *a priori* du monde », sans rien pouvoir « dire », à proprement parler, des « états de choses » de celui-ci. Elles sont « vraies » quels que soient le « monde » et ses « états de choses ».[12] Ce qui signifie – à qui veut l'entendre – que ces « *vérités* » ne sont jamais « vraies », si ce n'est *d'une tout autre* « *vérité* » que de celle dont peuvent jamais (ou même auraient pu) être dites « vraies » par ailleurs toutes énonciations (empiriques et scientifiques) d'« états de choses » du monde qui puissent être (ou qui eussent jamais été). C'est aussi pourquoi « la logique » ne

---

[10] WITTGENSTEIN, *Tractatus*, aphorisme 3.3421, *in fine*.

[11] WITTGENSTEIN, *Tractatus*, aphorismes 4.1 à 4.116 – notamment : aphorismes 4.112, 4.1121, 4.1113 et 4.114.

[12] WITTGENSTEIN, *Tractatus*, aphorismes 6.1233 à 6.13.

saurait réserver en soi « aucune surprise », ni ne saurait être infirmée (ni confirmée) par rien au monde. Silencieusement exhibée à même la « présentation synoptique » (avant la lettre) qu'en donnent, par exemple, la formule de la « forme universelle de la proposition » (exhibée, au cœur du *Tractatus*, dans sa forme purement fonctionnelle, au sens frégéen)[13], ou encore la table des « valeurs de vérité » afférentes aux divers connecteurs du calcul des propositions[14] – la « logique » est ainsi *à elle-même la manifestation de sa propre « vérité »*, qui ne saurait être le moins du monde celle d'une « théorie » ni d'une « doctrine » particulière à propos d'états de choses de ce monde. C'est en quoi aussi, selon le *Tractatus*, « *la logique est transcendantale* » – à savoir : dans la mesure même où elle ne saurait être affectée par les vicissitudes de ce « monde », par la variation des « faits » et « états de choses » empiriques du monde, au gré desquels fluctuent « doctrines » et « théories ». La « logique » – telle que l'entend le *Tractatus* – est « *transcendantale* » dans la stricte mesure où elle n'est pas une « théorie » ou une « doctrine » parmi d'autres concernant les « états de choses » du monde, mais bien un « reflet » et comme une « *image-en-miroir du monde* » (*ein Spiegelbild der Welt*)[15]. Entendons : non point ici simple « reflet », passif et dérivé, du « monde » supposé réfléchi après-coup en quelque « miroir » empirique (« reflet » qui dût encore y fluctuer au gré des événements du monde), mais bien « fidèle reflet », « reflet [...] *a priori* » – imperturbable et impassible, instantané, grandeur nature – dans quelque « miroir » métaphysiquement inaltérable (le « cristal » de Wittgenstein) ; à moins qu'il ne s'agisse plutôt là de l'« image virtuelle », immuable et intemporelle, assignée, au foyer du miroir, par les propriétés optiques de celui-ci, à tout « reflet » possible qui puisse jamais y avoir lieu, dans la structure optique d'un « miroir » (d'un « cristal » !) où le « monde » comme il va, quelle qu'en puisse être à chaque fois la configuration empirique passagère, vînt comme dès toujours instantanément « *se refléter* » – « *tel qu'en lui-même* » (indépendamment de toutes doctrines, hypothèses ou théories du moment).

Toute « *description* » d'un « état de choses » du monde – donc aussi toute « description du monde » – suppose en effet toujours un certain « *système de description du monde* » ; par exemple : la « géométrie euclidienne », ou : la « mécanique newtonienne », etc. Mais il importe alors justement de ne pas

---

[13] WITTGENSTEIN, *Tractatus*, aphorismes 6ss.

[14] WITTGENSTEIN, *Tractatus*, aphorismes 4.31ss. et 5ss. – et notamment l'aphorisme 5.101.

[15] WITTGENSTEIN, *Tractatus*, aphorisme 6.13 : « La logique n'est point une doctrine, mais une image-en-miroir du monde [*ein Spiegelbild der Welt*]. La logique est transcendantale. »

confondre ce que la « description » obtenue par ce moyen nous apprend sur le « monde » lui-même, d'une part, et – d'autre part – ce qui ressortit, dans cette « description », non pas aux « états de choses » du « monde », mais à la structure même du « *réseau* » que constitue a priori (*avant* toute description particulière d'états de choses) le « *système de description* » choisi. Si les propriétés des « états de choses » du monde n'y peuvent être décrites qu'*a posteriori* – leur structure « réelle », « objective » (inhérente à « la substance du monde ») ne dépendant évidemment en rien des propriétés du « réseau » de référence –, les « *propriétés du réseau* », quant à elles, – quelque « arbitraire » même qu'en puisse être la trame –, lui sont prescrites « a priori » : comme par des « règles de grammaire » implicites. C'est donc, *mutatis mutandis* (et non plus seulement à l'échelle de tel ou tel « système de description » particulier), *tout cet immense réseau de* « *règles de grammaire* » *implicites*, toujours tacitement présentes comme *en filigrane* dans le texte des « énoncés » et des « propositions » concernant les « états de choses » du monde, que ferait apparaître en silence « *la logique* », dans l'indicibilité de sa pure forme.[16]

C'est donc aussi à même cette « *forme interne du langage* » – et tout ensemble « de la pensée » – que « *se montre* » dès toujours, en silence, la « *forme logique du monde* ». La philosophie est l'« activité » qui consiste seulement à la « donner *à voir* » comme « *ce qui ne saurait être dit* ». Donc sans jamais non plus la « *dire* ». De même aussi que la philosophie peut s'employer à « montrer » (non pas à « dire » !) en quel sens le « *sujet métaphysique* » (lequel n'est nullement le « sujet psychologique », mais bien plutôt le seul « sujet » qui, rigoureusement, soit « *transcendantal* ») n'est ni ne saurait jamais être « rien » qui soit au monde : en quel sens il est bien plutôt « *la limite – et non point une partie, du monde* ». De même que l'œil, qui rend pourtant possible la vision, n'est cependant jamais visible en tant que tel dans son propre champ visuel, de même le « je », le « moi » (en cela même « transcendantal »), du point de vue duquel le monde se trouve nécessairement être perçu, ne saurait justement lui-même être perçu nulle part au monde.

> Où remarque-t-on dans le monde un sujet métaphysique ? Tu me diras que tout se passe ici comme avec l'œil et le champ visuel. Or l'œil, tu ne l'y vois réellement *pas*. Et rien *à même le champ visuel* [*am Gesichtsfeld*] ne permet d'inférer qu'il est vu par un œil.[17]

---

[16] WITTGENSTEIN, *Tractatus*, aphorismes 6.3 à 6.3611.

[17] WITTGENSTEIN, *Tractatus*, aphorisme 5.633.

C'est en ce sens que le « sujet métaphysique » vient ici comme strictement coïncider avec les « *limites de mon monde* » et les « *limites de mon langage* ».[18] La « limite interne » propre au « sujet métaphysique » ainsi entendu vient coïncider purement et simplement avec ce qui est tout à la fois la « *forme logique du monde* » et la « *forme logique du langage* », ainsi que la « limite interne » de ceux-ci. Condition de possibilité supposée de toute « description » possible du monde dans l'épaisseur diaphane du langage, le « sujet métaphysique » ne saurait justement lui-même y figurer – ni par conséquent y être décrit : « Si j'écrivais un livre : "Le monde tel que je l'ai trouvé" », nous fait bien remarquer l'aphorisme 5.631 du *Tractatus*, « il faudrait y faire un rapport à propos de mon propre corps, dire quels en sont les membres qui obéissent à ma volonté et lesquels ne le font pas, etc. » – et ce serait bien là, continue Wittgenstein, « une méthode pour isoler le sujet, ou plutôt pour montrer [*zu zeigen*] qu'en un sens important, de sujet il n'y a point : car de lui seul, nommément, il *ne saurait*, dans ce livre, être seulement question – »[19]. Le « sujet », en ce sens, n'est donc pas de ce monde ; il est, bien plutôt « *une limite du monde* ».[20]

La tâche de « la philosophie », dans le *Tractatus*, est en fin de compte d'y « *donner à voir* » – en quelque sorte *à même le livre*, et *dans le prolongement strict de cette indicible* « *limite* » –, à la fois l'élément « éthique » et l'élément « mystique » : l'« *Ethique* » et le « *Mystique* ». – Ce qui ressortit à la dimension de l'« *Ethique* » ne saurait en effet être du même ordre que les « états de choses » du monde – lesquels sont seulement ce qu'ils sont (de l'ordre du « fait » : de ce qui se trouve « être le cas »), alors que ce qui est « éthique » est de l'ordre de l'exigence et de ce qui est « plus-élevé », voire de « ce qui est Supérieur » : « *das Höhere* ». De même pour tout ce qui touche au caractère – à proprement parler « énigmatique » – du « sens de la vie », du « sens » et de la « valeur du monde » dans son ensemble, de celui-ci pris comme « un tout délimité » : cela ne saurait être éclairci ni élucidé à même les « états de choses » du monde. Ces « *énigmes* » ne sauraient être traduites en « questions » susceptibles de « réponses » en bonne et due forme propositionnelle. Elles échappent donc par définition à tous les énoncés empiriques, et par conséquent aussi aux propositions des « sciences de la nature ». Elles renvoient en effet à la

---

[18] WITTGENSTEIN, *Tractatus*, aphorismes 5.6 à 5.641.

[19] WITTGENSTEIN, *Tractatus*, aphorisme 5.631.

[20] WITTGENSTEIN, *Tractatus*, aphorisme 5.632 : « Das Subjekt gehört nicht zur Welt, sondern es ist eine Grenze der Welt ».

dimension de l'« *inexprimable* », de ce qui ne saurait donc être « montré » qu'à la faveur d'un certain « *silence* », comme constituant la « limite interne » du « monde » lui-même. – Cette dimension « *transcendantale* » (en un sens proprement wittgensteinien du terme) de ce qui ne saurait être que rigoureusement « *tu* », tacitement « *montré* », mais *non point « dit »*, c'est là l'élément de ce à propos de quoi il convient de « se taire », « ce qui est *mystique* » – du grec *muein*, fermer (les yeux, la bouche), clore, sceller, taire, se taire, garder le silence.[21] Tel est bien le sens – si mal « entendu » ait-il dû demeurer – du « silence » final du *Tractatus* : « *Ce dont on ne saurait parler, il faut le taire.* »[22]

II

« Vraies » – *d'une tout autre* « *vérité* », avons-nous dit, que ne le sont au sens propre les « assertions propositionnelles » des sciences de la nature, aussi bien que celles des « énonciations » du langage ordinaire qui prétendent à une « valeur de vérité » – les « propositions de la logique » le sont déjà, assurément – ainsi d'ailleurs que les « propositions de la mathématique », s'il est vrai que celle-ci n'est jamais, comme l'enseigne bel et bien le *Tractatus*, qu'« une méthode de la logique »[23], « méthode » suivant laquelle les « équations » jouent (à peu de chose près) le même rôle en mathématiques que les « tautologies » en logique. Elles ne sont jamais, en effet, que de « pseudo-propositions » – « *Gleichungen, also Scheinsätze* »[24] –, puisqu'elles « n'expriment point de pensée »[25]. Tout au plus « *s'y montre* »-t-il quelque chose – « *die Logik der Welt* » :

> La logique du monde, que les propositions de la logique montrent dans les tautologies, la mathématique la montre, elle, dans les équations.[26]

Et cette silencieuse « *ostension* » se produit à même les expressions (à même le « symbolisme ») du langage mathématique :

---

[21] WITTGENSTEIN, *Tractatus*, aphorismes 6.41 à 6.54.

[22] WITTGENSTEIN, *Tractatus*, aphorisme 7.

[23] Cf. WITTGENSTEIN, *Tractatus*, aphorismes 6.2 et 6.234.

[24] WITTGENSTEIN, *Tractatus*, aphorisme 6.2.

[25] WITTGENSTEIN, *Tractatus*, aphorisme 6.21.

[26] WITTGENSTEIN, *Tractatus*, aphorisme 6.22.

> A la question de savoir s'il est besoin de l'intuition pour la résolution des problèmes mathématiques, il faut répondre que, justement, ici, [c'est] *le langage* [*qui*] *livre l'intuition nécessaire*.[27]

S'il convient bien de faire la part de l'entente de la « vérité » qui ressortit à la stricte formalité de « la logique » – à l'ordre, en quelque sorte, des « vérités *a priori* » d'une sorte de « logique transcendantale » –, *a fortiori* convient-il de s'interroger sur la question (apparemment plus déconcertante) de la « valeur de vérité » qui peut (ou doit) encore être – ou non – reconnue aux « énoncés » dont se compose le *Tractatus* lui-même. La difficulté vient alors inévitablement à se poser de l'étrange *statut de* « *vérité* » des « propositions » – « *Sätze* » –, ou plutôt des « pseudo-propositions » – « *Scheinsätze* » – dans lesquelles s'exprime le « mode de considération » qui est celui de tout le livre, et qui constituent ce qu'il conviendrait proprement de nommer les « aphorismes » du *Tractatus*. Wittgenstein s'en explique dans l'avant-dernier aphorisme du livre, en des termes qui ont pu apparaître étrangement embarrassés :

> Mes phrases [*sc.* mes propositions [*meine Sätze*]] éclairent [*sc.* élucident [*erläutern*]] en cela que, qui me comprend, à la fin il les reconnaît comme dépourvues de sens [*als unsinnig*] lorsque, par elles – sur elles – il est passé au-dessus d'elles. (Il lui faut, pour ainsi dire, jeter l'échelle après y être grimpé.)
> Il lui faut passer par dessus ces phrases [*diese Sätze überwinden*] : alors, il voit [*sc.* il verra] correctement le monde.[28]

Si les aphorismes du *Tractatus* sont, de l'aveu même de l'auteur, « dénués de sens », s'ils ne sont nullement des « propositions douées de sens », c'est bel et bien au sens où ils ne sont – pas plus que les expressions mêmes de « la logique » ou de la « mathématique » – nullement des « énoncés » susceptibles d'être jamais infirmés ni confirmés par aucun « fait » ou « état de choses » du « monde ». Si les expressions – « tautologiques » – dont se constitue « la logique » (en y incluant même les « équations » des mathématiques) « *montrent* » – sans en rien « *dire* » – à même la « forme interne du langage » – la « *forme logique du monde* » –, les « *aphorismes* », dont se compose le livre de Wittgenstein, quant à eux, semblent avoir pour fonction de « *montrer* » – en *silence* – comment « la logique » elle-même « *montre* » – à même la forme de tous nos « dires », sans pour autant que cela puisse jamais y être « dit » à proprement parler –, comment « la logique », donc, « *montre* » (sans le « *dire* »)

---

[27] WITTGENSTEIN, *Tractatus*, aphorisme 6.233.

[28] WITTGENSTEIN, *Tractatus*, aphorisme 6.54.

ce qui n'est autre que « *la forme logique du monde* », inscrite à même « *la limite interne du langage* » – et avec elle toute l'*ineffable différence entre* « *dire* » *et* « *montrer* ». La fonction même de tout « le livre » qu'est le *Tractatus* s'épuiserait ainsi dans l'« *Aufweisung* » silencieuse – dans la tacite et laconique « ostension » – de ce qu'il faudrait apprendre à envisager comme « la différence entre dire et montrer » – comme l'« *Unterschied* », la « différence », ou l'« intervalle » qu'il y a du « phénoménologique » au « non-phénoménologique »[29].

Lorsque Heidegger, dans l'un des *Séminaires du Thor*, entreprend de donner clairement à entendre tout ce que nous avons perdu – pour le meilleur et pour le pire – au retrait de ce que les Grecs faisaient encore – et eux tous les premiers, à l'origine de la tradition occidentale – comme expérience de la vérité : à savoir celle d'« *alêtheia* », celle de l'« *Unverborgenheit* », de la « levée de l'illatence », de la « sortie de l'étant hors du retrait », du « phénomène » même de l'apparition et de la « parousie » des « *ta onta* » –, c'est, de manière assez étrange, à la sorte d'ontologie qu'il prête à ... Wittgenstein, qu'il recourt afin d'y donner à voir l'*index* même de l'ontologie de l'« objectivité » des Temps modernes :

> Pour nous, l'étant dans son ensemble – ta onta – n'est plus qu'un mot vide. Il n'y a plus pour nous cette expérience de l'étant au sens grec. Au contraire, ainsi chez Wittgenstein : « *Wirklich ist, was der Fall ist.* » (est réel ce qui est le cas ; ce qui veut dire : ce qui tombe sous une détermination, le fixable, le déterminable). Phrase proprement fantasmagorique.[30]

---

[29] Ludwig WITTGENSTEIN, *Philosophische Grammatik*, in : ID., *Werkausgabe in 8 Bänden*, Frankfurt/Main, Suhrkamp, 1993, vol. 4, annexe 5, p. 215-218, ici p. 215. – Nous nous sommes attaché ailleurs à montrer comment cette fonction du « Livre » avait dû servir de fil conducteur – celui-là même de la « question du Livre » – à tout le « chemin de pensée » de Wittgenstein, des premiers *Carnets* et du *Tractatus* jusqu'aux *Investigations grammaticales*, à travers toute l'étendue du *Nachlaß*. Quant à la différence « entre phénoménologique et non-phénoménologique », cf. nos études respectivement consacrées à : « La phénoménologie de Wittgenstein », *Heidegger Studies* 7, Berlin, Duncker & Humblot, 1991, p. 53-74, et à : Ludwig WITTGENSTEIN, « L'image dans le tapis », in : Antonia SOULEZ (éd.), *Dictées de Wittgenstein à Friedrich Waismann et pour Moritz Schlick*, tome II *(Études)*, Paris, PUF, 1997, p. 127-210. – Pour l'ensemble de ces questions, à propos de l'intrication de « la question du Livre » et de « la phénoménologie de Wittgenstein », voir notre ouvrage : *Wittgenstein et la question du Livre*, Paris, PUF, 2003.

[30] *Les séminaires du Thor*, journée du 2 septembre 1969, in : Martin HEIDEGGER, *Questions IV*, Paris, Gallimard, 1976, p. 256-306, ici p.260. – Cf. Martin HEIDEGGER, *Vier Seminare*, Frankfurt/Main, Klostermann, 1977, p. 65 ; Martin HEIDEGGER, *Seminare* (GA 15), p. 327.

Heidegger prête alors à Wittgenstein une thèse métaphysique qui semble bien n'être autre que la thèse « positiviste » dans laquelle se proclame – et de la manière la plus fruste – le triomphe de l'« objectivité » factuelle, de la « *Vorhandenheit* » : la « réalité effective » s'y épuiserait toute dans la « factualité » de « *ce-qui-est-le-cas* ». – Ce qui permet de juger « proprement fantasmagorique » la « phrase » que Heidegger attribue alors à Wittgenstein – en écho manifeste à la formule de l'aphorisme initial du *Tractatus* : « *Die Welt ist alles, was der Fall ist* » –, c'est la prétention hallucinatoire de la « subjectivité » – « transcendantale » – d'un « sujet métaphysique » qui prétendrait réduire le « sens d'être » de « l'étant dans son ensemble » à ce que ledit « sujet » entend pouvoir seul « fixer » et « déterminer ». Il s'agit manifestement là de donner à voir tout l'écart qui désormais sépare la « parousie » et « parution » propre à l'expérience grecque de l'« étant », d'une part, et – d'autre part – la « comparution » et l'« assignation » de l'« étant » des Modernes à la seule « objectivité de l'objet » en tant qu'essentiellement « déterminable » à une « subjectivité » qui ne fût autre, désormais, que celle de la « science de la nature » des Temps Modernes et de la « métaphysique de la subjectivité » qui de part en part la sous-tend. Voilà ce qui constituerait l'essentiel appauvrissement (en même temps que la prétention « proprement fantasmagorique ») de l'ontologie à laquelle Wittgenstein dût être supposé souscrire, au point de devoir en constituer, ici, la signature historiale. La question se pose pourtant de savoir si Wittgenstein mérite de se voir ainsi assigner ce rôle, sans plus amples considérations.

L'étrange sorte d'« expérience » requise pour ce qui serait censé devoir être l'attestation d'une « vérité » *sui generis* des expressions logico-mathématiques, et – *a fortiori* – d'une « vérité » des « aphorismes » du *Tractatus* –, l'« *expérience* », donc, qui se trouve ici en question, nous fait remarquer Wittgenstein, – « *n'en est justement pas une* » :

> L'« expérience » dont nous avons besoin pour l'entente de la logique n'est point [celle] que quelque chose se comporte de telle et telle façon, mais bien [celle] que quelque chose *est* : et voilà que cela *n'*est justement *pas* une expérience.[31]

Cela même rend problématique – et même aussi *énigmatique*, c'est-à-dire digne que l'on daigne *y penser* – l'interrogation récursive *sur les conditions mêmes de possibilité* – « transcendantales » ! – de toutes « assertions »

---

[31] WITTGENSTEIN, *Tractatus*, aphorisme 5.552.

supposées devoir être vérifiables (ou falsifiables) au vu des « états de chose » du monde :

> *Hat die Frage einen Sinn : Was muß sein, damit etwas der-Fall-sein kann ?*
> Cette question a-t-elle un sens : Qu'est-ce qui doit *être*, pour que quelque chose puisse être-le-cas ?[32]

Mais le dernier mot de la pensée de Wittgenstein à ce sujet est-il véritablement d'avoir fatalement à réintégrer l'ultime instance d'une « subjectivité transcendantale » telle que classiquement entendue – si singulièrement originale dût-elle d'ailleurs être dans le *Tractatus*, au cœur même de la crise des Temps modernes ? C'est ce dont il est permis de douter, pour peu que l'on veuille bien tenir compte de l'ensemble du « chemin de pensée » qui fut celui de Ludwig Wittgenstein.

S'interroger sur « ce qui doit *être*, afin que quelque chose puisse être-le-cas », cela ne signifie nullement qu'il puisse s'agir, purement et simplement, de se demander de quoi la « réalité » du monde doit être faite de son côté, afin que « la logique de notre langage » puisse se mettre en mesure de lui être « adéquate » ; cela doit bien plutôt nous être l'occasion de prendre tout simplement acte de ce que « la logique » *précède* – bel et bien « toute expérience » de la factualité des « états de chose » du monde ; qu'elle « *précède* » – en cela-même « *a priori* » – tous « systèmes de description du monde », dont elle ne fait en quelque sorte que jeter l'« esquisse » *avant* toute « expérience » :

> La logique est *avant* toute expérience – que quelque chose est *ainsi*. Elle est avant le comment, et non pas avant le quoi [*vor dem Wie, nicht vor dem Was*].[33]

C'est en ce sens que, comme le fait remarquer Wittgenstein :

> Il doit pouvoir être indiqué *a priori* si je puis [jamais], par exemple, me trouver en situation de devoir signifier quelque chose avec le signe d'une relation à 27 places.[34]

Et nous ne devrions pas alors nous tourmenter à nous demander en vain si nous pouvons légitimement « construire une forme de signe, sans même savoir si quelque chose pourrait lui correspondre »[35]. Il pourrait, en effet, « y avoir une

---

[32] WITTGENSTEIN, *Tractatus*, aphorisme 5.554, *in fine*

[33] WITTGENSTEIN, *Tractatus*, aphorisme 5.552, *in fine*.

[34] WITTGENSTEIN, *Tractatus*, aphorisme 5.5541.

[35] WITTGENSTEIN, *Tractatus*, aphorisme 5.5542.

logique *quand bien même il n'y eût aucun monde* ». Tel est le sens de son
« *antériorité* » – de sa validité « *a priori* ». Mais, s'il en est ainsi, comment
pourrait-il donc sensément « y avoir une logique *parce qu'il y a un monde* »[36] ?

La logique ne saurait donc dépendre des « états de choses » du monde.
C'est en ce sens qu'elle est « transcendantale » ; en ce sens même qu'elle « n'est
pas de ce monde ». La logique prescrit au « monde » la « forme logique » – à
quoi devront se conformer tous les modes possibles de « description du
monde », mais naturellement pas la nature et la teneur de celui-ci ! Elle lui
prescrit le « *comment* » de sa comparution dans ce qui devra être « la logique de
notre langage », mais non pas le « quoi » des « états de choses » du monde.
C'est aussi ce que signifie le célèbre adage de l'aphorisme 5.6 du *Tractatus* :
« *Les limites de mon langage* signifient les limites de mon monde »
– qu'élucident, à leur manière pourtant encore énigmatique, les remarques des
deux longs aphorismes 5.61 et 5.62 :

> La logique emplit le monde ; les limites du monde sont aussi les siennes.
> Nous ne pouvons donc pas dire, à l'intérieur de la logique : Il y a dans le
> monde ceci et cela, mais pas cela.
> Cela présupposerait apparemment, en effet, que nous en excluions certaines
> possibilités, et cela ne saurait être le cas, car, sinon, la logique devrait
> outrepasser les limites du monde – puisqu'elle pourrait alors considérer ces
> limites aussi de l'autre côté.
> Ce que nous ne pouvons penser, nous ne pouvons pas le penser ; nous ne
> pouvons aussi point *dire* ce que nous ne pouvons penser.[37]
>
> Cette remarque donne la clef pour ce qui est de décider de la question :
> jusqu'à quel point le solipsisme est-il une vérité ?
> Ce que *vise* [*meint*], en effet, le solipsisme, cela est tout à fait juste, sauf que
> cela ne se laisse point *dire* [*nur läßt es sich nicht* sagen] : cela se montre [*es zeigt sich*].
> Que le monde est *mon* monde, cela se montre à ce que les limites *du*
> langage (du seul langage que je comprenne) signifient les limites de *mon*
> monde.[38]

La « logique du langage », telle qu'elle transparaît dans le *Tractatus*,
préfigure donc bien la célèbre thèse dite « de l'indépendance de la grammaire »

---

[36] Cf. WITTGENSTEIN, *Tractatus*, aphorisme 5.5521.
[37] WITTGENSTEIN, *Tractatus*, aphorisme 5.61.
[38] WITTGENSTEIN, *Tractatus*, aphorisme 5.62.

propre à la philosophie des « *jeux de langage* » du « second » Wittgenstein. Car les « *règles de grammaire* » de nos divers « jeux de langage », les « conventions tacites » qui y ont cours, dans autant de « formes de vie » usitées, n'y ont jamais « de comptes à rendre » devant aucune espèce de « réalité » supposée préalable à l'institution de nos « us et coutumes langagiers »[39]. Les « *remarques grammaticales* » qui, éventuellement, nous les font – sentencieusement – « remarquer », sous forme d'autant d'« aphorismes », ne sont dès lors – pas plus que ne l'étaient les « aphorismes du *Tractatus* » – en aucun cas des « propositions » énonciatives de quelques « états de choses » du monde que ce puisse être. Elles ne font autre chose que nous rappeler les « règles du jeu » que se prescrivent, en autant de « jeux de langage », nos « formes de vie » habituellement en usage et plus ou moins invétérées. Mais, ce faisant, elles nous « *montrent* », elles aussi, sans rien en « *dire* » à proprement parler – dans « le silence de la grammaire » –, *quelque chose de « l'essence du monde »*, *à même « l'essence du langage »*.[40]

Si bien que c'est alors, selon le « second » Wittgenstein, « *le langage dans son ensemble* » – pour autant que des « remarques grammaticales » parviennent à nous en faire « remarquer » (du trait discret de l' « aphorisme ») les « règles » implicites –, qui assure, en silence, la fonction qu'accomplissait à sa manière, dans l'économie du *Tractatus*, « *la logique de notre langage* ». Si, comme l'enseignait Wittgenstein dans sa *Conférence sur l'Ethique*, « la seule façon correcte d'exprimer dans le langage le miracle de l'existence du monde, bien que ce ne soit là nulle proposition du langage, c'est l'existence même du langage »[41] –, il lui fallait alors entreprendre de « décrire » – en quelque sorte « grandeur nature » et, pour ainsi dire « à perte de vue » – tout « *le langage lui-même* », dans toute l'indénombrable variété de ses « usages coutumiers », au sein de nos « formes de vie » ; et cela de manière à le laisser – silencieusement – *exhiber* – comme *en filigrane* – non plus tant le « cristal logique » étincelant

---

[39] Cf. par exemple, Ludwig WITTGENSTEIN, *Philosophische Bemerkungen*, in : ID., *Werkausgabe in 8 Bänden*, Frankfurt/Main, Suhrkamp, 1991, vol. 2, § 7, p. 53-55. Cf. aussi : WITTGENSTEIN, *Philosophische Grammatik*, § 133, p. 184-185 ; Ludwig WITTGENSTEIN, *Zettel*, in : ID., *Werkausgabe in 8 Bänden*, Frankfurt/Main, Suhrkamp,1992, vol. 8, § 331, p. 350 ; etc. – ainsi que nos analyses in : *Wittgenstein et la question du Livre*, chap. III, § II, p. 172-185.

[40] Cf. Ludwig WITTGENSTEIN, *Philosophische Bemerkungen*, § 54, p. 54-55 – et nos analyses in : *Wittgenstein et la question du Livre*, p. 49-50 ; p. 65, note 2 ; p. 74ss. ; p. 135ss. et p. 212ss.

[41] Ludwig WITTGENSTEIN, *A Lecture on Ethics*, in : *The Philosophical Review* 74, 1965, p. 3-12, ici p. 11.

qu'avait envisagé le *Tractatus*, que l'improbable « structure diaphane » du monde, son *architecture silencieuse*, à même la « grammaire » implicite, immémoriale, de nos « faits et gestes ». Cela ne put jamais se faire qu'au fil des pages de ces innombrables « *albums* » réunissant au fil des « remarques grammaticales » autant d'« esquisses de paysages » – ou bien encore dans les « registres » de ces étranges « livres de comptes », de ces « *livres de commerce du langage* » scrupuleusement tenus à jour par Wittgenstein tout au long d'une vie de penseur – et où fussent consciencieusement consignées « *ces choses à la fois usitées et secrètes* » (S. Augustin, *Confessions*, XI, 28) : « *les transactions effectives du langage* »[42].

Ce « qui doit *être* », alors, afin « que quelque chose puisse *être-le-cas* », ce n'est plus seulement « la logique » – fût-elle « la logique de notre langage », y compris celle de « notre langage ordinaire » (dont le *Tractatus* faisait déjà remarquer qu'il est pour ainsi dire « une partie de l'organisme humain, et non moins complexe que [ne l'est] celui-ci », à tel point qu'« il est humainement impossible d'y faire immédiatement ressortir la logique du langage [*die Sprachlogik*] », et que « les arrangements tacites [*die stillschweigenden Abmachungen*] pour la compréhension du langage ordinaire [y] sont d'une énorme complexité »[43]) –, mais c'est bel et bien la « *grammaire* » – implicite – de nos divers « *jeux de langage* », considérés dans toute la variété mouvante (et à jamais insusceptible de « vision synoptique » exhaustive) des « *formes de vie des humains* ». Ce dont nous y faisons l'expérience est alors loin de se réduire à l'ontologie très sommaire que fût censé suffire à formuler le « *Wirklich ist, was der Fall ist* » que prête à Wittgenstein le texte du protocole des *Séminaires du Thor* de 1969. La manière même dont la haute stature de Wittgenstein semble devoir se découper sur l'horizon de l'« histoire de l'Etre » ne saurait donc être réduite à l'échelle de cette seule indication, manifestement trop schématique. L'interrogation sur « ce qui doit *être*, afin que quelque chose puisse être ce qui est-le-cas », menée au long de toute une vie de penseur, avait manifestement conduit dès longtemps le chemin de pensée de Ludwig Wittgenstein jusqu'à lui permettre d'envisager jusqu'*en son* « *retrait* » – auquel convient sans doute le silence de quelque savante « sigétique » –, et pourtant jusqu'au beau milieu de

---

[42] Cf. WITTGENSTEIN, *Philosophische Grammatik*, § 44, p. 87 : « La grammaire, ce sont les livres de commerce du langage [*die Geschäftsbücher der Sprache*], dans lesquels tout doit pouvoir être vu de ce qui concerne, non point les impressions ressenties de façon concomitante, mais bien les transactions effectives du langage [*die tatsächlichen Transaktionen der Sprache*] ».

[43] Cf. WITTGENSTEIN, *Tractatus*, aphorisme 4.002.

nos « formes de vie » les plus usitées –, derrière « *veritas* » et « *adaequatio* », derrière la « vérité » des sciences de la nature et des constats empiriques, à même ce qu'il nommait « la tapisserie de la vie » – l'énigmatique abyssalité d' « *alêtheia* » : l' « envers enchevêtré de la tapisserie » – l'*autre face de la vérité*.

IV

GÉNÉALOGIE ET SYSTÉMATIQUE

GENEALOGIE UND SYSTEMATIK

MALAISE DANS LA CIVILISATION MODERNE

Rudolf Bernet

Nous n'en finissons pas de vivre un temps de crise. Cette crise affecte tellement toute notre vie quotidienne que nous nous mettons à regretter le temps où il n'y avait que la philosophie comme « science rigoureuse » ou « les sciences européennes » qui étaient en crise. Même s'il est vrai que la science sert d'« idée directrice » à notre société, il est non moins vrai que la crise de la rationalité que nous vivons dépasse de loin les enjeux de la rationalité scientifique. Ce qui est en jeu dans notre « malaise dans la civilisation », c'est le caractère rationnel de notre vie sociale tout entière, c'est l'ensemble des multiples systèmes symboliques qui donnent sens à notre vie en commun ainsi qu'à nos institutions sociales, politiques, juridiques, économiques, etc.

J'ai choisi de prendre appui sur une série de textes philosophiques appartenant aux XVIIIe, XIXe et XXe siècles pour mieux cerner ce malaise qui nous accable tant. Cela me permettra de montrer que la crise de notre civilisation n'est pas aussi récente qu'il n'y paraît et que l'opposition traditionnelle entre les concepts de nature et de culture nous permet de mieux comprendre ses causes. Pour le XVIIIe siècle, je me tournerai vers J.-J. Rousseau et plus particulièrement vers son (second) *Discours sur l'origine et les fondements de l'inégalité parmi les hommes* (1755)[1]. Le critique le plus exubérant, mais aussi le plus perspicace de la civilisation du XIXe siècle fut sans doute F. Nietzsche. Je m'inspirerai avant

---

[1] Jean-Jacques ROUSSEAU, *Discours sur l'origine et les fondements de l'inégalité parmi les hommes*, in : *Œuvres Complètes*, vol. III, Paris, Gallimard (Bibliothèque de la Pléiade), 1964, p. 109-194.

tout de sa *Contribution à la généalogie de la morale* (1887)[2]. Chemin faisant, il apparaîtra que cet ouvrage a des affinités frappantes avec une des dernières œuvres de S. Freud, qui porte le titre : *Malaise dans la civilisation* (1929)[3].

1. Le malaise de l'individu civilisé

Nos trois auteurs s'accordent pour une large part sur la condition de l'homme moderne. Cela donne à penser que le développement de la civilisation occidentale entre 1755 et 1929 n'a fait qu'accentuer et exacerber les travers déjà relevés par Rousseau. C'est d'ailleurs justement chez Rousseau que nous trouvons les formules les plus percutantes et la description la plus éclairante du malaise que nous éprouvons par rapport à la civilisation contemporaine.

Le maître-mot de l'analyse de Rousseau est sans conteste le terme « paraître ». Ce mot fait système avec ces autres termes que sont « le regard », « la comparaison », « l'apparence », « la préférence », « l'estime », « la considération ». L'homme civilisé attache le plus de prix au *prestige* ou, pour citer Rousseau, il est possédé par « ce désir universel de réputation, d'honneurs, et de préférences, qui nous dévore tous, [...] cette ardeur de faire parler de soi, [...] cette fureur de se distinguer »[4]. Le malheur de l'homme moderne et les désordres grandissants de la vie sociale découlent du fait qu'un tel désir est sans limites et restera nécessairement insatisfait, qu'il installe la concurrence et la rivalité au cœur de tous les rapports humains et qu'il tire toute sa jouissance des infortunes et de l'abaissement des autres hommes. Comme dit Rousseau : les puissants « n'estiment les choses dont ils jouissent qu'autant que les autres en sont privés, et que [...] ils cesseroient d'être heureux si le Peuple cessoit d'être misérable »[5].

Une société façonnée par ce désir de prestige conduit à un état de *violence* générale : révolte violente des opprimés contre ceux qui les humilient et violence des forces dominantes qui s'entre-tuent pour une poignée de prestige supplémentaire. Cette violence est, en dernière instance, la violence d'un *désir* que Rousseau appelle « fureur ». Il s'agit d'une rage dont la force destructrice et

---

[2] Friedrich NIETZSCHE, *Contribution à la généalogie de la morale* (traduction française par A. Kremer-Marietti), Paris, Union générale d'éditions (Collection 10/18), 1974.

[3] Sigmund FREUD, *Malaise dans la civilisation* (traduction française par Ch. et J. Odier), Paris, P.U.F., 1978.

[4] ROUSSEAU, *Discours sur l'origine de l'inégalité*, p. 189.

[5] ROUSSEAU, *Discours sur l'origine de l'inégalité*, p. 189.

l'agressivité débordante proviennent d'un désir de prestige frustré ou de ce que nous pourrions appeler « une blessure narcissique ». Cette blessure narcissique est inévitable dès lors que chaque homme cherche à « être préféré » et que ceux qui sont censés le préférer cherchent à leur tour la même chose. L'homme civilisé enrage de se voir dépendre de ses ennemis, de ceux qui n'aspirent qu'à se construire une réputation à ses dépens. Possédé par un tel désir infini de prestige, l'homme moderne dispose d'une identité personnelle extrêmement fragile. Il surveille avec inquiétude les « regards » que les autres hommes portent sur lui – comme si tout son être en dépendait. Il se trouve ainsi à la merci de ses rivaux et, cherchant son reflet dans ce miroir que sont les autres, il devient un étranger pour lui-même :

> L'homme sociable toûjours hors de lui ne sait vivre que dans l'opinion des autres, et c'est, pour ainsi dire, de leur seul jugement qu'il tire le sentiment de sa propre éxistence [...] tout se réduisant aux apparences, tout devient factice et joüé [...] demandant toujours aux autres ce que nous sommes et n'osant jamais nous interroger là-dessus nous-mêmes, au milieu de tant de Philosophie, d'humanité, de politesse et de maximes Sublimes, nous n'avons qu'un extérieur trompeur et frivole, de l'honneur sans vertu, de la raison sans sagesse, et du plaisir sans bonheur.[6]

On ne saurait dire avec plus d'éloquence que l'homme civilisé est un grand hystérique. Dans sa dépendance de l'autre prédomine le registre de l'imaginaire qui fait en sorte que tout devient « factice et joué ».

Anticipant les analyses lacaniennes, Rousseau définit cet imaginaire hystérique comme le culte d'un désir toujours insatisfait, comme la tentative impossible d'une prise de contrôle du désir de l'Autre. Il s'ensuit que le comportement de l'homme civilisé n'est pas seulement agressif, mais aussi *démesuré*. Ainsi, le *travail* qui pourrait n'être qu'un mal nécessaire pour survivre ou une source d'accomplissement personnel qui renforce les liens de la vie sociale, devient pour l'homme moderne une véritable passion. Cette passion du travail ne se contente d'aucune réussite, elle ne s'accorde aucun répit : l'homme moderne ne travaille pas seulement jusqu'à sa mort, il se tue au travail : « le Citoyen toujours actif, suë, s'agite, se tourmente sans cesse pour chercher des occupations encore plus laborieuses : il travaille jusqu'à la mort, il y court même [...]. »[7] Voilà déjà annoncé le travail secret de la pulsion de mort dont Freud fera un des grands thèmes de son analyse du « malaise dans la

---

[6] ROUSSEAU, *Discours sur l'origine de l'inégalité*, p. 193 ; cf. également p. 174s et p. 189.

[7] ROUSSEAU, *Discours sur l'origine de l'inégalité*, p. 192.

civilisation ». La démesure de son désir conduit l'homme civilisé à s'inventer continuellement de nouveaux besoins, tous plus artificiels les uns que les autres et tous source de nouvelles frustrations et de nouvelles souffrances. L'homme moderne selon Rousseau est déjà un consommateur effréné : « [...] de libre et independant qu'étoit auparavant l'homme, le voilà par une multitude de nouveaux besoins assujéti [...] »[8].

Avec l'apparition de ces nouveaux besoins surgit la question de répartition des richesses et de l'inégalité économique. On sait que Rousseau insiste beaucoup sur l'importance de la propriété privée et de la répartition inégale des richesses économiques pour expliquer « l'origine de l'inégalité parmi les hommes ». Il est clair, cependant, que les richesses valent moins par elles-mêmes que par le pouvoir et la considération sociale qu'elles confèrent. L'économie est de nature libidinale pour Rousseau parce que la valeur des biens se mesure en termes de prestige psychologique et non de valeur d'échange ou de valeur marchande. Dans la société moderne, le pouvoir économique est inséparable du *désir* d'impressionner, d'humilier, d'exploiter, de tromper et de bluffer l'adversaire, c'est-à-dire tous les autres hommes :

> Etre et paroître devinrent deux choses tout à fait différentes, et de cette distinction sortirent le faste imposant, la ruse trompeuse, et tous les vices qui en sont le cortége [...]. [L'homme riche] cherche sans cesse à les [sc. : les autres hommes] intéresser à son sort, et à leur faire trouver en effet ou en apparence leur profit à travailler pour le sien : ce qui le rend fourbe et artificieux avec les uns, imperieux et dur avec les autres [...]. Enfin l'ambition dévorante, l'ardeur d'élever sa fortune relative, moins par un veritable besoin que pour se mettre au-dessus des autres, inspire à tous les hommes un noir penchant à se nuire mutuellement, [...] en un mot, concurrence et rivalité d'une part, de l'autre opposition d'intérêt, et toujours le désir caché de faire son profit aux dépens d'autrui [...].[9]

La violence et la démesure du désir du prestige réduisent l'homme civilisé, aussi puissant soit-il, à un état de *dépendance* extrême. L'analyse de Rousseau s'attache surtout au caractère hystérique et imaginaire de cette interdépendance entre les hommes civilisés ainsi qu'à la rivalité et à l'agressivité qui en découlent. N'existe-t-il pas, cependant, des formes de dépendance nécessaires qui forment et préservent la personne humaine plutôt que de la perdre ? L'homme civilisé n'est-il pas également un sujet de droit, protégé par la loi et

---

[8] ROUSSEAU, *Discours sur l'origine de l'inégalité*, p. 174s.

[9] ROUSSEAU, *Discours sur l'origine de l'inégalité*, p. 174s.

ses représentants institutionnels ? N'existe-t-il pas, à côté de la dépendance imaginaire, une dépendance symbolique ? On sait avec quelle vigueur *Le contrat social* développera l'idée d'une telle dépendance symbolique du citoyen par rapport à la « volonté générale » et de son incarnation dans l'assemblée du peuple. Cette doctrine ultérieure est déjà clairement esquissée à la fin du *Deuxième discours*. Mais il n'empêche que, dans ce *Deuxième discours*, le symbolique est encore compris comme étant une forme de *la perte du naturel*. C'est pourquoi ce texte nous présente le symbolique et l'imaginaire sous la forme de cet enchevêtrement où la loi devient une vexation et où la volonté de puissance du despote s'érige en loi.

Cette collusion et confusion entre une dépendance symbolique et une dépendance imaginaire apparaissent le plus clairement dans ce que Rousseau dit de la *sexualité* de l'homme civilisé. Le désir sexuel de l'homme moderne est démesuré et infini parce qu'il fait intervenir « l'imagination », parce qu'il s'alimente de fantasmes. Le registre symbolique de la loi (par exemple l'interdiction de l'inceste) et des institutions sociales (telle que la famille monogamique) plutôt que de se dresser contre l'imaginaire sexuel, s'en fait le secret allié. Dans cette reprise imaginaire du symbolique, la loi apparaît comme despotique et fonctionne comme invitation à la transgression. Autant dire que la civilisation policée dont Rousseau a tant horreur pousse l'homme à une jouissance perverse :

> Parmi les passions qui agitent le cœur de l'homme, il en est une ardente, impétueuse, qui rend un séxe nécessaire à l'autre, passion terrible qui brave tous les dangers, renverse tous les obstacles, et qui dans ses fureurs semble propre à détruire le Genre-humain qu'elle est destinée à conserver [...]. Il faut convenir d'abord que plus les passions sont violentes, plus les Loix sont nécessaires pour les contenir : mais outre que les désordres, et les crimes que celles-ci causent tous les jours parmi nous, montrent assés l'insuffisance des Loix à cet égard, il seroit encore bon d'examiner si ces désordres ne sont point nés avec les Loix mêmes [...]. Commençons par distinguer le moral du Physique dans le sentiment de l'amour. Le Physique est ce désir général qui porte un séxe à s'unir à l'autre ; Le moral est ce qui détermine ce désir et le fixe sur un seul objet exclusivement [...]. Or il est facile de voir que le moral de l'amour est un sentiment factice ; né de l'usage de la société [...]. L'imagination qui fait tant de ravages parmi nous, ne parle point à des cœurs Sauvages ; chacun attend paisiblement

l'impulsion de la Nature, s'y livre sans choix avec plus de plaisir que de fureur, et le besoin satisfait, tout le désir est éteint.[10]

Rousseau blâme l'homme civilisé d'être trop raffiné dans ses goûts sexuels et de faire des « comparaisons » entre les femmes. Il lui oppose le « sauvage » dont il prétend que « toute femme est bonne pour lui »[11]. Pour Rousseau, comme d'ailleurs pour Nietzsche et Freud, la rationalité symbolique est impensable sans l'activité de la *comparaison*. Voilà donc une autre caractéristique que le symbolique et l'imaginaire ont en commun, et qui explique pourquoi Rousseau se soucie si peu à les séparer. Les systèmes symboliques de la langue, de la société, du marché etc. impliquent la comparaison parce qu'ils sont fondés sur des rapports d'équivalence et qu'ils conduisent à des généralisations. Cela n'entraîne pas seulement des relations de dépendance symbolique, mais surtout la ruine de tout ce qui est individuel et unique. Rien ne semble compter autant pour Rousseau que l'unicité de l'individu humain. Pour lui, cette unicité ne souffre aucun partage, aucune mise en commun, aucune communication, aucune généralisation ou loi. Chaque personne n'est irremplaçable et unique que pour elle-même, et la révélation de cette unicité est pour Rousseau la plus haute jouissance qu'il appelle « sentiment d'existence ». La rationalité symbolique du langage, des institutions sociales et politiques, des échanges et systèmes de production économiques délogent l'individu civilisé de cette place unique et centrale, le dépossèdent de lui-même. Cette perte de lui-même est le prix que l'homme moderne paye pour les agréments de la vie en commun, pour le partage des peines du travail et des joies de l'amour. Ce prix de la vie civilisée devait paraître excessif à Rousseau puisqu'il lui préfère la vie du sauvage que par ailleurs il n'hésite pas à qualifier d'« animal stupide et borné ». Tout en admettant qu'il n'y a pas de retour en arrière possible, Rousseau semble craindre que, une fois lancé, ce mouvement de la substitution signifiante qui opère au sein de tout système symbolique ne s'arrête jamais et conduise à des effets de plus en plus catastrophiques. Au vu de la bureaucratisation des institutions et de l'anonymat de la vie sociale qui pèsent si lourdement sur notre vie présente, on ne peut lui donner tout à fait tort. Dans le monde contemporain, les systèmes symboliques tournent souvent à vide, les mots se réduisent à de simples signaux ou s'érigent en idoles, les œuvres sont de simples événements médiatiques, les signifiants ne signifient plus rien.

---

[10] ROUSSEAU, *Discours sur l'origine de l'inégalité*, p. 157s.

[11] ROUSSEAU, *Discours sur l'origine de l'inégalité*, p. 158.

La méditation de Rousseau sur les avantages et les inconvénients d'une vie sociale qui se soutient d'une multitude de systèmes symboliques est reprise et prolongée par *Nietzsche* et *Freud*. Ce n'est pas sans surprise que le lecteur familier de la pensée de Heidegger lit dans la *Généalogie de la morale* que la rationalité moderne est le règne du *calcul* et dans *Malaise dans la civilisation* que la vie civilisée est dominée par le besoin de *sécurité*. Pour Nietzsche également, *raison est comparaison*, calcul des équivalences (par exemple entre la dette et la punition) :

> Etablir des prix, mesurer des valeurs, trouver des équivalences, échanger [...] est dans un certain sens *la* pensée : ici la plus ancienne forme de la perspicacité a appris à s'exercer, ici on pourrait de même supposer qu'a commencé le premier orgueil humain, son sentiment de supériorité sur les autres animaux.[12]

Cette pensée calculatrice considère l'individu humain comme une simple valeur d'échange ou encore comme le cas particulier d'un genre abstrait. Mais à la différence de Rousseau, Nietzsche voit dans cette perte de l'individualité humaine plus qu'un simple *effet* du symbolique. Pour Nietzsche, l'homme moderne se perd parce qu'il *veut* se perdre, il devient esclave parce qu'il *veut* être esclave, il devient irresponsable parce qu'il *fuit* la responsabilité personnelle, il devient grégaire parce qu'il *consent* à être manipulé, il devient sentimental pour n'avoir pas à affronter les risques de l'action, il devient morose parce qu'il déteste la vie. Ce qui est en jeu dans la ruine de l'individualité humaine, ce n'est donc plus le symbolique en tant que tel, mais un système symbolique fondé sur des instincts décadents, sur une volonté nihiliste, sur un agir qui s'est transformé en une réaction passive et intériorisée. Nietzsche milite donc en faveur d'un autre système symbolique, d'une autre vie civilisée qui préserverait l'indépendance et la responsabilité personnelles, qui se mettrait au service de la volonté de vivre et qui tolérerait la différence entre les hommes plutôt que de les surveiller et punir.

L'esclavage de l'homme moderne, si brillamment décrit par Rousseau, n'est donc pas un sort immuable pour Nietzsche. Dans le débat qui oppose Nietzsche à Rousseau, *Freud* occupe une position intermédiaire. D'une part, il concède à Rousseau que la civilisation est plus qu'un simple reflet d'une organisation physiologique des instincts, qu'elle a une autonomie et même une nécessité qui, tout au contraire, la mettent souvent en conflit avec la constitution naturelle de l'homme. D'autre part, Freud souscrit à l'idée nietzschéenne que la

---

[12] NIETZSCHE, *Généalogie de la morale*, Deuxième dissertation, § 8 (traduction modifiée).

civilisation – même dans ses œuvres les plus sublimes – se soutient encore d'une vie pulsionnelle tout en lui imposant des modifications telle que la sublimation. Cela conduit Freud à mesurer la vie de l'homme civilisé à l'aune des satisfactions pulsionnelles tout en reconnaissant la nécessité d'une intervention symbolique, et donc extérieure, dans l'intérêt même de cette satisfaction pulsionnelle.

Pour Freud, la civilisation répond à un besoin fondamental de l'homme, à savoir son besoin de *sécurité*. Les *lois* protègent la personne humaine et ses biens contre la malveillance agressive des autres hommes et elles préservent la personne humaine d'une autodestruction. Le *travail* en commun permet de neutraliser de multiples sources de souffrance (maladies, catastrophes naturelles, inactivité et ennui), il ordonne l'emploi du temps, il canalise les énergies (mêmes agressives) vers des buts utiles, il est un ferment de la vie sociale et il n'est pas sans offrir quelques satisfactions compensatoires. Les *activités culturelles* telles que l'art sont la source inépuisable d'une douce et innocente euphorie : « [...] les jouissances qu'inspire la beauté [...] des formes et des gestes humains, [...] des créations artistiques et même scientifiques [...] en tant qu'émotion légèrement enivrante »[13]. Le symbolique nous protège contre le choc du réel chaotique des pulsions, il métamorphose les pulsions ou il médiatise du moins le rapport de la pulsion à son objet. C'est surtout de l'expression d'une *agressivité brute* que la vie civilisée doit nous garder. Cette protection opère par métamorphose ou par sublimation, mais aussi, et d'ailleurs le plus souvent, par un retournement de la pulsion que Freud appelle « introjection » ou « intériorisation ». Ce dernier processus n'est pourtant pas sans inconvénients, car il favorise le sentiment de culpabilité. L'homme moderne a toutes les raisons de se lamenter comme Job ; il est un coupable innocent, il se sent même d'autant plus coupable qu'il est vertueux, c'est-à-dire qu'il renonce à satisfaire ses pulsions agressives : « Tout renoncement à la pulsion devient alors une source dynamique pour la conscience morale, puis tout nouveau renoncement intensifie à son tour la sévérité et l'intolérance de la conscience morale »[14], et donc aussi le sentiment de culpabilité.

Le bilan de cette première exploration de la vie de l'homme civilisé est clair et clairement négatif pour nos trois auteurs : la civilisation a contribué davantage à la misère de l'homme moderne qu'à sa grandeur. Pour *Rousseau*, l'homme civilisé a perdu son indépendance et son unicité originelles, il est

---

[13] FREUD, *Malaise dans la civilisation*, p. 28s.

[14] FREUD, *Malaise dans la civilisation*, p. 86 (traduction modifiée).

possédé par un désir aveugle et démesuré de prestige et les autres hommes ne peuvent être pour lui que des rivaux, des despotes ou des moins que rien. L'homme civilisé est débordé par une pulsion agressive ou même sadique qui s'attaque à tout ce qui bouge et qui finit par l'engloutir lui-même. Rousseau lui oppose le modèle de « l'homme de la nature » ou du « sauvage », d'un « Alexandre le bienheureux » de la première heure, qui n'a ni femme ni maison, qui ne connaît ni le travail ni ses instruments, qui ignore tout du langage, du temps et de la mort. Pour *Nietzsche*, l'homme civilisé a perdu sa force vitale, sa santé robuste, sa cruauté sans détours, sa spontanéité extravertie, son indépendance orgueilleuse, sa volonté de puissance toujours en éveil. Il est un hypochondriaque à l'affût de ses souffrances et incapable d'agir autrement que sous forme d'intrigues, il est un complexé nourrissant un ressentiment massif et une haine retorse pour ceux qui sortent du rang, il est un esprit faible et grégaire, un toxicomane hébété par la contemplation de ses propres états d'âme, il est un être avec une « âme qui louche ». Nietzsche lui oppose non pas l'homme préhistorique, mais l'homme appartenant à une autre civilisation qu'il appelle la civilisation des maîtres ou des seigneurs. Cette civilisation idéale, dont la Grèce antique semble avoir fourni le modèle, a été abolie par le christianisme et par la décadence ou l'intériorisation des forces vitales qui en forment le cortège. Pour *Freud* enfin, l'homme civilisé est un être apparemment sans histoires, protégé par un ordre social solidement établi et jouissant des innombrables avantages que procure la technique moderne. Son bonheur n'est pourtant qu'apparent puisqu'il est rongé par un sentiment de culpabilité de plus en plus envahissant et d'autant plus difficile à cerner qu'il reste en grande partie inconscient. Parmi nos trois auteurs, Freud est sans conteste l'observateur le plus désabusé de l'existence de l'homme moderne puisqu'il se dit incapable d'imaginer un autre mode de vie civilisée. Il ne croit plus en la possibilité d'une civilisation qui s'établirait comme le pur prolongement symbolique d'une vie pulsionnelle saine et d'un naturel robuste.

2. Le caractère ambivalent du progrès de la civilisation

S'il existe une civilisation solidement établie et même un progrès à l'intérieur de la vie civilisée, c'est que l'homme doit y trouver un certain avantage. Même *Rousseau* en convient. Tout en rejetant l'hypothèse selon laquelle le sauvage aurait *cherché* à devenir civilisé, il doit admettre que l'homme primitif possédait une « perfectibilité » qui le prédisposait *naturellement* à quitter son état originel. Cette perfectibilité, étant une faculté virtuelle et non une volonté expresse, avait besoin de causes externes pour se mettre en marche vers une perfection actuelle. Ces causes externes rendant nécessaires le travail en commun, la cohabitation, la répartition des tâches à l'intérieur de la famille furent d'abord de nature économique. Rousseau a beau prétendre que cette perfectibilité fut « la source de tous les malheurs de l'homme »[15], il n'empêche que le sauvage a quitté son état primitif de plein gré parce que cela lui parut et que cela lui fut avantageux. S'assurant de la collaboration d'autres hommes, il devient capable d'entreprendre de grands travaux, de devenir un professionnel de « la Métallurgie et de l'agriculture »[16], plutôt que d'attendre patiemment qu'un lièvre croise son chemin. Mais le voilà aussi et du même coup enchaîné à un rythme de travail, dépendant de ses collègues et livré à l'exploitation par le propriétaire des moyens de production. L'homme civilisé manie avec dextérité le marteau piqueur, mais il a perdu l'agilité naturelle de son corps :

> Le corps de l'homme sauvage étant le seul instrument qu'il connoisse, il l'employe à divers usages, dont, par le défaut d'exercice, les notres sont incapables [...]. S'il avoit eu une hache, son poignet romproit-il de si fortes branches ? S'il avoit eu une fronde, lanceroit-il de la main une pierre avec tant de roideur ? S'il avoit eu une échelle, grimperoit-il si légèrement sur un arbre ? S'il avoit eu un Cheval, seroit-il si vîte à la Course ?[17]

Mais l'analyse que Rousseau fait du caractère ambivalent des progrès de la civilisation ne se limite pas à opposer les avantages procurés par la vie civilisée aux avantages de l'état naturel dont cette civilisation nous a dépouillés. Rousseau veut aussi montrer qu'à l'intérieur même de la vie civilisée, chaque nouvel avantage se paie du prix de nouveaux inconvénients. Les facilités de la vie civilisée entraînent, en effet, des servitudes innombrables, et la souffrance due à leur perte est sans commune mesure avec le plaisir que nous trouvions à nous en servir :

> Dans ce nouvel état [...] les hommes joüissant d'un fort grand loisir l'emploiérent à se procurer plusieurs sortes de commodités inconnues à leurs Peres ; et ce fut là le premier joug qu'ils s'imposérent sans y songer [...] ; car outre qu'ils continuérent ainsi à s'amolir le corps et l'esprit, ces commodités ayant par l'habitude perdu presque tout leur agrément, et étant en même tems dégénérées en de vrais besoins, la privation en devint

---

[15] ROUSSEAU, *Discours sur l'origine de l'inégalité*, p. 142.

[16] ROUSSEAU, *Discours sur l'origine de l'inégalité*, p. 171.

[17] ROUSSEAU, *Discours sur l'origine de l'inégalité*, p. 135.

beaucoup plus cruelle que la possession n'en étoit douce, et l'on étoit malheureux de les perdre, sans être heureux de les posseder.[18]

Freud prolonge cette remarquable analyse de notre civilisation des gadgets en mettant en évidence que les nouveaux moyens mis à notre disposition par la technologie moderne ne font le plus souvent que corriger et compenser les inconvénients des inventions antérieures :

> Sans les chemins de fer, qui ont supprimé la distance, l'enfant n'eût jamais quitté la ville natale, et alors qu'y eût-il besoin de téléphone pour entendre sa voix ? Sans la navigation transatlantique, mon ami n'aurait point entrepris sa traversée, et je me serais passé du télégraphe pour me rassurer sur son sort. A quoi bon enrayer la mortalité infantile si précisément cela nous impose une retenue extrême dans la procréation [...] ? Que nous importe enfin le prolongement de la vie, si cette vie [...] est tellement pauvre en joies et tellement riche en souffrances que nous saluons la mort comme une heureuse délivrance ?[19]

La recherche du progrès technologique est tellement effrénée, la cadence avec laquelle de nouvelles inventions apparaissent est si vertigineuse parce qu'il s'agit de développer au plus vite des biens de consommation qui ne seraient plus entachés d'aucune imperfection : des robinets qui ne fuiront plus, des voitures qui ne pollueront point, une médecine qui fera de toute mort l'affaire d'une décision volontaire et libre. Cet avancement accéléré et compulsif de la recherche technologique est le symptôme d'une angoisse profonde. Cette angoisse de l'homme moderne est due au fait qu'il est devenu, comme dit Freud, un « *Prothesengott* », un « dieu prothétique, dieu certes admirable s'il revêt tous ses organes auxiliaires, mais ceux-ci ne font pas partie intégrante de son corps »[20]. Un dieu donc avec des béquilles, un dieu profondément handicapé et obsédé par l'inquiétude de perdre ses prothèses et de se montrer dans sa nudité pitoyable. Les inconvénients de la technologie sont insupportables et inadmissibles parce qu'ils dénoncent la folie d'un projet qui ne vise rien de moins que l'abolition de la finitude de l'homme.

Nietzsche enfin, relève encore un autre aspect du caractère ambivalent du progrès de la civilisation. La vie civilisée a le grand avantage de médiatiser symboliquement les rapports conflictuels entre les hommes en faisant appel à des institutions souveraines et neutres telles que le droit civil et le droit pénal.

---

[18] ROUSSEAU, *Discours sur l'origine de l'inégalité*, p. 168.

[19] FREUD, *Malaise dans la civilisation*, p. 35s. (traduction modifiée).

[20] FREUD, *Malaise dans la civilisation*, p. 39 (traduction modifiée).

C'est à juste titre que le propriétaire lésé qui coupe la main du voleur nous fait horreur. Et l'agriculteur constatant une modification coupable du bornage de ses terres en réfère au Juge de Paix plutôt que d'incendier la grange de son voisin. A mesure que l'ordre social se fortifie et que le consensus entre les citoyens s'élargit, la juridiction pénale se fait d'ailleurs de plus en plus compréhensive : on supprime la peine capitale, on questionne l'utilité de l'enfermement, on recherche des circonstances atténuantes. Pour Nietzsche, ces progrès ont un caractère profondément ambivalent, car ils s'accompagnent d'une dépendance accrue de l'homme vis-à-vis des institutions sociales, politiques et juridiques. Avec le raffinement de la civilisation, la dette contractée par l'individu vis-à-vis de la société devient également de plus en plus lourde. L'homme civilisé dont les libertés sont garanties sur papier « se trouva définitivement enfermé dans le carcan de la société et de la paix »[21]. Moins il est puni par la société, plus il lui doit, plus il se sent coupable de transgresser ses lois et de troubler l'ordre social. L'homme moderne trouvant son intérêt à sauvegarder la paix garantie par les institutions, finit par renoncer à tout acte de violence et se livre à l'autocensure de ses actes et propos. Il en résulte des mouvements réactifs tels que l'intériorisation de l'agressivité, les tortures de la mauvaise conscience et l'autopunition. C'est en analysant ce que coûte à l'individu son besoin de protection et son attachement à l'ordre social que Freud rejoint Nietzsche. L'intériorisation des pulsions, et en particulier des pulsions agressives et le rôle qu'y joue la morale, leur apparaît à tous les deux comme l'explication dernière du malaise de l'homme moderne.

3. Une civilisation de l'intériorité morale

Les bienfaits de la civilisation moderne n'impliquent pas seulement, mais se fondent sur la loyauté, le sens du devoir et de l'obéissance, le respect des personnes et des institutions, le renoncement à la violence, et l'horreur de l'injustice. Nietzsche et Freud insistent avec la même force sur *l'affinement de la sensibilité* chez l'homme moderne, sur le culte des sentiments dit positifs, sur l'accroissement du sens de la responsabilité pour le bien commun. La civilisation romaine des institutions justes et efficaces a été supplantée, sous l'influence du christianisme, par une culture de *l'intériorité* et même de l'intimité. L'action directe et spontanée cède la place aux sentiments et en particulier à ce que l'on commence à appeler « le sens interne ». L'individu se

---

[21] NIETZSCHE, *Généalogie de la morale*, Deuxième dissertation, § 16.

penche sur son « sentiment d'existence » (Rousseau) tel qu'il s'impose dans les expériences fortes de bonheur et de souffrance. C'est essentiellement l'expérience d'une *souffrance intérieure* qui retient l'intérêt, et on voit se développer de multiples systèmes symboliques qui mesurent le prix de la souffrance et qui justifient son existence. Il s'agit de montrer que la souffrance n'est pas sans valeur, on se lance dans cette grande entreprise que P. Sloterdijk a si justement baptisée « algodicée ». La religion chrétienne a grandement contribué à ces algodicées, par exemple sous la forme du culte de l'aveu mis en évidence par Foucault. La souffrance la plus absurde et la plus insupportable fait sens du moment que l'on en parle, qu'elle devient un objet de contemplation. Comme écrit Nietzsche : « Tout mal est justifié, dont la vue édifie un dieu. »[22] Dans le sillage de cette justification de la souffrance se développe une valorisation et même un désir de la souffrance. La valeur des biens est mesurée à l'aune de la peine qu'il nous a coûté pour les produire ou les acquérir. La souffrance devient même la marque d'une élection divine ou du moins la promesse d'une félicité éternelle ; elle est considérée comme le signe d'une grande vocation artistique ; elle fournit à l'hystérique la preuve de sa supériorité sur le commun des mortels. Dans cette culture de l'algodicée, la souffrance morale, et surtout le sentiment de *culpabilité*, occupent une place tout à fait centrale. Toute l'œuvre de Rousseau gravite autour de son expérience de la culpabilité ; Nietzsche voit dans la mauvaise conscience le symptôme majeur d'une société fondée sur le ressentiment ; et la culpabilité de l'innocent sert de fil conducteur à l'analyse freudienne du malaise dans la civilisation. On ne peut dire plus clairement que les lois et valeurs qui cimentent le consensus social et politique parmi les hommes modernes relèvent, en dernière instance, d'un ordre *moral*.

Les reproches adressés par Nietzsche à la morale chrétienne sont, comme on sait, légion : elle enraye l'action spontanée et condamne à la stupeur des états d'âme ; elle est née de la haine et elle prêche la charité ; elle est une maladie sournoise qui mine l'existence des seigneurs et rassemble les esclaves dans un troupeau soumis aux injonctions des prêtres ; elle méprise et combat la vie ; elle condamne les infidèles et les rebelles aux affres de l'enfer. Pour Nietzsche, la morale chrétienne s'inscrit dans le contexte d'une civilisation de l'intériorité, elle se met au service d'une société où toutes les différences sont nivelées, où les conflits sont aplanis, où chacun, en devenant l'égal de tous, se perd dans l'anonymat. La morale chrétienne contribue au maintien de l'ordre public et à la

---

[22] NIETZSCHE, *Généalogie de la morale*, Deuxième dissertation, § 7.

docilité des citoyens en réprimant les pulsions destructives, c'est-à-dire en leur interdisant toute manifestation externe. L'agressivité, se voyant ainsi interdite toute manifestation publique, se tourne vers son détenteur, se déchaîne sous la forme de l'autodestruction. L'autopunition ou sentiment de culpabilité est le symptôme le plus patent de cette intériorisation de l'agressivité :

> Tous les instincts qui ne se libèrent pas vers l'extérieur, *se retournent vers l'intérieur* – c'est ce que j'appelle l'intériorisation de l'homme [...]. Le monde intérieur tout entier, si mince à l'origine qu'il tiendrait entre deux peaux tendues, s'est développé, amplifié, gagnant en profondeur, en largeur, en hauteur, toutes les fois que la libération de l'homme vers l'extérieur a été *entravée*. Ces fortifications redoutables grâce auxquelles l'organisation de l'Etat se protégeait contre les vieux instincts de liberté [...] réussirent à retourner tous les instincts de l'homme sauvage, libre et vagabond – *contre l'homme lui-même*. L'hostilité, la cruauté, le plaisir de persécuter, d'attaquer, de déranger, de détruire – tout cela se retournant contre le détenteur de tels instincts : *telle* est l'origine de la « mauvaise conscience ».[23]

Freud prolonge cette analyse du malaise de l'homme civilisé en montrant avec moins d'emphase, mais avec plus de précision, comment l'agressivité réprimée se transforme en un sentiment de culpabilité. C'est le processus de l'identification avec l'autorité morale qui forme la pierre angulaire de sa généalogie de la mauvaise conscience. Son argumentation s'appuie, entre autres, sur l'hypothèse que le développement phylogénétique de la civilisation et le développement ontogénétique de la conscience morale chez l'individu humain suivent des voies parallèles. Cela ne l'empêche pas de faire droit à l'antagonisme profond qui existe entre le désir de l'individu et la finalité de la société. Mais le véritable coup de génie de Freud fut sans doute d'avoir su déceler, au cœur même de la marche triomphale de l'œuvre civilisatrice, le travail secret de la pulsion de mort.

Le processus d'*identification* mis en œuvre au sein de l'intériorisation de l'agressivité et de sa transformation en une conscience morale appartient à une histoire d'amour. A l'instar d'autres histoires d'amour, celle-ci n'est pas exempte de chantage. La société dit à l'individu : « Je protège tes droits si tu respectes mes lois ». Les parents disent à l'enfant : « Je t'aime, si tu m'obéis. Si tu ne m'obéis pas, je ne t'aime plus ». C'est donc par amour pour les parents et pour l'amour des parents que l'enfant renonce à être méchant. En promettant d'être sage, il intériorise les commandements de ses éducateurs. Dans le secret

---

[23] NIETZSCHE, *Généalogie de la morale*, Deuxième dissertation, § 16.

de son cœur, il sait pourtant qu'il a envie, parfois, d'être méchant et qu'il ne peut s'empêcher de haïr ses parents pour leur sévérité exagérée. Cette attitude ambivalente se conserve quand les commandements parentaux sont intériorisés et quand l'enfant commence à obéir à sa propre conscience morale. Cette conscience morale hérite donc à la fois de la sévérité des parents et de la rébellion secrète contre cette sévérité, et l'enfant finit par être plus sévère pour lui-même que ses parents ne l'ont jamais été à son égard.

Pour Freud, il en va de l'homme civilisé comme de l'enfant. Devenir un citoyen responsable suppose l'acquisition du sens civique qui n'est rien d'autre que l'intériorisation des lois. Ces lois, tout en étant civiles, s'accompagnent le plus souvent d'une légitimation religieuse et morale. La société moderne s'est trouvée une puissante alliée dans la morale chrétienne. Nietzsche et Freud s'en prennent tous les deux au commandement d'*aimer son prochain comme soi-même*. Ce commandement leur paraît contraire à la nature humaine, irréalisable et donc source d'une culpabilisation massive et insurmontable. Tous les deux y voient une formation réactionnelle, un mécanisme de défense contre la pulsion agressive. Nietzsche accuse les prêtres d'être les inventeurs diaboliques de ce commandement, il y décèle un idéal ascétique qui est en vérité une volonté nihiliste. L'homme civilisé n'est donc pas seulement la victime consentante d'un processus de culpabilisation, il se *veut* coupable, il tire fierté de ces « idéaux négatifs » qui le rendent coupable :

> C'est une espèce de délire de la volonté dans la cruauté mentale qui n'a absolument pas son égal : la volonté de l'homme de se sentir coupable et condamnable au point de rendre l'expiation impossible [...].[24]

Freud souscrit à cette analyse, mais insiste davantage sur le service que le commandement de l'amour du prochain rend à la société. Comme l'individu, la société se dote d'un organe de contrôle intérieur, d'une conscience morale collective que Freud appelle « Surmoi collectif ». Si l'amour du prochain reste un commandement impossible, il s'explique pourtant par la menace d'une dissolution ou d'une destruction violente dont la société se sait menacée. L'angoisse est, ici comme ailleurs, mauvaise conseillère : pour sauver la cohésion du lien social, la société impose au citoyen un commandement impossible à respecter, contraire à son intérêt, dénué de tout fondement naturel et débouchant sur un sentiment de culpabilité généralisée :

> Le commandement : « Aime ton prochain comme toi-même » est à la fois la défense la plus forte contre l'agressivité humaine et le meilleur exemple des

---

[24] NIETZSCHE, *Généalogie de la morale*, Deuxième dissertation, § 22.

procédés antipsychologiques du Surmoi collectif. Ce commandement est inapplicable [...]. La civilisation néglige tout cela, elle se borne à décréter que plus il est difficile d'obéir à ce commandement, plus on a de mérite à le faire. Seulement, celui qui dans l'état actuel de la civilisation se conforme à pareille prescription est nettement désavantagé par rapport à celui qui n'en tient aucun compte. Quel obstacle puissant à la civilisation doit être l'agressivité, si la défense contre l'agressivité peut rendre tout aussi malheureux que l'emploi de l'agressivité !²⁵

On ne peut, cependant, expliquer cet accablant sentiment de culpabilité chez l'homme civilisé – et chez l'homme civilisé le plus vertueux et le plus docile – par la seule nécessité d'assurer la survie de la société. Il y a chez l'homme civilisé quelque chose qu'il faut bien se résoudre à appeler un *désir de culpabilité*. Nietzsche parle d'un « délire de la volonté [...] de l'homme de se sentir coupable »²⁶ et Freud utilise le terme de « besoin de punition » (*Strafbedürfnis*)²⁷. La culpabilité de l'homme moderne n'est donc pas seulement l'effet d'un renoncement à la satisfaction de ses pulsions agressives rendu nécessaire par la civilisation (Freud parle de « renoncement culturel » – *Kulturversagung*²⁸). Le sentiment de culpabilité est également et surtout une *satisfaction* détournée de ces pulsions agressives refoulées. Se sentir coupable est une manière de se torturer au moyen d'idéaux éthiques dont on sait pertinemment qu'ils sont irréalisables. L'homme civilisé ne se torture pas seulement au moyen de ces idéaux irréalisables, il y a tout lieu de croire qu'il tient d'autant plus aux idéaux que ceux-ci le font davantage souffrir.

Freud n'a donc pas tort de parler d'un « masochisme moral ». Les exigences de la conscience morale ne sont, en effet, pas dénuées de violence sadique, et le sujet se précipite dans le rôle d'une victime consentante parce qu'il est fasciné par cette jouissance sadique. On sait que ce sont principalement les problèmes soulevés par le sadomasochisme qui sont à la source de la découverte freudienne de la *pulsion de mort*. L'ascétisme moral si finement analysé par Nietzsche et la culpabilité apparemment injustifiée de l'homme mise en évidence par Freud se révèlent être des satisfactions détournées de cette pulsion de mort. L'agressivité « enrayée » ou « inhibée » au profit de la vie sociale n'est donc pas perdue pour tout le monde. Au lieu d'une disparition des pulsions

---

²⁵ FREUD, *Malaise dans la civilisation,* p. 104s. (traduction modifiée).

²⁶ NIETZSCHE, *Généalogie de la morale,* Deuxième dissertation, § 22.

²⁷ FREUD, *Malaise dans la civilisation,* p. 80.

²⁸ FREUD, *Malaise dans la civilisation,* p. 47.

destructrices, on assiste plutôt à leur *déchaînement*, à leur libération dans l'intériorité du sujet. Freud nous donne les moyens de penser cette revanche inattendue de la pulsion de mort à travers sa conception d'une « désunion » (*Entmischung*) des pulsions. Dans la relation du sujet à l'autorité *extérieure*, les pulsions de vie et les pulsions de mort restent « unies ». L'enfant aime et déteste ses parents pour leur sévérité ; il les conteste et les respecte tout à la fois. Avec l'intériorisation de l'autorité et l'inhibition de l'agressivité, cette enveloppe protectrice de l'amour risque de se briser, le lien qui unit agressivité et affection se rompt, plus rien ne retient les pulsions de mort de suivre leur noir penchant. La cruauté de la conscience morale, l'attachement à des valeurs aussi sublimes que démoralisantes, les tourments de la mauvaise conscience sont des symptômes exemplaires de cette pulsion de mort dont la civilisation se fait la complice et dont elle se nourrit secrètement.

Existe-t-il une issue ? Il est permis d'en douter. Dans le monde actuel, nous assistons moins à la dissipation du malaise dans la civilisation qu'à la multiplication des mouvements transgressifs qui, on le sait, ne font que renforcer la culpabilité. Ni thérapeutes d'une humanité déchue, ni prophètes de malheur, les philosophes qui ne se contentent pas du simple constat fataliste d'une déshumanisation de l'homme moderne par la culture n'ont d'autre ressource que l'endurance et le courage de la pensée. Celle-ci ne peut se soustraire à la tâche d'interroger le caractère ambivalent du progrès de la civilisation ainsi que les ambiguïtés de la conception de la rationalité sur laquelle s'est bâti le projet de la modernité.

DIE GEFAHR – GENERATOR DER UNEIGENTLICHKEIT DES DENKENS DES GEGENWÄRTIGEN « GLOBALISIERTEN EUROPÄERS ».
Ein Croquis zum Unwesen des Seins

Ivan Urbancic

Die gegenwärtige Gründung des großen Vereinten Europas wirft die Frage vom Wesen des Europäischen in der unermeßlichen Vielfalt und Aufteilung dieses Kontinents auf.[1] Ist es vielleicht das Eine Europa desselben *Logos* in der Vielfalt/Mannigfaltigkeit seiner Sprachen? Was ist das, was die heutige europäische Bewegung zur Gründung eines einheitlichen und einzigartigen Europas drängt? Es hat nämlich den Anschein, als handele es sich bei dieser Bewegung und diesem Prozeß um etwas Tieferes und Weitreichenderes als nur um wirtschaftliche, politische und Sicherheitsinteressen sowie mit diesen zusammenhängende proklamierte Werte der liberalen Demokratie und dem Rechtsstaat bis zu den Menschenrechten. Worin liegt eigentlich das geschichtliche Wesen des möglichen Europäers als Träger der europäischen Zukunft? Ein möglicher Weg zur Antwort auf diese komplexe Frage ist, den großen Denkern der Moderne zu folgen, die über diese Frage schon nachgedacht haben, als es die Vereinigung Europas, wie sie sich heute vollzieht, noch nicht gab.

---

[1] Übersetzung des Textes aus dem Slowenischen von Marija Javor Briski und Ivan Urbancic.

1. Nietzsche

Nietzsche ist ein Denker, der seiner Beobachtung Ausdruck verlieh, daß trotz aller Zersetzungsfaktoren « *Europa Eins werden will* ». In der Zeit der größten Gefahr des europäischen Menschen der modernen Zeit, die er im Nihilismus als den Ausdruck der *Décadence* erkannte, vernahm Nietzsche zugleich dieses « Wollen » bei den großen Schöpfern seines Jahrhunderts und beschrieb es folgendermaßen:

> Bei allen tieferen und umfänglichen Menschen dieses Jahrhunderts war es die eigentliche Gesammt-Richtung in der geheimnisvollen Arbeit ihrer Seele, den Weg zu jener neuen *Synthesis* vorzubereiten und versuchsweise den Europäer der Zukunft vorwegzunehmen: [...] Europa ist es, das Eine Europa, dessen Seele sich durch ihre vielfältige und ungestüme Kunst hinaus, hinauf drängt und sehnt – wohin? in ein neues Licht? nach einer neuen Sonne? Aber wer möchte genau aussprechen, was alle diese Meister neuer Sprachmittel nicht deutlich auszusprechen wussten?[2]

Auf jeden Fall stimmt es, daß die großen Schöpfer der vorigen Jahrhunderte – die Dichter, Künstler, Philosophen, Wissenschaftler, Gelehrten und sogar einige Politiker und Feldherren – verschiedener Nationen mit ihrem Werk über ihre « nationale » Begrenzung hinausgingen, denn ihr Werk hat trotz der Zugehörigkeit zu verschiedenen Nationen einen europäischen welthistorischen Charakter und eine europäische welthistorische Bedeutung. Aber darüber, worin dieser eigentlich besteht, ist nicht einfach zu sprechen. Nietzsche spricht hier von der Zukunft Europas und des Europäers. Warum? Weil er im bestehenden geographischen Europa nur eine Zersetzung, einen Verfall sieht – die *Décadence* und ihren Ausdruck: den selbstverneinenden Nihilismus seiner Menschheit. Er erkennt die *Décadence* als allumfassendes Geschehen der europäischen Geschichte von den alten Griechen an und als das Problem, das ihn die ganze Zeit am meisten beschäftigte. Er sagt ausdrücklich: « Was mich am tiefsten beschäftigt hat, das ist in der That das Problem der décadence. »[3] Die *Décadence* ist für ihn die « Gesammt-Abirrung der Menschheit von ihren Grundinstinkten »:

> Eine solche Gesammt-Abirrung der Menschheit von ihren Grundinstinkten, eine solche Gesammt-Décadence des Werturteils ist das Fragezeichen par

---

[2] Friedrich NIETZSCHE, *Jenseits von Gut und Böse*, § 256, KSA 5, S. 201-202.

[3] Friedrich NIETZSCHE, *Der Fall Wagner*, «Vorwort», KSA 6, S. 9-53, hier S. 11.

excellence, das eigentliche Rätsel, das das Tier « Mensch » dem Philosophen aufgibt.[4]

Der Grundinstinkt aller Instinkte des Menschen ist das, was Nietzsche als die höchste Form des Willens zur Macht wiedererkannte. Deswegen erblickt er das « Wesen » der *Décadence* notwendig als das *Fehlen* des Willens zur Macht, in der Gesamt-Abirrung des Menschen weg von diesem seinem Wesen, welche sich als Verfall und als größte Gefahr zeigt, die Rettung von diesem Verfall dagegen als Wiederaneignung dieses Wesens. Das ist aber nur als Erschaffung des neuen Europäers und des Einen Europa möglich. Diese Möglichkeit deutet die « vielfältige und ungestüme Kunst » an. Diese ist, wie wir wissen, für Nietzsche gerade die höchste Form des Willens zur Macht als Wesen des neuen Europäers, der bedingungslos sich selbst will und bejaht. Die Kunst als höchste Form des Willens zur Macht ist jenes unaufhörliche dionysisch-apollinische Vernichten und Schaffen als unendliches Produzieren. Die Kunst ist deswegen der höchste Wille zur Macht, weil ihre wesentliche Kraft der « Wille zur Lüge » ist gegenüber dem bisherigen dekadenten/nihilistischen « Willen zur Wahrheit » als der absoluten *Vernunft* der ganzen Geschichte des europäischen Menschen vom Beginn der philosophischen Metaphysik/des Idealismus bei den alten Griechen. Aber die Kunst ist « Lüge » nur innerhalb des Horizontes der ehemaligen Wahrheit und der Vernunft, also der Wissenschaft als « Erkenntnis der Wahrheit ». Wenn diese fällt, dann ist auch die Kunst nicht mehr Lüge noch Wahrheit. In diesem Horizont endet die Kunst der bisherigen Geschichte, die Kunst als ästhetische Formung der Wahrheit, als sinnliches Scheinen der Idee: sie verändert sich in eine Weise der Produktion außerhalb der Gegensätze von Wahrheit und Lüge der Tradition. Aber damit verändert sich zugleich auch das Wesen/der Charakter der Vernunft-Erkenntnis und der ganzen Wissenschaft, die jetzt – so Nietzsche – *wie Kunst* ist, also nur eine Art von Kunst: *das Schaffen der Welt und des Menschen* ganz außerhalb des Horizontes der Wahrheit-und-Lüge-Tradition. Alle Praxis der Wissenschaft als Kunst im Ganzen ist jetzt die alles ergreifende permanente Revolution des Produzierens des Verfügbaren für das Produzieren: Das ist das ewige in sich geschlossene Kreisen des sichselbstproduzierenden Produzierens des Verfügbaren für sich, ist der Selbstzweck. Und gerade dieser Prozeß des unaufhörlichen dionysisch-apollinischen Zerstörens und Schaffens erschafft zugleich sich selbst. Dieser endlose Prozeß ist das, was Nietzsche die höchste Form des Willens zur Macht

---

[4] Friedrich NIETZSCHE, *Nachgelassene Fragmente 1887-1889*, Fragment 11[227], KSA 13, S. 89.

in der ewigen Wiederkunft des Gleichen nennt. Hegel dachte gerade dasselbe vorweg und nannte es die absolute Idee als Prozeß.

Die eidetische Analyse jedes Produktionsprozesses zeigt, dass das Produzieren von etwas/des Verfügbaren *ipso facto* das Sich-selbst-Produzieren ist, das in sich selbst all seine Zeitlichkeit hat: In seinem Augenblick der Gegenwart treffen sich sein Zuvor und sein Danach, die Vergangenheit und die Zukunft. Und weil das als die Arbeit der Wissenschaft/Kunst selbst geschieht, ist eben das die höchste Form des Willens zur Macht in der ewigen Wiederkunft des Gleichen, wenn wir ihn als weltgeschichtlich verstehen, also gereinigt von Nietzsches schwärmerischen poetischen Mystifikationen, mit denen er seinen Leser verzaubern wollte, vor allem aber sich selbst. Seine « dramatisch inszenierte » ewige Wiederkunft des Gleichen ist nur ein emphatisches Wort für das, was in der öden Prosa permanente Revolution des Produzierens heißt. Alles, was mit diesem als Selbstzweck sich entwickelnden Prozeß des Produzierens produziert wird, ist stets bloß das *Verfügbare* für die endlose Perpetuierung dieses Prozesses, mit der ganzen Gesellschaftsordnung, der liberalen Demokratie, dem Staat, der Kultur, den Werten usw.: Jedes wird produziert als das diesem Prozeß Verfügbare und das so wesentlich Gleiche.

Aber wie ist nun der Mensch? Nämlich dieser « zukünftige Europäer », wie ihn Nietzsche ankündigt? Er sagt:

> Gesammt-Anblick des zukünftigen Europäers: derselbe als das intelligenteste Sklaventhier, sehr arbeitsam, im Grunde sehr bescheiden, bis zum Excess neugierig, vielfach, verzärtelt, willensschwach – ein kosmopolitisches Affekt- und Intelligenzen-Chaos.[5]

Die angeführten Worte, denen wir aus dem zuvor angedeuteten geschichtlichen selbstbezweckten Prozeß des Produzierens als absolute Macht zuhören, sprechen von der gegenwärtigen geschichtlichen Seinsweise des Menschen, nämlich von seiner Verfügbarkeit für vielfache Weisen des Produzierens des Verfügbaren als alles-umfassender Praxis der Wissenschaft. Und gerade diese Verfügbarkeit des Menschen ist seine moderne Versklavung. Im Zusammenhang damit zeigt die Überlegung heute, daß mit der bedingungslosen Identifikation des Menschen mit dem Willen zur Macht schon prinzipiell kein einziges Exemplar des herrschenden Menschen, des freien Beherrschers von Allem entstehen kann.

Aber damit stoßen wir auf etwas Paradoxales, Verdrehtes. Wenn der Wille zur Macht ein in sich kreisender Prozeß des Selbst-Produzierens ist, der ohne

---

[5] NIETZSCHE, *Nachgelassene Fragmente 1887-1889*, Fragment 11[31], KSA 13, S. 17.

Rücksicht auf den traditionellen Gegensatz Wahrheit-Lüge sich produziert, dann ist gerade der Mensch des vollendeten Willens zur Macht, der nach Nietzsches Denken ein freier selbstschaffender Herrscher dieses Kreisprozesses sein sollte, jetzt nur tatsächlich für ihn verfügbar und demnach von ihm versklavt. Denn gerade die bedingungslose Ineinssetzung/Identifikation des Menschen mit der höchsten Form des Willens zur Macht in der ewigen Wiederkunft des Gleichen, was Nietzsche für die Schöpfung des glanzvollen Übermenschen fordert, treibt den Menschen erst in die extreme Verfügbarkeit, Versklavung, Entmenschlichung, also in die äußerste Gefahr, aus der er ihn retten sollte. Je mehr der Mensch die höchste Form des Willens zur Macht in seiner ewigen Wiederkunft ist, um so mehr ohne Distanz west er besinnungslos in der *Verfügbarkeit* und um so mehr ist er entmenschlicht. Aber gerade dessen ist er sich nicht bewußt, er erkennt sich nicht als einen solchen, denn er fühlt sich in seinem erfüllten Willen zur Macht als Herrscher und freien Übermenschen, obwohl er tatsächlich ein Sklave ist, durchweg verfügbar, entmenschlicht, so daß er gerade mit dieser Identifikation in ein befremdendes Phantasma sich treibt, in eine Uneigentlichkeit, eine Verlogenheit, die all sein « Denken », sein Gerede, sein Handeln, sein Bewußtsein und Selbstbewußtsein beherrscht. Und diese Uneigentlichkeit beherrscht all seine Öffentlichkeit, aber sie bleibt ihm ebenso verborgen wie seine *Verfügbarkeit*. Aus dem, was seine Rettung aus der *Décadence*/dem Verfall und der Gefahr sein sollte, erwächst für ihn die größte Gefahr, aber er ist sich ihrer überhaupt nicht bewußt. Das zeigt uns aber, daß gerade mit Nietzsche selbst eine gewisse Uneigentlichkeit und Verlogenheit des europäischen modernen « Denkens » und Verhaltens als Gegenbewegung zu Hegels Vollendung der philosophischen Metaphysik beginnt. Die Uneigentlichkeit von Nietzsches Denken zeigt sich besonders deutlich in der Weise, wie besinnungslos er die Geschichte der großen Tradition der philosophischen Metaphysik abtut. Nämlich so, daß er sie im Ganzen und ohne entsprechende Auseinandersetzung mit ihr auf ihrem irreduzibel eigentümlichen Feld als « bloßen Gedankenausdruck » der *Décadence* des Menschen und der Gesellschaft als der « wirklichen Lebensgrundlage » vorstellt, die angeblich der Philosophie unbekannt und von ihr unbeachtet bleibt: der *Décadence* als einer Art Perversion des bisherigen Menschen und der menschlichen Welt als etwas « Außerphilosophisches ». Zugleich ist Nietzsches gesamtes Denken einschließlich seiner Kritik besinnungslos stets völlig abhängig von der undurchdachten Begrifflichkeit der philosophischen Metaphysik und folglich keinesfalls die Überwindung ihres « Platonismus » oder « Idealismus ». Und gerade in dieser offensichtlichen Tatsache liegt ihre durchgängige

Uneigentlichkeit, die sich unaufhaltsam ausbreitet und immer neue Impulse erhält.

2. Husserl

Wenden wir uns nun einem anderen modernen Denker zu, der unserer Gegenwart näher ist, nämlich Husserl und seinem Denken. Husserl scheint, wenn er von der Krisis Europas spricht, den Europäer, seine Gefahr und Rettung daraus ganz anders zu betrachten, wenn er sagt:

> Die Krise des europäischen Daseins hat nur zwei Auswege: Den Untergang Europas in der Entfremdung gegen seinen eigenen rationalen Lebenssinn, den Verfall in Geistesfeindschaft und Barbarei, oder die Wiedergeburt Europas aus dem Geiste der Philosophie durch einen den Naturalismus endgültig überwindenden Heroismus der Vernunft.[6]

In dieser Vernunft/diesem Geist als Medium und Generator der Wissenschaft sieht Husserl jene *Entelechie* des europäischen Menschen, die zum ersten Mal mit der anfänglichen Philosophie der alten Griechen an den Tag kam und der Antrieb und der Leitsatz – das *Telos* – der Entwicklung des europäischen Menschen als solchen war, der über all seine Begrenzungen hinausgeht. Aber gerade in der modernen Zeit verirrt sich der europäische geschichtliche Mensch in die größte *Gefahr*, die Husserl schon im vorigen Zitat erwähnt, und eigens mit folgenden Worten zum Ausdruck bringt:

> Wir Menschen der Gegenwart, in dieser Entwicklung geworden, finden uns in der größten Gefahr, in der skeptischen Sintflut zu versinken und damit unsere eigene Wahrheit fahren zu lassen. In dieser Not uns besinnend, wandert unser Blick zurück in die Geschichte unseres jetzigen Menschentums. Selbsverständnis und dadurch inneren Halt können wir nur gewinnen durch Aufklärung ihres Einheitssinnes, der ihr von ihrem Ursprung her eingeboren ist, mit der neugestifteten, die philosophischen Versuche als Triebkraft bewegenden Aufgabe.[7]

Husserl weist auch auf den Grundzug der *Vernunft* der Wissenschaft, nämlich auf seine notwendige Beziehung der *Zusammengehörigkeit* (Selbigkeit) mit der *Wahrheit des Seins des Seienden*. Charakteristisch ist dieser unterstrichene Satz:

---

[6] Edmund HUSSERL, *Die Krisis der europäischen Wissenschaften und die transzendentale Phänomenologie* (Husserliana, Bd. 6), Den Haag, Martinus Nijhoff, 1962, S. 347.

[7] HUSSERL, *Krisis*, S. 12.

Ist Vernunft und Seiendes zu trennen, wo erkennende Vernunft bestimmt, was Seiendes ist?[8]

Diese Frage drückt implizit Husserls *Ideal* der universalen Philosophie aus und mit ihr auch der Grundlage der Möglichkeit der Wissenschaft als Erkenntnis der Wahrheit. Darin hören wir das weite Echo von Parmenides' Worten von der Selbigkeit des Denkens und des Seins. Hier liegt der Ursprung und die Bezweckung (*entelecheia, telos*) des Prozesses der Geschichte des Wesens des europäischen Menschen. Das ist das *Telos* und der Sinn seines Seins. Kurz gesagt, die Wesentlichkeit der Vernunft besteht gerade in ihrer eigentümlichen *Identität* mit dem Sein des Seienden. Diese Identität gewährleistet die Wahrheit aller Erkenntnis. Jedoch so, dass bei Husserl das Wesen dieser Identität und mit ihr der Wahrheit unter der Macht der Vernunft/des Denkens steht, die bestimmt, was das Seiende ist. Gerade das ist entscheidend und trägt Husserls Konzept einer universalen Philosophie. Deswegen sagt er:

> *Überall* ist wahres Sein ein ideales Ziel, eine Aufgabe der Epistêmê, der « Vernunft », gegenübergesetzt dem der Doxa fraglos « selbstverständlichen », bloß vermeintlichen Sein.[9]

« Überall » bedeutet hier: Wo auch immer sich das sich entwickelnde Wesen des europäischen Menschen durchsetzt und folglich auch in der ganzen Geschichte seiner Entwicklung, die sich in der großen Überlieferung der philosophischen Metaphysik zeigt. Damit im Zusammenhang sollen wir auch Husserls folgende Worte bedenken, die zugleich die oben erwähnte moderne Krisis als größte Gefahr kennzeichnen.

> Die Skepsis hinsichtlich der Möglichkeit einer Metaphysik, der Zusammenbruch des Glaubens an eine universale Philosophie als Führerin des neuen Menschen, besagt eben den Zusammenbruch des Glaubens an die « Vernunft », so verstanden, wie die Alten die Epistemie der Doxa gegenüber setzten. Sie ist es, die Allem vermeintlich Seienden, allen Dingen, Werten, Zwecken letztlich Sinn gibt, nämlich ihre normative Bezogenheit auf das, was seit den Anfängen der Philosophie das Wort Wahrheit – Wahrheit an sich – und korrelativ das Wort Seiendes – *ontôs on* – bezeichnet.[10]

---

[8] HUSSERL, *Krisis*, S. 9.
[9] HUSSERL, *Krisis*, S. 11.
[10] HUSSERL, *Krisis*, S. 10-11.

Wie *ist* eigentlich diese *Vernunft*? Wie « bestimmt die erkennende Vernunft, was das Seiende ist » und so « den Sinn gibt », nämlich das normative Verhältnis zur Wahrheit und korrelativ zum seiend Seienden – *ontôs on*? Bei der Antwort müssen wir auf den Spuren von Husserls Denken einen Schritt über seine Ausführung hinaus wagen, jedoch dabei strikt im Horizont seines Entwurfes bleiben.

Husserl erkannte das Wesen der Vernunft im Thetischen (*thesis* – Setzen, Vor-stellen) wieder. Jeder Akt der Vernunft ist thetisch: er vernimmt und setzt das Seiende sich vor in das Sein als Anwesendes in der Anwesenheit seiner selbst so, daß das Anwesende in der Anwesenheit den wesentlichen Charakter des Verfügbaren in der Verfügbarkeit für die Vernunft selbst im Prozeß des weiteren Setzens hat. So « bestimmt er, was das Seiende ist » und « verleiht ihm » so diesen « Sinn ». Offensichtlich ist dieses Vor-stellen eine Weise des Produzierens, gerade das ist die Arbeit der Wissenschaft, die heute keinesfalls nur « theoretisch », sondern ebenso « praktisch » ist als Einformung eines Begriffs als des Zwecks in einem Stoff, z.B. wie die moderne Industrie, Kunst usw. Die heutige Wissenschaft, die Arbeit der Wissenschaft ist durchweg die Technik: Sie sind dasselbe geworden in allen möglichen Weisen des Produzierens ohne Rücksicht auf den traditionellen Gegensatz Wahrheit-Lüge. Jedoch ist die Vernunft nicht schon etwas « nach Gott » oder « nach der Natur » Gegebenes und etwas für sich Bestehendes, was dann noch seine thetischen Akte ausführte. Im Gegenteil, die Vernunft *ist* durchweg bloß dieses Vor-stellen, daß sie mit dem Stellen/Setzen des Seienden vor sich und für sich auch sich selbst als das Vor-stellende setzt. So *sind* die Vernunft selbst *und* das seiend Seiende in ihrer Wahrheit nur durch dieses Verhältnis als das Selbstschaffen der Vernunft/Wissenschaft. Kurz gefaßt: Das Produzieren des Seienden als Verfügbaren ist Selbstproduzieren des Produzierens. Aber nach Husserls Ausführung ist das volle Wesen der Vernunft erst in der *Intersubjektivität*, die die Subjektivität des solipsistischen Ich des einzelnen Menschen übersteigt und in sich aufnimmt, ausgeführt und loziert, so daß erst die Intersubjektivität der eigentliche Ort der universalen Vernunft ist und damit der ganzen Praxis der Wissenschaft in der universalen Gemeinschaft der europäischen Menschheit. Diese Intersubjektivität nannten die Philosophen einst *Gattungswesen* des Menschen. In dieser so lozierten Vernunft ist die Geschichte und die Teleologie der Vernunft/Wissenschaft, wie sie Husserl denkt. Darin erkennt er das Wesen des europäischen Menschen als vernünftiges Tier, als *animal rationale*, wieder.

Warum aber sind wir europäischen Menschen der Gegenwart, die wir in der geschichtlichen Entwicklung dieses *Telos* der Vernunft als Menschen der

Wissenschaft entstanden sind, in größter Gefahr? Nach Husserl deshalb, weil wir uns in den Naturalismus und Skeptizismus verirrten und so den Glauben an die Vernunft als Macht über alles Erkannte, die Wahrheit, das seiend Seiende verloren haben und somit auch über uns selbst! Warum das? Weil wir dem Anspruch des *Telos* und des Bewegungsgrundes unserer eigenen geschichtlichen Entwicklung als des Entstehens/Vollendens des europäischen Menschen nicht gewachsen sind: dem Wesen der Vernunft/Wissenschaft. Also befindet sich der gegenwärtige europäische Mensch der Wissenschaft deshalb in einer Krise und der größten Gefahr, weil er bei seiner wesentlichen Aufgabe und Möglichkeit versagt hat und folglich für seinen Verfall selbst die Schuld trägt. Dieser Mensch ist nicht mehr fähig, die Geschichte der Wahrheit/des Seins seiner selbst und der Welt, alles anderen Seienden eigentlich zu denken und ist nicht einmal fähig, sich des Wesens der Vernunft zu besinnen. Also ist er der universalen Philosophie nicht mehr fähig, er verirrte sich in die *Uneigentlichkeit* all seines Denkens und Verhalten/Tuns, die Husserl in den Gestalten von « Naturalismus » und « Skeptizismus » als Weg des Verfalls wiedererkennt.

So müssen wir auf den Spuren von Husserls und Nietzsches Denken feststellen, daß die größte Gefahr, in die wir moderne Europäer geraten sind, gewissermaßen *ungeschichtlich* ist, daß sie nicht vom *Telos* der Geschichte unseres Entstehens oder vom Grundinstinkt des Menschen herrührt, sondern ein seltsamer Zufall des eigenen Versagens, der eigenen Unfähigkeit des Menschen ist. Deswegen wird bei beiden Denkern gesagt, daß der Mensch auch sich von selbst aus der Gefahr und dem Verfall durch Rückkehr zu seinem Ursprung, zum *Telos* und dem Sinn der Geschichte seines Entstehens retten kann, und ihn sich erneut aneignen, sich in der Vernunft einrichten und so die Verirrung überwinden kann.

Doch jetzt stehen wir vor einem seltsamen Rätsel. Nietzsche und Husserl sprechen über die größte Gefahr, in die der moderne europäische Mensch geraten ist. Aber während Husserl den Ursprung der Krise und der größten Gefahr im Verlust der Vernunft sieht, in der Abirrung des europäischen Menschen der Wissenschaft weg von der Vernunft in den Skeptizismus und den Verfall, die Rettung aus der Krise und der Gefahr hingegen in der Rückkehr zur erneuten Gründung der Vernunft und in der Einrichtung in ihr, betrachtete es Nietzsche gerade umgekehrt. Die Vernunft (« den Willen zur Wahrheit »!) erkannte er als alten Tyrannen und Unterdrücker des « natürlichen » Menschen, deswegen bedeutete ihm sein Fall und seine Verwesung und damit die Entstehung des modernen anarchischen Chaos des Menschen und der Welt eine frohe Botschaft und eine große Hoffnung. Denn ein solcher Zustand drängt zur

Rettung, die angeblich auf keinen Fall in irgendeiner Rückkehr zum alten Tyrannen – der Vernunft – so zu finden ist, daß man ihn wieder auf seinen Thron setzt. Die Rettung aus der Gefahr des Verfalls des europäischen Menschen konzipierte Nietzsche als Erschaffung eines neuen Menschen – des « Übermenschen » – des bedingungslosen Willens zur Macht in der ewigen Wiederkunft des Gleichen, im Gegensatz zum Menschen der Vernunft, der angeblich als solcher dekadent sei. Es scheint so, als ob die beiden Denker ganz gegensätzlich sprächen.

Obwohl ich jetzt nicht die Möglichkeit einer ausführlichen Überlegung und Gegenüberstellung von Nietzsches und Husserls zentralen Gedanken habe, muß ich wenigstens eine heikle Frage stellen: Wie wenn Husserls oben angedeutes Wesen der Vernunft auf eigentümliche Weise *im wesentlichen dasselbe* ist wie Nietzsches höchster Wille zur Macht in der ewigen Wiederkunft des Gleichen? Wesentlich dasselbe ist es nämlich als das durchweg *Thetische*, das Seiende im Sein Bestimmende, also das Vor-stellende, auf solche Weise *Produzierende* und das Seiende sich *Aneignende* als das *Verfügbare* für sich selbst. Denn gerade das ist durchweg Nietzsches höchste Form des Willens zur Macht. Das ist aber die Beschreibung der gegenwärtigen alles-erfassenden Praxis der Wissenschaft. Aber besonders aufmerksam müssen wir dabei darauf sein, daß Husserl diesen Prozeß der Vernunft/Wissenschaft als dem Menschen selbst eigen identifiziert, als durchweg eigene Tätigkeit des Menschen, mit der der Mensch selbst seinen geschichtlichen *Telos* erfüllt. So entwickelt sich der europäische Mensch selbst als Wesen der Vernunft, als *animal rationale*. Hier sind die Vernunft und die Wissenschaft das, was dem Menschen selbst gehört, nicht umgekehrt. Vereinfacht ausgedrückt: Auf den Spuren von Husserls Denken produziert der Mensch, das Seiende als das für sich Verfügbare produzierend, sich selbst als den Herrschenden und beherrscht so seinen geschichtlichen Prozeß und hat ihn in seiner Macht. Husserl dachte nie daran, daß der Mensch selbst nur durchweg *verfügbar* für den Ablauf jenes Prozesses als Selbstzweck sei und daß gerade darin seine größte Gefahr liege. Husserl dachte auch nie an jene *List* der absoluten Vernunft oder der absoluten Idee, wie sie Hegel dachte.

Wenn wir die oben angedeutete wesentliche Tätigkeit der Vernunft und der Wissenschaft bei Husserl erfassen, was ist sie dann anderes als Nietzsches höchste Form des Willens zur Macht in der ewigen Wiederkunft des Gleichen? Ist das nicht dasselbe? Aber dieses Selbe zeigt sich bei beiden Denkern nur im Denken der Geschichte des Seins. Dabei gestattet und generiert dieses Selbe beider Denker zugleich immense Unterschiede ihrer Überlegungen, angesichts derer Husserl als ein guter Onkel gegenüber Nietzsche als gefährlichem Verführer und dämonischem Umstürzler erscheint.

Aber der Einblick in jene grundlegende Selbigkeit beider Denker stellt uns vor das Problem, daß auch die größte Gefahr des europäischen Menschen nicht darin besteht, wohin sie und wie sie Nietzsche und Husserl loziert haben: In das « Fehlen des Willens zur Macht » oder in die « Abirrung weg von der Vernunft als Ziel der geschichtlichen Entwicklung des europäischen Menschen ». Die größte Gefahr verbirgt sich dem gegenwärtigen Menschen in diesen zweien – also in dem wesentlich Selben –, daß mit seiner Verborgenheit den globalisierten Europäer der Gegenwart in eine fatale Uneigentlichkeit/ Verlogenheit als besinnungslose zwingende Form seiner Öffentlichkeit treibt. Das ist die Verborgenheit des Wesens der Metaphysik, ihres Endes, ihrer Vollendung, ihres Umsturzes und ihrer Bedrohung des Menschen durch die Entmenschlichung. Wenn es so wäre, dann führte uns gerade die Rettung aus der Gefahr auf die Weise Nietzsches und Husserls notwendig besinnungslos in eine noch schlimmere Gefahr der Selbstzerstörung.

Ich fasse das Wesentliche zusammen: Auch Husserl war der Geschichte und der Vollendung des Wesens der philosophischen Metaphysik nicht gewachsen, weil er nicht erkannte, daß die größte Gefahr des modernen europäischen Menschen nicht in der Abirrung von der Vernunft der Wissenschaft und ihrer Wahrheit im Naturalismus und Skeptizismus besteht (denn dieses beide hindert keineswegs die heutige allumfassende Praxis der Wissenschaft). Er erkannte nicht, daß die schlimmste Gefahr des europäischen Menschen gerade in der bedingungslosen Erfüllung des Wesens dieser Vernunft besteht, deren Praxis der Wissenschaft als sich selbst produzierendes Produzieren des Verfügbaren für diese Praxis sich überhaupt nicht mehr stören läßt von dem Problem der Wahrheit oder der Verlogenheit ihrer selbst, denn diese Vernunft ist geschichtlich dasselbe wie Nietzsches höchste Form des Willens zur Macht in der ewigen Wiederkunft des Gleichen. Können wir angesichts dessen der Feststellung, daß auch Husserls Denken, wie auf seine Weise auch das von Nietzsche, in eine *Uneigentlichkeit, Unzuständigkeit* fällt, ausweichen? Und zweitens: Ist nicht auch Husserls Erklärung der größten Gefahr des modernen Menschen als seiner « Schuld », seines Versagens und seiner Absage in der Teleologie der Uneigentlichkeit des Denkens des Wesens des Menschen verfallen, wo sie unbedacht ließ die ungeheure Tragweite der – schon am Anfang der Geschichte der Metaphysik sich ereignenden – Zusammengehörigkeit des Wesens des Menschen und des Wesens des Seins des Seienden? Denn ohne Überlegung dieser Zusammengehörigkeit kann man auch die moderne größte Gefahr des Menschen nicht in ihrem « *nicht-menschlichen* » Ursprung erkennen, also im Wesen/in der Geschichte des Seins selbst. Wie ist es möglich, daß Husserl das Problem des Wesens des europäischen Menschen an der Oberfläche seiner Bestimmung als *animal rationale* ließ und daß er diese Bestimmung in der Subjektivität des Ich und der *Intersubjektivität* als dem Ort der universalen Vernunft erörterte, wo die anfängliche metaphysische *Zusammengehörigkeit des Wesens des Menschen mit dem Wesen/der Geschichte des Seins selbst* (nicht als Vor-stellung der Vernunft selbst) durchweg unbeachtet blieb, obwohl sie für die Vernunft der Wissenschaft selbst konstitutiv ist? Ist diese Nichtbeachtung des grundlegenden philosophischen metaphysischen Problems des *Wesens/der Geschichte* des Seins für das *Wesen* des Menschen und damit für seine moderne größte Gefahr ein Zeichen einer gewissen *Uneigentlichkeit* von Husserls Denken des Problems des europäischen Menschen und seiner wesentlichen Gefahr, Gefährdung? Einst erfuhren die großen Denker der europäischen Geschichte die Vernunft der Wissenschaft im Geschehen des Entbergens (*alêtheuein*) als etwas Göttliches, *Dämonisches*, von etwas « Über-Menschlichem » Herkommendes. Die moderne Zeit hält die Vernunft nur noch als etwas Menschliches, allzu Menschliches, als eine Art menschliches Mittel für seine Machenschaften. Liegt darin nicht eine gewisse *geschichtliche Uneigentlichkeit* des gegenwärtigen globalisierten Europäers als zwingende Form seiner Öffentlichkeit in der Katastrophe, die sich schon ereignet?

3. Marx

Marx ist in dieser Hinsicht ein radikaler Fall. Er wollte sein Denken grundsätzlich nicht einmal mehr als Philosophie bezeichnen. In seiner Schrift *Die deutsche Ideologie* entwarf er sein Denken als eine neue kritische « *Wissenschaft der Geschichte* ». Diese « entlarvt » und verwirft die ganze bisherige Philosophie als blosse Ideologie, die er als das falsche Bewusstsein erklärte, ist aber selbst von der undurchdachten Begrifflichkeit der philosophischen Metaphysik wesentlich abhängig. Darum finden wir bei Marx dieselben Probleme wieder, die wir schon bei Nietzsche und Husserl fanden und die das Thema meines Beitrags sind. Leider kann ich das bei dieser Gelegenheit nicht ausführlicher beschreiben, da ich den begrenzten Umfang des Beitrags einhalten muss. Es ist mehr als interessant, dass bei so verschiedenen Denkern wie Nietzsche, Husserl und Marx auf ihren äusserst verschiedenen Denkwegen doch das *geschichtlich wesentlich Selbe* sich durchsetzt: Die *Unzuständigkeit* der Geschichte der Metaphysik gegenüber und damit zusammenhängend die *Uneigentlichkeit* aus dem *epochalen Un-Wesen des Seins*.

4. Zusammenfassung

Mein Thema ist jetzt das Problem der Genese der geschichtlichen *Uneigentlichkeit*, einer unbewußten geschichtlichen *Verlogenheit* des modernen europäischen Menschen, deren Anfang sich am bestimmtesten gerade bei den höchsten Köpfen des modernen philosophischen Umsturzes nach Hegels Vollendung und dem Ende (*Telos*) der Philosophie zeigt. Deswegen erwähne ich Marx, Nietzsche und Husserl. Alle drei treten als *Retter* des modernen europäischen Menschen und der Menschheit auf der Grundlage ihrer Erfahrung und Auslegung der äußersten Gefährdung auf, der größten Gefahr, in die der moderne europäische Mensch in seiner gegenwärtigen « Globalisierung » angeblich geraten ist. Bei allen dreien stoßen wir auf eine seltsame *Inkompetenz* gegenüber der großen Überlieferung der Geschichte der philosophischen Metaphysik in ihrer Vollendung – einem solchen Ende –, das sie mit Hegels System des absoluten Geistes erreichte. Jeder fiel auf seine Weise in eine, ihnen ganz besinnungslose, geschichtliche Uneigentlichkeit/Verlogenheit all ihrer Gedankenbauten, all ihres « Denkens » – vielleicht besser gesagt *Abrechnung* – auch bei ihren Überlegungen über die große Tradition der Philosophie. Jeder für sich erwies sich als *inkompetent* gegenüber dieser Überlieferung, als er ihre Überwindung proklamierte, denn sie selbst waren beim Entwurf und bei der Ausführung ihres gesamten Denkens ganz unbedacht *durchweg abhängig* von der Begrifflichkeit der vermeintlich überwundenen philosophischen Metaphysik bzw. des « Idealismus », « der idealistischen Flausen », wie sich Marx abfällig ausdrückte. Die Abhängigkeit war so beschaffen, daß die alte Metaphysik in ihren Gedankenbauten zu einer – ihnen selbst besinnungslosen – *bedingungslosen Geltung und Macht* kam. Darin sehe ich den Anfang dieser verhüllten, verdrängten *Uneigentlichkeit/Verlogenheit* und *Inkompetenz* des gegenwärtigen Denkens und Verhaltens des globalisierten Europäers als Menschen der Praxis der Wissenschaft, dessen Europäertum heute gerade in einer solchen unerfahrenen, bedingungslosen Verfallenheit der bedingungslosen Macht der Metaphysik und damit der katastrophalen Uneigentlichkeit besteht.

Die besagten drei großen Vorbilder des modernen Denkens und Verhaltens des europäischen Menschen der Wissenschaft – Marx, Nietzsche und Husserl – entdeckten jeder für sich die größte Gefahr des modernen *Menschen* der Praxis der Wissenschaft und zugleich konzipierten jeder für sich auch die Rettung des modernen europäischen Menschen aus seiner größten Gefahr. Dieses Erlösertum erkannten sie als ihre Mission. Sie « besiegten » die große Überlieferung der Metaphysik, aber so, daß sie sie, ohne ihr eigenes unreduzierbares geschichtliches Wesen durchdacht zu haben, nur verworfen und damit verschleiert haben. Als die ersten Köpfe der modernen Zeit unterlagen sie in ihrem uneigentlichen « Sieg » über die Metaphysik ganz ihrem entzogenen unreduzierbaren geschichtlichen Wesen und verfielen so einer geschichtlichen Uneigentlichkeit ihres Denkens. In dieser Verschleierung war die Metaphysik nach ihrem *Un-Wesen des Seins* als absolute Macht über alles zur bedingungslosen Herrschaft gekommen, nicht nur über ihre Gedankenbauten im ganzen, sondern sie herrscht auch *mit einer Bedingungslosigkeit* über den globalisierten Europäer – also der Menschheit – der Gegenwart, und zwar so, daß sie ihn nur in dem durchweg *verfügbaren* Material des entzogenen Wesens des Seins als der absoluten Macht herausforderte. Das geschichtliche Un-Wesen des Seins als absolute Macht ereignet sich als endloser Prozeß, als Selbstzweck des sich selbst produzierenden Produzierens des Verfügbaren auf die Weise der Praxis der Wissenschaft und verlangt/produziert/fordert heraus den Menschen durchweg nur als Verfügbaren in der Verfügbarkeit für diesen Prozeß und entmenschlicht ihn so. Die Freiheit, das Subjekt-sein des Menschen, der Mensch als Beherrscher und Ziel des Prozesses, die liberale Demokratie, der Rechtsstaat, die Menschenrechte, der wachsende Wohlstand, die Sicherheit usw., usf. sind nur der Schleier für die tatsächliche Versklavung, Verfügbarkeit und Entmenschlichung des Menschen; eigentlich sind sie aber von der absoluten Macht des metaphysischen Wesens des Seins gesetzte Bedingungen der Möglichkeit ihrer selbst, also die Werte. Und dennoch bleibt all das ganz verdeckt, ungedacht in der Vergessenheit, obwohl es öffentlich geschieht. Alles Denken und Verhalten des gegenwärtigen globalisierten Europäers als *Menschen der Wissenschaft* geriet deshalb in eine fatale geschichtliche Form der *Inkompetenz gegenüber dem Wesen* dieser Praxis der Wissenschaft und versinkt deshalb in einer geschichtlichen Weise der *Uneigentlichkeit*, der *Verlogenheit* als Zwangsform all ihrer Öffentlichkeiten, mit den fatalen Implikationen und Folgen. Aber diese allgemeine gegenwärtige Uneigentlichkeit/Verlogenheit ist nicht unter äußerem Einfluß der besagten drei Denker – Marx, Nietzsche, Husserl – entstanden, die ich hier nur als exemplarisch und symptomatisch betrachte – sondern sie gelangte zur Herrschaft aus *jenem entzogenen Ereignis* des Un-Wesens des Seins, das auch die erwähnten drei großen Köpfe des Beginns der Moderne auf den Weg ihres uneigentlichen Denkens trieb. Dieses

Ereignis ist der Entzug des *Wesens* der Metaphysik, um zur bedingungslosen Macht in dieser Verborgenheit zu kommen.

5. Heidegger

Heidegger ist der erste Denker der Kehre, der *Erörterung* der Gefahr als des Un-Wesens des Seins selbst, in welcher der gegenwärtige europäische Mensch mit seiner Wesensvernichtung gefährdet ist. Er durchbrach schon die bis zur Selbstverständlichkeit durchgesetzte anthropologische oder sogar anthropo-zoologische Reduktion der metaphysischen Ontologie, wie wir sie in ihren anfänglichen paradigmatischen Formulierungen bei jenen drei Denkern dieses Umsturzes der Metaphysik: Marx, Nietzsche und Husserl, finden. Heidegger beschuldet für diese Gefahr nicht den Menschen, schreibt sie keinem zufälligen Versagen, keinem Verfall des Menschen zu, noch sucht sie in irgendeiner historisch berechneten Notwendigkeit der gesellschafts-ökonomischen Entfremdung des Menschen. Die Gefahr entsteht nicht in einer Art komplexem Zustand des bloß Seienden. Heidegger erkannte die höchste Gefahr im *Un-Wesen*/in der *Geschichte des Seins* ihres letzten epochalen Ereignisses (als des Wesens der vollendeten Metaphysik), so daß nach diesem *Un-Wesen des Seins*, das sich selbst verbirgt und tilgt, auch der Mensch selbst wesenslos wird und so durch die Entmenschlichung äußerst bedroht ist. In höchster Gefahr befinden sich nicht nur der Mensch und die Welt seines Daseins mit allen innerweltlichen Dingen, sondern vor allem das *Sein selbst als Sein*. Die höchste Gefahr ist das Sein selbst in sich aus sich für sich ihrem *Un-Wesen* nach, also der Weise, wie sie selbst *ist*, gerade wenn sie *nicht* ist. Heidegger tritt mit seinem Denken der vollendeten Epoche des Un-Wesens/der Geschichte des Seins selbst nicht als *Retter* der Menschheit in der Weise der zuvor behandelten Denker auf, und zwar deshalb, weil die Rettung nur mit dem *Ereignis der Kehre* des Un-Wesens/der Geschichte des Seins selbst in seine Wahrheit « kommen kann », dieses Ereignis kann aber kein Denker errechnen, noch kann es irgendeine menschliche/gesellschaftliche Aktion oder Revolution erzwingen. Denn nur durch das Ereignis der Kehre des *Un-Wesens* des Seins in seine Wahrheit (Unverborgenheit) kann auch der Mensch zu sich als *Seins-Wesen* einkehren, als welches er – in seiner offenen Zu-gehörigkeit dem Sein – die *Gründung und Wahrnis* des Ereignisses der Kehre (des Wesens des Seins) vermag. Der Denker des vollendeten *Un-Wesens* des Seins als der höchsten Gefahr kann nur die Kehre des Un-Wesens vorbereiten, welche sich ihm – dem in das Wesen der Gefahr ge-hörenden – mit lautloser Stimme als ein Verheiß zuspricht.

Heidegger erkannte die höchste Gefahr im *Un-Wesen des Seins* selbst, welches sich als die sich vergebende/tilgende/verschleiernde Herausforderung des Her-stellens von allem und jedem als des Verfügbaren (des Bestandes) ereignet, was Heidegger mit einem befremdlichen Wort, das Ge-Stell, sagt. Ge-Stell ist jenes, was in seinem Stellen/Hervorbringen des Verfügbaren sich selbst durch sich selbst in sich selbst mit Vergessenheit/Vertilgung/Verschleierung nachstellt. So verwüstet das Ge-Stell alles Hergestellte als das Verfügbare, inklusive den Menschen selbst, also als das Sein-lose, Nichtige. Denn jedes ist in seiner herausgeforderten Verfügbarkeit nicht etwas Eigenes, in seinem Sein Selbst-ständiges, sondern ist hergestellt für den Verbrauch und die Vernichtung in der Produktion. Das Sein der vollendeten Epoche seines *Un-Wesens* – als Ge-Stell – *ist* die höchste Gefahr, die sowohl den Menschen als auch die Welt seines Existierens und auch alle innerweltlichen Dinge wesentlich angeht mit dieser Verwüstung, ohne daß sie als solche unverborgen und so erst den Menschen erfahrbar wäre. Darum ist sie eben die höchste Gefahr. Ge-Stell als Wesen der Gefahr gerade durch seinen Wesenszug des Sich-Nachstellens mit der Vergessenheit/Vertilgung/Verschleierung west nicht in seiner Wahrheit (Unverborgenheit). Der heutige Mensch der Wissenschaft als Praxis kann das *Wesen* der Wissenschaft – nämlich das Ge-Stell – nicht erfahren, da dieses sich seinem Wesenszug nach in die Vergessenheit/Verborgenheit entzieht. Darum kann der heutige « globalisierte » Europäer der Gefahr nicht begegnen.

Ich werde nun einige zentrale Sätze aus Heideggers Vorlesungen mit dem Titel *Die Gefahr* (jetzt zugänglich im 79. Band der Gesamtausgabe, die 1994 herausgegeben wurde und die zu Heideggers « Bremer Vorträgen » von 1949 unter dem Gesamttitel *Einblick in das, was ist*, gehören).

> Das Ge-Stell ist somit in seinem Wesen das Sein des Seienden, in dessen äusserstem und vermutlich vollendeten Geschick. [...] Das Ge-Stell ist das Wesen der modernen Technik. Das Wesen des Ge-Stells ist das Sein selber des Seienden; nicht überhaupt und nicht von jeher, sondern jetzt, da sich die Vergessenheit des Wesens des Seins vollendet. Das Ereignis dieser Vollendung der Seinsvergessenheit bestimmt allererst die Epoche, indem jetzt das Sein in der Weise des Ge-Stells west.[11]

---

[11] Martin HEIDEGGER, *Bremer und Freiburger Vorträge* (GA 79), S. 51.

Das Ge-Stell als das Wesen des Seins setzt das Sein aus der Wahrheit seines Wesens heraus, entsetzt das Sein seiner Wahrheit.[12]

Das innerste Wesen des Stellens, als welches das Ge-Stell west, ist das gekennzeichnete Nachstellen.[13]

Das Wesen der Technik ist das Ge-Stell. Das Wesen des Ge-Stells ist die Gefahr. Das Seyn ist in seinem Wesen die Gefahr selbst. […] Das Seyn ist in sich aus sich für sich die Gefahr schlechthin. Als das Nachstellen, das seinem eigenen Wesen mit der Vergessenheit dieses Wesens nachstellt, ist das Seyn als Seyn die Gefahr.[14]

Daß uns all die Worte von der Gefahr heute « unverständlich » sind, daß wir uns nicht leicht wahrhaft in sie hineindenken, sich in ihnen besinnen können, das ist das augenfälligste Zeichen, wie ganz wir in das Wesen dieser Gefahr versunken sind, nämlich in das *sich nachstellende Ge-Stell* –, das schon als Wort ein « unmögliches » Gebilde ist. Ebenso kann und kann sich uns jenes nicht mit dem Wort das « Wesen des Seins » Gesagte selbst offenbaren: Wir können es nicht einfach wahrhaft denken. So ist es auch mit allen anderen Schlüsselworten. Und wenn wir uns angesichts einer solch « unverständlich » gesagten Gefahr oder eines solch « unverständlich gesagten Wesens des Seins », wo der Mensch überhaupt nicht erwähnt wird, fragen: Wie kann eine solche « unmenschliche » Gefahr überhaupt in irgendeiner Weise den Menschen betreffen, dich selbst, dann wissen wir uns nicht zu helfen. Nur langsam wird uns klar, daß gerade das *Un-Wesen des Seins* als Ge-Stell den *wesenlosen* Menschen als das bloß Verfügbare für dieses Herausfordern/Produzieren herausfordert, produziert und dadurch verwüstet in seinem Selbst-Sein und seiner Eigenheit, in die *Sein-losigkeit* entwirft. Diese macht ihn durchweg uneigentlich/verlogen in allem Denken, Reden, Tun, denn er wird herausgefordert als Verfügbares, um zerstört, zu Material und Ressource im Prozeß des Produzierens zu werden ebenso wie alles andere so Herausgeforderte/Produzierte in der alles-umfassenden Praxis der Wissenschaft der heutigen Epoche des Un-Wesens des Seins. In diese Uneigentlichkeit/Verlogenheit sind wir geworfen und sind verworfen ohne Besinnung; das ist die zwingende Form all unserer heutigen Öffentlichkeiten und aus ihr winden wir uns am schwierigsten heraus, denn wir müssen uns dabei selbst im Wesen, nicht nur in irgendeinem Glauben bekehren. Deswegen sind wir angesichts solchen Denkens der Gefahr ganz unbeholfen, aber nicht

---

[12] HEIDEGGER, *Vorträge*, S. 52.

[13] HEIDEGGER, *Vorträge*, S. 53.

[14] HEIDEGGER, *Vorträge*, S. 54.

hoffnungslos, denn wir können in dieses Ereignis der Kehre des Un-Wesens des Seins *einspringen* und folglich in sich selbst als Seins-Wesen in seiner Wahrheit, die uns das enthüllt, was selbst sich nachstellt mit der Vernichtung/Verschleierung seiner selbst: Das Un-Wesen des Seins als Ge-Stell.

Denn gerade diese Besinnung des Ereignisses des vollendeten metaphysischen Un-Wesens des Seins als der Gefahr selbst ist an sich ein Zeichen der Kehre des Wesens des Seins in seine Wahrheit. Für den heutigen Menschen der Wissenschaft, dem heutigen globalisierten Europäer, ist das Sein dieses Un-Wesens eine Gabe, die sich als Gabe selbst wieder entzieht. So wird das Sein zu einer Nichtigkeit und herrscht als Nihilismus (nicht als moralischer Nachteil, auch nicht im Sinne Nietzsches), der auch selbst sich entzieht. Aber eben weil das Sein dieses Un-Wesens die sich-entziehende Gabe ist, ist sie weder das Böse noch ein Nachteil, noch eine schlimme Verdammnis, wogegen der heutige Mensch sich in einen Aufstand gegen ihn erheben sollte (« Weltrevolution », « Antiglobalismus », « Weltterrorismus » etc.). Aber eben diese höchste Gabe des Seins bleibt ihm entzogen und verborgen. Ausführlicher kann ich aber an dieser Stelle diese « ontologische Irre » nicht behandeln.

VOM ZWIESPALT DES HISTORISCHEN

Emil Angehrn

1. Ambivalenzen des Geschichtsbewusstseins in der Moderne

Wozu Geschichte? Welches Interesse sollen wir an der Geschichte nehmen? Wie sollen wir mit Geschichte umgehen? Auf solche Fragen haben die Menschen im Laufe der Geschichte die vielfältigsten Antworten gegeben. Nicht nur sind die Formen der Geschichtsschreibung, die Regeln der historischen Erzählung, Erklärung und Interpretation in verschiedenen Zeiten und Kulturen ganz unterschiedlich bestimmt worden. Auch auf die grundlegende Frage, ob und wieviel Geschichte wir brauchen, finden wir die unterschiedlichsten Antworten. Nicht für alle Epochen und nicht für alle Gesellschaften ist historisches Bewusstsein ein wichtiges Kulturgut. Indessen geht es hier nicht nur um ein Schwanken in der Einschätzung historischer Kultur im Vergleich der Epochen. Vielmehr geht es um einen grundlegenden Zwiespalt des Historischen, der sich im Durchgang durch die Zeiten, aber ebenso in einer heutigen Reflexion manifestiert. Es ist ein Zwiespalt, der selber einen historischen Ort hat. Zumindest scheint es plausibel, ihn als Kennzeichen des Geschichtsdenkens der Moderne, nach dem Zusammenbruch sowohl der großen Geschichtsphilosophie wie des klassischen Historismus zu sehen.

Diesem Zwiespalt möchte ich in den folgenden Ausführungen nachgehen. Ich gehe dabei von Nietzsches bekannter Diagnose der historischen Kultur in der *Zweiten Unzeitgemäßen Betrachtung: Vom Nutzen und Nachtheil der Historie für das Leben* aus und versuche, diese Diagnose als Hintergrund für eine Diskussion neuerer Konzepte – vor allem von Michel Foucault und Jacques Derrida – zu verwenden. Es scheint mir durchaus bemerkenswert, in welcher Prägnanz der junge Nietzsche Aspekte und Linien der Auseinandersetzung um

Geschichte benennt, die ein Jahrhundert später, in verändertem Kontext, nichts von ihrer Aktualität verloren haben.

Ich will die Hauptlinien des Gedankens vorweg in folgender Weise umreißen. Der Zwiespalt in unserem Umgang mit Geschichte ist selbst ein zweifacher. Zum einen ist es die grundlegende Ambivalenz des historischen Bewusstseins, d.h. die Frage, *ob* wir überhaupt ein Interesse an historischer Erinnerung nehmen (sollen) oder ob wir eher Geschichte verdrängen, uns von ihr befreien, uns gegen die Last der Vergangenheit zur Wehr setzen (sollen). Auf der anderen Seite ist es die Frage, *in welcher Weise* wir uns auf Geschichte beziehen (sollen), welches die richtige – wahrheits- und wissenschaftsfähige, authentische, humane – Weise ist, Geschichte zu rezipieren, kritisch zu beurteilen und anzueignen. Es sind zwei Fragerichtungen, die ineinander verflochten sind, die aber auch unabhängig voneinander ihre Schärfe und Bestimmtheit haben.

Bei Nietzsche treten sie uns in zwei distinkten Figuren entgegen: zum einen in der Opposition zwischen dem Historischen auf der einen Seite, dem Unhistorischen und Überhistorischen auf der anderen Seite; zum anderen in der Unterscheidung dreier Arten von Historie, die unter je spezifischen Hinsichten als lebensförderlich oder lebensfeindlich erkannt, befürwortet oder verurteilt werden. Klärungsbedürftig bleibt, wie sich die grundlegende Auseinandersetzung um das Historische mit der differenzierenden Analyse der unterschiedlichen Typen der Historie verschränkt (und wieweit diese sich zu einer gemeinsamen Geschichtskultur verbinden oder als heterogene Orientierungen bestehen bleiben).

Beide Fragestellungen sind ebenso in neueren Diskussionen – sowohl im theoretischen Disput wie in der öffentlichen Auseinandersetzung – auszumachen, teils in zugespitzter Weise ausformuliert. Die zweite Frage, die Frage nach den unterschiedlichen Modi und der richtigen Gestalt des historischen Bewusstseins, bildet einen Leitfaden der Methodendiskussionen in den Geschichts- und Kulturwissenschaften der letzten zwei Jahrhunderte. Ebenso ist die erste Frage, die Frage nach dem grundsätzlichen Interesse an Geschichte, eine sowohl in der kulturellen Öffentlichkeit wie im Fachdisput kontrovers behandelte Frage. Die aktuelle Konjunktur des Themas « Gedächtnis und Erinnerung » bei Tagungen und in Fachpublikationen, anlässlich der Gründung von Museen und Gedenkstätten, in historischen Fernsehsendungen und öffentlichen Diskussionen ist Indiz eines Bewusstseinszustandes, dem ein bestimmtes Verhältnis bzw. Nichtverhältnis zur Geschichte zum offenen Problem geworden ist. Doch nicht nur im moralisch-politisch besetzten Feld der

Aufarbeitung der Realgeschichte, auch im Binnenbereich kultureller Tradition ist die Frage, ob und wozu wir Geschichte brauchen, alles andere als einvernehmlich beantwortet. Um nur als Beispiel die Philosophie selbst zu nennen: Auch wenn es zur gängigen Praxis des Philosophierens gehört, Sachthemen im Dialog mit historischen Positionen zu erörtern, ist die prinzipielle Frage, ob und wie sich Philosophie mit ihrer Geschichte auseinanderzusetzen und diese Auseinandersetzung in ihre systematische Arbeit zu integrieren habe, weithin kontrovers und offen. Analoges gilt für andere Disziplinen und weite Bereiche des kulturellen Lebens.

2. Nietzsches zweifacher Einspruch gegen die historische Kultur

Zum besonderen Profil von Nietzsches Abrechnung mit der herrschenden Geschichtskultur gehört, wie gesagt, der zweifache Ansatz der Kritik. Zum einen setzt er sich mit Historie überhaupt, zum anderen mit drei spezifischen Ausprägungen des Historischen auseinander.

Nach der ersten Hinsicht präsentiert uns Nietzsche eine der dezidiertesten Gegenwendungen zur historischen Kultur. Sie markiert nicht Geschichtsabstinenz oder -indifferenz, sondern eine Gegnerschaft, die nur aus der Konfrontation mit einem blühenden, ja wuchernden (in anderer Hinsicht leblos-abstrakten) Geschichtsbetrieb zu verstehen ist. Nicht nur wird wie im 19. Jahrhundert bei vielen Autoren – von Ranke über Marx bis Burckhardt – die klassische Geschichtsphilosophie als unzulässige Hypostasierung zurückgewiesen. Weit darüber hinaus geht es darum, eine bestimmte Ausprägung historischer Kultur, teils Grundlagen des geschichtlichen Lebens selbst, in Frage zu stellen. Zwar ist Nietzsches Text äußerlich von einer Symmetrie des Nutzens und Nachteils der Historie, einer Komplementarität von Leben und Geschichte, durchzogen; « das Unhistorische und das Historische », sagt er, « ist gleichermaßen für die Gesundheit eines Einzelnen, eines Volkes und einer Kultur nötig » (252)[1]. Dennoch zielt die Abhandlung nicht einfach darauf, beide Potenzen zum Ausgleich zu bringen. Sie setzt durchaus einseitig an, indem sie vorrangig die Lebensfeindlichkeit der Historie herausarbeitet, und sie behält diese Einseitigkeit in gewissem Maße bei, indem sie das Unhistorische im Ganzen als das « wichtigere und ursprünglichere » Element präsentiert (251).

---

[1] Friedrich NIETZSCHE, *Unzeitgemässe Betrachtungen. Zweites Stück: Vom Nutzen und Nachtheil der Historie für das Leben*, KSA 1, S. 243-334, hier S. 252. Die folgenden Zitatnachweise im Text beziehen sich auf diese Schrift.

Die Abhandlung bleibt stärker an der Frage ausgerichtet, bis zu welchem Grad das Leben Geschichte *erträgt*, als daran, bis zu welchem Grad es sie « überhaupt brauche » (257); sie beleuchtet primär die Voraussetzungen einer lebensgerechten Historie, nicht deren Interesse an ihm selbst. Geschichte kommt stärker in ihrer auflösend-destruktiven, Leben in seiner affirmativ-konstruktiven Potenz in den Blick. Zu fragen ist nach den Kriterien der ungleichen Akzentuierung. In dieser einseitigen Frontstellung stellt sich Nietzsche gegen den Geist der Zeit, ist seine Schrift im pointierten Sinn unzeitgemäß – auch wenn sie sich gerade darin, sowohl diagnostisch wie therapeutisch (im Wirken « gegen die Zeit und dadurch auf die Zeit und hoffentlich zu Gunsten einer kommenden Zeit » [247]), als das eigentlich Zeitgemäße versteht.

Den entscheidenden Punkt nennt Nietzsche in einem Satz, den Walter Benjamin seiner zwölften geschichtsphilosophischen These vorangestellt hat: « Wir brauchen die Historie, aber wir brauchen sie anders, als sie der verwöhnte Müssiggänger im Garten des Wissens braucht » (245). Historie, wo sie affirmativ bejaht wird, steht im Dienst der Tat und des Lebens: « Nur soweit die Historie dem Leben dient, wollen wir ihr dienen » (245); im Übermaß gepflegt, wird sie lebensfeindlich und destruktiv. Verschiedene Motive gehen in Nietzsches Beschreibung des Antagonismus von Historie und Leben ein. Das eine ist die Lebens- und Gestaltungskraft, die durch das Offensein der Horizonte, das Außersichsein der orientierungslosen Gelehrsamkeit gelähmt wird. Mit einer mehrfach wiederkehrenden Metapher beschreibt Nietzsche das Abblenden dieser offenen Horizonte als schützende « Atmosphäre [...], in der sich Leben allein erzeugt, um mit der Vernichtung dieser Atmosphäre wieder zu verschwinden » (252). Zwar wird damit nicht der Immediatismus des Lebens verabsolutiert: Das Unhistorische ist das Fundament, auf dem etwas Gesundes wachsen soll, aber als Fundament nicht das Ganze. Erst durch die bewusste Kraft, « das Vergangene zum Leben zu gebrauchen und aus dem Geschehen wieder Geschichte zu machen, wird der Mensch zum Menschen » (253). Dennoch sieht Nietzsche die plastische Gestaltungskraft nicht vorrangig im produktiven Umgang mit Geschichte, in historischer Sinnkonstruktion oder in der Bildung historischer Identität, sondern im Widerstand gegen die Vergangenheit am Werk. Dies hängt damit zusammen, dass Geschichte zunächst ein Sichverlieren ist.

In zugespitzter Form schildert Nietzsche dieses Verhältnis in der Dialektik von Erinnern und Vergessen. In direkter Umkehrung traditioneller Geschichtsanschauung, welche an die Kraft der Erinnerung gegen die natürliche Vergessenstendenz appelliert, meint Nietzsche, gegen das Verhaftetsein im

Gedächtnis die « Kraft zu vergessen » (250) mobilisieren zu müssen. Als Leitidee fungiert die quasi-ontologische, auch ästhetische Vorstellung eines vollen Einsseins-mit-sich, einer Selbstpräsenz und Selbstaffirmation – gegen Selbstzerstreuung, Unvollendetsein, Aufgehen im Anderen. Nicht das Vergessen ist hier Selbstflucht; vielmehr ist die Erinnerung ein Verhaftetsein im Gewesenen, das nie zur vollen Deckung mit sich kommt, « ein nie zu vollendendes Imperfectum » – nicht weil sie immer unvollständig wäre, sondern weil sie sich ans Fremde ausliefert, ein Sich-selbst-Verneinen ist (249). Historische Reflexion lässt das Jetzt im Horizont von anderem erscheinen, sie virtualisiert, vergleicht, überdenkt, stellt in Frage. Die in sich erfüllte, plastische Selbstpräsenz bedingt eine Geschlossenheit, die sich im Historischen verflüchtigt und die der « Kraft » des Vergessens bedarf.

Doch nicht nur das Leben – das Unhistorische – steht im Gegensatz zur Geschichte. Ernst zu nehmen ist auch das andere Gegengift, das Nietzsche gegen die historische Krankheit verschreibt: das Überhistorische. Nicht hinter die Geschichte zurück-, sondern über sie hinauszugehen ist die wahre Befreiung vom Historischen: In den « höchsten Exemplaren » des Menschlichen (317), in denen Nietzsche den Wert der Geschichte – gegen die Fokussierung auf die Entwicklung und das Ziel – erkennt und als deren Repräsentanten er in der *Dritten Unzeitgemäßen* die « Philosophen, Künstler und Heiligen » sieht (380), ist nicht nur die Kraft des Lebens, sondern auch etwas von dieser Geschichtstranszendenz realisiert. Allerdings verbleibt auch hier eine Ambivalenz, wenn Nietzsche nach der Empfehlung jener beiden Gegengifte zur Historie abschließend feststellt, dass, zumal « wir, die Historisch-Kranken », wahrscheinlich « auch an den Gegenmitteln zu leiden haben » (331). Im Ganzen umreißt Nietzsche eine entschieden geschichtsskeptische Position, die aber davor zurückschreckt, zur Gänze auf die Seite des Unhistorisch-Lebendigen oder des Überhistorischen zu setzen, wohl wissend, dass auch darin das menschliche Leben sich nur partiell vollenden kann, ja, in Wahrheit in eminenter Weise gefährdet bleibt.

Zu Nietzsches Einschätzung des Historischen gehört nun nicht nur das Schwanken in der umfassenden Wertung der Erinnerung, sondern die interne Differenzierung in der Wirkungsweise des Historischen. Die Titelfrage nach Nutzen und Nachteil der Historie beantwortet er nicht generell, sondern in direkter Spezifizierung für drei typische Ausprägungen historischer Kultur, denen er unterschiedliche Bedürfnisse des Lebendigen zuordnet: Als monumentalische gehört die Historie dem Lebendigen als « dem Tätigen und Strebenden », als antiquarische « dem Bewahrenden und Verehrenden », als kritische « dem Leidenden und der Befreiung Bedürftigen » (258). Das Bemerkenswerte an Nietzsches Schilderung dieser drei Typen, die hier nicht im Einzelnen zu erörtern sind, liegt zum einen darin, dass er drei überaus prägnante, gleichsam idealtypische Kristallisationen historischen Bewusstseins zeichnet, die wir in vielen ideen- und kulturgeschichtlichen Konstellationen wiedererkennen können und die auch für eine Analyse heutiger Geschichtskultur diagnostische Kraft haben. Sie definieren drei unterschiedliche Stoßrichtungen, nach denen menschliches Leben sich im Geschichtsbezug vollzieht: Indem es im Gedächtnis des Großen und Mächtigen eine Stütze des eigenen Schaffens findet, indem es in vergangenheitszugewandter Pietät in seiner Geschichte heimisch wird, und indem es die Vormacht des Vergangenen bricht, sich kritisch mit der Geschichte auseinandersetzt, sich gewissermaßen von ihr befreit. Je nach Kontext und eigener Disposition ist die eine oder andere Art des Umgehens mit Geschichte verlangt; jede für sich artikuliert einen wesentlichen Zug des Historischen und kann ein vitales Interesse des historischen Bewusstseins befriedigen. Zum anderen gehört zur Sachhaltigkeit von Nietzsches Erörterung, dass sie jede dieser Formen in ihrer Ambivalenz, ihrer Lebensförderlichkeit *und* Lebensfeindlichkeit vergegenwärtigt – ohne dass beide Seiten sich einfach aufhöben oder irgendwie in der Mitte zum Ausgleich kämen. Die von Nietzsche betonten Gefahren sind zum Teil die direkte Kehrseite der genannten affirmativen Potenzen des Historischen: Gefahren der Verfälschung und Verzeichnung, der blinden Verehrung des Faktischen, der Passivität, des Verlusts des Maßes, des abstrakten Kosmopolitismus, der Ironie und der Entwurzelung. Unter zahlreichen Facetten stellt Nietzsche vor Augen, wie das historische Bewusstsein zur Fessel und zur Gegenkraft des erneuernd-gestaltenden Lebens werden kann. Vorrangig bleibt auch hier die Frage, unter welchen Voraussetzungen der Mensch Geschichte deuten kann und darf; wieweit er umgekehrt nur aus der Geschichte die Kraft zum Erbauen der Zukunft hat, bleibt unterbestimmt.

Das Intrikate der von Nietzsche vorgestellten Sicht des Historischen besteht offensichtlich darin, dass nicht auf der Hand liegt, wie die unterschiedlichen Stoßrichtungen in Ausgleich zu bringen, ja, in welcher Weise sie überhaupt zueinander in ein Verhältnis zu setzen sind. Dies betrifft zum einen innerhalb der einzelnen Formen der Historie ihre lebensbejahenden und destruktiven Potenzen, zum anderen das gegenseitige Verhältnis dieser heterogenen, teils direkt antagonistischen Stoßrichtungen der Geschichte, schließlich das übergreifende Verhältnis zwischen dem unhistorischen Gestaltungsdrang des Lebendigen, der Kulturleistung historischer Konstruktion und dem überhistorischen Transzendieren des Wandelbar-Zeitlichen. Die Konstellation dieser heterogenen Motive bildet die exemplarische Signatur einer in sich zwiespältigen Geschichtlichkeit menschlichen Lebens.

3. Foucault: Historie zwischen Archäologie und Genealogie

In paradigmatischer Weise hat Michel Foucault ein verändertes Modell historischer Forschung entwickelt, das nicht zuletzt wesentliche Impulse in Nietzsches historischer Praxis und Reflexion findet. Foucaults Werk ist im Wesentlichen als historische Forschung durchgeführt, wie schon die Titel seiner Bücher belegen: *Histoire de la folie à l'âge classique* (1972), *La naissance de la clinique. Une archéologie du regard médical* (1963), *Les mots et les choses. Une archéologie des sciences humaines* (1966), *L'archéologie du savoir* (1969), *Surveiller et punir. La naissance de la prison* (1975), *Histoire de la sexualité* (1976 ff.). Fast obsessiv kreisen die Werke um die Brennpunkte Geburt, Geschichte, Archäologie. Im folgenden sollen nicht diese materialen Studien im Zentrum stehen, sondern drei kurze programmatische Texte, die chronologisch in der Mitte zwischen den frühen und den späteren Werken liegen: die Einleitung zur Schrift *Archäologie des Wissens* (fr. 1969), die Antrittsvorlesung am Collège de France *Die Ordnung des Diskurses* (gehalten 1970, publ. fr. 1971) und der Aufsatz *Nietzsche, die Genealogie, die Historie* (fr. 1971).[2]

Unter verschiedenen Hinsichten charakterisiert Foucault die von ihm postulierte Historie als Umkehrung des traditionellen Verständnisses der Geschichte. Eine erste Umkehrfigur lässt sich anhand des Leitbegriffs der *Archäologie* charakterisieren. Archäologie ist die « Disziplin der stummen Monumente, der bewegungslosen Spuren, der kontextlosen Gegenstände und der von der Vergangenheit hinterlassenen Dinge »[3]. Es ist, mit anderen Worten, die Welt der materiellen, äußerlichen, zerstreuten, nicht in ihrem Zusammenhang und ihrem Bedeutungsgehalt gegebenen Dinge, die wir durch Kontextualisierung, Entzifferung und Interpretation historisch bearbeiten und lesbar, zum Bestandteil einer Geschichte machen. Gehört es zur Aufgabe der Historie nach traditionellem Verständnis, die « *Monumente* der Vergangenheit

---

[2] Michel FOUCAULT, *L'archéologie du savoir*, Paris, Gallimard, 1969, S. 10-28; *L'ordre du discours*, Paris, Gallimard, 1971 ; « Nietzsche, la généalogie, l'histoire », in: Daniel DEFERT/François EWALD (Hg.), *Dits et écrits 1954-1988*. Bd. II: *1970-1975*, Paris, Gallimard, 1994, S. 136-156.

[3] FOUCAULT, *L'archéologie du savoir*, Paris, Gallimard, 1969, S. 15 (dt.: *Archäologie des Wissens*, Frankfurt/Main, Suhrkamp, 1973, S. 15).

[...] in *Dokumente* zu transformieren », d.h. in etwas, das üblicherweise als Zeugnis einer Sinnbekundung gilt, und damit die Spuren des Vergangenen gleichsam wie Äußerungen – statt als nicht-intentionale Residuen und Abdrücke – zu lesen, so verfolgt die von Foucault praktizierte historische Forschung den umgekehrten Weg, « die Dokumente in Monumente » zu verwandeln und die Spuren, statt sie zu entziffern, in ihre Elemente zu zerlegen. Von solcher Geschichte könnte man sagen, dass sie « zur Archäologie tendiert – zur immanenten Beschreibung des Monuments »[4].

Mit dieser Wendung zur Äußerlichkeit und Materialität verbinden sich andere Umkehrungen, welche die Logik des Historischen betreffen. Ziel der Historie ist nicht die einheitliche Sinnkonstruktion, sondern die Sinnauflösung, nicht die zusammenfassende Integration des Vielen, sondern das archivierende Festhalten des Heterogenen, nicht die verinnerlichende Zentrierung einer geschichtlichen Konstellation auf ihren Sinn hin, sondern das veräußerlichende, materialisierend-verräumlichende Auseinanderlegen in die Elemente und deren Beziehungen. Bezeichnend sind die Titel, unter die Gilles Deleuze seine Besprechung zweier Bücher von Foucault gestellt hat: « Der neue Archivar » und « Ein neuer Kartograph »[5]. Archiv und Kartographie, sonst Instrumente und Hilfsdisziplinen der Geschichtsschreibung, werden zu deren Modell. Strukturelle und normative Leitbegriffe der historischen und geschichtsphilosophischen Formgebung werden in ihr Gegenteil gekehrt: Statt des Ausgriffs aufs Ganze bestimmt der mikrologische Blick die Historie, statt der synthetisierenden Gestaltung das analysierende Sezieren, statt der kontinuierlichen Verflechtung das Insistieren auf Brüchen, statt der Zweckmäßigkeit des Geschehens das mechanische Spiel der Kräfte, statt der Lenkung durch den Geist das Einschreiben in den Leib. Ging es Hegels Geschichtsphilosophie darum, die Vernunft im Geschehen auszumachen und den Zufall zu beseitigen, ist Historie hier einem « Spiel der Geschichte » zugewandt, das ganz dem « Zufall des Kampfes » und « Würfelspiel des Ereignisses » erwächst.[6] Ganz dem Material, dem archäologischen Befund sich zuzuwenden, ohne teleologisch-rationalistische Überformung, definiert einen « positivistischen » Historismus, den Foucault ohne Nostalgie nach einer identitätsstiftenden und legitimierenden Geschichte übernehmen möchte und

---

[4] FOUCAULT, *L'archéologie du savoir*, S. 14f. (dt. S. 15).

[5] *Critique* 274, 1970; 343, 1975 (dt. in: Gilles DELEUZE/Michel FOUCAULT, *Der Faden ist gerissen*, Berlin, Merve, 1977).

[6] Michel FOUCAULT, « Nietzsche, la généalogie, l'histoire », S. 145, 147 (dt.: « Nietzsche, die Genealogie, die Historie », S. 95, 98).

den er in diesem Sinn als einen « glücklichen Positivismus » versteht und empfiehlt.[7]

Terminologisch stellt Foucault ein solches historisches Vorgehen unter den Titel der Genealogie – in Anlehnung an Nietzsches *Genealogie der Moral*, deren Ansatz er als transformierende Radikalisierung der Kritik des Historischen in der *Zweiten Unzeitgemäßen Betrachtung* liest. Der Begriff des Genealogischen gibt zu verstehen, dass es nicht nur um die archivalisch-archäologische Sammlung, sondern durchaus um die Rekonstruktion einer Herkunft und eines Werdens geht, die sich aber vom Ansatz klassischer Geschichtskonstruktion grundlegend unterscheidet. Ein zentraler Differenzpunkt ist etwa die Vorstellung des Ursprungs. Bleibt traditionelles Geschichtsdenken dem metaphysischen Ursprungsdenken verhaftet, welches im Ersten und Anfänglichen das Wesen und den Grund sieht, so geht es der Genealogie darum, die kontingenten, unzusammenhängenden, niedrigen, durch Herrschaft und Gewalt bestimmten Fakten nachzuzeichnen, aus denen etwas hervorgegangen ist. Gegen einen affirmativen Grund, der dem aus ihm Entspringenden Würde, Sicherheit und Legitimität verleiht, vollzieht solche Nachzeichnung eine « boshafte Begründung [...], die ihre Idole zerbricht » (Deleuze)[8] und die Legitimation widerruft. Vollends verleiht sie dem aus dem Ursprung Kommenden nicht die feste Identität, die ein metaphysisches Ursprungsdenken unterstellt. Vielmehr läuft die genealogische Analyse darauf hinaus, dasjenige, das sie rekonstruiert, zugleich zu zersetzen, es gewissermaßen im Medium seiner Auflösung zu konstituieren. In Anlehnung an die drei Typen der Historie in Nietzsches Frühschrift sieht Foucault im Konzept der Genealogie drei Arten einer zersetzenden Historie angelegt, eine wirklichkeitszersetzende, identitätszersetzende und wahrheitszersetzende historische Praxis: wirklichkeitszersetzend als Parodie, die dem europäischen Mischmenschen, « der nicht weiß, wer er ist und welchen Namen er zu tragen hat »[9], in Verkehrung der monumentalischen Verehrung aus der Kostümkammer der Geschichte Masken und Ersatzidentitäten anbietet, identitätszersetzend als

---

[7] FOUCAULT, *L'ordre du discours*, S. 72 (dt. *Die Ordnung des Diskurses*, München, Carl Hanser, 1974, S. 48); in der *Archäologie des Wissens* spricht er analog von einem « fröhlichen » Positivismus (S. 182).

[8] Gilles DELEUZE, « L'homme, une existence douteuse », in: *Le Nouvel Observateur*, 1.6.1966 (dt. « Der Mensch, eine zweifelhafte Existenz », in: Gilles DELEUZE /Michel FOUCAULT, *Der Faden ist gerissen*, a.a.O., S. 13-20, hier S. 16).

[9] Michel FOUCAULT, « Nietzsche, la généalogie, l'histoire », S. 153 (dt. « Nietzsche, die Genealogie, die Historie », S. 104).

Auflösung des antiquarischen Gedächtnisses, welche « die Wurzeln unserer Identität [...] in alle Winde zerstreut »[10], wahrheitszersetzend, sofern sie sich – in radikalisierender Weiterführung der kritischen Verurteilung des Vergangenen – gegen die Historie als reine Erkenntnis wendet und sich vom Willen zum Wissen und zur Wahrheit befreit.

In seiner dominierenden Stoßrichtung könnte man das anvisierte Geschichtsverhältnis durch die Verbindung eines kritischen mit einem genealogischen Impuls definieren.[11] Es geht darum, etwas in seiner Entstehung und seinem Werden zu erfassen und dabei zugleich das verfestigte Selbstbild und die Oberflächengestalt, in welcher es erscheint, zu zerschlagen. Historische Wahrnehmung ist immer auch Selbstkorrektur, Wahrnehmung von außen und vom Anderen her. Indessen ist es bei allem Nachdruck der Kritik wichtig, die Leistung der Historie nicht im Effekt des Auflösens und Zersetzens aufgehen zu lassen. Die weit ausgreifenden geschichtlichen Untersuchungen, die gerade Foucault vorlegt, erschöpfen sich in keiner Weise darin, ein falsches, einseitiges Bild des Wahnsinns, der Humanwissenschaften, des Strafwesens oder der Sexualität zu destruieren; der Impuls einer kritisch-genealogischen Historie dient ebenso einer bestimmten Formierung von Sinngestalten, in deren Medium wir uns über uns und die Welt verständigen. Auch die in dreifachem Sinn zersetzende Historie dient einer Neubeschreibung der Welt und unserer selbst. So bleibt auch hier ein Spannungsverhältnis sowohl zwischen unterschiedlichen Stoßrichtungen des historischen Bewusstseins wie zwischen dem Abwerfen der Geschichte und ihrer Aneignung. In einer nochmals veränderten Konstellation begegnet uns diese übergreifende Ambivalenz und innere Heterogenität des Historischen bei Jacques Derrida.

4. Derrida: Dekonstruktion und historischer Sinn

Es könnte auf den ersten Blick abwegig erscheinen, die Dekonstruktion im Kontext des historischen Bewusstseins zum Thema zu machen.[12] Scheint Dekonstruktion doch in keiner Weise dem Motiv des historischen Gedächtnisses, sondern allenfalls der kritischen Auflösung des Vergangenen verpflichtet. Indessen zeigt sich bei näherem Hinsehen, dass solche

---

[10] FOUCAULT, « Nietzsche, la généalogie, l'histoire », S. 154 (dt. S. 106).

[11] Vgl. Michel FOUCAULT, *L'ordre du discours*, S. 62f, S. 67f.

[12] Zum Folgenden ausführlicher: VF., *Interpretation und Dekonstruktion. Untersuchungen zur Hermeneutik*, Kap. 11 und 12, Weilerswist, Velbrück Wissenschaft, 2003.

Einschätzung nur einen Oberflächenaspekt der dekonstruktiven Praxis reflektiert. In Wahrheit lässt sich gerade von der Dekonstruktion zeigen, dass sie in einem genuinen Sinn der Geschichte verpflichtet, « von Fall zu Fall durch eine Sorge um die Geschichte motiviert »[13] ist. In unserem Zusammenhang von besonderem Interesse ist sie dadurch, dass sie unterschiedliche Einstellungen des historischen Bewusstseins verkörpert, die sich in gewisser Analogie zu den Typen der Historie bei Nietzsche und zu deren Spezifizierung bei Foucault setzen lassen. Dekonstruktion ist der Titel für eine bestimmte Weise des Umgehens mit Texten, Traditionen und Sinngebilden, die deren überlieferte Gestalt aufbricht, um sie zugleich weiterzuentwickeln, zu hinterfragen und neu zu formulieren. Sie ist eine Weise, an Geschichte teilzunehmen, die drei verschiedene Stoßrichtungen vereinigt: die Destruktion, die Konstruktion und die Rezeption. Diese drei Richtungen sind kurz für sich zu kennzeichnen und dann im Horizont des Geschichtsdenkens zu situieren.

Ihrem Namen nach ist Dekonstruktion vor allem eine Verbindung der beiden ersten, Destruktion und Konstruktion, Auflösung und Neubildung; als ihr distinktives Merkmal erscheint zunächst das erste, die *kritische Auflösung*. Sie will die Gestalt, in der uns Traditionsbestände gegeben sind, auflösen, ihre Ansprüche hinterfragen, ihre vermeintliche Eindeutigkeit problematisieren. Was eine historische Situation bedeutet, was ein Text aussagt, wozu eine Institution bestimmt ist – all dies erschließt sich nicht dem unmittelbaren Blick, lässt sich nicht der proklamierten Selbstdefinition entnehmen. Der Gegenstand ist nicht nur in seiner manifesten Gestalt, sondern auch in seiner Latenz und Möglichkeitsdimension, in dem, was er verbirgt, zu begreifen; der Inhalt eines Textes wird nicht nur durch das « in ihm » Gesagte, sondern ebenso durch den äußeren Kontext, aus dem er kommt und mit dem er kommuniziert, bestimmt. Zuweilen macht gerade das Nichtgesagte, das Nichtthematische und an den Rand Gedrängte die wahre Bedeutung eines Textes, einer Praktik, einer Lebensgeschichte aus. Die dekonstruktive Analyse kann die unterschiedlichsten Modi der Vermittlung von Innen und Außen, der Verschränkung von Text, Intertext und Kontext in Rechnung stellen. Unübersehbar ist die Nähe zu den Operationen, die Foucault als Momente der genealogischen Kritik beschreibt, aber auch zu Motiven einer kritischen Historie oder einer kritischen Hermeneutik, wie sie beispielsweise Ricœur unter dem Stichwort einer Hermeneutik des Verdachts im Anschluss an Nietzsche, Freud und Marx zeichnet. Hier geht es darum, Selbstmissdeutungen zu kritisieren,

---

[13] Jacques DERRIDA, *Einige Statements und Binsenweisheiten über Neologismen, New-Ismen, Post-Ismen, Parasitismen und andere kleine Seismen*, Berlin, Merve, 1997, S. 59.

Sinnverzerrungen in ihrer Genese und ihrer Funktion aufzudecken, die verfestigte Gestalt einer Deutungsgeschichte aufzubrechen und neu zu konstellieren. Weit über pathologische Befunde hinaus bringt Dekonstruktion die hermeneutische Einsicht zur Geltung, dass zwischen dem Subjekt und seinem bewussten Meinen, aber auch zwischen seinem Meinen (Sagenwollen) und seinem faktischen Sprechen (Ausdrücken) eine Kluft herrscht, die zur interpretierenden Reformulierung nötigt, dass die Aussage jedes Sprechenden immer « mehr, weniger oder anderes sagt, als was er sagen wollte »[14]. Erst recht ist diese Kluft Anlass der kritischen Auflösung dort, wo sie in der Produktion von falschem Bewusstsein und realen Verzerrungen resultiert.

Nun ist die Dekonstruktion, indem sie sowohl die Tiefenschicht im Text wie den äußeren Kontextbezug zur Geltung bringt, nicht einfach Auflösung des Vorgegebenen, sondern ebenso *Konstruktion und Neubildung*. Das Auflösen ist Kehrseite eines Neuschreibens der Geschichte. Im Fall der Lektüre und Neuschreibung von Texten spezifiziert Derrida diese Operation als Umkehrung und Neukonstellierung der Gegensätze, die das semantische Feld und seine logische Struktur bestimmen: der Gegensätze von Zentrum und Peripherie, Wesentlichem und Unwesentlichem, Sinn und Genese. Dekonstruktion bringt in den Blick, was im Text verborgen, marginalisiert war; sie betreibt die Re-Thematisierung dessen, was von der Macht der Überlieferung zum Impliziten reduziert, ausgeschlossen und verdrängt wurde. Für die Geschichte liegt darin eine Neubestimmung des Verhältnisses zwischen Interpretation und Gegenstand. Dekonstruktion macht sich selbst zum Teil des Sinnbildungsprozesses, den sie, indem sie ihn zu ergründen und auszulegen sucht, mitkonstituiert und neu gestaltet. Geschichte und dekonstruktive Lektüre durchdringen sich gegenseitig: Im Prozess der Dekonstruktion ist die Geschichte am Werk, wie umgekehrt in der Geschichte als reflexivem Prozess die dekonstruktive Tätigkeit wirksam ist. Dekonstruktion trifft sich darin mit einem von der Hermeneutik emphatisch herausgestellten Zug des Verstehens: Gadamer wie Ricoeur unterstreichen die « Zugehörigkeit » des Verstehens zum geschichtlichen Sinngeschehen, in welchem das Verstehen seinen Grund und seine Grenze hat. In der Dialektik von vorgängiger Zugehörigkeit und kreativem Hervorbringen ist auch ein Gegenakzent gegen eine primär konstruktivistische Sichtweise gesetzt, wie sie in neueren Strömungen des « Interpretationismus », u.a. im Anschluss an Nietzsche, betont worden ist. Historische Konstitution ist gerade nicht reine Konstruktion.

---

[14] Jacques DERRIDA, *De la grammatologie*, Paris, Minuit, 1967, S. 226.

Die Affinität zum Geschichtlichen erhält eine neue Tiefendimension, wenn neben den Momenten des Destruierens und Konstruierens das Moment des *Aufnehmens* und *Bewahrens* in den Blick kommt. Es ist das Moment, das dem dekonstruierenden Umgang mit Texten zunächst am meisten fremd zu sein scheint. In Wahrheit jedoch ist Dekonstruktion in durchaus prägnanter Weise durch den Bezug auf die Überlieferung definiert. Nicht nur *ist* sie, wie im Vorigen betont, Teil des geschichtlichen Prozesses; ebenso ist sie thematisch auf Geschichte bezogen, ist sie wesentlich über den Bezug auf dasjenige, an das sie anschließt und das sie weiterschreibt, definiert. Zu ihren Eigentümlichkeiten gehört die Anlehnung an vorgegebene Traditionsbestände: Dekonstruktives Philosophieren realisiert sich bevorzugterweise in der Abarbeitung an überlieferten Texten und Problemstellungen. Dies aber heißt: Es verbindet die destruierend-konstruierende Arbeit am Gegenstand mit dem Interesse an dessen Erschließung, am Verstehen dessen, was ein Text sagt und was eine Tradition bedeutet. Zwar will sich Dekonstruktion dezidiert von den Leitideen traditionellen Geschichtsdenkens, etwa der Unterstellung eines identischen Sinns, der sich in der Geschichte teleologisch entfaltet, distanzieren. Doch bedeutet dies keine Abschwächung des geschichtlichen Zusammenhangs. Wenn Dekonstruktion die Brüche und Neuerungen hervorhebt, so betont sie mit gleichem Gewicht die Rückbindung an das Dekonstruierte: Jeder neue Entwurf enthält alle früheren in sich, indem er « sie in sich einschreibt. Jeder Entwurf wird strukturiert, konstruiert, entworfen, um von allen anderen Entwürfen (vergangenen, gegenwärtigen und sogar zukünftigen) Rechenschaft abzulegen und aufzuzeigen, worin sie gründen »[15]. Dekonstruktives Philosophieren ist ein Schreiben, das in einem Lesen gründet, das hinter das explizit Gesagte zurückgehen will. Auch wenn es darin zu keinem absolut Ersten – wie umgekehrt das Schreiben zu keinem abschließenden Sagen des Gemeinten – kommt, steht dekonstruierendes Anknüpfen im Dienste der Erschließung des Gesagten (und Nicht-Gesagten), der Artikulation des Sinnes, der unterwegs ist.

Exemplarisch bringt Derrida die Aufgabe solcher Neuschreibung in der Figur der Übersetzung zur Sprache, wie er sie in W. Benjamins Aufsatz über « Die Aufgabe des Übersetzers » artikuliert sieht.[16] Übersetzung ist dabei nicht als bloße Übertragung eines Inhalts von einem Idiom in ein anderes, sondern im weiten Sinn als Interpretation verstanden, als ein Zur-Sprache-Bringen dessen, was in einem Text gemeint, doch noch unzulänglich ausgedrückt – oder gerade

---

[15] DERRIDA, *Einige Statements*, S. 9.

[16] Jacques DERRIDA, « Des tours de Babel », in: *Psyché. Inventions de l'autre*, Paris, Galilée, 1987, S. 203-235.

verhüllt – ist. Derrida verallgemeinert die Figur nach beiden Seiten: Dem immer unvollständigen, defizienten Ausdruck, der nach seiner Ergänzung verlangt, entspricht eine ursprüngliche Pflicht des Deutens, das dem Gemeinten und zu Sagenden gerecht zu werden hat. Zur Aufgabe wird Dekonstruktion mit Rücksicht auf das, was im Text gesagt ist und gleichwohl zu sagen bleibt, auf das Gedachte, das « noch gedacht werden muss »[17]. Dekonstruktion verkörpert eine profilierte Version eines Geschichtsdenkens, das einen radikalen Zukunftsbezug in einem vertieften Vergangenheitsbezug begründet. Es ist eine Begründung, die gegen das teleologische Entwicklungsmodell klassischer Geschichtsphilosophie die direkte Gegenfigur zeichnet. Nicht was der Ursprung ist und was er als Keim enthält, sondern was fehlt und unterdrückt ist, ist der Impuls historischen Gedenkens. Wenn Derrida davon spricht, dass Dekonstruktion im « Sinn für eine grenzenlose [...] Verantwortung gegenüber dem Gedächtnis » und der Geschichte gründet[18], so gilt auch dies in einem Benjamin verwandten Sinn: Nicht als Verantwortung gegenüber dem faktischen Verlauf, sondern als Widerstand gegen den bloßen Machtspruch der Geschichte und als Rettung dessen, was in ihr unterdrückt und unerfüllt geblieben ist.

Dekonstruktion erweist sich so als eine Partizipation am Sinngeschehen, die in pointierter Form drei unterschiedliche Grundhaltungen – Destruktion, Konstruktion, Bewahrung – gegenüber der Geschichte vereinigt, in denen wir – neben Verschiebungen – einen Anklang an Nietzsches drei Potenzen der Historie erkennen können. Wenn bei Nietzsche offenblieb, wie die drei Figuren in *eine* historische Praxis zu integrieren sind, so enthält die Dekonstruktion die These ihrer notwendigen Komplementarität. Es ist *eine* Praxis der Aneignung von Geschichte, die in sich verschiedene Strukturmomente in einem spannungsvollen Wechselspiel zusammenhält.

5. Geschichtlichkeit und Konstruktion

Die Divergenz historischer Orientierungen, die wir bei Nietzsche erkennen, ist in der Folgegeschichte noch deutlicher hervorgetreten, teils in der zyklischen

---

[17] Jacques DERRIDA, *L'autre cap*, Paris, 1991, 75 f.; vgl. ID., *Limited Inc.*, Paris, Galilée, 1990, S. 237.

[18] Jacques DERRIDA, *Force de loi. Le « Fondement mystique de l'autorité »*, Paris, Galilée, 1994, S. 44 (dt.: *Gesetzeskraft. Der « mystische Grund der Autorität »*, Frankfurt/Main, Suhrkamp, 1991, S. 40).

Ablösung von Historisierungs- und Enthistorisierungsbewegungen, teils innerhalb der einzelnen Konzepte und Dispositive historischer Arbeit. Wichtig scheint dabei zunächst die Feststellung, dass die Zurückweisung übergreifender Einheits-, Fortschritts- und Vernunftpostulate, vom Historismus bis zur Postmoderne, keineswegs mit einer Verabschiedung historischen Denkens einhergehen muss, sondern sich durchaus in dessen Dienst stellen kann. Die Anerkennung von Pluralität und Kontingenz ist konstitutiv für geschichtliches Denken. In diesem Sinn finden wir bei Autoren wie Foucault und Derrida, die mit Nachdruck die Zersetzung aller geschichtsphilosophischen Hypostasierungen fordern, zugleich ein leidenschaftliches Bemühen um Geschichte und historische Erkenntnis. Ihre historisch-genealogischen Rekonstruktionen treten mit dem unleugbaren Anspruch einer sachhaltigeren, radikaleren, « wahreren » Vergegenwärtigung der Geschichte auf. Dabei sind der kritisch-auflösende, der bewahrend-erschließende und der konstruktiv-interpretierende Aspekt in ihrer Arbeit weder gegeneinander auszuspielen noch voneinander abzulösen. Als Fazit können wir gerade im Rückblick auf ihre historische Arbeit die nicht-reduzierbare Heterogenität divergierender Ansätze historischer Erkenntnis festhalten. Wir brauchen alle, ohne sie aufeinander zurückführen zu können.

Ein analoger Schluss drängt sich im Blick auf die Frage nach dem grundsätzlichen Bezug zur Geschichte bzw. dem Verhältnis zwischen historischer und unhistorischer (oder antihistorischer) Orientierung auf. Geschichte ist uns problematisch und unhintergehbar zugleich. Dabei geht es nicht nur um eine Ambivalenz erkenntnisleitender oder existentieller Interessen. Im Spiel ist ein struktureller Antagonismus zwischen der Konstruktivität und der Historizität unseres Selbst- und Weltverhältnisses. Zahlreiche Autoren haben in den letzten Jahrzehnten den konstruktiven Anteil (die narrative Konstitution, die Erinnerungsarbeit, die temporale Synthesis) in unserer Wahrnehmung der Geschichte unterstrichen; andere haben darüber hinaus die interpretativ-kreative Dimension unseres Wirklichkeitsverhältnisses im Ganzen herausgearbeitet. Menschen sind, was sie sind, kraft ihrer Selbstinterpretation und Selbsthervorbringung; ihr Sein geht weder in einer Wesensbestimmung noch einem historischen Sich-Gegebensein auf, sondern schließt den Entwurf, das Experiment, die Selbsterschaffung ein. Zum Teil enthält auch ihr historisches Sein eine Seite dieses Experimentierens, wie Nietzsche und Foucault mit Bezug auf den historischen Karneval der Masken illustrieren. Indessen ist nicht zu übersehen, dass gerade die Geschichte auch die Grenze jeder Selbsterzeugung und Selbstvariierung markiert. Im historischen Bewusstsein wird der Mensch nicht nur des eigenen Möglichkeitsraums, sondern ebenso der unhintergehbaren Faktizität seines Seins und Soseins gewahr: Zum historischen Erkennen gehört auch die Anerkenntnis des vorgängigen Sich-Gegebenseins. Historische Identitätsbildung, auch wenn sie nur über das eigene Verstehen und konstruktive Auslegen der Geschichte zustandekommt, geht nicht im subjektiven Akt auf. So verbleibt, noch grundlegender als die Divergenz der Formen historischer Arbeit, die unauflösbare Spannung zwischen der Geschichtlichkeit und der Kreativität des menschlichen Seins. Die Geschichte, ein menschlich-kulturelles Konstrukt, ist nach anderer Hinsicht das radikal Nichtkonstruierbare. Menschliches Sein ist zwischen Konstruktion und dem Nichtkonstruierbaren ausgespannt. Dass wir geschichtliche Wesen sind, macht unsere menschliche Verfassung aus, die uns ermöglicht und uns dazu auffordert, Entwürfe und Beschreibungen unserer selbst hervorzubringen, die uns darin aber auch mit der unverrückbaren Grenze jeder Selbsterschaffung konfrontiert. Dies scheint der tiefste Zwiespalt, zu dem uns die mehrfachen Ambivalenzen des Historischen zurückführen.

L'ANTI-CARTÉSIANISME DANS LA THÉORIE DE LA CONNAISSANCE CONTEMPORAINE

Michael Esfeld

1. Le cartésianisme dans la théorie de la connaissance

Dans la théorie de la connaissance contemporaine, on entend par « cartésianisme » toute position qui pose un intermédiaire épistémique entre la croyance empirique (au sens de l'état de croire que *p*) et son référent dans le monde. La première partie de l'article expose ce qui caractérise une théorie de la connaissance de type cartésien et en dégage les conséquences. L'idée d'intermédiaire épistémique soulève deux objections que les anti-cartésiens d'aujourd'hui jugent probantes. La deuxième partie de l'article – qui en est la partie principale – présente la théorie de la connaissance qui résulte de ces objections, en la caractérisant en termes de réalisme direct, de sémantique inférentielle et de pragmatique sociale et normative. La troisième partie, enfin, expose brièvement la tâche qui reste à accomplir : trouver dans ce cadre théorique une place pour une connaissance pré-conceptuelle.

L'ontologie des idées exposée par Descartes dans sa philosophie de l'esprit est l'exemple paradigmatique d'une théorie de la connaissance faisant intervenir des intermédiaires épistémiques entre les croyances (les états de croire) et leur objet (référent). Ainsi, si Pierre croit que ceci est un arbre feuillu, cette croyance se réfère à quelque chose dans le monde, en l'occurrence à un arbre particulier possédant une propriété déterminée. Cette relation de référence s'établit par l'entremise de l'idée d'un arbre feuillu, laquelle fonctionne comme intermédiaire entre la croyance et son référent. La connaissance empirique est donc une relation à trois termes : l'état de croire, l'idée et le référent.

L'intermédiaire épistémique a une double fonction. Considérons une croyance empirique immédiate, à savoir une croyance perceptive qui n'est pas inférée d'autres croyances. L'intermédiaire épistémique a d'abord une fonction causale : il est causé par l'objet et il cause la croyance du sujet pensant sur l'objet en question, en l'occurrence la croyance que ceci est un arbre feuillu. Il a de plus une fonction épistémique consistant à représenter l'objet qui le cause. En tant que représentation de l'objet, il fournit ou détermine le contenu conceptuel de la croyance qu'il cause. Il établit ainsi une relation épistémique de référence entre la croyance et son objet. L'arbre feuillu cause une représentation de cet arbre feuillu. Cette représentation est un état interne du sujet pensant qui fournit ou détermine le contenu conceptuel de la croyance ‹ Ceci est un arbre feuillu ›, et garantit que cette croyance porte sur cet arbre. Selon quelques positions, cette représentation assume, en outre, une fonction de justification pour les croyances empiriques immédiates. Si l'on met en question la croyance que ceci est un arbre feuillu, la représentation d'un arbre feuillu peut être donnée comme raison pour justifier cette croyance (à condition que cette représentation soit une idée claire et distincte au sens cartésien).

Cette conception de la connaissance empirique comme relation à trois termes ne se limite pas à la théorie de la connaissance de Descartes. L'empirisme moderne notamment fournit une autre version de ce type de théorie de la connaissance. Ainsi, les idées introduites par Locke ont aussi une fonction d'intermédiaires épistémiques entre l'état de croyance et son référent dans le monde. Qui plus est, pour l'empirisme moderne, le contenu conceptuel de la croyance perceptive consiste dans ces idées ou représentations.[1] Ce que l'on considère aujourd'hui en théorie de la connaissance comme le cartésianisme est donc une position qui inclut à la fois des conceptions rationalistes et des conceptions empiristes. En outre, certaines formes du projet de naturalisation de l'épistémologie (l'héritier contemporain de l'empirisme moderne) souscrivent elles aussi à une théorie de la connaissance de type cartésien, en postulant des représentations mentales comme intermédiaires épistémiques entre les croyances et leurs référents.[2] Le cartésianisme en ce sens est dès lors une position qui non seulement domine la théorie de la connaissance moderne mais reste influente aujourd'hui encore.

---

[1] Cf. John LOCKE, *Essai sur l'entendement humain*, notamment livre 2, chapitre 1.

[2] Cf. par exemple Jerry FODOR, *A theory of content*, Cambridge (Massachusetts), MIT Press, 1990, surtout les chapitres 3 et 4. La théorie de Fodor est cependant plus sophistiquée que ne le suggèrent les remarques sommaires dans le texte.

La conséquence la plus importante de cette théorie de la connaissance est ce qu'on peut appeler l'*autarcie épistémique du sujet pensant*. Avoir des idées ou des représentations au sens d'intermédiaires épistémiques est nécessaire et suffisant pour que le sujet pensant soit dans des états de croyance. Le contenu conceptuel des croyances empiriques consiste en ces représentations ou est au moins déterminé par elles. Or, ces représentations sont des états internes du sujet pensant. On peut avoir la représentation d'un arbre feuillu – et la croyance que ceci est un arbre feuillu – sans qu'il n'y ait un arbre feuillu dans l'environnement. La représentation d'un arbre feuillu peut avoir d'autres causes que la présence d'un arbre feuillu. Les propriétés garantissant la fonction d'intermédiaire épistémique d'une représentation (ses propriétés intrinsèques) ne dépendent donc pas nécessairement d'une cause externe. Cette position aboutit dès lors à une *sémantique internaliste* : le contenu conceptuel des croyances d'un sujet pensant n'est fixé que par ses états internes. Si les causes de ces états internes changent, le contenu conceptuel, lui, n'est pas touché, puisque les propriétés épistémiques de ces états ne dépendent pas de leurs causes externes.

Cette position permet d'expliquer de manière apparemment simple et nette la différence entre les croyances perceptives vraies et les croyances perceptives fausses. La croyance vraie ‹ Ceci est un arbre feuillu › et la croyance fausse ‹ Ceci est un arbre feuillu › ont en commun la représentation d'un arbre feuillu. Dans le cas de la croyance vraie, cette représentation est causée par la présence d'un arbre feuillu ; dans le cas de la croyance fausse, il n'y a pas d'arbre feuillu – peut-être pas d'arbre du tout – pour causer cette représentation. Cette position nous engage cependant à maintenir que, dans le cas de la croyance fausse, son objet immédiat est la représentation d'un arbre feuillu, et non un arbre feuillu : la croyance fausse a un objet, il s'agit de la représentation d'un arbre feuillu – c'est pourquoi elle est la croyance qu'il y a un arbre feuillu ; mais elle est fausse, parce que l'arbre feuillu que représente cette représentation n'existe pas.

Comme la représentation d'un arbre feuillu est ce que la croyance fausse et la croyance vraie ont en commun, il semble peu plausible de soutenir que cette représentation soit l'objet immédiat de l'état de croire uniquement dans le cas où la croyance est fausse. La conséquence qui semble s'imposer est qu'une représentation est dans tous les cas de croyance l'objet immédiat de l'état de croire. Si l'on voit un arbre feuillu (croyance vraie), on est donc immédiatement conscient de la représentation d'un arbre feuillu, et l'on perçoit médiatement un arbre feuillu. S'il n'y a pas d'arbre feuillu, il reste la conscience de la représentation d'un arbre feuillu. Le cartésianisme en théorie de la connaissance n'est cependant pas obligé de suivre jusqu'au bout la conséquence de cette explication de la différence entre une croyance perceptive vraie et une croyance perceptive fausse.[3] En théorie de la connaissance, le cartésianisme se définit par le postulat d'un intermédiaire épistémique, sans qu'il soit nécessaire de supposer, en plus, que cet intermédiaire soit l'objet immédiat de l'état de croire.

L'exercice du doute que propose Descartes dans la première *Méditation* présuppose une théorie de la connaissance faisant intervenir un intermédiaire épistémique. Descartes considère que les idées sont fixes (ce sont les paramètres dans l'exercice du doute). Dans ces conditions, il se demande si les objets que représentent ces idées existent vraiment. Or, tenir pour fixe le contenu conceptuel des croyances et mettre en cause l'existence de leurs objets présuppose une sémantique internaliste. De plus, Descartes soutient non seulement la thèse de l'autarcie épistémique du sujet pensant, mais aussi la thèse de son autarcie ontologique. En se basant sur l'exercice du doute, il argumente en effet que le sujet pensant peut exister indépendamment du monde physique. Cette position est loin d'être partagée par tous ceux qui souscrivent à une théorie de la connaissance de type cartésien. Les empiristes, par exemple, rejettent la conception de l'autarcie ontologique du sujet pensant. Mais la possibilité du scepticisme reste vivante aussi parmi les versions empiristes de ce type de théorie de la connaissance. Il suffit de se rappeler le développement qu'a connu l'empirisme anglais de Locke à Berkeley, puis à Hume. On peut dire que si le spectre du scepticisme et du solipsisme hante l'épistémologie moderne, c'est une conséquence d'une théorie de la connaissance de type cartésien, une théorie qui pose un intermédiaire épistémique.

2. La critique anti-cartésienne

Ce qu'on appelle aujourd'hui le cartésianisme en théorie de la connaissance constitue probablement la position majoritaire dans l'histoire de la philosophie moderne, voire dans l'ensemble de l'histoire de la philosophie occidentale. Mais elle a eu de tout temps des critiques. L'anti-cartésianisme contemporain se base sur deux types d'objections.

La première objection concerne l'idée même d'intermédiaire épistémique. L'intermédiaire épistémique d'une croyance est causé par son référent. Dans des

---

[3] Pour une position contemporaine qui défend jusqu'au bout cette conséquence, cf. par exemple Michael LOCKWOOD, *Mind, brain and the quantum. The compound 'I'*, Oxford, Blackwell, 1989, surtout les chapitres 9 et 16.

conditions de perception standard, l'arbre feuillu cause la représentation de l'arbre feuillu. Or, une relation causale n'est pas une relation épistémique (comme, par exemple, la relation de représenter quelque chose). L'effet ne représente en général pas sa cause. Ainsi l'humidité des rues causée par la pluie ne représente pas la pluie. Il faut donc ajouter un trait distinctif afin de pouvoir concevoir ce qui est causé par le référent comme une représentation du référent, et dès lors comme un intermédiaire épistémique entre l'état de croyance et son référent.

Une manière de répondre à cette question – on la trouve dans la théorie de la connaissance de Locke, par exemple – consiste à dire que ce qui est causé par le référent est à la fois une représentation et un intermédiaire épistémique parce qu'il s'agit d'une image du référent. Mais cette réponse est aujourd'hui reconnue comme absurde : si on a la croyance perceptive que ceci est un arbre feuillu, il n'y a pas d'image d'un arbre feuillu dans l'esprit du sujet pensant. Il y a certainement des stimulations sensorielles, et ces stimulations sont, dans des circonstances normales, la cause immédiate de la croyance perceptive, étant donné la capacité de penser du sujet pensant. Mais ces stimulations ne sont pas des images de leur cause. Les stimulations causées par un arbre feuillu ne ressemblent pas à un arbre feuillu.

Il manque donc un argument pour la thèse suivant laquelle les stimulations causées par l'objet auquel se rapporte une croyance sont des représentations et des intermédiaires épistémiques. Au niveau des croyances et de leur contenu conceptuel, on peut certainement parler de représentations. Mais le contenu conceptuel a une fonction représentationnelle en vertu de son statut épistémique, et non en vertu d'une simple relation causale. Il y a donc confusion entre une relation causale – stimulations sensorielles causées par le référent – et une relation épistémique – stimulations sensorielles représentant le référent. Sellars dénonce cette confusion comme mythe (le « mythe du donné ») dans son ouvrage devenu célèbre *L'empirisme et la philosophie de l'esprit*[4], qui présente la version la plus connue de cette objection.

Selon la version rationaliste d'une épistémologie cartésienne, le référent cause le sujet pensant à saisir une idée intellectuelle (qui n'est pas nécessairement une représentation sensorielle) ; l'idée en ce sens possède

---

[4] Publication originale: « Empiricism and the philosophy of mind » in : Herbert FEIGL/Michael SCRIVEN (éd.), *The foundations of science and the concepts of psychology and psychoanalysis. Minnesota Studies in the philosophy of science*, volume 1, Minneapolis, University of Minnesota Press, 1956, p. 253-329. Traduction française: *Empirisme et philosophie de l'esprit* (traduction de Fabien Cayla), Paris, L'Eclat, 1992.

certainement un statut épistémique. Il y a donc des versions d'une épistémologie cartésienne qui ne se rendent pas coupables de la confusion d'une relation causale avec une relation épistémique. Toutefois, l'objection de Davidson dans son article « Sur l'idée même de schème conceptuel »[5], élargit la critique de Sellars et atteint aussi ces versions. De plus, les questions suivantes subsistent : (a) comment la relation de représentation entre une idée cartésienne et un objet dans le monde s'établit-elle ? (b) comment une relation causale entre un objet et des stimulations sensorielles peut-elle se transformer en une relation qui consiste à saisir une idée cartésienne ? (c) quel est le statut ontologique des idées cartésiennes ?

La deuxième objection concerne le contenu conceptuel. Elle se base sur le problème posé par l'observation des règles, un problème que Wittgenstein expose dans les *Investigations philosophiques*.[6] L'argument de Wittgenstein vise à montrer qu'aucun état interne du sujet pensant ne peut déterminer le contenu conceptuel de ses croyances. Suivant Wittgenstein, une entité mentale quelle qu'elle soit (idée cartésienne, représentation mentale, etc.) ne porte pas au-delà d'elle-même ; en tant que telle, elle ne peut pas déterminer la manière correcte d'appliquer un concept dans des situations nouvelles. Le point central de l'argument de Wittgenstein est qu'une entité mentale quelconque ne peut guider la pensée que si elle est reçue ou interprétée comme une règle. Mais puisqu'une entité mentale est finie, il y a un nombre infini d'interprétations logiquement possibles qui sont toutes en accord avec l'objet mental en question.[7]

La théorie de la connaissance anti-cartésienne contemporaine part de ces objections. Elle se définit par trois caractéristiques. Premièrement, il s'agit d'un *réalisme direct*. L'état de croyance porte sur son référent dans le monde directement (ou immédiatement), au sens où aucun élément intermédiaire n'a de fonction épistémique. Il y a bien sûr des intermédiaires causaux, comme des stimulations sensorielles, qui causent, dans des conditions standard, la formation

---

[5] Publication originale : « On the very idea of a conceptual scheme », *Proceedings and Addresses of the American Philosophical Association* 47, 1974. Traduction française dans Donald DAVIDSON, *Enquêtes sur la vérité et l'interprétation* (traduction par Pascal Engel), Nîmes, Jacqueline Chambon, 1993, p. 267-289.

[6] Ludwig WITTGENSTEIN, *Tractatus logico-philosophicus. Investigations philosophiques*, Paris, Gallimard, 1961, cf. § 138-242. Cf. aussi l'interprétation de Saul A. KRIPKE, *Wittgenstein on rules and private language*, Oxford, Blackwell, 1982; traduction française *Règles et langage privé* (traduction de T. Marchaisse), Paris, Seuil, 1996, chapitre 2, ainsi que Jacques BOUVERESSE, *La force de la règle. Wittgenstein et l'invention de la nécessité*, Paris, Minuit, 1989.

[7] Cf. WITTGENSTEIN, *Investigations philosophiques*, surtout § 201.

de certaines croyances perceptives par le sujet pensant. Dans des conditions standard (lumière du jour, etc.), la présence d'un arbre feuillu provoque, par exemple, certaines stimulations sensorielles qui sont la cause du fait que le sujet pensant a la croyance perceptive que ceci est un arbre feuillu. Mais ces stimulations n'ont aucune fonction épistémique. Le réalisme direct est une conséquence de la première objection, éliminant la confusion entre une relation causale et une relation épistémique.

Éviter cette confusion implique, de plus, qu'on ne peut pas accorder aux intermédiaires causals la fonction consistant à justifier une croyance. Seule une autre croyance peut justifier une croyance. Autrement dit, si on demande une justification pour une croyance perceptive comme ‹ Ceci est un arbre feuillu ›, on ne peut pas mentionner des stimulations sensorielles comme justification de cette croyance, mais seulement d'autres croyances, comme ‹ Les conditions standard pour un jugement sur la forme, la matière et la couleur des objets macroscopiques sont satisfaites (lumière de jour, etc.) ›, et ‹ Je suis dans un état qui me permet de faire des jugements fiables sur les objets macroscopiques (je ne suis pas ivre, etc.) ›.

Le réalisme direct a en outre pour conséquence qu'il n'est plus admissible d'expliquer la différence entre croyance perceptive vraie et croyance perceptive fausse à la manière de la théorie de la connaissance cartésienne. Des stimulations sensorielles du même type peuvent provoquer la croyance perceptive vraie que ceci est un arbre feuillu et la croyance perceptive fausse que ceci est un arbre feuillu ; mais il n'y a pas d'objet que la croyance perceptive vraie et la croyance perceptive fausse aient en commun. Le réalisme direct est lié à ce qui est connu sous le nom de conception disjonctive de la croyance perceptive. Si la croyance perceptive que ceci est un arbre feuillu est vraie, elle porte directement sur un arbre feuillu particulier ; si la croyance perceptive que ceci est un arbre feuillu est fausse, il s'agit en revanche d'une hallucination ou d'une illusion.[8] Cette conception est dite disjonctive, parce que la croyance perceptive vraie et la croyance perceptive fausse forment une sorte de disjonction, n'ayant pas d'objet intentionnel en commun.

En ce qui concerne le contenu conceptuel, il est clair que la théorie de la connaissance anti-cartésienne ne peut pas faire appel à un intermédiaire épistémique porteur du contenu conceptuel. Une position minoritaire dans l'anti-cartésianisme en épistémologie contemporaine applique au contenu conceptuel la conception disjonctive mentionnée ci-dessus. Le point de départ est le

---

[8] Cf. surtout Paul SNOWDON, « Perception, vision, and causation », *Proceedings of the Aristotelian Society* 81, 1981, p. 175-192.

suivant : si une croyance que *p* est une croyance vraie, il y a un fait que *p* dans le monde qui rend vrai la croyance en question. Le fait que ceci est un arbre feuillu rend vraie la croyance ‹ Ceci est un arbre feuillu ›. La conception disjonctive du contenu conceptuel propose l'analyse suivante : le sujet pensant S croit que *p* si et seulement si (a) S a une croyance qui est vraie parce que *p* (c'est-à-dire parce qu'il y a un fait qui est le fait que *p*), ou bien (b) S a une croyance qui est fausse parce que *non-p* (c'est-à-dire parce qu'il n'y a pas un fait qui est le fait que *p*).[9] L'idée est donc d'identifier le contenu conceptuel d'une croyance vraie avec le fait qui rend vraie la croyance en question. Ici, le réalisme est direct au sens où il n'y a plus de distinction entre le référent d'une croyance vraie et son contenu conceptuel.[10] Cette conception est disjonctive parce qu'il n'y a pas un contenu conceptuel identique qui soit commun à la croyance vraie et à la croyance fausse.

Cette position est minoritaire même dans le camp des anti-cartésiens en raison de deux objections fortes :

1) L'ontologie des faits sur laquelle repose cette conception est ambiguë. (a) Un fait peut consister en une chose ayant une propriété (le fait que cet arbre est feuillu). Dans ce cas, l'ontologie des faits est réductible à une ontologie de choses et de propriétés. (b) Mais un fait peut aussi être le contenu conceptuel d'une croyance ou d'une proposition (que cet arbre est feuillu). La notion de fait en ce sens ne peut pas être réduite à des notions plus fondamentales. La conception en question requiert qu'on emploie la notion de fait en ce sens. Or il semble absurde de soutenir que le monde lui-même a une structure propositionnelle ou conceptuelle consistant en des faits au sens (b).

2) Le contenu conceptuel d'une croyance est plus fin que son référent. Il y a plusieurs descriptions possibles du même référent ; celles-ci se distinguent par leur contenu conceptuel. Si on transpose l'exemple fameux donné par Frege dans son article « Sens et dénotation »[11] dans le contexte d'une épistémologie des croyances, il s'ensuit que la croyance ‹ L'étoile du matin est un corps

---

[9] J'adapte la formulation de Marcus WILLASCHEK, *Der mentale Zugang zur Welt. Realismus, Skeptizismus und Intentionalität*, Frankfurt (Main), Klostermann, 2003, p. 223.

[10] Sur cette conception, voir Arthur W. COLLINS, *The nature of mental things*, Notre Dame (Indiana), University of Notre Dame Press, 1987, p. 36-37 ; John McDOWELL, *Mind and world*, Cambridge (Massachusetts), Harvard University Press, 1994, leçons 1 à 4 ; WILLASCHEK, *Der mentale Zugang zur Welt*, chapitre 5.

[11] Publication originale: « Über Sinn und Bedeutung », *Zeitschrift für Philosophie und philosophische Kritik*, 100, 1892, p. 25-50. Traduction française : « Sens et dénotation » in: Gottlob FREGE, *Ecrits logiques et philosophiques* (traduction de C. Imbert), Paris, Seuil, 1971, p. 102-126.

illuminé par le soleil › et la croyance ‹ L'étoile du soir est un corps illuminé par le soleil › se réfèrent au même objet (à savoir la planète Venus). Toutefois, leur contenu conceptuel n'est pas le même. Il faut donc distinguer entre le contenu conceptuel d'une croyance et son référent. On peut cependant rétorquer que le fait d'être l'étoile du matin et le fait d'être l'étoile du soir sont deux faits différents. Mais il semble peu plausible de maintenir qu'il y a autant de faits (objectifs) constituant le monde qu'il y a de descriptions vraies possibles du monde.[12]

Au vu de ces objections, la position majoritaire dans la théorie de la connaissance anti-cartésienne d'aujourd'hui conserve la distinction entre le référent et le contenu conceptuel d'une croyance. Au lieu d'introduire des représentations comme porteurs du contenu conceptuel, on propose une *sémantique inférentielle*. Ceci est le deuxième trait caractéristique de l'anti-cartésianisme. Le contenu conceptuel d'une croyance consiste en des relations inférentielles à d'autres croyances. Celles-ci ne se limitent pas à des relations d'implication logique. Elles comprennent des relations d'implication sémantique – c'est-à-dire une implication qui fixe une connexion au niveau du contenu des croyances en question – ainsi que des relations de soutien et d'exclusion.[13] Par exemple, la croyance que ceci est un arbre feuillu est liée de manière inférentielle aux croyances que ceci est une plante, que ceci a un tronc, que ceci perd ses feuilles en automne, etc. On peut dire que la croyance représente son référent ; mais cette fonction épistémique consistant à représenter quelque chose, une croyance la possède grâce aux relations inférentielles à d'autres croyances, et non parce qu'il y aurait une représentation qui constituerait son contenu conceptuel.

La sémantique inférentielle tient compte de la leçon de Frege : n'importe quelles paires de croyances ‹ Ceci est *F* › et ‹ Ceci est *G* › se distinguent par leurs contextes inférentiels, même si elles se réfèrent à la même chose. Ceci vaut aussi pour les croyances ‹ Ceci est un lapin › et ‹ Ceci est un segment temporel de lapin › (l'exemple fameux de Quine par lequel il cherche à démontrer

---

[12] Concernant ces deux objections, cf. la discussion entre Marcus WILLASCHEK, « Realismus und Intentionalität. Eine disjunktive Konzeption des Weltbezugs von Überzeugungen » et Michael ESFELD, « Wie direkt soll ein Realismus sein ? », in : Christoph HALBIG / Christian SUHM (éd.), *Realismusdebatten in der neueren Philosophie*, Frankfurt/Main, Ontos-Verlag, 2004.

[13] Cf. Robert B. BRANDOM, *Making it explicit. Reasoning, representing, and discursive commitment*, Cambridge (Massachusetts), Harvard University Press, 1994, chapitre 2.

l'indétermination du contenu conceptuel).¹⁴ De ‹ Ceci est un segment temporel d'un lapin ›, par opposition à ‹ Ceci est un lapin ›, on peut inférer ‹ Ceci a des portions temporelles ›, et l'on peut expliquer le concept de portion temporelle sans mentionner le concept de lapin. La sémantique inférentielle est liée au *holisme sémantique* de la manière suivante : un sujet pensant ne peut pas maîtriser des concepts isolés. Pour maîtriser un concept F, il faut maîtriser toute une série d'autres concepts G, H, I, etc., qui constituent un contexte inférentiel pour les croyances que forme le sujet pensant en employant le concept F.

Le réalisme direct répond à la première objection contre l'épistémologie cartésienne, l'objection du ‹ mythe du donné ›, selon la formule de Sellars. Une question reste pourtant en suspens si l'on combine une sémantique inférentielle au réalisme direct, préservant ainsi la distinction entre le contenu conceptuel et le référent d'une croyance : quel est le facteur qui détermine les relations inférentielles constituant le contenu conceptuel ? Il est en outre nécessaire de répondre encore à la seconde objection élevée contre l'épistémologie cartésienne, laquelle portait sur le problème de l'observation des règles. Concernant la sémantique inférentielle, cette objection montre qu'on ne peut pas concevoir que les états internes du sujet pensant sont ce qui définit les relations inférentielles constitutives du contenu conceptuel de ses croyances.

Afin de répondre à ces deux questions, l'anti-cartésianisme dans la théorie de la connaissance contemporaine fait recours à une *pragmatique sociale et normative*. C'est là son troisième trait caractéristique. Ce trait se base sur la réponse que donne Wittgenstein au problème de l'observation des règles dans les *Investigations philosophiques*. L'idée est que ce sont les pratiques sociales et normatives qui déterminent les relations inférentielles constituant le contenu conceptuel de nos croyances. Cette détermination s'effectue dans des situations concrètes d'utilisation des concepts en question. Afin de posséder un concept F, il faut donc non seulement maîtriser le contexte inférentiel des croyances du type ‹ Ceci est F ›, mais aussi savoir – au sens d'un savoir pratique, un savoir-faire – dans quelles situations il est approprié de former une croyance ou de produire un énoncé du type ‹ Ceci est F ›. Ces pratiques doivent être sociales, parce qu'un sujet pensant pris isolément n'a pas de critère à sa disposition pour distinguer les cas dans lesquels on suit une règle de manière correcte des cas où l'on ne la suit pas de manière correcte.¹⁵ Il faut que ces pratiques soient

---

[14] Cf. Willard V. O. QUINE, *Word and object*, Cambridge (Massachusetts), MIT Press, 1960. Traduction française: *Le mot et la chose* (traduction de Paul Gochet), Paris, Flammarion, 1977, § 12.

[15] Cf. WITTGENSTEIN, *Investigations philosophiques*, § 202.

normatives pour conférer à ceux qui y participent la capacité d'appliquer une règle dans des situations nouvelles sans interpréter la règle. Selon la conception détaillée d'une pragmatique sociale et normative exposée par Brandom, parler de pratiques sociales et normatives revient à dire, en bref, que les personnes se traitent mutuellement comme si elles avaient pris un engagement leur permettant de produire certains énoncés et d'accomplir certaines actions, alors que d'autres énoncés et d'autres actions sont prohibés en vertu du même engagement[16].

De même que la sémantique inférentielle aboutit à un holisme sémantique, de même cette pragmatique mène-t-elle à un *holisme social* : il est métaphysiquement impossible qu'il y ait un seul sujet pensant fini isolé (*métaphysiquement* impossible, car ceci n'est pas une affaire de contraintes biologiques contingentes). Etre un sujet pensant est une propriété qui dépend de l'interaction sociale.[17]

Tandis que la théorie de la connaissance cartésienne mène à un internalisme sémantique, cette position est un externalisme. Le contenu conceptuel des croyances d'une personne n'est pas fixé par ses états internes. Comme des interactions sociales déterminent le contenu conceptuel, il s'agit d'un externalisme social : l'environnement social est constitutif du contenu conceptuel de nos croyances. De plus, cette position aboutit à un externalisme physique : il ne peut y avoir d'environnement social sans environnement physique. Les interactions sociales présupposent l'intégration dans un environnement physique. Dans le cadre de cette position, il est par conséquent impossible de concevoir un scepticisme comme celui de la première *Méditation* de Descartes ou comme celui de Hume dans le *Traité de la nature humaine*.[18]

3. La tâche à accomplir

Les deux objections dont part l'anti-cartésianisme en matière de théorie de la connaissance contemporaine sont loin d'être négligeables. Le réalisme direct, ainsi que le holisme social et sémantique (au sens d'une pragmatique sociale normative), sont des positions bien fondées. Dénoncer la confusion entre des

---

[16] Cf. BRANDOM, *Making it explicit*, notamment chapitres 1, 3 et 4.

[17] Pour un exposé détaillé, cf. Michael ESFELD, *Holism in philosophy of mind and philosophy of physics*, Dordrecht, Kluwer, 2001; version allemande : *Holismus in der Philosophie des Geistes und in der Philosophie der Physik*, Frankfurt/Main, Suhrkamp, 2002, chapitres 2 à 5.

[18] Cf. David HUME, *Traité de la nature humaine*, notamment livre I, partie IV, section III : « Du scepticisme à l'égard des sens ».

intermédiaires causals et des intermédiaires épistémiques dans certaines versions d'une théorie de la connaissance cartésienne a pourtant souvent pour conséquence de concevoir une simple dichotomie entre une sphère purement causale et une sphère épistémique et normative. On constate cette tendance notamment chez Sellars. Or, cette tendance passe sous silence un présupposé de la pragmatique sociale et normative : le fait que des pratiques sociales déterminent le contenu conceptuel présuppose que ceux qui participent à ces pratiques aient un accès cognitif à leur environnement. Il est nécessaire que cet accès soit cognitif sans être pour autant de nature conceptuelle (sous peine de tomber dans un cercle vicieux). En conséquence, il n'est pas possible de réduire le domaine de la connaissance au domaine de la connaissance conceptuelle – précisément parce que le contenu conceptuel est déterminé par des pratiques sociales. (Un autre argument plus répandu pour reconnaître une forme de connaissance qui ne présuppose pas de concepts se réfère aux petits enfants et aux animaux évolués). L'idée de Sellars posant une dichotomie entre la sphère causale et la sphère épistémique – celle-ci se distinguant comme essentiellement normative et conceptuelle – contient donc une lacune systématique : il manque une place pour une connaissance pré-conceptuelle.

Pour formuler une théorie de la connaissance pré-conceptuelle, nous disposons actuellement de deux stratégies. Une stratégie se réfère à ce qui est connu comme la biologie de la cognition. Si on s'adresse à la biologie, c'est que, dans le cas de la connaissance pré-conceptuelle, il est question de la base sur laquelle se développe la connaissance proprement dite. Or cette base est biologique. On poursuit donc une stratégie de naturalisation de la connaissance pré-conceptuelle : si cette approche réussit, on peut traiter la connaissance pré-conceptuelle – par opposition à la connaissance conceptuelle – dans le cadre terminologique des sciences naturelles. À elle seule, la notion de fonction biologique ne semble cependant pas suffire pour saisir la connaissance pré-conceptuelle. Il va sans dire que la connaissance conceptuelle a aussi une fonction biologique, contribuant à la survie de l'espèce humaine. Mais il ne s'ensuit pas que ce qui caractérise la connaissance – soit conceptuelle, soit pré-conceptuelle – puisse être saisi en termes biologiques. La question est donc de savoir si on peut développer des notions biologiques qui soient suffisamment spécifiques pour saisir la structure interne et le statut épistémique d'une connaissance pré-conceptuelle[19] – sans a) retomber dans le « mythe du donné »

---

[19] Pour une proposition dans ce sens, cf. surtout Ruth Garrett MILLIKAN, *Language, thought, and other biological categories*, Cambridge (Massachusetts), MIT Press, 1984, et ID., *White queen psychology and other essays for Alice*, Cambridge (Massachusetts), MIT Press, 1993.

en traitant des stimulations sensorielles et de leurs effets cérébraux comme s'il s'agissait d'intermédiaires épistémiques, ou, pire encore, b) transformer la science solide de la neurobiologie en une mauvaise épistémologie d'un cerveau qui construirait son monde privé.

L'autre stratégie se base sur le fait que la connaissance pré-conceptuelle possède un statut épistémique. Elle en conclut que cette question requiert un traitement proprement philosophique. Comme il s'agit d'une connaissance pré-conceptuelle, il est attirant d'essayer de réunir la phénoménologie au courant anti-cartésien en théorie de la connaissance contemporaine. Il va sans dire qu'une phénoménologie des états internes du sujet pensant – à l'instar des *Méditations cartésiennes* de Husserl – ne se prête pas à un tel essai. Dans ce contexte, plusieurs philosophes se tournent vers Heidegger, proposant une lecture de la première division d'*Etre et temps* dans le sens du pragmatisme contemporain.[20] La théorie du sujet pensant (*Dasein*) que développe Heidegger est clairement anti-cartésienne : le *Dasein* est dans le monde. Il est absurde de concevoir un sujet pensant qui serait détaché du monde et dont les croyances seraient des états internes. Heidegger propose de reconnaître que l'engagement pragmatique au sein du monde a la primauté sur une attitude purement cognitive (théorique). Il considère la connaissance conceptuelle comme dérivée d'un accès au monde pragmatique et pré-conceptuel, mais qui possède pourtant un statut épistémique.[21] La question est donc de savoir si on peut utiliser les outils conceptuels développés par Heidegger comme point de départ pour élaborer une conception de la connaissance pré-conceptuelle compatible avec le cadre systématique de l'anti-cartésianisme en théorie de la connaissance contemporaine.

Quoi qu'il en soit, et qu'on recourt soit à une phénoménologie pragmatiste, soit à une naturalisation, soit à une combinaison des deux, soit encore à une autre méthode, il reste à trouver une place systématique pour une connaissance pré-conceptuelle dans la théorie de la connaissance anti-cartésienne d'aujourd'hui.

---

[20] Cf. surtout Hubert L. DREYFUS, *Being-in-the-world. A commentary on Heidegger's "Being and time"*, Division I, Cambridge (Massachusetts), MIT Press, 1991 ; Mark Okrent, *Heideggers's pragmatism. Understanding, being, and the critique of metaphysics*, Ithaca, Cornell University Press, 1988. Pour d'autres références et une analyse de cette réception de Heidegger, cf. Michael ESFELD, « What can Heidegger's "Being and time" tell today's analytic philosophy? », *Philosophical Explorations* 4, 2001, p. 46-62.

[21] Cf. surtout Martin HEIDEGGER, *Etre et temps*, § 31-33.

DÉCISION ET RATIONALITÉ

Gerhard Seel

Dans la philosophie contemporaine, mais également dans les sciences économiques et sociales, on définit habituellement la rationalité pratique comme la capacité de maximiser le degré de la satisfaction de ses propres intérêts. Cette conception de la rationalité pratique s'explique par le fait que nous traitons normalement quelqu'un qui agit contre ses propres intérêts d'imbécile ou d'irrationnel. Cependant, si nous regardons l'usage traditionnel que font la philosophie et la logique du terme ‹ rationnel ›, nous nous apercevons que la conception de la rationalité pratique qui a cours de nos jours est pour le moins très réductrice, voire erronée. Traditionnellement, on associe en effet la rationalité avec les trois grands principes de la pensée, à savoir avec le principe de l'identité, le principe de la non-contradiction et le principe du tiers exclu ; on qualifie alors un individu de rationnel, s'il est capable de conformer ses pensées à ces trois principes. Quelle raison peut-il y avoir pour ne pas conserver cette même idée pour la définition de la rationalité pratique ? En tout cas, en faisant ceci, on arriverait à une conception de la rationalité pratique beaucoup plus fondamentale, conception qui nous permettrait de considérer un comportement comme rationnel, même si ce comportement va à l'encontre des intérêts de l'acteur. Le but des réflexions qui suivent est d'établir une telle conception de la rationalité pratique. Pour y parvenir, nous devons cependant tout d'abord élaborer une théorie de la décision. Car, selon ma conviction, la rationalité pratique est la capacité de prendre ses décisions de façon rationnelle.

1. Qu'est-ce qu'une décision ?

L'homme – vraisemblablement tout comme les animaux supérieurs – dispose d'une faculté de représentation ou d'une conscience. Il s'agit de la faculté de se représenter quelque chose, ou d'avoir consciemment certains contenus de conscience sous forme de sensations, d'images ou de pensées. Ces représentations surgissent dans la conscience de trois manières différentes :

1. la conscience se comporte de façon réceptive c.-à-d. qu'elle reçoit les représentations d'un objet extérieur, à savoir d'un objet situé en dehors d'elle ;

2. la conscience produit les représentations spontanément (sous forme d'imagination ou de jeux de pensée) ;

3. la conscience se décide consciemment à penser certaines pensées. Nous appellerons cette dernière faculté : la liberté de décision.

Laissez-moi expliquer ces points plus en détail.

1. C'est grâce à nos sens que nous sommes capables de former les représentations du premier type. La caractéristique de ces représentations est que leur contenu échappe complètement à l'influence de notre volonté. Cela veut dire que nous ne pouvons pas remplacer volontairement le rouge que nous voyons actuellement par la sensation d'une autre couleur. Nous pouvons tout au plus, en fermant les yeux, provoquer volontairement et arbitrairement l'absence de toute sensation de couleur.

2. La seconde manière de former des représentations est due à la spontanéité. Contrairement aux représentations produites par les sens, les représentations produites par la spontanéité sont influençables par la volonté. Je peux par ex. vouloir m'imaginer un centaure bleu et former par la suite une telle image grâce à mon imagination.

3. La troisième manière de former des représentations se distingue des deux autres par le fait que la conscience, avant même de penser une

certaine pensée, décide si elle va la penser ou non. Nous nous trouvons alors devant un paradoxe. D'un côté, pour me décider consciemment entre des pensées possibles, je dois connaître d'avance ces possibilités, et donc déjà les penser. De l'autre, si c'est grâce à une décision préalable que je pense une de ces pensées, il semble impossible que je la pense avant que la décision ait eu lieu. Comme nous le verrons, la solution de ce paradoxe consiste à dire que les pensées que je pense avant la décision sont des pensées sur le mode de la possibilité, tandis que la pensée que je pense après la décision est une pensée sur le mode de la réalité. La décision n'est donc rien d'autre qu'un changement de modalité.

Regardons cela de plus près. Qu'appelons-nous un acte de décision ? La nature de la décision présente un des plus graves problèmes de la philosophie. Je suis loin d'avoir résolu ce problème dans ce qui suit. Ce que je vais présenter est plutôt une esquisse des conditions minimales qui doivent être remplies pour qu'il soit légitime de parler de décision.

Une décision est un processus qui se déroule dans la conscience et grâce auquel la conscience se détermine à penser un certain contenu de pensée. Mais, comme nous l'avons déjà dit, pour se déterminer à penser un certain contenu, la conscience doit déjà avoir pensé ce contenu, puisqu'elle doit savoir à quoi elle se détermine. Nous sommes ici devant un dilemme analogue à celui de la recherche[1], un dilemme qui semble établir l'impossibilité d'une véritable auto-détermination de la conscience quant à ses contenus. La solution de ce problème consiste à distinguer deux moments dans le contenu de pensée : un moment matériel et un moment formel ou modal. Par la décision, la conscience se détermine à conférer une certaine modalité à un contenu donné d'avance.

Prenons un exemple. Supposons qu'un homme se demande s'il doit prendre le phénomène qu'il aperçoit dans la demi-obscurité pour un chien ou pour une ombre. Il sait qu'après avoir résolu la question, il n'aura qu'un seul de ces deux jugements à émettre. Ou bien il dira « c'est un chien », ou bien il dira « c'est une ombre ». De plus, il sait que chacun de ces jugements représente un objet possible de sa future pensée. Il sait enfin qu'il dépend de sa propre décision d'accepter pour vrai l'un des deux jugements et d'en faire un objet de sa pensée. – Il peut bien sûr retarder sa décision pour faire encore quelques observations, ou bien considérer ses informations comme suffisantes et en conclure rapidement qu'il s'agit d'un chien, mais dans chacun des cas, une alternative à

---

[1] Cf. le fameux dilemme que PLATON présente dans son *Ménon* (80 d–e).

l'origine ouverte et connue en tant que telle est tranchée par un acte particulier de la conscience. Et, dans chacun des cas, la conscience sait d'avance que c'est finalement à elle qu'il revient de prendre cette décision.

Prenons un second exemple, cette fois dans le domaine de la pratique. Un jeune homme est en train de flirter avec une charmante fille dans un café. A un moment donné, elle dit : « Au bout de cette cigarette, je dois m'en aller ». Alors le jeune homme se dit : « Est-ce que je l'invite chez moi ou faut-il que je la laisse partir ? ». Il sait sans doute qu'il doit rapidement prendre une décision et qu'en fonction de cette décision, il va soit vouloir l'inviter, soit vouloir la laisser partir. Si et seulement si cette décision est libre, on peut le rendre responsable de ce qu'il veut. A la différence de l'exemple précédent, l'objet de la décision est dans ce cas une volition déterminée. Puisque « vouloir quelque chose » relève de la pratique et non pas de la théorie, nous pouvons parler dans ce cas d'une décision pratique. Mais pour le reste, ce processus de décision présente la même structure que la décision théorique.

Analysons cette structure sur un plan formel.[2] Appelons la volition en question v. Le processus par lequel notre jeune homme se décide à avoir v comme objet de son acte de penser est un ensemble assez complexe d'actes de pensée (à caractère réflexif), un ensemble qui comporte au moins les trois phases suivantes :

I. Dans la première phase ($t_1 - t_2$), notre jeune homme pense : « Dans la phase III ($t_3 - t_4$), je vais vouloir inviter ma compagne ou ne pas le vouloir. Dans la phase II ($t_2 - t_3$), je vais me décider à vouloir à partir de t_3 inviter ma compagne ou à ne pas le vouloir. »

II. Dans la deuxième phase ($t_2 - t_3$), notre jeune homme pense : « Jusqu'à maintenant, il n'est pas encore décidé si, à partir de t_3, je vais vouloir inviter ma compagne ou non. Mais, à partir de maintenant, il est décidé qu'à partir de t_3, je vais vouloir l'inviter. »

III. Dans la troisième phase ($t_3 - t_4$), notre jeune homme pense : « Maintenant, je veux fermement inviter ma compagne. »

---

[2] Cf. Gerhard SEEL, « What does it mean to be responsible and free ? A philosophers viewpoint », in : William SHEA/Beat SITTER (éd.), *Scientists and their Responsibility*, Canton, Watson, 1989, p. 146-158 et Gerhard SEEL, « Dépassement de soi ou repos en soi », in : Charles GAGNEBIN/Daniel SCHULTHESS/Gerhard SEEL (éd.), *Le dépassement de soi dans la pensée philosophique, Actes du colloque pour les soixante-dix ans de Fernand Brunner*, Neuchâtel, La Baconnière, 1994, p. 107-123.

De façon générale, un processus de décision peut être représenté par le schéma suivant[3] :

	t1	t2	t3 t4
Phases	I	II	III
Actes de pensée	$S{:}I_{t1\text{-}2}S{:}v_{t3\text{-}4}$ & $I_{t1\text{-}2}\text{-}S{:}v_{t3\text{-}4}$ & $D_{t2\text{-}3}S{:}v_{t3\text{-}4}{>}\text{-}{<}D_{t2\text{-}3}\text{-}S{:}v_{t3\text{-}4}$	$S{:}I_{t1\text{-}2}S{:}v_{t3\text{-}4}$ & $I_{t1\text{-}2}\text{-}S{:}v_{t3\text{-}4}$ & $D_{t2\text{-}3}S{:}v_{t3\text{-}4}$	$S{:}v$
Modalités réelles	$IS{:}v_{t3\text{-}4}$ & $I{\sim}S{:}v_{t3\text{-}4}$ & $D_{t2\text{-}3}S{:}v_{t3\text{-}4}{>}\text{-}{<}D_{t2\text{-}3}\text{-}S{:}v_{t3\text{-}4}$	$DS{:}v_{t3\text{-}4}$	$S{:}v$

Il est important de noter que, pour qu'on puisse parler d'une décision, il faut que les pensées de S dans les différentes phases correspondent à la réalité (comme le montrent les cases d'en bas dans notre figure) et que ce que S pense en II ait comme conséquence réelle ce qu'il pense en III, tandis que ce qu'il pense en I laisse indécis ce qu'il va penser dans les phases II et III. Un processus de décision consiste donc dans un changement réel des modalités d'états de choses futurs par le truchement d'une suite d'actes de pensée. Ces actes de pensée sont réflexifs, puisqu'ils ont comme contenus d'autres actes ou contenus de pensée. L'acte le plus important est évidemment celui qui s'effectue dans la phase II. Il reste entièrement énigmatique, puisqu'on ne saurait expliquer comment un tel acte est possible si expliquer une chose, c'est indiquer une cause qui le rend nécessaire. On ne saurait en effet indiquer une telle cause sans priver l'acte en question de sa liberté et, par conséquent, de son caractère de décision réelle. Il n'y a cependant aucune raison valable de douter qu'un tel acte soit possible. Ceux qui soutiennent qu'un tel acte n'est possible qu'en vertu d'une cause qui le rendrait en même temps nécessaire nient qu'il y ait une décision qui mérite ce nom et commettent donc une *petitio principii* au lieu d'avancer un argument.

---

[3] Les symboles employés ont les significations suivantes :
$S{:}v$ — Le sujet S pense la pensée v.
$I_{t1\text{-}2}S{:}v_{t3\text{-}4}\&I_{t1\text{-}2}\text{-}S{:}v_{t3\text{-}4}$ — Dans la phase $t_1\text{-}t_2$, il est indécis si oui ou non, dans la phase $t_3\text{-}t_4$, S pense v.
$D_{t2\text{-}3}S{:}v_{t3\text{-}4}{>}\text{-}{<}D_{t2\text{-}3}\text{-}S{:}v_{t3\text{-}4}$ — De deux choses l'une. Ou bien il est décidé dans la phase $t_2\text{-}t_3$ que, dans la phase $t_3\text{-}t_4$, S pense v, ou bien il est décidé dans la phase $t_2\text{-}t_3$ que, dans la phase $t_3\text{-}t_4$, il n'est pas le cas que S pense v.

D'une manière générale, la majuscule S symbolise un sujet quelconque, les expressions qui suivent un double point signifient des contenus de pensée de S, les indices t_1, t_2, t_3, etc., désignent le temps auquel l'expression indexée est attachée. Dans le cas de $S{:}v_{t3\text{-}4}$ par exemple, $t_{3\text{-}4}$ se réfère à $S{:}v$ et non pas seulement à v.

Le concept de décision peut donc se définir ainsi[4] :

Df (1) L'acte de conscience x d'un sujet s est une décision, si et seulement si existent les phases de temps immédiatement successives $t_w - t_x$, $t_x - t_y$, $t_y - t_z$ et les actes de conscience z, y, u et w du sujet s de telle sorte que :

1. z se passe dans la phase $t_w - t_x$.
2. Dans z est pensé :
 « Dans l'intervalle $t_x - t_y$ x ou y sera réalisé. »
3. z implique réellement que, dans l'intervalle $t_w - t_x$, x et y sont des événements futurs contingents dont un seul peut avoir lieu dans l'intervalle $t_x - t_y$.
4. Dans x est pensé : « Des deux actes de pensée u et w, jusqu'alors possibles, w sera réalisé nécessairement dans la phase $t_y - t_z$. »
5. Dans y est pensé : « Des deux actes de pensée u et w, jusqu'alors possibles, u sera réalisé nécessairement dans la phase $t_y - t_z$. »
6. x a pour conséquence la réalisation de w dans l'intervalle $t_y - t_z$.
7. y a pour conséquence la réalisation de u dans l'intervalle $t_y - t_z$.

Si un homme ou une femme pense une alternative comme une alternative à trancher, il ou elle se trouve alors dans une situation de décision. Contrairement à l'acte précédant immédiatement la décision, la décision elle-même réfléchit l'alternative d'autodétermination en la tranchant, c.-à-d. qu'elle pense les futurs actes de conscience de telle sorte qu'elle désigne un des actes de pensée comme étant à réaliser. Il s'ensuit que la décision réfléchit les actes futurs en leur conférant une manière d'être ou une modalité nouvelle, puisque la décision rend l'acte choisi nécessaire et l'acte rejeté impossible. L'acte qui précède la décision, au contraire, confère aux deux actes futurs un caractère contingent. La décision provoque donc un changement réel de la modalité d'un événement futur, de sorte qu'un événement tout d'abord seulement possible devient ou bien nécessaire ou bien – dans l'autre cas – impossible.

Cela montre que l'autodétermination n'apporte pas à la conscience – comme la réceptivité – de nouveaux contenus concrets, mais qu'elle se borne à donner une nouvelle forme, une autre modalité etc. à la matière déjà reçue et à décider sous quelle forme cette matière continuera d'exister dans la conscience.

---

[4] Cf. Gerhard SEEL, « Struktur und Geltung wirtschaftlichen Handelns », in : Karl BÄRTHLEIN/Gerd WOLANDT (éd.), *Lehrstücke der praktischen Philosophie und der Aesthetik*, Basel, Schwabe, 1977, p. 115-117.

2. Qu'est-ce qu'un critère de décision ?

L'être humain n'a pas seulement la faculté de s'autodéterminer dans le sens que nous avons défini ; il possède en outre la *faculté* de se laisser guider en cela par des *critères de décision*. Ces critères sont des contenus de conscience d'une nature particulière, qui nécessitent à ce titre une explication. C'est ce qui nous occupera maintenant. Qu'est-ce donc qu'un critère de décision ?

Comme nous l'avons vu, il y a dans la structure de l'acte de décision un aspect qui le rend difficilement compréhensible. C'est le fait que la décision est prise de façon aveugle. Quoique, selon ma conviction, il y ait en effet des cas de décision aveugle, la plupart de nos décisions sont prises d'une autre façon. Pour qu'une décision ne soit pas aveugle, nous avons besoin d'une pensée particulière qui, de par sa structure, soit à même de guider notre décision. En d'autres termes, nous devons penser une pensée qui nous dise laquelle des possibilités de décision nous devons choisir. Nous appelons une telle pensée « critère de décision ». Quelle est la structure linguistique d'un critère de décision ?

Pour accomplir sa tâche, la pensée en question doit comporter deux éléments : un élément descriptif et un élément normatif. L'élément descriptif correspond à l'élément descriptif d'une des décisions possibles et permet ainsi au critère de décision de se référer à l'une des possibilités de décision. L'élément normatif consiste en un opérateur modal (opérateur d'obligation ou de permission) qui confère à l'élément descriptif un caractère d'éligibilité. A l'instar des propositions théoriques, qui comportent un élément décrivant un état de chose et un opérateur assertique exprimant que l'état de chose en question est le cas, nous distinguons donc, dans le cas des propositions pratiques, un élément descriptif et un opérateur modal. A la différence des propositions théoriques, l'opérateur modal n'a cependant pas une fonction assertique mais une fonction déontique. C'est grâce à lui que la proposition nous dit quelle est la possibilité de décision que nous pouvons ou devons choisir, et que cette proposition sert ainsi de critère de décision.[5]

Nous pouvons également exprimer cela par des formules sémantiques :
> Nous comprenons un jugement théorique si et seulement si nous savons ce qui est le cas s'il est vrai.
>
> Nous comprenons en revanche un jugement pratique si et seulement si nous savons quelle décision nous devons ou pouvons prendre dans le

---

[5] Cf. Gerhard SEEL, « Wie weit kann man den Naturalismus in der Praktischen Philosophie treiben? », *Grazer Philosophische Studien* 57, 1999, p. 275-310.

cas où nous nous trouvons dans une situation de décision qui relève du jugement pratique en question.

Une situation de décision relève évidemment d'une proposition pratique si l'élément descriptif de cette dernière correspond à une des possibilités de décision qui caractérisent cette situation.

Un critère de décision se réfère donc toujours à une alternative de décision, de sorte qu'il décrit ou détermine une des possibilités de cette dernière comme pouvant ou devant être choisie. Un critère de décision attache donc une sorte de marque positive à l'une des possibilités de décision ouvertes. Il offre de cette façon au sujet pratique la possibilité de distinguer celle(s) des possibilités d'autodétermination qu'il peut ou doit choisir. Les critères de décision peuvent être exprimés par des jugements pratiques qui, soit permettent au sujet de prendre une décision déterminée, soit exigent du sujet qu'il prenne cette décision. Le fait de connaître des critères de décision présente donc, pour celui qui doit se décider, un avantage remarquable en lui offrant pour la première fois la possibilité de ne pas le faire aveuglément, mais d'une façon dirigée et contrôlée.

Les critères de décision se différencient de la manière suivante. On distingue tout d'abord les critères de décision immédiats et les critères de décision médiats. Les premiers ont la forme de jugements de permission ou de commandement disant que celui qui prend une décision, dans la situation de décision où il se trouve, peut ou doit se décider pour une certaine possibilité d'autodétermination. Nous définissons alors :

Df. (2) Une possibilité d'autodétermination x est *obligatoire* si et seulement s'il existe un critère de décision immédiat y disant que le choix doit être porté sur x.

Df. (3) Une possibilité d'autodétermination x est *permise* si et seulement s'il existe un critère de décision immédiat y disant que le choix peut se porter sur x.

Les critères de décision *médiats*, au contraire, font fonction de prémisses d'un syllogisme pratique dont la conclusion est un critère de décision *immédiat*. Comme nous l'avons déjà établi pour les critères de décision immédiats, un critère de décision médiat se décompose également en deux moments : un moment normatif et un moment descriptif. Il se présente alors sous la forme d'une prémisse disant qu'une possibilité d'autodétermination peut être choisie par celui qui prend la décision en question, si et seulement si elle a certaines propriétés. Pour en déduire un critère de décision immédiat, nous avons besoin d'une deuxième prémisse disant qu'une ou plusieurs des possibilités d'autodétermination ont justement les propriétés requises. Le moment descriptif rend donc possible l'utilisation du moment normatif dans une situation concrète en permettant de déduire de celui-ci un critère de décision immédiat. Prenons le jugement pratique ‹ Je suis obligé de secourir ceux qui sont en danger › comme exemple. Ce jugement en lui-même, c'est-à-dire pris isolément, ne peut en aucun cas influencer une pratique ou déclencher une action. Pour cela, il faut savoir en plus que l'homme concret qui vous tend la main est en danger. C'est dire qu'on a toujours besoin d'un jugement descriptif disant qu'on se trouve en face d'un cas concret qui représente un cas de la règle, à savoir, dans notre exemple, le jugement ‹ Cet homme-là est en danger ›. On voit tout de suite que, pris ensemble, les deux jugements permettent la conclusion ‹ Je suis obligé de secourir cet homme ›.

On différencie alors les critères normatifs médiats selon leur degré d'abstraction. Que faut-il entendre sous l'expression ‹ degré d'abstraction › ?

Df. (4) Un critère de décision médiat est d'autant plus abstrait que le nombre des propriétés exigées par lui est restreint.

Cela veut dire qu'une possibilité d'autodétermination remplit plus facilement un critère abstrait qu'un critère concret. Le degré d'abstraction du critère dont on dispose, ainsi que la nature et le nombre des possibilités d'autodétermination données dans une situation de décision concrète, sont donc les deux facteurs dont dépend le degré de précision que possède un critère de décision dans une situation concrète. Il faut donc distinguer les cas suivants :

I. L'alternative d'autodétermination donnée ne relève pas du critère de décision donné. Cela signifie : le critère donné n'autorise et n'interdit aucune des possibilités d'autodétermination. La décision doit donc être prise aveuglément.

II. L'alternative d'autodétermination relève du critère donné et *toutes* les possibilités d'autodétermination sont autorisées par le critère. Dans ce cas, le critère perd sa fonction de critère et la décision doit également être prise aveuglément.

III. Quelques-unes des possibilités sont autorisées par le critère, mais pas la totalité. Dans ce cas, le critère a bien une fonction de critère, mais cette fonction se trouve limitée puisque la décision doit être prise aveuglément parmi les possibilités d'autodétermination autorisées.

IV. Une seule des possibilités est autorisée par le critère. Dans ce cas, le critère possède le plus haut degré de précision possible, puisqu'il oblige à choisir une possibilité tout à fait déterminée.

V. La situation de décision relève de plusieurs critères donnés. Dans ce cas, les critères, de par leur fonction, peuvent se renforcer ou bien se limiter l'un par rapport à l'autre, voire se neutraliser, si plusieurs possibilités alternatives se trouvent autorisées – l'un par un critère, l'autre par un autre. Dans ce cas la décision sera également aveugle.

En résumé, on peut définir le degré de précision d'un ou de plusieurs critères dans une situation de décision donnée de la façon suivante :

Df. (5) Le degré de précision qu'une pluralité de critères de décision possède dans une situation donnée est d'autant plus haut que le pourcentage de possibilités autorisées est restreint par rapport aux possibilités ouvertes.

Les cinq cas que nous venons de distinguer nous permettent de comprendre pourquoi nous avons besoin de deux opérateurs déontiques, à savoir l'opérateur ‹ il est obligatoire que › et l'opérateur ‹ il est permis que ›, pour former des propositions pratiques, et pourquoi ces deux opérateurs se comportent dans leurs relations mutuelles de la même façon que les opérateurs modaux ‹ il est nécessaire que › et ‹ il est possible que ›. Si nous devons décrire ces relations, nous arrivons en effet au schéma suivant :

Il est obligatoire que p	Il n'est pas obligatoire que p	
	Il est à discrétion que p	
Il est permis que p		Il est interdit que p

Si une seule des possibilités de décision est autorisée par le critère en question, le choix de cette possibilité est obligatoire. En revanche, si le critère autorise le choix de toutes les possibilités sauf une, cette dernière sera interdite. Le reste des opérateurs déontiques résulte de la négation de ces deux premiers opérateurs.

3. Qu'est-ce que la validité pratique ?

J'en arrive à notre deuxième ordre de distinction : nous distinguons entre les critères de décision *valables* et les critères de décision *non-valables*. C'est justement cette distinction qui est la plus importante pour notre tâche et qui pose les plus grands problèmes. Elle nécessite donc un examen plus méticuleux.

Il est assez aisé de reconnaître que penser un critère de décision ne doit en aucun cas déterminer la décision de telle sorte qu'elle soit, dans tous les cas et par nécessité, prise conformément au critère – comme s'il s'agissait d'une loi de nature et non pas d'un critère de décision. Dans le cas contraire, penser un critère de décision équivaudrait pour l'homme à la perte de sa liberté de décision. Celui qui prend une décision doit donc – pour être libre – pouvoir décider d'appliquer ou non un critère de décision pensé par lui. La décision concernant les possibilités d'autodétermination est donc, en principe, précédée par une autre décision portant sur l'application ou la non-application du critère en question. Par analogie avec la distinction entre langue d'objet et métalangue nous pouvons dénommer la première « décision d'objet » et la seconde « méta-décision ». Si, lors de cette méta-décision, on choisit d'appliquer le critère de décision, on choisit en même temps la possibilité de décision imposée par ce critère. Dans ce cas, nous parlons d'une décision qui est tout à la fois *conforme au critère et guidée par le critère*.

Si, au contraire, lors de la méta-décision, on choisit de ne pas appliquer le critère en question, la décision d'objet ne sera plus guidée par ce critère. Elle doit alors être prise aveuglément, c'est-à-dire comme si celui qui prend la décision ne disposait d'aucun critère. Cela n'exclut cependant pas que la décision d'objet puisse être *conforme* au critère ; mais elle peut tout aussi bien y être *contraire*.

Le résultat de cette analyse nous permet maintenant de proposer une définition de la validité pratique ou de la validité des critères de décision, ce qui est en fin de compte la même chose.[6]

> Df. (6)   Un critère de décision p est valable si et seulement s'il existe une obligation d'appliquer p dans chaque situation de décision relevant de p.

---

[6] Cf. SEEL, « Wie weit kann man den Naturalismus in der praktischen Philosophie treiben ? », et Gerhard SEEL, « Wahrheit oder praktische Geltung », in : Alexander RIEDEL (éd.), *Wahrheit und Geltung – Festschrift für Werner Flach*, Würzburg, Königshausen & Neumann, 1996.

La validité d'un critère de décision p consiste donc dans *l'exigence* que celui qui prend une décision relevant de p utilise ce critère, c'est-à-dire que la méta-décision soit prise en faveur de l'utilisation du critère en question. – Il en résulte que la validité d'un critère de décision possède également une fonction de critère de décision, et ce dans le cadre de la méta-décision sur l'utilisation du critère en question.

La liberté fondamentale de l'être humain présuppose toutefois que le fait d'être conscient de la validité d'un critère de décision d'objet ne détermine pas l'issue de la méta-décision de façon nécessaire. L'issue de la méta-décision n'est déterminée par la validité du critère que si le sujet pratique a décidé auparavant de se laisser guider par le critère de validité, c'est-à-dire de prendre en compte le point de vue de la validité dans sa méta-décision. L'affirmation de la liberté fondamentale et irrévocable de l'être humain nous force donc à introduire, au-delà de la méta-décision, une *méta-méta-décision*. Cette méta-méta-décision représente un *troisième* niveau de décision. Nous retrouvons donc au niveau de la méta-décision exactement la même structure et les mêmes conditions que nous avions déjà rencontrées sur le plan de la décision primaire. Il faut, ici aussi, distinguer les décisions conformes au critère et les décisions contraires au critère. Et les premières sont à différencier en décisions guidées et décisions non guidées par le critère.

On peut bien sûr se demander s'il peut y avoir un critère de décision à ce troisième niveau également, c'est-à-dire au niveau où l'application du critère de validité est décidée. On doit en principe y répondre par l'affirmative. Le critère de décision de ce troisième niveau devrait être un jugement disant que le sujet pratique doit se conformer à ce qu'exige de lui le critère du second niveau, à savoir d'appliquer le critère du premier niveau dans la décision objective. On peut exprimer cela également de la manière suivante :

A chaque niveau de décision, la validité du critère de décision correspondant doit servir de critère dans la décision concernant l'application de ce critère.

Cela peut être représenté par le schéma du tableau ci-contre.

Niveau de décision	Options de décision	Critère de décision
décision d'objet	- acte a - acte b	k : « b doit être choisi »
méta-décision	- Application de k - Non-application de k (au premier niveau)	gk : « k doit être appliqué »
méta-méta-décision	- Application de gk - Non-application de gk (au deuxième niveau)	ggk : « gk doit être appliqué »

Considéré sur un plan purement formel, un tel système se présente comme un système ouvert, c'est-à-dire indéfini, puisqu'on peut, sur le même modèle, faire suivre le troisième niveau d'un quatrième et le quatrième d'un cinquième et ainsi de suite. De cette manière, on tomberait dans une régression à l'infini. On doit donc se demander si la régression peut, à un certain niveau, être interrompue ou arrêtée pour une raison plausible. – En relation avec un problème semblable, Hans Wagner a proposé la solution suivante : on peut interrompre une telle régression au niveau qui se trouve être le dernier à donner des informations nouvelles quant à son contenu et à sa structure.[7] Pour le problème qui nous intéresse, cette proposition revient à dire qu'il faut arrêter la régression au troisième niveau. Car le critère du quatrième niveau n'apporterait rien de nouveau ni quant au contenu, ni quant à la structure. On peut démontrer cela comme suit : le critère du premier niveau exige la réalisation d'un acte pratique concret ; celui du deuxième niveau exige l'application d'un critère concret ; enfin le critère du troisième niveau exige que l'on obéisse à une telle exigence. Le critère d'un quatrième niveau ne ferait qu'exiger également que l'on obéisse à une autre exigence. Nous n'avons donc rien de nouveau à partir du quatrième niveau, ce qui nous permet de nous arrêter au troisième niveau. Il n'est cependant pas exclu qu'un système de normes concrètes, comme par ex. le système juridique d'un Etat, connaisse plus de trois niveaux.

Nos réflexions précédentes sur le concept de validité pratique, c'est-à-dire de la validité de critères de décision, ont l'inconvénient d'être de nature purement formelle. Nous avons constaté que les critères de décision ont le

---

[7] Hans WAGNER, *Philosophie und Reflexion*, Basel/München, Reinhardt, 1980³, p. 40-41.

caractère de critère de décision et que la validité d'un critère de décision est l'exigence d'appliquer ce critère. Mais ces définitions purement formelles restent inutilisables tant que nous ne savons pas à quoi on reconnaît les critères valables, c'est-à-dire en quoi les critères valables se distinguent des critères non-valables. Nous avons donc besoin de caractères distinctifs nous permettant de reconnaître concrètement les critères valables. Où peut-on trouver ces caractères distinctifs ?

Le contenu des critères de décision peut être déterminé sur trois plans différents :

1. par rapport à l'auteur (au sujet) de l'exigence en question :

2. par rapport au destinataire de l'exigence ;

3. par rapport à la manière dont l'exigence a été énoncée, formulée etc.

Voyons donc si la distinction de ces trois plans va nous permettre de distinguer quant à leur *contenu* les critères valables des critères non-valables.

Une des tendances de la philosophie pratique, à savoir le *décisionisme pratique*, affirme que la validité pratique repose finalement sur une décision. Selon cette théorie, l'auteur d'un critère de décision et de la validité de ce critère ne peut être qu'un individu ou un groupe d'hommes. Il s'ensuit que le décisionisme ne peut différencier les critères valables et les critères non-valables que selon ces deux approches suivantes :

1. Selon la première approche, un critère de décision est valable si et seulement s'il représente l'exigence de certains hommes ou groupes d'hommes pouvant légitimement fixer des critères de décisions obligatoires. Ce groupe d'hommes pourrait être un parlement, un gouvernement etc.

2. Selon la seconde approche, on distingue les critères valables des critères non-valables par la *manière* dont le sujet pratique pose l'exigence contenue dans le critère.

De ces deux approches, la seconde offre le plus de perspectives, c'est donc elle que nous allons retenir. Les décisionistes montrent – à notre avis, à juste titre – que l'homme a la liberté de se décider pour ou contre l'application d'un critère de décision qu'il a pensé. On peut penser tout d'abord que cela aura lieu à nouveau dans chaque nouvelle situation de décision. Mais – comme une théorie décisioniste plus avancée le souligne – on peut également s'imaginer que l'homme peut se décider une fois pour toutes pour l'application d'un critère dans toutes les situations relevant du critère en question. Cette décision fondamentale représente alors un acte d'auto-obligation puisque, dans cet acte, on s'engage à se décider d'une certaine manière durant toute sa vie. Cet acte d'auto-obligation volontaire peut être décidé par un individu pour lui-même ou par une communauté pour tous ses membres. Dans les deux cas, c'est l'acte d'auto-obligation qui confère la validité pratique au critère en question. Voilà le noyau de la position décisioniste au sujet de la validité pratique.

En ce qui concerne notre propre position, nous n'irons pas complètement à l'encontre de cette théorie. Mais j'aimerais au moins faire les remarques critiques suivantes :

1. Le domaine de validité des critères rendus obligatoires par une auto-obligation volontaire est apparemment limité : ces critères ne valent pas pour tous ceux qui prennent des décisions, mais seulement pour ceux qui se sont engagés effectivement. Nous sommes donc en droit de dire que la validité pratique ne peut être – selon la conception décisioniste – que particulière, et non universelle. Nous verrons plus tard s'il existe également des critères de décision dont la validité est vraiment *universelle*.

2. La théorie décisioniste implique que la validité pratique n'est pas absolue mais conditionnelle, puisqu'elle dépend de la décision antérieure d'individus concrets, à savoir de leur engagement volontaire. – Il s'agit donc d'une validité seulement subjective. Reste ouverte la question de savoir si les critères de décision peuvent également avoir une validité absolue et objective.

3. Une chose peut cependant être relevée déjà maintenant : la validité des critères rendus obligatoires par un engagement volontaire suppose la validité d'un *métacritère* affirmant que :
   K(1) Un engagement pris vis-à-vis de soi-même ou d'autres doit être respecté.

On peut formuler ce métacritère également en disant qu'on doit tenir ses promesses. Une autre version de ce critère se trouve encore dans la formule latine : *Pacta sunt servanda*. Si, comme dans le cas présent, la validité d'un critère suppose la validité d'un autre critère, nous disons que le premier nécessite une *justification* et en est susceptible. Il sera donc très intéressant de voir s'il existe des critères de décision qui soient exempts de cette double caractéristique.

J'aimerais compléter ce que je viens d'expliquer par quelques définitions qui nous serons encore utiles. Je commence par les termes ‹ validité particulière › et ‹ validité absolue ›.

> Df. (7) Un critère de décision x a une validité *particulière* si et seulement si le domaine de validité de x ne s'étend pas à tous les individus.

Le contradictoire du *definiens* définira alors le terme ‹ validité universelle ›.

> Df. (8) La validité d'un critère de décision x est *absolue* si et seulement si x doit être appliqué dans toutes les situations de décision relevant de x *indépendamment* de toute décision préalable.

J'ajoute deux autres définitions importantes, celle de la notion de *maxime* et celle de la notion de *justifiabilité*.

> Df. (9) Le critère de décision x d'un sujet pratique s est une maxime de s si et seulement si x ne vaut que pour s et la validité de x est seulement subjective.

> Df. (10) La validité d'un critère de décision x est justifiable si et seulement s'il existe au moins un autre critère y de telle manière que
> a) y est valable.
> b) à l'aide de y on peut démontrer la validité de x.

4. Qu'est-ce que la rationalité pratique ?

Nous avons certes des motifs sérieux pour faire remarquer le caractère limité de la validité des *maximes*, validité qui repose sur l'auto-obligation d'un sujet pratique. Cette sorte de critère est toutefois d'une très grande importance dans la pratique humaine, car les actes d'auto-obligation et l'existence de maximes basées sur ces actes sont la condition nécessaire à la *rationalité* des décisions et de la pratique toute entière.

Cela nécessite une explication. Qu'entend-on exactement par ce terme de décision rationnelle ? Comme nous l'avons dit au début, la rationalité est généralement définie comme la faculté de suivre et d'appliquer les principes fondamentaux de la logique, c'est-à-dire les principes de l'identité, de la non-contradiction et du tiers-exclu. En conséquence, on caractérise une suite ou un ensemble de décisions comme rationnelle si et seulement si ces décisions sont prises conformément à ces principes logiques.

Toutefois, contrairement aux *jugements* (théoriques et pratiques), plusieurs décisions ne peuvent, en tant que telles, c'est-à-dire considérées en elles-mêmes, ni être en contradiction, ni être en accord entre elles. Si, en effet, au moment t_1, un individu choisi la possibilité a et au moment t_2, choisi la possibilité non-a, on ne peut pas du tout conclure à une contradiction. Il en va de même si un individu a choisi p et un individu b non-p. Ces décisions ne se contredisent que si elles sont soumises à un principe général disant que, dans tous les cas, l'individu en question doit choisir a, ou qu'un groupe d'individus doit choisir p.

La validité, même subjective, des critères de décision est donc la condition sans laquelle le principe de non-contradiction ne peut être appliqué à une suite de décisions, sans laquelle, si vous voulez, une suite de décisions ne saurait satisfaire ce principe.

Les maximes mises en vigueur par les hommes leur assurent donc la mise en ordre et la rationalité de leurs actes de conscience et par conséquent, de leurs actions extérieures. Toutefois, une seule maxime ne suffit normalement pas pour établir la rationalité de nos décisions ; il faut plutôt tout un système de maximes. Nous définissons :

Df. (11)   La totalité des maximes d'un sujet pratique constitue un système de maximes lorsqu'il n'en résulte pas de critères de décision immédiats qui se contredisent l'un l'autre.

Maximes et systèmes de maximes se différencient – et ceci est notre dernier point de différenciation – selon leur force. Nous définissons :

Df. (12)   Le système de maximes d'un sujet pratique s est d'autant plus fort que, parmi toutes les décisions que prend s, le nombre de celles qui relèvent de ce système est plus grand.

La force des maximes ou des systèmes de maximes peut être réduite par deux facteurs :

1.   par le degré de précision des critères immédiats dérivés du système de maximes.

2.   par le degré de justification des maximes du système.

Même si un sujet pratique dispose de maximes, il peut et doit, dans chaque situation de décision concrète, se décider pour ou contre l'application de ces maximes. S'il se décide contre, il est en contradiction non seulement avec sa maxime, mais en même temps avec toute la série de décisions qu'il a déjà prises ou qu'il va encore prendre conformément à cette maxime. Nous appelons une décision qui s'en tient à une maxime ‹ *raisonnable* › et nous appelons une décision allant à l'encontre d'une maxime ‹ *non-raisonnable* ›.

Une décision pour laquelle il n'existe pas de critère valable est irrationnelle. Il faut encore distinguer les décisions valides des décisions *justes*.

> Df. (13) Une décision valide est juste, lorsque la validité de la maxime qu'elle observe n'est pas seulement subjective, mais absolue.

Contrairement aux décisions particulières qui sont rationnelles ou non-rationnelles, l'ensemble des actions d'une vie humaine consistant en une suite de décisions particulières possède un certain degré de rationalité.

> Df. (14) La vie d'un individu est d'autant plus rationnelle que le pourcentage des décisions rationnelles que prend l'individu est plus grand.

VOM NUTZEN UND NACHTEIL DES WERTBEGRIFFS IN DER KULTURPHILOSOPHIE

Helmut Holzhey

Zwar ist die Rede von Werten geläufig, ja ein fester Bestandteil ethischer Verlautbarungen, doch scheint kein tieferes Bedürfnis zu bestehen, über den Wertbegriff selbst nachzudenken. Das hängt wohl damit zusammen, dass er meist bereichsspezifisch verwendet wird, beispielsweise in ethischen Diskussionen um den Wert menschlichen Lebens, in der Grundwerte-Debatte oder in der ökonomischen Wertlehre. Auch die philosophischen Bemühungen um den Wertbegriff in den letzten hundertfünfzig Jahren zeigen ein buntes Bild. Es legt sich deshalb nahe, zunächst einige grundsätzliche Klärungen zu versuchen. Das soll so geschehen, dass ich erstens die Fragen herausarbeite, auf welche die Philosophie der Werte antwortete, und zweitens die Probleme bezeichne, die sich aus diesen Antworten ergaben. Auf dieser Folie werde ich anschließend Spezifika neukantianischer Wertekonzepte herausarbeiten und kritisch reflektieren.

1. Von der Ethik zur Metaphysik (Hans Jonas)

In einem Aufsatz « Zur ontologischen Grundlegung einer Zukunftsethik », zuerst 1985 vorgetragen, nennt es Hans Jonas eine axiomatische Voraussetzung, « dass es überhaupt "Werte *an sich*" gibt, die im Sein verankert sind – dass letzteres also *objektiv* werthaltig ist »[1]. Es handelt sich nicht um irgendeine,

---

[1] Abgedruckt in: Hans JONAS, *Philosophische Untersuchungen und metaphysische Vermutungen*, Frankfurt/Main/ Leipzig, Insel, 1992, S. 128-145, hier S. 139.

sondern um eine jener zwei Voraussetzungen, auf denen Jonas seine eigene Argumentation aufbaut. Wie sieht diese Argumentation aus? Ausgangspunkt ist das sich angesichts der technologischen Entwicklung erneut meldende Bedürfnis, « ein Wissen vom menschlich Guten »[2] zu gewinnen. Dazu gehört – in der radikalen Fragestellung von Jonas – die Antwort darauf, « *warum* der Mensch überhaupt sein soll, also nicht sein Verschwinden aus der Welt herbeiführen oder lässlich erlauben darf; und auch, *wie* er sein soll, damit er den Grund, warum er sein soll, ehre und nicht hinfällig mache »[3]. Derartige Fragen und Antworten sind Bestandteil der Metaphysik. Doch das sagt noch nicht viel. Wer oder was belehrt uns darüber, warum es überhaupt Menschen geben soll und diese, also wir, zur Sicherung der Gattungsexistenz verpflichtet sein sollen? Jonas geht von einer Wesensbestimmung aus: « Der Mensch ist das einzige uns bekannte Wesen, das Verantwortung haben *kann*. »[4] Folgt aus dem Wesensmerkmal der Verantwortungsfähigkeit die Pflicht zur Existenzsicherung der Gattung? Eine derartige Folgerung wäre ein naturalistischer Fehlschluss. Gewiss: ich *kann* es zu meiner Verantwortung rechnen, dafür besorgt zu sein, dass es auch in Zukunft verantwortungsfähige Menschen gibt. Aber *verpflichtet*, wie Jonas behauptet, « Verantwortungsfähigkeit an sich ihre jeweiligen Träger, das Dasein künftiger Träger zu ermöglichen »? Der entscheidende Argumentationsschritt ist in den zwei Worten « an sich » versteckt. Der menschlichen Verantwortungsfähigkeit wird damit Sein, d.h. eine ontologische Qualität, zugesprochen. Und um das ausdrücklich zu machen, führt Jonas den Wertbegriff ein. Intuitiv erkennen wir, schreibt er, in der Verantwortungsfähigkeit des Menschen « einen *Wert*, dessen Erscheinen in der Welt die schon vorher an Lebenswerten reiche Landschaft *des Seins* nicht einfach um einen weiteren Wert vermehrt, sondern alles Bisherige mit einem es generisch Transzendierenden übertrifft ». Die menschliche Verantwortungsfähigkeit « stellt eine qualitative Steigerung der Werthaltigkeit des *Seins überhaupt* dar »[5]. Der Wertbegriff hat hier m.E. eine doppelte Funktion: Ein Wert zu sein, qualifiziert erstens dasjenige, dem er zugeschrieben wird, als ein Seiendes (ontologische Funktion); Sein als solches ist ein Wert. Zweitens qualifiziert Werthaftigkeit das Seiende als ein Gutes (axiologische Funktion). Was das Zweite betrifft, so anerkennt es Jonas als eine weitere axiomatische

---

[2] JONAS, *Untersuchungen und Vermutungen*, S. 135.
[3] JONAS, *Untersuchungen und Vermutungen*, S. 136.
[4] JONAS, *Untersuchungen und Vermutungen*, S. 137.
[5] JONAS, *Untersuchungen und Vermutungen*, S. 137.

Voraussetzung, dass « Verantwortungsfähigkeit an sich ein *Gut* ist, also etwas, dessen Anwesenheit seiner Abwesenheit überlegen ist »[6]. Wie aber sieht nun die um den Wertbegriff bereicherte Argumentation zur Begründung der Verpflichtung, die Gattungsexistenz zu sichern, aus? Seiendes, das verantwortungsfähig ist, stellt einen Wert bzw. ein Gut dar. Nicht aus seiner Verantwortungsfähigkeit lässt sich ableiten, dass es jene Verpflichtung hat, sondern nur daraus, dass es ein Wert bzw. Gut ist. Verantwortung *kann* sich auf die Erhaltung von Verantwortungsfähigkeit bzw. das individuelle oder gattungsmäßige Fortdauern ihrer Träger erstrecken; eine Verpflichtung dazu, also eine Verpflichtung zur Selbsterhaltung der Verantwortungsfähigkeit, besser: zur Selbsterhaltung verantwortungsfähiger Wesen ergibt sich allenfalls nur aus ihrer Werthaftigkeit bzw. Bonität, wenn man zusätzlich unterstellt, dass es einen guten Grund dafür gibt, dass überhaupt Seiendes ist und dass es so ist, wie es ist – wenn man also von Gott zu reden sich zutraut. Jonas' Wertlehre führt aus der Ethik in die Metaphysik.

2. Vom Wert zu den Werten

Ich denke, dass mit der einleitenden Analyse dieses Textes bereits die Hauptprobleme der Wertphilosophie und damit auch die Frage nach Nutzen und Nachteil des Wertbegriffs in der Kulturphilosophie implizit angesprochen worden sind. Zu diesen Hauptproblemen rechne ich die Verortung der Wertphilosophie in den metaphysischen und metaphysikkritischen Diskursen der letzten zweihundert Jahre. Denn während Jonas den Wertbegriff sogleich metaphysisch konnotiert, ja als Element einer metaphysischen Option einführt, ist die Geschichte der Wertphilosophie seit dem 18. Jahrhundert zu allererst eine Geschichte der *kritischen* Auseinandersetzung mit der metaphysischen Seins- und Güterlehre. Die Wertperspektive wird in Ablösung metaphysischer Denkorientierungen eingeübt; allerdings bleiben die metaphysischen Fragen nach einem Ansich oder einer letzten praktischen Verbindlichkeit auch in der wertphilosophischen Gestalt ihrer « Aufhebung » präsent.

Für die moderne Wertphilosophie seit der Mitte des letzten Jahrhunderts sind Werte Qualitäten, die einem Gegenstand, einem Sachverhalt oder einer Handlung zugeschrieben werden, die man präferiert. Werte werden als Korrelate zu Wertungen interpretiert, so unterschiedlich sich auch ihr Status innerhalb dieser Korrelation ausnimmt. Obwohl Werte, historisch betrachtet, zuerst in der

---
[6] JONAS, *Untersuchungen und Vermutungen*, S. 139.

moralischen Sphäre, also bezogen auf menschliches Handeln, dingfest gemacht werden, kennt die Wertphilosophie bald einmal ästhetische Werte (wie « schön ») und, vornehmlich im südwestdeutschen Neukantianismus, auch theoretische Werte (insbesondere « wahr ») bzw. Wertprädikate.

Hans-Georg Gadamer weist in einem Aufsatz über « Das ontologische Problem des Wertes »[7] auf die Bedeutung hin, die der Übergang vom Singular « Wert » (gleichbedeutend mit Würde, Würdigkeit, Geltung, Sinn usw.) zum Plural « die Werte » für die Konstitution einer eigentlichen Wertphilosophie hatte. Die ursprünglich « sittliche Wertgebung » erweitert sich bei Rudolf Hermann Lotze in der Mitte des 19. Jahrhunderts über die ästhetische Zuschreibung eines unbedingt Wertvollen auf unser ganzes Weltverhältnis. Wenn der « absolute Wert », wie ihn Kant der durch den guten Willen charakterisierten vernünftigen Person des Menschen zuerkannte, keine ontologischen Fragen nach dem Seinsstatus dieses Wertes provozierte, weil er gar nicht das Resultat einer Wertung war, so wird das mit der Einführung der Wertebeziehung in unsere Wirklichkeitserkenntnis anders. Ein Rückblick auf Kants Wertbegriff ist an dieser Stelle angezeigt.

3. Wert und Würde

Kant erkennt nur Personen als sich selbst bestimmenden vernünftigen Wesen einen absoluten Wert oder Würde zu, schätzt hingegen alle Sachen, die *eo ipso* bloß als Mittel dienen, für von nur relativem Werte ein, für solches also, das einen Preis hat.[8] Als *Preis* definiert er « das öffentliche Urteil über den Wert (*valor*) einer Sache »[9]. Für den Menschen gilt, dass sein « Preis » der äußere Wert seiner Brauchbarkeit für andere wäre, doch ist er, wie Kant betont, als Selbstzweck für keinen Preis feil, weil sein Wert keinen Preis hat.[10] Diese absolute Differenz ist zu beachten, wenn man im Kantischen Kontext von wertvollen Charaktereigenschaften (wie « Geschicklichkeit und Fleiß im Arbeiten ») sprechen wollte: Diese machen eben nicht das Eigentliche des Menschen aus, sondern sind vielmehr ggf. für einen Preis zu haben. Das sittliche

---

[7] Vgl. Hans-Georg GADAMER, « Das ontologische Problem des Wertes » (1971), in : ID, *Neuere Philosophie II : Probleme – Gestalten* (Gesammelte Werke, Bd. IV), Tübingen, Mohr, 1987, 1999², S. 189-202.

[8] Immanuel KANT, *Grundlegung zur Metaphysik der Sitten*, AA IV, S. 434f.

[9] Immanuel KANT, *Metaphysik der Sitten. Rechtslehre*, § 31, AA VI, S. 288.

[10] Vgl. Immanuel KANT, *Metaphysik der Sitten. Tugendlehre*, § 11, AA VI, S. 434f.

Subjekt und seine Moralität wird damit ganz dem Bereich des relativen Werts, d.h. dem Markt, entzogen. Dem Menschen kommt in seiner « sittlich guten Gesinnung » Würde zu, nicht aufgrund bestimmter Handlungen. Der sogenannte Wert der « Treue im Versprechen » beispielsweise « besteht nicht in den Wirkungen, die daraus entspringen, sondern in den Gesinnungen ».[11]

Es ist eigentümlicherweise Hermann Cohen, der in seiner *Ethik des reinen Willens* direkt an die Kantische Verknüpfung von Wert und Würde anschließt. Er tut das im Kontext einer Kritik des ethischen Hedonismus, der fälschlicherweise Lust und Unlust für « Wertmesser » hält, in denen sich der Wert des Daseins ausdrücke.[12] Statt von Werten in Bezug auf Lust und Gefühl zu sprechen, rechnet Cohen « Wert » zu den Grundbegriffen der politischen Ökonomie:

> Der Wert einer Sache, das ist doch für jeden modernen Menschen der Wert der *Arbeit*, welche die Sache hervorbringen musste. Am Werte klebt also der Schweiß des Arbeiters, der das flammende Schwert kittet, das die Kultur von dem Paradiese trennt.[13]

Und nur in dieser politökonomischen Bedeutung setzt Cohen den Wertbegriff positiv ein. Die Brücke zu seiner ethischen Verwendung schlägt der Gedanke, dass « nicht die Sache allein [...] den Wert für den wahrhaften Sinn der Kultur » bildet, sondern mit dem in der Sache inkorporierten Wert der *Arbeit* auch die Würde der Person des « Arbeiters ».[14] Man muss das wohl so lesen, dass Cohen Kants Begriff des relativen Werts an seinen Begriff des absoluten Werts der menschlichen Person explizit zurückbindet und damit zum Ausdruck bringt, dass Werte « im Sinne der Kultur » nur sittliche Werte sein können.[15]

---

[11] KANT, *Grundlegung*, AA IV, S. 435.

[12] Hermann COHEN, *Ethik des reinen Willens*, Berlin, Cassirer, 1907², S. 160 (ND: Hermann COHEN, *Werke*, Bd. 7, Hildesheim/New-York, Olms, 2002). Man vergleiche mit dieser Kritik, was Heinrich Rickert zum Verhältnis von Lust und Wert schreibt: « Das Fühlen der Lust ist ein Akt des Wertens, und zum Werten gehört immer ein Wert, zu dem wir Stellung nehmen. » Ihm kommt es auf den Unterschied zwischen dem psychisch realen Lustgefühl und dem Wert der Lust an, er bestreitet im Rahmen seines Wertekonzepts nicht überhaupt den Wertcharakter der Lust (Heinrich RICKERT, *Allgemeine Grundlegung der Philosophie* [*System de Philosophie*, Bd. 1], Tübingen, Mohr, 1921, S. 123).

[13] COHEN, *Ethik des reinen Willens*, S. 161.

[14] COHEN, *Ethik des reinen Willens*, S. 607.

[15] COHEN, *Ethik des reinen Willens*, S. 162. Anders als bei Rickert ist « Wert » für Cohen auch kein systembegründender Begriff. In seiner weiterführenden Interpretation der Kantischen Erkenntnistheorie bedient er sich zwar vergleichsweise häufig, aber ohne Betonung, des Ausdrucks « Geltungswert » (*Das Prinzip der Infinitesimal-Methode und seine*

4. Hauptprobleme einer Philosophie der Werte

Andere Wege, Wege der Erweiterung von Kants Wertkonzeption, war wie schon gesagt Lotze (nebst anderen) gegangen. Was veranlasste ihn zu dieser Fortarbeit am Wertbegriff, ja zur Begründung einer Wertephilosophie? In Heideggers Sicht befand er sich auf der Suche nach « einer nicht-empirischen, nicht-naturseinshaften, nicht-erfahrungsmäßigen Sphäre, einer nicht-sinnlichen Welt, die bei aller Nichtsinnlichkeit die schlechte und verstiegene, im Grund ebenfalls naturalistische Übersinnlichkeit der alten Metaphysik vermied »[16]. Sieht man genauer zu, so lassen sich mindestens zwei Motive benennen. Erstens entsteht für die geistige Welterkenntnis im Sinne Lotzes das Bedürfnis, den mit dem absolut Guten verschwisterten Wertbegriff auch an weiteren Seiten des geistigen Lebens zu erproben. Dafür bietet sich insbesondere die Schönheit an, weil auch sie ungezwungen als « ein an sich wertvolles Verhältnis » beschrieben werden kann. Die ästhetische « Wertgebung » bleibt für Lotze allerdings eingebunden in die übergeordnete sittliche. Doch geht die Erweiterung der Wertsphäre mit der Tendenz einher, die sittliche Würde der vernünftigen Person zu *einem* Wert unter anderen zu machen. Und mit dieser Pluralisierung wird das Problem der Seinsweise der Werte virulent. – Zweitens gelangt Lotze mit der wertphilosophischen Interpretation des Schönen zu einer « erweiterten Ansicht vom Sittlichen ». Diese hat den Vorteil, die in der Kantischen Pflichtenlehre unvermeidlichen Spannungen mittels werttheoretischer Thematisierung des Verhältnisses zwischen der Verpflichtung durch anerkannte soziale Normen einerseits, der individuellen Gewissensentscheidung andererseits angehen zu können.[17]

Für die damit inaugurierte moderne Wertephilosophie stellten sich von Anfang an Fragen, von denen ich die folgenden eigens notiere: Sind Werte nichts als Produkte subjektiver Schätzung bzw. Präferenz, also subjektive Setzungen? Oder haben sie ihr Sein wesentlich in der Beziehung von Subjekt und Objekt, aber so, dass ihre Objektivität dabei unaufhebbar, nämlich nicht auf eine subjektive Wertung (Setzung) rückführbar ist? Und wie ist diese ihre Objektivität aufzufassen? Begegnen sie als sinnstiftende Qualitäten bzw.

Geschichte, passim); in *Kants Theorie der Erfahrung* charakterisiert er die « Postulate des empirischen Denkens überhaupt » beiläufig als Grundsätze der « Wertbestimmungen » von Erkenntnissen (3. Aufl., Berlin, 1918; ND: Hermann COHEN, *Werke*, Bd.1.1, Hildesheim/New-York, Olms, 1987, S. 603).

[16] Martin HEIDEGGER, *Zur Bestimmung der Philosophie* (GA 56/57), S. 137.

[17] GADAMER, « Das ontologische Problem des Wertes », S. 193f.

Funktionen im geistig-kulturellen Leben (als institutionalisierte Präferenzen) bzw. – etwas naiver formuliert – als Eigenschaften kultureller Güter, teils in kulturspezifischer teils in universaler Bedeutung? Oder dürfen bzw. müssen wir gar von einem Ansichsein übersubjektiver, transkultureller, ja überzeitlicher Werte (im Sinne platonischer Ideen) reden, so dass die Realisierung von Werten in Gütern und ihr Erleben bzw. Anerkanntwerden ihnen selbst letztlich gleichgültig wäre? In diesen vom Wertsubjektivismus zum Wertobjektivismus führenden Fragen ist entfaltet, was man als die grundlegende Ambiguität des Redens von Werten bezeichnen könnte: dass Werte einerseits « einer Wertgebung durch den Menschen » entspringen, andererseits « der Willkür des Einzelnen » gegenüberstehen als « Gegebenheiten [...], die wir anerkennen müssen ».[18] Diese Zweiseitigkeit, wieviel Raum für unterschiedliche erkenntnis- und kulturtheoretische Akzentuierungen sie immer lässt, erachte ich als konstitutiv für den philosophischen Wertbegriff und auch als seine einzige Rechtfertigung. *In dieser Zweiseitigkeit ist sein Nutzen für die Philosophie der Kultur zu suchen.* Das wird *ex negativo* an extrem einseitigen Ausformungen einer Philosophie der Werte besonders gut sichtbar. Insistiert man nämlich radikal wert*subjektivistisch* auf der subjektiven Erzeugung der Werte oder leugnet wert*relativistisch* jede allgemeinere Geltung von Werten, wird es genau betrachtet völlig überflüssig, von Werten zu reden. Mit dem Spezifischen des Wertbegriffs schwindet auch seine kulturphilosophische Brauchbarkeit dahin. Der gleiche Befund ergibt sich für die Gegenseite eines radikalen Werte*objektivismus*.

Ich will das Letztere kurz durch einen Blick auf Max Schelers materiale Wertethik zeigen. Diese stellt eine Antwort auf den Relativismus, nicht zuletzt in seiner Nietzscheschen Gestalt, dar. Scheler behauptet:

a) Es gibt Werte (Wertqualitäten), die wir an Dingen unmittelbar feststellen können; sie bilden einen eigenen Bereich idealer Gegenstände; ihnen kommt *Sein* (nicht nur « Geltung ») zu; sie existieren unabhängig von ihrer Erfassung; unter ihnen besteht eine allen Wertungen vorgegebene Rangordnung.[19]

b) Die Werterfassung geschieht primär emotional (durch teilnehmende Liebe), wobei nicht die liebende Zukehr zu einem Objekt dessen Werthaftigkeit konstituiert, sondern umgekehrt der aufscheinende Wert die Liebe dazu bedingt.

---

[18] GADAMER, « Das ontologische Problem des Wertes », S. 194f.

[19] Max SCHELER, *Der Formalismus in der Ethik und die materiale Wertethik*, Halle, Niemeyer, 1927³, S. 10, S. 189, *passim*.

Die interessenehmenden emotionalen Akte tragen bei der Werterkenntnis alle anderen, u.a. die theoretischen Akte.[20]

Ontologischer Werteobjektivismus und Methode der Werteerfassung entsprechen sich in dieser Konzeption durchaus: Werte werden in Akten des Wertfühlens, in denen sie sich selbst « geben », passiv erfasst. Scheler hat dennoch ein methodisches Problem. Es macht sich insbesondere bei Konflikten drastisch bemerkbar. Was beispielsweise fühlt der Forscher, der Tierversuche macht? Drängt sich ihm nicht gleichzeitig der Wert des unbeschädigten Lebens der Versuchstiere und der Wert des Wissens (ggf. zusammen mit dem Wert der Gesundheit, die durch neues Wissen gefördert wird) auf? Soll hier auf Selbstgebung der Werte im Wertfühlen abgestellt bleiben, muss auch eine Präferenz emotional gedeckt sein. Doch versagen die Kriterien, mit denen nach Scheler ein höherer von einem niedrigeren Wert unterschieden werden soll[21], in unserem Fall kläglich.

5. Das System der Kultur als Rangordnung der Werte

Cohen wie Rickert widmeten sich gleichermaßen der Aufgabe, eine *systematische* Kulturphilosophie zu erarbeiten, die nicht dem Vorwurf Nietzsches ausgesetzt wäre, « der Wille zum System » bekunde einen « Mangel an Rechtschaffenheit »[22]. Für beide spielte dabei das Verhältnis von Sittlichkeit und Kunst oder des ethischen und des ästhetischen Wertes eine zentrale Rolle.

Cohen bestimmt es generell als Aufgabe systematischer Philosophie, « die Kultur einheitlich zu machen in ihrer einheitlich methodischen Gesetzlichkeit »[23]. Zwei Punkte scheinen mir in dieser Aussage wesentlich. 1) Der einheitliche Gesichtspunkt, unter dem die verschiedenen « Richtungen des Kulturbewusstseins » zu einem System verbunden gedacht werden, ist die

---

[20] SCHELER, *Der Formalismus*, S. 260ff.

[21] SCHELER, *Der Formalismus*, S. 84ff. Vgl. Wolfgang STEGMÜLLER, *Hauptströmungen der Gegenwartsphilosophie*, Stuttgart, Kröner, 1969⁴, S. 114. « Werte sind umso höher, je dauerhafter sie sind, je weniger sie bei der Teilnahme mehrerer geteilt werden müssen [...], je weniger sie in anderen fundiert sind, je tiefer sie befriedigen und je weniger sie relativ sind auf eine von der spezifischen Naturorganisation abhängige Art des Fühlens [...]. »

[22] Friedrich NIETZSCHE, *Götzen-Dämmerung. Sprüche und Pfeile*, § 26, KSA 6, S. 63; zitiert von H. Rickert am Anfang seiner Abhandlung « Vom System der Werte » (1913), abgedruckt in: Heinrich RICKERT, *Philosophische Aufsätze* (Rainer A. Bast, Hg.), Tübingen, Mohr, 1999, A 73.

[23] Hermann COHEN, *Ästhetik des reinen Gefühls*, Berlin, Cassirer, 1912, Bd. I, S. 18f.

« methodische Gesetzlichkeit ». Cohen begnügt sich mit einem schwachen Systembegriff.[24] Zu diesem gehört es, dass Sittlichkeit und Kunst einander nebengeordnet bleiben. Eine solche Nebenordnung der Kulturgüter, « an denen Werte haften », praktiziert auch Rickert, wo er sich zunächst des Materials der Wertlehre in einer unsystematischen Aufzählung versichert.[25] Doch genügt ihm eine Klassifikation der Werte nicht, wenn es um die eigentliche Aufgabe der Philosophie geht, « Klarheit über Weltanschauungsfragen » zu gewinnen. Die projektierte Offenheit des Systems darf nicht daran hindern, durch eine *Rangordnung* der Werte zu einer « einheitlichen Deutung des Lebenssinnes » zu kommen. Sein eigentliches « System der Werte » richtet Rickert demgemäß am Begriff der « Voll-Endung » aus, in dem er « die niemals aus dem bloß geschichtlichen Material zu beseitigende Zufälligkeit der Werte mit einer Notwendigkeit ihrer Rangordnung » zu verknüpfen sucht.[26] *Voll-Endung* ist für ihn « der Begriff des *höchsten* theoretischen Wertes »[27] und in seiner Erweiterung und Anwendung auf die atheoretischen Werte grundlegend « für jede universale Philosophie »[28]. Mit Hilfe einer « auf Alternativen [wie: Sachen und Personen, Kontemplation und Aktivität] beruhenden vollständigen Klassifikation »[29] erlaubt er es, eine formale Rangordnung der Werte aufzustellen. Dieses *formale* Verhältnis bestimmt sich, wie Rickert selbst einschränkend bemerkt, « mit Rücksicht auf die theoretische Einsicht in das Wesen des wertenden Lebens als eines Strebens nach Voll-Endung », enthält jedoch keine Vorschrift, « welches von den *inhaltlich* bestimmten Gütern als höchstes oder zentrales zu gelten hat, von welchem Wertgebiet aus man zu einer "Einheit" der Weltanschauung vordringen kann, und welche inhaltlich bestimmte Stufenfolge der Geltungen dabei entsteht »[30]. Es bleibt dem Entscheid für eine bestimmte Weltanschauung überlassen, ob man sich z.B. als Ästhetizist zum künstlerischen Wert oder als Moralist zum ethischen Wert als Bürgen des Daseinssinnes bekennt.

---

[24] Vgl. Helmut HOLZHEY, *Cohen und Natorp. I: Ursprung und Einheit*, Basel/Stuttgart, Schwabe, 1986, S. 308ff.

[25] RICKERT, *Allgemeine Grundlegung*, S. 319ff.

[26] RICKERT, *Allgemeine Grundlegung*, S. 354.

[27] RICKERT, *Allgemeine Grundlegung*, S. 375.

[28] RICKERT, *Allgemeine Grundlegung*, S. 354.

[29] RICKERT, *Allgemeine Grundlegung*, S. 355.

[30] RICKERT, *Allgemeine Grundlegung*, S. 406.

Abgesehen von vielen anderen Unterschieden (und Gemeinsamkeiten) fühlt sich *Cohen* dieser weltanschaulichen Neutralität in seinem Philosophieverständnis nicht wirklich verpflichtet. Ich komme damit auf ein zweites wichtiges Moment in seiner aus der *Ästhetik des reinen Gefühls* zitierten Aussage zurück, dass nämlich systematische Philosophie die Aufgabe habe, die Kultur einheitlich *zu machen*. Die bewusste Nebenordnung von Sittlichkeit und Kunst, Ethik und Ästhetik ist normativ konnotiert. Cohen wendet sich mit ihr gegen eine Auffassung, welche angesichts einer vermuteten kulturellen Gefährdung der Sittlichkeit durch Kunst die Sittlichkeit der Kunst überordnen will. Systematische Philosophie soll bemerkenswerteweise damit einen unmittelbaren Beitrag zur Kultur leisten, dass sie die Freiheit der Sittlichkeit wie die Freiheit der Kunst durch Fixierung ihrer jeweiligen methodischen Gesetzlichkeit[31] sichert.

6. Der Stein des Anstoßes: Wahrheit als Wert

Wenden wir unsere Aufmerksamkeit nun der Relation von Wertung und Wert (als Grund oder Ergebnis einer Wertung) in der theoretischen Philosophie zu. Die systematische Ausarbeitung der Wertlehre steht, wie schon angedeutet wurde, im südwestdeutschen Neukantianismus generell im Dienste einer philosophischen Weltanschauung. Wilhelm Windelband, der Begründer dieser « Schule », konzipiert in Anknüpfung an Kant ein « System », dessen drei Teile Logik, Ethik, Ästhetik den für unmittelbar evident erklärten Werten des Wahren, Guten und Schönen Rechnung tragen[32]. Auch der kantische Primat der praktischen gegenüber der bloß theoretischen Vernunft scheint dabei noch durch. Er äußert sich als Primat des Sollens, das schon die Arbeit der Erkenntnis prägt. An die Stelle des « Reichs der Zwecke » tritt aber das Reich bzw. System

---

[31] COHEN, *Ästhetik des reinen Gefühls*, I, S. 37f. Dass Cohen dennoch einem zeittypisch eingeschränkten Kunstverständnis huldigt, wird aus der Bemerkung deutlich, « dass das Sittliche, seinem Grundproblem nach, einen gedanklichen Inhalt der Kunst bildet, von dem sie niemals sich losmachen kann » (43). Man wird sich aber bei der Wiedererwägung der skizzierten Aufgabenstellung dadurch nicht beirren lassen müssen.

[32] Die Kulturmacht Religion repräsentiert für ihn das *Heilige*. Die religiöse Erfahrung ordnet er den Funktionen des Erkennens, Wollens und Fühlens insgesamt zu, nämlich der ihnen gemeinsamen Antinomie von Sollen (Normen) und Müssen (Naturgesetzen), in der eine transzendente Wirklichkeit erlebt wird (Wilhelm WINDELBAND, « Das Heilige. Skizze zur Religionsphilosophie », in : *Präludien. Aufsätze und Reden zur Philosophie und ihrer Geschichte*, Tübingen, Mohr, 1924^9, Bd. II, S. 295-332).

« allgemeingültiger Werte »[33]. In ihm wird die philosophische Systematik begründet. In einem frühen Aufsatz geht Windelband davon aus, dass es neben dem sittlichen ein logisches und ästhetisches Gewissen gibt, was besagt, dass in moralischen, theoretischen und ästhetischen Fragen immer wieder Abweichungen zwischen dem, was faktisch geschieht, und dem, was gemäß bestimmten Vorschriften geschehen sollte, zu konstatieren sind. Das « Gewissen » besteht also im Bewusstsein, einer normativen Gesetzgebung unterworfen zu sein, die sich nicht mit der gesetzlichen Regelung von Naturprozessen, insbesondere auch im Seelenleben, deckt. Während die letztere die Basis der theoretischen Erklärung von Tatsachen bildet, arbeitet die erstere mit idealen Normen, an denen der Wert der Tatsachen gemessen wird.[34]

Die grundlegende Neuerung in dieser Systemphilosophie ist aber darin zu sehen, dass auch *das Wahre als Wert* begriffen wird. Mit Lotze teilt Windelband die Auffassung, dass das Urteil als Behauptung der Wahrheit einer Synthesis von Vorstellungsinhalten eine bewertende Stellungnahme einschließt. Beurteilen wir einen Vorstellungsinhalt als wahr oder falsch, so erweitern wir damit nicht unsere Erkenntnis, sondern bringen unsere Billigung oder Missbilligung zum Ausdruck; wir vollziehen unter Zugrundelegung des Wertes bzw. der Norm des Wahren eine Wertung. Die Einsicht in den Wertcharakter theoretischer Sätze wird also mit der Unterscheidung von Urteil und Beurteilung gewonnen. Mit der Beurteilung nach wahr oder falsch wird der Urteilsinhalt auf einen Zweck bezogen und geprüft, ob er ihm entspricht, d.h. gilt. Was gilt, hat den Wert der Wahrheit. Die philosophische Prüfung der Objektivität des Wertens kann wiederum nur in einer « Wertung der Wertungen » bestehen, die Windelband, analog zu Kants transzendentalem Bewusstsein, im « Normalbewusstsein » verankert.[35] Er vertritt dabei keinen Werteobjektivismus; Werte sind immer auf Wertungen und damit auf ein wertendes Bewusstsein zurückzuführen, das hierbei aber nicht einfach « frei » ist. Denn im « Normalbewusstsein » sind die sog. « Normalgesetze », d.h. allgemeingültige Wertungen, als transzendentale Bedingungen der Gegenstandserkenntnis fundiert.

Wahrheit als Wert, warum, um Gottes willen, so etwas? Schon Scheler hat mit aller Deutlichkeit geklärt, dass « die Logik nicht als eine Wertwissenschaft der Ethik und Ästhetik gleichgeordnet werden » kann, weil Wahrheit überhaupt kein Wert sei:

---

[33] Wilhelm WINDELBAND, *Einleitung in die Philosophie*, Tübingen, Mohr, 1914, S. 255.

[34] « Normen und Naturgesetze » (1882), in: WINDELBAND, *Präludien*, Bd. II, S. 59-98.

[35] WINDELBAND, *Einleitung in die Philosophie*, S. 253ff.

> Es hat einen guten Sinn, den Akten des Suchens, des Forschens nach Wahrheit Wert beizulegen; [...] aber Wahrheit als solche ist *kein* Wert, sondern eine von allen Werten verschiedene Idee, die sich erfüllt, wenn ein satzartig formierter Bedeutungsgehalt eines Urteils mit dem Bestand eines Sachverhalts übereinstimmt [...].[36]

Das *Interesse*, das Windelband mit der folgenschweren Bestimmung der Wahrheit als Wert verfolgt, ist ein systemphilosophisches: die Einheit der Kultur unter dem Gesichtspunkt des Wertes systematisch, nämlich einheitlich *und* gegliedert, erfassen zu können; aber legitimiert dieses Interesse jene These?

Wenn Heinrich Rickert die Erkenntnistheorie als « die Wissenschaft von den theoretischen Werten » definiert[37], hebt er sie mit dieser Ausrichtung auf den Wertbegriff von allen Seinswissenschaften ab. Wert ist für ihn « positiver Begriff eines Unwirklichen » und kann als solcher für den « Sinn » des wahren Satzes stehen. « Wir nennen die Wahrheit einen Wert, um zu zeigen, dass dieser Begriff [der Wahrheit], so wie wir ihn verstehen, sich auf kein nur Existierendes anwenden lässt. Eine Wahrheit existiert [...] in keiner Hinsicht, falls niemand sie kennt ». Das Wort « Wert » soll ausdrücken, dass sie trotzdem nicht nichts, sondern etwas ist; es soll nicht auch noch, wie in der Alltagssprache, etwas Reales bezeichnen, also nicht etwa das reale Gut, « an dem ein Wert haftet »[38]. (Was Rickert bei dieser Abgrenzung m.E. übersieht, ist die gleichgeartete Irrealität des *ökonomischen* Wertes bzw. Preises.) Die in diesem Ansatz implizierte Kritik jedweder metaphysischen Seins- bzw. ontologischen Wahrheitslehre tritt besonders deutlich auf dem zweiten der von Rickert beschriebenen Wege der Erkenntnistheorie hervor. Generell geht er davon aus, dass Erkennen wahres Denken ist. Um wahr sein zu können, muss es sich auf einen « Gegenstand » als das zu Erkennende beziehen, nach dem es sich zu richten hat. Der zweite, der « objektive » oder transzendental*logische* Weg zur Bestimmung des so genannten « transzendenten » Gegenstandes der Erkenntnis setzt bei der Wirklichkeit des wahren Satzes an[39], dessen logische Bedeutung als « Sinn » bezeichnet wird. « Sinn » liegt jenseits der Sphäre des Seins, er ist vielmehr der allgemeinste theoretische Wert. Ein wahrer Satz ist ganz allgemein dadurch charakterisiert, dass er einen positiven Sinn hat. Auch die besonderen

---

[36] SCHELER, *Der Formalismus*, S. 191.

[37] Heinrich RICKERT, « Zwei Wege der Erkenntnistheorie. Transzendentalpsychologie und Transzendentallogik », in: *Kant-Studien* 14, 1909, S. 207f.

[38] RICKERT, *Allgemeine Grundlegung*, S. 112f.

[39] RICKERT, *Allgemeine Grundlegung*, S. 169ff.

Formen des Sinnes, z.B. die Identität, sind wieder (logische bzw. theoretische) Werte. Das von der Erkenntnistheorie herausgearbeitete *Apriori* der Erkenntnis besteht in transzendental geltenden theoretischen Werten, ohne die es keine Wahrheit geben würde.[40] Die Werte verschaffen dem *Apriori* gewissermaßen neue Anmutungsqualitäten. Die theoretischen Werte *sind* nichts anderes als der « transzendente Gegenstand »: der Gegenstand, nach dem sich das Denken, insofern es wahr ist, zu richten hat. Die Transzendenz des Gegenstandes gegenüber dem Denkakt bedeutet also, dass er unabhängig von allem Sein *gilt*. Mit dieser Konzeption wird deutlich, dass die Disjunktion zwischen einer Theorie logischer Erzeugung des Gegenstandes der Erkenntnis und dem Empirismus keine vollständige ist. Die werttheoretische Interpretation des Erkenntnis*apriori*, welche den Wert als Grund einer Wertung auffasst, die im wahren Satz ihre Wirklichkeit hat, erlaubt eine dritte Position[41], die nun in Konkurrenz zu *Paul Natorps* transzendentalem Idealismus gerät. Natorp bringt die Schuldifferenz wie folgt auf den Punkt: Wenn die Rede von einer « Welt der Werte » bloß « ein anderer Ausdruck des Sollens » sei, so müsse man die Begründung dieses Sollens aufweisen und zeigen, « dass sie anderswo zu suchen sei, als [...] in der Zurückbeziehung aller bedingten Setzung der Vernunft auf die letzte, unbedingte und die in ihr erst begründete letzte Einheit des Bewusstseins [...] ». Das ist die erste Kritik, die auf Natorps transzendentale Analyse der kulturellen Erfahrung zurück- und auf eine neue Verhältnisbestimmung von Logik und Theoretik vordeutet. Die zweite Kritik betrifft die « Dynamisierung » nicht des *Apriori*, wohl aber der Philosophie selbst:

> Man hat uns die « Welt der Werte » noch nicht so recht enthüllt; wir fürchten aber, dass man mit diesem Wort uns den Weg ins Unendliche, auf den die Ethik des unbedingten Gesetzes uns stellt, wiederum versperren und

---

[40] RICKERT, *Allgemeine Grundlegung*, S. 206ff.

[41] In seinem Spätwerk entwickelt Rickert eine objektive Wertlehre, die allein auf die Differenz von Existieren und Gelten abgestützt ist. Das Geltende wird nicht nur vom real Existierenden (z.B. einem physischen Ding), sondern selbst noch vom ideal Existierenden (z.B. einer Zahl) unterschieden. Für den Bereich des Theoretischen besteht ein Nicht-Existierendes, aber Geltendes im *Sinn* eines wahren Satzes. Dieser Sinn ist ein « irreales Wertgebilde », das weder real noch ideal existiert und das es dennoch « ebenso gewiss gibt wie das real Seiende ». Ihre besondere *Veranlassung* hat diese objektivistische Zuspitzung in der Auseinandersetzung mit der Philosophie des Lebens. Dieser lässt sich, erkennt Rickert, nicht zureichend mit einer Bewusstseinsphilosophie begegnen, sondern allein mit der Objektivität der Wertewelt, in der auch noch die Berufung aufs Leben in den « Modeströmungen » der Zeit bewusstlos begründet ist.

von dem uferlosen Ozean der unendlichen Aufgaben, auf den wir uns gewagt haben, uns in irgendeinen sicheren Ruheport wieder retten möchte. Wir aber wollen nicht gerettet sein: *Navigare necesse est!*[42]

Man darf vielleicht Rickerts Bestimmung eines « offenen Systems » der Philosophie, das unter dem Prinzip der « Voll-Endung » steht, als eine Antwort auf diese zweite Kritik Natorps lesen.

7. Heideggers Kritik

Man kennt aus *Sein und Zeit* Heideggers Forderung, das Sein der Werte « ontologisch », d.h. daseinsanalytisch, zu beschreiben. Diese Forderung geht von der These aus, in der Wertephilosophie werde « die nachträgliche Ausstattung des Seienden mit Wertprädikaten » betrieben, so aber für die Güter « die Seinsart purer Vorhandenheit » vorausgesetzt.[43] Solche Kritik betrifft vielleicht Nicolai Hartmanns Ansatz, nicht aber die Philosophie Windelbands und Rickerts. Dieser sind die Vorlesungen von 1919 gewidmet, in denen Heidegger seine Zuhörer zunächst präzis instruiert und anschließend zu kritischen, jedoch noch wenig ausgearbeiteten Fragen ansetzt. Eine Kritik taucht allerdings immer wieder auf, die Kritik an der These, dass Wahrheit ein Wert sei. Rickert ist für sie in Heideggers Augen einen Beweis schuldig geblieben.[44] Wie er an dieser Stelle in Frage zieht, dass ich mich zu Werten nur anerkennend oder verwerfend verhalten kann, so zeigt er in der ersten Vorlesung, dass nicht jeder Wert als Sollen erlebt wird, dass sich also auch der angebliche Wahrheitswert nicht in einem Sollen bekunden muss. Der Wert ist weder Sollen noch Sein, sondern er bzw. « es » wertet für das urteilende Subjekt.[45] Was die Wahrheit betrifft, so konstituiert sie sich nicht « in einem ursprünglichen Wertnehmen », obwohl z.B. in einem wahren historischen Urteil eine Wertung (« historisch bedeutsam ») mitspielen kann, die jedoch nicht die Wahrheit des Urteils als solche betrifft. Im Unterschied zum Erfreulichen, das ich wertnehmend erlebe, erfasse ich das Wahre « nicht in und durch ein Wertnehmen », sondern stelle es fest, ohne dass mir ein « es wertet » dabei etwas « antut ».[46] Für den Phänomenologen Heidegger lässt sich evident

---

[42] Paul NATORP, « Kant und die Marburger Schule », in: *Kant-Studien* 17, 1912, S. 217f.

[43] Martin HEIDEGGER, *Sein und Zeit*, Tübingen, Niemeyer, 1993[17], S. 99.

[44] Martin HEIDEGGER, *Zur Bestimmung der Philosophie* (GA 56/57), S. 193.

[45] HEIDEGGER, *Zur Bestimmung der Philosophie* (GA 56/57), S. 46.

machen: « Ein wahrer Satz, der "gilt", gibt sich *als solcher* nicht in einem Wertnehmen. »[47]

Über das Problem der Wahrheit hinaus kritisiert der frühe Heidegger die Wertphilosophie, indem er sie im Blick auf die (psychischen) Akte des Wertens existenzialontologisch unterläuft.[48] Daraus entwickelt sich in seinem späteren Denken eine metaphysikgeschichtlich untermauerte Kritik an dem sich im Werten äußernden Willen zur Macht. Im Gegensatz zu Jonas vertritt er die Auffassung, dass der mit dem Vorrang des Vorstellens in der neuzeitlichen Weltauslegung bewirkte Verlust an Sein dadurch auszugleichen versucht wird, dass man das vorgestellte Seiende « nach Werten bemisst und die Werte selbst zum Ziel alles Tuns und Treibens », d.h. aller Kultur, macht. Die Rede von Werten ist für Heidegger bloß der Ausdruck der « Vergegenständlichung der Bedürfnisziele des vorstellenden Sicheinrichtens in der Welt als dem Bild »[49].

8. Fazit

Ich teile die Kritik an der These, Wahrheit sei ein Wert; ich hege auch Bedenken gegenüber der kulturphilosophischen Unbedenklichkeit des Wertbegriffs. Wertphilosophie ist für mich in erster Linie von praktisch-ethischer Bedeutung. Wo liegt diese? Wo drängt es sich auf, von Werten (statt z.B. von Gütern) zu reden, wo ist die Rede von Werten unverzichtbar? Immer dort, wo Menschen in ihren elementaren Lebensbedingungen verletzt werden oder solche Verletzung droht. Dabei ist jedoch die grundlegende Ambiguität des Wertbegriffs bewusst zu halten. Was als Wert aufgefasst wird, ist einerseits der subjektiven Verfügung, mindestens der beliebigen Verfügung, entzogen gedacht, andererseits für eine Bewertung freigegeben. Das entspricht ganz der Ambiguität des Menschseins. Wie der Mensch « sich zu dem, was er *schon ist, erst machen* muss »[50], so muss er Werte wählen, die ihm kulturell vorgegeben

---

[46] HEIDEGGER *Zur Bestimmung der Philosophie* (GA 56/57), S. 48f.

[47] HEIDEGGER, *Zur Bestimmung der Philosophie* (GA 56/57), S. 51.

[48] Vgl. HEIDEGGER, *Zur Bestimmung der Philosophie* (GA 56/57), S. 192ff.

[49] Martin HEIDEGGER, *Die Zeit des Weltbildes*, in: *Holzwege* (GA 5), S. 74-113, hier S. 101f. Heidegger verweist an dieser Stelle sowohl auf Lotze, der Platons Ideen zu Werten umgedeutet habe, als auch auf Nietzsche, der in seinem Denken der Wertvorstellung verhaftet geblieben sei und deshalb rückwärts gewandt eine Umwertung aller Werte gefordert habe.

[50] Helmuth PLESSNER, *Die Stufen des Organischen und der Mensch*, Gesammelte Schriften, Bd. IV, Frankfurt/Main, Suhrkamp, 1981, S. 383.

sind. Wertphilosophie kann als der Versuch verstanden werden, dieser Doppelseitigkeit des Menschseins Rechnung zu tragen, nachdem sie in ihrer Abgründigkeit bewusst geworden ist. Was Plessner hinsichtlich der kulturellen « Ergänzungsbedürftigkeit » des exzentrischen Wesens Mensch hervorhebt, dass sich die Ergebnisse menschlichen Machens und Schaffens von dieser ihrer Herkunft ablösen müssen, um das nötige Eigengewicht zu bekommen, das gilt gerade von jeder wertphilosophischen Orientierung. Damit fällt der Akzent auf das (relative) An-sich-sein der Werte. Wird damit erneut die Grenze zur Metaphysik überschritten? Das geschieht nur dort, wo die Bezogenheit auf menschliches Denken oder Fühlen weggestrichen ist. Mit einem « An-sich für uns » bleiben wir innerhalb der Grenzen kritischer Vernunft. Die kritische Funktion des so verwendeten Wertbegriffs lässt sich etwa an der stark umstrittenen Frage der ausdrücklichen Bewertung menschlichen Lebens (noch lebenswert?) belegen. « Wert » wird tatsächlich zur ethischen Abstützung solcher Tendenzen gebraucht; dem wäre die andere Seite von « Wert » entgegen zu halten. Hierfür könnte die Erinnerung an Kants Lehre vom absoluten Wert der menschlichen Person dienlich sein, als ein Imperativ, nicht unter dieses anthropologische Niveau zu gehen.

HERMÉNEUTIQUE
ET PHILOSOPHIE PRATIQUE

Franco Volpi

1. L'agir comme expérience « extra-méthodique »

Dans *Vérité et méthode* (1960), Hans-Georg Gadamer expose – comme l'indique le sous-titre – les *éléments fondamentaux d'une herméneutique philosophique*[1], se proposant d'analyser les expériences « extra-méthodiques » de la vérité, c'est-à-dire les domaines dans lesquels la réflexion méthodologique empruntée aux sciences exactes obstrue l'expérience de vérité qui leur correspond. Les trois parties de *Vérité et méthode* sont consacrées au traitement du problème de la vérité dans trois domaines paradigmatiques pour l'expérience extra-méthodique de la vérité, en l'occurrence l'*expérience esthétique*, celle des *sciences historiques* et celle du *langage*.

Le problème que l'on se pose ici est le suivant : la *praxis*, en particulier dans sa forme par excellence, l'agir politique et donc la « politique », rentre-t-elle dans les formes « extra-méthodiques » de la vérité ? Quelle contribution, dans ce cas, l'herméneutique a-t-elle fournie afin de libérer la *praxis* du malentendu méthodologique qui a conditionné une grande partie de la science politique moderne ?

---

[1] Hans-Georg GADAMER, *Wahrheit und Methode. Grunzüge einer philosophischen Hermeneutik*, Tübingen, Mohr, 1960, 1965², 1972³, puis dans les *Gesammelte Werke* (GW), (Tübingen, Mohr, 1985s.), vol. 1 (= *Vérité et méthode*, trad. fr. P. Fruchon, J. Grondin, P. Merlio, Paris, Seuil, 1996. La traduction française indique en marge la pagination de l'addition des GW). Pour un bilan d'ensemble, cf. Lewis Edwin HAHN (éd.), *The Philosophy of Hans-Georg Gadamer*, The Library of Living Philosophers, XXIV, Chicago/LaSalle/Illinois, Open Court, 1997.

2. La caractère central de la « philosophie pratique » dans le « tournant ontologique » de l'herméneutique

La perspective gadamérienne a pour trait saillant la critique de la compréhension traditionnelle de l'herméneutique comme *ars interpretandi* (c'est-à-dire comme *technique auxiliaire* de l'exégèse des textes classiques, théologiques ou juridiques), et elle fait par conséquent une nécessité d'approfondir le « tournant ontologique » accompli par le jeune Heidegger dans son programme d'une « herméneutique de la facticité », qui a été de fait pour Gadamer le point de référence essentiel pour le développement de son herméneutique philosophique.

A partir de son enseignement à Fribourg (1919-1923) et à Marbourg (1923-1928), Heidegger avait développé une analyse de la vie humaine, qu'il voulait saisir dans sa facticité et son historicité. En mettant en lumière les limites du projet diltheyen (*Conférences de Kassel*, 1925) et l'importance des réflexions du comte P. Yorck von Wartenburg (*Etre et temps*, § 77), il avait introduit le terme ‹ herméneutique › pour définir le type d'analyse adéquat à représenter les contenus de la vie même sans en trahir la dynamique originaire. En une confrontation serrée avec la détermination théorétique de la subjectivité élaborée par Husserl, et à travers une appropriation originale du livre VI de l'*Ethique à Nicomaque*, Heidegger était parvenu à découvrir le caractère fondamental de la détermination de la *praxis* pour la compréhension de l'existence humaine dans ses caractères authentiques et dans sa constitution ontologique fondamentale. Parallèlement, à travers la lecture de saint Paul, de saint Augustin, du premier Luther, et de la « philosophie de l'existence » de Kierkegaard, il avait découvert la nouveauté introduite par le christianisme vis-à-vis de la philosophie grecque, en particulier dans la compréhension de l'existence humaine et de sa temporalité « kairologique » et non « chronométrique » ou « naturaliste ».

Dans ce contexte spéculatif, Heidegger développe son « herméneutique de la facticité » dans laquelle le « comprendre » (*Verstehen*) – avec les déterminations complémentaires que sont le « sentiment de situation » (*Befindlichkeit*) et le « discours » (*Rede*) – est élevé à la dignité ontologique d'une détermination fondamentale du *Dasein*. Il est le moment structurel indiquant la dimension de spontanéité du *Dasein* et son caractère projectif, articulé par Heidegger en trois moments constituant la structure préalable (*Vorstruktur*) du comprendre : la pré-acquisition (*Vorhabe*), qui préfigure l'horizon dans lequel est saisie la totalité de ce qui est compris, la pré-vision (*Vorsicht*), qui guide la saisie de ce qui est compris, et la pré-conception

(*Vorgriff*), qui anticipe les modalités cognitives selon lesquelles la compréhension même est réalisée. Le caractère essentiel du comprendre ainsi décrit est la *circularité* entre l'acte du comprendre et cela même qu'il assume dans le comprendre, entre le sens possible qui est anticipé et la compréhension mise en acte qui le confirme. Cette circularité n'a pas le caractère négatif du *circulus vitiosus*, elle ne constitue pas une imperfection ou un vice logique, mais elle est reçue au contraire comme une dimension incontournable dans laquelle le *Dasein* est toujours déjà situé en tant qu'il est finitude, c'est-à-dire en tant qu'il est un être-dans-le-monde : il reçoit ce qui est là, ce que la transmission historique lui assigne, mais dans le même temps le transforme en quelque chose de propre selon la modalité de sa libre projection et interprétation.

3. La théorie de l'expérience herméneutique

En faisant sienne la perspective ontologique heideggérienne, Gadamer veut avant tout contrer le « malentendu objectiviste » dont est demeurée victime l'auto-compréhension méthodologique des sciences historiques développées par l'historicisme. Ce dernier, en effet, aurait transféré l'exigence d'un savoir objectif, rigoureux et méthodiquement contrôlable, né au sein de l'idée moderne de *scientia*, aux sciences de l'histoire et de l'esprit. Contre ce malentendu objectiviste, Gadamer soutient que « l'herméneutique [...] n'est pas tant une méthodologie des sciences de l'esprit, mais la tentative de rejoindre une entente sur ce que les sciences de l'esprit sont en vérité, par-delà la conscience méthodologique qu'elles ont d'elles-mêmes, et sur ce qui les rattache à la totalité de notre expérience du monde »[2].

Il assigne donc à son herméneutique en tant qu'*herméneutique philosophique* la tâche de récupérer la connexion essentielle entre l'expérience de l'art, de l'histoire et du langage et leur contenu de vérité, et non d'œuvrer à la compréhension neutre de ce qui a été conservé dans des expressions de la vie fixées durablement, ou d'être une simple technique d'interprétation des textes. Car comprendre l'expérience de l'art sur la base de canons esthétiques, ou interpréter l'histoire en cherchant à annuler la distance historique et la différence de perspective entre l'interprète et le fait, l'événement ou le document historique à interpréter, signifie pour Gadamer mettre en œuvre dans de tels domaines cette considération analytico-objectivante qui, séparant son « objet » de sa connexion avec le monde de la vie, exclut la possibilité de saisir l'art, l'histoire et la langue

---

[2] GADAMER, *Wahrheit und Methode* (GW 1), p. 3.

dans les contenus de vérité qui vivent et se manifestent en eux. D'où sa critique de l'historicisme comme principal responsable de ce « malentendu objectiviste » qui, prétendant fonder et assurer la scientificité de la connaissance historique, théorise la nécessité, dans l'interprétation de l'histoire, de faire abstraction de toute vérité afin de comprendre en une reconstruction neutre « ce qui a été »[3].

Gadamer aperçoit dans les théorisations romantiques de l'herméneutique – qui déterminent le comprendre comme la reproduction fidèle de ce qui a été historiquement produit – et dans l'historicisme – qui assigne à la théorie du comprendre la tâche de fonder l'objectivité de la connaissance historique – l'accomplissement et la radicalisation de la rupture, inaugurée par l'*Aufklärung*, du lien entre histoire et vérité. C'est pourquoi il établit, paradoxalement, une continuité entre *Aufklärung*, romantisme et historicisme. L'argumentation est la suivante : si, pour la pensée des *Lumières*, tout donné de la tradition se présentant à la raison comme incompréhensible peut être compris seulement en étant replacé dans son horizon historique propre, c'est-à-dire en se référant au point de vue du passé, et par l'acte empathique d'identification dans lequel l'erreur n'apparaît plus (*tout comprendre, c'est tout pardonner*), alors la conscience historique qui s'affirme avec le romantisme, et pour laquelle tout est compris en référence au contexte historique propre, représente l'accomplissement et la radicalisation des *Lumières* ainsi que la scission définitive entre histoire et vérité.[4]

3.1. La fonction positive du préjugé

En attirant l'attention sur la circularité du comprendre, Gadamer assigne une fonction positive au préjugé, le déclarant élément constitutif du comprendre. Il ne s'agit évidemment pas du préjugé compris de façon négative, qui dans l'herméneutique traditionnelle était défini comme *praejudicium precipitantiae*. Il s'agit du préjugé qui apparaît tout d'abord comme un « inconvénient inévitable » du comprendre, mais qui est en réalité la condition même qui le rend possible : la compréhension ne peut naître en effet que dans un contexte de sens préconstitué qui en forme l'horizon irréductible. Discrédité par les

---

[3] Il n'y a pas lieu ici de souligner combien cette interprétation de l'historicisme demeure réductrice et ne prend pas suffisamment en considération les réflexions sur la vie du dernier Dilthey, comme Gadamer l'admet du reste dans son essai « Das Problem Diltheys. Zwischen Romantik und Positivismus », in : *Neuere Philosophie II : Probleme – Gestalten* (Gesammelte Werke, vol. 4), Tübingen, Mohr, 1987, 1999², p. 406-424.

[4] Cf. GADAMER, *Wahrheit und Methode* (GW 1), p. 276-281.

Lumières au nom de la raison, le préjugé est donc réhabilité dans sa fonction d'élément constitutif de toute compréhension en tant que compréhension finie, conditionnée. Il est une composante indispensable pour la formation de la « pré-compréhension » (*Vorverstehen*), formant l'*ensemble* des conditions indispensables pour que la compréhension ait lieu. Gadamer considère donc que l'autoréflexion de l'individu ne représente au contraire qu'un « frétillement dans le cercle clos du courant de la vie historique », que la subjectivité humaine est en ce sens un « miroir déformant », concluant que « les préjugés de l'individu, beaucoup plus que ses jugements, constituent la réalité historique de son être ».[5]

3.2. La réhabilitation du principe de l'autorité et de la tradition

Dans le même temps, Gadamer procède à une réhabilitation du principe de l'autorité, et en particulier de cette autorité représentée par la tradition, discréditée par la pensée des Lumières. Les contenus transmis par l'autorité et par la tradition non seulement n'empêchent pas le développement de la raison, mais sont même des composantes essentielles de l'horizon historique au sein duquel la raison humaine s'affirme. En ce sens, la reconnaissance de l'autorité n'implique pas que ce qu'elle transmet soit imposé de force, et par conséquent de manière arbitraire, comme le suggère la critique des Lumières, mais elle présuppose plutôt que ce qui est ainsi transmis, pour être accepté, doive être plausible et sensé. S'il en est ainsi, l'autorité véritable n'a pas besoin de s'imposer de façon arbitraire, elle s'affirme de par elle-même, en vertu de son évidence intrinsèque.

On peut soutenir la même chose à propos de la tradition. La manière dont elle exerce son influence montre que l'agir humain n'est pas seulement déterminé par ce que la raison reconnaît comme valable, mais aussi par ce qui est consacré par les us et les coutumes. Sur eux se base par exemple le bon fonctionnement d'un processus comme l'éducation, dont la finalité réside dans la formation de l'individu par l'intermédiaire de la juste transmission des contenus d'une culture. Une fois le processus éducatif arrivé à son terme, ces contenus ne sont pas supprimés, dépassés ou remplacés par le libre exercice de la raison, mais ils sont assumés, c'est-à-dire acceptés et conservés dans leur validité, devenant partie de cet exercice même. Gadamer refuse donc l'opposition abstraite de la raison et de la tradition, introduite et théorisée par les Lumières, et observe au contraire leur complémentarité : les traditions ne

---

[5] GADAMER, *Wahrheit und Methode* (GW 1), p. 281.

s'affirment pas en vertu du simple fait d'être advenues dans un moment quelconque du passé, mais parce qu'elles sont acceptées, transmises et cultivées, par conséquent reconnues à travers des actes rationnels répétés.

3.3. La réévaluation de la distance temporelle

Il en résulte une conséquence essentielle quant à la façon de concevoir le rapport au passé qui a cours dans les sciences de l'esprit. La distance temporelle se voit attribuer une fonction positive, puisqu'elle est alors considérée non comme un obstacle à dépasser par l'intermédiaire de l'identification au passé, mais plutôt comme l'ouverture d'un espace sans lequel la formation de la compréhension historique n'est pas possible. Si l'homme est essentiellement inséré dans une histoire et dans une tradition, alors la recherche scientifique qu'il pratique ne sort pas de la tradition et de l'histoire au sein desquelles il se trouve, même lorsqu'il prétend naïvement assumer l'attitude méthodologique du « savoir libre de tout préjugé », valable universellement. La compréhension scientifique mise en œuvre dans les sciences historiques entre par conséquent dans le même mouvement historique qu'elles cherchent à connaître et au sein duquel elles s'insèrent. Un objet en soi des sciences de l'esprit n'existe pas, puisqu'il est immergé et impliqué dans le mouvement historique auquel elles appartiennent :

> La compréhension est moins à penser comme une action de la subjectivité que comme l'insertion dans le procès de la transmission historique, dans lequel le passé et le présent se médiatisent constamment.[6]

Dans cette optique, la distance historique ne représente plus un abîme à combler afin de s'identifier à l'esprit d'une époque, mais plutôt la condition positive, dont on ne peut faire abstraction, qui produit l'écart historico-temporel au sein duquel seulement naît la possibilité de points de vue divers sur la chose même. Une telle diversité implique soit l'émergence de perspectives et de préjugés neufs en vertus desquels il est même possible de comprendre un auteur, selon le mot célèbre de Kant, « mieux » qu'il ne s'est lui-même compris ; soit l'extinction de préjugés dont l'esprit de clocher empêche la compréhension authentique en conduisant directement à la mécompréhension. En considérant les perspectives produites par la distance historique, l'acte de comprendre

---

[6] GADAMER, *Wahrheit und Methode* (GW 1), p. 295.

n'apparaît plus comme un acte reproductif, mais il se révèle au contraire comme étant intrinsèquement productif.

3.4. Le travail de l'histoire et la fusion des horizons

Une compréhension qui est consciente de son historicité ne poursuit pas le mirage d'une objectivité historique idéale. Elle sait que son « objectivité » véritable se trouve dans la connexion unitaire entre la réalité de l'histoire et la réalité de la compréhension. La conscience herméneutique de la présence active de l'histoire dans la compréhension est le principe que Gadamer appelle « travail de l'histoire » (*Wirkungsgeschichte*). Il entend ainsi radicaliser l'exigence traditionnelle selon laquelle la signification d'une œuvre n'apparaît pas seulement par son contenu spéculatif intrinsèque, mais également par son destin.

Mais cette radicalisation implique, pour l'autocompréhension de la recherche historiographique, qu'un tel principe ne soit pas simplement compris comme l'exigence de développer à divers degrés, à côté de l'étude de l'œuvre, celle de sa réception. Elle implique plutôt que la compréhension, dans la pleine conscience de son historicité, soit toujours actualisée au sein de cette structure particulière qui est le travail de l'histoire. Donc la conscience de la présence irréductible de cette structure, c'est-à-dire la conscience du travail de l'histoire (*wirkungsgeschichtliches Bewußtsein*) ou la conscience de la détermination historique, est un moment décisif dans le procès de la compréhension. Elle désigne la conscience du *caractère situé* de l'opération herméneutique de la compréhension. Et cette situation implique toujours une limitation de la possibilité cognitive relativement à un point de vue déterminé et à son horizon correspondant. Le procès de compréhension se caractérise par une sorte de fusion des horizons particuliers (*Horizontverschmelzung*), dont le résultat est un élargissement de l'horizon et ainsi une élévation de perspective.

3.5. Le problème de l'application et la valeur paradigmatique du savoir pratique aristotélicien

Dans la tradition la plus ancienne de l'herméneutique, le problème de l'application avait une position déterminée au sein de la doctrine des trois « habiletés » nécessaires à l'entreprise herméneutique, la *subtilitas intelligendi*, la *subtilitas explicandi* et la *subtilitas applicandi*. Cette dernière était la capacité d'appliquer au cas ou à la situation du moment un principe général défini par l'Ecriture ou par la loi. Plus tard, dans l'herméneutique postromantique, la sensibilité à cette question s'est perdue.

La raison majeure qui pousse Gadamer à réaffirmer le caractère central du problème de l'application est que la compréhension de la réalité historique se rapporte à la situation herméneutique de l'interprète, c'est-à-dire à son présent. Gadamer s'oppose à la thèse soutenue par Betti – distinguant entre l'interprétation simplement recognitive, l'interprétation reproductive et l'interprétation normative – selon qui le problème de l'application aurait son importance pour cette dernière seulement.[7] Accepter cette idée signifie pour Gadamer mal comprendre le caractère fondamentalement unitaire de la compréhension, et ne pas reconnaître que le problème de l'application se présente dans toute herméneutique. Dans l'herméneutique des sciences de l'esprit s'accomplit également un acte d'application, puisque l'herméneutique est également ici, pour ainsi dire, au service de la manifestation du texte dans le contexte présent, à travers la distance temporelle qui le sépare de son interprète.

Or, pour caractériser le type particulier de savoir qui présuppose l'application de ce que l'on sait, Gadamer introduit une digression sur « l'actualité herméneutique d'Aristote » et soutient que le savoir défini dans *L'Ethique à Nicomaque*[8] comme *phronêsis* représente « une sorte de modèle des problèmes qui se posent à la tâche herméneutique »[9]. Si l'herméneutique

---

[7] Emilio Betti a exposé sa conception dans la *Teoria generale dell'interpreazione*, Milano, Giuffrè, 1955. Dans l'essai suivant, *Die Hermeneutik als allgemeine Methodik der Geisteswissenschaft*, Tübingen, Mohr, 1962, reprenant de façon brève la thèse de son œuvre majeure, il réitère la préoccupation de sauvegarder le *caractère objectif* de l'interprétation contre le danger subjectiviste et relativiste amorcé par l'« herméneutique philosophique » gadamérienne. A cette fin, il attire l'attention non seulement sur la différence entre la *signification* révolue d'un texte historique déterminé et la *significativité* qu'il peut développer en relation à une situation historique particulière dans laquelle il est réinterprété, mais encore entre l'interprétation vraie et authentique et la donation de sens (*Sinngebung*). En général, il distingue non seulement trois moments constitutifs de l'acte d'interprétation : philologique, critique et technico-morphologique, mais aussi trois types d'interprétation : *recognitive*, visant à la pleine compréhension d'un écrit (historique, littéraire ou philosophique), *reproductive* (comme l'interprétation artistique, musicale, théâtrale, etc.) et *normative* (de type juridique, morale ou théologique). Cf. La réplique de Gadamer in : *Hermeneutik II. Wahrheit und Methode. Ergänzungen, Register* (Gesammelte Werke, vol. 2), Tübingen, Mohr, 1986, 1993², p. 392-395 (= *L'art de comprendre*, tome 1, Paris, Aubier, 1982, trad. fr. M. Simon, p. 54-56) et ses observations contenues dans l'essai « E. Betti und das idealistische Erbe », in : *Hermeneutik im Rückblick* (Gesammelte Werke, vol. 10), Tübingen, Mohr, 1995, p. 432-437.

[8] GADAMER, *Wahrheit und Methode* (GW 1), p. 317-329. Il s'agit d'un chapitre contenant une interprétation du concept aristotélicien de *phronêsis*.

[9] GADAMER, *Wahrheit und Methode* (GW 1), p. 329.

philosophique se donne pour tâche de caractériser la compréhension comme un savoir intrinsèquement déterminé par la situation historique concrète, non pas cependant au sens où elle met simplement en relation un universel donné à la particularité de la situation par l'intermédiaire d'une « application » technique *a posteriori*, alors la configuration aristotélicienne du savoir pratico-moral de la *phronêsis*, dans sa démarcation aussi bien à l'égard du savoir théorétique qu'à celui pratico-technique, apporte une solution exemplaire des problèmes auxquels l'herméneutique se confronte.

Dans la démarcation par rapport au savoir théorétique – introduit en raison de la diversité de la fin respectivement poursuivie qui, dans les sciences théorétiques, est la connaissance contemplative du vrai et dans la *phronêsis*, le juste accomplissement de l'agir – se révèle avec une clarté immédiate selon Gadamer un caractère essentiel et paradigmatique du savoir pratique (*phronêsis*) : il ne peut être une connaissance de type objectif dont la tâche est l'enregistrement neutre de ce qui se tient là devant nous, mais un savoir qui, portant sur quelque chose que l'on a à accomplir, est toujours impliqué et intéressé par ce qu'il a à connaître. Or, il doit en être de même pour la réflexion philosophique sur ce savoir, c'est-à-dire la science pratique. Elle ne pourra ni ne devra obtenir, par exemple, une précision (*akribeia*) semblable à celle des sciences théorétiques, sans que pour cela son « manque d'exactitude » constitue un défaut ou un inconvénient. Au contraire, elle est parfaitement adéquate à la nature changeante des choses auxquelles elle se rapporte, en l'occurrence les actions humaines. Le déroulement de celles-ci n'obéit pas à une nécessité absolue, ce qui ne veut pas dire qu'il soit anarchique, mais plutôt qu'il a la régularité de ce qui advient « le plus souvent » (*hos epi to polu*). Pour Gadamer, le savoir pratique aristotélicien peut offrir un modèle permettant de s'orienter afin de définir la connaissance mise en œuvre par les « sciences de l'esprit » (*Geisteswissenschaften*) qui étaient autrefois appelées « sciences morales »[10], dans la mesure où elles concernent l'agir et le comportement humain.

---

[10] Le terme *Geisteswissenschaften* fut utilisé par J. Schiel afin de rendre l'anglais *moral sciences* dans sa version allemande du *System of Logic, Ratiocinative and Inductive* (1843) de John Stuart Mill : non pas cependant dans la première édition partielle (Braunschweig, 1849), dans laquelle on le traduit par *moralische Wissenschaften*, mais dans la seconde (*ibid.*, 1862/63), où le titre du VIe livre est : « Von der Logik der Geistenswissenschaften oder moralischen Wissenschaften », cf. Klaus Christian KÖHNKE, *Enstehung und Aufstieg des Neukantianismus. Die deutsche Universitätsphilosophie zwischen Idealismus und Positivismus*, Frankfurt/Main, Suhrkamp, 1986, p. 137, p. 468-469. Il faut remarquer ici en outre que, dans la digression sur Aristote de *Vérité et méthode*, la distinction entre savoir pratique (*phronêsis*) et science pratique (*epistêmê praktikê*) n'est pas toujours claire, alors que Gadamer la thématise ailleurs. Cette ambiguïté a probablement contribué à faire en sorte que,

La démarcation du savoir pratico-moral de la sagesse (*phronêsis*) vis-à-vis du savoir pratico-technique de l'art (*technê*) revêt alors une valeur particulière. Il s'agit là toutefois d'une démarcation difficile à tracer. Aussi bien la technique que la sagesse se présentent comme des formes du savoir pratique applicables aux situations particulières de l'agir humain et capables de l'orienter vers la réussite et le succès. Ce n'est pas un hasard que la sagesse se rapportant à la vie ait été conçue – par exemple dans la tradition moraliste dont « l'art de la prudence » de Baltasar Gracián est le produit le plus emblématique – comme une espèce d'habilité technique, et que l'on ait pensé que l'homme forge sa propre vie en tenant compte d'un modèle de vie idéal que l'on s'applique à soi-même, de manière analogue à la façon dont un artisan forge la matière en suivant l'*eidos* de l'œuvre qu'il a l'intention de réaliser. Pour Gadamer, la valeur exemplaire de la philosophie pratique d'Aristote réside surtout dans la distinction entre le savoir pratico-moral et le savoir pratico-technique. Pour souligner ce point, il rappelle la valeur exemplaire de trois indications aristotéliciennes utiles pour différencier la sagesse de la technique : – (a) tout d'abord, le fait que le savoir pratico-technique peut être oublié, alors que le savoir pratico-moral ne peut l'être ; – (b) ensuite le rapport différent entre moyens et fins qui subsiste dans la technique et dans la sagesse morale, la technique poursuivant toujours une fin particulière, alors que la sagesse concerne la réussite de la vie dans son ensemble ; – (c) enfin le fait que le savoir moral implique toujours l'être de celui qui sait, qu'il est un savoir se rapportant à soi-même, un *hautoi eidenai*, alors que le savoir technique ne l'est pas.

3.6. La structure dialogique de la conscience herméneutique

A partir de ce modèle, Gadamer précise ultérieurement la nature de l'expérience herméneutique, en illustrant la structure unitaire de la conscience herméneutique pour laquelle la compréhension englobe toujours déjà l'application du sens compris. Une première indication à ce sujet avait déjà été fournie avec la thématisation du principe du « travail de l'histoire », ainsi qu'avec l'analyse du phénomène de la fusion des horizons dans la conscience de la détermination historique de toute compréhension. Il reste cependant à savoir si la conscience de la détermination historique, qui est elle-même incluse dans le

---

dans le débat sur la réhabilitation de la philosophie pratique, s'insinuât un malentendu fatal, c'est-à-dire que l'on a eu tendance à attribuer à la science pratique les caractères qui sont propres au savoir pratique.

travail de l'histoire, a la possibilité, en tant que conscience, de s'élever au-delà de ce dont elle est conscience. Comme conscience précisément, en vertu de la puissance réflexive dont elle dispose, elle devrait résoudre toute immédiateté qui lui résiste et qui prétend la limiter, même ce qui est appelé « influence » (*Wirkung*).

Se pose ici le problème de la confrontation à Hegel et à sa conception du savoir absolu. En présupposant un écart entre l'histoire et le présent, et en même temps une finitude radicale de la conscience historique, la théorie gadamérienne de l'expérience herméneutique s'oppose à l'idée hégélienne d'une médiation sans reste entre histoire et présent, et donc à la résolution totale entre histoire et vérité.[11] L'herméneutique est *expérience*, précisément au sens où elle n'est ni l'autoréflexion de l'esprit ni l'assimilation dialectique de la part de l'esprit de ce qui est autre que soi. Elle est plutôt l'ouverture finie qui marque l'être de l'homme dans son historicité, et en vertu de laquelle celui-ci est en mesure, étant structurellement situé dans un horizon, de rencontrer le « neuf », de le reconnaître dans sa répétition et de l'assimiler, en élargissant ainsi son horizon initial. L'expérience herméneutique, étant la reconnaissance essentielle du caractère infranchissable de la finitude, se reconnaît comme liée structurellement, en même temps qu'ouverte dans un rapport vivant, à la tradition, au langage, à l'autre.

Cette ouverture finie de l'expérience herméneutique ne se résout pas dans la dimension simplement narrative et secondaire de l'historicité, mais elle possède sa *structure logique* propre. Elle est définie sur la base du *modèle dialogique* de la *question et de la réponse*.

> Ce qui est premier est la question que nous pose le texte, le fait que la parole prononcée par la tradition nous atteigne, si bien que sa compréhension inclut toujours, pour le présent, la tâche de se réconcilier historiquement avec la tradition. [...] Ce qui est transmis et s'adresse à nous – texte, œuvre ou trace – pose lui-même une question, et fait accéder par là notre pensée à ce qui est en suspens. Pour répondre à la question qui nous est posée, il faut que nous, à qui elle est posée, nous nous mettions nous-

---

[11] Outre dans la partie centrale de *Vérité et méthode*, Gadamer s'est confronté à Hegel et la dialectique dans de nombreux articles maintenant recueillis dans le volume 3 des *Gesammelte Werke*, p. 1-101. Sur la problématique du rapport entre histoire et vérité en relation à Hegel, les considérations critiques développées par W. Pannenberg dans sa recension de *Vérité et méthode* sont importantes ; cf. « Hermeneutik und Universalgeschichte », in : *Grundfragen systematischer Theologie*, Göttingen, Vandenhœckh & Ruprecht, 1967, p. 91-122. Pour la réponse de Gadamer, cf. *Hermeneutik II. Wahrheit und Methode. Ergänzungen, Register* (GW 2), p. 246-247 (= *L'art de comprendre*, tome 1, p. 138-139).

mêmes à questionner. Nous cherchons à reconstruire la question à laquelle répondrait ce qui nous est transmis. Mais nous ne le pourrons absolument pas sans dépasser par notre question l'horizon historique ainsi dessiné. La reconstitution de la question à laquelle le texte doit répondre prend elle-même place dans une interrogation plus vaste à laquelle nous cherchons la réponse à la question qui nous est posée par la tradition historique. Une question reconstruite ne peut jamais, comme telle, rester dans son horizon initial. Car l'horizon historique décrit dans la reconstitution n'est pas un horizon véritablement englobant. Il est à son tour compris dans l'horizon qui nous englobe, nous qui questionnons et qui sommes interpellés par la parole de la tradition.[12]

La compréhension a ainsi la structure d'un dialogue qui s'articule en question et réponse, et dont la particularité se tient dans le fait qu'en réalité, ce n'est pas le texte compris qui nous parle, mais c'est plutôt nous qui le faisons parler. Il est aussi vrai que cet acte nôtre n'est jamais une initiative arbitraire, mais qu'il est toujours lié et conditionné par la réponse que nous attendons du texte même.

En déterminant ainsi la structure logique de l'ouverture herméneutique du comprendre, Gadamer met en lumière son trait spécifique : elle est essentiellement finitude et conditionnement, et précisément pour cela *dialogue* et non *dialectique*. Elle se structure ainsi comme rapport originaire de question et de réponse au sens où elle se déploie dans le discours historique concret, et non pas dans la tentative de développer une fois pour toutes la totalité des déterminations idéales du savoir. Dans le même temps, la structure herméneutique de la compréhension est productive dans la mesure où la compréhension d'un texte ou d'un donné historique, c'est-à-dire la question qu'il nous adresse, n'est jamais simplement une reproduction, mais qu'elle implique structurellement le questionnement : si « comprendre une opinion, c'est la comprendre comme réponse à une question »[13], alors il faut savoir poser la question à laquelle le texte fournit la réponse.

3.7. Le langage comme horizon universel

La théorisation de la structure dialogique de la compréhension est étroitement liée à la thèse qui constitue la clef de voûte de la théorie gadamérienne de l'expérience herméneutique : le caractère indépassable du

---

[12] GADAMER, *Wahrheit und Methode* (GW 1), p. 381.

[13] GADAMER, *Wahrheit und Methode* (GW 1), p. 381.

langage en tant que *medium* et horizon universel de la compréhension. Le caractère langagier (*Sprachlichkeit*) caractérise aussi bien l'objet que l'acte herméneutique, il ne pourrait en être autrement à partir du moment où le langage est la dimension constitutive de la finitude et de l'historicité de l'existence humaine. Affirmer l'impossibilité de s'abstraire du langage ne signifie pas nier l'existence d'une dimension préverbale, cela signifie seulement que le sens des « choses » ne se manifeste pleinement que dans le mouvement des « paroles ». Dans le langage, la finitude ouvre et constitue le monde des choses et de leur signification. Dans un passage clef de *Vérité et méthode*, Gadamer précise :

> Nous reconnaissons maintenant que cette expression d'un agir de la chose même, de sa venue au langage du sens, renvoie à une structure ontologique universelle, c'est-à-dire à la constitution fondamentale de tout ce sur quoi peut se diriger la compréhension. *L'être, qui peut être compris, est langage*. Le phénomène herméneutique réfléchit pour ainsi dire sa propre universalité sur la structure ontologique de ce qui est compris, en déterminant celle-ci en un sens universel comme *langage*, et en déterminant son propre rapport à l'étant comme interprétation.

Et encore :

> Le mode d'être spéculatif du langage révèle ainsi sa signification ontologique universelle. Ce qui vient au langage est certes quelque chose d'autre que la parole même qui est proférée. Mais la parole n'est parole qu'en vertu de ce qui, en elle, vient au langage. Elle n'existe dans son être sensible que pour se sursumer dans ce qui est dit. Inversement, ce qui vient au langage n'est pas quelque chose de préalablement donné de manière non langagière, mais reçoit dans la parole sa propre déterminité.

Et reprenant la thèse de laquelle il était parti dans son analyse des expériences extra-méthodiques de la vérité et dans sa critique de l'herméneutique comprise comme technique de l'interprétation, il peut conclure :

> Le rapport de l'homme au monde est tout simplement et fondamentalement langagier et compréhensif. L'herméneutique, comme nous l'avons vu, est en ce sens *un aspect universel de la philosophie*, et non seulement la base méthodologique de ce que l'on appelle les sciences de l'esprit.[14]

---

[14] GADAMER, *Wahrheit und Methode* (GW 1), p. 478-479.

4. Le phénomène du « néoaristotélisme » et ses thèses programmatiques

Dans le contexte général de la théorie de l'expérience herméneutique, décrite ici dans ses traits saillants, les *limites* à l'intérieur desquelles Gadamer a attiré l'attention sur le savoir pratique aristotélicien apparaissent avec évidence. *Vérité et méthode* assigne à celui-ci seulement une fonction de modèle, sans d'ailleurs trop se préoccuper de clarifier l'ambiguïté de l'expression « savoir pratique » qui, comme telle, peut renvoyer soit à la *phronêsis* soit à l'*epistêmê praktikê*. Gadamer, en somme, propose le savoir pratique aristotélicien comme modèle qui permet de résoudre le problème herméneutique de l'application, c'est-à-dire de présenter un type de savoir en mesure de produire une synthèse originaire de l'universel et du particulier. Il s'agit du savoir que Gadamer – suivant l'interprétation ouverte par le jeune Heidegger – détermine comme compréhension (*Verstehen*) entendue au sens de la structure même de la vie humaine en tant qu'« être dans le monde et dans l'histoire ». La reprise gadamérienne d'Aristote est donc seulement indirecte, partielle et programmatique.

Cela n'a toutefois pas empêché son extrapolation hors de son contexte spécifique, celui du problème herméneutique de l'application ; elle fut alors considérée comme une véritable et authentique *réhabilitation de la phronêsis*. C'est ainsi que – accompagnant l'intérêt diffus pour la philosophie politique classique, promu à divers titres par des penseurs comme L. Straus, H. Arendt, W. Hennis et J. Ritter – l'herméneutique gadamérienne a fourni une contribution décisive au renouvellement de l'attention portée à la philosophie pratique, connu comme *Rehabilitierung der praktischen Philosophie*. Il n'est pas exagéré d'affirmer qu'elle a servi de point de référence pour une grande partie des reprises de l'éthique et de la politique d'Aristote ayant eu cours non seulement en philosophie, mais également dans d'autres champs disciplinaires, et qui ont été étiquetées dans le contexte de ce débat comme « néoaristotélisme ».

L'intérêt de Gadamer pour la philosophie pratique aristotélicienne n'a cependant pas été occasionnel et rhapsodique. Ses racines sont plus profondes qu'il n'y paraît à première vue. Aujourd'hui, après la publication des cours universitaires du jeune Heidegger, nous avons la possibilité de vérifier combien la redécouverte gadamérienne de la *phronêsis* – de même que la reprise de l'idée de *praxis* de la part de H. Arendt – dépend de l'interprétation d'Aristote proposée par Heidegger dans ses premiers cours universitaires de Fribourg et de Marbourg. Il apparaît toujours plus évident que ces cours représentent la lointaine « préhistoire » de la « réhabilitation de la philosophie pratique » advenue dans les années soixante et soixante-dix. Nous savons en outre aujourd'hui que les idées contenues dans le chapitre susmentionné de *Vérité et méthode* étaient déjà élaborées par le jeune Gadamer dans un essai intitulé *Praktisches Wissen* – écrit en 1930 sous l'impression encore fraîche de l'enseignement heideggérien, mais publié seulement en 1985 dans les *Gesammelte Werke*[15] – dans lequel est récapitulée et développée l'interprétation de l'*Ethique à Nicomaque* exposée dans les leçons de Heidegger.

Il n'est donc pas étonnant que dans ses écrits ultérieurs Gadamer ait accordé une importance toujours plus grande à la philosophie pratique aristotélicienne, faisant d'elle un motif de fond de sa propre réflexion. Cela est advenu en particulier dans les essais *Hermeneutik als praktisches Philosophie* (1972), *Die Idee des Guten zwischen Plato und Aristoteles* (1978), *Vom Ideal der praktischen Philosophie* (1980), dans lesquels il a insisté diversement sur la nécessité de reprendre la philosophie pratique, sans changer fondamentalement la manière de se rapporter à Aristote : celle d'une interprétation et transformation libres de la doctrine aristotélicienne relativement aux attentes et aux problèmes de sens contemporains.

En gardant à l'esprit combien la réhabilitation gadamérienne de la *phronêsis* dépend de l'interprétation heideggérienne d'Aristote, on comprend mieux pourquoi le succès « néoaristotélisant » de *Vérité et méthode* a pu se joindre – au moins en Allemagne – à l'influence de l'œuvre d'une autre élève de Heidegger, H. Arendt. Dans *Vita activa* – tel est le titre de la traduction allemande de *The human condition* (1958), parue en 1960[16], la même année que *Vérité et méthode* – H. Arendt a présenté une *réhabilitation de la praxis*. Préoccupée par la crise du politique dans le monde moderne du travail et de la technique, H. Arendt a attiré l'attention sur la détermination aristotélicienne de la *praxis* et sur son utilité pour une compréhension authentique du phénomène du politique dans ce qui le distingue de la politique, par conséquent pour une

---

[15] GADAMER, *Griechische Philosophie I* (Gesammelte Werke, vol. 5), Tübingen, Mohr, 1985, p. 230-248 (traduit dans *L'idée du bien comme enjeu platonico-aristotélicien*, Paris, Vrin, 1994, par P. David et D. Saatdjian, p. 148-173).

[16] Hannah ARENDT, *The human condition*, Chicago, University of Chicago Press, 1958 ; version allemande réélaborée : *Vita activa oder vom tätigen Leben*, Stuttgart, Kohlhammer, 1960 (trad. fr. de G. Fradier, à partir de l'édition américaine, *Condition de l'homme moderne*, Paris, Calmann-Lévy, 1961).

analyse des différentes formes de la pluralité humaine et une critique des institutions politiques correspondantes. Ce programme philosophique dépend lui aussi, dans ses motivations de fond, de l'enseignement du jeune Heidegger, par son effort pour montrer que le caractère originaire de la vie humaine est la « *praxis* » comprise au sens aristotélicien d'« action », distinct de la « production » et de la « théorie ». Heidegger fut le premier à montrer comment le privilège accordé par la tradition métaphysique à la théorie et le primat correspondant de la présence firent de la praxis humaine un objet disponible, une chose parmi les choses, à observer et à décrire. De manière analogue à la critique heideggérienne de la métaphysique, H. Arendt vise à déconstruire le « théoricisme » de la pensée politique traditionnelle, qui enfermerait le caractère ouvert de l'action dans des schèmes et des catégories qui lui sont hétérogènes. Sa conviction est que la pensée politique occidentale, dépendant d'une métaphysique de la présence et de l'acte, occulte le caractère de possibilité de l'agir politique et finit par le reconduire et le réduire à la simple production. Cette tendance serait poussée à l'extrême dans le monde moderne où toute activité humaine se réduit au travail, le politique étant désormais simple politique, c'est-à-dire technique pour la conservation et l'administration du pouvoir. L'occultation des caractères authentiques et originaires du politique est pour Arendt la racine la plus profonde de la désertification moderne du monde et de la fuite de l'action politique en direction d'un isolement hédoniste et individualiste.

Pour s'opposer à cette tendance, Arendt réévalue les caractères de l'action politique discrédités par la tradition : sa pluralité et son caractère imprévisible, non répétable et irréversible, son « originalité » au double sens de nouveauté et de commencement, en un mot : sa liberté. C'est un agir sans « but » parce qu'il connaît seulement des « finalités désintéressées » : la gloire (connue du monde homérique), la liberté (témoignage de l'Athènes de la période classique), la justice, mais aussi l'égalité, comprise comme « conviction de la dignité originaire de tous ceux qui ont un visage humain ». Heidegger avait redécouvert la pratique, mais l'avait enfermée dans l'horizon d'un solipsisme rigide de la décision ; Arendt reprend cette intuition, mais la retourne en exaltant le caractère intersubjectif, pluriel, public, c'est-à-dire politique, de l'agir.

On trouve un autre trait néoaristotélicien en accord avec *Vérité et méthode* dans le livre de W. Hennis *Politik und praktische Philosophie*[17]. Réfléchissant

---

[17] Wilhelm HENNIS, *Politik und praktische Philosophie. Eine Studie zur Rekonstruktion der politischen Wissenschaft*, Neuwied/Berlin, Luchterhand, 1963 ; seconde édition augmentée :

en philosophe de la politique sur la crise d'identité de sa propre discipline, Hennis en a identifié la cause dans l'orientation méthodologique dominante dans la science moderne, en l'occurrence dans son adhésion à l'idéal de la méthode analytico-positiviste, et propose comme réponse une *réhabilitation de la méthode topico-dialectique*. Cette méthode, théorisée pour la première fois par Aristote et maintenue vivante à travers la tradition rhétorique, a perdu à l'époque moderne son importance, jusqu'à disparaître derrière l'affirmation de la méthode analytico-scientifique, malgré quelques exceptions de taille, celle de Vico et de Burke. En se réclamant d'Aristote et de la tradition rhétorique, Hennis propose de reconsidérer à nouveau la dialectique topique comme la méthode adaptée à cette science de type pratique qu'est la politique.

Un intérêt « néoaristotélisant » complémentaire a été défendu par J. Ritter dans ses études recueillies dans *Metaphysik und Politik*[18], lesquelles firent école (G. Bien, H. Lübbe, R. Maurer, R. Spaemann). On reconnaît chez eux, derrière les analyses historico-conceptuelles, une proposition éthico-politique bien précise, c'est-à-dire une *réhabilitation de l'êthos*. En opérant une union entre l'idée aristotélicienne du savoir pratique et la conception hégélienne de la *Sittlichkeit* – c'est-à-dire de l'éthicité concrète opposée à l'universalité abstraite de la *Moralität* – Ritter a souligné l'interpénétration nécessaire de la raison pratique et du contexte concret de son actualisation, privilégiant dans l'évaluation de l'agir – contre les intellectualismes éthiques et les utopismes politiques contemporains – le critère de la réussite d'une forme de vie, c'est-à-dire d'un *êthos* concret, face à l'observance de principes universels abstraits.

5. Apories de la redécouverte herméneutique de la philosophie pratique

L'intérêt avec lequel furent accueillies les idées programmatiques du néoaristotélicisme ne peut toutefois faire oublier les nombreuses critiques auxquelles elles prêtent le flanc.

Politik und praktische Philosophie. Schriften zur politischen Theorie, Stuttgart, Klett-Cotta, 1977.

[18] Joachim RITTER, *Metaphysik und Politik. Studien zu Aristoteles und Hegel*, Frankfurt/Main, Suhrkamp, 1969; cf. aussi du même auteur, « Die Aufgabe der Geistenwissenschaften in der modernen Gesellschaft », in : *Subjektivität: Sechs Aufsätze*, Frankfurt/Main, Suhrkamp, 1974, p. 104-140. – Cf. en outre Manfred RIEDEL, *Metaphysik und Metapolitik. Studien zu Aristoteles und zur politischen Sprache der neuzeitlichen Philosophie*, Frankfurt/Main, Suhrkamp, 1975.

Concernant le recours à la *phronêsis*, en réponse à la crise de l'idée moderne de raison et à son incapacité d'orienter l'action vers des « valeurs » ou des « fins ultimes », on peut observer que la sagesse pratique est chez Aristote un savoir relatif aux moyens et non à la fin de l'agir. Or, la science met à notre disposition de façon toujours plus grande des moyens, qui ne sont donc pas ce qui manque au monde moderne ; ce sont plutôt des fins partagées, et c'est pourquoi une récupération de la *phronêsis* apparaît improbable sur une vaste échelle et par là même inefficace. Chez Aristote, la *phronêsis* peut garantir l'équilibre entre l'efficacité des moyens et la qualité morale des fins, et par conséquent la réussite de l'agir, tant qu'elle est pensée dans le contexte tracé par la science politique : elle prévoit les formes de la constitution juste au sein de laquelle la bonne *paideia* est garantie, et donc la formation droite de l'homme et du citoyen. Dans l'herméneutique gadamérienne en revanche, la réhabilitation de la *phronêsis* risque de manquer son but, parce qu'elle est privée de l'ensemble de son cadre de référence. En l'absence d'un tel cadre, la *phronêsis* est exposée au risque de se transformer en une simple habileté calculatrice de l'utile et de l'avantageux dans le devenir imprévisible des situations, et de se transformer ainsi en la vertu d'un relativisme culturel modéré de type conservateur.

Il en va de même concernant la *réhabilitation de la praxis* opérée par Arendt. On peut objecter qu'Aristote ne pense pas tant que la *praxis* politique soit la fin en laquelle l'homme trouve son propre accomplissement et sa réalisation. Il nie plutôt explicitement que le bonheur puisse consister dans l'idéal de la vie pratico-politique, dans la mesure où celui-ci est exposé à la variation de la chance et du hasard. Aristote vise plutôt à créer, à travers la science politique, les conditions permettant la réalisation de cette forme suprême de *praxis* qu'est pour lui la *theoria*, la vie contemplative.

Quant à la *réhabilitation de l'êthos* proposée par Ritter, l'aspiration à l'idéal de la vie contemplative indique justement que la philosophie pratique aristotélicienne n'est nullement une célébration et une consécration de l'*êthos* en vigueur dans la *polis*, c'est-à-dire d'une vie dédiée à la *praxis* politique, mais qu'elle aspire au contraire à la réalisation d'une forme de vie, théorétique et contemplative, considérée comme le privilège de rares initiés, étant en cela fondamentalement en opposition à l'idéal politique des Grecs.

Enfin, concernant la *réhabilitation de la méthode topico-dialectique*, on pourrait, dans ce cas également montrer qu'une telle méthode n'est pas tant un fondement épistémique de l'aristotélisme – pour lequel la dialectique n'est pas une science (*epistêmê*), mais plutôt une capacité (*dynamis*) – qu'un héritage de la tradition rhétorico-humaniste.

Malgré ces critiques, la redécouverte herméneutique de la philosophie pratique et du néoaristotélisme allemand a indéniablement un double mérite : celui d'avoir attiré l'attention sur une compréhension, faisant alternative à celle de la modernité, de l'agir et du savoir qui lui correspond ; celui, non moindre, d'avoir porté à la lumière les pertes que la modernité a engendrées. Une conscience critique a été ainsi suscitée à l'égard des paradigmes éthico-politiques modernes, créant les présupposés pour comprendre de façon plus approfondie quelles ont été les racines historico-philosophiques et les conditions épistémiques qui, à l'âge moderne et son identification de la *scientia* et de la *theoria*, ont déterminé la déperdition de la possibilité d'une éthique et d'une politique comprises comme « sciences pratiques ».

PUBLICATIONS D'INGEBORG SCHÜßLER

Livres :

1. *Die Auseinandersetzung von Idealismus und Realismus in Fichtes Wissenschaftslehre : Grundlage der gesamten Wissenschaftslehre 1794/95. Zweite Darstellung der Wissenschaftslehre 1804*, Frankfurt/Main, Klostermann, 1972, 182 pages.

2. *Philosophie und Wissenschaftspositivismus : Die mathematischen Grundsätze in Kants Kritik der reinen Vernunft und die Verselbständigung der Wissenschaften*, Frankfurt/Main, Klostermann, 1979, 172 pages.

3. *Aristoteles : Philosophie und Wissenschaft. Das Problem der Verselbständigung der Wissenschaften*, Frankfurt/Main, Klostermann, 1982, 248 pages.

4. *La tierra y lo sagrado (TA PRAGMATA, no 2)*, Chapingo, Universidad Autónoma Chapingo, 1998, 102 pages (en espagnol).

5. *La question de la vérité : Thomas d'Aquin – Nietzsche – Kant – Aristote – Heidegger*, Lausanne, Payot, 2001, 303 pages.

6. *Hegel et les rescendances de la métaphysique : Hegel – Schopenhauer – Nietzsche – Kierkegaard – Le positivisme scientifique,* Lausanne, Payot, 2003, 355 pages.

7. *Art et liberté dans l'idéalisme transcendantal (Kant et Schiller)*, Lausanne, Payot, 2004, 413 pages (sous presse).

Edition :

Martin HEIDEGGER, *Platon : Sophistes. Marburger Vorlesung Wintersemester 1924/5* (GA 19, II. Abteilung : Vorlesungen 1923-1944), Frankfurt/Main, Klostermann, 1992, 668 pages.

Hommage :

avec WOLFGANG JANKE (éd.), *Sein und Geschichlichkeit. Karl-Heinz Volkmann-Schluck zum 60. Geburtstag*, Frankfurt/Main, Klostermann, 1974.

Collectifs :

1. avec Raphaël CÉLIS et Alexandre SCHILD (éd.), *Art et Vérité* (GENOS. Cahiers de philosophie 3), Lausanne, Payot, 1996, 443 pages.

2. avec Alexandre SCHILD (éd.), *Phénoménologie et herméneutique I*, (Colloque Erasmus 1994) (GENOS. Cahiers de philosophie 4), Lausanne, Payot, 2000, 214 pages.

3. avec Alexandre SCHILD (éd.), *Histoire et avenir. Conceptions hégelienne et posthégelienne* (Colloque Erasmus 1995) (GENOS. Cahiers de philosophie 5), Lausanne, Payot, 2000, 247 pages.

4. avec Christophe ERISMANN (éd.), *ANNÉES 1796-1803. KANT. Opus postumum. Philosophie, science, éthique et théologie*. Actes du 4e Congrès international de la Société d'études kantiennes de langue française. Lausanne, 21-23 octobre 1999, Paris, Vrin, 2001, 256 pages.

5. avec Emmanuel MEJÍA (éd.), *Phénoménologie et herméneutique II. Penser leurs rapports* (Colloque Erasmus 1996) (GENOS. Cahiers de philosophie 6), Lausanne, Payot, 2001, 190 pages.

6. J.-F. AENISHANSLIN (éd.), sous la direction de D. O'MEARA, I. SCHÜßLER et A. SCHILD, *La vérité. Antiquité – modernité*. Troisième cycle Suisse romande (GENOS. Cahiers de philosophie 7), Lausanne, Payot, 2004, 250 pages (sous presse).

Etudes :

1. « Dasein und Sein bei Martin Heidegger : Zur Frage der Daseinsstrukturen nach der Kehre », in : *Daseinsanalyse (Phänomenologische Anthropologie und Psychotherapie)* 6/4, 1989, p. 278-313.
    En italien : *Heidegger e la Teologia. A cura di Hugo Ott e Giorgio Penzo*, Brescia, Morcelliana, 1995, p. 207-247.
    En tchèque : *Refexe-Filosoficky časopis* (Praha), 14, 1995, p. 1-14 ; c 15, 1996, p. 1-23 (traduit par Oldrich Cálek et Ivan Chvatík).

2. « La question de l'eudaimonia dans *l'Ethique à Nicomaque* d'Aristote », *Etudes phénoménologiques* VIII, 1992, p. 79-102 ; IX, 1993, p. 3-26.
    En allemand : « Die Frage der Eudaimonia in der *Nikomachischen Ethik* des Aristoteles », *Perspektiven der Philosophie. Neues Jahrbuch*, vol. 19, 1993, p. 257-296 ; vol. 20, 1994, p. 155-178.

Articles :

1. « Zur Nietzsche-Diskussion », *Philosophische Perspektiven* 5, 1973, p. 258-271.

2. « Semantik und Logik. Der elenktische Beweis des Satzes vom Widerspruch », in : I. SCHÜßLER/W. JANKE (éd.), *Sein und Geschichtlichkeit. Karl-Heinz Volkmann-Schluck zum 60. Geburstag*, Frankfurt/Main, Klostermann, 1974, p. 53-66.

3. « Die methodische Bedeutung der Angst in der existenzialen Analytik Martin Heideggers », in : *Wege der Heideggerschen Fundamentalontologie* (DELO No 12), Belgrad, 1977, p. 151-161.
    En serbo-croate in : D. N. BASTA/D. STOJANOVIC (éd.) *Der frühe Heidegger - Zur Rezeption und Kritik von* Sein und Zeit, Belgrad, 1979, p. 276-289.

4. « Das Verhältnis von Denken und Sein im Lehrgedicht des Parmenides », *Anuario Filosofico* 11/1, 1978, p. 197-205.

5. « Philosophie und Existenz bei Martin Heidegger », *Aquinas. Revista Internazionale di Filosofia* 22, 1979, p. 231-241.
    Réimprimé in : P. EMAD (éd.), *Heidegger-Studies* 1, 1985, p. 119-135.

6. « Der existenzial-*ontologische* Begriff des Todes bei Martin Heidegger », in : B. HENN/J. WEIS (éd.), *Tod und Sterben. Sozialwissenschaftliche Schriften. Beiträge zu einem interdisziplinären Kolloquium*, Duisburg, Verlag der sozialwissenschaftlichen Kooperative, 1980, p. 22-42.
    En serbo-croate in : M. DJURIC/I. URBANCIC (éd.), *Das Denken am Ende der Philosophie. In memoriam Dusan Pirjevec*, Ljubljana, Masi'c, 1982, p. 49-56.

7. « Die Substanzanalogie in Kants Kritik der reinen Vernunft », in : G. FUNKE (éd.), *5. Internationaler Kant-Kongress. Mainz 1981*, Bd. I. 2, Bonn, Bouvier, p. 367-375.

8. « Causalité et temporalité dans la *Critique de la raison pure* de Kant », *Archives de Philosophie* 44, 1981, p. 43-61.

9. « Wissenschaftliche und ästhetische Wahrnehmung. Kants Lehre von der Wahrnehmung », *Revue de Métaphysique et de Morale*, 1981, p. 180-192.

10. « Logik und Ontologie. Fichtes transzendentale Begründung des Satzes der Identität », in : K. HAMMACHER (éd.), *Der transzendentale Gedanke. Die gegenwärtige Darstellung der Philosophie Fichtes*, Hamburg, Meiner, 1981, p. 498-507.

11. « La "raison" dans la philosophie (Nietzsche, Le crépuscule des idoles) », *Revue de Théologie et de Philosophie* 115, 1983, p. 262-273.

12. « Möglichkeiten des Sportverständnisses im Ausgang von Aristoteles » *Kölner Beiträge zur Sportwissenschaft. Jahrbuch der Deutschen Sporthochschule. Köln 1981/82*, p. 147-160.
    En anglais in : M. ILMARINEN (éd.), *Sport and International Understanding. Proceedings of the Congress, held in Helsinki, Finland, July 7-10, 1982*, Berlin/Heidelberg/New-York/Tokyo, Springer, 1984, p. 72-77.

13. « Die Begründung der neuzeitlichen Wissenschaft in den *Regulae* des Descartes und deren anthropologische Konsequenzen », in : G. FREY/J. ZELGER (éd.), *XII. Deutscher Kongress für Philosophie. « Der Mensch und die Wissenschaften vom Menschen ». Innsbruck, 1981*, Innsbruck, Solaris-Verlag, 1983, p. 965-972.

14. « Il Significato del corpo nella filosofia di Nietzsche », in : A. MONTI (éd.), *Nietzsche. Verità-Interpretazione, Atti del convegno di studi Nietzscheani. Rapallo/Italie, 2.-4.12.1981*, Genova, Tilgher-Genova, 1983, p. 259-272.

15. « Leib-Seele-Sport. Versuch einer philosophischen Bestimmung des Sports im Anschluss an Aristoteles », in : H. LENK (éd.), *Aktuelle Probleme der Sportphilosophie/Topical Problems of Sport Philosophy, Kongressbericht des Workshop über Sportphilosophie in Verbindung mit der 8. Jahrestagung der Philosophic Society for the Study of Sport*, Schorndorf, Karl Hofmann, 1983, p. 145-161.

16. « La motivation de la philosophie. Étonnement – doute – angoisse », in : *Etudes de Lettres. Revue de la Faculté des lettres de l'Université de Lausanne*, 1984/1, p. 75-85.

17. « Storia del Nihilismo europeo », *in* : Giorgio PENZO (éd.), *Friedrich Nietzsche o la verità come problema*, Bologna, Patròn, 1984, p. 211-218.

18. « Le problème de la nature organique dans la *Critique de la faculté de juger* de Kant », in : *Fonction et Finalité. Symposion écrit–Association F. Gonseth*, Bienne/Biel, Institut de la Méthode, 1984, p. 1-23.
    Repris in : F. DUCHESNEAU, G. LAFRANCE et C. PICHE (éd.), *Kant actuel. Hommage à Pierre Laberge*, Paris/Montréal, Vrin/Bellarmin, 2000, p. 257-272.

19. « Comment "le monde vrai" devint, pour finir, une fable (Nietzsche, Le Crépusucle des Idoles) », in : H. HOLZHEY/J.-P. LEYVRAZ (éd.), *Aesthetische Erfahrung und das Wesen der Kunst/L'expérience esthétique et l'essence de l'art* (Studia Philosophica), Bern, Haupt, 1984, p. 9-21.

20. « Le développement dialectique de l'idée absolue dans la Logique de Hegel », *Etudes des Lettres. Revue de la Faculté des lettres de l'Université de Lausanne*, 1985/2, p. 77-92.

21. « Le communisme positif dans les *Manuscrits de 44* de Karl Marx (L'institution de la société industrielle comme sujet) », *Bulletin du Centre d'études hégéliennes et dialectiques* 36, 1986, p. 1-25.

22. « Ethique et Théologie dans la *Critique de la faculté de juger* de Kant », *Revue de Théologie et de Philosophie* 118, 1986, p. 337-372.

23. « Le retour éternel du même chez Nietzsche et le problème de l'avenir », in : *L'Avenir. Actes du XXI*ᵉ *Congrès de l'Association des Sociétés de Philosophie de Langue française. Athènes – 1986*, Paris, Vrin, 1987, p. 364-367.

24. « L'émancipation des sciences selon les *Regulae* de Descartes », *Freiburger Zeitschrift für Philosophie und Theologie* 33, 1986, p. 553-569.

25. « Vom Ursprung der Philosophie », *Vereinigung der Freunde des Hebel-Gymnasiums e.V., Lörrach/RFA*, avril 1988, p. 4-5.

26. « Sprache und Logos. Die Entdeckung der Kategorien in der Kategorienschrift des Aristoteles », *Prima Philosophia* 1, 1988, p. 398-419.

27. « Der Wahrheitscharakter der Metaphysik in Kants *Kritik der Urteilskraft* », *Perspektiven der Philosophie. Neues Jahrbuch* 15, 1989, p. 51-89.

28. « Le grand revirement de la philosophie », in : Axel-A. BROQUET (éd.), *La Folie et la norme*, Dossier UNI Lausanne, no 64, Lausanne, UNIL, 1990, p. 40-43.

29. « Troeltsch und Nietzsche : Kritische Überlegungen zum Nietzsche-Bild von Ernst Troeltsch », *Deutsche Zeitschrift für Philosophie* 38, 1990, p. 1035-1046.
    En français : « Troeltsch et Nietzsche. Réflexions critiques concernant l'image de Nietzsche chez Troeltsch », in : P. GISEL (éd.), *Histoire et Théologie chez Ernst Troeltsch*, Genève, Labor et Fides, 1992, p. 101-122.

30. « Le rapport espace/temps chez Aristote et Bergson », in : J. FERRARI/J.-J. WUNENBURGER (éd.), *L'Espace et le Temps. Actes du XXII*ᵉ *Congrès de l'Association des Sociétés de Philosophie de Langue Française (Dijon 29-31 août 1988)*, Paris, Vrin, 1991, p. 122-127.

31. « La norme et la folie dans l'histoire de la philosophie occidentale : Platon – Descartes – Nietzsche », *Société suisse des Professeurs de Philosophie de l'Enseignement secondaire. Bulletin 1990*, Lausanne, 1991, p. 1-10.
    En bulgare in : Ivan STEFANOV (éd.), *Filosotska misal* (La pensée philosophique ; Revue philosophique de l'Académie bulgare des sciences, Sofia) 2, 1991, p. 26-31 (traduction de Ivanka Raynova).

32. « Conscience de soi et volonté : A propos de la détermination de la raison finie dans le *Fondement* du *droit naturel* de Fichte. », *Revue de Théologie et de Philosophie* 123, 1991, p. 315-332.

33. « Heidegger e i Presocratici : Anassimandro, Eraclito, Parmenide. », in : Franco BIANCO (éd.), *Heidegger in discussione*, Milano, Angeli, 1992, p. 223-241.

34. « L'enjeu d'*Etre et Temps* », in : A. SCHILD/C. CALAME (éd.), *Heidegger* (GENOS. Cahiers de philosophie 1), Lausanne, L'Age d'Homme, 1992, p. 9-28.

35. « Musique et philosophie dans le *Ring des Nibelungen* de Richard Wagner », in : A. SCHILD/C. CALAME (éd.), *Philosopher avec Daniel Christoff* (GENOS. Cahiers de philosophie 2), Lausanne, L'Age d'Homme, 1992, p. 325-332.

36. « Philosophie et positivisme des sciences : L'émancipation des sciences empirico-analytiques selon la *Critique de la Faculté de juger* de Kant », in : *Etudes des Lettres. Revue de la Faculté des lettres de l'Université de Lausanne*, 1993/1, p. 17-37.

37. « Gewissen und Wahrheit : Heideggers existenziale Analytik des Gewissens (*Sein und Zeit* § 54-62) », in : K. HELD/J. HENNIGFELD (éd.), *Kategorien der Existenz. Festschrift für Wolfgang Janke*, Würzburg, Königshausen und Neumann, 1993, p. 327-349.
    En français : « Conscience et vérité. L'interprétation existentiale de la conscience chez Martin Heidegger (*Etre et temps* § 54-62) », *Revista Portuguesa de Filosofia* 59, 2004, p. 1051-1078.

38. « La mythologie comme processus de la conscience dans la *Philosophie de la Mythologie* de Schelling », in : J.-F. COURTINE/J.-F. MARQUET (éd.), *Le dernier Schelling. Raison et Positivité*, Paris, Vrin, 1994, p. 131-153.

39. « La "différence" dans la *Parole* d'Anaximandre : Prolégomènes à une lecture interculturelle », in : A. Chenoufi (éd.), *Critique et Différence. Actes du XXIIIe Congrès de l'A.S.P.L.F (Association des sociétés de philosophie de langue française). Hammamet/Tunisie – 2-4.septembre 1990*, Tunis, 1994, p. 384-392.

40. « Zur Frage der Wahrheit bei Nietzsche und Heidegger », in : H.-H. GANDER (éd.), *« Verwechselt mich vor allem nicht! ». Heidegger und Nietzsche*, Frankfurt/Main, Klostermann, 1994, p. 157-178.
    En japonais : H.-H. GANDER (éd.), « Verwechselt mich vor allem nicht! », Tokyo, Nanshoa, 1998, p. 247-283.

41. « La question de la nature au début de la pensée occidentale. Destruction ou conservation? – *Considérations* à propos du *Poème* de Parménide. (Version originale) », in :Anani STOINEV (éd.), *Philosophical alternatives. Institute for Philosophical sciences* 1995/1, p. 8-13, (en bulgare, traduit par Tatyana Batuleva).
    En slovène : *PHAINOMENA. Bulletin of Association for Phenomenology* 5, 1995, p. 170-183 (trad. Valentin Kalan).

42. « Le mal chez Kant et Schelling », in : Jean FERRARI (éd.), *L'Année 1793. Kant sur la politique et la religion. Actes du 1er congrès de la Société d'études kantiennes de langue française. Dijon 13-15 mai 1993*, Paris, Vrin, 1995, p. 199-203.

43. « Apollinisch-Dionysisch. Wesen und Herkunft einer Grundunterscheidung bei Nietzsche », *Annales d'Esthétique (Athènes). Bulletin annuel* 33/1994, p. 9-24.

44. « La question de la nature au début de la pensée occidentale. Destruction ou conservation ? A propos du *Poème* de Parménide (Version abrégée) », in : D. SCHULTHESS (éd.), *LA NATURE, Thèmes philosophiques – Thèmes d'actualité. Actes du XXVe Congrès de l'Association des Société de philosophie de langue française (ASPLF). Lausanne – 25-28.08.1994*, p. 384-391.

45. « Le *Sophiste* de Platon dans l'interprétation de M. Heidegger », in : J.-F. COURTINE (éd.), *Heidegger 1919-1929. De l'herméneutique de la facticité à la métaphysique du Dasein. Actes du colloque organisé par J.-F.Marquet (Université de Paris-Sorbonne, nov. 1994)*, Paris, Vrin, 1996, p. 91-111.
    Version remaniée de : A. NESCHKE et A. ETIENNE (éd.), *Images de Platon et lectures de ses oeuvres. Actes du Premier Colloque International sur la réception de Platon. Université de Lausanne 26-30 octobre 1993*, Louvain-la-Neuve, Ed. de l'Institut Supérieur de Philosophie, 1997, p. 395-415.

46. « La vie et la mort au début de la philosophie occidentale. Héraclite et Platon », in : M. VADEE (éd.), *La vie et la mort. Actes du XXIVe Congrès international de l'Association des Sociétés de Philosophie de Langue Française (A.S.P.L.F.) tenu à Poitiers en août 1992*, Poitiers, Société poitevine de philosophie, 1996, p. 264-267.

47. « La fondation de la philosophie de l'art à l'Antiquité grecque et son déploiement aux Temps modernes. Problèmes et perspectives », in : Ingeborg SCHÜßLER, Raphaël CÉLIS et Alexandre SCHILD (éd.), *Art et Vérité* (GENOS. Cahiers de philosophie 3), Lausanne, Payot, 1996, p. 7-28.

48. « Métaphysique et symbolique. La beauté comme symbole de la liberté chez Kant », in : Ingeborg SCHÜßLER, Raphaël CÉLIS et Alexandre SCHILD (éd.), *Art et Vérité* (GENOS. Cahiers de philosophie 3), Lausanne, Payot, 1996, p. 145-164.

49. « Art et Vérité. L'interprétation postmétaphysique de l'art chez M. Heidegger », in : Ingeborg Schüßler, Raphaël CÉLIS et Alexandre SCHILD (éd.), *Art et Vérité* (GENOS. Cahiers de philosophie 3), Lausanne, Payot, 1996, p. 301-321.

50. « Zur Frage der Wahrheit bei Nietzsche », *Internationale Zeitschrift für Philosophie*, Tome 2, 1996, p. 260-273.

51. « Die Deduktion des Begriffs des Rechts aus Prinzipien der Wissenschaftslehre (J.-G. Fichte, *Grundlage des Naturrechts* § 1-4) », in : J. SCHRADER (éd.), *Materiale Disziplinen der* Wissenschaftslehre. *Zur Theorie der Gefühle.* « *200 Jahre Wissenschaftslehre - Die Philosophie Johann Gottlieb Fichtes* », in : Amsterdam/Atlanta, Rodopi, 1997, p. 23-40.
   Résumé en japonais in : « Bericht über die Jenaer Fichte-Tagung », K. NAGASAWA (éd.), *Fichte-Studien der Japanischen Fichte-Gesellschaft*, Kyoto, Koyo Shobo, 1994.

52. « L'interprétation de la conscience morale chez Kant : du sentiment à la religion », in : E. MOUTSOPOULOS (éd.), *Droit et vertu chez Kant. Kant et la philosophie grecque et moderne. Actes du IIIe Congrès de la Société internationale d'études kantiennes de langue française Athènes, 14-17-mai 1997*, Athènes, Union scientifique franco-hellénique/Société hellénique d'études philosophiques, 1997, p. 105-115.

53. « Zur Frage der Überwindung des Nihilismus bei Nietzsche und Heidegger », *Perspektiven der Philosophie. Neues Jahrbuch* 23, 1997, p. 19-44.

54. « Kunst und Interpretation. Zur Grundlegung der Interpretation in Heideggers Kunstwerkabhandlung », in : P.-L. CORIANDO (éd.), *Vom Rätsel des Begriffs. Festschrift für Friedrich-Wilhelm von Herrmann zum 65. Geburtstag*, Berlin, Duncker & Humblot, 1999, p. 229-251.

55. « *Physis* et *Theos* chez Aristote (Métaphysique L) », in : T. PENTZOPOULOU-VALALAS (éd.), Aristotle on Metaphysics, Thessaloniki, Ekdotiki Omada, 1999, p. 139-151.

56. « Ennui et angoisse. La fondation des tonalités affectives dans la "différence ontologique " selon M. Heidegger », in : *Phénoménologie et herméneutique I* (Colloque Erasmus 1994) (GENOS. Cahiers de philosophie 4), Lausanne, Payot, 2000, p. 81-98.

57. « L'accomplissement de la philosophie traditionnelle dans "L'Idée absolue" et la question de la pensée à l'avenir. Hegel et Heidegger », in : *Histoire et Avenir* (Colloque Erasmus 1995) (GENOS. Cahiers de philosophie 5), Lausanne, Payot, 2000, p. 7-32.

58. « Philosophie et science selon Kant. A propos de l'émancipation de la science selon la *Préface* des PRINCIPES *métaphysiques de la science de la nature* », in : M. PERROT/J.-J. WUNENBURGER (éd.), *Une philosophie cosmopolite. Hommage à Jean Ferrari*, Dijon, Université de Bourgogne, 2001, p. 61-79.

59. « Philosophie et science. Le problème du « passage » dans l'*Oeuvre tardive de Kant* », in : Ingeborg SCHÜßLER (éd.), *ANNÉES 1796–1803. KANT. Opus postumum*, Paris, Vrin, 2001, p. 37-53.

60. « Lo conflictivo. HEIDEGGER y los sistemas del idealismo alemán », (traduit en espagnol par F. Duque), in : *SILENO* 11, 2001, p. 35-42.

61. « De l'historialité du *Dasein* à l'historialité de l'être. A propos du statut de la phénoménologie et de l'herméneutique dans la pensée postmétaphysique de M. Heidegger », in : E. MEJÍA et I. SCHÜßLER (éd.), *Phénoménologie et herméneutique II. Penser leurs rapports* (Colloque Erasmus 1996) (GENOS. Cahiers de philosophie 6), Lausanne, Payot, 2001, p. 99-122.

62. « Langage et dialogue selon M. Heidegger », *DIOTIMA. Revue de recherche philosophique* 30, 2002, p. 82-94.
    En anglais et en traduction turque in : S. Y. ÖGE, O. SÖZER, F. TOMKINSON (éd.), *Metaphysics and Politics. Martin Heidegger & Hannah Arendt*, Istanbul, Bogaziçi University Press, 2002, p. 12-47.

63. « Le problème des pactes à l'époque de l'égoisme métaphysique. Réflexions sur la paix selon Schopenhauer », in : W. TEGA, G. FERRANDI, M. MALAGUTI et G. VOLPI (éd.), *La philosophie et la paix. Actes du XXVIIIe Congrès International de l'Association des Sociétés de Philosophie de Langue Française, Università degli Studi di Bologna, 29 août-02 septembre 2000*, 2 vol., Paris, Vrin, 2002, vol. I, p. 333-340.

64. « Der "ewige Friede" als notwendige Aufgabe der Vernunft in der Rechtsphilosophie Kants », in : A. LAZZARI (éd.), *Metamorphosen der Vernunft. Festschrift für Karen* Gloy, Würzburg, Königshausen & Neumann, 2003, p. 195-208.

65. « Das Strittige in den Systemen des Deutschen Idealismus », in : H. SEUBERT (éd.), *Heideggers Zwiegespräch mit dem Deutschen Idealismus*, Köln/Weimar/Wien, Böhlau, 2003, p. 25-40.

66. « Certitude et vérité. La question de la vérité dans les idéalismes et postidéalismes modernes », in : J.-F. AENISHANSLIN, D. O'MEARA, I. SCHÜßLER et A. SCHILD (éd.), *La vérité. Antiquité – modernité. 3e cycle Suisse romande* (GENOS. Cahiers de philosophie 7), Lausanne, Payot, 2004, p. 93-117.

67. Art : « Wahrheit/Wahrhaftigkeit », *Theologische Realenzyklopädie*. Vol. 35 : *Vernunft III–Wiederbringung aller*, Berlin/New-York, de Gruyter, 2003, p. 347-364.

Recensions :

1. « Jean-Pierre SCHOBINGER, *Miszellen zu Nietzsche*, Basel, Schwabe, 1992, 151 pages », *Revue de Théologie et de philosophie* 126, 1994, p. 369.

2. « F.-W. VON HERRMANN : *Augustinus und die phänomenologische Frage nach der Zeit*, Frankfurt/Main, Klostermann, 1992 », in : *Heidegger-Studies* 11, 1995, p. 205-225.

Articles de journal :

1. « Der Denkweg Nietzsches. Karl-Heinz Volkmann-Schluck : Die Philosophie Nietzsches. Der Untergang der abendländischen Metaphysik. Würzburg 1991. »
Neue Züricher Zeitung, 11 August 1991, p. 17.

2. « Warum eine Geschichte der Philosophie? Die Vorlesungen von Karl-Heinz Volkmann-Schluck. »
Neue Züricher Zeitung, 17. Mai 1995, p. 77.

LISTE DES COURS D'INGEBORG SCHÜßLER

Philosophisches Seminar der Universität zu Köln

1. SS 1968
   Kursorische Lektüre
   Aristoteles, *Physik*, Buch II.

2. WS 1968/9
   Kursorische Lektüre
   Aristoteles, *Physik*, Buch III.

3. SS 1969
   Kursorische Lektüre
   Leibniz, *Discours de Métaphysique*.

4. WS 1969/70
   Seminar
   Übungen zum Problem des Nihilismus (Nietzsche, Späte Fragmente).

5. SS 1970
   Seminar
   Das Wesen des Wissens (Aristoteles, 2. *Analytik*, Buch I).

6. WS 1970/1
   Seminar
   Übungen zur Philosophie der Vorsokratiker : « Das Lehrgedicht des Parmenides ».

7. SS 1971
   Seminar
   Übungen zur Dialektik Hegels (« Phänomenologie des Geistes : Die sinnliche Gewissheit »).

8. WS 1971/2
    Seminar

9. SS 1972
    Seminar
    Kants transzendentalphilosophische Begründung der mathematischen Naturwissenschaft.

10. WS 1972/3
    Hauptseminar (in Vertretung von K.-H. Volkmann-Schluck).
    Der Satz vom Widerspruch (Aristoteles, *Metaphysik*, Buch IV).

11. SS 1973
    Seminar
    Das Problem der objektiven Gültigkeit der mathematischen Naturerkenntnis (Kant, « KrV, System der Grundsätze, Axiome der Anschaung »).

12. WS 1973/4
    Seminar
    Philosophie und Wissenschaft (Aristoteles, 2. *Analytik*, Buch II).

13. SS 1974
    Seminar
    Das Problem der Quantifizierung der Qualitäten. (Kant, « KrV, System der Grundsätze. Antizipationen der Wahrnehmung »).

14. WS 1974/5
    Hauptseminar (gemeinsam mit K.-H. Volkmann-Schluck)
    Die Wesensbestimmung der Kunst in Schellings *System des transzendentalen Idealismus*.

15. SS 1975
    Hauptseminar (gemeinsam mit K.-H. Volkmann-Schluck)
    Die Wesenslehre des Aristoteles (*Metaphysik*, Buch VII).

16. WS 1975/6
    Seminar
    Einführung in die Philosophie M. Heideggers (« *Sein und Zeit*. Einleitung ») I.

17. SS 1976
    Seminar
    Einführung in die Philosophie M. Heideggers (*Sein und Zeit*) II.

18. WS 1976/7
    Seminar
    Übungen zur Ethik des Aristoteles (*Nikomachische Ethik*, Buch VI).

19. SS 1977
    Seminar
    Übung zur spekulativen Logik Hegels (« Enzyklopädie. Erster Teil : Die Wissenschaft der Logik. Vorbegriff. Die Lehre vom Sein »).

20. WS 1977/8
    Seminar
    Kants Lehre von der Substanz (« KrV, System aller Grundsätze des reinen Verstandes. Analogie der Substanz »).

21. SS 1978
    Seminar
    Die Endlichkeit der menschlichen Existenz in der Philosophie M. Heideggers (*Sein und Zeit*, § 50-53).

22. SS 1978
    Hauptseminar (gemeinsam mit K.-H. Volkmann-Schluck)
    Die Herkunft des modernen Existenzbegriffes
    (Kierkegaard, *Die Krankheit zum Tode*).

23. WS 1978/9
    Vorlesung.
    Platons Ontologie (Philosophie und Sophistik) I.

24. WS 1978/9
   Oberseminar (gemeinsam mit K.-H. Volkmann-Schluck)
   Interpretationen einer Spätschrift Nietzsches.

25. SS 1979
   Vorlesung.
   Platons Ontologie (Philosophie und Sophistik) II.

26. SS 1979
   Kolloquium (für Fortgeschrittene).
   Probleme des Weltbegriffs I.

27. WS 1979/80
   Vorlesung.
   Das Verhältnis von Theorie und Praxis in der Philosophie des Aristoteles.

28. WS 1979/80
   Oberseminar
   Probleme des Weltbegriffs II.

29. SS 1980
   Seminar
   Die Kritik des Realismus in Hegels Phänomenologie des Geistes
   (« Die Wahrnehmung; oder das Ding und die Täuschung »).

30. SS 1980
   Hauptseminar
   Kants transzendentale Begründung des Kausalitätsgesetzes
   (*Kritik der reinen Vernunft*, « Zweite Analogie »).

31. SS 1980
   Oberseminar
   Probleme des postmetaphysischen Denkens
   (M. Heidegger, « Zeit und Sein ») I.

32. WS 1980/1
    Vorlesung.
    Kants transzendentale Ontologie.

33. WS 1980/1
    Seminar
    Der Begriff der entfremdeten Arbeit in der Philosophie von Marx.
    (*Pariser Manuskripte*, III).

34. WS 1980/1
    Oberseminar
    Probleme des postmetaphysischen Denkens
    (M. Heidegger, « Zeit und Sein ») II.

35. SS 1981
    Seminar
    Descartes. *Meditationen.*

36. SS 1981
    Oberseminar
    Probleme des postmetaphysischen Denkens
    (M. Heidegger, *Bauen, Wohnen, Denken*).

Philosophisches Seminar der Deutschen Sporthochschule Köln

1. WS 1979/80
   Seminar
   Das Leib-Seele-Verhältnis in der Philosophie des Aristoteles
   (De Anima, Buch II. Textauswahl).

2. SS 1980
   Seminar
   Die Wesensbestimmung des Menschen in Platons « Politikos ».

3. WS 1980/81
   Seminar
   Die Bedeutung des Leibes in der Philosophie Nietzsches
   (Späte Fragmente. Textauswahl).

Section de philosophie. Université de Lausanne

Année universitaire 1981/2

1/2.   Hiver et été.
         Cours général. 1ère année
         Qu'est que la philosophie? (Introduction à la systématique de la philosophie).

3/4.   Hiver et été
         Cours/séminaire. 2ᵉ partie
         Le problème de la nature organique chez Kant (*Critique de la faculté de juger*. Seconde partie. Critique de la faculté téléologique).

5/6.   Hiver et été
         Cours/séminaire. 2ᵉ partie
         La question de la technique chez M. Heidegger.

Année universitaire 1982/3

7/8.   Hiver et été
         Cours général. Toutes les années
         Introduction à la philosophie contemporaine :
         La philosophie à l'époque de la « rescendance » de la Métaphysique
         (I : Hegel – Schopenhauer – Nietzsche).

9/10.   Hiver et été
         Cours/séminaire. 2ᵉ partie
         L'Idée absolue dans la « Grande Logique » de Hegel.

11/12.   Hiver et été
         Cours/séminaire. 2ᵉ partie
         Le concept de travail dans les *Manuscrits de 44* de K. Marx.

Année universitaire 1983/4

13. Hiver
Cours général. Toutes les années
Introduction à la philosophie contemporaine :
La philosophie à l'époque de la « rescendance » de la Métaphysique
(II : Hegel – Marx – Kierkegaard – Le Positivisme des sciences).

14/15. Hiver et été
Cours/séminaire. 2e partie
La fondation de la science moderne chez Descartes
(*Regulae ad directionem ingenii*).

16/17. Hiver et été
Cours/séminaire. 2e partie
Le nihilisme occidental
(Nietzsche, *Fragments posthumes*).

18. Eté
Cours général. Toutes les années
Introduction à la philosophie contemporaine :
La phénoménologie de Husserl.

Année universitaire 1984/85

19. Hiver
Cours général. Toutes les années
Introduction à la philosophie contemporaine :
La pensée postmétaphysique de Heidegger I
(L'analytique existentiale dans Etre et Temps).

20. Hiver
Cours/séminaire. 2e partie
L'Ontologie de Platon
(*Le Sophiste*, passages choisis).

21/22. Hiver et été.
Cours/séminaire. 2ᵉ partie
Le problème de la liberté chez Schelling
(*Ecrit sur la liberté*).

23. Eté
Cours/séminaire. 2ᵉ partie
La philosophie pratique de Kant
(*Les fondements de la métaphysique des moeurs*).

<u>Année universitaire 1985/6</u>

24. Hiver
Cours général. Toutes les années
Introduction à la philosophie contemporaine :
La philosophie à l'époque de la « rescendance » de la Métaphysique
(I :Hegel – Schopenhauer – Nietzsche).

25. Hiver
Cours/séminaire. 2ᵉ partie
La fondation de la métaphysique moderne chez Descartes
(*Les Méditations*).

26/7. Hiver et été
Cours/séminaire. 2ᵉ partie
Ethique et Théologie dans la 3ᵉ Critique de Kant.
(*Critique de la faculté de juger*. « Annexe ». La doctrine de la méthode de la faculté de juger téléologique).

28. Eté
Cours 5

29. Eté
Cours/séminaire. 2ᵉ partie
Le communisme positif dans les *Manuscrits de 44* de K. Marx.

Année universitaire 1986/7

30. Hiver
    Cours général. Toutes les années
    Introduction à la philosophie contemporaine :
    La philosophie à l'époque de la « rescendance » de la Métaphysique
    (II : Hegel – Marx – Kierkegaard – Le Positivisme des sciences).

31. Hiver
    Cours/séminaire. 2e partie
    La philosophie du langage chez E. Husserl
    ($1^{\text{ères}}$ *Recherches logiques* : « Expression et signification »).

32. Hiver
    Cours/séminaire. 2e partie
    La dialectique du maître et de l'esclave
    (Hegel, *Phénoménologie de l'esprit*).

33. Eté
    Cours général. Toutes les années
    Introduction à la philosophie contemporaine :
    Les philosophies de l'existence du XXe siècle, II
    (Gabriel Marcel)

34. Eté
    Cours/séminaire. 2e partie
    J. Derrida, commentateur de E. Husserl
    (La voix et le phénomène).

35. Eté
    Cours/séminaire. 2e partie
    La pensée présocratique d'Héraclite
    (fragments choisis).

Année universitaire 1987/8

36. Hiver
    Cours général. Toutes les années
    Introduction à la philosophie contemporaine :
    La pensée postmétaphysique de M. Heidegger I
    (L'analytique existentiale dans *Etre et Temps*).

37. Hiver
    Cours/séminaire. 2e partie
    La fondation de l'Ontologie chez Aristote (*Les Catégories*).

38. Hiver
    Cours/séminaire. 2e partie
    Problèmes de l'interprétation de la conscience morale
    (L'interprétration métaphysique chez Kant. L'interprétation
    postmétaphysique chez M. Heidegger).

39. Eté
    Cours général. Toutes les années
    Introduction à la philosophie contemporaine :
    Les philosophies de l'existence du XXe siècle, I
    (Camus – Sartre – Jaspers).

40. Eté
    Cours/séminaire. 2e partie
    L'Idéalisme transcendantal de J. G. Fichte
    (1ère Introduction à la *Doctrine de la science* 1797).

41. Eté
    Cours/séminaire. 2e partie
    L'interprétation postmétaphysique de la conscience morale chez M. Heidegger (*Etre et Temps* § 54-60).

Année universitaire 1988/9

42/3. Hiver et été
Cours général. Toutes les années
Introduction à la philosophie contemporaine :
Positions au sujet de la société industrielle I :
Marx et la fondation de la société industrielle.

44. Hiver
Cours/séminaire. A partir de la 2e année et 2e partie
Le problème des catégories chez Kant
(*Critique de la raison pure*, passages choisis).

45/6. Hiver et été
Cours/séminaire. 2e partie
K. Marx, *Le Capital* (passages choisis).

47. Eté
Cours/séminaire. 2e partie
Problèmes postmétaphysiques du début de la pensée occidentale
(M. Heidegger, « Logos » Héraclite).

Année universitaire 1989/90

Hiver semestre sabbatique

48. Eté
Cours général. Toutes les années
La philosophie transcendantale de Kant.

49. Eté
Cours/séminaire. A partir de la 2e année et 2e partie
Problèmes de la notion de vérité
(Thomas d'Aquin, *De veritate*. Quaestio I. Nietzsche, *Fragments tardifs*).

50. Eté
Séminaire de recherche. A partir de la 4e année et études postgraduées

La philosophie politique de J. G. Fichte I
(*Le fondement du droit naturel*, 1796/7).

Année universitaire 1990/1

51/2.   Hiver et été
Cours général. Toutes les années
Introduction à la pensée contemporaine :
La pensée postmétaphysique de M. Heidegger II
(La différence ontologique et le tournant).

53/4.   Hiver et été
Cours/séminaire. A partir de la 2e année et 2e partie
La question de l'art chez A. Schopenhauer
(*Le monde comme volonté et représentation*, livre III).

55/6.   Hiver et été
Séminaire de recherche. A partir de la 4e année et études postgraduées
La philosophie politique de J. G. Fichte II
(*Le fondement du droit naturel*, 1796/7).

Année universitaire 1991/2

57/8.   Hiver et été
Cours général. Toutes les années
La question de la vérité dans l'histoire de la philosophie occidentale
(Thomas d'Aquin – Nietzsche – Kant – Aristote).

59/60. Hiver et été
Cours/séminaire. A partir de la 2e année et 2e partie
La philosophie de l'art chez Nietzsche
(*La naissance de la tragédie à partir de l'esprit de la musique*, 1872. *Fragments tardifs*).

61. Hiver
Séminaire de recherche. A partir de la 4ᵉ année et études postgraduées :
En collaboration avec les professeurs R. Célis, P. Gisel, D. Muller
La liberté et le mal chez Kant et Schelling
(Kant, *La religion à l'intérieur des limites de la simple raison* 1793, passages choisis. Schelling, *Ecrit sur la liberté*, 1809).

62. Eté
Séminaire de recherche. A partir de la 4ᵉ année et études postgraduées
Questions fondamentales de la philosophie de l'art I
(Platon et le problème de la beauté. *République*, livres II, III, X. *Le Banquet*, *Phèdre*, passages choisis).

Année universitaire 1992/3

64/65. Hiver et été
Cours général. Toutes les années
Art et Connaissance dans l'histoire de pensée occidentale I
(La fondation de la philosophie et l'art à l'antiquité grecque. Platon et Aristote).

66. Hiver
Cours/séminaire. A partir de la 2ᵉ année et 2ᵉ partie
Introduction à la philosophie de la Renaissance, passage du Moyen-Age aux Temps modernes
(Nicolas de Cues, *De mente*. Passages choisis).

67. Hiver
3ᵉ cycle romand.
En collaboration avec les professeurs R. Célis (Lausanne), A. de Muralt (Genève), et le privat-docent E. Marbach (Berne)
Art et Connaissance
(Positions fondamentales au cours de l'histoire de la pensée occidentale).

68.   Eté
        Cours/séminaire. A partir de la 2ᵉ année et 2ᵉ partie
        L'interprétation postmétaphysique de l'art chez M. Heidegger
        (L'origine de l'oeuvre d'art).

69.   Eté
        Cours/séminaire. 2ᵉ partie
        La philosophie du langage à l'époque de l'Idéalisme allemand
        (W. von Humboldt, *La différence de la constitution du langage humain et son influence sur le développement spirituel du genre humain 1830-1835*. Passages choisis).

Année universitaire 1993/4

70/71. Hiver et été
        Cours général. Toutes les années
        Art et Connaissance dans l'histoire de la philosophie occidentale II
        (1. La fondation de la philosophie de l'art à l'Antiquité grecque et son déploiement aux temps modernes. Ebauche d'une systématique des positions fondamentales. 2. Beauté et liberté dans l'Idéalisme transcendantal chez Kant).

72/73. Hiver et été
        Séminaire de recherche. A partir de la 4ᵉ année et études postgraduées
        Phénoménologie et herméneutique : M. Heidegger : *Contributions à la philosophie. De l'Appropriement*. Traduction et interprétation.

74/5.   Hiver et été
        Cours/séminaire. A partir de la 2ᵉ année et 2ᵉ partie
        Introduction à la philosophie du droit de Hegel
        (*Les fondements de la philosophie du droit*, passages choisis).

Année universitaire 1994/5

76/7. Hiver et été
Cours général. Toutes les années
Art et connaissance dans la philosophie moderne et contemporaine III (Kant – Schiller).

78/9. Hiver et été
Séminaire de recherche. A partir de la 4ᵉ année et études postgraduées
Phénoménologie et herméneutique : M. Heidegger : *Contributions à la philosophie. De l'Appropriement*. Traduction et interprétation. II.

80/1. Hiver et été
Cours/séminaire. 2ᵉ année et 2ᵉ partie
Généalogie de la philosophie du langage : Problèmes de la fondation de la philosophie du langage (Heidegger, Platon, textes choisis).

Année universitaire 1995/6

82/3. Hiver et été
Cours général. Toutes les années
Art et connaissance dans la philosophie moderne et contemporaine
(III : Kant – Schiller – Schelling).

84/5. Hiver et été
Séminaire de recherche. A partir de la 4ᵉ année et études postgraduées
Phénoménologie et herméneutique : M. Heidegger : *Contributions à la philosophie. De l'Appropriement*. Traduction et interprétation. Suite.

86. Hiver
Cours/séminaire. 2ᵉ année et 2ᵉ partie
La fondation de l'individualité chez Leibniz
(*Discours de métaphysique*).

87. Eté
Cours/séminaire. 2ᵉ année et 2ᵉ partie
Introduction à la philosophie du droit de Hegel
(*Les fondements de la philosophie du droit*, passages choisis).

Année universitaire 1996/7

88/9. Hiver et été
Cours général. Toutes les années.
Art et vérité dans la philosophie contemporaine IV
Introduction à l'esthétique de Hegel I.

89/90. Hiver et été
Séminaire de recherche. 2ᵉ partie avancée et études postgraduées
Phénoménologie et herméneutique : M. Heidegger : *Contributions à la philosophie. De l'Appropriement*. Traduction et interprétation. Suite.

91. Hiver
Cours/séminaire. 2ᵉ année et 2ᵉ partie
La fondation de la philosophie du langage
(Platon, *Le Cratyle*).

92. Eté
Cours/séminaire. 2ᵉ année et 2ᵉ partie
La volonté et son apaisement chez Schopenhauer
(*Le monde comme volonté et représentation*, livre IV).

Année universitaire 1997/8

93. Hiver
Cours général. Toutes les années.
Art et Vérité dans l'esthétique de Hegel II.

94. Hiver
Séminaire de recherche. 2ᵉ partie avancée et études postgraduées.
Philosophie et sciences: Kant, *opus posthumum*.

95. Hiver
     Cours/séminaire. 2ᵉ année et 2ᵉ partie
     La volonté et son apaisement chez Schopenhauer II
     (*Le monde comme volonté et représentation*, livre IV).

     Eté semestre sabbatique

Année universitaire 1998/9

96/7. Hiver et été
       Cours général. Toutes les années.
       Philosophie et poésie. Un dialogue actuel: Heidegger et Hölderlin.

97/8. Hiver et été
       Cours/séminaire. 2ᵉ année et 2ᵉ partie
       Philosopie et science chez Kant.

99. Hiver
     3ᵉ cycle. (en collaboration avec D. O'Meara / Université de Fribourg).
     Conceptions de la vérité dans la philosophie antique et dans les idéalismes modernes.

100. Eté
      Séminaire de recherche. 2ᵉ partie avancée et études postgraduées
      La question de la vérité chez Nietzsche.

Année universitaire 1999/2000

101/2. Hiver et été
        Cours général. Toutes les années.
        La philosophie transcendantale de Kant I.

102/3. Hiver et été
        Cours/séminaire. 2ᵉ année et 2ᵉ partie
        Philosophie et pratique chez K. Marx (*L'Idéologie allemande*).

104. Hiver
Séminaire de recherche. 2ᵉ partie avancée et études postgraduées
Théories de la vérité au XXᵉ siècle
(Frege, James, Russel, Carnap, Popper, Tarski, Austin).

105. Eté
Séminaire de recherche. 2ᵉ partie avancée et études postgraduées
Le statut de la terre selon Husserl.

Année universitaire 2000/01

106/7 Hiver et été
Cours général. Toutes les années.
La philosophie transcendantale de Kant II.

108. Hiver
Cours/séminaire. 2ᵉ année et 2ᵉ partie
La philosophie du langage chez Wilhelm von Humboldt.

109. Eté
Problèmes fondamentaux de la philosophie du vivant.
Aristote, *De anima*.

110/11. Hiver et été
Séminaire de recherche. 2ᵉ partie avancée et études postgraduées
Certitude et vérité. Le tournant de la pensée moderne vers l'absolu chez J.-G. Fichte (*Doctrine de la science*, 1801/02).

Année universitaire 2001/02

112/13. Hiver et été
Cours général. Toutes les années.
La philosophie transcendantale de Kant III.

114/15. Hiver et été
Cours/séminaire. 2ᵉ année et 2ᵉ partie
L'interprétation postmétaphysique du vivant chez M. Heidegger.

116/17. Hiver et été
2ᵉ partie et 3ᵉ cycle. Séminaire de recherche.
La question du vivant au début des temps modernes (Descartes et Leibniz).

118. 3ᵉ cycle : Les conceptions du vivant et de la vie dans l'histoire de la philosophie et dans la philosophie contemporaine
– Enseignements n° 116/17.
–2 colloques :
– 31.01.– 02.02.2002 (Modernité) (dirigé par R. Célis et I. Schüßler).
– 30.05.– 01.05.2002 (Antiquité et Moyen-Age) (dirigé par. A. Neschke et D. O'Meara).

Année universitaire 2002/03

119/20. Hiver et été
Cours/séminaire. 2ᵉ partie
Les formes de l'art. Hegel, *Cours d'esthétique*.

121/22. Hiver et été
Cours général. Toutes les années
Introduction à la philosophie du langage I
(Le problème actuel du langage et la fondation de la philosophie du langage à l'antiquité grecque. Héraclite, Parménide, les Sophistes, Platon, Aristote).

122/23. 5 Cours/séminaire. 2ᵉ année et 2ᵉ partie
Éclosion ou fabrication ? Problèmes fondamentaux du vivant dans la philosophie occidentale (Platon, *Le Timée*).

Année universitaire 2003/04

124/25. Hiver et été
Cours/séminaire. 2ᵉ partie
Introduction à la 2ᵉ œuvre principale de M. Heidegger : *Apports à la philosophie. De l'Appropriement.*

125/26. Hiver et été
Cours général. Toutes les années
Introduction à la philosophie du langage II.

127. Hiver
Cours/séminaire. 2ᵉ-4ᵉ année.
Le déclin de la métaphysique et ses potentialités
Nietzsche, *Les Dithyrambes de Dionysos*.

128/29. Eté
Cours/séminaire. 2ᵉ-4ᵉ année
Musique et philosophie dans le *Ring* de Richard Wagner.

Enseignement en qualité de professeur invité

Philosophisches Seminar der Universität Zürich

WS 1982/3
1. Vorlesung
   Das Verhältnis von Theorie und Praxis in der Philosophie des Aristoteles.
2. Kolloquium zur Vorlesung

WS 1985/6
1. Vorlesung
   Sophistik und Politik in den Spätdialogen Platos.
2. Hauptseminar
   Plato, Politikos.

Section de philosophie de l'Université de Neuchâtel

Sémestre d'hiver 1994/5
    Cours général. Toutes les années
    Introduction à la pensée postmétaphysique de M. Heidegger.

Philosophisches Seminar der Hochschule Luzern

Sommersemester 1995
    Vorlesung.
    Einführung in die Philosophie der Kunst.
    Philosophisches Seminar der Universität Mainz/BRD

Sommersemester 1996
    (Intensivkurs.)
    Einführung in Hegels Rechtsphilosophie.

Universidad autónoma de Chapingo/Texcoco/México

Agosto 1996
    (Dirrección de un curso de filosofía. Ciclo de 6 conferencias).
    La tierra y lo sagrado
    (Parménides – Heráclito – Platón – Nietzsche – Hölderlin – Heidegger).

LISTE DES AUTEURS / AUTORENLISTE

Emil Angehrn, Universität Basel, Schweiz, Emil.Angehrn@unibas.ch
Rudolf Bernet, Katholieke Universiteit Leuven, Belgique,
Rudolf.Bernet@hiw.kuleuven.ac.be
Raphaël Célis, Université de Lausanne, Suisse, Raphael.Celis@philo.unil.ch
Pascal David, Université de Brest, France, pascal.david@univ-brest.fr
Felix Duque, Universidad Autonoma de Madrid, Espagne, felixduque@airtel.net
Michael Esfeld, Université de Lausanne, Suisse,
Michael-Andreas.Esfeld@philo.unil.ch
Jean Ferrari, Université de Bourgogne, Dijon, France,
jean.ferrari@u-bourgogne.fr
Karen Gloy, Universität Luzern, Schweiz, Ursula.Amgarten@unilu.ch
Gérard Guest, Lycée La Bruyère de Versailles, Hyperaspis@aol.com
Michel Herren, Université de Lausanne, Suisse, Michel.Herren@philo.unil.ch
Friedrich-Wilhelm von Herrmann, Albert-Ludwigs-Universität, Freiburg im
Breisgau, Deutschland, dr.v.herrmann@gmx.de
Helmut Holzhey, Universität Zürich, Schweiz, holzhey@philos.unizh.ch
Wolfgang Janke, Universität zu Köln, Deutschland
Emmanuel Mejia, Université de Lausanne, Suisse,
Emmanuel.Mejia@philo.unil.ch
Ada Neschke, Université de Lausanne, Suisse,
Ada.NeschkeHentschke@philo.unil.ch
Thérèse Pentzopoulou-Valalas, Université de Thessaloniki, Grèce
Mario Ruggenini, Università degli Studi di Venezia, Italie,
ruggenin@helios.unive.it
John Sallis, Pennsylvania State University, Etats-Unis, jcs29@psu.edu
Alexandre Schild, Université de Lausanne, Suisse, aschild@hotmail.com
Gerhard Seel, Universität Bern, Schweiz, gerhard.seel@philo.unibe.ch
Tiziana Suarez-Nani, Université de Fribourg, Suisse, tiziana.suarez@unifr.ch
Jean-Marc Tétaz, Université de Lausanne, Suisse, Jean-
Marc.Tetaz@philo.unil.ch
Rainer Thurnher, Universität Innsbruck, Österreich,
Rainer.Thurnher@uibk.ac.at
Ivan Urbancic, Université de Ljubljana, Slovènie, helena.urbancic@si.ibm.com
Franco Volpi, Università di Padova, Italie, franco.volpi@unipd.it

EPISTEMISCHE STUDIEN
Schriften zur Erkenntnis- und Wissenschaftstheorie
Edited by Michael Esfeld • Stephan Hartmann • Mike Sandbothe

Volker Halbach
Leon Horsten

Principles of Truth

On the one hand, the concept of truth is a major research subject in analytic philosophy. On the other hand, mathematical logicians have developed sophisticated logical theories of truth and the paradoxes. Recent developments in logical theories of the semantical paradoxes are highly relevant for philosophical research on the notion of truth. And conversely, philosophical guidance is necessary for the development of logical theories of truth and the paradoxes. From this perspective, this volume intends to reflect and promote deeper interaction and collaboration between philosophers and logicians investigating the concept of truth than has existed so far.

The volume is intended for graduate students in philosophy and in logic who want an introduction to contemporary research in this area, as well as for professional philosophers and logicians.

ISBN 3-937202-45-5, 238 Seiten
2. Aufl. Paperback, € 49,00

Naturwissenschaftliche Beobachtungen hängen auf vielfältige Weise von wissenschaftlichen Theorien ab. Diese These der Theoriebeladenheit galt lange als der Sargnagel wissenschaftlicher Objektivität. Der Autor untersucht wahrnehmungstheoretische, sprachphilosophische und methodologische Aspekte der Theoriebeladenheit. Er kommt zum Ergebnis, dass die Theoriebeladenheit nur in beschränktem Umfang besteht und als solche den wissenschaftlichen Erkenntnisprozess fördert. Dies führt zu einem verbesserten Verständnis der Rolle von Beobachtungen in den Naturwissenschaften.

ISBN 3-937202-11-0
274 Seiten, Hardcover € 59,00

Matthias Adam

Theoriebeladenheit und Objektivität

Zur Rolle von Beobachtung in den Naturwissenschaften

EPISTEMISCHE STUDIEN
Schriften zur Erkenntnis- und Wissenschaftstheorie
Edited by Michael Esfeld · Stephan Hartmann · Mike Sandbothe
BAND 3

Christoph Halbig
Christian Suhm

Was ist wirklich?

Neuere Beiträge
zu Realismusdebatten
in der Philosophie

ontos verlag 2004
ISBN 3-937202-28-5
446 Seiten
Paperback € 32,00

In der neueren Philosophie wird der Realismus in verschiedenen Debatten kontrovers erörtert. Dies hat sich inzwischen in einer Vielzahl realistischer und antirealistischer Positionen niedergeschlagen. Der vorliegende Band vereint 17 Beiträge, die sich unter verschiedenen Blickwinkeln (Erkenntnistheorie, Wissenschaftstheorie, Moralphilosophie) mit der Realismusproblematik auseinandersetzen. Neben der Einführung in die Realismusdebatte und der Entfaltung einer Reihe neuer Argumente und Positionen soll damit insbesondere der Vielfalt des philosophischen Realismusbegriffs Rechnung getragen werden.

Mit Beiträgen von: Christoph Demmerling, Marcus Willaschek,, Michael Esfeld, Thomas Blume, Ludger Jansen, Christian Suhm, Holger Lyre, Daniela Bailer-Jones, Meinard Kuhlmann, Renate Huber, Frank Köhler, Christoph Halbig, Tatjana Tarkian, Uwe Czaniera, Kirsten B. Endres, Christian Weidemann

NEUERSCHEINUNG

www.ingramcontent.com/pod-product-compliance
Lightning Source LLC
Chambersburg PA
CBHW021230300426
44111CB00007B/495